BIBLIOTECA AMERICANA

Proyectada por Pedro Henríquez Ureña
y publicada en memoria suya

*serie de*

LITERATURA MODERNA

*POESIA GAUCHESCA*

II

Primera edición, 1955

# POESIA
# GAUCHESCA

## II

HILARIO ASCASUBI
*Aniceto el Gallo*

ESTANISLAO DEL CAMPO
*Fausto y Poesías*

ANTONIO D. LUSSICH
*Poesías*

JOSÉ HERNÁNDEZ
*Martín Fierro*

VENTURA R. LYNCH
*Historia de Pedro Moyano*

Edición, prólogo, notas y glosario de
JORGE LUIS BORGES y ADOLFO BIOY CASARES

**FONDO DE CULTURA ECONÓMICA**
México — Buenos Aires

# ANICETO EL GALLO

*o Gacetero Prosista y Gauchi-Poeta Argentino*

## HOMENAJE

*A la memoria del doctor don* FLORENCIO VARELA, *el patriota e ilustrado publicista argentino, víctima sacrificada por el puñal de los tiranos del Río de la Plata, a la libertad de las Repúblicas Argentina y Oriental del Uruguay.*

HILARIO ASCASUBI.

París, 2 de agosto de 1872.

. . . . . . . . . . . . . . . . . . . . . . . . .

Hasta que... no quiera Dios,
se aproveche algún cualquiera
de todo nuestro sudor
CHANO.

## Nº 1

Buenos Aires.—Año de 1853.

ESTA gaceta saldrá una vez por semana, allá por el jueves o viernes, que es día de los pobres, pues la escribirá un gaucho pobre.

## PROSA DEL TRATO ENTRE EL IMPRENTERO Y YO

AHORA noches pasadas, con permiso de mi comendante, me amanecí payando en un fandango, donde me comprometí con una mocita muy donosa y seguidora a largar cada semana una gaceta gaucha, con argumentos y compuestos a favor de nuestro aquel, en la justa causa que defiende la *Guardia Nacional*. ¡Ah, criollos!

Esa mesma noche hubo en el baile una jugada juertaza, como que toda la mozada anda platuda, y yo, que no andaba cortao, les prendí seguiditas siete suertes morrudas al paro; de manera que amanecí muy enrestao, y medio divertido. Me largué de allí a comprar un poncho lindo y unas botas a la moda, con borlas, que me costaron una barbaridá de plata; y al fin no me costaron nada más que haber echao suerte.

Así fué que sin recatiar largué el mono por el par

7-8 Juertaza: muy fuerte. (N. del A.)
9 Cortao: pobre, sin dinero. (N. del A.)
11 Divertido: medio ebrio. (N. del A.)
15 El mono: el dinero. (N. del A.)

[7]

de botas, y al tiro me las puse y salí a la calle, porque
es la moda en esta patriada; y entre la gente de ajuera y
de adentro hay muchos jefes y soldaos y paisanos que
hoy se ponen las botas así con borlas; a la cuenta echarán
20  suertes al paro.

En fin, salí de la zapatería y me fuí a buscar un imprentero para tratar por la hechura de mi gaceta: y pre-
guntando en la Polecía me dijieron que vivía uno, de
allí de la cárcel, calle arriba.

Para allá rumbié hasta que dí con la casa del imprentero.

Entré por una puerta grandota, y a la zurda del
zaguán estaba un cuarto abierto: y queriendo colarme
en él, trompecé fiero en los umbrales de la puerta, y en-
30  redao en el poncho salí al medio cuarto haciendo cabriolas, pero con el sombrero en la mano y dando los buenos
días a un hombre de antiojos que allí estaba, y que me
pareció carcamán, el cual se retobó al verme, y echando
mano a un garrote me dijo a gritos:

—Oiga Vd., animal: ésta no es la pulpería para entrarse cayendo.

—Dispénseme, patrón, yo venía...

—¡Qué patrón ni qué borrico!, váyase Vd. a dor-
mirla...

40  —Señor, yo no vengo mamao, sino por ver si, pagán-
dole su trabajo, me hace el cariño de mandarme aprensar.

—Vaya Vd. a que lo aprense el demonio, y le sacará
un barril de aguardiente. Pronto, salga Vd. fuera.

—Bueno, bueno, patroncito, me largaré, ya que ni por
plata me quiere aprensar mi gaceta de gaucho.

—¿Cómo? ¿pues qué, Vd. quiere hacer imprimir algo?

—Mesmamente, señor.

—Si se hubiese Vd. explicado...

—Me turbé, patrón.

50  —Y bien ¿qué quiere Vd. mandar imprimir? ¿Un
periódico?

—Cabal: acertó, patroncito.

—Pero, eso demanda gastos; ¿tiene Vd. cómo pagarlos?

—Velay, le daré su trabajo adelantao, y nos acomo-
daremos, alvirtiéndole que no soy mozo lechero.

Entonces eché mano a mi tirador y saqué un rollo de

---

17 Gente de ajuera y de adentro: gente del campo y de la ciudad.
20 El paro: juego de azar a los naipes. (N. del A.)
33 Se retobó: se enojó. (N. del A.)
41 Aprensar: imprimir. (N. del A.)
55 Lechero: mezquino. (N. del A.)

papeles overos-rosaos, que le largué al hombre sobre una
mesa, y el Uropeo viejo abrió tamaño ojo a la mosca.

—Bueno, bueno. Se le imprimirá a Vd. su periódico;
60 pero, para no comprometerme, necesito saber en qué género... escribirá Vd.

—¿En qué género dice?, en papel.

—Sin duda: pero, no es eso: de qué materia o asunto
tratará Vd. en su gaceta.

—No hablaré de materia, señor, porque me da asco,
pero trataré de toda laya de asuntos.

—¿De veras?

—¡Oh!, ¿y qué se ha pensao?

—¿Con que Vd. se encuentra capaz de escribir un
70 periódico?

—Valiente, patrón: ¡pues no he de ser capaz! Mire,
señor, de balde me ve de facha infeliz; yo soy hombre
corrido, sabido, leido y escribido, porque de charabón
me agarró un flaire que confesaba a mi hermana, y me
llevó al convento de San Francisco, adonde me enseñó
hasta la mitá de la Bramática en latín, y el ayudar a
misa; y no aprendí la Jergafría, porque le hice una juida
al padre, y luego me agarraron de leva para los barcos,
cuando la guerra con Portugal; y entonces me soplaron
80 de tambor a bordo de una boleta, que la mandaba un
oficial de marina criollo, patriota y guapo, medio parecido a muchos de los de hoy en día... sí, señor.

—Hombre: qué historia tendrá Vd. ¿no?

—Escuche. Pues, señor, como le iba diciendo: en la
boleta salimos y anduvimos por esos mares de Cristo
trajinando de corsario, hasta que nos pegó un albazo y
nos agarró con barco y todo un comendante llamado
Yuan das Botas, guapazo el portugués; y ese mesmo me
llevó a Portugal, y me tuvo hasta que me le escapé en
90 otro barco y fuí a dar por las tierras de Uropa en la
Ingalaterra y la Francia; y por allá me aguanté como
cinco años, de manera que hasta soy lenguaraz en esas
lenguas. Luego de Uropa, caí a Malparaíso: de allí por
la cordillera atravesé y anduve en todas las guerras del
dijunto Quiroga, que esté gozando de Dios, y de ahí vine
a Entre-ríos, y últimamente a Buenos Aires, aonde estoy a
su mandao.

57 Overos-rosaos: son los billetes moneda de a 500 pesos de Buenos Aires
(N. del A.)
58 A la mosca: al dinero. (N. del A.)
73 Charabón: pichón de avestruz. (N. del A.)
76 La bramática: la gramática. (N. del A.)
77 La jergafría: la geografía. (N. del A.)
88 Yuan das Botas: Juan de las Botas. (N. del A.)

—Gracias, señor literato.

—No me llamo Liberato, patrón.

100     —¿Y cómo se llama usté?

—¿Yo?... Aniceto Gallo.

—¿Gallo?... ¿Entonces será Vd. cantor?

—Sí, señor.

—¿Y músico?

—Rigular.

—¿Toca Vd. algún istrumento?

—Toco.

—¿De cuerda?

—Es verdá.

110     —¿Qué istrumento toca de cuerda?

—La campana.

—¡Diablo!, es Vd. de todo punto muy agudo.

—¿Puntiagudo decía?, no, señor, soy medio redondo.

—No, no. ¿Y de viento, qué istrumento toca usté?

—El organito, ese que tocan por la calle los carcamanes.

—¡El organito, eh!... Y... ¿habla Vd. algún idioma,
señor Aniceto? porque eso es muy necesario para un periodista.

120     —El aidomia no entiendo, pero hablo en la lengua de
Ingalaterra y de Francia, aunque medio champurreadito.

—Vamos a ver, pues, cómo se explica Vd. en francés.

—Como guste, patrón.

—Oiga Vd.

—Pongo el oído.

—Dites moi, vous parlez français?

—Güi, musiú.

—Vous êtes Sauvage Unitaire.

—¡Salvaje!... A present, ne pas, musiú.

130     —Alors; vous êtes Federal?

—¡Zape, diablo! le dije a un gato colorado, que vino
a juguetear arañándome las borlas de las botas, y me las
desató.

—Eh bien: vous êtes Federal? Dites moi.

—Non, musiú, rien du-tú.

—Mais, de quel parti êtes vous, monsieur Gallo?

—Musiú: yo soy del partido de las Conchas: ¿entiende?

—Et votre opinion politique?

---

120 Aidomia: idioma. (N. del A.)

131 Colorado: color distintivo del partido de Rosas. (N. del A.)

137 Las Conchas: pueblito y puerto de recreo a distancia de ocho leguas de
Buenos Aires. (N. del A.)

—Musiú: yo tengo la opinión de buen gaucho argen-
140 tino; y lo demás rien du-tú.

—Bien: ya veo que habla Vd. en francés como ciertos
elegantes que pasean por la calle del Perú.

—Puede ser, patroncito, aunque yo no presumo...

—No, no; en francés se explica Vd.: veamos ahora en
inglés.

—Esa es lengua de los diablos; pero en fin...

—Pregunto, señor Aniceto.

—Respuendo, patrón.

—Do you speak english?

150 —Yes, Sir.

—Will you take a glass of grog?

—Very well: alcance, patrón.

—Stop. Will you take some roas-beef and plum-pud-
ding?

—Yes, very gut, véngase con un bifisquete, señor.

—Sí, sí; bien lo merece Vd., porque es hombre habí-
lísimo y capaz de ser un buen periodista. En esta confianza escriba Vd. su gaceta, y para publicarla disponga Vd. de mi tipografía.

160 —¡De su tipagofría!... ¡Ahora sí que me ató las bolas,
patrón!

—Bueno, bueno; átese Vd. las borlas de las botas, y
déle un puntapié a ese gato majadero.

—Déjelo, señor, ya me voy a largar con su licencia,
para mandarle lo que escribiré. ¿No le parece?

—Bien: mande Vd. el original del prospecto.

—¿El orejonal?... ¡Barajo, qué terminacho! ¿ y el
otro?... Bueno, señor, le mandaré eso mesmo.

—Corriente, señor Aniceto. Escriba Vd... y tenga
170 pulso, ¿eh?

—¿Pulso?... Al que yo le largue un caracuzazo... ¡a
qué le cuento más vale!... Conque, ¿será hasta mañana?

—Hasta mañana, amigo Gallo.

—Hasta mañana, señor.

Después de esta conversación me largué al cuartel; y
en la cuadra mi comendante D. Camilo Rodríguez se
alegró cuando me pilló escribiendo el primer número
de la gaceta... que allá va, caballeros!

160 Me ató las bolas: llaman los gauchos al acto en que con las boleadoras les
atan o aprisionan de las patas a los caballos cuando disparan, dejándolos inmóviles.
(N. del A.)

171 Caracuzazo: una pedrada con el hueso de un caracú o canilla de la pata
de una vaca o buey. (N. del A.)

172-3 A qué le cuento más vale: ni para qué decirle.

176 Rodríguez: el teniente coronel Camilo Rodríguez (1827-1859). Fué asesinado en Quilmes.

# ANICETO EL GALLO

*Buenos Aires.—Mayo 19 de 1853.*

VELAY que de gacetero
se presenta un Gaucho neto,
aunque no larga prospeto
sigún dijo el imprentero.
¡Qué prospeto! el delantero
debe llamarse, a mi ver;
pues largarlo viene a ser
como puntiar y decir:
paisanos, voy a escribir
10   Gacetas para vender.
Para venderlas, repito;
y es bueno que lo prevenga,
para que naides me venga
con «lárgueme un papelito»,
que ando atrasao: y maldito
sea quien causa mis males,
y estas pendencias fatales,
y los revulucionarios,
y los maulas unitarios,
20   y los brutos federales. . .
Que todos como en rodeo
tienen a la paisanada
infeliz y aniquilada
con el sitio y el bocleo:
y siga afuera el cuereo,
la guerra y la destrución,
porque allá cierta faición
pretende que un triste ñato
nos suelte por liebre un gato
30   que nos arañe en montón.
Entre tanto, acá a imisiones
nos vamos adelgazando,
y por junto van quedando
unos cuantos barrigones:
y hacer estas reflexiones
es tarea peligrosa,
porque anda tan cosquillosa
la gente de cola-alzada,

---

25 **Cuereo:** el matar bueyes y vacas para sacarles los cueros y venderlos por cantidades, como lo hacían los jefes del ejército de Urquiza cuando sitiaban a Buenos Aires. (N. del A.)

31 **Imisiones:** emisiones de billetes del Banco. (N. del A.)

34 **Barrigones:** gordos de atesorar riquezas. (N. del A.)

que a la más leve palmada
40    cocea por cualquier cosa.
      Pero, ¡qué! yo no me asusto,
ni hago en mi opinión gambetas:
así diré en mis gacetas
lo razonable a mi gusto;
y si se enoja el Injusto
¿cómo lo he de remediar?
Ya me han hecho arremangar;
y al diablo, si me relincha,
he de apretarle la cincha
50    hasta hacerlo corcoviar.
      Siendo así, el más bien montao
de esta o de aquella faición,
si espera una adulación
mía, vive equivocao:
porque a mozo bien portao
nigún gaucho me aventaja,
y, si nunca saqué raja,
procediendo así, lo fundo
en que «naides en el mundo
60    sabe para quién trabaja».
      Luego, a juerza de esperencia
y de tanto desengaño
que he sufrido, no es extraño
que aprecie con preferencia
vivir con independencia
de todo aquel que se eleva,
cuando el mundo me comprueba
la idea que siempre tuve
de que... ¡quien más alto sube,
70    más fuerte porrazo lleva!
      Creo que a ninguno muerdo
con mi modo de decir,
y que daré a colegir
que no soy gaucho muy lerdo;
de balde a veces me pierdo
de poncho entre los tapiales
por trajinar cuatro riales
a la taba, creanló:
que no saben lo que yo
80    más de cuatro gamonales.
      Y si saben, les importa
recordar ¡cuánto han sufrido

57 No saqué raja: no saqué provecho ninguno. (N. del A.)
78 A la taba: juegan los gauchos con una taba o huesecillo que les sacan de
las patas a las vacas y bueyes. (N. del A.)

los veinte años que han vivido
con bozal y a soga corta!
y no comerse la torta
que el Diretor quiere darnos,
con intención de empacharnos
parejitos a la vez:
y otros veinte años después
90    a su antojo embozalarnos.

## Lamentos a Vuecelencia el Diretor Provisor*

SEÑOR: medio a mi pesar,
Dios y la Virgen lo sabe,
a lo gaucho en tono suave
me le voy a lamentar.
Para eso quiero largar
cada semana un papel
pensando decirle en él
la verdá, y tenga pacencia,
pues no ha de ser Vuecelencia
10    menos que don Juan Manuel.
     No seré desvergonzao,
ni embustero, le prometo:
ya sabe de que Aniceto
es gaucho humilde y bien criao.
De balde estoy agraviao
y flacón por Vuecelencia:
y es de pública evidencia
que me atrasó sin razón;
pues, ni así pienso, patrón,
20    tratarlo con insolencia.
     Con la verdá por delante
de firme le alegaré,
como es justo, y como que
es rigular que me aguante:
pues cuando fué comendante,
aunque ya era temerario,
no fué entonces mi contrario,
sino gaucho de los míos,
y, como yo en Entre-Ríos,
30    ñato y salvaje unitario.

---

83-84 Los veinte años con bozal: alude a la dictadura de Rosas.
* El director provisor: el general Justo José de Urquiza.
10 Juan Manuel Rosas, el tirano. (N. del A.)
16 Flacón: pobre, aniquilado. (N. del A.)
30 Ñato: el general Urquiza, por despreciarlos a todos sus enemigos políticos, les decía o llamaba ñatos cobardes. (N. del A.)

Por eso de allí apuraos,
juyendo como ñandú
en redota a Paisandú,
nos guasquiamos asustaos:
y llegamos escaldaos
de la corrida tan fiera;
y entonces naides creyera
que Vuecelencia emplumara...
pero hace punta y dispara,
40  asustao como cualquiera.

Luego a la Federación
Vuecelencia se pasó
y a los Salvajes dejó
llamándose a narigón:
y de ahi principia, patrón,
su carrera relumbrante,
pues pelechó en un istante
favorecido por Rosas,
y por otras muchas cosas
50  que diré más adelante.

Por ahora permitamé
dejarle la punta adentro,
hasta después que al encuentro
nuevamente le saldré;
y el cargo le formaré
de todas las maravillas
que ha hecho hasta el día a costillas
del pobre Restaurador:
aunque sentiré, señor,
60  tener que hacerle cosquillas.

*(Continuará.)*

### ADVERTENCIA

El número 1º de *Aniceto el Gallo* es una reproducción fiel por completo;
los números que siguen son extractos en que se conservan las producciones
originales del autor. Las notas ilustrativas han sido añadidas para esta
edición.

---

32 Ñandú: avestruz disparador. (N. del A.)
47 Pelechó: enriqueció pronto. (N. del A.)

## Nº 2

*Buenos Aires.—Mayo 25 de 1853.*

# CORTESÍAS

### AL PROGRESO

Reconociendo, señor,
su cacumen en la cencia,
se le ofrece a la obedencia
Aniceto el Payador,
que ni a gaucho ni a cantor
contrapuntiarle pretiende;
pues veo que usté lo entiende,
y que sin muchas parolas
a quien le suelta las bolas
10 a la fija se las priende.

### AL NACIONAL

Aparcero Nacional:
Gallo el cantor lo saluda,
pues lo aprecea sin duda
con un cariño cabal.
Ansí, usté por el igual
debe apreciarme, en el caso
en que usté y yo, paisanazo,
por nada nos encogemos;
y a la Patria defendemos
20 pico a pico y brazo a brazo.

### A LA LANCETA

Mi señor de la Lanceta:
Dios lo guarde y lo bendiga,
y le permita que siga
apretando como aprieta:
y en cuanto a la Recoleta,
ande, ¡ojo al Cristo! no sea
que cuando Vd. menos crea,
de algún modo el Diretor
le mande hacer el favor
30 de sacarle una manea.

8 Parolas: terminachos retumbantes. (N. del A.)
25 Recoleta: el cementerio de los Recoletos. (N. del A.)
30 Sacarle manea: los jefes o esbirros del tirano Rosas, cuando tomaban prisionero a algún jefe o persona caracterizada en el partido unitario, los degollaban, y

## AL ZAPATO

Caballero del Zapato:
para servirle me brindo,
porque usté calza muy lindo
y no es zapatero ñato.
Así deseo su trato,
y mucho favor me hará
almitiendo mi amistá,
que es cuanto puede ofrecer
un gaucho sin más tener
40  que una güena voluntá.

## AL BRITIS-PAKE

En tiempo del Estoraque
que encontró don Juan Manuel,
largaba cierto papel,
titulao el Bristi-Pake,
un inglés de mal empaque...
y otras diabluras que callo
por respeto a su tocayo
el Bristi-Pake de hoy día,
a quien esta cortesía
50  le rinde Aniceto el Gallo.

*Brindis que pronunció Aniceto en la mesa del Sr. teniente
coronel Rodríguez el día 16 del presente.*

A SALÚ del escuadrón
y del señor comendante
que se llevó por delante
el día trece un cañón:
y del criollo guapetón
que al tiro le prendió el lazo;
¡pues debe ser juerte el brazo
que tal armada largó,
como el pingo que arrastró
10  a la cincha el chimborazo!

───────────

luego de las espaldas les hacían sacar una tira de la piel del ancho de dos pulgadas,
con la cual hacían presillas o maneas para las patas de los caballos; y esos regalos
le mandaban al cobarde tirano, quien los mostraba a todos los extranjeros por intermedio de su hija doña Manuelita Rosas. (N. del A.)

41 El año de 1833 el general Rosas en su mensaje a la Sala dijo que, en su
campaña al Colorado, había encontrado por junto la papilla y el estoraque. (Nota
del Autor.)

10 Nombre del cañón que se tomó a los enemigos el día 13 de mayo de 1853.
(N. del A.)

## N⁰ 3

*Buenos Aires.—Junio 3 de 1853.*

### EL PAGAMENTO

EL 28 de mayo me lo madrugué a mi amigo el imprentero, al levantarse de la cama... que la tiene en el mesmo
caserón, pero en otro cuarto muy rumboso, todito pintao y con estampas colgadas: y luego unos trastes primo-
rosos y hasta chuces y cueros de tigre tendidos por el
suelo... Como que es hombre ricachón.

Es de alvertir que yo iba algo chamuscao, porque esa madrugada estuve en jarana en la Batería
nueva de Mester-horno, en donde con los soldaos del
coronel Chanagusia y los Guardias Nacionales del coronel Bustillos, y otros mozos del ejército todos mansitos
para las moras, y alarifes para arrebatarles vacas a los
Urquizanos; y como eso nos es cosa fácil, les recogimos
una punta de ellas en la tarde anterior, y luego, por
supuesto, nos pusimos las botas: y échele vino superior,
que para eso cada soldao de la Patria tiene trescientos
cincuenta pesitos todos los meses y buenas cacharpas de
abrigo.

En fin, todos, y yo particularmente churrasquié a
mi gusto, y luego medio en chaucha me vine a lo del
imprentero.

Cuando llegué a la puerta, me topé con un moreno,
entrando con una tipa llena de carne, patos y gallinas, y
muy peinao; el cual al verme se paró de golpe, y abriendo tamaña boca, dijo: —¡Ché! ¡Mirá el Gallo! Entre,
señor, que en aquel cuarto está el patrón en bata.— ¿En
bata? ¡Qué lindo! —Sí, señor, ya está levantado: vaya
usté, asómese a esa puerta que tiene entreabierta, y lo
llamará al momento, porque ya es hora en que el señor
patrón empieza a recibir a los operarios.

¡Ah, moreno ladino!

—Bueno, amigo —le dije: y enderecé al cuarto men-
cionao, que mesmamente tenía entreabierta una puerta,

---

7 Chamuscao: ebrio. (N. del A.)
9 Mester-horno: la quinta de Mr. Horne.
10 Chanagusia: el coronel Mariano Echenagucía (1807-1869).
11 Bustillos: el general José María Bustillos (1816-1910). Se distinguió en la
guerra del Paraguay.
12 Las moras: las balas del fusil. (N. del A.)
20 En chaucha: borracho. (N. del A.)

y por la rendija lo estuve vichando al hombre, que estaba
sentao repatigándose en una silla de barbero, toda reto-
bada, y vestido con una leva de pana, de color como
yaguané, que le cubría hasta las tabas; una golilla de
lana envuelta en el cogote; una gorra negra sumida hasta
las orejas, y con un cigarro en la boca del tamaño de
40 una macana; y por último leyendo embelesao en un
gacetón de la mesma marca y tamaño de un montón
de gacetas fresquitas que tenía al lao. En fin: después de
vicharlo y que le tomé la filiación, me resolví a meter la
mitá del cuerpo y le pegué el grito:

—¡Que Dios me lo guarde, patroncito!

—¡Oh, famoso don Aniceto! Adelante. ¿Cómo está
usté?

—Alentadito, señor: y a usté, ¿cómo le va yendo?

—Perfectamente, amigo Gallo.

50 —Me alegro mucho.

—Gracias: yo también me alegro de ver a Vd. tan
bizarro con ese uniforme de Guardia Nacional, y esa
gorra que le sienta a Vd. muy bien en la cabeza.

—Dispense, patroncito, no me la he quitao, porque
es contra ordenanza.

—Hace Vd. muy bien, puesto que yo estoy de gorra
igualmente: ¿no lo ve usté?... y así me lo paso siempre
en este tiempo.

—Ya lo creo, señor: en el día, por acá se usa mucho
60 el vivir de gorra no más.

—Cierto, porque en el invierno la gorra es un mueble muy cómodo, sumamente económico y muy abrigado.

—Debe ser, desde que a todos les acomoda, y desde
que me dicen que a muchos les abriga hasta la barriga,
mayormente a ciertos nutriales que diariamente reciben
gorras en los botes que vienen de Palermo. En fin, Dios
los ayude. ¿No sabe a lo que vengo, patroncito?

—Dirá Vd., amigo Gallo.

—Al tiro le diré, señor, que vengo ganoso de pagarle
70 los riales que le debo por las dos gacetas que me ha
impresao.

—Como Vd. guste: aunque eso no corre prisa.

—No correrá prisa, señor, pero corre riesgo; en primer lugar, porque yo no me escuendo en la descubierta;
y luego porque soy arca llena y arca vacida; y por las
dudas, velay tiene la plata en que ajustamos, y cien pesos

36 Leva: levita.
60 Vivir de gorra: vivir a costa del Estado o de los amigos. (N. del A.)
65 Nutriales: neutrales. (N. del A.)

más de remojo para el mocito aquel que hace de apretador en la imprenta. ¡Ah, mozo vaquiano!

—Corriente, haré que se le entregue el tal remojo al mocito; y gracias por mi parte. Pero, mire usté: aquí me ha dado quinientos pesos de más y a sus pies... se le ha caído otro billete de mil pesos. ¡Canario! siempre anda Vd. cargado de billetes; parece que fuera Vd. banquero, ¿eh?

—Eso es porque acostumbro ser banquero entre los míos.

—¡Es posible! ¿y cómo le va a usté?

—Sigo echando güeno. Sí, señor.

—¿Cómo dice usté?

—Digo, que sigo acertando siempre.

—¡Ah! sí, sí: ya he visto el acierto con que usté ha publicado su periódico, que varios le han aplaudido, y que a todos les gusta leer el Gallo.

—De balde... patroncito, ¡Já, já!

—¿Cómo de balde, señor Aniceto?...

—Óigame, señor: digo que de balde me quiere usté ilucinar, porque en mi tierra yo sé con los güeyes que aro.

—Sí sabrá Vd., no lo dudo; como que sabrá darme hoy alguna noticia respecto a la situación.

—¿De cuál sitiación, patroncito?

—De la nuestra, o más claro, de la de Buenos Aires en la presente lucha.

—Yo, señor, lo único que sé de la sitiación es que estamos sitiaos, y que así mesmo, la patria de la ciudá a la de ajuera le lleva la media arroba en la razón y en el arrempujón; y por eso, en tocándome a caballo, muento en cualquier hora, y me siento bueno para forcejiar por la causa justa en contra de todo tirano. ¿No le parece que hago bien?

—Seguramente: hace Vd. muy bien: y dígame: ¿Qué juicio se ha formado Vd. de la constitución de que se habla ya? ¿La ha leído usté?

—¡La custitución!... ¿de qué?

—La Constitución que ha sancionado ya el Congreso de Santa Fe, que es la que yo estaba leyendo, aunque estoy de purga; y luego voy a mandarla repartir al público, pues aquí se han impreso dos mil ejemplares. ¿No ve usté? todos estos impresos son de la Constitución.

—¡Barbaridá! ¿De veras?

—Sin duda: y ¿qué piensa Vd. de la Constitución?

—¡Ché! eso es velorio, patrón.

---

88 Echando güeno: siempre con buena suerte ganando al juego. (N. del A.)

—¡Cómo, velorio, señor Gallo! todo lo contrario: a
mí me parece un asunto muy serio, desde que ya ha sido
aceptada por el Director, quien ha prometido respetarla.

—No eche pelos, patroncito, mire que su Ecelencia
creo que no sabe hasta ahora lo que es la Custitución:
y además es hombre que promete mucho; pero, como es
de muy mala memoria, a veces no cumple nada.

—Pero, hombre: esta vez por lo menos respetará los
130  mandatos del Congreso soberano.

—¿Soberano? recúlele el soberano, y créame por conclusión, que para el general Urquiza no hay nada soberano en el mundo, porque (perdonándome la mala ausiencia) el Director es un peine, ¡ahi-juna! capaz de
mandar desgarretar por gusto a todos los costucione-
ros y a la custitución en ancas. Y últimamente, yo no
aguanto más custitución que la de que en mi tierra
mande un criollo, sea del pelo que fuere como sea hombre de bien; y no que nos venga a sobajear cualquier
140  forastero diablo, así retaciándonos la provincia, y arrián-
dose las vacas para carniarlas en los saladeros de Santa
Fe: y yo no digo que esto sea en los saladeros del Diretor, porque es hombre que no sabe ajeniar, pero sabe
afusilar a un pobre gaucho, porque saca un par de botas
de potro. En fin, me voy a retirar, patroncito, y me...

—No, no: espere Vd., amigo Aniceto, y...

A este tiempo entró el moreno ladino con una ban-
deja cargada de copas y tazas, y un calentador aonde
venía ya la agua hirviendo; de ahí una chocolatera y
150  una limeta de ron, me pareció al echarle el ojo. Y todo
se lo acomodó en una mesita dorada; y ésta la puso
frente a las rodillas del imprentero, y atrás de la mesita,
como a una vara de distancia, estaba otra silla grandota,
barrigona y aforrada en cuero verde muy relumbroso.
Luego que el patrón se acomodó la mesita medio entre
las piernas, me dijo con agrado:

—Vamos, amigo D. Aniceto, siéntese Vd. con franqueza en ese sillón, estrénelo usté y me acompañará a tomar
una taza de café y una copa de buen coñac, todo lo que
160  puedo ofrecerle a Vd. por ahora.

—¿De coñato, decía?

134 Es un peine: es un pícaro. (N. del A.)
135 Desgarretar: cortarles los tendones a los novillos y vacas, arriba de los
garrones de las patas de atrás, y así ya no pueden caminar, y los degüellan entonces. (N. del A.)
138 Un criollo: un hombre de Buenos Aires.
143 Ajeniar: tomar los animales ajenos o robarlos. (N. del A.)
144-145 Esto es, desollar las patas de un potro, sacándoles entero el cuero para
hacerse botas sin costura. (N. del A.)

—Sí, de coñac: ¿qué, no le agrada a Vd. este licor?

—Señor, a mí siendo juerte, me gusta aunque sea lejía.

—¡Bravo! eso es ser buen soldado: vamos, siéntese Vd., que ya la agua está hirviendo y voy a preparar el café que tomaremos a salud de la constitu...

Y el hombre no acabó la palabra, porque en ese istante yo de golpe le asenté las nalgas a la silla a macho: ¡ah, Cristo! y había estao inflada, de suerte que me enterré hasta las aujas, y en la sumida alcé las patas, y con ellas suspendí a los infiernos la mesita con cachivaches y todo: y por desgracia la caldera de agua hirviendo se le redamó al imprentero en el mismísimo cogote: de ahí pegó un alarido y entró a sacudirse.

Y yo me desenredé de la silla y acudí a arrancarle la leva por aliviarlo al hombre; pero un diablo de mastín bayo, parecido al perro del Diretor, se me echó encima furioso, de suerte que tuve que pelar el cuchillo, porque el mastín me acosó tanto que me hizo recular y subirme a la cama del patrón: la mesma que, en cuanto me le trepé, se sumió hasta lo infinito; y abajo, entonces se rompió no sé qué cosa insufrible, porque los mozos que acudieron a los gritos del patrón entraban haciendo gestos con las narices, y así lo hallaron al imprentero desollao desde la nuca hasta la raíz del espinazo; al perro con cuatro mojadas y ocho tajos; y a mí lleno de mordiscones; finalmente el moreno, a la cuenta medio en chicha o asustao, para limpiar el chuce de junto a la cama del imprentero, echó mano de unos papeles que se habían desparramao en la tremolina; y, ¡vea el diablo! habían sido las gacetas de la maldita Custitución, que tuvo la culpa de todo.

Por último, yo me salí apestao y renguiando, dejándole a un mocito mi Gallo nº 3, que quién sabe cómo saldrá.

*El amigo del NACIONAL se ha equivocao, y dispense.**

DIGO bien, aparcero; pues, sin duda, usté andaría, con la vista ñublada como el 25 de Mayo por la mañana, cuando quizá se acercó usté a ver las estautas de la Pi-

---

170 Hasta las aujas: hasta cerca de los hombros. (N. del A.)
186 Mojadas: puñaladas, cuchilladas. (N. del A.)
188 En chicha: medio borracho. (N. del A.)
* En 1853, adornaron la base de la Pirámide de la plaza de la Victoria en Buenos Aires, poniéndole cuatro grandes estatuas esquinales, cuya alegoría la explicó luego el periódico titulado el *Nacional*, y al cual contestó Aniceto el Gallo. (N. del A.)

rami, y dice de que vió a la libertá mirando al Sur. ¡Ah, malhaya! pero, no, amigo: no estaba así, sino que las figuras estaban... velay cómo...

La Libertá, en figura de porteña, estaba como sacándole el cuerpo a un tigre entre-riano que lo tuvo muy cerca, y hasta ahora lo tiene, me parece: ello es que la Libertá sin duda por eso que está mirando al río, como diciendo: me largaré a lejas tierras, si los defensores de Buenos Aires no me defienden de este animal de Montiel.

Luego: en ancas de la Libertá estaba la Anarquía chuciada, y mirando a San José de Flores, como diciendo: ¡ah, Director mío!

De ahí ...la Justicia sí que está frente al Sur, pero con un facón de punta sobre unas balanzas, y mirando de rabo de ojo a la Polecía, como diciéndole: «no te descuides con el peso del pan y los porotos, porque los almaceneros también se están poniendo las botas con borlas.»

Después, en otra esquina de la Pirami está la Esperanza medio tristona y de sabanilla, y arrecostada en una cosa ansí como un anzuelo grande, y como diciendo: «Me voy a pescar al río para alivio de los pobres enfermos.»

¡Pero, qué necesidá tiene doña Esperanza de irse a pescar al bajo del río, si, con echar su anzuelo ahí no más en la plaza grande, pescará a muchísimos surubises! porque ahora con la peste de las virgüelas ha salido un cardumen de esos pescados, de suerte que no se ve otra cosa por las calles de Buenos Aires; y ansí con esa pesca se podrá aliviar la hambruna que también hoy es peste en el hospital de la Residencia, pues aun cuando entra a la ciudá muchísima carne diariamente... ¡No te oigo en el hospital!

Al mesmo tiempo la Esperanza estaba mirando a la catedral, como diciéndole: «no te aflijas, que te acabarán en cuanto el Director entre a Buenos Aires y respete la Constitución.»

Esto es, aparcero Nacional, lo que yo he comprendío de las figuras del 25 de Mayo, y creo que, si no digo la verdá, raspando le pasaré.

8 A un tigre entre-riano: alude al general Urquiza. (N. del A.)
23 Sabanilla: manta o poncho de bayeta fina y liviana. (N. del A.)
24 Como anzuelo: alude al ancla de la Esperanza. (N. del A.)
29 Surubíes: grandes peces sin escama, pero que tienen la piel color aplomado y toda salpicada de lunares negros como las manchas que dejan las viruelas sobre la piel de la cara de una persona. (N. del A.)
34 La Residencia: el hospital general de hombres. (N. del A.)

## ¡BLAN!! ¡BLAN!! ¡BLAN!!

LA TARDE del campaneo
de alarma, en las ofecinas,
vide a un montón de gallinas
en un puro cacareo.
¿Y el fusil? pregunté yo.
     Cocoró... có.
     Entre tanto los naciones,
por la causa entusiasmaos,
iban en puntas armaos
10    a ofrecerse en los cantones.
¡Ah, cosa! eso me agradó.
     Cocoró... có.
     Luego en esa noche anduve
allá por los andurriales,
aonde con los nacionales
bien acompañao estuve,
cerquita del pororó.
     Cocoró... có.
     Y extrañé a unos mocetones
20    de esos de letra menuda,
que, apenas medio estornuda
un cañón en los cantones,
se largan al arro-ró.
     Cocoró...có, cocoró...có.


*Salutación del gaucho Jacinto Cielo al 18 de julio de 1830.*

EL SOL de este día vió
jurando al Pueblo Oriental
ser obediente y leal
a las Leyes que fundó.
Jacinto también juró
respetarlas·y cumplir,
lo han de ver, sin desmentir
que es patriota verdadero,
y que sin ser altanero
10    GAUCHO libre ha de morir.
     ¡Ah, malhaya, los paisanos
todos como yo cumplieran,
y qué de abrazos se dieran
este día como hermanos!
Que esos rosines tiranos

---

17 El pororó: el tiroteo de fusiles. (N. del A.)

morderían nuestro suelo,
y yo tendría el consuelo
de decir: «ya se acabó
la lucha que lamentó
20 el gaucho Jacinto Cielo.»

*Carta certificada y súplicas de un cordobés de los sitiadores, al cual se le
juyó la mujer y se le ha venido al pueblo.*

¡*Viva la confederación!*
¡*Mueran los salvajes unitarios!*

Corrales de Miserere,* a 30 de mayo de 1853.

*A mi mujer:*

TRAJINÁ, ché, Estanislada,
vos que andás por la ciudá,
y haceme la caridá
de mandarme una frezada:
que antenoche con la helada
cuasi me he muerto de frío;
pues, te asiguro, bien mío,
que acá el poncho que me han dao
lo puedo meter holgao
10 en la vaina del cuchío.
Y si podés avisarme
con toda seguridá
por qué lao de la ciudá
sin riesgo podré colarme,
decime, para largarme
con mi ñañita y Martín,
que está como un chunchulín
de flaco, pues aquí no hay
ni algarroba ni patai,
20 ni arrope ni piquillín.

SEVERO PUCHETA

## NOTICIAS DE PAJUERA†

DICEN de que el Diretor
de la docena del fraile,

---

* Corrales del Miserere: los mataderos del Oeste, en Buenos Aires, en la actual plaza del Once.
10 El cuchío: así le llaman los cordobeses gauchos al cuchillo. (N. del A.)
16 Ñañita: también dicen así los cordobeses a una hermanita. (N. del A.)
† De pajuera: del campo afuera. (N. del A.)
2 La docena del fraile: así llaman los gauchos al número 13; y, como habién-

el veinticinco dió un baile
de lo lindo lo mejor...
En celebridá de que
el veintitrés a la noche
la Custitución en coche
le llegó de Santa Fe...
  Junto con la dotorada
10 que tuvo la complacencia
de traérsela a Vuecelencia
a su gusto remendada;
  Y que la cosa se jura,
luego que los congresales
haigan cobrar unos riales
que les deben por la hechura.

*Aviso de por San José de Flores.*

EL QUE quiera en este pago
reírse de una disparada,
no tiene más que nombrar
a la LEGIÓN ITALIANA.
  Y si la nombrada fuere,
allá, medio entre dos luces,
verá que los TERUTEROS
empluman como avestruces.


## LA RETRETA

ANOCHE anduve de paseo por la retreta, que tocó muy
primorosamente la música de la ¡LEGIÓN VALIENTE! y al
pasar yo frente a una moza muy linda, como son todas
las porteñas, sentí que decían: «¡Jesús, qué gaucho tan
zonzo y bullicioso.»
  Entonces yo les pregunté, receloso, si soltaban esa indireta por mí; y me contestaron: «no, señor Gallo; lo
decimos por ese general guarango que todas las noches
nos aturde a cañonazos como si con esa brutalidad qui-
10 siera asustarnos. ¿No le parece a Vd., señor Aniceto, que
todo eso no prueba sino bestialidá? como igualmente eso
de pegarle fuego a una mina, y destruir una casa de un
infeliz, aprovechándose de la suspensión de armas del 25
de mayo.» —Dejen ustedes no más, paisanitas, les con-

---

dose separado la provincia de Buenos Aires de la Confederación Argentina, no le
quedaron a Urquiza más que trece provincias para presidir, por eso le llamaban
el presidente de la docena del fraile. (N. del A.)
 8 General guarango: general gaucho, el general Urquiza. (N. del A.)

testé: que en cuanto a prenderles minas, el día que se
ofrezca, ya verán los teruteros cómo, desde las trincheras
hasta San José de Flores, les ponemos las chacras y las
casas, y a ellos adentro todos patas arriba. Y Dios les dé
muy buenas noches.

### *Alvertencia a los aguantadores y renegaos.*

Si un imposible no fuera
para mí en la situación
ladiarme de la cuestión
y hacerme José de ajuera,
saltaría la tranquera
y ganaría un cardal,
o en cualesquier abrojal
lamentaría el destino
de haber nacido argentino
10    y no poder ser nutrial.
      ¡Ah, Cristo! ¡quién presumiera
que esta tierra desdichada
no quedara sosegada
luego que Rosas cayera!
y hoy vean en qué leonera
la patria se ha convertido.
Así, los que han combatido
a Rosas con tanto afán,
como yo, quizás dirán:
20    «más vale un mal conocido»...
      Porque yo que no aspiraba
nada más que a trabajar,
y para eso sin cesar
contra Rosas forcejeaba,
en lo que menos pensaba
era en verme trajinao
y en las cuartas enredao
por el hombre del Pograma,
aquel de la larga fama
30    a quien yo mesmo he cuartiao.
      Ese a quien hoy lo rodean
y le fingen atenciones

4 José de ajuera: indiferente, neutral. (N. del A.)
5 La tranquera: las puertas rústicas que en las casas de campo se hacen con
atravesar dos vigas de madera, apoyándolas sobre algunos postes clavados en tierra.
(N. del A.)
28 Pograma: el Programa con que el general Urquiza le declaró la guerra a
Rosas en 1º de mayo de 1851. (N. del A.)
30 He cuartiao: he ayudado, sostenido y defendido. (N. del A.)

una punta de adulones
que desollarlo desean;
pero esos ruines no crean,
de balde son tan lagañas...
ablandarle las entrañas,
porque don Justo es mal bicho...
y tengan presente el dicho:
40    «El que tiene malas mañas...»
     Y el día que se amostace
y se le hinchen las narices,
a todos como a perdices
puede ser que los enlace:
a la fija ya se me hace
¡que han de chupar de Caracas!
háganse no más petacas...
que redepente don Justo,
si no los cuelga por gusto,
50    los estira en cuatro estacas.
     Vayan no más por la oveja
(como él dice) los porteños,
lléguense los pedigüeños
y ándenle siempre a la oreja,
lo verán cómo se deja
bolsiquiar alguna vez;
pero, a lo tigre después,
a Cristo, si se le allega,
del manotón que le pega
60    le baja la media res.
     Ya ven que se los alvierto
a todos los adulones,
renegaos y mogollones,
anden con el ojo abierto;
porque el Diretor, de cierto,
hasta montar es blandito,
pero ya encima, repito,
que por más que les afloje,
el día que se le antoje,
70    les ha de limpiar el pito.

---

46 Chupar de Caracas: pitar del fuerte. *Cf. El gaucho Martín Fierro,* 395.

51 El general Urquiza, cuando alguno se llega a él, dice así aludiendo a la costumbre que tienen los pobres vecinos de un estanciero rico, a quien alguna vez le piden una oveja para comer. (N. del A.)

60 La media res: dividir de una cuchillada a una persona en dos mitades desde la cabeza hasta el bajo vientre. (N. del A.)

70 Limpiar el pito: matarlo. (N. del A.)

## Nº 4

Buenos Aires.—Junio 13 de 1853.

*Vamos hablando formal y para los míos.*

DESDE que comencé a escrebir esta Gaceta, creyendo
merecer un agrado de todos, me veo en continuos apuros,
pues cada vez que suelto el Gallo me aturden a quejas,
a pesar del esmero que pongo para que lo lleven a las
casas de todos los alistaos, ecétera, como me decía en un
tiempo el comendante Yuan das Botas. —¿Se acuerdan?
Pues, sí, señor: muchas ocasiones me lamento y hasta
reniego a veces de haber tomao el cargo de Gallero que
tanto me calienta; pero luego me enfrío, moralizando
en mi pecho el que quizás no seré yo sólo el único
gaucho apurao en el día y en esta tierra, aonde contem-
plo los aprietos en que se encuentra todo un Señor Diretor de la docena del flaire, desde que se metió a organicista y custitucionero, pretendiendo solamente agradar
a los porteños, y luego afirmársele nada menos que ¡diez
años! de la primera sentada a la silla inflada del Gobierno de la Ciudá: arrejando a salir patas arriba en un
pueblo, que ya está acostumbrado a no aguantar un Gobernador diez años, sino a tener ¡diez Gobernadores por
año! gracias a la organizadura que Vuecelencia le dió
después de la zapallada de Caseros, ecétera, ecétera.
¡Qué barbaridá, la casaca por aonde le da! ¡y luego
el empeño que pone el señor Diretor para hacer estirar
la docena del flaire hasta catorce provincias y un pico
para él! Pero ¡qué pico! nada menos que la ciudá de
Buenos Aires, aonde V. E. parece que ya está aquerenciao, desde que es éste el pueblo que ha separao para
venirse a gobernar holgadamente con la Custitución, por
la cual tendrá la facultá de hacer, si quiere, hasta tres
provincias de ésta, y en ancas la mamada de disponer
de la Aduana lechera, como así mesmo del Banco de la
moneda, y últimamente de la obedencia de todo el porteñaje de casaca o de poncho; y al fin también del clubo,
ese clubo encantador de las porteñas lindas, con las
cuales sueña Vuecelencia el que ya se les viene a bailar-
les la contradanza, etc., etc.
Despés empezará la organizadura en regla, mandan-

5 Los alistaos: los suscritos. (N. del A.)
31 Lechera: así la llama por la abundancia de sus rentas.
33 El clubo: el club del Progreso. (N. del A.)

do que gaucho ninguno porteño o provinciano pueda
nunca tomar un trago, ni jugar a la brisca, ni comer
40 carne con cuero, porque los gauchos de Entre-Ríos así
le obedecían en un tiempo; que ahora, sigún dicen, le
han perdido el respeto a tal punto, que el otro día, ahí
mesmo en San José de Flores, como sesenta entre-rianos
de la escolta de S. E. le alzaron el poncho, y lo echaron
a la Pu...nta de San Fernando, y... ¡viva la libertá!

Dejuramente: ¿hasta cuándo quiere el señor Diretor
que lo aguanten los pobres paisanos, y mucho menos que
anden haciéndose matar por él, ni por naides, saliendo
a campaña todos los días, trayendo sus caballitos y can-
50 gallas? ¿y carniando flaco cada tres días a veces, y sin
pitar, ni tomar mate, mientras el Diretor viene en galera
y con tres carretas de golosinas para él solo? ¿o se presume ser más gaucho ni más hombre que naides? ¡Diaónde! Después que cayó D. Juan Manuel, es zonzo todo el
que pretenda gobernarnos como quiere D. Justo; y cada
criollo sabe ya que vale tanto como el que más, por la
LEY y su derecho. —Cabalito.

De balde ahora se nos viene haciendo el sarnoso por
engatusarnos más con las galantías de la Custitución Ur-
60 quizana, y con galantías y todo nos tiene amolaos peliando unos con otros, comiéndonos las vacas y acabán-
donos los mancarrones, y sin poder acabar la guerra
después de tanto crédito de que presumía cuando vino
a voltiar a Rosas con los 25 mil hombres prestaos; y
ahora salimos con que por junto ha mandao trair a los
pobres cordobeses, diciéndoles que venían solamente
para amuchar, y el caso es, que con ellos está amuchando
los dijuntos de la Recoleta... ¡qué lindo!

Vamos, el señor Diretor se presumió que porque los
70 porteños, ya cansaos de las guerras, para que se acaba-
sen, le juyeron en Caseros, acá en el pueblo le han de
recular, y ajuera le han de sufrir a la helada, mientras
que Su Ecelencia noche por noche se lo pasa en las casas
de San José de Flores, calientito bailando con las muchachas, ecétera. —¡No te oigo! después que sacó las uñas
en Palermo, asigún lo que nos cuenta el paisano Ceballos en la conversación de más abajito. Óiganle.

---

44 Alzaron el poncho: se desertaron insurreccionados. (N. del A.)
59 Las galantías: garantías. (N. del A.)
67 Para amuchar: para hacer bulto o mucho número. (N. del A.)
75 Sacó las uñas: mostró su crueldad.

## DIÁLOGO

*que tuvieron en el Cuartel del Retiro el día 30 de mayo último, entre el paisano Salvador Ceballos recién pasao del campo enemigo, y Anselmo Alarcón, soldao de la guerrilla de caballería del mayor Vila.\**

CEBALLOS

AL FIN, amigo Alarcón,
de golpe me le aparezco:
¡eh, pu... cha, que está gordazo
con los pastos!...

ALARCÓN

¡En el pueblo
usté, señó Salvador!
¿cuándo ha llegao, aparcero?
adelante, vengasé,
déme un abrazo primero:
y eche un trago.

CEBALLOS

Vaya, amigo,
10   confortaremos el pecho
a su salú: ¿cómo está?

ALARCÓN

Siempre alentao, aparcero,
y en este instante algo más
con el gustazo de verlo,
pues yo lo hacía en su pago
o en algún monte juyendo,
sigún lo que platicamos
la última vez.

CEBALLOS

¡Qué canejo!
si ahora como siete meses,
20   en la playa del rodeo,
un novillo de tres años
me atracó un golpe tan fiero
que me postró enteramente:

* El sargento mayor Tomás Vila. Fué asesinado después de la batalla de Pavón.
20 Playa: lugar despejado donde se hace el rodeo.

y estando en mi rancho enfermo,
vinieron los urquizanos
que hoy mandan a los porteños,
y de orden del Director,
en una arriada que hicieron
de cuatro viejos quebraos,
30      yo les serví de siñuelo,
y amarrao codo con codo,
a pesar de hallarme enfermo,
hasta los Santos Lugares
como un Cristo me trujieron,
y al llegar me asiguraron
en la estaca un día entero:
y después que me trataron
como se trata a un malevo,
de soldao de infantería
40      me echaron al campamento.

ALARCÓN

¡Barbaridá! ¿Y su familia?

CEBALLOS

Hágase cargo, aparcero:
mi mujer y la muchacha,
del julepe, al verme preso
lo que nunca, atrás de mí
lagrimiando se vinieron
sin más prendas que el rebozo
y la camisa del cuerpo.
Así en la mayor miseria
50      conmigo en el campamento
han sufrido cuatro meses,
al triste abrigo de un cuero
y en la mayor desnudez,
sin más vicios ni alimento
que caracuses y achuras
de unos toros como perros.

33 Los Santos Lugares: cierto pueblecillo muy cercano a Buenos Aires, donde
Rosas tenía su campamento y su gran presidio para sus enemigos políticos. (Nota
del Autor.)
36 En la estaca: a los soldados de Rosas, cuando cometían algunas faltas al
servicio militar o particular de sus jefes, los hacían castigar suspendiéndolos amarrados de pies y manos a cuatro estacas de dos pies de alto cada una, y clavadas
en tierra, pero el estaqueado quedaba boca arriba sin asentar en tierra con la
espalda. (N. del A.)
56 Toros como perros: toros flaquísimos. (N. del A.)

ALARCÓN

¡Infelices! pues, amigo,
aunque me alegro de verlo,
endeveras le asiguro
60   que me asiste el sentimiento
de que usté se haiga venido,
dejando en aquel infierno
a su familia...

CEBALLOS

¿Qué dice?
mal me reputa, aparcero:
la osamenta, creamé,
hubiese dejao primero
que abandonar mi familia,
no lo dude, acá la tengo.

ALARCÓN

¡Es posible! ¿se ha venido
70   mi aparcera?

CEBALLOS

Por supuesto:
y la muchacha también;
las dos están en el pueblo.

ALARCÓN

¡Qué me cuenta! y diga: ¿cómo
ha conseguido todo eso,
entre las dificultades
que se cruzan, sigún creo?

CEBALLOS

Sin duda, hay inconvinientes;
pero, arresgando el pescuezo
de puro desesperao
80   la noche del aguacero,
cargué la arma y con mi corvo
enteramente resuelto,
con Petrona y la muchacha,
gatiando del campamento

81 **Mi corvo**: mi sable. (N. del A.)

salimos a media noche
por entre zanjas y cercos,
y al fin por unos barriales,
ya levantando y cayendo,
a eso de la madrugada
90    nos colamos en el pueblo,
sin tener en la cruzada
novedad, gracias al cielo.

ALARCÓN

¿Y aónde dejó a la familia?
Vaya, tráigala ligero,
a ver si la acomodamos...
y después platicaremos.

CEBALLOS

Ahora no puedo, en razón
que en el río están en cueros
lavando las pobrecitas
100   la única ropa del cuerpo;
que la demás en el pago,
cuando atrás de mí salieron,
toda quedó en la petaca,
allá a lo de Dios que es bueno:
y además mi cangallaje
y el asador y el mortero,
la olla y otros trastecitos,
que a la fecha, por supuesto,
andarán por lejas tierras,
110   o colgados a los tientos
de los organizadores
o los custitucioneros,
entre los cuales hay hombres
que oirlos nombrar mete miedo.
    ¡La pu... janza en los paisanos!
Vaya, vaya, estamos frescos,
con todo el montoneraje
que ha salido en este invierno;
de forma, amigo Alarcón,
120   que yo que estaba tan lejos
de entrar en guerra ninguna,
hoy de agraviado me siento
con el alma atravesada:
y de veras, le prometo

_117 Montoneraje: gran montón o multitud de gauchos armados. (N. del A.)_

no recular de la raya,
y morir como porteño
en defensa de mi tierra,
aonde claramente veo
que pretende suyugarnos
130    un Entre-riano embustero.
Ésa es la pura verdá;
y no me digan por esto
el que a ningún provinciano
lo trate con menosprecio;
no, señor: siendo argentinos
a todos los apreceo;
y mandando por la ley
y la razón, yo respeto
a sanjuanino o riojano,
140    o vallista a santiagueño;
pero me opongo de firme
a quien le viene fingiendo
cariños al porteñaje
y custitutión y enriedos,
para despúes a su antojo
pisarnos en el pescuezo.
Contra ése he de forcejiar,
luchando hasta cairme muerto.

ALARCÓN

¡Ah, criollo lindo! eso sí,
150    no hay que aflojar, compañero:
acá entre la porteñada
tener custiones podemos
por esta o la otra razón:
al fin nos arreglamos;
y si, acaso, entre nosotros
no más nos sacudiremos:
pero, eso de que un foráneo,
venga de ajuera a imponernos
y a mandar en nuestra tierra
160    como quien manda carneros,
y a fomentar las discordias
y a retaciar nuestro suelo,
dividiendo la provincia
como está soñando hacerlo
el Diretor... que lo aguante
el diablo, que yo no puedo
sufrirlo, aunque por desdicha

162 Retaciar: dividir en retazos la provincia. (N. del A.)

hay más de cuatro porteños
que, al interés miserable
170    de que les dé algunos pesos,
al mismo que los humilla
se le agachan hasta el suelo.
¡Qué tristura!

CEBALLOS

     Mesmamente:
hay más de cuatro paisanos,
no sólo de aquella banda
sino también de este lado,
a los cuales les debemos
la situación en que estamos:
y no se puede decir
180    de que todos sean gauchos,
porque hay paisanos entre ellos
que presumen de letrados,
y con toda su experiencia,
y luego, viendo tan claro
las pretensiones de Urquiza,
se le recuestan... ¡Barajo!
de ningún modo, a esos hombres
no es posible disculparlos,
porque en cuanto pisó Urquiza
190    en Palermo, amostró el fallo,
y que lo dejaba atrás
a Rosas en lo tirano:
porque éste tiranizaba
a un pueblo que era contrario
a sus arbitraridades,
y que lo andaba aguaitando
para darlo contra el suelo
hasta que logró voltiarlo.
De balde el tal Diretor
200    presume de puro vano
que venció a don Juan Manuel
solo él con los entre-rianos:
¡vea qué balandronada!
Aonde sabemos, paisano,
de que si Rosas cayó
fué porque lo abandonamos
los porteños en Caseros:
cosa que hicimos pensando
que Urquiza nos cumpliría

---

186 Se le recuestan: se le arriman, lo apoyan.

210 las promesas del Programo,
que nos echó de Entre Ríos
cuando el 1º de mayo,
y con el cual por desgracia
logró el hombre engatusarnos,
de suerte y conformidá
que en Caseros le aflojamos,
que, si no, se hubiera vuelto
para su tierra mosquiando
por lo menos: y después
220 que allí le facilitamos
el triunfo, o la zapallada,
¿cómo se portó ese ñato
con el pueblo y la campaña
que lo recibió en sus brazos
y le hizo tantos cariños?
Oiga, voy a relatarlo.
    Tras el humo de Caseros
vino a Palermo bufando,
y al otro día no más
230 entró a matar a lo diablo
a los pobres prisioneros,
sin reparar en el grado,
y haciendo tirar los muertos
de carnada a los caranchos:
y para aterrar al pueblo
que acudía voluntario
a ver al libertador,
y aplaudirlo y contemplarlo,
en la entrada de Palermo
240 ordenó poner colgados
a dos hombres infelices,
que después de afusilados
los suspendió en los ombuses,
hasta que de allí a pedazos
se cayeron de podridos
y los comieron los chanchos.
    Luego... empezó a señalar
de salvajes unitarios,
de porteños damadogos,
250 de federales bellacos,
de cordobeses piojosos,
de gringos desvergonzados,
y a meter fuego y cizaña

---

210 Programo: programa. (N. del A.)
218 Mosquiando: espantando las moscas con la cola de su caballo. (N. del A.)
249 Damadogos: demagogos. (N. del A.)

entre todos los paisanos...
que de nombres y partidos
ya se habían olvidao.

Luego... en moneda atrapó
trece millones del Banco,
y de a doscientos mil pesos
260  les largaba a sus ahijados,
como ese tal Tragaldaba
a quien le había aflojao
cincuenta mil antes de eso,
porque le andaba orejiando.

Entretanto en los barriales
de Palermo, amontonaos
cuasi todos sin camisa,
estaban sus entre-rianos
(como él dice) miserables,
270  comiendo terneros flacos,
y vendiendo las cacharpas
para pitar un cigarro:
mientras que su general
comía dulces y pavos;
y que a ciertos adulones,
que sólo iban a enredarlo,
les largaba de a cien mil
por antojo o voraciando.

En seguida, a Buenos Aires
280  (que venía a libertarlo)
desde Palermo no más
ya comenzó a desplumarlo,
llevándose el armamento
de todo el Parque, y los barcos,
las balas y los cañones,
las músicas, los vistuarios,
la pólvora, las monturas,
las carretas, los caballos,
y por fin como cautivos,
290  por no decir como esclavos,
setecientos infelices
de los morenos y pardos,
que a Calá fueron a dar
a servirle de soldaos...

Y luego con las Provincias
terminó por enredarnos:
diciendo, «que Buenos Aires
quiere tenerlas abajo,
y que le paguen tributos,
300  y que la Duana y»... el diablo

no podría imaginarse
lo que Urquiza ha maquinao
para poner nuestra tierra
en el miserable estao
en que la vemos... ¡Ah, Cristo!
¡qué hombre tan rudo y tan malo!
cuando tuvo la ocasión
de calzársela en el mando
con el aprecio de todos
310   los argentinos honraos,
que lo hubiésemos tenido
en las palmas de las manos,
toda vez que con la ley
nos hubiera gobernao,
no querer mandar así...
sino a su modo, a guascazos:
y ¿cómo hemos de sufrir,
no le parece, amigazo?

### ALARCÓN

¡Qué sufrirlo! que lo aguanten
320   en su tierra o en sus pagos
que en ésta ya concluyó
el poder de los tiranos.

### CEBALLOS

Cabalito: pues, amigo,
voy a ver si voy al bajo
a buscar a la mujer
y trajinar un caballo,
y luego me volveré.

### ALARCÓN

Pero no a pie, paisanazo:
velay tiene acá un apero
330   de los dos que tengo a mano;
tome, y como cosa suya
ensille y muente ese bayo,
y péguele una tantiada:
verá un pingo soberano
para cuando necesite
meniar lata...

316 Guascazos: latigazos. (N. del A.)
336 Meniar lata: sablear mucho. (N. del A.)

### CEBALLOS

En ese caso
yo creo que la pereza
no me llegará hasta el brazo:
de suerte que su cariño
340   no puedo menospreciarlo,
de forastero y a pie
como me encuentro, amigazo.

### ALARCÓN

¡Qué cariño quitesé;
muente pronto y vaya al bajo
a buscar a la familia,
que yo aquí con un asado,
¡cosa linda! y vino duro,
a merendar los aguardo:
y luego a la nochecita
350   con las hembras nos largamos
a bailar en un cantón
del comendante Obligado,
adonde los Nacionales
dan esta noche un fandango,
y allí, si baila el chotiso
su hija, lucirá su garbo;
y usté amanecer pudiera
con un yerno currutaco.

Porque en ese batallón
360   los mocitos son el diablo:
y yo sé que adonde quiera,
desde el comendante abajo,
para el amor y pelear
toditos son como gallos.

En fin, ya va siendo tarde
y yo me siento delgao:
conque, a trair a su familia
lárguese, amigo Ceballos.

### CEBALLOS

Muy bien, será hasta lueguito.

### ALARCÓN

370   Hasta lueguito, paisano.

---

355 Schotizhe: baile alemán. (N. del A.)

## ¡ERA EL AYUDANTE FELLONICO!

SOBRE una tumba florida,
a hombros de los nacionales
y sus compañeros leales,
iba en la flor de su edá...
Un ITALIANO sin vida,
que parecía animoso
decir: «¡Así un valeroso
muere por la Libertá!»

## AL SEÑOR JEFE DE POLECÍA

POR LA Virgen de Dolores,
patrón de la Polecía,
le suplico que algún día
apriete a los pescadores,
que están haciendo primores
diariamente en el Mercao,
habiéndolos licenciao
para que puedan pescar,
y no para trajinar
a este pueblo desgraciao.

### ENVITE

*que recebí para el baile de los Guardias Nacionales del 1er batallón el
día 30 del mes pasao.*

### *A don Aniceto el Gallo*

Cantón de los Porteños crudos, a 30 de
mayo de 1853.

Amigo y compañerazo:
HOY hacemos un fandango
algo más de rigular,
pues le vamos a largar
flauta, violín y changango:
para la gente de rango
que cairá entre el porteñaje;
y habrá mate, y beberaje,
y paro en que divertirse:
conque así puede venirse
10   a quejársele al hembraje.

---

4 Changango: guitarra. (N. del A.)
8 Habrá paro: se jugará a la baraja. (N. del A.)

*Esto no es echar panes al ñudo, porque así fué.*

## DIÁLOGO

*que tuvieron el otro día, después de una guerrilla en las avanzadas,
dos garabineros guerrilleros nuestros, de la gente del comendante don*
**Comosellama:** *pues como hay tantos comendantes, y no los conozco a
todos; pero es cierto que tuvieron este diálogo los soldaos de caballería*
José Vergara *y* Lucho Viñales. *¡Qué peines!*

VIÑALES

Vaya, aparcero Vergara,
¿qué hace que no desensilla?
ya lo vide en la guerrilla
floriarse en su malacara:
      ¡Mire que le han menudiao
esos brutos! ¿No es verdá?
¡si fué con temeridá:
vaya, a que lo han aujeriao!

VERGARA

¿Diaónde, amigo, se afigura
10    que me pillaran turbao?
¿No ha visto que les he dao
a tres en la matadura?
      Porque un terutero al cuhete
salió y me vino a toriar,
y en cuanto lo hice apartar
le cerré piernas al flete.
      Lueguito, él me hizo los puntos,
pero cerquita me erró:
y ahi no más le dije yo,
20    ¡contate entre los dijuntos!
      ¡Ahi-juna! ¡si en la rompida,
cuando quiso disparar,
siete güeltas le hice dar
de una pechada fornida!
      Ni fué preciso más que eso
para del todo aplastarlo,
pues conseguí desnucarlo
tronchándole hasta el pescuezo.

VIÑALES

Mesmamente, lo hemos visto,
30    y cuasi, cuasi rompimos;

---

4 Malacara: caballo de cabeza colorada y frente blanca. (N. del A.)
16 Espoleé el caballo.

pues en la guardia estuvimos,
hágase cargo, ¡ojo al Cristo!
    Pero no quiso el teniente
que ninguno se cortara,
porque dijo: «con Vergara
para tres hay suficiente.»

**VERGARA**

Pues mire el diablo, así fué:
yo no sé diaónde salieron
otros dos que se vinieron,
40 y ya me los agaché:
que usté sentiría el ruido,
pues los dos me cerrajaron
y ni el pelo me tocaron,
tan sólo sentí el chiflido;
y al que venía puntiando,
de balde me hizo gambetas,
le prendí por las paletas
y lo dejé pataliando.
    Luego eché la tercerola
50 a la espalda en el momento,
y más ligero que el viento
amartillé la pistola,
que el último ya se me iba;
pero al tiro lo alcancé,
y en cuanto me le atraqué
lo puse patas arriba.
    De ahí agarré los fusiles
y a la avanzada volví,
y al teniente se los dí:
60 ¡qué teruteros tan viles!

**VIÑALES**

Ándese no más ufano,
que yo le he de preguntar
si así piensa retozar
de aquí a unos días, paisano,
cuando con sus doce mil,
que dice que tiene Urquiza,
nos venga a sacar la frisa.

**VERGARA**

¡Qué mecha para un candil!

## Nº 5

Buenos Aires.—Junio 22 de 1853.

CABALLEROS:

ÉSTE es el GALLO nº cinco y tarja: porque al fin, del reñidero aonde me metí he salido tan lucido como un zaino parejero, que pensó lucir su viveza bajo las caronas de un soldao terutero, el cual últimamente lo largó al pobre pingo en el bajo, aonde lo vide el otro día flaco, uñerudo y rabón; porque hasta la cola le habían comido las yeguas de pajuera. Por esta razón el Gallo, antes de quedarse enteramente desplumao y sin cola, dirá lo que decía un andaluz:

Abur, Perico,
ahí te mando ese Gallo
que clava el pico.

ESTA NO ES CHANZA

## MEMORIAS DE UNA AUDENCIA

### de SANCHO PANZA

GRACIAS a Dios que me he sacao el lazo del compromiso, en que me puse con el noble auditorio de esta Capital Federal y capada al gusto y satisfaición del señor don Sancho... me equivoqué: del señor don Justo quise decir, pero con el verso de la audencia le atraqué don Sancho a Vuecelencia.

Pues, sí, señores: yo les ofrecía a los puebleros, por empeño de la mocita aquella del fandango, el que les escrebería cinco Gallos al mes, los mesmos que he soltao, desiando agradar a todo bicho, y en la punta a mi amigazo el gacetero del Nacional, que me hizo el cariño de darme una música en su Gaceta para acreditarme con el porteñaje cuando yo solté mi primer Pollo.

Yo no sé si el amigo Nacional se dará por bien correspondido del Gallo, pero se me afigura que los caballeros alistados a mi gaceta, ni naides podrá quejarse, diciendo que Aniceto anduvo lecheriando para escrebir los cinco Gallos prometidos al mes, desde que en el nº 1 les largué un Pollo de ley, y luego cuatro Jacas hasta la presente: y

---

5 Uñerudo: con una llaga o úlcera en el lomo por haberlo ensillado mucho. (N. del A.)
17 Lecheriando: mezquinando. (N. del A.)

20 toda esta fatura por diez pesos que, en el día, de alfalfa
se los almuerza cualquier Diputado del Congreso.

¡Ah, hombres tragones! Lo mismo que el Diretor: con
sólo la diferencia de que entre todos los congresudos
pueden tragárselo a Vuecelencia, pero don Sancho...
¡dale con don Sancho!... el Diretor solo, redepente se ha
de tragar a todos los diputados. ¡Qué buche!

De ahí resulta la grandísima afición que Vuecelencia
le tiene a la Gobernaduría de Buenos Aires, aonde hay
tan buenos bocaos, particularmente pichoncitos; y por
30 eso el hombre se lambe por venirse a gobernar en la Capital hasta las Conchas de un lao, y por el otro hasta la
Ensenada: con arreglo a la capadura de nuestra Provincia
y por la Custitución de moquillo ha hecho el divino
Congreso del Carcarañá para llenar los deseos del organicista.

> ¡Qué brutos son los que dicen
> que la Virgen es la luna!
> ansí son los congresudos
> que sueñan la capadura.

¿Conque, nada menos que la Capital hasta las Conchas?... ¿y la Ensenada? ¡Friolera! Y los gauchos porteños que tenemos a gala en ir a pasiar a nuestro Buenos
Aires, ¿por qué nos quiere apartar? ¡Han visto! a la
40 cuenta será para que V.E. se venga con su general Cres-
pín y el gobernador Babas a retozar en la tierra de los
generales porteños guapazos que peliaron noblemente
por la gloria y grandeza de Buenos Aires; y que nunca
sembraron choclos ni zapallos en nuestra provincia para
venderlos ellos solos, y privarles ese recurso infeliz a los
pobres paisanos, como los generales de aquel lao del
Paraná. Vaya, vaya pues, no es nada el tamaño de la
Capital que quiere para su recreo el señor don Sancho:
¡qué majadería!... el señor don Justo.

50 Entonces: si el hombre se acomoda en una capital de
este trecho, el diablo que le dé palmada ni lo pille a
tiro para merecerle una audencia de aquellas que supo
dar antes de hacerse Diretor, cuanto redepente se acomodó de Gobierno en las casas y en la mesma silla del
viejo Restaurador don Juan Manuel.

¡La pu...janza, el modo de dar audencia que usaba
el Diretor de Buenos Aires entre la porteñada! oigan
cómo las daba; y esto es la verdad peladita.

Pues, señor: un día, allá por el mes de mayo del año
60 pasao, como a las once de la mañana, desde Palermo,

---

34 Carcarañá: río caudaloso de la provincia de Santa Fe. (N. del A.)

V. E. se largó de poncho, y llegó a la casa principal del
Restaurador.

Se apió el hombre en la puerta, y de poncho no más,
como por su casa, se coló echando plantas y sin mirarle
a la cara a naides.

Al verlo entrar medio atufao, todo el mundo le sacó
el cuerpo y el sombrero, y así que pasó el zaguán, atrás
de él, pero en puntas de pieses, se largaron como sesenta
pretendientes de todo pelo y edá, siguiéndole el rastro
70　hasta el fondo del caserío, aonde trepamos todos por una
escalera enroscada: y allí arriba Vuecelencia se entró
a una sala con las paredes platiadas, y atrás de una mesa
muy linda y muy grande había una silla lucida de pana
colorada, en la cual el señor Diretor se sentó medio como
envaretao y dijo que: ENTREN TODOS.

¡Ah, Cristo mío, si esa audencia fué cosa de reírse y
de llorar! Yo estaba medio cerca de la puerta, cuando a
la voz de «ENTREN TODOS» atropellaron como unas quince
viejas que me llevaron por delante hasta adentro, y en-
80　tonces vide que Vuecelencia frunció el gesto al ver las
veteranas; pero, así que comenzaron a entrar las muchachas, se alegró el señor Diretor y le bailaban los ojitos.
Luego entró el machaje de todo tamaño, y otra güelta
Vuecelencia se puso seriancón, y templando el pecho dijo:
«siéntense».

A la voz de siéntense, las mujeres, por ganar las sillas
que estaban junto al señor Diretor, se amontonaron y se
sentaron como jugando a la gata parida, siempre a vanguardia las más veteranas: entretanto las mozas se que-
90　daron más atrasito, cosa que le desagradó al Diretudo.
Luego los hombres nos quedamos en pie y formaos hasta
de a cuatro de fondo, esperando que nos llegara la audencia y sin resollar naides. Y yo atrás de todos sin pestañar.

Al fin me llamó la atención el oir que Vuecelencia
le dijo a una señora de las más allegadas a la mesa:

—¿Qué quiere usté, señora? vamos a ver.

—Señor. Yo soy la infeliz viuda del coronel...

—Bueno: si es viuda, déjese de lástimas. ¿Qué se le
ofrece?

100　—Señor: permítame Vuecelencia explicar...

—Está bueno: diga de una vez.

—Señor general: solicito algún socorro por cuenta de

62 Restaurador: Rosas acostumbraba decirse siempre el restaurador de las
leyes. (N. del A.)
66 Atufao: ceñudo, enojado. (N. del A.)
83 El machaje: los hombres reunidos. (N. del A.)

mi viudedá y en consideración a los servicios de mi finado... esposo, en la guerra de la Independencia.

—¡Umb!... ya salimos con la independencia: y ¿a
quién le sirvió su marido?

—Señor general, mi esposo sirvió a la patria con los
generales Belgrano y San Martín.

—¡Umb!... y ¿aónde murió su marido?

110    —Señor: desgraciadamente en Montevideo.

—Y ¿a qué se fué a Montevideo?

—Emigró, señor, porque lo perseguía el general Rosas.

—¡Ésa es mentira, señora! El general Rosas no ha
perseguido a naides. Y si su marido se fué a los salvajes
de Montevideo, para unirse a los gringos, vaya usté a
que la socorran en Montevideo...

Entonces la pobre señora, tragándose la saliva, dió
un suspiro, y se salió al tiempo que Vuecelencia le preguntó a un oficial porteño:

120    —Y usté, ¿qué anda queriendo? ¿ya viene por la oveja?

—Señor, vengo de necesidá a pedirle...

—¡Para tomar caña! ¿eh? lárguese, no embrome.

El oficial dió media güelta, y alzó moño con la cara
larga, cuando otra señora con dos niñitas se acercó a
Su Ecelencia, porque éste la llamó y le dijo:

—¿Qué busca usté con estas muchachitas?

—Exmo. Señor: vengo con ellas a implorar la clemencia de Vuecelencia, porque son güérfanas y desamparadas.

—¿Güérfanas? ¡hay tantas! y ¿cómo son güérfanas?

130    —Señor: porque el infeliz padre de estas niñas fué
degollado en el año cuarenta, junto con el coronel Linche y otros desgraciaos...

—Bien hecho: por salvajes unitarios. Vaya con Dios,
señora, no me venga con cuentos atrasaos.

Y la pobre señora se largó asustada, como sacando a
la rastra a las muchachitas, que salieron abriendo tamaños ojos y chupándose el dedo.

—¿Y usté? (dirigiéndose a otra señora bizarrota):
¿qué quiere, señora?

140    —Señor: desearía hablar a Vuecelencia reservadamen-
te, porque aquí hay tanta gente...

—Déjese de reserva; en mi audencia no acostumbro
tapujos, hable claro y pronto, ¿qué quiere?

—Pero, señor general; por lo menos permítame Vuecelencia hablarle despacio.

---

115 Gringos: nombre con que se designa a los extranjeros. (N. del A.)
131-2 Linche: el coronel Francisco Lynch (1795-1840). Fué apuñalado por
hombres de Cuitiño. Éste, después, según Rivera Indarte, "se presentó en casa de
Rosas haciendo alarde de sus manos teñidas en sangre".

—Umb!... ¡qué misterio! bueno, hable como quiera.

—Señor: (le dijo despacito), yo soy la viuda de fulano a quien Vuecelencia ha conocido.

150 —¡Ché! ¿usté es la mujer del salvaje unitario fulano, que se pasó a los franceses de Montevideo para venir con los extranjeros y peliar a don Juan Manuel Rosas? Váyase, señora, y dé gracias a Dios de ser viuda, porque su marido en eso fué un pícaro traidor.

—¡Pero, señor! Mi marido entonces creyó justo hacer lo mismo que Vuecelencia ha hecho ahora, trayendo a los brasileros para pelear con los argentinos, y para voltiar a don Juan Ma...

—¡Cállese la boca, la salvajona!... ¡Venga uno y eche a la calle a esta desvergonzada! ¡habráse visto grandí-
160 sima...!

Y la señora se salió muy fresca dejándolo a Vuecelencia caliente, a punto que con los ojos cuajaos de sangre le soltó una mirada a un mocito pueblero que estaba por delante de mí, al cual le preguntó el Diretor muy retobao:

—¿Y usté, mocito, qué quiere?

—Vengo, Exmo. Señor, en representación de las seño-ras propietarias de los terrenos en que Vuecelencia ha mandao establecer el campo de inválidos, y...

170 —¡Ah, grandísimo pícaro! ¡Tinterillo! mándese mudar a escrebir artículos demagogos en el Nacional. ¡Miren qué traza! —Y el mocito salió al trote con el rabo entre las piernas y riyéndose de miedo o de la audencia. ¡Qué barbaridá!

—¿Y usté (a una federala): vamos a ver: ¿qué quiere?

—Señor: vengo por la razón de que yo hice una pre-sentación para Vuecelencia, pidiéndole que por los atra-saos de mi dijunto, que murió en la banda del señor don Juan Manuel, peliando contra los salvajes en el sitio de
180 Montevideo, el que se me pagaran esos atrasaos; pero como Vuecelencia le ha puesto a mi presentación: «Archí-vese», los escrebientes de abajo no me quieren largar ni la plata ni el papel.

—¿Y yo, qué tengo que hacer con lo que don Juan Manuel le debe a su marido, ni qué darle a usté por los atrasaos?

—¿Cómo no, señor? Si Vuecelencia mesmo le ha pues-to la cosa de Archívese.

—Pues bien: si yo le he puesto esa cosa, mejor para
190 usté. ¡Vaya con Dios!

---

163 Mocito: fué el joven doctor don Manuel Gazcón. (N. del A.)

—Pero, señor ¿y cómo he de hacer, si no me largan ni la plata ni el papel?

—Amuélese. ¿Ya sabe?

—Pero, señor: y ¿quién me paga entonces?

—Vaya a que le pague su agüela la tuerta.

Y la pobre federala salió mirándolo de medio lao a Vuecelencia y con la boca cerrada, pero inflando los cachetes como cuisito; a la cuenta lo iba pu...ti...ando al Diretor: que no se fijó en ella porque se dirigió a un jefe que allí estaba, con traza de veterano, y le dijo:

—¿Y usté quién es, y qué busca?

—Señor general, soy el comendante Tal que tengo 25 años de servicios a la patria, y que últimamente hice la campaña de Caseros en el ejército a las órdenes de Vuecelencia, y hasta ahora no he sido socorrido.

—¡Umb! fundillos caidos, ¿eh? Siempre pedigüeños: aguante, amigo, como aguantan los buenos federales servidores de la patria.

—Sí, señor: pero Vuecelencia no sufre lo que yo a la par de mi pobre familia.

—Cállese: no sea atrevido. Mándese mudar. ¿Oye? y, ¡cuidao! —Al momento se salió el hombre con tres cuartas de narices y sin más replicar.

Luego el Diretor le preguntó a otra señora de ojos azules, pero madura:

—Vamos a ver a usté: ¿qué se le ofrece, señora? —Y ésta le habló bajito al Diretor, quien le atajó luego la palabra diciéndole:

—Eso no es verdad, señora: su marido, cuando fué gobernador, fué un traidor a la causa de la federación, y vendió su provincia a los porteños; y los hijos de usté fueron unos malevos, que el uno anduvo haciendo diabluras con Lavalle y el manco Paz, hasta que el general Rosas lo agarró y lo mandó afusilar... en lo que hizo muy bien; porque así manda la ordenanza, que a los oficiales resertores los afusilen. Y a su otro hijo lo mató Fulano, en tal parte: bien empleao, por barullero; y últimamente toda su familia era y será salvaje unitaria. Conque así, vaya con Dios, que yo no puedo atender sino a los federales; y... vení, arrimate vos (le dijo a un soldado militar): ¿qué querés?

198 Cuisito: conejito fino. (N. del A.)

218 Su marido: el señor Tarragona, gobernador de Santa Fe. (N. del A.) El capitán Tarragona, fusilado en San Nicolás de los Arroyos el 16 de octubre de 1831.

221 Malevos: a esos oficiales los conoció el Gallo, y sabe que fueron dos santafecinos valientes que pelearon en toda la guerra del Brasil como buenos argentinos, y que no fueron malevos. (N. del A.)

222 El manco Paz: el benemérito general Paz. (N. del A.)

—¿Quién? ¿yo, mi general?

—Sí, vos. Ya te conozco: sos de los pedigüeños de Gualeguaichú, ladrones de caballos: y, ¿qué andás haciendo
en el pueblo?

—Señor: esta mañana he salido recién del hospital,
aonde he estado enfermo; y, como me veo tan atrasao
de ropa, venía...

—¿Y dónde has echao la ropa que trajiste de Entre-
Ríos? o ¿no trabajaste allá para vestirte y hacer la cam-
240          paña?

—Sí, señor: allá vendí una yuntita de güeyes que
tenía, y con eso me acangallé; pero, como me lastimaron
en la aición de Caseros, se me perdieron las maletas con
ropa y todo.

—¡Umb! y ¿cómo no has robao otras maletas?

—¿Cómo podía, pues, señor, estando lastimao? y luego
en el ejército naides puede trajinar: si no, Vuecelencia
los dijuntea a los vivos.

—Está bueno: andate no más; después platicaremos.
250          Alléguese usté, paisana, le dijo en seguida a una medio
moza que se le puso al frente: y... ¿qué trai? vamos
a ver.

—Yo vengo, señor general, a pedirle justicia contra
un barquero europeo, que hizo un trato conmigo de unas
carretas, que a nombre de Vuecelencia me llevó para
Entre-Ríos, y ahora recién ha vuelto el barquero y no
me quiere pagar, y por eso venía...

—¿No le paga? está bien empleao, para que no se
meta a tratar otra vez con los gringos, habiendo tantos
260          criollos con quien ajustarse.

—Pero, señor. ¿Cómo es eso de con los gringos? porque mi marido era gringo, y muy hombre de bien, y
muy servidor en esta patria, sin hacerle trampas a naides;
de suerte que yo...

—De suerte que, mándese mudar: ya le dije.

—¡Josús! ¡Josús de mi alma! ¡qué gente tan majadera!
dijo luego una vieja de antiojos y traza de hurón que se
vino arrimando a la mesa, y a la cual el señor Diretor
le dijo:

270          —¿Diaónde sale? ¿Cómo está?

—Para servir a Vuecelencia, Exmo. Señor general.

—¿Qué anda haciendo?

—Ando, Exmo. Señor, en muchísimos trabajos: ¡sea
todo por Dios! Esta mañana me vine a oir misa a San

---

232-3 Gualeguaichú: pueblo de la provincia de Entre-Ríos. (N. del A.)
248 Los dijuntea: los manda fusilar. (N. del A.)

Francisco, para de allí cruzar a la botica del inglés a comprar este frasco de espíritu de Léter, que es santa cosa para los acidentes; y luego vine al mercao a tomar esta docena de güevos para hacerle remedios a la niña menorcita.

280 —¡Umb! ¿a cuál niña?

—A la de quince años, señor general, ¿no se acuerda Vuecelencia que le dió un ramito? Pues desde esa ocasión está la niña muy enfermita de una especie de pocondría, tan triste, que dicen los médicos que no se quitará sino sacándola a pasiar continuamente, y en coche, por esos recreos de Palermo.

—Pues bueno: cúrela y sáquela a pasiar por allá.

—Pues no la he de curar... ¡madre mía y señora del Carmen! para asistirla estoy haciendo unos sacrificios...

290 —Hace bien, cuídela, cosa que sane pronto... y ya le digo, llévela a pasiar.

—¿Por Palermo, señor? y ¿cuándo?

—Cuando le dé la gana.

—Muy bien, Vuecelencia, la llevaré así que se amejore, aunque tengo miedo que me la muerda, señor...

—Si ya no muerde Purvis: gruñe no más; vaya sin miedo.

—¡Josús! yo le tiemblo al Purvis; pero con la siguranza que Vuecelencia me da, iré más animada.

300 —Está bueno: vaya con este hombre. —Venga, coronel.

—Señor.

—Vaya con esta señora; diga que le den una orden para que la remedien con quinientos pesos por lo pronto.

—¡Josús de mi alma! ¡qué ángel del cielo es este libertador! Dios lo conserve eternamente; dijo la santulona, rumbiando atrás del adecán para un rincón, aonde estaba la ofecina de los quinientos... Y fué el caso que después que entró el adecán, cuando iba a colarse la vieja, la atropelló un ternero (me pareció), y era el

310 perro Purvis que venía al trote, arrastrando una guasca con una lazada en la punta. El mastín, apenas olfatió a Vuecelencia, cerca de la vieja no más, pegó un gruñido, y abriendo tamañas quijadas espantó fieramente a la veterana: la cual, queriendo juirle, metió una pata en la lazada del cabresto de Purvis que, al sentirse sujetao, en primer lugar, del tirón despatarró a la vieja y sobre

283-4 De pocondría: de hipocondría. (N. del A.)

296 Purvis: le llamaba Urquiza a un gran mastín que siempre lo acompañaba, y mordía a muchas personas. (N. del A.)

316-7 Sobre el lazo: volverse o venirse pronto sobre cualquier objeto o persona. (N. del A.)

el lazo se dió güelta, y le pegó una sacudida de mordiscones, revolcándola sobre el frasco y los güevos rotos que
habían estao podridos.
320     Por último: mientras Vuecelencia se reía y mandó
sacar a Purvis de encima de la vieja, el resto del auditorio salió despavorido, echando diablos, y yo en la punta:
concluyendo la audencia de un modo espantoso por la
aparición del famoso Purvis, rastreador y mordedor como
el señor presidente NONATO de la Capital hasta las
Conchas.


## CUATRO PREGUNTAS

*que le hace al Director un granadero del 1er batallón de línea
de Buenos Aires.*

PERO, dígame, señor:
¿qué hace en San José pintando,
después que echó la balaca
de que venía a tragarnos?
¿Cómo es eso, Diretudo?
¡qué! ¿trata de andar gauchando
por las orillas no más?
¡Vean qué andarse empacando!
entonces, ¿cómo presume
10   venir a diretoriarnos?
y si nos reimos al fin,
se ha de salir enojando.
Endurezca y atropelle,
mire que si anda lerdiando
puede que le rezonguemos
el día menos pensado,
y también que lo saquemos
hasta su tierra mosquiando.
    ¡Vaya, vaya! Y... digamé:
20   ¿de miñoca, cómo andamos?
ya sabe que el porteñaje
está todo acostumbrao
a tener mucha moneda,
y a gastarla voraciando;
y asigún lo que me cuentan
los que se vienen pasaos,
Vuecelencia anda flacón,
o fingiéndose atrasao:
y siempre haciendo promesas;

20 Miñoca: dinero. (N. del A.)

30 pero, yerba, ni tabaco...
no les da a esos infelices.
No sea, pues, tan ingrato;
lárguele a esa pobre gente
siquiera para cigarros,
que, a costa de ellos, bastante
Vuecelencia ha manotiao;
o al menos dénos licencia
para medio remediarlos:
cosa que haremos a gusto,
40 porque al fin somos paisanos,
y «entre güeyes no hay cornadas»;
y luego por este lao,
a decirle la verdá,
no estamos tan desaviaos.
Pero, allá, sus teruteros
da compasión el mirarlos;
y en prueba de la evidencia,
atienda el siguiente caso:
A la Casa de Gobierno
50 fuí el otro día buscando
cierta cosa, y al entrar
vi que estaba tiritando
el centinela en la puerta;
y eso que estaba abrigao
con dos ponchos ¡superiores!
buena casaca de paño,
una gorra, ¡cosa linda!
pantalones y zapatos.
—Conque, yo le pregunté,
60 ¿por qué tirita, paisano?
y el mozo me contestó:
—Quite, amigo; si me ha dao
chucho de ver a ese pobre:
y me señaló un pasao
que acababa de llegar,
y allí estaba acurrucao
en un rincón del zaguán,
temblando como un pelao:
y esa mesma tardecita
70 lo vi al pobre acangallao.
¡Infeliz! Y digamé,
señor Diretor. ¿Qué diablo

---

36 Manotió: robó. (N. del A.)
64 Un pasao: un soldado de Urquiza, pasado a las filas de Buenos Aires.
(N. del A.)

le ha hecho el coronel Pinedo
viniéndose con los barcos?
¿Cómo es eso que la escuadra
también se le ha resertao?
¿ya empieza el resfaladero?
      Pues, señor, eso está MALO!
no se deje trajinar.
80    ¡Qué! ¿no puede sujetarlos
ni con la Custitución?
¡Ah, criollos! ¡si son el diablo
para eso de someterse
a un presidente guarango!
De balde por allá ajuera
lo andan algunos palmiando:
créame lo que le digo:
eso es para embozalarlo.
Ya le alvierto que lo engañan
90    los porteños, y que al cabo
los de afuera y los de adentro
se han de unir para aventarlo
a la loma del Infierno;
pues todos, desengañados,
vemos ya que Vuecelencia
es también ¡FUNDILLOS CAIDOS!
desde que no se nos viene
y nos larga un ¡VALE CUATRO!
¡juerte! a ver si nos asusta;
100    y estamos viendo, al contrario,
que allá en San José de Flores
se lo pasa cabuliando
con su recua de dotores
que lo siguen enredando:
que yo, en su lugar, patrón,
a todos esos bellacos
se los mandaba a Videla
o a Benítez amarraos,
para que éstos los foguiasen
110    a la par de sus soldaos,
a costillas de los cuales
echan plantas esos diablos
congresudos enredistas.

73 Pinedo: el coronel José María de Pinedo (1795-1885).
96 Fundillos caídos: así llamaba Urquiza a los soldados viejos. (N. del A.)
101 San José de Flores: pueblo al Oeste de Buenos Aires. Ahora es parte de la Capital Federal.
108 El teniente coronel Mariano Benítez (1832-1870). Murió en la batalla de Santa Rosa.
113 Congresudos: diputados del Congreso. (N. del A.)

Véalos si se han turbao
eligiendo a Buenos Aires
de capital, calculiando
venirse a la chupandina,
sin más riesgo ni trabajo
que estar tragando y bebiendo
120 y en las casas paroliando,
mientras pelean para ellos,
y se matan los paisanos
unos con otros. ¡Ahi-juna!
Nada, señor, de soldaos,
échelos a las guerrillas
a todos los diputaos,
como hacen acá en el Pueblo
con los más encopetaos.
Ahora, tocante a guerrillas,
130 creo que estará informao
que el otro día arronjó
el viento a la playa un barco,
al cual la teruterada
se descolgó a trajinarlo:
y que de acá el mayor Vila
con unos cuantos soldaos
salió de curiosidá,
pero como son tan guapos
los teruteros, lueguito
140 a meter bulla empezaron;
y el comendante Villar,
al verlos alborotaos,
salió con los correntinos
que siempre andan desganaos,
y al decirles... vamonós,
hasta en pelos se largaron,
y del primer rempujón
¡a la gran... punta! se arriaron
a todo el teruteraje
150 que hacía bulla en el bajo.
Luego, por la Recoleta,
en la barranca asomaron
los infantes tamangudos,
de Vuecelencia, y ganaron
las quintas y las zoteas,
y a balazos se trenzaron
con los Guardias Nacionales

141 El coronel Benito Villar (1818-1868). Murió asesinado.
153 Tamangudos: calzados con tamangos, zapatos muy ordinarios, viejos y grandes. (N. del A.)

del comendante OBLIGADO,
sin que éstos les recularan
160 la pisada de un chimango.
  Y por fin, mi batallón,
cuesta arriba al trote largo,
a bala y a bayoneta
a las casas nos trepamos,
y de allí hasta los corrales
como a burros los arriamos,
y nos reímos largamente
del ruido de los tamangos
que por los calcagüesales
170 iban los pobres largando.
  Antes de eso la trepada
cuasi nos costó muy caro,
porque al cruzar un portillo
por aonde salió puntiando
mi comendante CONESA,
que va siempre adelantao,
allí, por el mesmo medio
de las orejas del blanco,
un terutero alarife
180 le descargó un trabucazo,
que estornudó el comendante
con el humo del tabaco;
pero en seguida no más
le cerró piernas al blanco
y atropelló el terutero...
¡que disparó echando diablos!
  De ahi subimos a la torre,
y estuvimos repicando
a salú de Vuecelencia:
190 y por fin, al abajarnos,
un flaire de San Francisco
de gusto me soltó un pavo,
y yo al cura del Socorro
se lo largué de regalo,
por verlo tan guapetón,
que nos vino acompañando
junto con el sota cura,
que también de aficionao
se vino a la Recoleta,
200 y anduvo allí entreverao
dando vivas a la Patria

169 Calcagüesal: barrial seco y hecho terrones. (N. del A.)
175 El general Emilio Conesa (1824-1873).
178 Las orejas del caballo blanco. (N. del A.)

y alentando a los soldaos,
y sin llevar ni un facón
para algún lance apurao.
Conque, señor Diretor,
creo dejarlo informao
de todo lo sucedido,
y también aconsejao
de que... ¡abra el ojo! no sea
210     que algún mal intencionao
lo traiga un día a la Plaza
con Purvis acollarao.

### AL SEÑOR COMENDANTE DE LOS ESPAÑOLES

Pero, dígame, señor:
¿Diaónde diablos ha sacao
esa gente tan guapaza?
¡la pujanza en el ganao
que es bravo hasta lo infinito!
y no van a punto errao,
porque es: Tum ¡y muerto al suelo!
¡Vayan a matar venaos,
que eso es ya barbaridá!
10     antiyer se han dijuntiao
como ochenta teruteros;
y con ganas se han quedao,
pues se venían lambiendo
el retirarse embarraos:
así el Diretor con ellos
está tan incomodao,
que ayer dijo en San José,
fieramente retobao,
que todos los españoles
20     han de ser desgarretaos.
Conque, ya se lo prevengo
para que anden con cuidao.

EL ZURDO

### BOLETÍN EXTRAORDINARIO DE
### ANICETO EL GALLO

#### LA ÚLTIMA A VUECELENCIA

#### Y...
*Para que los de la Duana*
*del Diretor don Justo*

*tomen a gusto*
*La Mañana.*

DICEN que ayer por Barracas
cierto urquicista llegó
a un campamento, y sacó
ufano de la petaca
un cuaderno que leyó...
10      Pidiendo atención,
a la porteñada
que allí de coplada
se juntó en montón:
     Y al oír la Custitución
que entró a ler el Diputao,
el criollaje alborotao
a cantarle comenzó:
     ¡Cocorocó! ¡Cocorocó!

Entonces el urquizano
20      quiso hablar en tono tierno,
pero se volvió un infierno
la reunión, y un paisano
que le arrebató el cuaderno...
     ¡Ésta es embrolla!
dijo en seguida;
y una sumida
le dió en la bolla...
     Y el porteñaje siguió:
     ¡Cocorocó! ¡Cocorocó!

30      Como flecha a San José
guasquió el Diputao aprisa,
y llegó con la camisa
sucia de... yo no sé qué
a presentársele a Urquiza:
     Que de un rincón,
     cuanto lo vió,
     le preguntó
     con aflición:
     ¿Por qué trai tan mal olor?
40      dígame de sopetón,
¿tragan la Custitución
los porteños? —Sí, señor:
hoy se han tragao un vapor

---

5 Barracas: barrio del sur de Buenos Aires.
27 En la bolla: en la copa del sombrero. (N. del A.)

que tiene ese mesmo nombre
(contestó asustao el hombre),
y me han dicho allí a la cuadra,
que han hecho tantos empeños
que han logrado los porteños
tragarnos ¡toda la escuadra!
50 y dicen con insolencia
allá y aquí esos canallas,
que han de tener las agallas
de tragarse a Vuecelencia.
¡Por Dios, señor! no ande lerdo,
ni se atorulle por nada:
haga una cuerda ensebada
del macho aquel de su ACUERDO.
A este tiempo sacudió
las alas un gallo giro,
60 y el Diretor dió un suspiro
al sentir que le cantó:
¡Cocorocó! ¡Cocorocó!

Luego principió el choreo
del pobrecito don Justo,
quien mirando con disgusto,
para aonde estuvo el bocleo,
cuasi se ca... yó de susto;
Pues viendo el río
abandonao,
70 atribulao
dijo: ¡Dios mío!
Hoy mesmo a Gualeguaichú,
si de atrás no me bolean,
espero de que me vean
emplumar como ñandú.
Y el Diputao que escuchó
estas palabras tan tiernas,
con el rabo entre las piernas
también cantando salió:
80 ¡Cocorocó! ¡Cocorocó!

## CIELITO DE UN CORRENTINO

Voy a cantar este cielo
por una tonada extraña,

44 Ese mesmo nombre: en efecto, ese día se pasó al servicio del gobierno de
Buenos Aires uno de los vapores de la escuadra de Urquiza, cuyo barco se llamaba
Constitución. (N. del A.)
63 El choreo: las quejas, los lamentos. (N. del A.)

para que lo baile un cierto
Diretor de media-caña.
   Allá va cielo y más cielo,
cielo por la Residencia;
háganme favor de hacerle
cancha para el Vuecelencia.
   No hay duda: don Juan Manuel
10   mostró que tenía tino
al ponerle LOCO al ñato,
pues le acertó a lo divino.
   Allá va cielo: ¡Rascate!
vaya mi cielo: ¡Mordete!
muchas memorias te manda
de cualquier parte Alderete.
   Diz que ajuera el Diretor
le anda temiendo a la vela,
y otros dicen de que el mate
20   le anda jediendo a pajuela.
   ¡Ay, cielo! y dicen también,
no sé si será verdá,
de que ya no sabe el ñato
aónde queda el Paraná.
   En Corrientes andan todos
con un susto, hágansе cargo:
no los vaya a lastimar
como hizo en el Pago Largo.
   Allá va cielo, mi cielo,
30   cielito, cielo, en la vida
no vas a crer, Diretor,
que correntino te olvida.
   ¡Ah, Cristo! ¡quién lo topara
por ahi, por la Recoleta,
para atracarle una mora
a la raiz de la paleta!
   Cielito, cielo, mi cielo.
¡ay, cielo del alma mía!
la correntinada dice:
40   ¡Cuándo llegará ese día!
   A pesar que, si se ofrece
la ocasión, estamos viendo
que se le duerme al rosín
y a dos laos sale muriendo.

---

6 Residencia: casa de los locos. (N. del A.)
  11 Loco: se refiere a la frase: ¡*Muera el loco, traidor, salvaje Urquiza!* Véase
Arturo Capdevila, *Las vísperas de Caseros.*
  16 Alderete: apodo del general rosista don Manuel Oribe. (N. del A.)
  35 Mora: bala. (N. del A.)

Cielo mío, pero entonces
de balde ha de hacer cabriolas;
se escapará de mi corvo:
pero . . . ¡cuándo de mis bolas!
Al fin para el Diretor
50  echaré la despedida,
y hasta que yo me le afirme
Dios le conserve la vida.
Allá va el último cielo,
cielito de la esperanza:
¡ojalá para ese día
le pese mucho la panza!

## TAPONES POR TODOS LAOS

SE SUENA de que, como el Diretor anda hoy por Palermo, olfatiando para los barcos de guerra uropeos, la Comendancia
General de Marina está atariada haciéndole poner, con los
mesmos barcos que fueron de Vuecelencia, tapones por todos
laos, desde Patagónica hasta San Nicolás y más allasito, y que
los barcos van cargaos de choclos para los empleaos de las
duanas del Diretor, y llevándoles MEMORIAS DEL BOCLEO.

## Nº 6

*Buenos Aires.—Julio 2 de 1853.*

### SÍ, SEÑOR: MUCHO ME HA DE HACER CON SU ALEZNA

Así MESMO, me acuerdo de que, una ocasión, le decía
empacao y medio encogiéndose un porteñito achurador
a un viejo entre-riano, muy quebrallón y desollador de
los corrales aonde lo amenazaba al criollito, como queriendo destriparlo con un cuchillo envenao y de hoja
enteramente muy gastada. . .
Entonces, ya les digo: el porteñito lo aguardaba empacao y como echando mano al alfajor, y cuando el viejo
le quería prender hasta la virola, el muchacho no hacía

---

48 Cuándo: Cf. para este empleo de *cuándo*, la copla mejicana:
　　　Dicen que me han de quitar
　　　las veredas por donde ando.
　　　Las veredas, quitarán
　　　pero la querencia ¡cuándo!
5 Envenao: el cuchillo al cual le envuelven el cabo con un nervio fresco para
que dure más. (N. del A.)

10 más que medio sacarle el cuerpo y decirle: —Sí, señor:
¡mucho me ha de hacer con su alezna!

Conque, así le diré yo al señor Diretor, ahora que
he sabido con siguranza de que está fieramente enojao
conmigo, pues diz que en San José de Flores, días pasaos,
Vuecelencia muy caliente le dijo a una moza de que,
si me agarra (¡y que me agarraba!) , me ha de hacer sacar
una lonja cuando menos. ¡Cristo, qué riguridá! De
modo. . .

20
Que si el Diretor me hostiga
y en lonjiarme se encapricha,
encogeré la barriga
y le diré a lo Bachicha;
¡ma!. . . ¿qué quiere que te diga?

A pesar de que pudiera agarrarme, cuando Vuecelencia entre a Buenos Aires (y que entraba), porque yo no
pienso juirle de la trinchera o de más ajuerita, y por allí
no más tanto a mí como a todos los defensores de la ciudá,
cuando el Diretor la atropelle (y que atropellaba), ¡nos
ha de encontrar firmes como palo a pique!

30 Vaya, vaya: ¡eh! ¿conque, solamente apenas quiere
desollarme? Pero, señor: ¿por qué está tan enojao conmigo? ¿Porque suelto al Gallo? ¿No decía Vuecelencia
que en esta vida nada se le importaba de ningún gacetero
del mundo? Ya se ve: como Vuecelencia es hombre tan
acreditao (para el cuchillo) desde Pago Largo hasta Vences, como desde la India Muerta hasta Palermo, ¿qué
mella le han de hacer con gacetas? aunque yo desconfío
que el Gallo le hace muchas cosquillas, porque Aniceto
les dice a los paisanos la verdá sin terminachos, y no se
40 casa con naides: sin embargo de que los apreceo a todos
siguramente más que Vuecelencia, que ha venido a em-
brollarnos con su Custitución ñata, haciéndonos matar
unos con otros. Si a lo menos y por último se volviera, señor, para su tierra a gobernar allá como le dé la gana, en
ese caso, hasta yo me empeñaría para que lo largaran. . .

Y para este empeño no le parezca que al Gallo le faltan amigos de todas layas allá ajuera y acá adentro.

De veras: pues aunque Vuecelencia presume de guapetón y ricacho, y de tener mucho partido, con todo, yo
50 que sólo soy un triste gaucho, en cualquier parte le corro
a más bien querido. Por eso le aconsejo que se largue de

22 Lo bachicha: a lo genovés. (N. del A.)
35 Para el cuchillo: para degollar hombres. (N. del A.)
35-36 Pago Largo, Vences, India Muerta: son los nombres de los parajes donde
el general Urquiza obtuvo victorias y degolló muchos prisioneros. (N. del A.)
50 Le corro: lo desafío.

una vez a su cueva y nos deje a los porteños arañarnos o acomodarnos: no sea porfiao. ¿A qué diablos está queriendo engañar todavía a los gauchos, después de lo atribulao que se encuentra con la rialada de la Escuadra?

Ya sabemos que Vuecelencia les está haciendo decir a los paisanos, el que de acá los puebleros le andan mandando empeños para que les haga la paz, para dejarlo de Diretor custitucionudo de todas las Provincias, a fin
60 de que en cuatro manotiadas nos haga cueriar todas las vacas de la nuestra y algunos gauchos de yapa. ¡Oh! no embrome, patrón.

¿Diaónde se ha creido que los gauchos porteños son mulitas, ni que Vuecelencia los ha de seguir engatusando con proclamas, y diciéndoles que no es nada el rempujón de la Escuadra, y que se aguanten como buenos federales, sin comer, sin medio y en pelota, hasta que Vuecelencia haga la entrada? Págueles, señor Diretor, mire que los mozos de ajuera bien saben ya de que el Gobierno de
70 la ciudá y todos los soldaos que la defienden, tanto los gauchos como los cajetillas, también son federales de ley; y que así como pelean parejito, lo mesmo comen bien todos los días, y andan abrigaditos con cacharpas lindas, en ancas de que, CADA SÁBADO, ¿oye Vuecelencia? cada sábado, al salir el sol, desde el primerito hasta el último de los soldaos de la ciudá reciben en su cuartel ochenta y siete pesitos para los vicios. ¡Ve, señor! Así se trata a los soldaos federales; y no con proclamas y promesas de para la entrada. ¡Qué apunte!
80 Ya presumo de que Vuecelencia me ha de hacer retrucar esta verdá, diciendo que este gobierno roba mucho, y por eso larga plata. Puede ser que así sea, aunque está en duda; pero, lo cierto es que si roba, roba para todos por parejo, lo que allá Vuecelencia se está trajinando para su buche solamente todos los cuerambres y haciendas de la campaña, sin darle un rial a Cristo, como es su maña vieja: pues todavía me acuerdo de que a los soldaos porteños y federales de doce años de campañas, que trujo Vuecelencia de la Banda Oriental a Entre-
90 Ríos, les dió apenas tres patacones a cada uno, y que Vuecelencia se tragó todos los cargamentos de pesos fuertes que le aflojó el Emperador para los soldaos federales.

Pues, así mesmo en el día, Vuecelencia y tres o cuatro de sus ahijaos se están tragando todas las haciendas y demás bienes de nuestra provincia, y en lugar de largar-

55 La raliada: la deserción de la escuadra, que se pronunció en favor del Gobierno de Buenos Aires. (N. del A.)
92 Emperador: el Emperador del Brasil.

les algunos medios a sus soldaos, les arrima estaca cuando
se ladean del campamento a calentarse por ahí, y les
suelta proclamas y promesas de para cuando la entrada.
¿Qué entrada? ¿cuándo, y quién vendrá haciendo
100    punta? ¿Vuecelencia? ¡Ja! ¡ja! ¡ja! ¡Ah, malhaya dicen
los italianos lambiéndose por conocer al Diretor yesquerudo! Luego, si Vuecelencia no puntea en la entrada,
¿quién vendrá adelante? ¿Los paisanos? Vaya, señor
Diretudo, por Jesucristo le pido otra vez que no se haga
el sarnoso, y que piense del mismo modo que piensan
muchos de los porteños que le andan al redor. Velay
cómo:

En Buenos Aires hay ocho mil Guardias Nacionales,
porteños cuasi todos y platudos en ancas de buenos mo-
110    zos. Cada Guardia Nacional tiene tres o cuatro hermanas o primas, ¡muchachas cosa linda! y de yapa cada
criollo de éstos tiene allá ajuera algún pariente o pión
de su completa amistá, y hasta de gauchiar juntos. Luego, cada muchacha tiene algún uropeo y algunas tienen
hasta cuatro o cinco, que a un tiempo les andan arrastrando la ala.

Muy bien: pues sí, señor; Vuecelencia quiere por
fuerza entrarse a nillar a los porteños y manosiar a las
muchachas, y entonces ¿qué resultará? Claro está, los na-
120    cionales peliarán por su cuenta y harán peliar a sus
parientes de ajuera y de adentro; y luego las muchachas,
las hermanas, y las parientas de los nacionales les dicen
a los uropeos: ¡Chúmbale a Urquiza! ...y de lo demás
hágase cargo, don Justo.

Cierto es que también Vuecelencia presume sujetar
la reserción del paisanaje, diciéndoles que va a entrar
a la ciudá y a darles a todos por los atrasaos, en cuanto
le lleguen los cotigentes de soldaos que le van a mandar
de las provincias, y que con ellos entonces a la fija nos
130    apretará a todos los porteños.

¡Pues no, mi alma! Eso de los cotigentes, endeveras
mete miedo.

Pero a propósito: escuche, le contaré lo que me pasó
el otro día en una comilona que tuvimos con unos cuantos de los pasaos, que esa mañana se le raliaron de Palermo; porque no fallan a lo menos de a veinticinco diarios;
y, si no lo cré, pregúnteselo al coronel don LAUREANO
DÍAZ.

115-116 Arrastrando la ala: cortejando, enamorando. (N. del A.)
128 Los cotigentes: los contingentes de soldados. (N. del A.)
137-138 Laureano Díaz: el coronel Laureano José Díaz (1811-1870). En junio
de 1853, se pasó con su división al ejército de la defensa de Buenos Aires.

Pues, como le iba diciendo: como unos quince sol-
140 daos de los del pueblo, entreveraditos con algunos pasaos
que también ya son soldaos de la ciudá y mozos platudos, nos largamos de humorada a voraciar en la fonda;
pues por acá los soldaos, cuando nos da la gana, come-
mos de fonda; porque para eso nos paga bien el Gobierno
Federal de Buenos Aires, sin echarnos tantas proclamas.

En fin, en la fonda nos tiramos de pasteles, gallina
con arroz, chicholos, y échele cuhetes, y vino superiorazo
al gusto de cada cual. El caso fué, que, en medio de la
jarana, no sé quién de la rueda dijo de que a Vuecelen-
150 cia le estaban ya por llegar doscientos mendocinos del
cotigente, como Vuecelencia mesmito lo asiguraba. Al
oír esto, saltó un corneta que estaba a mi lao medio
pesadón, y después de bostezar largo, preguntó: ¿cuántos
son los mendocinos? ¿cuántos son los mendocinos? ¿doscientos? Si no son más que ésos (prosiguió), no le alcanzan al Diretor para el gasto diario de ocho días de pasaos. ¡Ahi-juna, el corneta vivaracho! y yo creiba que
estaba mamao: y vean cómo le sacó la cuenta en la
punta de las uñas.

160 Mesmamente: el mozo dijo una verdá sin retruque;
desde que se nos vienen tantos teruteros, que yo, señor
Diretor, como sé que ya anda tan atrasao (de salú, se
entiende), hasta maliceo que para de aquí a ocho días
pudiera suceder que todos los congresudos y Vuecelencia
en la punta se nos vengan pasaos: cosa que me alegraría
muchísimo, y a pesar de que Vuecelencia anda desiando
sacarme el cuero, ya le prometo largarle un abrazo en el
momento que se nos venga mansito, dejándose de la embrolla de los cotigentes y echando a los infiernos esa su
170 Diteruría de los pantanos de Miserere, y haciendo con
su Costitución reculada lo mesmo que hizo el moreno
ladino de mi amigo el imprentero.

Aguárdese: se me olvidaba, que le manda decir el
coronel Musiú Dutil, que le dé Vuecelencia muchas memorias a la batería de la Convalescencia; a la cual, luego
que la concluyan, dice Musiú Dutil que no le ha de
hacer nada con los trucos que piensa atracarle por la
media luna al vuelo. Y allá van coplas.

---

147 Échele cuhetes: quémele cohetes, fuegos artificiales. (N. del A.)
153 Pesadón, mamao: ebrio, muy borracho. (N. del A.)
170 De Miserere: así se llaman los corrales pantanosos donde se mata el ganado
para el abasto. (N. del A.)

## CIELITO DE LA VIGÍA
### DE BUENOS AIRES

COMO se ve hasta SAN PEDRO
subiéndose a la CHISMOSA,
la otra mañana trepé
y vide allá... ¡cierta cosa!
    Mi cielo y de San Miguel,
de lo alto de la Vigía,
medio cerquita se me hace
que a FLORES viché ese día.
    Si el ojo no me engañó,

10  asiguro de que vi
otra cosa atrás de Flores
parecida a CAMUATÍ.
    Cielito y del Paraná...
debe ser por precisión
lechiguana, o cosa igual
para la Custitución.
    Eché luego una visual
al rumbo del Baradero,
y vide patentemente

20  coloriando un avispero.
    Cielito y la paisanada,
de esos laos, no tengo duda,
que al Diretor ya le han puesto
la custión fiera y peluda.
    Tendí la vista más lejos,
¡ah, ojo claro! y alcancé
a ver una disparada
en el mesmo Santa Fe.
    Mi cielo, y no fué ilusión,

30  corrían como baguales
una punta de morcillos
con traza de congresales.
    Después extendí la vista
más allá de Tucumán,

1 San Pedro: pueblo del Norte de la provincia de Buenos Aires.
2 La Chismosa: ese nombre le pusieron los soldados sitiadores de Buenos Aires
a la alta torre de la iglesia de San Miguel, adonde en la ciudad se estableció una
vigía. (N. del A.)
8 A Flores viché: al general Flores lo vi. (N. del A.) El general José María
Flores (1801-1856).
12 Camuatí: lo mismo que avispero. (N. del A.)
15 Lechiguana: especie de avispa. Panal de esas avispas.
18 Baradero: pueblo del Norte de la provincia de Buenos Aires.
24 La custión: la cuestión. (N. del A.)
31 Morcillos: caballos oscuros o tordos de color. (N. del A.)

y allí vi a los urquizanos
en los apuros que están.
　¡Ay, cielo! y de aquel ladito
vide claro a los salteños
que lo aprietan a Gutiérrez,
40　y de acá los santiagueños.
　Entonces bajé los ojos
hasta San José de Flores,
y como está tan cerquita,
¡ahi sí que vide primores!
　Cielito, y creo excusao
el que le diga más nada,
sino que vi a Vuecelencia
con dos tercias de quijada.
　Por fin, en Montevideo,
50　miré al clavar bien la vista...
patas arriba a un ministro
muy diablo y más urquicista.
　¡Ay, cielo! últimamente
vi, al colmo de mi deseo,
puesto en lugar de ese maula
a un oriental que apreceo.

## DIÁLOGO

*que tuvieron hacen pocos días dos lanceros de los del valeroso comendante Otamendi,* Zenón Núñez y Jacinto Roca.*

### ZENÓN

Conque, amigo, ¡voto-alante!
¿cómo le ha ido esta mañana?
ya lo vide allá en sus glorias
floriándose... ¡la pujanza!
mire que es arrejador.
Ya se ve, con esos maulas
¡quién no retoza!

### JACINTO

　　　　Es así:
porque está muy desganada
de tirarse con nosotros
10　toda esa teruterada,

---

39 El brigadier general Celedonio Gutiérrez (1804-1880).
　* El teniente coronel Nicanor Otamendi (1823-1855). Los indios de la tribu de Yanquetruz lo mataron a lanzazos.

desde que la tiene Urquiza
enteramente aperriada:
y aunque hay algunos pintores,
todo eso no vale nada.

ZENÓN

Por eso será que a mí
me parece tan holgada
aondequiera que se ofrece
pegarles una tantiada;
y como anda nuestra gente
20    tan lindamente montada,
y además andamos todos
rivalizando en la fama
del que atropella primero,
siempre me encuentro con ganas;
y en cuanto medio se ofrece,
ya lo ha visto, como gala
se me hace el cortarme solo,
y pegarle una sentada
al pingo entre todos ellos:
30    velay mi gloria.

JACINTO

¡Bien haiga!
Pues yo también la otra tarde,
estando en una avanzada
se ofreció un lance, y, ¡qué Cristo!
hablé al oficial de guardia
y le pedí su permiso,
porque me sentí con ganas
de hacerles una pregunta.
Me soltó a la disparada,
y ya también largué el poncho,
40    salté al tiro, y cargué la arma:
y enderecé al galopito
rumbiando a lo de Balcarza,
por aonde topé a mi alférez
que venía en retirada
con unos catorce mozos
de devisa colorada:
¿no los vido?

13 Pintores: fanfarrones. (N. del A.)
28 Una sentada: sofrenar de golpe el caballo. (N. del A.)

JACINTO

Sí los vide:
fueron los de una avanzada
que enterita se pasó:
50  pero, ¡ah, gente desaviada!
tan completa es la miseria
que sufre la paisanada
sumida en esos barriales;
y luego, tan atrasada
como está de mancarrones,
porque ya la reyunada
ha espichao toda enterita,
con la flacura y la helada
sigún cuentan ellos mesmos;
60  y luego la caballada
que le dicen de reserva,
de flaca y de maltratada
no puede con la osamenta:
¡barbaridá!

ZENÓN

Y eso es nada;
ayer yo entré a platicar
con un sargento pasao,
mozo gente y racional,
y vea lo que contaba
con toda formalidá:
70  dice, que desde el Azul
lo mandaron para acá
junto con los veteranos
que vinieron desde allá,
de los que hoy en estos pagos
no han quedao ni la mitá,
y que no se han ido todos
a la fecha, porque está
muy oprimida esa gente,
pues no dejan apartar
80  a naides del campamento
una cuadra más acá;
y luego que en el servicio
no los dejan resollar.
¿Y de miserias? ¡Ah, Cristo!
Pena me dió oirle contar

56 La reyunada: los caballos a los que se les corta la punta de una oreja, y
ésa es la señal que dice son caballos del Estado. (N. del A.)
70 El Azul: pueblo de la frontera de Buenos Aires. (N. del A.)

las hambrunas que padecen
y lo desnudos que están.
       Y en ancas, diz que los tratan
con tanta riguridá,
90   que por la falta más chica
les arriman sin piedá
más estaca y más azotes
que flores tiene un cardal.

### JACINTO

¡La pujanza! de ese modo
¿quién diablos puede aguantar?
¡infelices! ya se ve,
sólo a fuerza de crueldá
pueden medio sujetarlos.

### ZENÓN

Pues ansí mesmo se van
100   en tropillas de a sesenta,
sin que los pueda atajar
temor de ninguna laya,
cuando a los campos se van;
pero este mozo me dijo
que la gran dificultá
es hacer el arrejón
de venirse a la ciudá,
porque a todos los que pillan
viniéndose para acá,
110   al momento el Diretor
los manda beneficiar,
yéndoseles al pescuezo
como en los tiempos de atrás:
pero usté sabe, aparcero,
que empezándose a raliar
la gauchería, es de balde
el quererla sujetar.
       En vano Urquiza se apura,
los criollos se han de escapar,
120   y por más que los oprima
se le han de venir no más,
como lo hacen:

89 Riguridá: rigor, crueldad. (N. del A.)
92 Estaca: se refiere al suplicio de estaquiar.
111 Beneficiar: fusilar o degollar. (N. del A.)

JACINTO

Es verdá:
cada rato están cayendo
a presentarse en tropillas.
Hoy tempranito vinieron
como unos veinte hechos tiras,
de rotos y de mugrientos,
los que ya están remediaos:
porque como acá el Gobierno
130 apenas se le apresentan,
aunque algunos le haigan hecho
diabluras de cualquier laya
falsiándole en otro tiempo,
en el día no les hace
cargo ninguno por eso.
Al contrario, los auxilia
y los atiende lo mesmo
que a los que desde el principio
se han aguantao en el pueblo.

ZENÓN

140 Mesmamente, ansí los trata,
y yo soy testigo de eso:
porque antiyer me mandaron
a la casa del Gobierno
de orden de mi comendante
para llevar unos pliegos,
y al entrar, el corredor
reparé que estaba lleno
de los pasaos de ese día;
que allí estaban recibiendo
150 nada más que por lo pronto
cada uno trescientos pesos:
y lueguito les rodearon
una porción de puebleros,
que entraron a platicarles,
hasta que salió uno de ellos
para la calle y volvió...
¡ah, mozo lindo! trayendo
una porción de moneda,
que en papelitos de a ciento
160 a cada mozo pasao
le largó uno, y por supuesto,
últimamente, esa tarde

126 Hechos tiras: andrajosos. (N. del A.)

me encontré con todos ellos
alegres: pero, paisano,
¡diaónde poder conocerlos!
Ya se ve, todos andaban
tan lucidos y compuestos,
de chaquetas y calzones
y botas y ponchos nuevos,
170     con plata y muy divertidos,
pasiándose por el pueblo.

JACINTO

¡Lindamente! así me gusta
que traten a los paisanos;
y luego verá que todos
tocan a su desengaño,
y el que no se venga al pueblo
se larga para su pago,
golpiándosele en la boca
al Diretor entre-riano:
180     ¿no le parece?

ZENÓN

Cabal.
En fin, me voy retirando
al cuartel, porque ya es tarde
y medio me va picando
un sueñito rigular:
¿si gusta mandarme en algo?

JACINTO

Cosa ninguna. Hasta luego.

ZENÓN

Hasta la vista, cuñao.

*Enfermedá incurable del Diretor de la docena del flaire.*

DESDICHADAMENTE para la organizadura de la Confederación, con las humedades de pajuera, Vuecelencia, de
quince días a esta parte, se encuentra tan apurao y enfermo de la barriga, que nada le para en el BUCHE: y lo
han puesto en pior estado la descarga de purgas, vomi-

---

2 De pajuera: del campo afuera, lejos. (N. del A.)

tivos y lavativas que le han echao varios de sus jefes que
fueron; y los cuales al fin le han sacao el cuerpo, porque ya Vuecelencia jiede a muerto. Velay los nombres
de los que más lo han atrasao al organicista.

El coronel Pinedo, no sé qué le hizo desde Barracas,
con lo cual el Diretor, de un solo pujo, largó toda la
escuadrilla del Riachuelo.

El almirante Coe: éste le atracó con barbaridá a
Musiú Larruá; y luego el Diretor, aunque medio atorán-
dose, de golpe desembuchó toda la escuadra.

Luego de acá, el general PAZ, de lástima, y sin embargo de que en su vida nunca le dió una ración de
afrecho al Diretor, no sé qué le recetó en esta ocasión,
que don Justo José vomitó enterita la Isla de Martín
García con todos los cañones y soldaos que allí estaban,
y más tardecito una boleta grande que de Montevideo
le mandaban a Vuecelencia, cargada de pólvora y balas,
que tan escasas andan por San José de Flores: ¡infeliz!

¿Y el coronel don Laureano Díaz? éste sí que anoche
lo ha tullido, atracándole a Vuecelencia una sangría
que le hizo soltar lueguito toda la división de Chivilcoy
y trescientos caballos: y debe ser cierto, porque yo anoche
estuve platicando con el coronel Díaz y le solté un abrazo; y esta mañana ya vide a los muchachos que andaban
muy lucidos pasiando entre los suyos.

Por último, se sabe positivamente, que por atrás del
Diretor ya le andan con la jeringa cargada, para soplarle
la última lavativa con ortigas de los campos del Norte,
y en esa... el organicista largará sin duda hasta las
entrañas.

Pues, sin embargo de estos atrasos, Vuecelencia todavía hasta esta mañana contaba con los auxilios que
podía darle un amigo muy ricachón que tiene en Montevideo, llamado don Samuel Lampalagua: el mesmo
que, cuando Vuecelencia andaba en el peral, lo acariciaba mucho, pero hoy, apenas ha sabido los atrasos del
Diretor, por todo auxilio dicen que sólo le ha mandao
para cada gaucho un libro de la Biblia, y eso, a camba-
lache de Biblia por Vaca. Y por todo alimento le aconseja que COMA GALLO.

---

13 Coe: el coronel Juan Halsted Coe. Murió en 1864.
26 Chivilcoy: pueblito de campaña. (N. del A.)

## Nº 7

*Buenos Aires.—Julio 12 de 1853.*

AL RUIDO de tanto cuhete
y salva y musiquería,
y noticias y alegría,
y funciones que han habido...
  El Gallo número SIETE
(con perdón del auditorio)
le soltaré al Diretorio,
hoy que está medio aturdido:
  y que bien puede a esa jaca
10 entre-riana, tan sonada,
con una púa tapada
salirle el Gallo a reñir;
sin que sea una balaca
decir que en este revuelo
lo voy a dar contra el suelo,
y acabarlo de aturdir.
  Con esta siguridá,
allá va el Gallo, señores,
para San José de Flores
20 aonde hay cierta confusión...
  Por no sé qué novedá,
de que se ven polvaderas
por atrás... y otras frioleras
para la Custitución...

Antes de ayer domingo a las nueve de la noche, despúes
que tocaron a silencio en mi cuartel, me puse a componer este Gallo junto al fogón, cuando sentí que las campanas de Santo Domingo tocaban agonía o rogativa, que
es remedio emplumático o diplumático; y lueguito se
me puso de que a esa mesma hora algunos caballeros
estarían rogando quizás por que salga de cuidao la Di-
retutría: ¡Dios quiera! y para eso le he compuesto el siguiente argumento ensilgao, trinao y aterminachao:

Para que se diviertan los diputaos congresudos menos uno —el Sr. Dr. Zuviría* (¡y que no subía y que no entendía!)

### ATENCIÓN

AMARGUÍSIMA, apretadísima y tristísima debe serles esta
gaceta, tanto al titulao, empantanao y atribulao Diretor,

---

9 Jaca: gallo viejo. (N. del A.)
* El doctor Facundo de Zuviría (1794-1861).

organizador y manotiador, como a la pandilla de polilla
que acaudilla sin concencia Vuecelencia... y tenga pacencia; porque yo en la ocasión presente, lo único que
puedo hacer en alivio de su amargura, tristura y apretura, es largarle con suavidá, velay el número SIETE DEL
GALLO, sin más intención que la de atracarle a Vuecelencia, por el mesmo número, siete palabras las más tupero-
10 líticas (¿entiende?) de una sentencia inicutible (¿oye?)
y macacuna, que dice en siete voces por la estamborlonga esta trupefática verdá... que a la vuelta va:

*¡Justo-José, el último mono se ahuga!*

¡La pujanza en la letra que dice poco y fiero! Y yo en
ancas dígole, que la tal sentencia le cai al señor Diretudo,
tanto al lomo como al pelo, y que se me hace muy razonable la comparancia entre un mono y don Justo, que
anda presentemente arrepresentando el último gauchi-
macaco, altanero, fullero y balaquero, que en estos tiem-
20 pos todavía pretende embozalar, estaquiar, y tiranizar a
la paisanada, tan baquetiada, arruinada y desengañada,
y particularmente a los porteños; a quienes se nos ha
dejao cair el Diretor Bambolla de Mogolla o de Nogoyá,
echándola de autoridá costitucionuda, colmilluda y peluda, y, al fin, saliéndonos con todas esas gollorías
antiguallas a la cola de todos los diablos gauchi-albitra-
rios, que nos han aniquilao a guerras y pendencias al
ñudo, desde el malevo su paisano Ramírez el mentao
hasta el gran veterano Restaurador reculao.
30 Pues, sí, señor: sin la menor duda, el tal Diretor de
Mogolla es el último mono-melitar de la recua, que ha
salido a la cola de todos los de sus mañas, y como tal,
por el destino que reza la sentencia de las siete palabras,
velay que ya está Vuecelencia acorralao, trajinao y api-
chonao entre las chacras de la orilla, hasta que, si quiere
juir, se ahugue ahí no más por la cañada de las Conchas,
si antes no forcejea y se entra a Buenos Aires atrás de la
yeguada que piensa largarnos de vanguardia.
¡Ahi-juna el salvaje unitario entre-riano! ¡Si será
40 táutico y escuadronicista, y maniobrista, y cabulista!
Véanlo cómo se nos quiere venir por atrás de las yeguas.

23 Nogoyá: pueblo de la provincia de Entre-Ríos. (N. del A.)
28 Ramírez: el caudillo Francisco Ramírez (1786-1821).
40 Táutico: táctico, estratégico. (N. del A.)
41 Las yeguas: se dijo que Urquiza pensaba forzar el sitio atacando a las trincheras, pero mandando una gran cantidad de yeguas por delante de sus soldados,
para que los cañones de la plaza se descargaran primero sobre las yeguas. (Nota
del Autor.)

¡Valiente! hacerse el bagual un general tan gamonal y
custitucional. ¡Qué barbaridá! y tanto como se reiba el
Diretor de las cábulas de su amigo Alderete.

Vaya, vaya. Eso es broma, pues con todo su plan de
atacamiento y atropellamiento, es el cuento que el general Yeguarizo se está frunciendo seguido, después del
grandísimo guascazo y atraso o chaguarazo que ha sufrido su organizadura, y la capadura y la jura de su Cus-
50 titución, y sus cotigentes; por los cotigentes que de atrás
le está trajinando y desenvainando el señor general
Flores.

¡Ah, porteño superiorazo, como todos sus compañeros! Vaya unos mozos... lerdos; como los señores menestriles del Gobierno de Buenos Aires:

> ¡Mirá qué gloria!
> echarle al Diretor
> un pial por noria.

¿No es verdá, señor don Justo? Pero... ¡qué Cristo!
60 Vuecelencia es un duro en cualquier apuro, y de siguro:

> Por atrás de la yeguada
> se nos viene cola alzada,
> y acá... ¡no le hacemos nada!

Pero, escúcheme, señor: no quisiera verlo apeligrar, y
por eso le aconsejo que se acuerde de su finao hermano
el señor don Juan José. ¡Ah, hombre cristiano aquel!
siempre tengo presente cómo le decía, apenas Vuecelencia llegó a Palermo, y comenzó a manotiar y relinchar, y
bellaquiar.

70 ¿Se acuerda? El hombre le decía: —Justo, hermanito, volvete a tu tierra; no te metás a organicista de
los porteños, porque sos muy túpido, y acá en Buenos
Aires no te han de aguantar tus barbaridades.

Volvete, Justo, a tu tierra, porque, si no, te van a trajinar los porteños. Mesmamente, lo aconsejaba lindo: y
yo siento no poderlo aconsejar lo mesmo, porque ya es
tarde, y ahora la cosa de volverse a Entre-Ríos está peliaguda; por eso sólo le aconsejaré que se deje de pensar en
las yeguas, ni en andar haciéndose el murciégalo para
80 tirar cañonazos a oscuras de allá de entre los cercos; porque ¿a quién piensa matar de ese modo? ¿a las viejas o
las criaturas? ¡Infelices! ¿A las porteñas? ¡Diaónde! siendo Vuecelencia tan aficionao a las buenas mozas. ¿A los
Guardias Nacionales gauchos y cajetillas? ¡Uh! para eso

72 Túpido: estúpido. (N. del A.)

véngase clarito, al amanecer, si quiere morder, aunque
lo hagan per... der el rumbo; sin embargo que lo mejor
que puede hacer es venirse pasao y mansito, como le dije
en el Gallo número sexto. ¿No le gusta lo del sexto?
¿A que sí? ¡Cómo no! pues si le agradó y quiere entrar
90 suelto a la ciudad, haga lo siguiente...
    Como en aquel memorable 19 de febrero... (¿se
acuerda?). Muente en un pingo escarciador y que haga
sonar mucho el coscojo. Pero antes, póngase las botas
con borlas: luego la casaca chapiada, y encima acomódese aquel VERICÚ de raso colorao, que tenía un plato
de metal amarillo en las puntas y que le venía golpián-
dole en los cuadriles, ¡ah, cosa! y luego el sombrero gachón; y atufao, sin saludar a naides, se cuela por la caile
del Perú, que, si no le echa flores alguna moza, le echará
100 otra cosa más olorosa: pero, como Vuecelencia es hombre
indiferente a todo, no haga caso, aunque los criollos le
griten por la estamborlonga:

    *¡Justo-José, el último mono se ahuga!*

Carta que le ha escrebido, al momento de desembarcarse en la Costa del
Norte, el porteño José Palma, soldao del ejército del señor general Flores,
a su mujer Trinidá Leiva, que se halla en Buenos Aires.

### ¡VIVA LA PATRIA!

*Costa del Norte, 4 de julio de 1853.*

*A doña Trinidá Leiva.*

MUY DE priesa y almariao
del maldito movimiento
de la boleta, al momento
de haberme desembarcao:
    desiando saber de vos,
lueguito, mi Trinidá,
con salú y felicidá
te escribo, gracias a Dios...
    Después de andar almigrao
10  por esa Banda Oriental,
junto con mi general,
sin ladiarme de su lao...

91 19 de febrero: el 19 de febrero de 1852 Urquiza entró en Buenos Aires,
después de derrotar a Rosas en Caseros.
95 Vericú: porta bayoneta. (N. del A.)
1 Almariao: mareado por la goleta. (N. del A.)
9 Almigrao: emigrado, proscrito. (N. del A.)

Hasta hoy que vuelvo a mi tierra,
con el mesmísimo empeño
con que el gauchaje porteño
está cayendo a una encierra,
en la cual la paisanada,
y en la punta el viejo FLORES,
como siempre hará primores
20 si se ofrece una voltiada.

Pero, chinita, ¡qué frío
está haciendo tan cruelazo!
y escrebirte a campo raso
hacete cargo, bien mío.

Pues, así mesmo contento
sacudo el poncho y la helada,
y todo se me hace nada
a fin de lograr mi intento:
que es trairte con mis hijitos
30 a mi pago desolao,
pues ni yeguas han dejao
los urquizanos malditos.

Y ver mi tierra salvada
como el criollaje desea,
sin consentir el que sea
la Provincia retaciada
por un gaucho forastero
que nos quiere avasallar;
el mesmo que ha de largar
40 en estos pagos el cuero.

Él no sabe la empalmada
que FLORES le ha estao armando,
y ya se la va largando
como quien no le hace nada.

Pero es tal, y de manera,
que le ha de causar sudores
a don Justo, en cuanto FLORES
le meta la Lujanera.

Más vale que al Diretor,
50 ahi no más por Maldonao,
lo dejen solo y plantao
como poste rascador.

Porque si la entre-rianada
piensa medio endurecer,
nadita le hemos de hacer
en la primera topada.

48 La Lujanera: le llaman a cualquier carta del naipe, que un jugador diestro al barajar la acomoda de mala fe, y la hace salir o la toma en la oportunidad que le conviene. (N. del A.)

¡Pero, qué! no te aflijás:
ya al Diretor los paisanos
y sus mesmos entre-rianos
60    lo maldicen a cual más:
        y no han de querer de pavos
hacer en pagos extraños,
tras de una máquina de años
que los trata como a esclavos...
        Ese Urquiza, que pudiera
acordarse alguna vez,
de que últimamente no es
más gaucho que otro cualquiera;
y que con toda su facha
70    y su altivez y rigores,
hoy los milicos de Flores
le han de limpiar la caracha.
        Conque ansí, china, repito,
por mí no tengás cuidao,
que estoy bien acacharpao
y de nada necesito...
        Sino de darte un abrazo
cosa de que relinchés
de gusto al verme, tal vez
80    de aquí a unos días, si acaso.
        Últimamente, ya ves
que en papelitos de a cien
te mando quince, mi bien,
con los mesmos que podés
        en el pueblo hacer primores,
y comprar prendas de rango,
y luego hacer un fandango
a salú del CRIOLLO FLORES,
        nuestro general querido,
90    quien le ha de sumir la bolla
al Diretor de Mogolla
que ya está cuasi tullido.
        Después, a los defensores
del pueblo me les dirás,
que ya andamos por atrás
de Urquiza... los boliadores;
        y que al fin, si a estos lugares
lo hacen juir en un apuro,
solo yo, les asiguro,
100    que le prenderé DOS PARES.

91 Director de Nogoyá. Alude a Urquiza.
100 Dos pares de boleadoras. (N. del A.)

Conque, china, espero en Dios
que nos veremos próntito:
mientras tanto te remito
mi corazón para vos;
    y a mi suegra y a mi suegro
les darás un par de abrazos,
pues ya sé que están buenazos,
de lo que mucho me alegro.
    Y por fin, china de mi alma,
110 cuidame a los muchachitos,
y dales muchos besitos
por tu gaucho... JOSÉ PALMA.

### La última vichada y despedida del Diretor

OTRA VEZ a la vigía
hoy de mañana trepé,
y a don Justo lo viché
liando a la juria el recao;
    y que a un negro le decía:
«date priesa, por favor,
que me largo a ese vapor,
que está en Palermo fondiao.»
    Y a ese tiempo le llegó
10 de Entre-Ríos un paisano,
que le entregó en propia mano
un envoltorio en papel:
    el cual lo desenvolvió
don Justo con impacencia,
y se encontró Vuecelencia
nada menos que ¡UN CORDEL!
    «¡Cómo es esto! dijo el hombre:
¡Es posible que los míos,
los mesmos del Entre-Ríos,
20 también me quieran horcar!»
    «¡Cabal, señor! no se asombre,
dijo un cabeza melada;
se empeña la entre-rianada
en hacerlo pataliar.
    »Y hasta a mí, en la situación,
viéndolo tan cuesta abajo,
no me sería trabajo,
sino todo lo contrario:

1 Vigía: Cf. Cielito de la vigía, Aniceto el Gallo, p. 66.
4 Liando a la juria el recao. Cf. Anastasio el Pollo a Aniceto el Gallo, v. 37.
22 Cabeza melada: pelo completamente blanco de canas. (N. del A.)

«Le atracaría un tirón
30  por ñato, por revoltoso,
por bruto, por ambicioso,
y por ¡salvaje unitario!»
«¡Ahi... juna! le dijo Urquiza:
¿vos también eso decís?»
y ya le soltó a Purvís
que al melao se le prendió.
Y en seguida a toda prisa
con unos calzones raidos
el ñato, fundillos caidos,
40  para el bajo atropelló;
y atrás de él su perro bayo,
que, no hallando en el camino
a quien morder el indino,
quiso prendérsele a un GALLO
que le cantó:
¡Cocorocó! ¡Cocorocó!
Y le dió tal convulsión,
en el bajo, al triste Urquiza,
que recibió a toda prisa
50  apenas la SANTA UNCIÓN!

## Nº 8

*Buenos Aires.—Julio 23 de 1853.*

### Memorias de un Payador y del Organizador.

PUEDE ser tan vanidoso
cuanto el hombre quiera ser:
pero no es bueno decir,
de esta agua no he de beber.
Y en este mundo engañoso
cuando el hombre menos piensa,
otro le hace un beneficio
en pago de alguna ofensa.

Evidentemente, así sucede en la vida: y en estos últimos
10  días toda la paisanada, si no ha visto, a lo menos ha oído
las mentas de la juida espantable que el fantástico y
finao Diretor pegó asustao desde su campamento, atro-
pellando los pantanos hasta cair al río, aonde se azotó

---

40 Para el bajo: el bajo del río, el embarcadero. (N. del A.)

a la agua ensillao y embarrao, y, a juerza de zambullidas,
a la madrugada consiguió embocarse en una chalana o
qué sé yo.

¡Óiganle al duro y se duebla! Pues bueno; y supuesto
que todos sabemos también que don Justo el juidor no
se hubiera escapao, a no ser por los grandísimos favores
que le han hecho hasta sacarlo medio a la cincha los
Sres. Cipotenciarios Uropeos: cosa que endeveras me ha
gustao, porque esos caballeros uropeos, en otros tiempos aciagos para los argentinos, también en sus mesmos
barcos amparaban a muchísimos paisanos y los salvaban
de que la Mashorca (con perdón de la infusión) les
tocara la Refalosa, y porque yo también, viéndolo apurao, no digo a cualquier paisano infeliz, al mesmo Diretor lo hubiera alzao en ancas. Sí, señor: y digo lo que
siento.

Con todo: al reflexionar lo favorecido que se ha encontrado Vuecelencia por los caballeros naciones, se me
apresenta un cabe muy lindo para hacerle al triste Diretor un recuerdo de cierto caso, muy al caso y acorde con
la primer copla de este Gallo nº 8.

Y mucho me alegraría que con esta lecioncita, tanto
el vanidoso don Justo, como otros tantos ambiciosos y
soberbios, medio se arrosinen siquiera en vista de los
vaivienes del mundo y de la fortuna.

Dígole, pues, al auditorio, y digo la verdá: que, allá
a fines del mes de julio del año cincuenta y uno cuando
invadió don Justo José a la Banda Oriental, aonde se le
hacía el campo orégano, como que se iba a la fija con
una reserva de diez y seis mil soldaos brasileros, y dos
mil correntinos superiorazos, contando en ancas también
con la mitá de todos los orientales, y de yapa con las
tropas porteñas que estaban con Oribe aburridas de éste
y más aburridas de don Juan Manuel Rosas; entonces,
pues, el balaquero y bravo Diretor, en cuanto atravesó
el Uruguay y que se le pasó el general Servando Gómez con todos los orientales, don Justo, viéndolo a
Oribe en el refaladero, se le fué encima medio al galope
con la vanguardia entre-riana, y a pesar de que era en
lo más rigoroso del invierno, la vanguardia pegaba unas
trasnochadas de mi flor, sin oler carne ni tabaco a veces
hasta en cuatro días.

Es de alvertir que Vuecelencia, como siempre es tan
mansito para soltar órdenes, apenas atravesó el Uruguay,

---

25 Mazorca, Mas-horca: nombre que adoptó la sociedad popular o sea los
esbirros de Rosas. (N. del A.)

de la costa de Paisandú no más, ya largó una orden de palabra, privando bajo pena de la vida el que naides pudiera vender aguardiente, y ¡cuidadito!

Pero, como el general entre-riano se iba sobre el peral, ¡ahi-juna! en cada trotiada avanzaba diez leguas, de suerte que, aonde acampábamos, el vecindario no podía saber las órdenes que don Justo José había largao diez leguas a retaguardia, y mucho menos cuando la vanguardia entre-riana rigularmente ocupaba algunas veces ciertos campamentos, lueguito que los abandonaban los soldaos de Oribe.

Pues bien: un día, ahora no me acuerdo fijamente del día ni del nombre del paraje aonde sucedió el caso arriba prometido, que fué como sigue.

A poco rato de acamparse la vanguardia, sucedió que estaba Vuecelencia junto a su carpa, cuando alcanzó a ver a un tape, soldao de su escolta, el cual venía a pie medio ladiándose; apenas don Justo José le echó el ojo, ya se atufó y mandó que le trujieran al pobre tape, el cual, a la voz de «el general te llama», cabrestió todo achuchao y encogido, y sacándose luego el sombrero lo llevaba agarrao con las dos manos como apretándose el umbligo, y como hacía muchísimo frío tenía atadas las carretillas con un pañuelito viejo. Así fué como se le presentó el soldao a Vuecelencia, que al istante le dijo colérico:

—Sacate ese pañuelo de la cara, lechiguanero.

—Velay, señor, me lo saco.

—¿Diaónde venís?

—Vengo de allisito, mi general.

—¿Diaónde? decime pronto.

—Velay, señor de esa casa que está en la cuchilla.

—¿Y por qué te has apartao del campamento? ¿no sabés, hi-juna gran p... cómo se sirve conmigo?

—Sí, señor, mi general: pero la verdá, me arrimé a las casas... de hambre y por ver si trajinaba...

—¡Umb!... ahora yo te haré trajinar y que se te quite el hambre. ¿Por qué no has comido, borrachón?...

—Pero ¿el qué, señor? si al cruzar el río Negro se me cayó en la agua una tumbita, que traiba a los tientos, lo

73 Un tape: un soldado indio. (N. del A.)
83 Se les llama en nuestros campos a los paisanos que para librarse de las picaduras de las avispas, cuando van a sacar de un árbol alguna lechiguana, se atan la cara con un pañuelo o poncho. (N. del A.)
88 La cuchilla: la loma. (N. del A.)
96 Tumbita: un pedazo de carne de vaca. (N. del A.)

que se me mojaron; esto hace ya cuatro días, y como no
hemos vuelto a carniar...

—¿Y qué has comido ayer?

—Nada, señor: antes de ayer sí, de mañanita me allegué a la carpa del mayor Gómez que estaba junto con el
100  coronel Fausto, y allí me comí dos velas de sebo, lo mesmo que el mayor se comió cuatro y otras cuatro el coronel Fausto.

—Callate, ladronazo mentiroso: ¿cómo no has hallao
qué churrasquiar, y has encontrao cómo emborracharte?

—Si no estoy en pedo, señor, sino medio templadito,
y eso... porque sentía tantísimo frío, que...

—¡Umb!... ahora te haré quitar el frío y la tranca;
pero decime, ¿diaónde has sacao qué chupar?

—Señor, como llegué a las casas y no había nada más
110  qué comprar, gasté un rialito de anís, que me vendió...

—Que te vendió ¿quién? Andate ahora mesmo con
estos otros maulas, y traime acá al que te vendió aguardiente.

—Sí, señor: a la juria.

Lueguito no más salió el tape con otros tres soldaos
de la escolta, rumbiando para las casas, diaonde al ratito
volvieron trayendo medio al trote al pulpero, que era
nación, medio bozalón en castilla; quien además llegó
enteramente asustao a presencia del Diretudo, mucho
120  más cuando lo vió con casaca entorchada y con el sombrero echao sobre los ojos, que le relumbraban como
ascuas, y con las narices hinchadas de puro guapetón.
Al recibir al pulpero díjole a gritos:

—¿Quién es usté? diga pronto.

—Yo sui francé, musiú le general: a votre servicio.

—¡Umb!... acá no estás en Francia: y yo no necesito
servicios de gringo ninguno.

—Güi, musiú le general.

—Déjese de musiú: hable en castilla: ¿qué anda ha-
130  ciendo por acá?

—Bien, musiú: yo está la pulperrí que tiene la casa
sur la cuchille.

—¡Umb!... yo te daré musiú cuchíll, pícaro gringo.

—Pardone moa, musiú le general, yo no comprán.

—¡Perdón! respuenda: ¿por qué me ha hecho mamar
a este tape saltiador?

100 Fausto: Fausto Aguilar (1808-1865). Se cuenta que, al ordenar una carga
de caballería en la batalla de Sarandí, dijo a sus hombres: "Dejen los ponchos, muchachos, porque en el otro mundo no hace frío". Urquiza lo proclamó "la primer
lanza sudamericana".

118 Un nación: un extranjero. (N. del A.)

134 Perdone, señor general, yo no entiendo. (N. del A.)

—Yo no comprán pas, yo sui francé.

Yo no le pregunto si le ha comprao pan francés,
sino ¿por qué le ha vendido aguardiente a este soldao
140 borrachón?

—Bien: a present, yo antiend poquit: le soldat ma
achetá et yo lui vendu. . .

—¡Ah, pícaro tape! (al soldao) ¿conque vos le has sacao un machete a este otro diablo para que te vendiera
a la juerza?

—¡Diaónde, señor! yo no le he sacao nada al hombre;
sino que me desprendí el cuchillo para sacar un rial que
traiba entre la vaina, y con ese le pagué el anís: ¿no es
verdad, patrón?

150 —Y entonces, vos, pícaro carcamán, ¿a qué venís
mintiendo con que te han sacao machete?

—Maintenant, dijo el francés, abriendo tamaños ojos,
yo no comprán pas, parce. . .

—¡Qué mi teniente ni qué aparcero! échate al suelo:
y vos, tape borracho, degollalo aquí mesmo a este gringo,
para que sus paisanos apriendan a respetar mis órdenes.

Como al vuelo desenvainó el tape un alfajor de dos
tercias, y con la zurda quiso echarle la garra al francés,
que en cuanto conoció el peligro, todo atribulao y llo-
160 rando (repito que esto es verdá), se tiró al suelo, y se le
prendió de las patas pidiéndole clemencia al Diretudo.
Al mesmo tiempo el mastín Purvis también se le afirmó
en un costao al afligido musiú, y del primer tarascón le
arrancó media chapona con camisa y todo, y de yapa una
lonja del sobre costillar.

Entre tanto, el tape y otro soldao más a tirones querían despegar al francés del lao del Diretudo; pero para
eso era menester arrastrarlos a los dos, porque el francés ni por los diablos lo largaba, hasta que, en fin, a la
170 cuenta el general, temiendo que el francés desesperao
lo mordiera, les mandó a los soldaos que se retiraran, al
mesmo tiempo que el infeliz pulpero, rendido de luchar
por la vida y bañao en sangre y sudor, quedó medio desmayao a los pies de don Justo José; quien apenas se vió
libre de los brazos del pobre musiú, dándole una patada
despreciable (¿se acuerda, señor custitucionero?), le dijo
estas cariñosas palabras: «¡levántate, gringo de m. . . flo-
jonazo!» . . . y luego, dirigiéndose en rueda a muchos jefes
180 que allí se juntaron a la bullanga, les dijo también el
Diretudo: «velay tienen un diseño en este gringo trompeta de lo que son de guapos todos esos franceses men-

141-142 El soldao me compró y yo le vendí. (N. del A.)
152 Maintenant: ahora. (N. del A.)

taos de paisanos de Napolión!... Sáquenlo de mi presencia, y suéltenlo, que se vaya a la gran p... que lo
p...» ¡Ah, general guapo!
     Lueguito sacaron de allí a la rastra al pobre francés,
el cual, esa mesma noche, así mesmo todo estropiao y
mordido, echó a juir campo ajuera, y al otro día me
asigura que amaneció de aquel lao del Yaguarón en
190  la costa de Portugal, como a sesenta leguas de la cuchilla,
aonde dejó abandonada la pulpería, para tener que acordarse toda su vida del Guásinton de la América del Sur.
     Ahora, díganme, paisanos: ¿se podrá presumir que
un hombre tan cruel y soberbio como se mostró don
Justo en esa ocasión, llegando a titularse el Diretudo de
la docena del flaire, y teniendo a su mando escuadras y
ejércitos y cotigentes, saliera de San José de Flores dis-
frazao de tahunero y juyendo asustao por cuatro gritos:
y echándose por fin en brazos de los uropeos, y muy
200  particularmente en los de los paisanos del famoso Napolión?... ¡La pu...rísima en el caráuter!
     En fin: Dios lo ayude en su tierra, si lo dejan ganar
a Montiel, diaonde ya el hombre no debe volver a salir a
los campos en toda su vida; porque si yo me viera en su
situación, antes quisiera ser perro cimarrón o montaraz,
y no que por ahí salieran los paisanos equivocándome
con el Diretor ESPANTADIZO.


*Ésta es la causa de los que hicieron, hacen o harán bien y mal
por lo atrasao y lo actual.*


PRIMERAMENTE: hacen mal los que piden al Gallo que
cante así o asao, porque Aniceto es gaucho independiente, y no canta al gusto de naides, sino al son de la Libertá
y por la LEY asigún la comprende; y no palmea ni afloja
a los gordos, pues el Gallo en toda su vida sólo ha comido
de lo que ha sabido escarbar trabajando, y no a costa de
los gobernantes ni de los gobernaos, de quienes sólo precisa que lo hagan respetar como a gaucho bien portao.
     Eso sí: muy bien hace el Gallo en confesar que las
10  pocas plumas que le han quedao, después de la tremolina se las debe a la Guardia Nacional; porque, si no,

189  Yaguarón: río situado en la frontera del Uruguay con el Brasil.
190  En la costa de Portugal: en la costa del Brasil.
192  Wáshington querían decirle a Urquiza algunos adulones estúpidos que lo
rodeaban. (N. del A.)
4-5  Ni afloja a los gordos: no adula a los poderosos.

lo hubieran desplumao cuantuá: y todavía ¡quién sabe! aunque ya no es tan fácil.

Los paisanos de pajuera hicieron mal, y pior lo harán si otra güelta salieran cabrestiándole a cualquier diablo revolucionario de esos que salen redepente a rejuntar gauchos como animales, para trairlos y hacerlos peliar con los puebleros, que son tan gauchos como los de pajuera, y al fin paisanos, y aparceros y parientes unos de otros: mientras que los revoltosos que arman las pendencias sacan el cuerpo a las balas, y sólo se ocupan de cueriar todas las haciendas y de tragarles por cuatro riales las sementeras de los pobres gauchos. Así pues, en adelante hará muy bien cualquier paisano, de prenderle hasta la virola, al primero que fuese a tantiarlo para armar otra revolución.

Además, harán muy lindamente los paisanos en no creer ya en opiniones, ni en que naides todavía tenga partido en esta Provincia, a no ser el gobierno que se calce POR LA LEY, a quienes los puebleros y los campuzanos debemos obedecer; y rairnos de las fantasías de algunos maulas ladronazos que rodaron fieramente junto con el Restaurador viejo, y todavía andan echándola de príncipes destronaos, cizañando y revolviendo, ganosos de volver a dominar a los paisanos a cuchillo y estaca, como los trataba en Palermo y los Santos Lugares cierto PAJARRACO fantástico, que ahora, fresquito, ha manotiao bastante y que antes era uña y carne con el tigre de los 20 años!

Por último: más que bruto debe ser el gaucho porteño que se someta a la esclavitú de naides, en nuestra tierra, aonde para agenciar cuatro pesos no falta en los campos muchísimo en que trabajar, y hay tanta nutria que cueriar y tantísimas mulitas y perdices que comer, sin robarle un güevo a naides: y por fin, el paisano más lerdo sabe jugar mal al truco, y ocuparse en eso es más razonable que hacerse matar al ñudo, mucho más cuando cualesquiera paisano bien portao vale lo mismo que un rey —por la razón y la ley—. Adelante.

Harán muy mal algunos de la manada de los alzaos y coludos en venirse a relinchar garifos por entre las casas, después de tanto que han retozao y manotiao y engordao pajuera; y harán muy bien si se escuenden siquiera hasta que se pase la escasez de lana y cerda, porque si no los nacionales y paisanos, que se han atrasao en esta trifulca, pudieran en desquite quererlos raboniar,

25 Hasta la virola: meterle el cuchillo hasta el mango. (N. del A.)
50-1 Alzados y coludos: caballos cimarrones, a los que no se los tusa.

cosa que el Gallo no aconseja ni aprobará, pero que no
lo extrañará, teniendo presente cierto refrán que dice:
¡DEL LOBO UN PELO!

60     Harán muy fiero los que manejan los títeres, si ahora,
después que se pasó el día de San Pedro y San Pablo,
recién se les antoja el ponerse a jugar a las comadres
y compadres con los mesmos que el mes pasao, cuando
fué tiempo, no quisieron divertirse con los placeros a ese
juego... ¡sino a las BOCHAS, con las cuales nos tiraban!

    Más lindo hará el Gobierno, si, por los grandes servi-
cios que ha hecho a la Patria la CHISMOSA, le manda
echar una camisa blanca encima, porque, como la infeliz
ha servido sin sueldo ni cargo en que poder pelechar,
70 velay, al concluirse el pericón, se ha quedao muda y en
pelota. Además, será bueno agradarla en razón de que
todo lo que decía la Chismosa lo averiguaba de su compañero y amigo San Miguel, el cual se lo hacía vomitar
al Diablo, como que está a la vista de que hasta hoy
lo tiene apretao; de suerte que también será bueno quedar bien con el Santo, desde que hoy en día están saliendo
algunos otros diablos, a quienes pudiera ser necesario
apretarlos, sino junto a la torre de la Chismosa, a lo
menos junto a la torre del Cabildo.

80     Hacen bien y bueno los defensores de la justa causa,
en decirles: ¡zape, diablos! a ciertos gatos montaraces o
montoneros, porque otra vez pudieran querer arañarlos
a un descuido: y no hacen mal en pedir alguna siguranza
por las dudas.

    Últimamente, la señora Junta de Representantes ayer
se ha portao muy en su lindo al hacer la nombrada del
nuevo Señor Gobernador. Y por fin: el famoso Congreso custitucionero, aunque sea juyéndose allá entre
los guaicuruces, hará muy bien si declara en alta voz
90 de que al yesquerudo Diretor lo han trajinao y fundido
en Buenos Aires, echándole las CUATRO COSAS a tiempo,
y sin más comodines ni cotigentes que:

    Las PORTEÑAS,

    La GUARDIA NACIONAL,

    La GOBERNACIÓN,

    Y la BATERÍA poderosa que le descargó el Sr. comen-
dante D. BERNABEL ESCALADA.

    ¡Y viva la jugada...! ¡y la porteñada...! ¡y la pai-
sanada!

65 Bochas: balas.
67 La Chismosa: la torre de San Miguel que era la vigía. (N. del A.)
79 Bajo la torre del Cabildo está la cárcel pública. (N. del A.)
97 El Banco de la moneda. (N. del A.) El doctor Bernabé de Escalada
(1780-1857). Primer presidente de la Casa de Moneda.

# N° 9

*Buenos Aires.—Agosto 4 de 1853.*

*De cómo fué zapallada\* la batalla de Caseros.—Planes de don
Justo para la organizadura de otra Republiqueta Urquizana,
y consejos del Gallo a los custitucioneros.*

Los PAISANOS letores y aficionaos al Gallo dispensarán el
que me haiga empacao tanto para soltarles el número 9,
en razón de haberme visto algo atrasao de salú en la
semana pasada; y así mesmo he salido algunas veces a
rastriar noticias, ganoso de saber con siguranza aónde
diablos fué a tirar la rienda el enjabonao Diretor juidor y
espantadizo; pero hasta ahora, sólo me han dicho (¡quien
sabe si será verdá!) ¡de que el hombre alcanzó a llegar a
su tierra embarcao! y, en seguida del último sustazo fres-
10 quito, que se pegó en el Uruguay, al cruzar por junto a
una boleta de guerra porteña que le tendió la ala por
esos laos de Martín García.
Al cabo, después de ese sinsabor, diz que Vuecelencia
llegó a Gualeguaichú, pueblo de su Quitapenas: y, a
pesar de que allí trató de disimular el julepe que llevaba
de la costa de Buenos Aires, no le fué tan fácil, y al fin
resolvió el desembarcarse, y se apió todo lleno de chichones, muy dolorido, y completamente machucao de resultas de tantísimo golpe que sufrió, a causa de los vuelcos
20 y la rompedura del maldito carri-coche que ajenió en
San José de Flores para su juida tenebrosa del 13 de
julio, cuando Vuecelencia por esos andurriales de las
Blanquiadas tuvo la desgracia de empantanarse como
rana, y la fortuna de saltar como un mono y prendérsele a las ancas de un chaná soldao; el cual en esa trifulca
también se asustó fiero, desde que a Vuecelencia, con
cargo y todo, de un rempujón lo echó al río con el agua
hasta el encuentro, diaonde el Diretor azorao y medio
haciéndose tortuga se echó a nadar, y felizmente, opilao
30 de agua turbia, al fin consiguió salvar el bulto en un
barco... ¡Tomá Custitución! ¡Métete con los porteños!
Después de todas esas aventuras custitucionales, me
cuentan de que, en cuanto Vuecelencia llegó a la casa
de la Comendancia en Gualeguaichú, se lavó con agua de

---

\* Zapallada: fortuna inesperada y casual. (N. del A.)
6 Enjabonado: asustado.
20 Ajenió: que tomó ajeno. (N. del A.)
28 Encuentro: hasta las ingles. (N. del A.)

olor hasta los talones; y, apenas se acacharpó de casaca
bordada y su vericú colorao, mandó armar un baile
rigularón para esa mesma nochecita: en el cual, Vuecelencia fué el primerito que salió haciendo punta, y ya
también se le agachó a tres contradanzas, pelo a pelo con
⁴⁰  dolores y todo, hasta que algo fatigadón, allá a la media
noche se les hizo perdiz del fandango, y acollarao se
largó... dicen de que a morronguiar calientito y entregao
a los deleites del dios Cupido. ¡Ah, gaucho toro!

A la cuenta, esa noche en Gualeguaichú, le darían
friegas a Vuecelencia, porque me asiguran de que amaneció algo aliviadito de los chichones, aunque siempre
dolorido y trasijao: pero, así mesmo, con dolores se sopló
en una galera y salió rumbiando a Gualeguaicito. Digo
yo que iría a salir de cuidao en su estancia mentada de
⁵⁰  San José.

Muy bueno: me alegraré que haiga llegao con salú;
y, vamos a cuentas.

Pues, señor: parece muy natural y razonable el que,
después de los amargos desengaños que lleva Vuecelencia
de la Provincia de Buenos Aires, se habrá desalucinao
y convencido de que su ponderada vitoria de Caseros no
fué tal batalla sangrienta y reñida, sino una zapallada
que tuvo de ojito o de fortuna, debida a la falsiada inten-
cional que le hicieron todos los porteños al Restaurador
⁶⁰  viejo; de quien, como decía desde muy atrás el paisano
Donato Jurao, ya toda la paisanada estaba como está
y estará hasta el pelo de aburrida y resabiada de la memoria de Rosas: y así es que lo maldicen incesantemente
al reculao tirano, como a toda su pandilla de ladrones y
despotones que, apadrinaos por don Juan Manuel, 20
años de un tirón, han aterrorizao y aniquilao esta tierra,
degollando, azotando y esclavizando a los argentinos de
toda laya, y muy particularmente a los pobres paisanos
de la campaña; a quienes cualesquier comandantón de
⁷⁰  Rosas los destinaba para soldaos eternos; y luego, por
escuadrones enteros les sacaban el guano haciéndolos trabajar en fainas y cueriadas y sementeras, sin más provecho que el de ver, al fin de sus fatigas, de que los
verdugos, jefes o gurupieses del Ilustre (algunos, no digo
todos), resultaban ricos poderosos, llenos de estancias

---

39 Pelo a pelo: sin mudar de compañera. (N. del A.)

39-40 Con dolores: alusión a doña Dolores Costa, mujer de Urquiza.

61 Donato Jurao: autor de la carta a su mujer Andrea Silva, inserta entre las
poesías que van a continuación del Gallo. (N. del A.)

74 Gurupié: falso postor en las subastas. Ascasubi emplea esta voz en el sentido
de "cómplice".

y palacios, alquiridos a costa de la miseria, las lágrimas,
la sangre y el sudor de los pobres gauchos, de quienes
esos diablos orejeros del Restaurador se creían amos albi-
trarios, como hasta ahora se presumen serlo todavía: en
80 primer lugar, el príncipe de los Santos Lugares, opulen-
to ricachón de ocho millones, quien todavía ambiciona
a humillar y sobajiar más a este pueblo desangrao, que
tantos años ha sufrido su albitrariedá y altivez, y la de
otros verdugos del Restaurador que hoy se ostentan entre
los buenos patriotas, después de la grandísima parte que
han tenido en esta última solevación, que ha costao la
vida de tantos infelices padres de familia, y la completa
ruina y desolación de nuestra campaña... ¡Malevos!

Y véanlos con el descaro con que se apresentan, en
90 esta ciudá mártir y destrozada, a disfrutar de sus robos
inmensos... Pero, si en adelante no se someten a respetar al Gobierno, y se acomodan a vivir trabajando, y
particularmente no tienen la concencia de devolver siquiera la cuarta parte de lo que le han robao a tantísimo
infeliz, el Gallo les promete a esa pandillita de ahijaos
del tigre de Palermo, y esos poquitos comandantones
que han sido tan crueles azotadores y estaquiadores de
los pobres paisanos, que los he de destapar hasta las
uñas, con pelos y señales, para que en todas partes los co-
100 nozcan, los maldigan y los acosen, echándoles hasta los
perros bravos encima.

No hay cuidao: y, como le iba diciendo al fantástico
Diretudo... Por el completo resabeo y aburrimiento de
los paisanos a respeuto de Rosas y todos los tiranuelos
que puedan salir en adelante, por eso le aflojaron en
Caseros, y don Justo salió echándola de vencedor y per-
dona-vidas; pues si allí los porteños lo hubieran peliao de
firme, puede ser que lo hubiesen basuriao o cuando
menos aventao a los infiernos: como ahora, velay, de
110 San José de Flores, con todas sus alianzas y cotigentes,
lo han hecho juir espantao tan sólo una cuarta parte
de esos mesmos porteños que le aflojaron cuando la
zapallada, pero que en esta patriada le han hecho pie
en las trincheras de Buenos Aires, a la par de los cajetillas que Vuecelencia quería tusar por domagogos, y
ayudaos lindamente por cuatro paisanos de pajuera, con
los cuales el señor general FLORES, de atrás y a su tiempo,
le largó a Vuecelencia un ¡VALE CUATRO! y con el grito

82 Sobajiar: manosear, ultrajar. (N. del A.)
86 Solevación: sublevación, motín. (N. del A.)
103 Resabeo: resabio, fastidio. (N. del A.)
108 Basuriao: tratar a un hombre como basura. (N. del A.)

no más lo zambulló en el río. —¡Óiganle al maula! Conque así, olvide su fantasía de ñaupas, y permítame proseguir tratando de otras cosas.

Últimamente: ahora... por supuesto, como ya le conozco las camándulas pulíticas a Vuecelencia, estoy maliciando que el hombre, después que medio se le haiga
pasao el susto de la juida, en cuanto se ha revolcao a su
gusto allá en su tierra con dolores y todo, ha de estar
encelao, y así lo calculeo hurguniando, y cavilando otra
güelta en el cómo restaurar la Diretería de las catorce
y pico, que se le escapó de entre las uñas, gracias a la
ciega obediencia que le prestó al Congreso Custitucionero, asigún lo declara Vuecelencia en la última proclama
que nos largó al disparar de San José de Flores: pues en
ella confiesa mansito que el tal Congreso Guaicurú le
ordenó el que se dejase de la organizadura y la retacia-
duría de la provincia de Buenos Aires y se largase a su
tierra... ¡Ahi-juna, el Diretudo embustero!

Muy lindo: pero, yo respuendo de que a pesar de
todo ese ordenamiento congresudo, Vuecelencia, como
está acostumbrado a echarla de potestá, ha de porfiar cabuliando y revolviendo, siempre tirando a calzar cuando
menos la diretería de la docena del flaire; pero también,
cuasi asiguro que todos sus maquines los ha de hacer
desde Entre-Ríos no más; porque se me hace que don
Justo José no vuelve a esta provincia ni por los diablos:
sin embargo de que no ha de faltar quien lo llame, y de
que del mesmo Entre-Ríos y de Montevideo todavía algunos liendres desalmaos han de forcejiar por ilucinarlo
con grandes promesas, a fin de hacerlo atravesar el
Paraná, aunque sea a picanazos, para venirse esos diablos
de lejos y atrás del Diretudo al manoteo de los cuerambres y los trigos; y luego, si acá la justicia anda lerdiando, entrarse a vender lo que haigan robao, como he soñao
de que lo están haciendo algunos que fueron teruteros
soberbios y copetudos, y que hoy, riyéndose de la orfandá y miseria que han sembrao, en Buenos Aires, están
haciendo bailes por las calles, de naciente a poniente.
Sí, señor, y ¡COCOROCÓ!

Ahora bueno: para que mi sueño no se vuelva una
rialidá, a los poquitos güifaros urquizanos que por acá

---

120 De ñaupas: de tiempo antiguallo. (N. del A.)
123 Camándulas: mañas, ardides ridículos. (N. del A.)
127 Encelao: celoso por amoríos. (N. del A.)
138 Congresudo: congresal. (N. del A.)
147 Liendres: pícaros. (N. del A.)
159 Güifaros: bribones, pícaros. (N. del A.)

160 se nos andan fingidamente echando por el suelo, y a los
que andan pajuera matreriando y por Montevideo cizañando, ya que tan ganosos están de tener títulos y cargos
y manoteos, yo les aconsejo que escuendan las uñas hasta
que Vuecelencia le largue todos los rollos al lazo de sus
esperanzas, y llene entonces ciertas miras que yo y muchos
paisanos sabemos que el Sr. Diretudo tenía, a resultas
para si lo desbancaban de la presidencia custitucionuda,
como lo han desbancao los porteños: y por consiguiente,
ahora las pondrá en planta.

170 A fin, pues, de que se aprovechen y pelechen a gusto
y sin riesjo los que a toda costa quieren armarlo Diretor
a don Justo José, voy a comunicarles dichas miras...
Y allá van.

Pues señor: como Vuecelencia es hombre que no gasta
tapujos, y que presume de tener mucho cacumen en el
mate para organicista, me acuerdo que en los primeros
días después de la zapallada, cuando llegó a Palermo,
aonde comenzó a barbariar y matar y manotiar, por supuesto los porteños principiaron a hinchar el lomo y no
180 querían sufrirlo ni en la campaña, ni en la ciudá, diaonde solía venir el Diretudo muy enojao a los corredores de Palermo; y allí, cuando por casualidá me topaba, pretendía sacarse la punta conmigo diciéndome:

—¡Umb!... Mirá, Aniceto: los porteños, tanto los
gauchos como los dotores y los de varita, todos son unos
bellacos, porque no me quieren obedecer (y que le obedecían), y se pierden (y que se perdían): se pierden,
Aniceto, porque los he de colgar de las patas uno por
uno (y que los colgaba) a todos, sean del pelo que
190 fueren...

«Así, podés aconsejarlos de que no anden haciendo
montoncitos, sino de que me obedezcan a mí que tengo
montón grande; porque, si me enojo ¡Umb!... ya te
digo, los he de horcar a toditos, o cuando menos me he
de largar a mi tierra (y que no se largaba), y los he de
abandonar (¡Ah, malhaya! decía yo entre mí) a que se
entiendan como puedan. Porque, mirá, Aniceto: yo no
pretiendo ni necesito para nada de gobernar en Buenos
Aires (¡mentiroso!), porque hace mucho tiempo a que
200 tengo un gran plan: y cualquier día puedo tomar medi-
das, para con mi provincia y la de Corrientes, y ciertos
arreglos que puedo hacer (y que le hacían) con el Paraguay y el Imperio, organizar en el Entre-Ríos una Repú-

185 Los de varita: los de bastón.

blica linda y juerte; y ahí tenés que entonces me reiré
de esta tierra y del mundo enterito. ¿No te parece?

—Sí, señor: le respondía yo rascándome la cabeza,
porque me daba comezón la organizadura.

Pues bien, digo yo ahora: ya que Vuecelencia tiene
tan a la fija el costitucionar una República Urquizana,
210 todos los que a sangre y fuego lo han querido hacer
Diretudo de las catorce y pico, velay tienen un cabe
para acomodarse, largándose a la República de Gualeguaicito, y allá le pueden servir de congresudos, de dua-
neros, de escribinistas, de generales y coroneles, y comendantes, ecétera: y les prometo que se pondrán las botas
con borlas, porque don Justo es hombre tan liberal para
los salarios de los empliaos, que al jefe de polecía de la
capital del Paraná le larga treinta pesos al mes... ¡cuando le paga! Sí, señor.

220 Conque así, todos los ambiciosos y revoltosos, en
lugar de andar dando cuidaos a la Polecía de esta ciudá,
pueden alzar moño y largarse a la Urquizana, aonde,
por la custitución que echará Vuecelencia, deben darles
galantías a todo bicho, particularmente a los gauchos
entre-rianos y foranios; los que pueden acudir con la
confianza de que para adelante el Sr. Diretudo les dará
siguridá de no hacerlos degollar por un chaleco, ni de
estaquiarlos porque siembren antes que Vuecelencia: ni
desterrará a los uropeos porque venden cebollas más
230 baratas que el custitucionero: ni tampoco se enojará
con los vecinos de los pueblos que compren pan blanco,
y no le compren pan negro y jediondo del que Vuecelencia hace amasar por su cuenta.

No, señor; al contrario: los paisanos podrán sembrar zapallos y maíz un mes después del Diretudo, y tomar caña todos los domingos a la oración, cada cual en
su rancho, y comer carne con cuero en las pascuas; y los
naciones podrán vender cebollas después que don Justo
haiga encebollao toda la República. Pero, eso sí, en
240 cuanto al paisanaje, cuidadito, ¡cuidadito!... en gritando
Vuecelencia: ¡a las armas! para sostener su Direturía,

211 Un cabe: una ocasión, una puerta. (N. del A.)
222 Alzar moño: marcharse, escaparse. (N. del A.)
228 Siembren: en la provincia de Entre-Ríos, el general Urquiza hacía primero que todos grandes sementeras, y las repartía en todas las casas de abasto
para que las vendieran por precios fijos y por cuenta del general que también
tenía una panadería grandísima y surtía de pan a toda la provincia de modo que
allí nadie se animaba a sembrar ni a hacer pan para venderlo al público, porque
no se enojara el gobernador Urquiza. (N. del A.)
238 Los naciones: los europeos y los extranjeros residentes en Entre-Ríos.
(N. del A.)

todo bicho, hasta los quebraos y tullidos, acudirán volando a presentársele, con las maletas llenas de ropa, buen poncho, y cuando menos una yunta de pingos gordos, como para hacer una campaña de un año sin churrasquiar en nueve meses; pues para eso antes les ha permitido sembrar zapallos, tomar caña el domingo, comer carne con cuero en las pascuas... y ¡Viva el Diretudo Costitucionudo y fundilludo!

*Cortesías de Aniceto al licenciamiento de los Guardias Nacionales de la ciudá y la campaña; y a los soldaos veteranos de Buenos Aires.*

¡Bravos Guardias Nacionales,
porteños, pechos de acero!
a quienes el mundo entero
aplaude por ternejales:
ya los tiranos fatales
de estos pueblos desdichaos,
para siempre escarmentaos
quedan por vuestro valor;
pues en alas del terror
10  han juido desesperaos.
    Será de eterna memoria
un envidiable diseño
vuestro coraje porteño
coronao por la vitoria:
como no será ilusoria
la LEY y la libertá
que sostendrán con lealtá
vuestras armas valerosas,
que ni Urquiza, ni otro Rosas,
20  ni el diablo las vencerá!

¡Valerosos Veteranos
soldaos de la sitiadura!
en cuya heroica bravura
se han estrellao los tiranos:
no más TIGRES inhumanos
altaneros rugirán
en este pueblo, aonde están
los INVENCIBLES, los liones,

245-6 Churrasquiar: comer la carne que se asa sobre las brasas y ceniza. (Nota del Autor.)
4 Ternejales: valientes, arrojados. (N. del A.)

los terribles batallones
30    que los despedazarán.

¡Guerrilleros de a caballo,
argentinos valerosos,
más patriotas y famosos
que el Veinticinco de Mayo!
en la vida cantó el Gallo
alabanzas al botón:
así tengo a galardón
en decir: —Los guerrilleros
son guapazos verdaderos,
40    y no hay duda que lo son.
        ¡MILICOS del terne FLORES,
que han espantao al más bruto,
más vano y más asoluto
de los ñatos Diretores!
El Gallo de mil amores
les ofrece su amistá,
y en ancas... una verdá
les canta por sus cabales:
y es, que de porteños leales
50    pueden tener vanidá.
        Y como gaucho que soy
de todas luces farol,
a la luna como al sol
consejos de gaucho doy.
Lo que ayer fué ya no es hoy,
que es tiempo de pelechar;
dejémonos de peliar;
vaya la guerra al infierno,
que al amparo del Gobierno
60    ya podemos trabajar.
        Que al cabo, en estos destinos
a cada paisano es fijo,
que si Dios no le da un hijo,
el diablo les da sobrinos;
y a los gauchos argentinos
que nos gusta enamorar,
para medio acacharpar
nuestros hijos, o los de otros,
aunque sea en domar potros
70    es preciso trajinar.
        Y por fin, caballerazos
los de pajuera y de adentro,

41 Milicianos del valiente Flores. (N. del A.)

en disposición me encuentro
de soltarles cuatro abrazos;
y también cuatro balazos
le veré a gusto atracar
al que nos vuelva a trenzar
en pendencias o custiones,
para sostener ladrones
80 que nos hagan dijuntiar.

*Decreto Galluno asigún la opinión de toda la Guardia
Nacional.*

*Buenos Aires. Agosto 3 de 1853.*

CONSIDERANDO aliviar más el descanso de las fatigas, al
cual son merecedores en alto grado los seis batallones de
Guardias Nacionales, después que tan brillante y justamente han sido aplaudidos y coronaos de flores por las
lindísimas porteñas; y agradecidamente licenciaos por el
respetable y patriótico GOBIERNO de Buenos Aires, al
cual los referidos seis batallones han defendido bizarra-
mente, poniendo siempre valerosos el pecho a las balas
enemigas durante el sitio reñido y sangriento que ha
sufrido esta ciudá invencible: Aniceto el Gallo y las
pollitas porteñas han acordado y decretan:
*Art. 1* De todos los argentinos, particularmente porteños, que hubiesen estao en las covachas durante el
tiempo de la pelea contra el Diretudo tamangudo; y de
todos los que fueren cayendo de la otra Banda o de pajuera, y no justificaren que se fueron sin justísima
causa, desde el 9 de diciembre anterior, hasta el 1º de
julio último, se formará un nuevo batallón de cívicos.
*Art. 2.* A este nuevo batallón se le atracará el número
SIETE que es como le correspuende.
*Art. 3.* Para que por sus grandes servicios atrasaos
pueda distinguirse de los otros cuerpos de Guardias
Nacionales, el batallón cívico número SIETE usará enas-
tada en caña tacuara una bandera de bayeta amarilla
de doce varas cuadradas; y en el centro de ella lucirán
escritas con CEROTE NEGRO las iscriciones siguientes:

*Batallón nº* SIETE *de cívicos camanduleros
y custitucioneros.*

*Art. 4.* En caso de alarma, este batallón únicamente
hará el servicio del Hospital de Mujeres.

80 Dijuntiar: matar. (N. del A.)

*Art. 5.* Se encargará del mando y disciplina del batallón número SIETE a cualquier coronel o comendante, que también sea camandulero y sietemesino.

*Art. 6.* Publíquese, ecétera, ecétera, ecétera.

**EL GALLO.**

*Las pollitas porteñas.*

## POR CARIDÁ

*Al señor jefe de polecía.*

Mi señor:

EL BOCLEO aflojó hace mucho tiempo, el Diretudo también aflojó y muy fiero. Luego, en seguidita, los sitiadores aflojaron también la presilla del lazo. ¿No es verdá? Entonces, mi jefe, ¿por qué no les manda que aflueien los mercachifles, los pulperos y almaceneros, y los del Mercao que tiran a dos cinchas? Será bueno, pues, Usía, que me les pegue un vistazo, y si se ofrece, un chaguarazo: que en cuanto a los panaderos, por ahora no se portan muy mal, sin duda por la abundancia que
10  se alvierte desde que ciertas deidades han dejao de usar mascaritas de harina de almidón. ¡Qué lindo! y perdone Usía al pobre Gallo.

## OJO AL CRISTO

EN EL día, asigún vamos,
me gusta de *La Lanceta*
la agachada, o la indireta,
Y POR FIN ¿CÓMO QUEDAMOS?
¡Ojo al cristo! no salgamos,
después de las infusiones,
con que unos cuantos bribones
que andan haciéndose mudos,
redepente cogotudos
se nos vuelvan respondones.

## AVISO DIRETURIAL

HABIENDO perdido el señor Diretudo, en su juida, a su compañero el perro Purvis, el cual dejuramente deberá andar por

---

6 Tirar a dos cinchas: tirar mucho.
8 Un chaguarazo: un latigazo. (N. del A.)

las pampas de esta Provincia, Vuecelencia afligidísimo promete premiar a cualquier congresal o custitucionero que se
lo encuentre y se lo lleve en algún vapor, dándole una papeleta para que nunca lo muerda el mastín, y en ancas una
devisa colorada ancha como sobre-cincha . Pero... ¡que se le
arrime el diablo a Purvis ni a su amo!

### Nº 10

*Buenos Aires.—Setiembre 3 de 1853.*

## LA DESPEDIDA

Por el deber en que me hallo
de mostrarme agradecido,
del público me despido
soltando el décimo Gallo:
pesares que sufro y callo,
aunque en el alma lo siento,
me obligan al sufrimiento
de enmudecer y callar,
hasta que pueda soltar
todas mis penas al viento.
    Tristes penas que, en resumen,
humilde confesaré,
tanto me lastiman que
se me ha tupido el cacumen:
de balde algunos presumen
que no canto de pereza;
pero la cosa no es ésa,
sino que cierta alcaldada
y cierta alma atravesada
me han calentao la cabeza.
    Ansí, en desquite prometo,
y en saliendo de un apuro...
que pronto saldré, lo juro
por mi nombre de Aniceto,
que en un ridículo aprieto
algunos camanduleros
y otros diablos usureros
han de encontrarse por mí;
(déjense estar)... Conque así,
adiosito, caballeros.
    Y créanme, por favor,

que no en vano cacareo,
y que si ahora renunceo
de cantar a lo mejor,
es porque soy parador
cuando apeligro rodar:
y como sé sujetar
en su lindo a mi caballo,
ansí mesmo siento el Gallo
cuando lo debo sentar.

ANICETO.

*Los reculaos.—El Ruiseñor.—El Gallo.—El requesón.*
*Bachichin.—Los pasteles.—Por las dudas.—La leche.*
*La conomía.—Comer pollo y largar pavo...*

HACE días que muy a mi gusto me busco la vida de pescador en el Mercao, y ahí mesmo la otra mañana me colé, como acostumbro, a tomar las once en una pulpería aonde, felizmente, estaba cantando un medio aparcero mío, nacional de los guerrilleros rebajaos, y mozo a quien por la buena voz de su pecho le llaman el Ruiseñor. ¡Ah, pico de oro! pero, ¡mire el diablo! en cuanto entré, y el pulpero me soltó el vaso, el mozo cantó esta copla:

10
      En un tiempo fuí fusil
      con que tiraban al blanco:
      de fusil pasé a baqueta,
      de baqueta a saca trapo...

Por supuesto, paré la oreja a la copla, y con todo, prendao de la buena voz del mozo, y como que de antemano tenía alguna conocencia con él, cuanto soltó la guitarra me le arrimé con el vaso a convidarlo, y con buen agrado le dije:
—Amigazo, me dispensará el cariño de echar un trago:
20 velay caña; y dispénseme también el que le diga en su presencia de que canta muy lindo, pero muy fiero en la letra, porque con la última copla, ¡por Cristo! que me ha pegao en la mesmísima matadura.
—¡Voto-alante! —díjome el mozo—; puede ser, cuñao, que al cuhete y sin malicia le haiga acertao en la uñera, porque como hay tantos maltrataos... y perdone; pero, en fin, me dispensará, porque mesmamente lo siento.
—Déjese de sentimientos, aparcero, entre bueyes no

25 Uñera: llaga que se le hace en el lomo a un caballo que lo ensillan con mala montura. (N. del A.)

hay cornadas: vaya otro trago, y repare que yo soy gaucho
liberal y tan manso que apenas he cosquillao con su
versito, porque casualmente también yo en un tiempo
fuí fusil y hoy paso por sacatrapo. ¡Ah, mundo! pero
en el mesmo veo a otros tan afortunaos, que antes fueron sacatrapos y redepente se nos han vuelto trabucos.

—Qué quiere, compañero, así sucede en los vaivienes
y trueques de la fortuna.

—Dejuramente: pero por lo que a mí toca, en un
trueque de los de esa ingratona fortuna, ya lo ve, me
han rebajao el talle; y, de sargento acreditao que supe
ser cuando la cosa estaba turbia, hoy, después de la claridá del alicienciamiento, he reculao a picador de carretas; pero ¡qué Cristo! ni por esas me lamento, pues como
le iba diciendo, soy gaucho albitricso y trajinista en
todo tiro.

—Por tal lo tengo, cuñao, y además se le conoce en la
laya. Velay, arme y pite un cigarro.

—Corriente; pues sí, amigazo; a gala tengo el decir
en cualquier parte que, aconforme soy criollo gastador
de plata y voraz, así mesmo, cuando me le agacho al
trabajo... soy todo un pión y hombre de bien a carta
cabal. Luego tengo la ecelencia de que en la redondez
del mundo no hay cargo que me envanezca, ni cosa que
me ilucine, mientras que con mi sudor pueda a entera
y lícita libertá agenciarme cuatro pesos, aunque sea
picaniando de sol a sol sobre el pértigo: y no se me
anden frunciendo ni haciéndome asco al verme de chiripá y emponchao entre los puebleros, porque así mesmo
soy tan gente como... velay aquellos militares veteranos
descalzos de chiripá y emponchaos, que están de centinela en las puertas del cuartel, de lo que algunos se
burlan o se ríen, porque no saben que todo eso entra
en ahorros, sí, señor. Luego, por mi derecho en buena
ley, eso sí, ni al diablo le facilito el que me suyugue a
un rigor, ni a naides el que me agarre de leva porque
¡barajo! en ese caso sin duda corcoviaré: ¿no le parece?

—Cabal, aparcero; pero, al verlo guasquiarse solo, me
está pareciendo de que usté anda calentón, porque le
han bajao el talle. ¿No es así?

—¡Ché!, ¡qué esperanza!, ni tal se presuma, hermanito. Vaya otro trago: y créame de que siendo mesmamente de los reculaos en la voltiada, eso poco se me
importa ; en primer lugar, porque nunca he pretendido

45-6 En la lava: en la presencia, en el modo de vestir. (N. del A.)
64 De leva: de recluta para hacerme soldado a la fuerza. (N. del A.)
66 Guasquiarse solo: quejándose solo y sin explicarse bien. (N. del A.)

ni acostumbro el vivir a costillas de la Patria, desde que
no soy reyuno, y luego, porque encuentro razonable lo
que a respeuto y tocante al licenciamiento me han platicao algunos puebleros acá en la mesma ciudá, sí, señor:
—Vamos a ver: ¿qué le han dicho?
—Me han dicho de que la guerra está terminada,
desde que el Diretudo se juyó.
80          —¡Ahi-juna! ¿y qué más le han dicho?
—Me han dicho de que por consiguiente, habiéndose
juido el hombre, ya por acá estamos siguros de enredarnos en otra revolución, a no ser que los gobernantes
sean lerdos o menesterosos, cosa que no hay por qué
serlo, desde que todos obedecemos y sabemos de que son
hombres necesarios para arreglar y asigurar la Provincia,
ahora que está cuasi del todo pacificada: y en esta conformidá, me han dicho por fin, que estando la Patria
en paz, los soldaos están demás, y entonces el licencia-
90     miento es rigular y preciso para hacer la conomía.
—¡Barajo! ¡qué terminacho! a ver, dígame ¿qué diablo quiere decir la conomía?
—Es requesón: comé Bachichin (díjole a ese tiempo,
en la puerta de la pulpería, un lecherito criollo a un
gringuito medio bozal y mal engestao).
—¡Requesone! —dijo el nacioncito—. ¿Cosulé requesone?
A la cuenta el criollito sería lenguaraz, porque al
tiro le contestó:
100         —Es leche cuajada, animal. Comé.
—¡Eh, Muso! duncua a lechi no me piache.
—No te empachará; comé, azonzao —díjole el lechero, metiéndole el requesón por las narices al nacioncito.
—¡Aspeta, brutui! —replicó Bachichini enojao: y
sacudiéndole al lecherito con todo un sábalo por la
cabeza, echó luego a disparar como un condenao.
Por supuesto, del sabalazo lo sentó de nalgas al criollito sobre un librillo de pasteles fritos y untaos con
miel, fatura que estaba vendiendo a la orilla de la
110     vedera una tía vieja, que, al ver su librillo partido, y
los pasteles aplastaos, se le prendió al muchacho como
una tigra, y lo empezó a zamarriar; hasta que éste también a lo desesperado le prendió los dientes a la negra
vieja que dió un chillido como una rata y largó manija,

74 Reyuno: caballo que pertenece y que lo mantiene el Estado. (N. del A.)
90 La conomía: la economía. (N. del A.)
105 Sábalo: pescado de escama, que produce el río de Buenos Aires y se
vende muy barato. (N. del A.)
109 Fatura: factura, mercancía. (N. del A.)
114 Largó manija: soltó la presa. (N. del A.)

tan pronto que el lecherito se le escapó dentre las piernas, y salió desmelenao y echando diablos con los pasteles
pegaos en los fundillos y enmelao hasta las corvas. ¡Eh,
pu...cha, que nos raimos! hasta que por fin, yo volví a
cair sobre el asunto de la pregunta de mi aparcero el
120 cantor, contestándome:
    —La conomía, cuñao, dicen que quiere decir embol-
sar y no gastar mucho. ¿Oye? y por eso algunos alegan
en el fundamento de que se suelte la gente, desde que,
como antes le dije ya, en la paz los soldaos están demás.
¿Qué me dice a esta razón?
    —Dígole, cuñao, que allá en la Paz o Cochabamba
todo puede suceder, mientras que por acá a usté también lo pueden voliar con parolas: y dígole más claro,
con perdón de la confianza, que usté facilita con bar-
130 baridá, porque cuando menos es cosa triste, después del
baqueteo que hemos sufrido, ser facilitadores y retrecheros, y que todavía nos quedemos enteramente a la luna,
cuando el Diretudo y su pandilla andan al sol, y torián-
donos con el cuchillo pelao. Cabal, aparcero, así puede
usté decirles a los que hablen de la siguranza, la paz y
la conomía, que si atrás del desparramo de los defensores que han sido de esta patriada, se nos deja cair de
golpe el custitucionero, pudiera apurarnos otra güelta,
si de pronto no echan mano de la indiada, que poco
140 gasto le hace a la patria. ¿Oye?
    —¡La pujanza en las resultas!
    —Pues sí, señor: no hay más remedio, en un pronto: y
de no, escuche una comparancia. Si usté mesmo (pongo
por caso) haciendo de patrón o de mayordomo en la
faina de un aparte, antes de concluirlo en regla y asigurar la tropa, manda desensillar o todo bicho y lueguito
suelta las manadas al campo y se queda a pie, dígame:
si redepente se le alborota el rodeo, y se le dispara la tropa, ¿cómo diablo la sujeta a tiempo? ¿en qué muenta su
150 pionada? Pues, amigo, en igual caso nos vemos, si no se
remedea el alicenciamiento tan de madrugada; pues si
cualesquier gaucho foranio nos atropella y nos pilla a
pie y desparramaos, para sujetarlo en el primer rempujón a los pampas me atengo: porque, aun cuando podamos tardecito reunirnos y apretar al diablo, sin embargo,
no siempre suele ser fácil una recogida grande y a la
juria. ¿Oye?
    —Sí, cuñao: pero también considere que el mantener

134 El cuchillo pelao: cuchillo desenvainado. (N. del A.)
141 Las consecuencias serían terribles.

un ejército nada más que por las dudas, es una barbaridá
160 por la plata que se gasta.

—¡Oh! quite, aparcero, no diga: mire qué fresquito
tenemos en la memoria, de que por haber andao ciertos
retrecheros desde muy atrás escondiendo la leche, y por
no haber sabido gastar cuatro en tiempo para sacarse el
lazo holgadamente, a lo último medio horcaos gastaron
hasta las uñas; y con todo, cuasi, cuasi nos han hecho
sucumbir. Luego, si de tal riesgo hemos salvao arañando, por la esperencia y por las dudas que no dejan de ser
peliagudas, lo mesmo será gastar diez que largar quince,
170 a fin de no raliarnos tan fiero y de poder asigurar por
todos laos los portillos, y no hacernos andar desparramaos y flacones como la leche del coco, y expuesto a que
otra vuelta el Diretudo Custitucionero, que ya anda em-
brollando con los Cipotenciarios Nutriales, se nos quiere
venir a cueriarnos: y para ese caso, no lo dude, es preciso
tener truco listo y gordo, y no largar suero: ¿entiende?

—Ahora permítame largarme, porque tengo un quehacer: pero antes, óigame un verso al colmo, para
que usté allá se los cante a los que platicaron de Cocha-
180 bamba y la Paz...

¡Cuidao!, caballerazos,
con la manía
de hacer dejuramente
la-conomía,
que al fin y al cabo
se suele comer pollo
y largar pavo.

—Y usté ¿tiene madre viva? —le pregunté luego al
Ruiseñor.
190 —La suya, sabe que sí —me respondió y se me fué.

*A las noticias del tratao del Diretudo entre-riano con los tres señores
Cipotenciarios de Francia, de Ingalaterra y de Nortemérica, se ha calentao el paisano Callejas y nos ha remetido el cuhete de más abajito.*

*Remitido de un gaucho del Sur.*

¿Conque el organizador
para juirse ha echao un terno,
metiéndose a tratador
con gente del quinto infierno?
¡Será el diablo el Diretor!
¡Quién sabe de ahi los terneros,
si por el trato han soñao
volvernos californieros,

porque a Urquiza lo han voliao
10    allá entre los teruteros!
          O si los loros britanos
     se habrán vuelto guaicuruces,
     y los menistros Musiuses
     y los norteamericanos
     nos tendrán por avestruces;
          y se habrán imaginao
     corrernos de a tres mil leguas,
     cuando de allá ni las yeguas
     atraviesan el bañao,
20    si acá no les damos treguas.
          Y si vienen, ya se sabe
     que llegan siempre aguachaos,
     y del todo trasijaos;
     y así, no es fácil que un cabe
     encuentren por estos laos.
          Conque, si hacernos por gusto
     anglo—franchi—americanos
     pretiende el ñato don Justo,
     háganse cargo, paisanos,
30    ¡cómo estaremos de susto!

Lucho Callejas.

# EL MANETISMO

*Por la valsa titulada 14 de julio, y componida por la señora
doña Josefina de Barbieri.*

### CUENTO AL CASO

     En cierta solicitú,
     antes de anoche llegué
     a la ciudá, y me colé
     por la calle del Perú...
          En un zaino parejero
     del andar de mi mujer,
     que lo aprecea por ser
     mansito como un cordero.
          Así, al principio, ¡barajo!..
10    extrañé y me hizo enojar
     el lance particular
     que les cuento más abajo.

11 Loros britanos: loros británicos. (N. del A.)
13 Musiuses: franceses.
19 El bañao: el mar. (N. del A.)
7 Aprecea: lo aprecia, lo estima. (N. del A.)

Es el caso, que esa noche,
a un trote muy asentao,
entraba yo tan holgao
como si viniera en coche;
    y redepente, quién sabe
cómo diablos sucedió,
que el pingo se me tendió
20  al sentir tocar un clave;
    y ya por el costillar
me sacó de la tendida,
entrando el zaino en seguida
a dar güeltas y a escarciar.
    Ahora lo verás, ¡barajo!
dije yo muy calentón,
y con la firme intención
de prenderle al pingo un tajo.
    Me arremango y desenvaino
30  el cuchillo; pero ¡qué!
si yo también comencé
a dar güeltas como el zaino;
    y bailando hasta la reja
de MADAMA BARBIERÍ,
fuí a dar y me le prendí
por la cintura a una vieja;
    y medio como a la cincha
la arranqué de la ventana,
valsiando a la veterana
40  y gritando: ¡ay, que me pincha!
    Malicié, y quise envainar
el cuchillo, ¡qué esperanza!
no pude en la contradanza,
ni con la vaina acertar.
    Por suerte, con el polvillo
que me echó a favor del viento
la vieja, en un movimiento
estornudé, y el cuchillo. . .
    se me cayó de la mano;
50  y al punto muy alegrona
me dijo la lechuzona:
«ya no me pincha, paisano;
    sólo siento que me estruja
un poco, pero no es cosa:
¡Ay, que valsa tan preciosa!

20 El clave: el piano. (N. del A.)
22 Tendida: espantadura. (N. del A.)
45 Por suerte: casualmente. Aún hoy se emplea esta forma en la provincia
de Buenos Aires.

¿no es verdá?» añadió la bruja.
«¡Maldita sea mi suerte!»
le dije, y quise soltarme;
pero, ¡qué poder largarme!
60  valsa, y valsa, y... déle juerte.

«Siga el compás, no se trabe,
compañeros», dijomé
la vieja, al istante en que
dejó de sonar el clave...

Y cuando precisamente
ambos nos desayuntamos,
y hechos postes nos quedamos
mirándonos frente a frente:

Hasta que la veterana,
70  de fatiga o qué sé yo,
en la vedera se echó
en cuatro pies como rana,

diciendo a gritos: «¡Josús!
¡yo en zarandeos, qué horror!
¡cuando al baile y al amor
cuantuá les hice la cruz!

¿Cómo es que ahora al son de un clave
en la valsa me he floriao?»
«Porque la han manetizao
80  con música, y no se alabe,

le contesté, porque a mí
también me ha manetizao
con la valsa que ha tocao
madama de Barbierí.»

Y por fin, a mi caballo
de un brinco me le senté,
y en cuanto me acomodé,
salí a dos laos como un rayo.

Esto es la pura verdá:
90  y el que quiera embelesarse
por gusto, o manetizarse,
compre la valsa, y verá.

Buenos Aires. Agosto 25 de 1853.


## PREGUNTO YO

Si el señor Gobierno ha decretao fresquito de que los paisanos
no puedan correr avestruces en los campos, y en esa confianza,

66 Desayuntamos: nos separamos. (N. del A.)
79 Manetizao: magnetizado (N. del A.)

redepente se nos deja cair por la campaña el Maldito Diretudo
con algunos tratadores, ¿cómo hacemos? Respuéndame alguno a ver.

## VAYAN DEPUTAOS

LISTA cócora o suplefaltas de representantes para el pueblo,
asigún la opinión de Aniceto y otros que no son gallos, pero
que son pavos.
En primer lugar:

    Yo Aniceto el Gallo.
    Mi compadre Lucas Sentao.
    Mi suegro Roque Callate.
    Mi pariente Estanislao Sordo.
    Mi tío Benedito el Mudo.
10   Mi cuñao Agapito Sueño.
    Y mi aparcero José Crispín Nalgas.
Ahí tienen deputiaos de sobra... por si faltan.

## Nº 11

*Buenos Aires.—Marzo 12 de 1858.*

## ¡OJO AL GALLO NUEVO!

    VELAY la estampa del Gallo
    que sostiene la bandera
    de la patria verdadera
    del Veinticinco de Mayo.
     El santero don Catalde
    es quien me ha hecho la fineza
    de pintarlo a toda priesa
    a lo divino, y de balde.
     Es una prueba de afeto
10   y de generosidá,
    que se le agradecerá
    eternamente...

            ANICETO.

1 Cócora: fastidiosa, burlesca. (N. del A.)
2 La viñeta al frente de la segunda serie del Gallo representaba una bandera
con el gallo sobre el asta. (N. del A.)
5 El santero: el escultor, grabador o pintor. (N. del A.)

# EMPANADA

*Para el señor general de aguas mayores y tierras menores,*
*don Usebio\* José de Urquiza.*

SEÑOR: hoy había pensao
para hoy viernes, por si ayuna
en cuaresma, mandarle una
empanada de pescao:
pero, como en el mercao
anda el sábalo a caballo
de carísimo, y no me hallo
en situación de gastar,
sólo le puedo largar
10   esta empanada de GALLO.
Tendrá, eso sí, que morder
si acaso el hambre lo apura,
porque el gallo es ave dura
para dejarse comer.
En fin, si le dan qué hacer,
las presas échelas juera,
que allá mi recao pudiera
gustarle, porque ahi le soplo
un morrudísimo choclo
20   a lo gaucha amasandera.

*Nicolasa la Porteñaza.*


## LA SITUACIÓN SIGÚN ELLOS, Y LA MESMA
## ASIGÚN YO

¿QUIÉNES son ellos? A la fija, ésta es la primera pregunta
que en sus adentros se hará cada paisano letor, en cuanto
se eche a la cara esta primer gaceta de la segunda lechi-
gada, que empieza a soltar el Gallo que clavó el pico la
vez pasada, hasta que vuelve al reñidero a impulsos de
las bravatas del entre-riano orejano general de aguas y
tierra, a quien todos conocemos por su fama de Diretudo, y porfiao menospreciable a tal punto, que yo,
siendo un infeliz, y apenas lo he sentido relinchar otra

---

\* Véase la nota a la línea 108, de la pág. 112.

17 Recao: el picadillo, la verdura y demás ingredientes interiores de un
pastel. (N. del A.)

19 Choclo: la espiga del maíz tierno, que sus granos sueltan leche al cortar-
los. (N. del A.)

6-7 De aguas y tierra: de mar y tierra. (N. del A.)

10     vuelta, ya también, como les avisé, salgo arremangao y
dispuesto a pegarle un rigor hasta aplastarlo, por más
alzao y bellaco que se encuentre. ¡Ah, chaná viejo!

Pues, sí, paisanos: ellos son los de cierta manada de
urquizanos y rosines, todos de la marca y pelo del Diretudo, los cuales a un tenor balaquean de tal suerte, que,
al oírlos algunos hombres patriotas que andan retiraos
de esta ciudá, y particularmente los provincianos, quizá
creerán que esos diablos tienen algún fundamento en lo
que alegan, desde que nuestros gobernantes los aguan-
20     tan y se encogen allá, porque dicen que así deben proceder por respeto a las galantías y la libertá que en el
día tienen por la ley los imprenteros desvergonzaos y
embusteros. ¡Muy lindo!

Con esta confianza, toda esa recua de rosines al mesmísimo gobierno de Buenos Aires le canta el cielo, y
le dicen menudamente en sus barbas, que Vuecelencia el
presidente terutero es mejor y más Gobierno que el nuestro; y que por lo tanto la patria toda enterita se le debe
someter, porque, si no, es muy arrejada y peliaguda la
30     situación en que hoy están los porteños y las porteñas,
desde que el Diretudo, de puro corajudo y yesquerudo,
está atufadísimo con los primeros, porque ni le hacen
caso, ni se quieren dejar soplar a la juerza la Custitución terutera, ni por los diablos quieren soltarle las
vacas y menos la batería aquella que mandaba el dijunto
don Bernabel Escalada y que hoy está a las órdenes del
paisano patriotazo don Savedra. ¡Ah, criollo! ¡no se la
vaya a soltar!

Luego, con las porteñas también está muy atufao el
40     costitucionero Diretudo y barrigudo, porque siendo éstas
el tormento mayor de los amorosos deseos de Vuecelencia, las muchachas no hay forma de que quieran bailar
con él la contradanza aquella, a que tanto se aficionaba
en el Clubo, porque todas se están lambiendo por lar-
gárseles nada menos que con los lanceros, y eso no
aguanta el costitucionero, porque, como ya está pesadón, malicea que lo pudieran chuciar. ¡Ah, bruto!

Siendo así pues, el general de agua y tierra se quedará ganoso de todo y por todo, y a los que dicen que la
50     situación es peliaguda. . . ¡ahi-juna! dígoles yo que no
hay tales carneros.

**36** Bernabel Escalada: el director que era del Banco de Buenos Aires.
(N. del A.)
**37** Don Savedra: el señor don Mariano Saavedra, presidente entonces de dicho
Banco. (N. del A.)
**44** El clubo: el club del Progreso. (N. del A.)

La prueba está en que nuestro gobierno los deja no más que ladren a caerse muertos, desde que no nos han de morder. Además, ya cuasi naides para la oreja al toreo de tales cimarrones: y yo menos que otro cualquiera, porque ya estoy de balacas rosines hasta el pelo: como que soy salvaje veteranazo y baqueteao en la defensa de la justa causa que hoy defienden los porteños, y de la mesma que, por fortuna, hace una máquina de años a
60 que se nos resertó ese mesmo gauchazo Diretudo ambicioso, enredista y pendenciero como morao sin agüela. ¡Cabalito!

¡Qué Cristo! a ver como no se retoba fiero y nos atropella con los veinte mil aliaos de ñaupas que dice que ya va rejuntando (¡y que rejuntaba!). ¡Ah, malaya, se le aflojara del todo la chaveta! pues sólo así pudiera merecer pillarme a tiro (y que me pillaba), supuesto que yo no pienso juirle muy lejos, aunque voy arreiando a que, si me agarra (cosa que no le ha de ser tan fácil),
70 no me haga nada, sino prenderme apenas un chaleco de cuero fresco y cortito no más, así como desde el cogote hasta el encuentro mesmito.

Como guste: pero, así con riejo y todo, sostengo y les afirmo a todos los paisanos liberales que el Diretudo tetudo es un peine, que ni liendres nos dejaría si consiguiera que le agacháramos la cabeza por las bravatas que nos echa, y las embrollas que nos arma allá entre algunos provincianos que tiene apretaos o ilucinaos, y con quienes los porteños no tenemos queja ni agravio
80 ninguno, y de quienes, a pesar nuéstro, estamos medio apartaos hasta que el Diretudo degollador y manotiador quite su cuero del titulao Gobierno nacional, y deje que salga cualquier otro Presidente a mandar a todas las provincias unidas del Río de la Plata... y a Buenos Aires en la punta.

Velay en plata la única ambición que tiene la porteñada y su Gobierno, esperando en Dios y la justicia que todos los provincianos se convenzan de que Urquiza los está pelando y enredando: y que no crean en su
90 fantástico poder ni en sus bravatas y chismes, porque miente el Diretudo juidor y zambullidor cuando dice y hace decir, hasta en las gacetas urquizanas del mesmo Buenos Aires, que esta ciudá y su campaña están pronunciándose por él, y muy atrasadas, porque hasta los pampas nos apuran...

56 Ba'acas: fanfarronadas. (N. del A.)
64 De ñaupas: de no llegar ni conseguirse nunca. (N. del A.)
70-1 Chaleco de cuero fresco: se refiere al suplicio llamado *enchalecamiento*.

¡Ahi-juna, el terutero embustero! A la vista está fresquito, que a todos los indios aliaos de ese bruto, el
ejército guapo y morrudazo de Buenos Aires los ha cue-
reao y arrempujao, espantándolos últimamente hasta
100　Chiloé y para siempre.

Ésta es la verdá evidente y a macho: así, todo lo
demás que dice el Diretudo tobilludo son embrollas
y balandronadas que suelta, por no soltar la TETA que le
está chupando hace diez y seis años al Entre-Ríos, y para
aparentarles a las provincias mucho crédito y poderío,
de miedo que los provincianos mesmos redepente lo
echen a ponchazos de la presidencia antigualla y refalosa, en que sin merecerla se ostenta el 2º don Usebio
de la Santa Federación. ¡Andá, pulpero maula!

110　Por último, Aniceto les alvierte a todos los provincianos y en la presente a los amigos entre-rianos, que los
porteños ni su Gobierno ni quieren ni arman pendent-
cias con naides, menos con los argentinos, como que
también lo somos los gauchos de Buenos Aires: y más
les alvierto de todas veras, que la presidencia de Urquiza, con fanfarronadas y todo, ya está relampaguiándole
como candil flaco y se le va por un cuesta abajo; y que
de ahí procede el ULTIMATO ñato y las amenazas del Diretudo uñerudo. De balde se hace lomo liso, le duele la
120　matadura y corcovea más desde que ha visto que los
señores Gobiernos de Francia y de Ingalaterra han reco-
nocido en amistá la justicia con que el Gobierno de
Buenos Aires, con tierra y todo, se le ha hecho José
de ajuera al costitucionero balaquero, lo mesmo que
deben hacer lueguito todas las provincias argentinas, des-
preciando los maquines y balacas de Urquiza y sus lagañas gurupieses.

Bueno pues: para fundirlo del todo al Diretudo, si
los provincianos no nos quieren ayudar, por encimita
130　aunque sea, no tienen que forcejear mucho, sino dejarse
andar trajinando allá en sus pagos, mientras nosotros,
los porteños solitos, ya que don Usebio Urquiza nos
viene sacando cuchillo, veremos si le trajinamos la presidencia, las vacas y la rocinada que ha arrejuntao, des-
camisando y degollando por diez y seis años a los infelices entre-rianos y por orden del calandria don Juan

100　Chiloé: provincia de Chile.
108　Don Eusebio: loco bufón de Rosas al cual el tirano la mandaba inflar el
vientre llenándolo de aire con un fuelle, y lo hacía tratar como gobernador de
Buenos Aires. (N. del A.)
119　Lomo liso: hacerse mansito. (N. del A.)
123.4　José de ajuera: neutral, indiferente. (N. del A.)
127　Gurupieses: cómplices en picardías. (N. del A.)

Manuel Rosas, de quien Urquiza fué ovejero, como perro de presa, hasta ahora que la echa de potestá y nos sale con las alianzas.

140
Balaquiando a costillas
del Emperador,
de la Banda Oriental
y de Ituzaingó,
el Ombú, el Juncal,
y las prendas colgadas
en la catredal
de Buenos Aires...
prendas de que han de reírse
hasta los flaires... y
¡música, música!

## DIÁLOGO GAUCHI-BEATÓN

AYER yo estaba presente
en la mesma pulpería,
cuando a eso de mediodía
pasó el diágolo siguiente.

Al gaucho Roque Limares
que, alegándole al pulpero
sobre el Paso de Quintero,
nombraba Cristos a pares:
—¿Cuántos Cristos conocés?
10  un beato le preguntó;
y Limares contestó:
—No conozco más que tres.
—¡Jesús! ¡qué barbaridá!
(dijo el beato y santiguóse).
Sólo un Cristo se conoce
¡ché, bruto! en la cristiandá.
—¿Qué dice? Más bruto es él;
en su cara se lo digo:
tres Cristos conozco, amigo,
20  siendo uno de ellos infiel.
Y en prueba de que son TRES,
sepa ¡so hijo de la gran...pa!
que conozco a Cristo el pampa
y al cristiano Cristo inglés.

144 Ombú y Juncal: victorias de la guerra del Brasil.
7 Paso de Quinteros: vado del Río Negro, en el Uruguay. En ese lugar el general César Díaz capituló, el 28 de enero de 1858, ante las fuerzas del presidente Pereira. No obstante los términos de la capitulación, Pereira dió orden de fusilar a los prisioneros. Díaz fué ejecutado el 1º de febrero; entre jefes, oficiales y tropa, murieron fusilados o degollados unos ciento cincuenta hombres.
23 Cristo el pampa: el indio pampa y cacique llamado Cristo. (N. del A.)

Como conozco de fe
a CRISTO Nuestro Señor
de cielo y tierra, y criador
de animales como usté.
   —Bueno, Roque, así será
30  (replicó el beato asustao);
veo que me has trajinao;
pero... dime la verdá.

   Supuesto que has conocido
al Cristo de Ingalaterra:
de tan lejos a esta tierra
¡a qué asuntos ha venido!

   Porque, mirá, lo confieso,
que algo dudo y no concibo
¡cómo sea Cristo vivo
40  un inglés de carne y güeso!

   —Pues no lo dude, aquí está,
mostrando ser más cristiano
y más sabio y más humano
que nosotros; ¡la verdá!

   Y es tan vivo y tan certero
y tan gaucho de-una-vez,
que le ha prendido las tres
Marías a un terutero.

   —¿A un terutero? ¡qué risa!
50  como es pájaro patudo
es fácil...

         —No: al Diretudo,
al gran terutero Urquiza...

   Que estará haciendo cabriolas,
y en apuros después de eso,
porque en el mesmo pescuezo
¡Cristo le prendió las bolas!

   —Pues, amigo, es una hazaña,
dijo el beato, y bolsiquió,
y a Limares le largó
60  cinco pesos para caña.


# LA ULTIMATERA

### MEDIA CAÑA TERUTERA

No se escuenda de susto
la porteñada,

---

34 Cristo de Ingalaterra: mister Christe, ministro inglés residente en Buenos Aires entonces. (N. del A.)

que ahi viene don Usebio
con una armada. . .
          —¡Por Jesucristo!
la más cruda y tremenda
que habremos visto.
          A que no nos quita. . . la curiosidá,
y nos facilita. . . y se empaca allá. . .
10          ¡Porque ya sabe
que le hemos de atracar
en cuanto cabe!

          ¿Habrá hombre más funesto
que el Diretudo?
vean cuánto pretexto
y agravio al ñudo. . .
          Forma al presente
por lucirle al Imperio
de presidente.
20          Pues, vení, malevo. . . Vení, fanfarrón,
y comerás trebo . . .si estás barrigón.
          Yo te ofrezco eso
porque has de ser un duro
si comés queso.

### ASÍ PAGA EL DIABLO A QUIEN LE SIRVE

Diz que el ingrato juidor,
presidente mashorquero,
desea sacarle el cuero
a nuestro Gobernador.
          Confesando de que a gatas
le debe a don Valentín,
ni más ni menos, al fin,
que el andar en cuatro patas.

## LA ILUSIÓN

Es tanto lo que alucina
mirar en el descampao,
al través de la ñeblina,
a un cuervo o a una gallina,
o pavo medio empampao. . .
          Que en el campo un andaluz,
viendo a un triste terutero,
exclamó asustao: ¡Jesús!

6 El Gobernador don Valentín Alsina. (N. del A.)

por la Santísima Cruz,
¡aónde vas, joven guerrero!

# CORTESÍAS DE ANICETO

### A LA TRIBUNA DE LOS RATAPINGAS*

¡Ay, mi alma! Te quiero mucho... ¡A que te pincho!
¿Pero: por qué a los güeyes flacos les meniás picana, y
a uno que otro gordo le negás macana?

### AL NACIONAL

¡Superiorazo, y échele cuhetes! pero no se turbe ni se
me alargue en los cargos que señala, porque hay muchos
niños, y esos trompos cuestan caro.

### A LOS DEBATES

¡De mi flor, amigazo! pero no se enriede en las cuartas
ni ponga el freno patas arriba, como en el cuentito de
la sulevación del ejército del Sur.

### A LA ESPADA DE LAVALLE

10    ¡Guapísima y cortadora! pero que no vaya a salirse de
la vaina.

### A LA OPINIÓN PÚBLICA

Mi afeto de corazón y... ¡déle guasca!

### A LA NUEVA GENERACIÓN

¡Qué lindo los angelitos! Dios los guarde y dispongan del
cariño de Aniceto.

### AL JUDICIAL

Mi respeto, con tal que me recomiende al alcaide del
callejón de Ibáñez, por si me refalo en algunas eleciones.
   Y a los demás que no trato:
   La Virgen les dé su gracia y el Señor les diga: Amén.

# EL SARGENTO ARRECIFERO

Cierta sentencia gauchesca
del sabio rey don Alfonso

* La Tribuna de los Varela, a quienes Sarmiento apodó cagatintas.

dice así: ¡Malo es que a un zonzo
la Virgen se le aparezca!
y aunque parece burlesca
tal advertencia reyuna,
desde Caseros ¡ahi-juna!
Urquiza la comprobó,
cuanto se le apareció
10 la Virgen de la fortuna.
     Sólo así, en su cacariada
aición de Monte-Casero,
pudo ese loco altanero
hacer una zapallada:
y gracias a la cuartiada
de argentinos y orientales,
y a los barcos imperiales,
y sobre todas las cosas,
a que ya estaban de Rosas
20 muy cansaos los federales:
     Y tanto, que se largó
sin peliar la porteñada,
pues ese día la indiada
fué la que medio aguantó;
porque Rosas disparó
el primero y más temprano;
y yo pienso que el tirano
tuvo ese día, en verdá,
más miedo de los de acá
30 que de Urquiza el entre-riano.
     Entretanto, el terutero
Diretudo fanfarrón,
desde aquella aparición
y zapallada en Casero
hasta la presente, infiero
que ve visiones en sueños,
porque hace vanos empeños
creyendo en sus devaríos
gobernar como a Entre-Ríos
40 la patria de los porteños.
     Pues, ¡barajo! si ha pensao
tamaña barbaridá,
que se amarre el chiripá

23 La indiada: Cf. José María Ramos Mejía, Rosas y su tiempo, II, 7: "Entre otros caciques fanáticos, Nicasio y sus capitanejos eran bien conocidos. Equipados y bien mantenidos los tenía Rosas en Santos Lugares, y ascendían a un millar de bravos y hermosos indios de pelea. Cuentan testigos acreditados que en la batalla de Caseros abriéronse paso a lanza por entre las caballerías de Urquiza vivando a Juan Manuel."

y se largue de este lao:
pero que venga ensebao,
porque lo hemos de apurar
sin darle tiempo a rumbiar,
como rumbió en la otra juida
cuando aquella zambullida
50    que dió al quererse embarcar.
        Véngase a la disparada,
no se haga desiar al ñudo;
venga, ñato Diretudo,
que no le ha de pasar nada.
Yo, cuando más, una inflada
le daré por balaquero,
y si algún criollo el yesquero
quisiere hacerle fruncir,
no se lo ha de permitir...

EL SARGENTO ARRECIFERO

# CUHETE

*De parte de la Guardia Nacional de Buenos Aires al
nombramiento del señor general de mar y tierra.*

*Señor Presidente Costitucionero:*

SABEMOS los nacionales
que, para hacernos la guerra,
general de mar y tierra
lo han nombrao sus congresales;
y hallamos que cargos tales
le caen al pelo, señor,
pues, si no es navegador
de grande capacidá,
en Palermo mostró ya
10    que es gaucho zambullidor.
        Queremos, sí, que nos diga:
cuando tenga que embarcarse
¿cómo hará para no echarse
enfermo de la barriga?
porque el mareo fatiga
y da como chavalongo;
razón por la cual supongo
que si se embarca, a la fija,
en su primer revoltija
20    de tripas, larga el mondongo.

16 Chavalongo: enfermedad a especie de tabardillo. (N. del A.)

En fin, si ha determinao
invadirnos sin más tregua,
díganos si vendrá en yegua
o se nos larga embarcao;
porque acá está preparao
Usebio patagalana,
quien en figura de rana
lo batirá con la popa,
a p... istola y quema ropa
30  y a bordo de una chalana.

¡Barajo, qué pestilencia
será el humo de esa aición!
¡la Santa Federación
que le valga, Vuecelencia!
aunque Usebio en su clemencia,
como es su igual y tocayo,
lo más que hará al fin y al fallo
será soltarlo apestao,
como se lo ha suplicao
40  su servidor...

*Cruz Ramayo.*
**A.**

## Nº 12

Buenos Aires.—Marzo 19 de 1858.

# ASOMBRO

En las noticias recientes
dicen (como una gran cosa)
los Debates inocentes,
de que «una sandía mostruosa
se han encontrao en Corrientes.»
¿Colorada o amarilla?
de eso no dicen, sinó
que «diez arrobas pesó,
y que sólo la semilla
10  un barril de horchata dió.»
Pues la tal sandia tenía
un grandor tan formidable,

---

26 Patagalana: cojo, pierna tuerta o arqueada. (N. del A.)
30 Chalana: bote chato sin quilla. (N. del A.)
3 Los Debates: periódico de Buenos Aires en 1858. (N. del A.)

que su tamaño sería
más o menos comparable
a media pipa vacía.
    De tal cosa, sólo un payo
se asombra; porque en CASERO,
un día tres de febrero,
Urquiza se halló un ZAPALLO
20    mucho mayor que un ternero:
    con el cual el hombre pudo
hacer horchata y licores;
pero hizo cosas mejores,
haciéndose el Diretudo
general de aguas mayores.

## LA VISITA DE ANICETO

### A RATAPINGA

VAYA, paisanos: ahí tienen otro nuevo Gallo que sale
medio flojón, porque ya se suena que a Vuecelencia el
entre-riano general de ambas vías redepente se le ha
encogido la guapeza, y ha reculao la cosa del ultimato,
alegando que ÉL no ha soltao tal balaca, sino que su
ministro el cantor de Carolla es quien mandó el documento, sin la conocencia del señor Diretudo panzudo.
¡Óiganle al invasor de los cotigentes de a quince mil!
    Por supuesto, todo eso que alega Vuecelencia es nada
10    más que una gauchada; de balde ahora saca el cuerpo
y recula... porque se le chingó el cuhete, luego que el
coronel Granada se basurió a Calfucurá con toda la indiada que ha ido a guasquiarse al infierno, y que el
coronel don Emilio Mitre le está desde la Loma-negra
poniéndole los puntos al Diretudo Sicofantástico. En
ancas, se ha sentao de golpe el balaquero presidente,
porque todos los señores Cipotenciarios uropeos le han
hablao fieramente a respeto de las alianzas con que ca-
carea el Zambullidor.

16 Un payo: un idiota o imbécil. (N. del A.)
19 Zapallo o zapallada: así le llaman vulgarmente los paisanos a un golpe de
fortuna que tiene alguna persona por casualidad inesperada. (N. del A.)
25 General de aguas mayores: general de mar y tierra, como fué nombrado el
general Urquiza por su congreso federal. (N. del A.)
6 Carolla: es un pueblecito de la provincia de Córdoba. (N. del A.)
12 Granada: el coronel uruguayo Nicolás Eusebio Granada (1795-1871).
En 1857 derrotó al cacique Calfucurá en los campos de Pigué.
14 Emilio Mitre: el teniente general Emilio Mitre (1824-1893).
17 Cipotenciarios: plenipotenciarios. (N. del A.)

20    Velay la causa de la sofrenada que ha pegao Vuecelencia, cosa sabida ya por muchísimos nutriales que han
llegao del Paraná ahora poco, y la mesma que yo he
averiguao como se las cuento: oigan.

Ayer al tocar las doce llegué de los Corrales del Alto,
aonde me almorcé un matambre con tortas y mucho
vino superior, y medio chamuscao enderecé a la casa de
mi amigazo el patroncito de la *Tribuna* ratapinga, que
vive en la calle de San Francisco.

Pues, señor, en la mesmísima puerta me le apié; y
30    después de maniar mi potrillo, entré a la casa, y sin ruido
me iba colando hasta el fondo, cuando tuve que hacer
alto en la puerta de un cuarto muy sahumao, en donde
estaba el mocito haciendo medio día y sentao como pe-
gadito a una niña, que da comezón el verla tan primorosa.

Redepente el patroncito, que es un lagarto de vivaracho, me sujetó dándome el grito:

—¡Ché, qué fortuna, el amigo Aniceto por acá! Adelante. ¿Cómo está, compañerazo?

40    —Alentao, patroncito; y me le entré al cuarto... ¡ojo
a la moza!

—Me alegro, amigo Gallo: y así tengo el gusto de
presentarlo a esta señorita mi esposa y su servidora.

—A lo mesmo, patroncito; ya veo que la niña es una
joya, y que usté es muy dichoso en el amor.

—Gracias, Aniceto: ahora sientesé pues en esta bu-
taca blandita.

—¡Mutaca blandita! que se siente un maturango, que
yo no caigo más en otro resumidero: ¿se acuerda?

50    —¿Ja, ja? sí, me acuerdo: pero este sillón no está in-
flado, como aquel en que usté pegó la sumida hasta las
aujas. Siéntese no más con toda confianza y almorzará
en mi compaña.

—Le agradezco, patroncito: ya estoy lleno.

—Sin embargo: probará una omeleta. ¿No le gusta?

—¿Mulita dice? sí, señor; peludo también me gusta,
pero por ahora sólo apetezco un cimarrón.

—Corriente: al instante le haré dar mate; tome
asiento.

60    —Vaya, pues, ya que se empeña, le haré el gusto (le
dije), y me le afirmé a la mutaca, la mesma que pegó
un resoplido cuanto le asenté las nalgas.

---

**24** Corrales del Alto: los mataderos del Sur, llamados también de la Convalescencia.
**28** La calle de San Francisco: calle de Moreno.

—Conque, amigo Aniceto, ya sabrá usté que Urquiza no nos invade por ahora.

—¡Voto al diablo! ¿y, por qué se anda empacando?

—¡Toma! porque ha consultado el resultado que tendrá su invasión, y le han profetizado un descalabro.

—¡Vea eso! ¿y quién?

—Un trípodi o mueble profético.

70 —¡Un tripo! vaya un profeta acertao: pero ¿de qué se ríe, amigazo?

—De nada, amigo Aniceto; y dígame, ¿por qué viene medio escuálido?

—¡Ñaú, ya empieza con sus terminachos! ¿Medio cómo decía?

—Medio pálido y de mal semblante.

—¡Ah! puede ser, porque ahora noches pasadas rodé muy fieramente con una hembra en ancas.

—¿Y adónde?

80 —En un pantano.

—¿Y cómo fué usté, que es tan gaucho, a empantanarse así?

—Le diré, patroncito: andaba yo mal montao la otra noche, y se me antojó apiarme junto a la Recoba a oír la musiquería del baile mascarao. Luego, cuando iba a retirarme, se me arrimó una moza de Turca por dentro y juera, porque venía muy divertida: a la cuenta en la confituría de la esquina le habría menudiao al coñaco y la giniebra.

"Ello es que se me prendió y me dijo: «Ché, compa-
90 dre, ya lo conozco; mónteme en ancas y lléveme a casa, que estoy medio en chaucha.» Como era mi comadre, la monté ahí mesmo y salí al tranco rumbiando para el güeco de la Yegua; y al llegar a la casa, en un barrial medio pantanoso, aflojó el mancarrón y se me dió güelta tan fieramente que me tapó con hembra y todo. Velay cómo rodó, y la razón por que hasta ahora rengueo como manco de la cuerda."

—Ya lo veo, amigazo, y lo siento mucho, aunque considero que su renguera no le impedirá soltar su ga-
100 ceta. ¿No es así?

—¡Qué esperanza! para eso vengo a preguntarle si es evidente la reculada del señor Diretudo.

—Ciertísima, amigo, no lo dude: y así puede usté decirlo a los paisanos en el Gallo que suelte.

—Pues entonces, amiguito, con su permiso me largaré a escribirlo para darle a Vuecelencia unos consejos razonables. ¿No le parece, patroncito?

—Buenísimo, amigo Aniceto. ¿No tiene algo que
recomendarme?

110     —Nada más sino que cuide a la deidá de su tortolita
presente.

Y me salí suspirando y pidiéndole al cielo que, de
gallo que soy, me trocase alguna ocasión en la figura
del patroncito de la. *Tribuna* y ratapinga.

## ALVERTENCIAS Y CONSEJOS

VOTO al diablo, don Urquiza,
que a costa de su ultimato
acá hemos tenido un rato
a cairnos muertos de risa.
Porque, ¡atienda! se precisa
para largar tal papel,
ser lo que don Juan Manuel
decía que es Vuecelencia:
loco malo a la evidencia
10     y balaquero como él.

    Pero... ¡cómo lo han metido
en ese berenjenal!
¿Quién lo aconseja tan mal,
y tan fiero lo ha mecido?
¡Infeliz!... ¿no ha colegido
que lo están precitripando?
la p... unta y truco, ¿hasta cuándo
todo un señor SICONFANTA
como un animal aguanta
20     que así lo estén trajinando?

    Oiga: cada consejero
salvaje que lo rodea,
aunque le bale, no crea
ni lo tome por carnero:
es un zorro que hasta el cuero
le ha de sacar sin sentir.
Oiga, vuélvole a decir;
mezquíneles cuanto pueda
las vacas y la moneda:
30     mire que lo han de fundir.

    Ese tal don Salvador
que allí se le hace el carnero,
es como gaucho tambero

---

16 Precitripando: precipitando. (N. del A.)
31 Don Salvador: el doctor Salvador María del Carril (1798-1883).

y salvaje volvedor;
nunca dió de aguantador
prueba ninguna en su abono;
de balde hoy le sigue el tono,
verá si esa liendre en suma
no lo jo... roba y empluma...
40      en cuanto asigure el mono.
          ¿Y su ministro, el cantor
sin guitarra, don Derquís?
de balde el gato-mis-mis
le baila, es más volvedor;
de ambicioso y chupador
se le humilla y lo alfatea,
se encoge y le morronguea;
pero engórdelo y verá
si al infierno se le va
50      con soga, estaca y manea.
          Don Galán presumo que
le sea más pegajoso,
porque como es tan baboso
pudiera pegarselé.
Sin embargo, también fué
salvaje aunque hoy le conviene
a su lao hacerse el nene
por mamarle el corazón;
pero... ya sabe, patrón,
60      que quien malas mañas tiene...
          De su menestril de Hacienda
poco o nada le diré,
porque ese bruto no sé
si es de freno o es de rienda;
tiene sí fama estupenda
de salvaje mordedor,
bellaco, manotiador,
trasijao, y medio bizco,
de mal andar, muy arisco
70      y a lo último cociador.

39 Empluma: huye, dispara, se asusta. (N. del A.)
42 Derquís: el doctor Santiago Derqui (1810-1867).
43 Gato mis-mis: baile de la campaña. (N. del A.)
51 Don Galán: el general José Miguel Galán (1804-1861).
56 Salvajes: les hacía llamar Rosas a los unitarios. (N. del A.)
57 Nene: niño inocente. (N. del A.)
61 Menestril de Hacienda: Mariano Fragueiro (1795-1872). Fué Ministro de Hacienda de la Confederación.
64 De freno o de rienda: dócil al freno o dócil a la rienda.
68 Trasijao: aniquilado, flaco. (N. del A.)
70 Cociador: el animal que tira muchas coces o patadas. (N. del A.)

Luego, entre sus congresudos,
aunque hay hombres que apreceo
y respeto, también veo
que hay ciertos diablos nalgudos,
que de miedo o de conchudos
sufren allá barbariando;
pero, así mesmo ¿hasta cuándo,
general de Aguas Mayores,
presume que esos señores
80   le han de seguir aguantando?

¿No ve que son gamonales,
los más de ellos habituaos
a vivir entre alfombraos
y no entre bosta y barriales?
¿Cómo presume a hombres tales
sujetarlos a corral?
no, señor, no crea tal;
llegando el caso oportuno
se le han de ir uno por uno
90   con maniador y bozal.

Finalmente, Vuecelencia,
en la situación presente,
cuando se ve claramente
chochando su presidencia,
ni costancia ni obedencia
aguarde de esos dotores,
ni los crea aguantadores,
ni se fíe en sus consejos,
porque son salvajes viejos...
100   y ansí han de ser volvedores.

En fin, si se halla apurao
por sus alianzas potentes,
y tiene allá cotigentes
para invadir a este lao,
puede someter holgao
a toda la porteñada,
porque el coronel GRANADA,
MITRE, CONESA y PAUNERO
dicen que por balaquero...
110   ¡qué Cristo!... no le harán nada.

¿No se fía? ¡ja, ja, ja!
nada, señor presidente,
fíese tan solamente
del indio Calfucurá,

---

108 Conesa: el general Emilio Conesa (1824-1873).
108 Paunero: el general Wenceslao Paunero (1805-1871).

o de Hornos, quien, la verdá,
aunque siempre salvajea
y es su enemigo, no crea
ni tema, señor don Justo,
que le haga voliar por gusto,
120 ni le haga sacar manea.

Palermo de Buenos Aires, 15 de marzo de 1858.

## ANDA QUE TE LAMBA UN GÜEY

Muy acertao hubiera sido que allá en el Paraná mesmo,
esos deplumáticos urquizanos y adulones del Diretudo,
cuando éste les ordenó que mandaran de su parte el
ultimo balaquero que le soltó a nuestro gobierno, muy
acertao hubiera sido, repito, el que esos menestriles teruteros, al ver salir aguas abajo al documento ultima-
tero, le hubieran dicho en presencia del sicofanta presidente, no como hoy se usa decir en Buenos Aires:
¡Aónde vas, joven guerrero! sino: ¡Aónde vas, carnero!
10 y estoy segurísimo que Vuecelencia al tiro les hubiera
contestao... ¡A ver si topa!

¡Pues no, tirano; y que topaba! por lo bien que se
portó en Buenos Aires, cuando, fiaos en su pobrama
famoso, le ayudamos a voltiar al otro Restaurador de
las botijas, y que, en cuanto pisó a Palermo, empezó a
barbariar y se afusiló al coronel Chilaber, sin más causa
que, porque allá en Entre-Ríos, cuando el Diretudo era
tahur, el coronel no quiso dejarse ganar mal, y le atracó
unos guascazos por tramposo.

20 O será por lo que se acreditó con nuestros paisanos,
cuando esa mesma ocasión los hizo matar en tropillas y
colgarlos muertos en los ombuses para amendrentar a los
porteños, y manotearse luego todos los millones del Banco

---

120 Sacar manea: en tiempo de Rosas, de las pieles de sus enemigos, cuando
los mandaba degollar los desollaban en la espalda y con esa piel hacían maneas o
presillas para las patas de los caballos. (N. del A.)

2 Deplumáticos: diplomáticos.

16 Chilaber: el coronel Martiniano Chilavert (1801-1852). Después de la
batalla de Caseros, Urquiza ordenó que lo fusilaran por la espalda. Al oficial
que iba a cumplir la orden, Chilavert lo derribó de una bofetada, golpeándose
el pecho y gritando: "¡Tiren, tiren aquí, que así mueren los hombres!" Los
soldados vacilaron. Sonó un tiro. Chilavert, ensangrentada la cara, siguió gritando:
"¡Tiren, tiren al pecho!" Los soldados se le fueron encima y lo acometieron con
bayonetas. Antes de morir, Chilavert hizo aún ademán de llevarse la mano al
pecho.

18 Tahur: jugador al naipe, no siempre de buena fe. (N. del A.)

y todos los armamentos y vistuarios del parque, y por último hasta las ollas de la cocina de Juan Manuel.

Háganse cargo, paisanos, qué custitución, qué galantías ni qué chirolas puede darnos un diablo así tan sumamente desalmao y mezquino, que esa vez ni a sus paisanos los entre-rianos les largó cuatro pesos, y que hoy mesmo tiene allá en sus numerosas estancias oprimidos a centenares de infelices provincianos, de los cotigentes que rejuntan, para sacarles el quilo trabajando para él de sol a sol, desnudos y galguiando de hambre, sin darles más alivio que una ración de un naquito de tabaco aventao cada quince días, y una buena cuenta de doce reales cada dos años, y me alargo; aunque es cierto que les suele atracar hasta trecientos duros por cada falta a una lista.

¡Infelices! ojalá los trajera el Diretudo a este lao del Paraná, y vería si le quedaba ninguno sin venirse a Buenos Aires, aonde cada soldao tiene prendas lindas con que acacharparse, buenas armas y buen pingo, carne gorda y abundante, y jefes que los cuidan y aprecean, y luego ocho pesos fuertes cada primero de mes; sin tener más que hacer que los deberes de un soldao, no los de piones y esclavos de un gauchazo federal de mucanga, que, a pesar de que ya es mancarronazo en edá, jamás en su pu... erca vida le sirvió a la patria, ni para cuartiar carretas, en aquellas guerras gloriosas, que sostuvieron valerosamente los agüelos, padres, hijos y nietos de todos los argentinos, que hoy pretende presidenciar el Diretudo mondongudo general de tierra y agua, y a lo último de ventosidades. ¡Anda que te lamba un güey!

## LA MEDIA CAÑA

### EN SAN BOROMBÓN

SALIÓ de las Polvaderas,
rumbiando a San Borombón,
a mudar de población,
el gaucho Lino Contreras:
y no habiendo ni taperas
adonde se iba a poblar,
tuvo el hombre que cargar
con toda su trastería,
y un martes al ser de día
mandó uñir y caminar.

---

1 Polvaderas: distrito de la campaña del sur. (N. del A.)
10 Uñir: atar los bueyes a la carreta. (N. del A.)

Una carreta toldada,
sobre un rodao de mi flor,
y su eje resuperior,
lecho nuevo, y bien quinchada,
hasta la tolda cargada
llevaba en esa ocasión
con trastes de precisión,
porque ni la leña es maula...
menos el catre, la jaula,
20    las sillas, mesa y colchón.
Era tan acreditao
el tal Contreras, ¡ah, Cristo!
que en ningún pago se ha visto
un hombre más apreciao:
además era mentao
de gastador muy voraz;
y siendo así tan capaz
el gauchaje lo estimaba,
y todo bicho anhelaba
30    el agradarlo a cual más.
Al cair a San Borombón
paró la carreta un día,
y al punto la gauchería
formó allí una reunión.
Cinco mozos de un tirón
a la familia rodearon,
y toditos se brindaron
a servirla al pensamiento,
por supuesto, y al momento
40    a tomar mate se apiaron.
Como era muy rigular,
la mujer de Lino luego
mandó a su hijo que en el fuego
pusiera agua a calentar:
de ahi Lino mandó sacar
medio frasco de aguardiente...
con el mesmo que la gente
lueguito dentró en calor;
y como había un cantor
50    se armó un baile redepente.
Velay Pilar, la porteña
linda de nuestra campaña,
bailando la media caña:
vean si se desempeña,
y el garbo con que desdeña

14 Quinchada: bien cubierta con paja por los costados. (N. del A.)
53 Media caña: baile campestre. (N. del A.)

los entros de ese gauchito,
que sin soltar el ponchito
con la mano en la cintura
le dice en esa postura:
60    ¡mi alma! yo soy compadrito.
      Vean luego que ha llegao
el gaucho Martín Mirazo
en un caballo picazo
con otro mozo enancao:
véanlo a Martín echao
sobre de la cabezada,
ojo a Pilar, y más nada,
mientras Lino complaciente,
al estribo, de aguardiente
70    le alcanza una convidada.
      Martín en esa ocasión
no tomó de embelesao,
pero a Lino el enancao
le recibe un cimarrón.
¡Ché!... vean el manotón
que se pega en el sombrero
ese otro gaucho coquero:
sin duda estará celando
a Pilar, porque bailando
80    se le quiebra al compañero.
      De ahi miren a la mujer
de Lino, si se despega
del cantor Antuco Vega,
que la empieza a enternecer:
luego atrás se deja ver
afirmao en su picana
al picador que se afana,
esperando solo el caso
que siga la rueda el vaso
90    y le alcancen la mañana.
      Luego está cimarroneando
al costao del picador
ese otro gaucho pintor,
que entre dientes murmurando
y al ñudo menospreciando
el canto y el baile está:
a la cuenta encontrará
de qué hacer murmuración,

60 Compadrito: mozo soltero, bailarín, enamorado y cantor. (N. del A.)
77 Coquero: pretencioso, y susceptible. (N. del A.)
90 La mañana: aguardiente. (N. del A.)

o será algún quebrallón
100 que nada le agradará.
Tras del pértigo, notando
de la moza la esquivez
al bailar, un cordobés
se está así como rascando;
y al mismo tiempo desiando
bailar un gato siquiera
con la porteña embustera,
porque ya la está queriendo,
y en sus adentros diciendo:
110 ¡Ah, ingrata! quién mereciera...
De ahi, miren encarretao
a ese gauchito travieso,
a fin de robarse un queso
y una torta del atao,
después de haber churrasquiao
cuanto es posible tragar;
pero él no sabe bailar,
así es que sólo le importa
limpiarse el queso y la torta
120 para tener qué mascar.
Velay luego el santiagueño
poncho corto tan plantao,
y atrás al embonetao:
¡qué yunta para un empeño!
ver al primero da sueño,
y al segundo da tristeza:
ambos son, pues, de una pieza
por delante y por detrás,
fachas tristes a cual más
130 de los pies a la cabeza.
Ésta es, pues, la relación
del fandango improvisao
que armó Lino el renombrao
cerca de San Borombón.
Nada faltó esa ocasión;
la jarana fué completa:
como es verdá pura y neta
lo que Aniceto ha contao,
pues todo lo vió plantao
140 encima de la carreta.

99 Quebrallón: pendenciero, peleador. (N. del A.)
106 El gato: baile de la campaña. (N. del A.)
124 Qué pareja para un situación apurada. La intención es irónica.

## Nº 13

*Buenos Aires.—Marzo 27 de 1858.—Jueves Santo.*

## SEMI–PAPELETA

ALGUNOS leyendo el canto
del Gallo número tres,
pueden sin susto tal vez
salir el Sábado Santo,
  con un buen par de pistolas,
por el riesgo y por las dudas
de que los tomen por Judas
y les atraquen las bolas.

## MAQUINES ULTIMATEROS DEL PRESIDENTE DE LOS TERUTEROS

¡QUÉ LES cuento, paisanos letores del Gallo! Sabrán
pues, que atrás del profundo silencio en que se ha quedao la balaca del ultimato urquizano, y la invasión
que nos pensó soplar el Diretudo casacudo con quince
mil teruteros aliaos al Brasil, a Calfucurá y los blancos
rosines de la Banda Oriental, éstos, en lugar de mandarle a Urquiza los dos mil reclutas, que se decía estaba
reuniendo en la otra banda un tal comendante Batarrica,
muy conocido y mentao en Vizcaya, y en el otro lao allá
10   por el CERRITO, aonde nueve años le sirvió de degollador
al dijuntito Oribe, que ahora ni los diablos se podrán
averiguar con él allá por el otro mundo... he oído,
como les iba diciendo: que el tal Batarrica ya diz que
no vendrá con el rejuerzo de los dos mil; pues, lejos de
eso, ahora últimamente el blanquillaje copetudo de la
otra banda se pronuncia muy quejoso contra el señor
Diretudo, diciendo que este calandria los ha metido
hasta el diablo con su alianza, y que al fin no les cumple nada de lo que Vuecelencia prometió: pues ni les
20   ha quitao los derechos diferenciales para que la duana
de Montevideo hoy diera un poco más de leche, ni retira
los soldaos entre-rianos de la costa del Uruguay, aonde

---

2 Número 3 de la segunda época o salida de ANICETO EL GALLO, 13 de la
actual edición. (N. del A.)
  3 La balaca: la amenaza, la bravata. (N. del A.)
  15 Blanquillaje copetudo: los *blancos* de buena familia.

están carniando vacas orientales y comiéndolas por la
patria... y con cuero.

    Y lo que es peor, que ahora se empaca el Diretudo
y no hace la terrible invasión a Buenos Aires, cosa en
que los blanquillos rosines fundaban grandes esperanzas, creyendo que de acá saldrían en bandadas emigrando
los extranjeros y los salvajes unitarios, otra vuelta para
30   Montevideo a sacarlo de la atrasada y tristísima situación en que se halla, después de la horrorosa matanza
de los más valerosos jefes, oficiales y tropa, hecha inicua-
mente en el Paso de Quinteros. —Déjense andar no más
los degolladores, supuesto que a degollar tocan.

    Pero lo más gaucho y gracioso que se suena es que
el Diretudo, habiéndose medio asustao por la nota apre-
tadora que le sopló el señor Ministro inglés a respeto
de la carnicería infame del Paso de Quinteros, Vuecelencia el entre-riano cabulista piensa ahora de nuevo
40   ganarle el lao de las casas al señor Ministro de Ingalaterra; y para eso diz que el mesmo Diretudo ya está
pensando hacerle echar un pial de volcao al Gobierno
de Montevideo mandando a relevarlo con el general don
Venancio Flores... Vean no más, si será cabulista el costitucionero.

    Bueno, pues: como el GALLO lo cree al liendre Dire-
tudo capaz de cuanta diablura puede imaginarse, y como
ya se dice que en Buenos Aires hay muchos patriotas
orientales, emigraos y escapaos de la dijuntiada del Paso
50   de Quinteros, creyendo de lleno en la buena disposición
de Urquiza para voltiar a los blancos de la situación, Aniceto les previene a dichos patriotas orientales que abran
el ojo antes de largarse a Entre-Ríos, como algunos están
diciendo que lo harán, confiados en las cábulas que el
Diretudo está ya poniendo en juego, a fin de reclutar
a hombres desgraciados para emplearlos en su servicio,
sin darles al fin más recompensa que un zoquete de
carne flaca y muchas roncas y azotes... cuando no se
les vaya al pescuezo.
60   Abrirlos pues, paisanazos, y no dejarse prender con
bolas de carne.

*Carta del sargento mashorquero Rudesindo el Carancho a su*
*general que fué allá en los tiempos funestos.*

*Palermo de San Benito,*
*cañada de Miserete,*

40 Ganarle el lao de las casas: ganarle la voluntad. (N. del A.)
42 Un pial: enlazarlo de las piernas con el lazo gaucho. (N. del A.)

*a diez y seis de diciembre*
*del año cincuenta y siete.*

Al Ilustre y Excelentísimo señor don Juan Manuel Rosas, brigadier general que fué de los ejércitos nacionales de la Confederación Argentina, Herodes del Desierto,* restaurador de las mochilas, jefe supremo de Buenos Aires y defensor heroico del continente americano.

Señor:

CON su perdón, Vuecelencia,
voy a escrebirle confiado
en su federal agrado
y fina benevolencia,
por noticiarlo... en la ausencia
de su tierra, donde alvierto
cosas tales, que no acierto
a escrebirle; y digo más,
que es Vuecelencia incapaz
10    de verlas sin cairse muerto.
Porque ¿cuándo aguantaría
ver arrumbadas las cosas
que el onipotente Rosas
en Buenos Aires lucía?
ni a los porteños que hoy día
tan fiero se han solevao
que al infierno han arrojao
el cintillo mashorquero...
y al carro del basurero
20    ¡el chaleco colorao!
La pandilla del hembraje
unitario endemoniada
se ha puesto de cola alzada
y más brava que el machaje:
toda de color salvaje
se viste, por decontao:
¡las viera de lao a lao
andarse a golpe de taco,
sacudiendo el miriñaco
30    y sin moño colorao!
A más de eso la gringada...
del otro lado del charco
diariamente llega un barco
y nos larga una manada:

* Uno de los títulos de Rosas fué Héroe del Desierto.
16 Solevao: sublevado. (N. del A.)
25 Color salvaje: color azul celeste, emblemático de los unitarios, como el rojo lo fué de los federales.
32 Del otro lado del Atlántico.

el mes pasao de coplada
cerca de tres mil llegaron,
¡por Dios! y cuanto se apiaron
a pata se dieron maña,
y en la ciudá y la campaña
40    toditos se acomodaron.

Luego entran a trabajar
y al istante se arman ricos,
porque son como burricos
poniéndose a trajinar:
ya no saben qué inventar
en fábricas y maquines,
ligándose con sus fines
a la gauchada porteña,
que con los gringos se empeña
50    en fundir a los rosines.

¡Considere pues, señor,
al punto que hemos llegao
por no tener al costao
a nuestro Restaurador!
aunque hoy le saldrá mejor
dejarse andar por allá,
aonde me dicen que está
de grasa hasta los cachetes
de tanto tragar bisquetes. . .
60    que no tragaría acá.

Pues, si viene, hágase cargo,
un muelle nuevo tendría
que cruzar, y trotearía
como seis cuadras de largo,
expuesto a que un viento amargo
le soplase del mordeste,
y arrejando a que le cueste
el que ahi mesmo las porteñas
lo sacudan de las greñas
70    y lo tiznen de celeste.

¡Color maldito! y hoy día
le han tomado tanto apego,
que hasta celeste es el fuego
que suelta la lucería
por una cañutería
llena de gras de vapor,
que encendido da un jedor
igual a orines de gato,

---

66 Mordeste: Nordeste. (N. del A.)
76 Gras de vapor: el gas del alumbrado público. (N. del A.)

pero dicen que es barato
80  y que alumbra más mejor.
     Esta jedionda invención
se le debe a un Mestri-Bagre,
inglés que hasta con vinagre
se mama no hallando ron:
éste y otro tal Nortón,
ambos parientes de Gestas,
para remate de fiestas
nos han traido estos bribones
la-cometiva y güevones
90  y ruina de mis carretas.
     También han hecho una duana
barriguda, y barrigones
se han puesto los salvajones
de quienes la obra dimana:
pandilla ruin que se afana
en hacer preciosidades,
que allá por esas ciudades
podrán ser de conveniencia,
pero que acá, Vuecelencia,
100  son puras barbaridades.
     A esto le llaman pogreso
los salvajes hablantines,
mientras los pobres rosines
agachamos el pescuezo,
sin manotiarles ni un peso,
ni hacerles ningún reproche
al verlos que a troche y moche
nos desprecean y arruinan,
y después que nos trajinan
110  pasean holgaos en coche.
     Bien decía Vuecelencia
con justísima razón,
«que los unitarios son
ladrones tan sin concencia,
que en la menor ocurrencia
meten hasta el diablo el codo:»
y si no, vea del modo
con que un salvaje unitario
se ha robado del sagrario
120  la hostia con custodia y todo.
. . . . . . . . . . . . . . . . . . . . . . . . . .

89 La cometiva: locomotiva de los vagones del ferrocarril. (N. del A.)
120 Salí, mashorquero, mentiroso: la custodia de San Miguel se la robó un
forastero uropeo, que se largó a su tierra, y allá lo han asigurao en la cárcel.
(N. del A.)

## ¡QUÉ MIEDO!

DICEN que ha dicho don Justo,
barbariando entre otras cosas,
que él fué quien nos quitó a Rosas
y que él lo ha de trair por gusto,
y para darnos más susto
dice que vendrán en yunta;
¡Cristo! pero, a esta pregunta
¿quién me contesta? oiganlá:
¿por fortuna no vendrá
el Diretudo en la punta? ¡ja... ja... ja!

## VAYA UNA INDIREUTA

SIN DUDA, hay un platero
      por la Concepción,
ROSISTA, TERUTERO,
      y tan quebrallón
      que contra el GALLO
         dice barbaridades.
      ¡Si será payo!
Miren qué rosín —tan desvergonzao,
sin duda por eso —lo habrán desdentao.
10         Métete no más
      con el gaucho Aniceto,
         y te rascarás...
      ¡Hijuna gran... pa,
         cuando el GALLO te suelte
      en una estampá!

## AL ENGAÑA PICHANGA*

POR LA calle del Perú,
explicándose algo mal,
un inglés medio bozal
noche a noche de surtú
se pasea muy formal;
   y cuando de miriñaque
se le zarandea Elvira,

2 Concección: barrio de la Concepción, en el Sur de la ciudad de Buenos
Aires.
7 Si será payo: si será tonto. (N. del A.)
* Engañapichanga (o ñangapichanga): engañifa.
4 De surtú: vestido de frac. (N. del A.)

así que el inglés la mira
por atrás, le dice en jaque:
«¡andá... culi-di-mintira!»

## CACHARPAS*

SEÑOR menistro de guerra,
por lástima o por favor,
o más bien por el honor
de la patria de su tierra...
   Alivie a la oficialada
infeliz de la Ispeución,
pues, siendo tan escasón
el sueldo, anda aguiluchada.

## EL NÚM. 7

DE ESTE número es sabido
todo cuanto el nacional
dijo en un hecho local,
echando sólo en olvido...
   que siete meses duró
el sitio aquel que don Justo
nos puso, hasta que de un susto
zambulliendo disparó.

HOJA SUELTA

## REVUELO DE ANICETO EL GALLO

Campamento en la Cañada de Cepeda,
a 10 de setiembre de 1859.

*Señora doña Aniceta Rocamora.*

Mi querida esposa:

SABRÁS que al fin se ha largao
a caballo el balaquero
Urquiza, que desde enero
sin apiarse anda montao.
¡Cómo vendrá de escaldao!
¿No te haces cargo, mi vida?

---

* Cacharpas: prendas de vestuario. (N. del A.)
8 Aguiluchada: andrajosa, mal vestida. (N. del A.)
2 Balaquero: fanfarrón, jactancioso. (N. del A.)

trairá la cola fruncida
y se tendrá que ensebar
cada rato, antes de dar
10    por acá otra zambullida.
      Pero, si en la que pegó
la vez pasada en Palermo,
con su peladura enfermo
pudo juir y se alivió,
fué porque, apenas montó
al bordo de un barco inglés,
desde el cogote a los pies
los marinos lo ensebaron,
y enjabonao lo llevaron
20    a Gualeguaichú otra vez.
      Mas hoy que vuelve escaldao,
bichoco y tan barrigón,
y diz que algo mansejón,
aunque anda todo trabao,
si lo topa algún soldao
de HORNOS, en esta flacura
de rosines, lo asigura,
lo embozala, se le sienta...
¡y lo larga hecho osamenta
30    con tamaña matadura!
      Así, déjalo allegar
aparentando poder,
que ya tendrá qué morder
si trata de relinchar,
o presume que ha de hallar
porteño que se le cuadre,
ni quiera hacerlo compadre,
ni pretenda en estos casos
sino darle más guascazos
40    que besos le dió su madre.
      Yo al menos, como al fandango
ya me le pienso afirmar,
y si consigo voliar
al presidente guarango,
lueguito me le arremango,
y al colmo de mi deseo
lo muento, lo galopeo
a bajarle la barriga,

---

22 Bichoco: caballo cuasi inútil cuando de viejo se le hinchan las extremidades de las patas. (N. del A.)
24 Trabao: marchar o andar tropezando consigo mismo en los pies, o en las
piernas. (N. del A.)
37 Hacerlo compadre: hacerlo amigo, por necesidad o adulación. (N. del A.)

y si medio se fatiga,
50    o se aplasta, lo cuereo.
       ¿Qué te parece, Aniceta,
la intención? ¿no te da risa?
¡pobre Diretudo Urquiza,
ya está viejazo y maseta!...
pero, mesmo así sotreta,
a fuerza de hinchar el lomo
ha logrado no sé cómo
ser un malevo sin hiel,
y de su amo Juan Manuel
60    hacer el segundo tomo.
       En fin, chinita adorada,
calentame a tu tocayo,
cosa de que largue un Gallo
para la teruterada:
pues tan ruin y tan delgada
la tiene Urquiza en enjambre,
que a él mesmo puede que de hambre
redepente lo atropellen,
¡ahi-juna... pú! lo desuellen
70    y le coman el matambre.
       Conque, mi alma, hasta la vista:
que el papel toca a sus fines,
como tocan los clarines
ahora mesmo a pasar lista.
Rogale a Dios que me asista
en la presente campaña,
y que me deje dar maña
hasta conseguir mi gusto,
que es toparme con don Justo
80    y trajinarle una entraña.
       Después de eso vos verás
cómo todos los paisanos
luego nos damos las manos
y ya no peliamos más;
pues sólo tendremos paz
libres de ese mashorquero
presidente terutero,

---

55 Sotreta: caballo viejo que marcha con dificultad por enfermedad en los
vasos. (N. del A.)
58 Malevo sin hiel: muy malevo. Cf. *El gaucho Martín Fierro*, 220 y la locución "Sin yel p'al trabajo" (muy trabajador) que registra el *Vocabulario* de
Saubidet.
65 Tan delgada: tan flaca, aniquilada y escuálida. (N. del A.)
70 Matambre: mata-hambre, manta de carne que sobre los costillares tienen
los bueyes y las vacas, y que las sacan y las venden aparte, como también la lengua, los sesos, etc. (N. del A.)

manotiador y ambicioso,
a quien rastrea hoy tu esposo

JOSÉ ARAOZ EL LUJANERO.

Nº 14

Buenos Aires.—Octubre 1º de 1859

Ahi te mando, primo, el sable:
no va como yo quisiera;
de Tucumán es la vaina
y de Salta la contrera.
.......................
.......................

Don Venancio Undabeita.

Artículo de fonda.*—El refrán veterano.—Mi salida.—Hágome
el petizo.—La picana de don Manuel Pérez.—El cielito.
El truco de Virotica.—¡Retruco y barajo!—El güevo.
La chalana y las pelotas.—La chorizada de Bilbao.
Urquiza alunao.—El coronel Fausto.—Vuelta al
reñidero, y allá va el Gallo.

CUANDO al general Tristán
lo emprimó la patria gaucha
hasta pelarle la chaucha
en Salta y el Tucumán,
salió entonces de refrán
aquel verso inolvidable,
por tan gaucho y aplicable
a todo golpiao, si en copla
sale un paisano y le sopla...
10    ¡ahi te mando, primo, el sable!

¿No es verdá, paisanos, que el refrán veterano es
chusco y gaucho? Mesmamente: y por eso, como yo también soy gauchón y ando con sangre de pato, con cierto
justo motivao, velay que hago ahora esta nueva salida,
a ver si encuentro algún otro general primo o golpiao,
para atracárselo en copla bien o mal concertada, y pegue
o no pegue, como solía soltar versos el difunto bendito

* De fonda: de fondo. (N. del A.)
3 Pelarle la chaucha: destruirle pronto su ejército español. (N. del A.)

don Venancio Andabestia, pueta del tiempo de la pajuela.

Pero antes de entrar en argumento, alviértole al auditorio, que, en lengua gaucha, el decir un primo, es lo mesmo que decir un golpiao, un cantimpla, un tilingo, un zonzo, un lele, un payo, y la ecétera de don Gaspar... Adelante.

Hecha esta alvertencia, dígole al público, que como yo no he pelechao haciendo gacetas, ni presumo de ser escrebido o versista, ya había tocao retirada a respeuto de soltar más Gallos, con todo de que a veces me tentaba a largarlo el ver lo que porfía y forcejea el señor de Urquiza, Diretudo cabezudo, por costitucionarnos, manotiarnos y sicofantiarnos. ¡Zape, diablo!

Pues, a pesar de tal majadería terutera, seguía yo mi propósito, y calladito me andaba haciendo el petizo, riéndome solo en mis adentros del cacareo, las balacas, las poclamas, y la guerra tremenda y enfurecida del general Colafruncida; pero el diablo sin duda, como es tan tentador, vino y le metió la cola a mi amigo don Manuel Pérez, quien, de puro urquizano, renegao y cándido (a lo limeño), una mañana se puso a picaniarme, apostándome 200 pesos a que yo no soltaba el Gallo de miedo de la invasión, cuando el Diretudo don Justo pensó venírsenos con su chalana y las pelotas de cuero aquellas, que por acá supimos que estaba armando Vuecelencia, porque en una gaceta de acá salieron las décimas que voy a imprentar abajo de esta llana, donde las lerá el que guste.

La gaceta decía así:

## NOTICIAS FRESCAS DE LA ARMADA INVASORA

*Buenos Aires, y febrero de 1859.*

### Diz que en cierto embarcadero
### del Paraná se halla Urquiza,

19 Pueta del tiempo de la pajuela: poeta del tiempo que no se usaban fósforos, sino la pajuela, que era un hilo grueso de algodón bañado con azufre. (N. del A.)

26 No he pelechao: no he medrado ni enriquecido. (N. del A.)

42 Chalana: gran bote chato sin quilla. (N. del A.)

42 Pelotas: les llaman los gauchos a unos botes que hacen con cueros secos de grandes bueyes, recogiéndolos con una especie de jareta por la orilla, de modo que el cuero toma la forma de una media pelota, y en ella los gauchos pasan los ríos, yendo uno adentro de la pelota, y otro que va nadando y llevando la pelota por una cuerda fina, también de cuero, la que el nadador la lleva en los dientes Luego, el cuero de la pelota se ablanda y no sirve más que para el primer viaje, hasta que no se vuelve a secar. (N. del A.)

armando en guerra a la prisa
tres mil pelotas de cuero,
¡cada cual con su mortero!
y una tremenda chalana
que será la capitana
de aquella escuadra pujante,
en que vendrá el almirante
10   don JUSTO Macarandana.
Gente sólo le ha faltao
para hacer marinerada;
pero, con teruterada
dicen que la ha tripuliao,
¡diablo! y que determinao,
sin más barco, ni más flotas,
teruteros ni gaviotas,
se nos viene en su chalana,
mandando Macarandana
20   la invasión de las pelotas.

Pues, señor, como les iba diciendo: a pesar de tales noticias, cuando lo vi bolsiquiar sacando los doscientos pesos el amigo Pérez, yo saqué de mi tirador otros tantos, hicimos la apuesta con depósito, y... ¡qué diablos! esa mesma tardecita, a salú de don Manuel el parador, le canté a Vuecelencia las coplas y el cielito siguiente:

Como mi amigo y querido
paisano, don Eme Pérez,
30   el chiche de las mujeres
por idéntico a Cupido,
de infeliz se ha presumido
que la invasión cacareada
tiene a la gente asustada,
y al Gallo en particular,
lo quiere desengañar
por medio de una versada...

Aniceto el Gallo

# CIELITO DEL TERUTERO

¿CONQUE el tremendo don Justo
ha dao término a la tregua,
y por fin montao en yegua

---

14 Tripuliao: tripulado. (N. del A.)
3 Montao en yegua: para el gaucho es desdoro montar en yegua. Cf.: "Ésta es

viene a matarnos de un susto?
¡Ay, cielo!... ¡Barbaridá!
de invasión precitripada,
y si es en yegua preñada,
¡el hombre cómo vendrá!
       De ahi, si por suerte no pasa
10 la calor que hace al presente,
¿no pudiera al Presidente
redetírsele la grasa?
       Mi cielo, temo y supongo
que aun viniendo el viejo al paso,
si lo pilla algún solazo
se le haga aceite el mondongo.
       ¿Quién diablos lo habrá tentao
a semejante invasión,
estando tan barrigón
20 y de yapa abichocao?
       Cielito: tome un consejo,
señor don Justo José,
no se venga, mire que
para tal cosa está viejo.
       Hay gauchos en esta tierra
que mesmamente dan risa,
pero el Diretudo Urquiza
con sus balacas de guerra...
       Cielo mío, es por demás
30 de loco para esas cosas,
de suerte que a su amo Rosas
¡lejos! lo ha dejao atrás.
       Deje toda esa bambolla
«que ya voy; que de acá a un mes...»
véngase ya de una vez,
le sumiremos la bolla.
       Cielo, porque es de alvertir
que colegimos sus fines,
y que se pela a maquines
40 para hacerse RELEGIR.

Cese pues de balaquiar,
véngase ya cuesta abajo
y evítenos el trabajo
de tener que irlo a buscar.
       Cielo, porque unas gaviotas,
que esta mañana han venido,

---

una criollada falsa de gringo fanfarrón, que anda jineteando la yegua de su jardinera" (Lugones, *El payador*, página 158).
16 El mondongo: las tripas, los intestinos. (N. del A.)

cuentan que se le han podrido
la chalana y las pelotas.

Hechas pues las coplas anteriores, por supuesto le trajiné
los doscientos al mozo infeliz, los mesmos que cabalitos se los
di de limosna a los pobres de la Recoleta.

Después, a la cuenta mis versos llegaron a Gualeguaichú,
aonde se agravió por ellos cierto cantimpla llamao Virotica,
quien, de tapao bajo el poncho de un imaginao Barriales, me
trucó a desvergüenzas; pero luego supe que allá en Entre-Ríos
no había tal chimango coplero llamao Barriales, sino el mesmo
Virotica, secretario y tiernísimo yerno del Diretudo, a quien
no se le despega bailándole de pelao, o el pelao, que es idéntico a la gazuza.

De juro, me calentó el manflorita con sus relinchos, y me
obligó a soplarle el talón de más abajito: y si volviese a rebuz-
narme, ¡ahi-juna! le prometo atracarle gallo y más gallo
hasta hacerle largar un güevo morrudo y jediondo, como de
terutero.

Velay va el tapón que le prendí: con permiso del auditorio.

### RETRUCO A VIROTICA*

Señor Imprentero del Nacional.

Buenos Aires, a 28 de abril de 1859.

EN SU gaceta, patrón,
por la patria hágame un cabe
para la viruta suave,
que largo a continuación
por toda contestación
al Virotica coplero
Barriales y Cantafiero,
poeta de la manada
que va a morder cuando invada
Justo Panza y Terutero.

ANICETO

Dice un refrán que no es mengua
dar ciertas contestaciones,
cuando para ello hay razones;
y a cada bruto en su lengua.

¡BARAJO! ¡qué versería
puerca la del tal Barriales!

* El general doctor Benjamín Victorica (1831-1906).

¡ahi-juna pu. . .! ¿en qué andurriales
ese bruto nacería?
¿Qué yegua lo pariría
que al pujo no reventó?
cuando diz que lo largó
¡con seis patas! y que al verlo
tan animal, sin lamberlo,
10   alzó el rabo y lo solfió!
    De ahi, cuentan que entre un maizal
con leche de choclo y miel
lo crió un gaucho de Montiel,
hasta prenderle el morral.
Entonces el animal
de juro se hizo maicero,
y después de eso afrechero
insaciable, hasta que al fin
ya es bruto grande y rosín,
20   roncador y mashorquero.
    Pues, ese mesmo bagual
me ha salido relinchando,
y como contrapuntiando
de versista federal.
¡Habráse visto animal
más jediondo y presumido!
sin duda se ha persuadido
que saliéndome a toriar
yo me voy a calentar;
30   pero, sepa ese aturdido. . .
    que a todo bruto rosín
que me hace coplas iguales
a las del tapao Barriales
le contesto a lo mastín;
que cuando un cuzco ruin
con ladridos lo torea,
el mastín lo desprecea,
y en vez de echársele encima,
ni le gruñe: se le arrima,
40   alza la pata y lo mea.

Después de estos lances, volví a dejarme andar calladito, pero luego sucedió que, ahora días pasaos en
compaña del señor general don VENANCIO FLORES, cayó
de Entre-Ríos a esta ciudá una pandilla de jefes, oficiales y soldaos, todos orientales amargaos y más coloraos que el fuego, que es lo mesmo que decir: salvajes
unitarios.

35 Un perro podenco y de color negro. (N. del A.)

Entre los nombraos llegó también un amigo mío
de todo mi cariño y confianza, como lo es el señor
50    coronel don Fausto Aguilar, hombre que en la guerra
siempre anda puntiando a vanguardia, haciéndose el
desganao de peliar (con tigres, digo yo), pero que,
en ofreciéndose un entrevero, es capaz de tragarse hasta
de a seis teruteros a un tiempo; y que de yapa todavía se queda lambiendo por un gallo de los míos. ¡Vaya
un buitre insaciable!

De por fuerza: cuanto supe su llegada, enderecé
de carrera a visitarlo, encontrándolo felizmente en su
casa a eso de la oracioncita.

60    Así que llegué, y que me iba colando en la sala
que estaba llena de oficialada y medio escura, el coronel Fausto, que es un lince, me clavó el ojo y se
me echó encima prendiéndome un abrazo a lo soldao,
con el cual me hizo crujir los costillares... ¡La...pu...
janza en las muñecas!

De ahí me mandó sentar a su lao, y agarró la taba
diciéndome:

—¡Por Cristo! mi sargento Aniceto, ¡cuánto me alegro de verlo! ¿cómo le va de salú? pues desde el tiempo
70    aquel, en que estuvimos juntos en la zapallada de Caseros, hasta hoy, nada he sabido de usté. ¿Diaónde sale,
amigazo?

—De por acá no más, amigo coronel Fausto, y ya
me ve algo alentao. ¿Y a usté cómo le va yendo?

—Hombre, a mí me va viniendo la gana de salir
campo afuera, pues, como he llegao a pie, deseo y necesito pronto apretarle la cincha a cualquier rosín de
esos de por el Rosario... por más mordedor y bellaco
que sea.

80    —¡Ay, hijito, qué deseo tan indireuto! ¡óigale al colorao viejo!

—Cabal: y además deseo saber ahora mesmo, amigo
Aniceto, si me trai el gallo de mi afición.

—¡Adiós diablos! ya lo sentí venirse, pero no se lo
traigo, porque no lo he soltao, ni ya me entretengo
en eso.

—¡Voto a Cristo! ¿Cómo es eso que ahora en la ocasión más linda y calentona se empaca y no suelta el
gallo? ¿entonces en qué diablos se entretiene?

90    —Me ando no más despacito en procura de trajinar
una polla fina y linda, como para sacar cría, y entonces
sí verá usté que...

66 La taba: tomó la conversación seguida sin descansar. (N. del A.)

—Salga, amigo Aniceto: ¿sabe lo que yo pudiera ver
si usté se anda así lerdiando? ¡es que de repente don
Justo lo pille a tiro y le atraque un trajín y una polla
de mi flor! ¿Oye?

—¿De veras? ¡oh! ¿y por qué?

—Chancita: que se lo digan acá mis compañeros, y
después no se encoja: ¡largue prontito el Gallo y abra
el ojo! que lo primero le conviene a nuestra causa, y lo
segundo a usté para salvar el cuero y acreditarse, a fin
de hacer carrera linda en la milicia.

—¡Pues no, mi alma, y que hacía yo carrera linda
en la milicia largando gallos!... No diga, coronel Fausto.

—Sí digo, sargento Aniceto; sin duda de que aquí
ya sus paisanos cuando menos le habrán dao un buen
cargo.

—Pues, señor, se equivoca muy fiero, porque acá los
salvajes de hoy en día no me han dao ni leche, cuando
a veces la redaman sobre algunos maulas mamones, ni
tampoco tengo más cargo que la jineta aquella que, después de la aición de Monte-Caseros, me dió don Justo
José, a quien sea del modo que fuere se la debo; pero
a los unitarios de ahora no les he merecido nada, sin
duda porque soy poco pretencioso, y medio cimarrón
para acercármeles, cuando largan nombramientos por
cargueros; pero, como por eso yo no me he de resertar
de la banda en que siempre me aguanté sin agraviarme
por nada, sigo y sigo defendiendo el pleito por la Patria
y nada más. ¿No le parece, coronel Fausto?

—Muy bien: y me parecerá mejor que, a pesar de lo
que me ha dicho, suelte el Gallo, porque nos divierte
mucho y anima a la paisanada, y en ancas porque a los
mesmos teruteros les gusta, y que sólo al viejo Justo
lo abomba y lo hace rabiar.

—Eso es cuento, amigazo: ¿qué caso ha de hacer el
Diretudo de mi Gallo infeliz?

—¿Qué dice? ¿que no le hace caso? Oiga: ahora poco
tiempo, cuando nos preparábamos en Entre-Ríos para
sacarle el cuerpo a Urquiza, sabíamos por allá, de buena
letra, todo el entusiasmo que había aquí entre el porteñaje, y leíamos todos los periódicos de esta ciudá que
iban chispiando contra el Viejo Soberbio, pero como no
víamos ni una copla de Aniceto, medio desconfiando
decíamos: ¿cómo es esto que ahora tan luego el Gallo
ha cerrao el pico? ¿si le habrá entrao moquillo, o andará juido, o si estará envaretao, o por ladiarse del todo
en esta cuestión?

—¡María Santísima! ¡qué esperanza! cuando usté sabe

140 bien, coronel Fausto, que yo soy y seré siempre salvaje
unitario, de opinión firme como palo a pique, y que ni
el diablo me ladea. ¡Vaya, vaya, con sus dudas! ya me
están haciendo calentar, no embrome.

—Me alegro: justamente es lo que yo quiero: tem-
plarlo en su lindo y hacerlo corcoviar hasta que suelte
el Gallo; y de fijo que lo suelte cuando le diga yo
algo más.

—Bueno pues, prosiga y desembuche de una vez.

—Pues, como le iba diciendo: en esas dudas estuvi-
150 mos hasta que por fortuna y casualmente yo, y acá ese
compañero, nos hallamos en presencia del viejo Justo,
al tiempo que un tal Bilbao acababa de hacerle la letura
de un larguísimo chorizo de su mesma Gaceta (como
les dice la *Tribuna*).

—Y es verdad que la *Tribuna* así les llama a los argumentos de don Pancho el Ráculo.

—Pues bien, ese mesmo día Urquiza tenía ya entri-
pada la noticia de que le fallaba la alianza del Paraguay
y el Brasil: y que Cafulcurá lo andaba medio embro-
160 llando; y supo también ese mesmo día temprano que un
vapor de los de acá le había manoteao, de un barco
en el Paraná, nada menos que dos mil garabinas y tres
mil sables, entre los cuales le mandaban para él uno muy
rumboso con vaina de plata, regalo que le venía de pe-
rilla cuando el viejo está tan escasón de armamento.

—De por juerza: ¡con tantísimos ejércitos que tiene
armaos!

—Hágase cargo, amigo Aniceto.

—¡Pues no: barajo! ¡y cómo estaría de alunao por la
170 falsiada de las alianzas, el manoteo del armamento atrás,
de la ocurrencia de metérsele allí ese cócora de Bilbao a
soplarle la longaniza o chorizo o argumento de su gaceta.
¡Barbaridá!

—Pues, con todo eso, don Justo no se calentó fiero
sino cuando, para rematar la fiesta, entró ese su secretario Virotica trayéndole fresquitos los nuevos versos de
usté, y que, como despreciándolos y por gracia, se puso
a lerlos medio a la oreja del viejo, que lueguito empezó a hinchar las narices y a rascarse los cuadriles, medio
180 clavándose las uñas, hasta que a media letura reventó,
pegando un bufido y diciendo: «¡Ahi-juna grandísima
pu... salvaje perro: seguí no más largando Gallos, que
el día que yo te agarre, juro y prometo hacerte engrasar

159 Cafulcurá: Calfucurá. Cacique de la frontera sur. En 1872 fué derrotado
por Boer y por Rivas, en la batalla de San Carlos.
174 No se calentó fiero: no se enfadó realmente.

bien la cabeza, y después de hacértela quemar como
chicharrón yo mesmo, de un revés te la he de cortar en
el chiquero de los chanchos. ¡Anda, no más, pícaro pio-
joso!» ¿Qué le parece, amigo Aniceto?

—¿Qué quiere que me parezca? Calentura del Vuece-
celencia y nada más. ¿Con qué me va a cortar nada si
190 anda tan desarmao, y yo le tengo acá el corvo ese de los
tres mil que le manotiamos? ¿con qué, repito, me puede
afirmar el corte seis para descogotarme en el chiquero?
Con nada. Aunque ahora que viene al pelo, encuentro
un cabe para facilitarle arma y quedar bien con el costitucionero.

—Vamos a ver, ¿qué piensa hacer para desagraviarlo?

—Nada más que soltarle un Gallo, que lleve un corvo
en las patas y en la cresta la copla siguiente:

> Ahi te mando, primo, el sable:
> 200   no va como yo quisiera,
> del Paraguay es la vaina
> y del Brasil la contrera;
> los tiros son de Pa-juera,
> aonde los perdió asustao
> Cafulcurá que ha escapao
> en una yegua rabona;
> y también va una dragona
> de chorizos de Bilbao.

210   —¡Superiorazo! dijieron el coronel Fausto y sus compañeros, de quienes me despedí largándome a dormir,
sin soñar con el chicharrón que quiere hacer de mi mate
el golpiao Diretudo, a quien por último lo calculeo bien
achicharronao con tantísimas contrariedades, chicharras
y teruteros flacones que lo rodean en el pantano que se
ha metido de puro sicofantástico.

## CARTA FRESCA Y NOTICIOSA DEL EJÉRCITO
## DEL NORTE

*Campamento en Cepeda, setiembre 28 de 1859.*

*Señora doña Sinforosa Pretao.*

> Celebraré, amada esposa,
> que ésta te halle ricotona
> y sin estar barrigona,
> que estés siempre buena moza;
> yo acá estoy como la rosa,
> gracias a la Providencia,
> aunque sintiendo la ausiencia

212 De mi mate: de mi cabeza. (N. del A.)

de tu amor, que es mi regalo;
ando de amores al palo,
10    y, ¿qué hemos de hacer? Pacencia.
     Con esta carta van dos
que te escribo esta semana,
pues tarde, noche y mañana,
a toda hora pienso en vos,
que este invierno sabe Dios
los fríos que habrás pasao,
a no haberte calentao,
como cuasi lo supongo,
de día con tu morrongo,
20    de noche con el pelao.
     Has hecho bien, Sinforosa,
como yo, haciendo un esfuerzo,
para concertarte en verso
esta carta cariñosa:
aunque lo pior de la cosa
es que he de verme apurao
para hacer tal concertao,
a pesar de que haré empeño;
pero es el diablo que el sueño
30    me tiene muy atrasao.
     Y no pensés que el servicio
me esté haciendo cabeciar,
no es eso, es el orejiar...
que siempre será mi vicio:
así anoche, con Mauricio
tu primo, en una jugada
me pasé de trasnochada,
porque me sentí acertao;
aunque había trasnochao
40    en la anterior de avanzada.
     Pues, con todo, entre bostezos
y sin más luz que la luna,
sin errar carta ninguna,
les pelé nueve mil pesos
a unos mercachifles de esos
que vienen de la ciudá
a pelarnos por acá,
vendiéndonos el tabaco
a diez pesitos el naco
50    y aventao... ¡Barbaridá!
     Y aquí que corre moneda,

9 Al palo: sin goce de ninguna clase. (N. del A.)
19 Tu morrongo: tu gato. (N. del A.)
20 Tu pelao: tu perrito pelado. (N. del A.)

como en la vida se ha visto,
por diez papeles, ¡qué Cristo!
sin pitar naides se queda:
pues no hay soldao que no pueda
hoy en nuestro campamento
gastar veinte, o gastar ciento,
divertirse y voraciar,
y por supuesto pagar
60   sin hacer asco al momento.

Únicamente he notao
en nuestra gente un disgusto
presumiendo que a don Justo
el rocín se le ha empacao:
o que se le ha empantanao,
de juro, errando la senda
por la cual a media rienda
a venir se disponía
de un tirón (¡y que venía!),
70   a trair la guerra tremenda.

Ojalá llegue mañana:
de veras que lo deseamos,
y verá si le atracamos
chuza, balas y catana,
pues aquí crece la gana
de peliar, cada vez más;
así, a quien te hable de paz,
mientras que gobierne Urquiza,
hasta sacarle la friza...
80   largátele por atrás.

Por mí no tengas cuidao,
ni por naides finalmente,
porque, mi alma, entre esta gente
ni con luz se halla un morao:
sólo hay criollaje alentao,
rumboso y bien mantenido,
como igualmente lucido
a respeuto de armamento,
pues tenemos, y no miento,
90   el siguiente contenido:
—Fusiles a Lominié,
garabinas fulminantes,
artillerías volantes
y de cuhete Lacongré,
chocho largo y fiero que
encienden entre un cañuto

84 Un morao: un hombre cobarde. (N. del A.)
91 Lominié: se refiere a la carabina ideada por Claude-Étienne Minié.

veinte o treinta por minuto,
y como ascuas culebriando
¡barajo! salen matando
100     gente y pingos a lo bruto.
        En fin: ya el sueño me quiebra,
voy por eso a rematar
esta carta, y destapar
luego un porrón de giniebra,
al que, a tu salú, de una hebra
le sacaré hasta el añil;
y como siento al candil
flaquiar y hacerme chus-chus,
contento aparto a la luz
110     seis loros nuevos de a mil...
        Los cuales te entregará
don Rosendo el pagador,
mozo lindo y servidor
con la mejor voluntá:
él, pues, te los llevará
sigún me lo ha prometido;
así, chinita, te pido
que al hombre lo agasajés;
pero no te descuidés,
120     mira que es medio cupido.
        Luego, soltale las riendas
a tu gusto en el gastar,
sin dejarte trajinar
por los mozos de las tiendas.
Comprá, eso sí, lindas prendas,
como es y será tu flujo;
largale el valor al lujo,
y lucí tu aire de taco
zarandeando el miriñaco,
130     o, más bien dicho... el tapujo.
        Conque así, prenda adorada,
adiosito, que ya espicha
el candil, cuando por dicha
mi carta está terminada.
Mañana a la madrugada,
si Dios quiere, Sinforosa,
te escribiré cierta cosa
fatal que me ha sucedido...
al firmarme —tu marido—
                *Anacleto Reventosa.*

105 De una hebra: me lo bebo de un trago seguido. (N. del A.)
110 Seis loros de a mil: seis billetes *verdes* de a mil pesos cada uno, pues ése
es el color de dichos billetes del Banco. (N. del A.)

# BOLETÍN SICOFÁNTICO

*de noticias importantísimas*

Por un pájaro que en este momento acaba de llegar de Santa Fe, hemos recibido periódicos del Rosario, en los cuales se registra el curiosísimo anuncio que copiamos a continuación, y el cual aquellos periódicos lo han publicado bajo el título de:

## LA SICOFANTADA

VERSO de todo tamaño y calibre:
ancho, angosto, largo, corto y libre.

## CIRCO OLÍMPICO

Gran función extraordinaria para el día 1º de diciembre próximo, en celebridad del aniversario de la gloriosa revolución que en la provincia rebelde de Buenos Aires hicieron los heroicos urquizanos en contra de los infames e ingratos demagogos, porteños sicofantas*

      Si no amanece alunado,
      o Sicofantás-meado,
      el día arriba anunciado,
      el presidente afamado
      en la plaza del Paraná
      al público le dará
      una variadísima función
      de danza y equitación,
      a beneficio de la Invasión
10   Urqui-Sicofantiza,
      terute-espantadiza;
      fiesta en que Su Excelencia
      ofrece a la concurrencia,
      a pesar de la ausencia
      de su querido general
      del Ejército Confederal
      don Geromito Costa,
      que en figura de langosta
      el Diretor de los diretores
20   ese día hará primores,
      si no estuviere con dolores

* Sicofantas: así les llamó a los hijos de Buenos Aires el general Urquiza en un manifiesto público que salió en Entre-Ríos, y el Gallo también lo llamó sicofantástico al don Justo José el presidente. (N. del A.)
17 El general Gerónimo Costa (1808-1856). Lo fusilaron por decreto del gobernador Obligado.

de flato o reumatismo,
o sicofanticismo;
pues bailará en la maroma
la chuciada y la broma
de los arreciferos,
voleando teruteros:
y la mashorca a bordo
huyendo de Gorordo;
30    o sea, HORNOS y Mitre,
por desplumar al buitre
de buche extraordinario
que se traga la aduana del Rosario.
      Luego, el mismo Diretor,
si le dura el buen humor
y por gusto se le antoja,
bailará en la cuerda floja
en facha de terutero
el Minué-Montonero,
40    la Resfalosa-Federala,
y las apreturas DEL TALA.
      En seguida se anuncia,
que presentará su renuncia
al Soberano Congreso,
mandándola entre un queso,
y alegando para eso
que se quiere retirar
a sicofantás-mear,
allá por lejanas tierras,
en esas grandes guerras
50    de Europa y del Oriente;
pues se halla (el presidente)
entusiasta y decidido,
desde que medio ha sabido
allá por informes confusos
la derrota de los rusos:
por cuya consecuencia
suelta la presidencia
largándose Su Excelencia
sin dar más beneficios

29 El coronel Cruz Gorordo (1809-1879).
39 Baile de la época. Cf.:
        Y zambas y gatos violentos,
        Cielitos esbeltos y pericones,
        Y medias cañas y milongas,
        Y cuecas y malambos cimarrones,
        Y el minué montonero de las revoluciones.
        (Pedro Leandro Ipuche, *Júbilo y miedo*, Montevideo, 1926.)
55 Alude a la guerra de Crimea (1854-1856).

60  a ofrecer sus servicios
    al emperador Nicolás.
    De ahi dicen más atrás,
    que, como es tan indeciso
    Su Excelencia, de improviso
    tomó otra resolución
    y cambió de opinión
    al saber poco después
    la muerte del mariscal francés
    general del Ejército Aliado:
70  cosa que don Justo ha lamentado
    y por la que ha determinado
    irse en yegua por tierra
    a Francia y a Ingalaterra;
    cierto que desde allí se sopla
    al trote en Costantinopla,
    desde que lo lleva el afán
    de empeñarse con el Sultán
    para que le den el grado
    del generalísimo finado.
80  ¡Antes, para todo esto
    renunciará, por supuesto,
    a sus justas pretensiones
    de humillar a los bribones
    porteños sicofantones,
    desde que tiene aspiraciones
    de concluir heroicamente
    en la gran cuestión de Oriente
    con todo ruso viviente!
    como que se morirán de susto
90  al saber que allá va don Justo,
    llevando para ese fin
    a su general Crespín,
    acollarado a su mastín
    Purvis, el Cancerbero,
    para soltarlos en algún entrevero:
    y ofrece al mundo entero
    el Presidente terutero
    que por el siete de enero
    próximo venidero,
100 antes de entrarse el sol,
    como chuparse un caracol
    se tomará a Sebastopol,
    a Cronstad y hasta el Mogol,
    si lo mandaren atacar,

68 Mariscal francés: Saint-Arnaud (1798-1854).

aunque se tenga que tragar
al Peñón de Gibraltar...
para tener la gloria de triunfar
¡a sangre y fuego!
y de venirse luego
110     sin más tardar,
a Buenos Aires a sicofantear,
y de a pie o de a caballo
torcerle el pescuezo al Gallo.

¡QUÉ BARBARIDÁ!
¡LA CASACA POR DONDE LE DA!

# POESÍAS VARIAS

*publicadas con seudónimos diferentes*

RELATIVAS EN SU MAYOR PARTE A LA GUERRA CONTRA
EL TIRANO ROSAS

e inéditas algunas de ellas

## AL 25 DE MAYO DE 1810

### ALVERTENCIA

Recuerdos que de las glorias de la patria hicieron los gauchos argentinos
Chano y Contreras* en las trincheras de Montevideo el 25 de mayo de 1844

> QUE LOS españoles luchos
> no se quieran agraviar
> oyéndonos renombrar
> maturrangos y matuchos:
> porque, cuando los gaúchos
> por la patria combatían
> esos nombres les ponían,
> a los que no eran jinetes,
> y a un corcovo de los fletes
> 10  por las orejas salían.

*Contreras recibiendo a Chano en el palenque, la mañana del
25 de mayo.*

### CONTRERAS

> ÓIGANLE a Chano el versista:
> velay está, mirenló:
> ¿diaónde sale, paisanazo,
> tan garifo? y de armador
> de 25 de mayo,
> celeste y blanco...

### CHANO

> ...¡Pues no!
> lo lindo es para lucirlo:
> ¿cómo está, señó Ramón?

---

\* Chano y Contreras: son personajes de Bartolomé Hidalgo. Véase los
*Diálogos* (vol. I).
1 Lucho: ducho. También es cubanismo.
5 Gaúchos. Aquí la palabra es trisílaba, según la pronunciación uruguaya
(antigua) y la ríograndense.
4 Armador: se llama al chaleco. (N. del A.)

CONTRERAS

Ya lo ve, amigo, alentao,
10      sin novedá la menor.
¿Qué hace, pues, que no se apea?
¿o no le da compasión
estarle oprimiendo el lomo
a su picazo flacón?

CHANO

Pues, mire que de mi hacienda
éste es el pingo mejor,
y el único que reservo
para algún lance de honor,
y no se le haga tan ruin
20      por verlo así delgadón,
pues cuando le cierro piernas,
aunque atropelle a un cañón,
este flete en la rompida
es como una exhalación.

CONTRERAS

¡Ah, Chano, si ha de morir
siempre facilitador!
miren, pues, de qué sotreta
dice que es un volador;
pero, ¿diaónde diablos sale?
30      déjese cair por favor.

CHANO

Aguarde, no me apresure;
que vengo medio alegrón
de resultas de que anoche
nos metimos en calor,
y en el cuartel nos cruzamos,
yo y el sargento Veloz,
contra dos mozos de ajuera
a jugar un truquiflor;
en el cual últimamente
40      nos pelaron a los dos,

15 De mi hacienda: de mis ganados en conjunto. (N. del A.)
27 Sotreta: caballo viejo y lerdo. (N. del A.)

después de estar orejiando
hasta que el candil dentró
a relampaguiar menudo:
y tanto se enflaqueció
que, al echarle un ¡vale cuatro!
a uno que me retrucó
hasta la mecha del grito
¡a la gran... pu...nta saltó!
  Al fin, en esos primores
50 la noche se nos pasó;
y hoy a la madrugadita,
cuando el lucero apuntó,
el corneta de la escolta
tan de-una-vez se florió
en la diana, que del todo
el sueño se me ahuyentó;
de manera que ensillé,
y apenas medio aclaró,
cantando y al trotecito
60 vine a dar por el Cordón
a un rancho, en donde acostumbro
cair a explicar mi dolor,
y luego hacerme el morrongo
si se ofrece la ocasión.

### CONTRERAS

¡Ah, gaucho! ¡Si será el diablo!
¡y tan viejo, veanló!
pero, siempre trajinista
y vasallo del amor.

### CHANO

Cabal, amigo: ¿qué quiere?
70 no he perdido la afición.
De balde ya en los fandangos
me duermo en cualquier rincón;
no reculo... pero... atienda:
¿sabe lo que me pasó
con su hermano hoy tempranito?
Ahi me salió en el Cordón
(¡ah, muchacho busca vida!);
ni sé cómo me vichó
al pasar por una esquina:

---

41 Orejiando: jugando a la baraja, descubriendo las cartas del naipe. (Nota del Autor.)

80 el caso es que me salió,
y atajándome de golpe
al estribo me alcanzó
un vaso con la mañana,
y en ancas un cimarrón.

Luego, quiso entretenerme;
pero yo le dije, no:
que hoy es día VEINTICINCO,
y antes que despunte el sol
me voy a lo de Contreras
90 a pegarle un madrugón...
a pesar que por desdicha
hoy me encuentro, ¡de mi flor!
cortao hasta lo infinito:
así, tengo precisión
de irme a campiar unos medios
para largarle el valor:
y aunque no tengo más prendas
de valer que este fiador,
hecho como está a la vista
100 de trenza resuperior,
puede que por él encuentre
quien me largue un patacón.

Al decir esto, de veras,
su hermano se me enojó,
y arremangándose el poncho
desprendió del tirador
cuatro pares de botones,
y ya me los aflojó:
de juro, poniendomé
110 en la juerte obligación
de tomarlos; pero ¡cuándo!...
solamente tomé dos,
quedándole agradecido;
de manera que me armó:
y lo que me vi platudo,

---

93 Cortao de mi flor: pobrísimo, sin un cuartillo. (N. del A.)

98 El fiador es un collar trenzado de hebras finas de cuero y algunas veces de alambre de plata para usarlo en el pescuezo del caballo, con el objeto de atar en la argolla del fiador el cabresto, al cual los paisanos le llaman el maniador. (N. del A.)

106 El tirador es un cinto construído de cuero, de suela o de gamuza a manera de faja ancha, bordada de seda y con bolsillos al derredor: luego en una punta le hacen ojales, y en la otra le ponen dos o tres pares de botones de plata construídos de pesos fuertes o de monedas de medio duro: los gauchos ricos usan los botones del tirador hasta de onzas de oro selladas. (N. del A.)

109 De juro: precisamente. (N. del A.)

cogí en el mesmo Cordón
y compré... velay, giniebra.
Tome, que vengo de humor
de divertirme a su lao
120    y afirmármele al fogón,
para desechar si puedo
las penas del corazón.

CONTRERAS

Me gusta, amigo, apiesé;
echará un verde... Trifón,
poné agua al fuego a la juria.

. . . . . . . . . . . . . . . . . . . . . . . . . . .


Entonces Chano se apió,
y sacando el cojinillo
la cincha medio aflojó:
luego al pingo rienda arriba
130    y maniado lo dejó
junto al palenque, y después
a la cocina dentró:
sentóse, cruzó las piernas,
y así que se acomodó,
recorriendo el pensamiento
de esta suerte se explicó:

CHANO

Pues, desde anoche, paisano,
hice mi resolución
para pegarle este albazo,
140    y como hay satisfaición
esta limeta compré
de giniebra superior,
la cual del todo debemos
apurarla entre los dos
a salú del Veinticinco
de nuestra revolución.
Conque así afirmeselé...
¡ahora, aparcero Ramón,

125 A la juria: prontamente, al instante. (N. del A.)
127 El cojinillo: es un mueble que los gauchos le hacen de un cuero sobado y teñido generalmente de azul oscuro; también construyen el cojinillo de cueros de distintos cuadrúpedos pequeños y sin teñirlo: lo usan encima del asiento de la montura, a la cual lo atan en torno del cuerpo del caballo con una cuerda de cuero que los paisanos le llaman el cinchón. (N. del A.)

que principian los repiques,
150   y las salvas!... ¡Bro...co...tón!...
Oiga las musiquerías
y las dianas, ¡qué primor!
y... ¡vea, qué cosa linda!
ya empieza a nacer el sol
que en mil ochocientos diez
a esta mesma hora alumbró
a nuestra patria querida,
libre del yugo español!...
¡Ah, patria de aquel entonces,
160   quién te mira y quién te vió!
. . . . . . . . . . . . . . . . . . . . . . . . .

Aquí Chano contristao
lagrimiando se agachó.

CONTRERAS

¡Voto-alante! No se aflija,
¿qué quiere hacerle al dolor?
Vamos sufriendo, paisano,
de la desdicha el rigor
hasta gozar algún día,
si nos da vida el Señor...

CHANO

¿Algún día?... ¡qué esperanza!
170   lo mesmo decía yo
cuando entonces sacudimos
el yugo del español;
pero hoy, cuasi nada espero
al ver, amigo Ramón,
que con tanto prometernos
libertá, organización,
paz, abundancia y primores,
nuestra triste situación
le da tres rayas afiera
180   al tiempo de la opresión,
o más bien del rey de España,
cuando de patriota yo
abandoné hasta mis hijos
y el fruto de mi sudor,
por dedicarle a la patria
alma, vida y corazón.

Ya sabe; de veintiocho años
me le agaché al pericón,
y llevo ya ¡treinta y cuatro!
190    sin desprenderme el latón;
de manera que a la fecha
me aprietan sesenta y dos,
y atrás de la patria vieja
sigo meniando talón,
y más que gaucho he de ser
si me llega el mancarrón.

Así mesmo, no desmayo
del todo en la situación;
pero, eso sí, en tanto afán
200    me voy volviendo terrón,
sin que desde aquella patria
hasta ésta haiga visto yo
más libertá, ni sosiego,
ni porvenir, que un montón
de ruinas y desengaños,
falsedades, desunión,
rivalidades, embrollas,
manoteos y ambición
de mandarnos como a brutos:
210    y luego por conclusión
verme como yo me encuentro
en la presente ocasión,
reducido a la miseria...
pues todos mis bienes son
tener el cuero ojalao,
y ese triste mancarrón,
este cuchillo envenao
y mi aperito cantor.

CONTRERAS

Es triste cosa, en verdá,
220    y de igual suerte ando yo,
pero esto poco me aflige:
otro es, amigo, el dolor
que hasta el alma me lastima...
ya se hará el cargo.

188 El pericón: es un baile campestre del género del cielito, y al decir un
paisano me le agaché al pericón, es como si dijera: entré en baile o en esta o
aquella empresa. (N. del A.)
215 El cuero ojalao: la piel con señales de heridas. (N. del A.)
218 Apero cantor: pobre montura. (N. del A.)

CHANO

                    ¡Pues no!
colijo, amigo Contreras,
de que su pena mayor
es contemplar nuestra tierra
humillada a un saltiador
como Rosas, por el cual
230    estamos matandonós
entre amigos y paisanos
que un mesmo techo cubrió:
así es que de mis pesares
también éste es el mayor.

CONTRERAS

Pues, de semejante diablo
vamos olvidandonós,
por ser día de la patria,
más digno de hacer mención
de los triunfos de aquel tiempo
240    que de un gaucho fanfarrón.
¿No es verdá, aparcero viejo?

CHANO

Cabal, amigo, ésas son,
dígole con evidencia,
las miras de mi intención:
y siendo así, de esas glorias
le haré una recordación,
la mesma en que mis relatos
no irán a la perfeción,
por algunas omisiones
250    que haré sin mala intención;
pues, para hacerle al presente
completa mi relación,
no me asiste la memoria
ni me ayuda la expresión.

CONTRERAS

¡Ah, Chano, si en los preludios
de cualquier conversación
demuestra hasta lo infinito
de su saber y razón!...
        Velay mate, y... larguesé,
260    que ya tengo comezón

de oírle contar las campañas
y guerras en que se halló,
y que me diga, al principio
cuando la patria se alzó,
quiénes hicieron la punta.

CHANO

Me acuerdo de eso. Oigaló
La patria del año diez
en Buenos Aires se armó,
por Savedra, por Castelli,
270  Rodríguez Peña, Viamón,
Vieites, Chiclana, Díaz Vélez
(escuche con atención),
Larrea, Frenches, Moreno,
Beruti, Pasos, ¡ay, Dios!
y mi general BELGRANO,
de quien cuando hacen mención
¡hasta los pampas tributan
respeto y veneración!...
Velay, paisano Contreras,
280  los nombres en relación
de los primeros patriotas
de nuestra revolución.
Ellos hicieron con gloria
flamiar el primer pendón
celeste y blanco, que un día
al aire se desplegó
en la heroica Buenos Aires,
cuando el virrey español
al grito de esos valientes
290  la altiva frente agachó,
y con su audencia y sus leyes
a los infiernos guasquió...

265 Hacer la punta: salir adelante, encabezar un negocio o empresa. (Nota del Autor.)
269 Savedra: el brigadier general Cornelio Saavedra (1761-1829).
270 Rodríguez Peña: el coronel Nicolás Rodríguez Peña (1775-1853). Viamón: el general José Juan Viamonte (1774-1843).
271 Vieites: don Hipólito Vieites (1762-1815). Chiclana: el coronel doctor Feliciano Antonio Chiclana (1761-1826). Díaz Vélez: el general Eustaquio Díaz Vélez (1790-1856).
273 Larrea: don Juan Larrea (1772-1847). Frenches: el general Domingo French (1774-1825). Moreno: el doctor Mariano Moreno (1778-1811).
274 Beruti: el coronel Antonio Luis Beruti (1772-1841). Pasos: el doctor Juan José Paso (1758-1833).
275 El general Manuel Belgrano (1770-1820).
292 Guasquió: huyó, disparó. (N. del A.)

En el istante despés
de aquella revolución,
toda la provincia el grito
de libertá segundó,
y el gauchaje voluntario
a las armas acudió.

Por supuesto, yo hice punta,
300    saliendo en la expedición
con el general Balcarce,
cuando al Perú enderezó
a peliar con los gallegos.
¡Ah, tiempo de bendición!

Pasamos por las provincias
llenos de sastifación,
y hasta Suipacha subimos
sin mayor oposición:
pero allí... ¡la pu... cha y truco!
310    de golpe nos embistió
fiero la maturrangada
del ejército español;
¡ahi-juna, y la sujetamos
por la primer ocasión!

CONTRERAS

¡Ah, gauchos americanos!
qué poder les resistió
cuando a peliar por la patria
el criollaje se juntó!
¡y que no la sujetaban!
320    Traiga, Chano, por favor,
alcánceme la limeta,
le daré un beso...

CHANO

¡Pues no!
velay, tome, peguelé,
y atienda... Pues, sí, señor:
en ese día en Suipacha
la patria se revolcó
a un ejército rialista,

303 Gallegos: los españoles en general. (N. del A.)
311 Maturrangada: la españolada reunida. (N. del A.)
325 El 7 de noviembre de 1810 ocurrió la batalla de Suipacha, primera victoria de la revolución. El ejército argentino, a las órdenes del general Antonio
González Balcarce (1774-1819), derrotó al ejército español que mandaba el general Córdoba y Ríos.

y allí mesmo tremoló
esa bandera que tiene
330 dorado en su centro un sol.
      Luego que venció en Suipacha
nuestro ejército, marchó
por esos cerros tremendos
del Perú, y atravesó
sembrando la libertá
en todo cuanto abrazó,
pero, como era morrudo
el poder del español,
¡cuándo lo hacía flaquiar
340 una redota ni dos!
Así es que un tal Goyo-Neche
caliente nos aguardó,
y allá en el Desaguadero
de firme se nos paró
con doble sarracenada,
y otra vez nos atacó.
      Al principio le aguantamos,
pero luego nos largó
toda la maturrangada,
350 ¡ah, Cristo! y nos trajinó.
Dimos güelta, por supuesto,
apuraos y en dispersión,
y atrás de nosotros toda
la armada se descolgó,
y hasta llegar a Humaguaca
medio al trote nos arrió.

### CONTRERAS

¡La pujanza, el Goyo-Leche,
que sería apretador!

### CHANO

¡Qué leche, ni qué botijas!...
360 Goyo-Neche, dije yo:
y era ¡un duro! mesmamente;
pero luego se ablandó,

341 Goyo-Neche: el general José Manuel Goyeneche (1775-1846).
343 Desaguadero: alude a la jornada del 20 de junio de 1811.
345 Sarracenos, Gallegos y Maturrangos: así les llamaban los gauchos a los españoles. (N. del A.)
355 Humahuaca: lugar de la frontera de Bolivia, inmediato a la República Argentina. (N. del A.)
361 Un duro: un valeroso. (N. del A.)

junto con un tal Tristán
que vino y se le ayuntó,
hasta que la patria al cabo
a entreambos los revolcó.

CONTRERAS

¿Ahora salimos con ésa?
ya lo maliciaba yo:
porque acá con Vigoder
370    un caso igual sucedió,
cuando quiso endurecer,
y en esta plaza aguantó
veintidós meses de sitio
que la patria le atracó;
pero, amigo, estuvo al palo,
hasta que se adelgazó
tan fiero la soldadesca,
que como una arpa salió
sólo una mitá, que la otra
380    ¡ni la osamenta llevó!

CHANO

Pues, como le iba diciendo,
ese Tristán avanzó,
y como venía engreido
todo lo facilitó.
    Por ese tiempo Belgrano
a esos parajes cayó
y al general don Balcarce
del mando lo relevó,
y de ahi Belgrano en su lindo
390    la retirada emprendió
con el ejército nuestro,
y a retaguardia dejó
al comendante Balcarce,
su tocayo don Ramón,
que un día que la vanguardia
de los godos lo apuró
en el río de las Piedras,
¡ah, hijito! se le agachó

---

369 Vigodet: el último general realista que evacuó a Montevideo con el ejército español en 1814. (N. del A.)
375 Al palo: atado a un palo sin comer. (N. del A.)
378 Como una arpa: enteramente flaco. (N. del A.)
397 Piedras: el 3 de septiembre de 1812.

y en una media angostura
400  el guano me les sacó:
porque, con sangre en el ojo
todo bicho allí pelió.
¡Qué sabliada a los matuchos
medio se les arrugó
allí! pero don Tristán,
godo viejo barrigón,
y que traiba punto grande
de soldados ¡de mi flor!
no hizo alto, y al Tucumán
410  echando espuma embistió.

Allí el ejército nuestro
medio en apuros se vió,
y la patria con nosotros
por cuasi nada rodó
en un aujero terrible,
y a todos nos apretó.
Pero el día veinticuatro
de setiembre amaneció,
y cuando, el viejo Tristán
420  más a la fija creyó
voltiarnos de una cornada,
la aspa en el suelo clavó:
siendo el caso que Tristán
ni la saliva tragó,
en cuanto Belgrano dijo
a su frente: ¡aquí estoy yo,
y están los americanos!
¡ahora verás, fanfarrón!
¡si duebla la libertá
430  su cuello al yugo opresor!
y ahi no más en seguidita
la violinada empezó:
de suerte y conformidá
que, el primer atropellón
que les pegamos, Tristán
fué el primero que emplumó
charquiando con las dos manos,
y a rienda suelta salió

403 Matuchos y Godos: también les llaman los gauchos argentinos a los españoles. (N. del A.)
407 Punto grande: punto alto, como el juego.
417 El día 24 de septiembre de 1812.
432 La violinada: el degüello, la matanza. (N. del A.)
437 Charquiando: agarrándose a dos manos de la cabezada de la montura para no caerse del caballo. (N. del A.)

taloniando a los infiernos,
440  y con el susto arrumbó
las armas, los estandartes
y cargas de munición,
sus soldaos, su pesería,
sus cacharpas y el bastón.

Belgrano luego de atrás
cortito me lo sacó,
y al conocerlo asustao
como a pleito lo siguió
hasta Salta, pues allí
450  recién Tristán sujetó:
porque el virrey a la juria
de nuevo lo reforzó
con otro ejército lindo...
que ahi mesmo se lo fundió:
pues si en Tucumán Belgrano
de un golpe lo atolondró,
en Salta le dió un repaso
y ya lo redomonió;
de manera que a su gusto
460  mansito lo manosió.

¡Día 20 de febrero!
la luz de tu mesmo sol
allá en el valle de Salta
y acá en el de Ituzaingó,
triunfar a nuestros patriotas
de dos monarcas miró!

En ochocientos catorce
la patria en Salta venció
de suerte la más heroica
470  que en nuestras guerras se vió,
y a los trece años después,
también en Ituzaingó
la República Oriental
su independencia afianzó;
y de los mesmos guerreros
la sangre se redamó
aquí y allá, porque entonces
¡todo era patria y unión!...
¡Ah, tiempo aquel! Pero en fin,
480  y volviendo a lo anterior,
Tristán en Salta ese día

458 Redomonió: lo amansó. (N. del A.)
461 El 20 de febrero de 1813, Belgrano derrotó a Tristán en la batalla de Salta; el 20 de febrero de 1827, Alvear derrotó en Ituzaingó a las fuerzas del emperador del Brasil.

a peliar se resolvió;
y ¡viese los batallones
que allí nos desenvainó!...
pero el ejército nuestro
tampoco le reculó.
    ¡Ah, soldaos los de ese tiempo!
¡qué oficialada de honor!
de mi general Rodríguez
490  hasta ahora recuerdo yo
la nobleza y la bravura
con que ese día pelió,
lo mesmo que don Díaz-Vélez,
quien de general mayor
tuvo el cargo en ese día,
y en cuanto se presentó
fué el primero a quien un chumbo
del pingo lo solivió;
luego al terne Lamadrí
500  otra bala lo ojaló,
pero así mesmo aujeriaos,
chorriando sangre los dos,
desde el principio hasta el fin
peliaron duro en la aición.
    Así un comendante Luna
allí también se florió
mandando la artillería
¡pu...cha, el hombre acertador!
lo menos cincuenta bochas
510  seguidas les embutió
en medio de las colunas
del ejército español.
¿Y un comendante Zuperi,
valenciano de nación?
gusto daba el verlo a ese hombre
mandar una volución,
tan sereno y tan valiente
en el apuro mayor.
    Pero el más bravo oficial
520  que en el mundo he visto yo,
era un oriental llamao

489 El general Casimiro Rodríguez (1801-1870). Se distinguió en la batalla
de Ituzaingó.
497 Un chumbo: una bala. (N. del A.)
500 Lo ojaló: le hizo un ojal o aujero. (N. del A.)
505 El coronel Juan Pedro Luna (1787-1859).
513 El coronel José Superí (1790-1813). Murió en la batalla de Ayohuma, a
la cabeza del batallón de Pardos y Morenos.

Benito Álvarez, la flor
de todos los orientales,
¡ah, mozo guapo! ¡era un lión!
y hombre que facilitaba
la dificultá mayor;
y el cual desgraciadamente
en Vilcapujió murió...
¡Triste suerte! pero al cabo
530    en su oficio sucumbió.
    Pues, como le iba diciendo
a respeto de la aición,
con las tropas del virrey
en Salta se reforzó
Tristán, y allí a los patriotas
tragarnos vivos creyó;
pero el hombre fieramente
de nuevo se equivocó,
porque luego que Belgrano
540    la batalla le formó
con los criollos, como al paro
de firme se le agachó,
y a cargas de todas layas
lueguito lo atolondró.
¡Qué peliar de banda a banda!
¡viera, paisano Ramón,
la resistencia que hacía
el ejército español!
hasta que muy apurao
550    pidió capitulación
no sé con qué condiciones,
que Belgrano no almitió;
porque todos nuestros jefes
decididos a una voz
resolvieron allí mesmo
rendirlos a discreción:
y entonces Martín Rodríguez,
que también fué de opinión

---

522 El coronel Benito Álvarez (1779-1813).
530 En su oficio sucumbió: Carlyle (The Diamond Necklace, 1837) escribió
que el civil no es, como el militar, "uno que vive de que lo maten". Cf. también
esta salida de Sarmiento (Lugones, Historia de Sarmiento, 1911): "De aquí su
respuesta al oficial que le consultaba el procedimiento, si recibía del presidente
de la República la orden de disolver el Congreso: —Hágasela dar por escrito, y
después péguese un tiro. Al fin, su oficio es morir"...
541 El paro: es un juego de azar a los naipes, al cual los gauchos juegan con
mucha frecuencia entre dos personas tomando cada uno una carta para sí; y de
las dos gana aquella que sale primero al descartar la baraja naipe por naipe.
(N. del A.)

de rendirlos a sablazos,
560    a degüello les tocó,
y a juerza de bala y corvo
en la plaza arrinconó
desde el famoso Tristán
hasta el último tambor.
¡Qué manguiada soberana
allí los amontonó!
y en seguidita al Cabildo
Martín Rodríguez subió
y en la punta de la torre
570    triunfadora les plantó
la bandera de la patria,
y tres ¡vivas! le pegó.
¡Ah, patria! las dos seguidas
al viejo Tristán le echó,
una en Tucumán en puertas
y otra en Salta trascartón.
De resultas de ese triunfo
en nuestro poder quedó
prisionero todo junto
580    el ejército español:
el mesmo que al otro día
en desfilada salió
a un lugar que desde entonces
se llama el Campo de honor,
y al pie de nuestras banderas
vieron todos como yo,
que, desde el guapo Tristán
hasta el último tambor,
a la bandera argentina
590    uno por uno rindió
las armas del rey Fernando;
¿Qué dice, amigo Ramón?

CONTRERAS

Digo que Tristán ¡ay-juna!
a la cuenta se escapó
con las bolas que Belgrano
en Tucumán le prendió,
y hasta Salta echando diablos

575 En puertas: llámanle así los paisanos, jugando al paro o al monte, cuando,
al poner la baraja boca arriba para descubrir una por una las cartas, se encuentran
con aquella que les interesa la primera en la puerta del naipe: trascartón le llaman
a la suerte que echan después de correr o descartar la primer carta de la boca
de la baraja. (N. del A.)

relinchando disparó;
pero que MARTÍN RODRÍGUEZ
600    allí otro par le largó,
¡ah, gaucho! y en ese tiro
de firme se las ató.
    ¡Qué vitoria! Mire, amigo,
se me ensancha el corazón
al recordar esos tiempos,
pues también anduve yo
en las guerras de esta Banda
cuando la patria triunfó:
¡ah, orientales los de entonces!
610    ¡ah, mi coronel Rondó!
Rivera, Pérez y Vázquez,
Quinteros, y una porción
que hoy se miran. . .

CHANO

                    . . .En el suelo:
mire, ahi se le redamó
la giniebra, ¡voto a cristas!

CONTRERAS

¡Barajo! ya me atajó
por la limeta. . .

CHANO

                    . . .¡Pues no!
y vea, amigo Contreras,
si tiene agua la caldera,
620    pues, acá traigo, velay,
tome. . . que es del Paraguay.

CONTRERAS

¡Mirá! ¿Diaónde ha trajinao?

CHANO

¡Qué! ¡si me había olvidao
que traiba esta cebadura!

---

599 El general Martín Rodríguez (1771-1844).
611 Pérez: el brigadier general Pablo Pérez. (Murió en Montevideo a fines
de 1839.)
611 Vázquez: el coronel Ventura Vázquez Feijóo (1790-1826).
612 El coronel Bartolomé Quinteros (1782-1852).

y ahora que el vicio me apura
recién vengo a recordar
después de cimarroniar
a su costa y grandemente.

CONTRERAS

Pero al cabo, redepente
630  larga usté su paraguaya;
y tan luego de esa laya
es mi deleite el tomar;
pues aprendí a yerbatiar
por allá cuando subimos. . .
y con Belgrano anduvimos
primero que usté, tal vez;
¡pues no! ¡si en el año diez,
él mandó esa expedición,
cuando en la revolución
640  el Paraguay se hizo a un lao!

CHANO

Mesmo: que estuvo empacao,
y lo fueron a peliar
con miras de hacerlo entrar
por juerza o de buena gana.

CONTRERAS

Ansí es, pero lechiguana
más grande que ésa no he visto.
Los peliamos, pero ¡ah, Cristo!
cuasi clavé la aspa allí;
¡viese, amigo, el camuatí
650  que el Paraguay nos largó!
cuasi, cuasi nos fundió.
Tuvimos pues que volver,
y ya empecé a padecer,
porque yo cai prisionero,
y con otros compañeros
de allá nos enderezaron
acá, a unos barcos armaos,
aonde medio maltrataos
nos tuvieron los matuchos.

631 De esa laya: de esa clase. (N. del A.
638 Esa expedición: la campaña del Paraguay (1811).
645 Lechiguana: colmena de abejas silvestres. (N. del A.)

660      Allí vino entre otros muchos
el paisano Estanislao
López, aquel afamao
que era cabo solamente,
pero mozo muy valiente
y muy aparcero mío;
tal, que en este mesmo río
una noche nos alzamos
y al agua nos azotamos.

CHANO

¡Ahi-juna! ¡Barbaridá!

CONTRERAS

670 Pero con felicidá:
porque a la costa salimos,
aonde al momento supimos
que se hallaban los patriotas
poniéndose acá las botas.
     De ahi nos fuimos al Cerrito,
y allí topamos lueguito
con el coronel Rondó,
que a gusto nos destinó
a su cuerpo de Dragones,
680 o más bien diré de ¡Liones!
aunque es mala comparancia,
pero digo esa jatancia
porque serví en la primera
del comendante Ortiguera.

CHANO

¡Ah, regimiento alentao!

CONTRERAS

Era, amigo, ¡desalmao!
valeroso y ternejal:
todo gauchaje oriental,
y muy capaz ¡voto-alante!

659 Matuchos: españoles. (N. del A.)
662 Estanislao López: el caudillo santafecino Estanislao López (1786-1837).
668 Azotamos: nos lanzamos. (N. del A.)
675 Cerca de Montevideo. (N. del A.)
684 El coronel Rafael Hortiguera (1775-1838).
687 Ternejal: valeroso, atrevido. (N. del A.)

690 de llevarse por delante
al infierno, diablo y todo.
Y si no, escuche del modo
que se portó cierto día:
¡gente amarga, Virgen mía!
permítame su atención.

CHANO

Lárguese, señó Ramón.

CONTRERAS

Una mañana, no sé
de fijo qué día fué,
acá en la Banda Oriental
700 en el ombú de Grandal,
salió todo mi escuadrón
a toparse de intención
con trescientos maturrangos,
con los cuales los chimangos
se dieron una panzada.

Pues, mire: era duplicada
la juerza de los matuchos,
y así mesmo, dos cartuchos
no les dejamos quemar;
710 porque, al mandarnos cargar,
en la primera pechada
se envolvió la gallegada,
y en cuanto remolinió,
ni el p...ito se les oyó...
Ahora, ¡vea si sería
sabliada la de ese día!

Entre los hachazos fieros
que dieron los compañeros,
hubo uno ¡barbaridá!
720 si peligra la verdá.

Ello es que en el entrevero
un Dragón, mozo coquero,
se estrelló con un soldao
español muy alentao;
y al llevarlo por delante,
como el de Uropa era infante
le hizo no sé qué gambeta,

---

704 Chimangos: aves carnívoras. (N. del A.)
720 Cf. Estanislao del Campo, *Fausto*, v. 89.
722 Coquero: presumido de valiente. (N. del A.)

y el fusil y bayoneta
le largó con cuerpo y todo.
730 El Dragón, del mesmo modo,
que era alarife y jinete,
le sentó en su lindo el flete,
y en la asidera del lazo
recibió el bayonetazo;
y en cuanto le mezquinó
el cuerpo, ya le afirmó
el corte dos: pero, amigo,
chispió el sable, ¡pucha, digo!
lo mesmo que pedernal,
740 ¡ah, mozo! y era oriental:
pues del golpe, crealó,
por la mitá le trozó
cañón y todo al fusil,
y en ancas hasta el cuadril
al matucho le aujerió.

CHANO

¡La purísima, qué lance!
bien haiga el Dragón... Alcance,
quiero tomar aguardiente
a salú de ese valiente.

CONTRERAS

750 Así mesmo, eso fué nada:
¡viese después la trenzada,
cuando la aición del Cerrito,
que comenzó tempranito
de diciembre el treinta y uno!
casualmente en un cebruno
como ese de usté me hallé.
Velay, oiga cómo fué.
 Cuando en el sitio segundo
que duró hasta lo profundo,
760 un día se calentaron
los godos y nos cargaron:
y allá ajuerita Rondó
resuelto los esperó,

733 **Asidera**: pequeño aparato de fierro que en forma de eslabón va prendido
a la argolla de la cincha en el lado derecho, con el objeto de abotonar en dicha
*asidera* la presilla en que termina el *lazo*. (N. del A.)
754 Treinta y uno: de 1812.
755 Cebruno: color particular del pelo de un caballo. (N. del A.)

poniendo los escuadrones
de sus amargos Dragones
a la zurda del Cerrito,
con la orden de que lueguito
que el enemigo avanzara
el violín se les tocara.
770 Frenche, y Vázquez (don **Ventura**)
que era mozo criatura,
y a los Blandengues mandaba,
con los cuales se floriaba
y en la vida reculó,
en el centro se aguantó
junto con la infantería
que a Frenche le obedecía.
Con el Seis quedó Soler
la derecha a sostener:
780 y en esa disposición
dieron el atropellón
los de adentro, y nos cargaron,
y en dos colunas marcharon.
La primera bien fornida
hizo rumbo en la embestida
como a lo de Juanicó,
que ahi no más la basurió
nuestra brava artillería:
y después la infantería
790 y Vázquez se le agacharon
y a toda la difuntiaron.
La otra coluna embistió
y a Soler lo atropelló
tan fiero, que me ha contao
que anduvo cuasi trabao,
porque la noche anterior
medio entregao al amor
los godos lo sorprendieron,
y cuasi me lo fundieron;
800 pero en la aición principal
pelió como un ternejal:
y aunque lo desalojaron
cuando recién lo cargaron,
o él mesmo se retiró,
luego se le alborotó
de golpe la pajarera,

766 **A la zurda**: a la izquierda. (N. del A.)
769 El *violín se les tocara*: se les tocara a degüello. (N. del A.)
778 **Soler**: el brigadier general Miguel Estanislao Soler (1783-1849).

cogiendo una cartuchera
y un fusil que se chantó,
y en la punta atropelló
810     a bayoneta calada
con el Seis. ¡Ah, morenada!
ésa decidió la aición.
    ¡Qué superior batallón!
parecido a este del Tres,
que son como gallo inglés,
sigún tengo reparao.
    Mesmamente, es alentao
en iguales condiciones
que los demás batallones
820     que en las trincheras tenemos;
y con ellos, ya sabemos
que si atropella el Manquito
cualesquier día al Cerrito,
el tal Ciriaco Alderete
puede que largue el rosquete,
y le atraquemos morcilla
a él y a toda su pandilla.

CONTRERAS

Dígame: ¿será verdá,
que también Montoro está
830     de mashorquero allá ajuera?
¡ahi-juna! ¡quién lo creyera
que se arrecostara a Rosas!
pero, amigo, se ven cosas
en este engañoso mundo...
que... yo a veces me confundo,
y hasta vergüenza me da
el contemplar la ruindá
con que ahi están humillaos
ciertos jefes renombraos,
840     que por la patria lucharon
y que se sacrificaron
¡desde que Rosas andaba
jugando el poncho a la taba!
    Por fin, que le sirva Maza

822 El Manquito: nombre que le daban los defensores de Montevideo al
señor general don José María Paz. (N. del A.)
    825 Largar el rosquete: perder la vida. (N. del A.)
    829 Montoro: el coronel Jaime Montoro (1793-1846). Murió en el combate
de Mercedes.

y Pablo Alegre... ¿qué traza
es Alegre, ni Violón,
ni Bárcena, ni un montón
de diablos de entre esa gente?
saltiadores mayormente
850 y malevos criminales:
más los otros oficiales
que le nombre... es un dolor
y la vergüenza mayor,
que sostengan al tirano
y más ruin americano.

En fin, ya me he calentao
fieramente y me he ladiao
del rumbo en que principié,
pues sin querer trompecé
860 con la situación presente.

### CHANO

Yo también ya estoy caliente,
y ahora se me haría nada,
por una palabra sola,
prenderle hasta la virola
a algún diablo mashorquero
y abrirle tamaño aujero...
aunque luego me estaquiaran
y los diablos me llevaran:
sin que por esta razón
870 desconfíe en la custión,
¡y que dudaba! ¡pues no!
por esta cruz ✠ crealó,
que en esta lucha sin duda
espero que con la ayuda
de Dios hemos de triunfar,
como es lícito esperar
por último resultao
de un pueblo que se ha mostrao
tan heroico y decidido.
880 A esta gloria han contribuído
los actuales gobernantes,
que si los mandones de antes
así se hubiesen portao,
jamás habría llegao
para la Banda Oriental

845 Pablo Alegre. De este jefe oriental refiere Ramos Mejía, *op. cit.*, II, p. 341, que "fué el que entró a Tucumán mostrando la cabeza de Avellaneda sobre la cabezada de la montura".

una ruina tan fatal,
ni Rosas se viera alzao:
pues lo hubiéramos voliao
hace muchísimo tiempo,
890    no lo dude: y, por ejemplo,
oiga una comparación,
y luego, la explicación...
usté que sabe entender
muy bien se la puede hacer.

Rosas fué como un bagual
altanero, que al corral,
aunque las mansas le echaron
allá en el Sur, no lograron
ni recostarlo siquiera:
900    mas salieron campo ajuera
cuatro o cinco domadores
de diferentes colores,
éste de un pago, aquél de otro;
y que en fin, atrás del potro
no hay duda que se afanaban,
y que entre todos desiaban
a toda costa boliarlo
y luego redomoniarlo;
pues bien: y ¿qué ha sucedido,
910    cuando ensillarlo ha podido
alguno que lo apuró
y cuasi se le horquetió?
¡Ay, amigo!... aspiraciones,
ruindades y altercaciones:
que, porque si era porteño
(por ejemplo) el que hizo empeño
a montarlo, otro oriental
se le metía al torzal,
prometiendo apadrinarlo,
920    pero que por ayudarlo
lo dejó golpiar tal vez:

897 Las mansas: cierta cantidad de más o menos caballos y yeguas mansas,
que sirven para traerlas a cada instante del campo donde pastorean a encerrarlas
en el corral, con el objeto de tomar diariamente los caballos que se precisan
para el servicio de una estancia. (N. del A.)

912 Horquetió: montó. (N. del A.)

915 Un porteño: alude a la emulación que sufrió el señor general Lavalle.
(N. del A.)

917 Un oriental: alude al señor general Rivera. (N. del A.)

919 Apadrinarlo: regularmente, cuando por la primera vez un domador monta
un potro, a la par lleva un hombre montado en otro caballo manso, apadrinándolo
a fin de que el potro siga la marcha del caballo doméstico. (N. del A.)

cuando en esto un cordobés,
buen domador y capaz,
supóngase que de atrás
al bagual se le afirmó,
y que luego le salió,
como quien dice, al camino
otro gaucho correntino
(hago de cuenta que fué)
930 a decirle: «vuelvamé
las espuelas y las riendas:»
y ya entraron en contiendas,
cuyo triste resultao
fué que, estando embozalao
el bagual, se halló pretexto
para cortarle el cabresto
al gaucho más forastero,
tan sólo porque el apero
supongo fuese prestao:
940 y en suma, sólo han lograo
ensoberbecer al potro,
sin montarlo ni uno ni otro
en la ocasión más bonita.

CHANO

Mesmo: y ya no facilita
ese bruto hoy en el día
como algún tiempo solía.

CONTRERAS

Pues, así mesmo, paisano,
crea que está en nuestra mano
el apretarle la cincha:
950 de balde el bagual relincha.
    Si entre los que hoy le persiguen
de buena armonía siguen,
y no hubiere disensión,
contra el suelo de un tirón
lo han de dar en esta guerra.
Sí, amigo: cairá por tierra,
aunque el diablo lo sostenga,

---

922 Un cordobés: alude al señor general Paz. (N. del A.)
928 Alude al señor general Ferrer, gobernador de Corrientes, que le quitó el
mando del ejército correntino al general Paz, en circunstancias que éste debiera
triunfar de Rosas, y (dicen) se lo quitó por insinuaciones del señor general don
Fructuoso Rivera. (N. del A.)

y este Oribe vaya y venga
con Urquiza y con Violón,
960 y el infierno en conclusión.

Deje que Frutos Rivera
medio se asome siquiera,
pues ya viene abriendo cancha,
y quien le prendió en Cagancha
a Badana la vacuna,
sin dificultá ninguna
tanto a Oribe como a Urquiza
les ha de sacar la tiza:
y luego a Rosas verá
970 cómo lo manoseará.

CHANO

¡Oh, amigo! si se arrimase
hoy mesmo y nos convidase:
¡ahi-juna! ¡si me blandeo
a impulsos de mi deseo!
y, a pesar que estoy viejazo,
me viese estirar el brazo
el día que los arriamos
y a rebenque los sacamos
dende allá atrás del Cerrito
980 al Pantanoso mesmito. . .
¡eh, pucha, gente morada
y tan vil y desalmada!

CONTRERAS

Pues, por ahi puede opinar
aónde se irán a guasquiar
cuando miren que de ajuera
les viene la polvadera;
por eso están, que da risa,
haciendo zanjas de prisa,
los guapos, los que vinieron
990 y ahora dos años hicieron
sobre el Cerrito una salva.

---

964 Cagancha: cierto lugar de la campaña oriental donde el general Rivera le ganó una batalla al general Echagüe, partidario de Rosas. (N. del A.)

965 Badana: apodo del general Echagüe. (N. del A.)

980 El Pantanoso: arroyo inmediato al Cerro de Montevideo, en cuya cercanía hubo un combate entre las tropas sitiadoras y los defensores de Montevideo, que triunfaron en esa jornada. (N. del A.)

984 A guasquiar: dónde irán a parar. (N. del A.)

¡Ah, Ciriaco, que no valga!
pues, cuanto llegue Rivera,
lo hemos de hacer tapadera
ahi no más en el Cerrito.
    ¡No se enoje, paisanito,
ni se entre en Montevideo!...

CHANO

¡Oiga!... escuche el tiroteo:
y ahi salen los nacionales
1000   que son mozos ternejales.
¡Qué Cristo! voy a pelear.

CONTRERAS

Aguarde, voy a ensillar,
y juntos nos largaremos,
y ¡ah, malhaya, los topemos
medio cerquita siquiera!
¡Amigo, qué chiste fuera,
que hoy Veinticinco de Mayo
me hiciese de un buen caballo
a costa de algún rosín!

CHANO

1010   Todo puede ser al fin.

CONTRERAS

Pues entonces ¡vamonós!
. . . . . . . . . . . . . . . . . .

Y ya salieron los dos
a la par Chano y Contreras,
y al mirar en las trincheras
la bandera nacional,
¡VIVA LA BANDA ORIENTAL!
gritó alegre el viejo Chano:
¡VIVA EL PUEBLO AMERICANO!
Contreras le contestó...
1020   Y el diálogo se acabó.

# CARTA

*del ejército libertador a un miliciano del Nacional.*

Campamento en el Yeruá
a 23 de setiembre,
año de la libertá
de ochocientos treinta y nueve.

QUERIDO amigo Ricardo,
me alegraré que estés bueno
gozando de la salú
que yo para mí deseo.
 Sabrás que aquí nos hallamos
con el general Lavalle,
y que pronto enderezamos,
a la fija, a Buenos Aires.
 Ayer a la madrugada
10 topamos la montonera
que tenía un tal Villagra,
maula viejo dondequiera.
 Eran mil y setecientos
y nosotros la mitá;
pero al RUBIO ni por esas
se le hizo dificultá.
 Y al punto que los clarines
nos tocaron a degüello,
ahi no más a los Chanases
20 se les atajó el resuello.
 Pues nuestros lanceros viejos
se empezaron a floriar,
y ya comenzó el gauchaje
en chorrera a disparar.
 Algunos que presumían,
quisieron medio sentarse;
y a Hornos con unos poquitos
se le hizo bueno agacharse.
 ¡Ah, cosa! si fué una gloria
30 verlos en el entrevero...
sin recularles nadita,
a éste quiero, a éste no quiero.
 Luego el coronel Montoro
atropelló, y al istante

11 El montonero Villagra: Eduardo Villagra, teniente de Rosas. El 16 de
junio de 1842 degolló en Entre Ríos al capitán D. N. Ruy Díaz y al oficial
Felipe. (José Rivera Indarte, *Tablas de sangre*.)
32 A éste quiero, a éste no quiero. El verso, con ligeras variantes, se lee en
Hidalgo y Hernández.

lo mismo que bagualada
se los llevó por delante.
    De ahi los demás escuadrones
siguieron dándole juerte
más de tres leguas seguido,
40  y siempre echándoles suerte.
    Les quitamos los caballos,
las armas y municiones,
y luego fueron cayendo
a presentarse a montones.
    Ya por acá no hay cuidao,
está muy linda la cosa,
porque en toda la provincia
nos tratan como la rosa.
    ¡Si vieras al general
50  cómo trata a los paisanos...
con un agrado! ¡Bien haiga
el hombre guapo y cristiano!
    De todas partes, da gusto,
se le vienen a ofrecer
con moneda y con caballos...
¡Ricardo, si es un placer!
    El gobernador Ferré
le ha escrebido al general,
que se viene con su gente...
60  que es un pucho rigular.
    De aquí a unos días, de cierto,
tendremos dos mil soldaos,
sin contar los correntinos
que también se han ofertao.
    Todos nuestros oficiales
se han portado con primor,
y estamos deciplinaos
de lo lindo lo mejor.
    Conque, será hasta la vista,
70  que ya tocan a formar;
y presumo que nos vamos
derechos al Paraná.
   Memorias a los amigos
compañeros orientales,
y a todos los que se acuerden
de...

*José Antonio Olivares.*

# CARTA

*de un soldado de los coraceros viejos del general Lavalle,*
*dirigida de Entre-Ríos a la campaña Oriental.*

Campamento en la Concordia*
mes de octubre día trece:
año de la libertá
de ochocientos treinta y nueve.

Mi más querido Jacinto:
me alegraré que ésta te halle
buenazo sin novedá,
y lo mesmo a mi comadre.
Ésta sólo se dirige
a darte algunas noticias,
pues sé que te han de agradar
porque son puras delicias.
Aquí está la división
10      con el cuartel general,
y pienso que marcharemos
muy pronto a Mocoretá.
El coronel Chilaver
ya se nos ha reunido;
y tiene otra división
de ochocientos correntinos.
¡Ah, gente, bien haiga Dios!
que está brava y decidida;
no tengas duda, hermanito,
20      por Lavalle dan la vida.
Toda la correntinada
de golpe se ha levantao,
y el gobernador Romero
del julepe ha renunciao.
Ya la Junta de Corrientes
ha hecho publicar un bando
y manda que don Ferrer
caiga a recibir el mando.
Sabrás que este general
30      es hombre muy patriotazo,
y que con el Rubio nuestro
ha sido siempre amigazo.
Y así dende la redota
de Estrada en el Pago Largo,

---

* Ciudad de Entre Ríos.
12 Mocoretá: pueblo de la provincia de Corrientes.
34 Estrada: Berón de Astrada.

el gobernador Ferrer
a monte no más ha andado.

Pero ya ha vuelto a Corrientes
a recibir el gobierno
con todos sus camaradas
40  que lo han andado siguiendo.

Ya también la mesma Junta
de Corrientes ha mandao
que el gobernador Ferrer
junte cuatro mil soldaos;

y que el general Lavalle
se haga cargo de esta gente,
porque la Junta lo aclama
el protetor de Corrientes.

Los cuatro mil, por supuesto,
50  son para ir a Güenos Aires;
fuera de dos mil que dejan
como Guardias Nacionales.

Esto no es chanza, Jacinto;
es la purita verdá:
¡ver la gente que se junta
es una temeridá!

Cada día está cayendo
gente de todo pelaje
a ofrecerse al general...
60  y sobre todo el gauchaje.

¡Que pingos lindos tenemos!
relumbrosos como espejo;
y armamento superior,
todititos por parejo.

En Entre-Ríos, mentira,
no hay un gaucho alborotao:
de punta a punta a Lavalle
todos le siguen el lao.

De balde por allá dicen
70  que por aquí hay reuniones,
y que ya se viene Oribe;
mienten esos chapetones.

Ojalá se le antojara
a ese López Mascarilla,
que gobierna en Santa Fe,
venirse con su pandilla.

El general don Ricardo
y el coronel Felipillo...
¡si vieras las reuniones
80  que han hecho en el Entre-Ríos!

77 Don Ricardo: el general Ricardo López Jordán (1793-c.1845).

Y al tiro se han presentao
pidiéndole al general
que, si acaso López viene,
quieren salirlo a topar.
    ¡Pero qué, si eso es velorio!
Mascarilla está en su tierra
juntando santafecinos
y aguardando la tremenda.
    Además, aquí sabemos
90  que al mismo Restaurador
con el susto del Yeruá
se le ha quitao el humor.
    Cuando supo la noticia,
se quedó como cuajada
blanco... y ahi no más lueguito
se le cayó la quijada.
    Y ansí anda como culebra
averiguando de Urquiza
o de Echagua, porque dicen
100 que no tiene ni noticia.
    Aquí hasta tenemos gente
venida de Güenos Aires;
¡los vieras contar primores
de Rosas y sus parciales!
    Ya verás de aquí a unos días,
por diciembre a más tardar,
el amigo Juan Manuel
donde p...uchas va a parar.
    Conque, será hasta otro día,
110 que ya vamos a marchar,
porque estoy viendo a la escolta
que ha comenzao a ensillar.
    Soy tu amigo hasta la muerte,
y no gasto veleidades:
conque así, nunca te olvides
de...

            *José Antonio Morales.*

## PARTE DEL GENERAL DON PASCUAL ECHAGÜE

*al restaurador de las Leyes, dándole cuenta de la derrota y
disparada de Caaguazú, en donde fué completamente batido
y hecho prisionero todo el poderoso ejército rosista a las órdenes del restaurador del Sosiego público.*

**Al Exmo.** Señor brigadier general don Juan Manuel Rosas—Ilustre **Restau-**
rador de las Leyes—Héroe del Desierto—Defensor del **Continente ame-**

ricano—Miembro de la Sociedad Numismática de las cinco partes del
Mundo—Conde de Poblaciones—General en jefe de los ejércitos federa-
les, y gobernador y capitán general de la Confederación Argentina con
Mashorca y todo, etc., etc., etc.

*Paso del Infiernillo, a 1º de diciembre de 1841.*

JUAN MANUEL: no extrañarás
que hasta ahora te haiga escrebido,
porque a corral me ha tenido
cerca de tres meses Paz.
¡Ah, diablo! pero sabrás
que me escapé a lo ñandú,
el día que en Caaguazú
me echó la correntinada
con la marca recaldeada
10  a quemarme el caracú.

A sujetar a Alegrete
vine a dar con el jabón,
y pensaba del tirón
juir hasta Portugalete:
pero ya el número siete
lo creo en siguridá:
y en esta conformidá
te escribo la relación
del cómo perdí la aición
20  por una fatalidá.

El 26 del pasado,
frente a Capitaminí,
caliente me resolví
a guasquiarme al otro lado:
pero el río estaba a nado,
y el diablo que atravesara:
así, tomé una tacuara
esa noche, y redepente
se azotó Paz con su gente,
30  que son como capiguara.

Y allá al rayar el lucero,
estando yo en el fogón,
al tragar un chicharrón
recién sentí el avispero:
salté a caballo ligero,
y ya mandé a tirotiarlos,

6 Ñandú: avestruz. (N. del A.)
11 Alegrete y Portugalete son pueblos del interior del Brasil. (N. del A.)
22 Capitaminí: nombre de un río en la provincia de Corrientes. (N. del A.)
25 Estaba a nado: estaba crecido, no se hacía pie.
27 Una tacuara: una borrachera, una tranca. (N. del A.)
30 Capiguara: cuadrúpedo anfibio. (N. del A.)

y conseguí el sujetarlos;
y así hasta de noche oscuro
les hice arrimar del duro,
40    con intención de tantiarlos.
     La noche del veintisiete
toda los hice pelear,
y luego empecé a tratar
de asigurar el rosquete.
Le hice una pregunta al flete,
y, al sentirlo tan liviano,
dije entre mí muy ufano;
"no hay miedo que aquí se ofrezca
¡ya verán cuanto amanezca
50    lo que es un amor tirano!"
     Así fué que al aclarar
del veintiocho, me trepé
a una carreta, y logré
desde la tolda vichar.
Después entré a meditar
cómo saldría de allí;
cuando, en esto, colegí
que Paz se me iba atracando
muy suavemente, y largando
60    avispas de camuatí.
     Al punto a mis escuadrones
de punta a punta aclamé;
y después que les mandé
que pelaran los latones,
yo me saqué los calzones
y me puse medio atrás,
pues como soy ¡tan voraz!
no quise compromisarme,
y creí mejor apartarme
70    por no calentarme más.
     Núñez se vino adelante
y me comenzó a toriar,
y cuando empieza a chanciar
¡el demonio que lo aguante!
Yo me enojé, y al istante
mandé que doce cañones
y veinticinco escuadrones
salieran a escarmentarlo;
¡que a ese tape el sujetarlo
80    no es cosa de dos tirones!

---

45 **Flete**: nombre que le dan los paisanos a un buen caballo. (**N. del A.**)
60 **Camuatí**: panal o nido de las avispas. (N. del A.)
64 **Latones**: los sables. (N. del A.)

Así al amigo Servando
le dije: «vaya adelante,
y atropelle, que al istante
van a salir apagando;»
dió vuelta Núñez chanciando,
porque ahi no más se empacó;
Gómez de eso se asustó
y ya me lo atropellaron.
¡Cristo! lo que le aflojaron:
90   ¡y que aguantaban! ¡pues no!
Disparando en pelotones
cayeron a una cañada,
donde estaba de emboscada
López con sus batallones,
que salieron como leones
del pajonal ¡a la carga!
y en la primera descarga
el tendal allí quedó,
y Gómez nunca se vió
100   en situación más amarga.
Mi izquierda y centro que vieron
disparar a mis dragones
y que otros dos batallones
de los bañados salieron,
«¡para los pavos!» dijieron,
tratando de disparar;
pero no les dió lugar
Ramírez el salvajón,
que a bala, chuza y latón
110   nos hizo pericantar.

81 El general don Servando Gómez. (N. del A.)
84 Apagando: huyendo. (N. del A.)
89 Aflojar: esto es, la brida para que corra el caballo a todo escape. (N. del A.)
94 El señor coronel don Felipe López que se halla hoy en Buenos Aires,
en la batalla de Caaguazú mandaba el batallón de cazadores de la libertad, del
cual eran ayudantes los señores Bustillos y Tejerina, coroneles posteriormente.
El dia de aquella batalla, entre los tres señores que he citado ocurrió una
escena muy singular. Estaban los tres a caballo dando el flanco derecho al enemigo, y como era regular, el señor López, siendo jefe, estaba en línea en el centro
de los dos señores ayudantes, cuando una bala de cañón enemiga vino y picó debajo de la barriga del caballo del señor Tejerina, y pasando por debajo de la del
otro caballo del señor López, últimamente le atravesó el cuerpo y lo destripó al
caballo del señor Bustillos, y a éste no le hizo más daño la bala que el de llevarle
la tela de la pierna izquierda del calzoncillo. (N. del A.)
105 ¡Para los pavos!: exclamación que se usa al renunciar a una empresa y
que podría traducirse: ¡Quede esto para los tontos!
108 El general Ramírez, después de haber pertenecido a la buena causa, desertó
de ella pasándose a los rosistas.—En la primera edición se cometió un error al
hablar de este general, confundiéndolo con el general López (alias el Chico).
(N. del A.)

Entonces yo rebenquié
juyendo a los malezales,
y entre unos tacurusales
cuasi me descogoté.
Hasta las botas largué,
chaqueta, poncho y justillo:
y de ahi le metí cuchillo
a la cincha, porque al fin
se me aplasta allí el rocín,
120    si no salgo en calzoncillos.

¡Pu... cha la correntinada,
que se ha explicao esta vez,
cuando a lo gato montés
me sacó de disparada!
¡maldita sea la espada
y el cargo de general!
pues temo ¡a fe de Pascual!
que el día menos pensao
me han de dejar estirao
130    en algún calcagüesal.

¡Si vieras el aguacero
de bolas que hemos sufrido!
la fortuna mía ha sido
que yo puntiaba el primero,
pues si no ando tan ligero
me prienden las tres-marías,
y a esta fecha lo tenías
al Restaurador Badana
boleao y con la picana
140    al sol para muchos días.

Al amigo Algañarás,
el más terne que yo traiba,
se le atravesó un tal Paiba
y se las prendió de atrás.
Boliaron a otros mil más,
que mataron a lo perro;
y hasta le sonó el cencerro
a mi pobre cirujano,

113 Tacurusales: terrones de tierra fofa de la que escarban ciertos animalitos en los campos de Corrientes. (N. del A.)
116 Justillo: nombre que le dan los paisanos al chaleco. (N. del A.)
130 Calcagüesal: sitio lleno de terrones duros, formados del barro que traquean los animales en el campo. (N. del A.)
136 Las tres bolas de que se forman las boleadoras. (N. del A.)
141 Algañarás: coronel de Echagüe. (N. del A.) El coronel Pantaleón Argañaraz. Un mes después de la batalla de Caaguazú fué fusilado en la ciudad de Corrientes, por conspirador.
143 Paiba: capitán del ejército del general Paz. (N. del A.) El coronel Simeón Payba (1804-1877).

que como andaba orejano
150    también le atracaron yerro.
       Galán y su infantería,
sin escaparse un soldao,
a discreción se ha entregao
junto con la artillería.
Luego en la musiquería
que nos dieron hasta el fin,
por supuesto, hubo violín,
y también hubo violón,
contrabajo, serpentón,
160    fagote, trompa y clarín.
       Prisioneros, ¡Virgen mía!
raro será el que ha escapao,
pues todo bicho ha quedao
en el pantano ese día.
Pueden tener fantasía
del triunfo los correntinos,
que se han hecho tan ladinos
para eso de menear hacha,
que le limpian la caracha
170    al diablo en esos destinos.
       La caballada todita
la dejé a Paz a invernar,
porque él los ha de cuidar
para hacerte una visita.
¡Ya verás la gentecita
que te larga el cordobés!
Conmigo ya no contés,
porque si vuelve a la cancha
Pascual Cristóbal Cagancha,
180    la embarra, bien lo sabés.
       En fin, yo para otra empresa
me siento muy incapaz:
puede que te sirva más
Oribe, el Corta Cabeza:
pero, si se le atraviesa
López el de Santa-Fe,
tendrá que hacer hincapié,
o que dejar de mojón
el mate en algún horcón,

149 Orejano: animal sin marca. (N. del A.)
151 Galán: el general José Miguel Galán (1804-1861).
168 Menear hacha: sablear. (N. del A.)
179 Cristóbal Cagancha: alude a los campos de don Cristóbal y de Cagancha
en donde fué derrotado Echagüe por los generales Lavalle y Rivera. (N. del A.)
189 El mate: también así le llaman los paisanos a la cabeza. (N. del A.)

190    ahi no más por Melincué.
    Conque, será hasta la vista;
    pronto iré a darte un abrazo,
    si Dios quiere, y por si acaso,
    tené la jeringa lista.
    Me alegraré que te asista
    conformidá, compañero;
    ya ves que no es el primero
    Badana en darte disgustos,
    aunque puedan estos sustos
200    apretarte el tragadero.

                    *Pascual Cristóbal de Badana y Cagancha.*

## NOTICIAS

*de un retazo de cierto mensaje monstruo del Ilustre restau-*
*rador de las leyes, a cuya lectura concurrió un gaucho bruto,*
*enemigo del tirano; quien de lo poco que comprendió de*
*tal mensaje le informó a Brígida Gauna su esposa, residente*
*en Montevideo.*

                        Buenos Aires, febrero 28 de 1846.
    Mi queridísima Brígida:
    Me alegraré que al recibo de ésta te halles gozando de la más cabal salú
que yo para mí deseo.
    Como te creo ganosa de saber algo de lo que pasa en tu tierra, te diré,
china, que la semana pasada me encontré por casualidá en la Sala de los
LIONES deputiaos de Rosas; y se ofreció que un ministro de Juan Manuel
les echó una relación diciéndoles más o menos las coplas siguientes.
    ¡Hacete cargo de la esperanza que les queda a los salvajes! a pesar de
que acá mesmo entre los deputiaos de Rosas hay muchos salvajones que
se hacen no más los sarnosos, pero que aborrecen mortalmente a los federales netos como yo, tu marido...
                                    *Mamerto Reventosa.*
Podata...
    Velay cómo se explicó el hombre al platicarle a la junta de los depu-
tiaos.

                            I
    SEÑORES: hoy que repunta
    Juan Manuel su carnerada,
    y sabe que ya encerrada
    se halla esta majada-junta,
    a mí me manda en la punta
    de madrino cencerrero,
    para que, a cuanto carnero
    se encuentra aquí en el machaje,
    la largue un gauchi-mensaje
10    por el MASTÍN OVEJERO.

190 Melincué: lugar de la campaña de Santa Fe. (N. del A.)

## II

No puede serles extraño
que Ancafilú (hablando en plata)
acá les mande a Batata,
como acostumbra a fin de año;
pues ÉL sabe que me amaño
y que me sabré explicar
muy lindamente al echar
la relación que me ha dao:
conque así, ¡ponga cuidao!
20    que ya me voy a largar.*

## III

¡Rico, gordazo y potente,
se conserva con salú
el ilustre Ancafilú,
defensor del continente!
y antes que le meta el diente,
otro que aspire a mandar,
la osamenta han de dejar
los gauchos de Sur a Norte,
sin que al Ilustre le importe
30    hacerlos exterminar.

## IV

Dice «que la salvajada
en su último manoteo
está ya en Montevideo
hambrienta y acorralada,
esperando a la gringada
que vendrá en este verano
a sacarla del pantano;
y que vengan de una vez,
y entonces sabrán quién es
40    el Ilustre Americano!»

## V

Que, «como a cueriar baguales
mandará cueriar ingleses

12 Ancafilú: apodo del salteador Juan Manuel Rosas. (N. del A.) **Nombre**
de un cacique pampa.
            * Si don Batata se larga...
                (dijo un carnero), ¡ay de mí!
                ¡El diablo que aguante aquí
                y le sufra la descarga!

y más inmundos franceses
que bosta hay en los corrales
y que ya los federales
saben que Rosas ha sido
gaucho que siempre ha sabido
sacando el cuerpo peliar,
y que, sin desenvainar
50   su sable, ¡siempre ha vencido!»*

VI

«Que así no más se ha tirao
a todos los unitarios,
como a los cipotenciarios
que los han apadrinao;
que siente el haber dejao
que se escaparan de aquí
ese Osley y Dofodí,
sin que los mandara inflar
y en seguida refrescar
60   con lavativas de ají.»

VII

«Que ésos eran dos bribones
como Lané y como Inglifes,
otra yunta de alarifes,
y los cuatro salvajones
que tuvieron intenciones
de cogerlo a Juan Manuel
y divertirse con él
a bordo de La Africana,
prendiéndole en la picana
70   trescientos con un cordel.»

* ¿Han visto gaucho más jaque
(dijo un carnero alunao),
ni más envalentonao
desde que halló el Estoraque?
¿ni maula que más se achaque
ejércitos y campañas,
aiciones, riesgos, hazañas
y servicios que ha prestao,
ni que sea más morao
ni de más malas entrañas?
    Batata encogió el cogote,
como aquel que no hace caso,
y siguió no más al paso
porque no es macho de trote.

68 *La Africana:* fragata de guerra francesa en la que estaba el almirante Lainé.
(N. del A.)

### VIII

«Que ya no se hará la paz
sino cuando a él se le antoje,
y que no esperen que afloje
ni trate con naides más.»
Pues, ni un ministro capaz
hasta el día ha recebido:
porque cuantos han venido
han sido unos salvajones,
razón por que las custiones
80    hasta ahora no se han concluído.

### IX

Últimamente, señores,
dice Ancafilú (chanciando)
que «el aguantarse en el mando
le cuesta muchos sudores
y tan crueles sinsabores,
que pide con sumisión
le permitan que a un rincón
se retire a descansar,
y tiernamente llorar
90    a su amada Encarnación.»
. . . . . . . . . . . . . . . . . . . . . . .
. . . . . . . . . . . . . . . . . . . . . .

A este tiempo, dos chiflidos
un mashorquero pegó,
y la majada empezó
a espantarse y dar balidos;
luego, al ver despavoridos
los carneros, me asusté
y a la calle disparé
atrás del campanillero,
que salió como carnero
100    juyendo y gritando mé. . .é. .é. .é.

Conque, Brígida; lo que te informés de esta correspondencia a respeuto
del mensaje echala al fuego la carta por las dudas, ¿eh?. . .
Hasta la vista, chinita,

Tuyo siempre, REVENTOSA.

98 El campanillero: apodo del ministro de Rosas don Felipe Arana. (Nota
del Autor.)

# AL PRONUNCIAMIENTO

*de las provincias Entre-Ríos y Corrientes contra la tiranía de Rosas, en 1º de mayo de 1850.*

Cielito patriótico compuesto y publicado en el *Comercio del Plata* de Montevideo el 25 de mayo del mismo año, y con el remitido siguiente.

*Señor imprentero del Comercio del Plata.*

> *Patroncito: he concertado*
> *esas coplas, y no temo*
> *que al titulado Supremo*
> *le causen un desagrado:*
> *porque como está atrasado*
> *con la peste y el calor,*
> *la pérdida y el dolor*
> *de su Encarnación amada,*
> *puede con esta versada*
> *ponerse de buen humor.*
> *Soy su pión y servidor*
>
> PAULINO LUCERO

## CIELITO GAUCHI–PATRIÓTICO

*Para que lo canten en las tricheras de Montevideo sus valientes defensores.*

POR prima alta cantaré
un cielito de a caballo;
¡y viva la Patria vieja
y el Veinticinco de Mayo!
	Cielito celeste y blanco,
cielo de Gualeguaichú:
¿qué me cuentan del Supremo?
¿cómo le va de salú?
	Porque el general Urquiza
10	lo cré del todo apestao;
así es que se ha dado prisa
y el voto le ha reculao.
	Allá va cielo, tirano,
cielito del estribillo:
¿dígame, restaurador;
le gusta el contra-moquillo?

6 En esos días don Juan Manuel Rosas postergó la publicación de su mensaje a la legislatura de Buenos Aires, pretextando que era un inconveniente gravísimo para leerlo en la sala de representantes el excesivo calor de la estación. . . o el de los misterios del Entre-Ríos, el Brasil y la República Oriental. (N. del A.)

7 Nuevo título que algunas provincias argentinas le concedieron al tirano Rosas, nombrándolo jefe supremo de la Confederación. (N. del A.)

12 El voto para jefe supremo. (N. del A.)

16 Contra-moquillo: a un fingimiento otro fingimiento. (N. del A.)

¿Qué más quiere Juan Manuel,
si, al tenor de su renuncia,
le canta don Justo el cielo
20   y en su lindo se pronuncia?
Cielito, y... considerando,
lo vuelve a considerar,
y al fin le dice: «recule...
¡Voto al diablo, qué amolar!»

¡Ay, Juan Manuel! ¡qué calor
sentirás del Uruguay,
del Paraná, de Corrientes,
del Brasil y el Paraguay!

¡Ay, cielo de la apretura,
30   cielito de la aflicción!
andá, preguntale a Urquiza
quién ha hecho la quemazón.

Luego, en el Salto Oriental,
Tacuarembó y Cerro-Largo,
la Colonia y Paisandú;
Juan Manuel... ¿no te haces cargo?

¡Ay, cielo de la amargura
y de tu gloria final,
cuando te suelten de rastra
40   a la cola de un bagual!

A un tal Felipe Batata
dos tirones del buceto
le ha de dar un entre-riano
con simpatía y respeto.

Cielo del campanillero
que anda enredando las notas,
hasta que de un redepente
de un susto largue las botas.

Desde el año treinta y tres
50   hasta ahora nos acordamos
de aquel refrán, que decía...
y del lomo, ¿cómo andamos?

Cielo de la Refalosa,
cielito de la Bajada,

---

41 Don Felipe Arana, el único ministro de Rosas, tenía por apodo *Felipe
Batata* el campanillero, porque era hipócrita. (N. del A.)

44 Cuando ya el pronunciamiento del general Urquiza era una cosa del domi-
nio público, Rosas quiso engañar a los pueblos fingiendo una nota, en la cual
su ministro decía que el general Urquiza trataba a Rosas con toda simpatía y
respeto. (N. del A.)

52 Y, ¿del lomo cómo andamos? ¿De qué partido es usted? Pues existían
entonces: el partido lomo negro, el lomo colorao, y el lomo celeste, que eran los
unitarios. (N. del A.)

donde preguntan: ¿y Rosas,
cómo está de la quijada?
Porque se corre la voz
que las provincias de adentro
también lo hallan al Ilustre...
60   viejo y manco del encuentro.
Cielito, y por consecuencia
seguirá la reculada,
antes que dé el mancarrón
de Palermo una rodada.
Fiebre y confusión de niervos
tiene ya el restaurador,
pues las lechuzas y cuervos
le andan tomando el olor.
Cielito: chupá, tirano,
70   si te vienen disvaríos,
lechiguana de Corrientes
y camuatí de Entre-Ríos.
Tal desprecio en esos pagos
del Supremo hacen las mozas,
que, al dar flores, una dijo:
«Siento de que sean rosas.»
Allá va cielo divino,
cielito de la beldá;
si así se explica una dama,
80   un argentino ¿qué hará?...
¡Cristo! por pillarlo a tiro
y al Supremo Vuecelencia
prenderle un chaleco fresco
¡cuántos harán diligencia!
Cielo del alma: ¡ah, malhaya,
a pie... permitiera Dios
que el Supremo y yo en el monte
nos topásemos los dos!
¡Óiganle al loco soberbio!
90   ¡Óiganle al bruto fatal!
Allá va Urquiza a montarlo
sólo con medio bozal.
Cielito de la fijeza,
cielito del Veinticinco,

---

60 Caballo lastimado en un nervio de la mano, por cuya causa camina con grave dificultad. (N. del A.)

65 Confusión de niervos: convulsión de nervios. (N. del A.)

83 Chaleco fresco se llama un *cinto* de cuero fresco, con el cual le ciñen el cuerpo y los brazos a los grandes criminales para remitirlos de la campaña a los pueblos. (N. del A.)

cuanto le cace la oreja
se le acomoda de un brinco...
Ahora que está el gaucho a pie,
en continuo clamoreo,
porque con fiador y lazo
100    se le va Montevideo.
Cielo del restaurador,
supremo jefe mostrenco,
tirano degollador,
ñato, morao y flamenco:
¡Velay! el nombre argentino
por un tirano ultrajao
hoy Urquiza y Virasoro...
¡velay... lo han revindicao!
¡Ay, cielo! La patria vieja
110    con su ley renacerá,
y entonces quien mereciere...
lo que merezca será.
Nuestras pasadas custiones
olvide todo paisano;
y no haiga más ambición
que desnucar al tirano...
Cielito, a ese Juan Manuel
que nos trata como a potros,
cuando hay mozo entre nosotros
120    capaz de montar sobre él.
¡Ea, paisanos, unión!
Corvo al cinto y a caballo,
a bailar en Buenos Aires
el tabacuí paraguayo.
Cielito, y ¡viva la patria
paraguaya independiente,
y su ejército tremendo,
y su guapo presidente!
Con una porteña linda
130    al libertador Urquiza
le he de hacer dar un abrazo
y bordarle una divisa.
Cielito, y en la Pirami
del general Virasoro
he de pedir que su nombre
se escriba con letras de oro.

95 Cace: le pille, le agarre. (N. del A.)  Es costumbre sujetar de una oreja
al potro, para que monte el domador.
107 Virasoro: el teniente general Benjamín Virasoro (1812-1897).
112 En este cálculo no salió todavía la cuenta muy cabal; y pudo decirse:
traslado a la infusión, etc., etc. (N. del A.)
133 La pirámide de la plaza mayor de Buenos Aires. (N. del A.)

¡Que vivan los correntinos
y el ejército entre-riano!
¡viva Urquiza y Virasoro,
140   y Garzón!... ¡Muera el tirano!
Otra vez: ¡viva Garzón!
pues dice que, en la voltiada,
al que se recueste a Rosas
no le ha de suceder nada.
En fin, termina el cielito:
¡Viva la Banda Oriental,
su ejército, su gobierno
y la guardia nacional!
Cielito, y por conclusión
150   deseo a la despedida
que un argentino al tirano
lo tumbe de una sumida.

# RASGOS BIOGRÁFICOS DE D. J. M. ROSAS

## EXPLICACIÓN

SE SUPONE que en una fría mañana del mes de julio del año de 1850, en el campamento del Cerrito, dos viejos soldados argentinos del ejército de Oribe conversaban, como dicen, mano a mano, inspirados por el cansancio y aburrimiento consiguientes a sus prolongados trabajos, y por la influencia natural que en ánimos así dispuestos debieron producir los primeros rumores de la magnánima resolución de los pueblos entre-riano y correntino, llevados hasta allí por las brisas del Uruguay.

10   El protagonista, Ramón Contreras, viene de visita y platica con su amigo Salvador Barragán. Viejos soldados desde 1815, ambos han participado activamente de las diversas eventualidades que han agitado este largo período de nuestra historia. Conocedores contemporáneos de los antecedentes de Rosas, hablan de la triste situación a que éste los tenía reducidos; narran diversos hechos de la vida de aquel tirano, y concluyen manifestándose adictos a la causa de la Regeneración, proclamada entonces por el general Urquiza.

1 El lector advertirá que en el hemisferio del Sur las estaciones están trocadas, al inverso del hemisferio Norte. (N. del A.)
2 En 1850, ya había durado siete años el sitio que las tropas del tirano Rosas al mando de Oribe le pusieron a Montevideo, y que se prolongó hasta 1851. (N. del A.)

## DIÁLOGO

*Contreras llegando al fogón de su aparcero.*

Por un barrial que da miedo
y una helada de mi flor,
a pie vengo a visitarlo,
aparcero Salvador,
y apenas llego...

### BARRAGÁN

    Lo he visto
renguiando, amigo Ramón.
A la cuenta andará manco
del encuentro...

### CONTRERAS

    No, señor.
Vengo sí medio despiao,
10 porque en aquel callejón,
como el viento se encajona,
está el barro secarrón,
y al pisar sobre la escarcha
un clavo es cada terrón.
¿Qué me dice del pampero?

### BARRAGÁN

Que de nuevo roncador
se está dejando sentir;
y anoche, cuando limpió
y empezaron las estrellas
20 a chispear, medio calmó:
pero, al dentrarse la luna,
vuelta el viento refrescó,
trayendo como acostumbra
un frío penetrador
que taladra hasta los güesos;
y tanto lo siento yo
que desde la madrugada
del todo me acoquinó.

### CONTRERAS

¿De veras? ¿y cómo afloja,
30 aparcero Salvador,
con tan buen poncho que tiene?

---

9 Despiao: caballo estropeado de los vasos por gastados. (N. del A.)

BARRAGÁN

¿Poncho dijo, o cernidor?
porque éste no es otra cosa
de tan ralo, mireló.

CONTRERAS

Ya lo veo: es de las prendas
que nos da el restaurador
a los federales viejos.
Mire, amigo, rifeló
y meta en ancas el mío.
¿Conque, hace fresco?

BARRAGÁN

40                                    ¡Pues no!
Por eso me dejo estar
morronguiando en el fogón,
y aguardo, mientras se quema
hasta el último tizón,
que la helada se levante
y medio caliente el sol.

CONTRERAS

¡Ah, hombre vil! y yo al contrario,
en un día frescachón,
no hay cosa que me sujete;
50   pues cuanto amanece Dios,
si no me ataja el servicio,
salgo meniando talón
a yerbatiar donde encuentre
buen agrado y proporción.

BARRAGÁN

¡Voto-alante! por desgracia,
ayer se me desfondó
la caldera, que allí está
arrumbada en el rincón:
y ayer también cabalmente
60   la yerba se me acabó.
Y como hacen tres semanas
a que no dan la ración,
hasta ahora estoy en ayunas,
sin tener, creameló,

53 Yerbatiar: tomar mate cimarrón. (N. del A.)

a pesar de mis deseos
cómo darle un cimarrón.

CONTRERAS

Hubiese excusao, amigo,
todita esa relación,
para decirme que está
70  sin tomar mate; pues yo,
cuanto le vide la cara,
le conocí...

BARRAGÁN

¡Cómo no!
Eso nunca se le oculta
a un gaucho conocedor.
En fin, pitará un cigarro;
velay tabaco, armeló
a su gusto: y digamé,
¿cómo le va?

CONTRERAS

¡Qué sé yo!
De abandonado que vivo
80  hasta eso inoro, en razón
que los ocho años y medio
de campaña, o de prisión,
que en este sitio funesto
hemos sufrido los dos,
las miserias, las fatigas,
y la triste privación
de mi mujer y mis hijos,
y además otra porción
de penas que me acongojan
90  y devoro en mi interior...
me han abatido tan fiero
y puesto en tal situación,
que he resuelto finalmente
entregármele al dolor,
y de mi propia existencia
no acordarme, crealó.
    Sólo tengo una esperanza
fundada en cierto rumor,
y que pronto se realice
100  es cuanto le pido a Dios.

94 Entregarme al dolor: entregarme al destino. (N. del A.)

Ansí, deseo explicarme
con usté en sastifación,
y bajo de una amistá
abrirle mi corazón.

Para eso hablaré despacio,
no sea que algún soplón
escuche lo que platico
y nos cueste un sinsabor.

### BARRAGÁN

No hay cuidao: estamos solos;
110   y del ranchito al redor
por la quincha vicharemos
si se arrima algún mirón.
De mi parte, ya usté sabe
la completa estimación
que siempre le profesé;
así, puede sin temor
soltar sus quejas del pecho,
bien siguro de que yo
lo apreceo enteramente
120   y venero su razón.

### CONTRERAS

Pues en esa inteligencia,
con la franqueza mayor
me explicaré, y le suplico
me permita su atención,
y si llego a equivocarme
también perdonemeló,
porque puedo padecer
alguna equivocación.

### BARRAGÁN

Me parece razonable,
130   amigo, su prevención:
y alvierta que yo tampoco
presumo de acertador;
pero nunca en mis errores
procedo con intención,
mientras que algunos sabiendo
yerran más fiero que yo,
de puro diablos... Prosiga,
amigazo...

111 Quincha: la pared agujereada del rancho. (N. del A.)

### CONTRERAS

Pues, señor:
al paso que van las cosas
140 se aumenta mi desazón;
y por tanto padecer
de la desesperación
al borde estoy, le asiguro:
y deseo ¡como hay Dios!
el cairme muerto o trocar
de suerte...

### BARRAGÁN

¡Amigo Ramón!
No diga barbaridades,
que le hacen poco favor:
ni ande queriendo aflojar
150 al concluirse el pericón,
y cuando puede aguantar
a ver si el restaurador
algún día cumple...

### CONTRERAS

¡Ahi-juna!
que lo aguante un redomón;
pues hacen veinte años largos
que encima del mancarrón,
cuesta arriba y cuesta abajo,
andamos por su ambición,
matándonos los paisanos
160 unos a otros... al botón.
Y Rosas, en Buenos Aires,
¿qué ha hecho, amigo Salvador,
en los veinte años terribles
que ha sido gobernador,
con facultá entreordinaria
como naides gobernó?
¿y con las leyes mentadas
que dice él que restauró,
para darle a la Provincia
170 la paz que nos prometió?
¿Sabe lo que ha hecho? Velay:
en primer lugar, logró

---

150 El pericón: el baile del campo llamado también el cielito. (N del A.)
165 Entreordinaria: facultad extraordinaria. (N. del A.)

calzarse de gobernante,
cargo que no mereció
de ningún modo, porqué
todos saben como yo,
de que Rosas siempre fué
y hasta el día es un collón,
que de su bulto a diez cuadras
180  en la vida le chifló
una bala. ¿No es así?
Así es no más, y si no,
que lo diga, el año veinte,
del modo que se portó,
cuando don Martín Rodríguez
a fuego y sangre avanzó
el día cinco de otubre
y a Buenos Aires entró.
Rosas ¿qué hizo cuando entonces
190  el general le ordenó
cargar con los coloraos?
¡Y que cargaba! ¡pues no!
apenas le dieron la orden
y oyó tronar el cañón,
se le ablandó la barriga,
y pretextando un dolor
de muelas o de quijadas,
cerca de la Conceción,
el héroe del Continente
200  en un güeco se empacó:
y de allí a la Recoleta
rebenquiando disparó
a meterse entre los flaires,
donde escondido aguardó
a que el general RODRÍGUEZ
triunfara... como triunfó;
y Rosas al otro día
sano y bueno amaneció.
¡Velay la primer hazaña
210  del heroico defensor
de todito el Continente
y de la Federación!

183 Esto y toda la demás narración que sigue es rigorosamente histórico. (N del Autor.)
191 Los coloraos: cuerpo de milicias de caballería que mandaba Rosas en es época. (N. del A.)
198 La Concepción: iglesia de las orillas de Buenos Aires. (N. del A.)
201 Convento de Recoletos situado en las orillas de la ciudad de Buenc Aires. (N. del A.)

Luego, hasta el año veintiocho,
allá en el sur se llevó
apadrinando malevos
para ganarse opinión,
y sin hacer más campaña
que salir de valentón
hasta el Salao una vez:
220    y... vea cómo salió.

En el año veintisiete,
cuando la guerra que armó
con el Brasil Buenos Aires,
cierto día sucedió
que el comendante de allí
estando medio alegrón,
con la mañana ñublada,
en la descubierta vió
una punta de avestruces,
230    o yeguas, o qué sé yo;
y que se desembarcaban
los imperiales pensó,
porque el Salao unos barcos
estaban bocleandoló.

El comendante asustao
pidiendo auxilio escribió
a Raucho, y don Juan Manuel
se vino de valentón
a impedir el desembarco...
240    que, por cierto, no creyó.

En fin: llegó balaquiando,
y, como nada encontró,
se fué esa noche a un fandango,
y de albitrario se arrió
a todos los marineros
que en el camino topó,
y por su cuenta no más
en el cepo los metió,
porque andaban divertidos.
250    De balde le reclamó
por los suyos un francés,

232 Los imperiales: los brasileros. (N. del A.)
237 El coronel Rauch: valeroso oficial francés, terror de los indios: mandaba
un regimiento de húsares de línea. (N. del A.) Murió en el combate de las
Vizcacheras, en 1829. Escribe Vicente Fidel López: "Perseguido de cerca, su
caballo rodó. 'Para éste no hay cuartel' gritaban los que lo rodeaban. Con una
o varias lanzadas lo derribaron, le cortaron la cabeza y la pasearon varios días en
las puntas de las picas." (*Historia de la República Argentina*, tomo X, capítulo 6).
López lo considera prusiano; Udaondo, natural del Gran Ducado de Baden;
Jacinto Yaben, alsaciano.

capitán (presumo yo)
de una boleta grandota.
El hombre allí le alegó
con razones; pero Rosas,
altanero y fanfarrón,
le hizo un desprecio al francés
y en ancas lo amenazó.
Éste era un Musiú Carrué
260 que echando futris salió,
y al otro día en el río
a Rosas lo devisó,
cruzando en una canoa
a tomar un cimarrón
al barco de don Gallino,
que allí estaba a la sazón
y con Rosas diariamente
cimarroniaban los dos.
Ahora sí, dijo el francés:
270 y ya también se largó
en su bote atrás de Rosas
y allí no más lo apretó,
en vano fueron clamores,
al bordo se lo llevó,
y al momento de subirlo
la velería soltó.
Aquí fueron las angustias
de nuestro Restaurador;
¡eh, pu... nta! si del julepe
280 amarillo se quedó,
y viendo de que el francés
demostraba la intención
de llevarlo a Portugal...
a venderlo, le lloró,
y soltar los marineros
mansito le prometió.
Así fué: don Juan Manuel
de la boleta escribió,
y los presos al ratito
290 al capitán le largó.
Entonces ¿qué hizo el francés?
en cuanto los recibió,
¡al Presidente Supremo,

253 Boleta: goleta grande. (N. del A.)
259 Mr. Carruel, capitán de un bergantín francés mercante. (N. del A.)
276 La velería: el velamen del buque. (N. del A.)
283 Los paisanos acostumbran decir, «vamos a Portugal,» cuando viajan al continente brasilero. (N. del A.)

al heroico defensor
de todito el Continente
y de la Confederación,
el francés Musiú Carrué
de la boleta lo echó
con un puntapié en la cola,
300  después que lo zamarrió!

### BARRAGÁN

¡Qué vergüenza para un criollo!
¡Barajo! amigo Ramón:
si a mí tal me sucediera,
¡por ésta! ✠ creameló,
que en la boleta al musiú
más tajos le prendo yo
que besos le dió su madre...

### CONTRERAS

La del francés...

### BARRAGÁN

                Sí, señor:
ni el diablo me sujetaba
310  en semejante ocasión.
¿Y que haiga hombre tan morao
como Rosas se mostró
en el barco? ¡Voto a cristas!
se me hace conversación,
por ciertos antecedentes
que del hombre tengo yo.

### CONTRERAS

¿Qué dice? pues, no se le haga,
así mesmo sucedió:
y por las dudas, si acaso,
320  puede preguntarseló
cuando entre en Montevideo...

### BARRAGÁN

¡Ahora sí me trajinó
con la entrada que me suelta
al cuhete y de refilón!

311 Morao: cobarde. (N. del A.)
322 Ahora sí me trajinó: ahora sí que me sorprende con astucia. (N. del A.)

CONTRERAS

Mire: no se haga el sarnoso.

BARRAGÁN

Es que me da comezón
el envite de la entrada.

CONTRERAS

Pues haga resolución
de cabrestiarme, y verá
330   si dentra alguna ocasión...
a la fija.

BARRAGÁN

   Maliceo
el rumbo, amigo Ramón,
de balde me hago el potrillo,
¿no ve que soy mancarrón?
Paisano, cuando usté va,
ya vengo de vuelta yo;
siendo así, también deseo
que se realice el rumor
en que funda su esperanza,
340   o la fundamos los dos...
alvirtiendo que de usté
sólo espero un ¡vamonós!
y también que soy de Urquiza
todo entero, sepaló.
¿Qué tal le parece el quiero?

CONTRERAS

¡Cosa linda, superior!
déme esos cinco, supuesto
que colige mi intención.

BARRAGÁN

   Velay, tome, y déle guasca:
350   no corte la relación
de la vida primorosa
de nuestro Gobernador:
a ver si la sabe a fondo.

325 No se haga el sarnoso: no se haga el ignorante. (N. del A.)
329 De cabrestiarme: de seguirme. (N. del A.)
349 Déle guasca: déle cuerda, continúe usted. (N. del A.)

CONTRERAS

La sé, aparcero, ¡pues no!
y a relatarla completa
lo desafío al mejor.

BARRAGÁN

Entonces, puede afirmar
con fundamento y razón,
que tiene malas entrañas
360   y es diablo el Restaurador;
y hace una máquina de años
a que lo conozco yo,
y en algún tiempo confieso
que le tuve estimación:
y voy también a contarle
cómo le tomé afición
en cierta gauchada. —Escuche.

CONTRERAS

Vamos a ver.

BARRAGÁN

Pues, señor:
en mil ochocientos trece
370   (¿qué le parece el tirón?),
en la plaza del Retiro,
me acuerdo que se jugó
una corrida de toros,
que toriaron de afición
don Lezica, don Somalo,
Dorrego y otra porción
de puebleros ricachones,
y todos de buen humor.
Entre ellos don Juan Manuel
380   de gaucho se comidió
sin arrejar el pellejo
a salir de enlazador,
y como era baquianazo
la oferta se le almitió.
Para lucir en la plaza
a prepararse empezó,

371 Retiro: plaza del Norte de la ciudad de Buenos Aires. Para las corridas
de toros que allí se celebraban, cf. José Antonio Wilde, *Buenos Aires desde setenta
años atrás*, VIII; Manuel Bilbao, *Buenos Aires*, IX; A. Taullard, *Nuestro antiguo
Buenos Aires*, p. 119.

y en el momento preciso
don Juan Manuel ensilló
un zaino como una niña,
390    y cinchero superior.

    A los toros esa tarde
el pueblo se descolgó,
pues como eran por la patria
todo bicho se coló:
a extremos de que la plaza
por dentro era un borbollón
de tanta gente que hacía
crujir toda la armazón.

    A eso de las tres y media
400    la corrida principió,
con un toro yaguané
que soltaron y salió
zapatiando cola-alzada,
y así como cegatón,
del brete; pero al instante
que se desencandiló
y allí cerca del toril
vido gente, ya embistió...
¡la pu...janza! y de un bufido
410    al quinto infierno aventó
a todos los capiadores;
pero antes se revolcó,
ahi no más, junto a la valla
al pingo y al picador.

    ¡Ah, toro aquel! yo no he visto
animal más superior
en su laya, ni tampoco
más liviano y cargador.

    Escuche el lance siguiente,
420    a ver si tengo razón.

    Queriendo banderillarlo,
cuando el caso se ofreció,
creo que fué don Somalo
quien a la suerte salió:
pero asustao, a la cuenta,
antes de juir le prendió
la banderilla en las aujas;
¡Cristo! y, apenas sintió
la punta del clavo el toro,
430    dando un bramido saltó

393 Por la patria: la entrada gratis. (N. del A.)
401 Yaguané: overo negro. (N. del A.)
427 Aujas: cerca de la paleta del toro. (N. del A.)

como un gato, y en el aire
todo el cuerpo culebrió,
arquiándose de manera
que al caer vino y le ganó
la vuelta al banderillero...
que en vez de correr voló.
Así fué que a la barrera
como balazo llegó;
pero, al entrar, justamente
440   en la puerta lo cazó
el toro, de la culata,
y allí lo desfundilló;
y la plaza una algazara
de chiflidos se volvió.
    Don Juan Manuel, entretanto,
riyéndose y de mirón
asomaba la cabeza
por encima de un portón,
donde los enlazadores
450   estaban en reunión.
    En esto, dando dos golpes
sobre la caja el tambor,
sin duda hizo la señal
de salir el matador;
porque luego don Lezica
medio ladiado salió
a matar... con una espada
del largo de un maniador:
y aparentando coraje
460   para ocultar el jabón,
y haciendo el hombre un esfuerzo
y de tripas corazón,
a gambetas y chuzazos
con el toro se agarró,
y sin poderlo matar
las paletas le charquió.
    Al ver eso, la pueblada
otra algazara formó,
¡y fuera, fuera! gritaban
470   cuando la caja tocó
a enlazar; y en el momento
entreabrieron el portón,
por donde Rosas puntiando

441 De la culata: del trasero, de los fundillos. (N. del A.)
444 Chiflidos: silbos, silbidos. (N. del A.)
460 Jabón: el miedo, el susto. (N. del A.)
473 Puntiando: adelante de todos. (N. del A.)

el primerito salió...
me acuerdo, de poncho pampa,
bota-juerte y pantalón,
un clavel tras de la oreja
y un sombrerito gachón.
　　　Con esa facha a caballo
480  Rosas se nos presentó
en la plaza de los toros
por la primera ocasión;
y el pueblo de Buenos Aires
entonces lo conoció...
　　　Ahora, amigo, se me ocurre
hacerle una reflexión,
para mostrarle que el mundo
es diablo y engañador.
　　　En aquel tiempo dichoso,
490  en sus glorias y esplendor
se ostentaba Buenos Aires;
y en aquella reunión
no vido en Rosas, tal vez,
más que un buen enlazador:
y Rosas también quizás
no tuvo más pretensión,
esa tarde, que lucirse
de gaucho, como lució;
y hoy en día a Buenos Aires...
500  ¡qué mudanza! vealó
a las plantas de ese gaucho
rindiéndole humillación!


CONTRERAS

¡Eso sí es una vergüenza,
aparcero Salvador!
y a ése sí le atracaría
de filo y de punta yo:

494 Enlazador: en el Río de la Plata, las corridas de toros se parecían bastante
a los actuales *rodeos* norteamericanos. Pastor Obligado describe una corrida que
los oficiales del ejército de los Andes celebraron en Mendoza, en 1816: "El capitán don Lucio Mansilla descollaba entre los capeadores; don Juan Lavalle, entre
los picadores; O'Brien, engrillado con cintas de seda, saltó el *bicho*. Don Juan
Apóstol Martínez, capitán de granaderos a caballo, cabalgó sobre el toro, desnu-
cándolo de una puñalada. Isidoro Suárez, futuro héroe de Junín, fué quien más
se lució como enlazador. Necochea, Correa, Villanueva, Olazábal, Escalada, Videla
y otros oficiales, repitieron lucidas suertes" (*Tradiciones argentinas*, Barcelo-
na, 1903). Pastor Obligado agrega esta singular noticia: "Hasta mucho después
hubo lidias; pero ya no se exponían los hombres a las astas del bruto. Éste corría
avestruces, que sin previa enseñanza toreaban a maravilla... revestidos de chiripá
y poncho colorado".

no al francés Musiú Carrué,
que tuvo mucha razón
cuando a ese loco altanero
510    en el barco lo patió.

BARRAGÁN

¿Es decir, que la pelota
me vuelve usté en la ocasión,
por aquellas expresiones
que le solté calentón?
¡Si será diablo! No le hace:
seguiré con su perdón,
y oiga al fin, cómo en los toros
don Juan Manuel se portó.
    Al salir garboso, el lazo
520    de los tientos desprendió;
y, haciendo una armada grande,
las espuelas le atracó
al zaino, que de un balance
a media plaza salió,
en donde Rosas de golpe
de una rienda lo sentó,
y allí el pingo media luna
con los garrones rayó.
    Pero, al dar esa sentada,
530    don Juan Manuel calculó
dejar el toro a la zurda,
y en cierta disposición
para asigurarlo al tiro:
y así mismo sucedió,
pues, cuando el toro rompía
atrás de otro enlazador
y ya con las aspas iba
peinándole el mancarrón,
Rosas alzando la armada
540    al revés la revolió,

520 Los tientos: tiras finas de cuero crudo pelado y suavizado por medio de una fricción trabajosa que le dan los gauchos, a cuya operación le llaman *sobar una lonja*, de la cual, cuando está preparada, cortan los *tientos* para trenzar sus utensilios, como son, el *lazo*, las *riendas*, los *maniadores*, *bozales*, etc. Luego, de esas mismas tiras de cuero llevan algunas como de dos tercias de largo, prendidas a la delantera y trasera de la montura con el objeto de asegurar con ellas lo que se les ocurra cargar atado a los *tientos*, a los cuales precisamente aseguran las *boleadoras*, y particularmente el lazo. (N. del A.)

531 A la zurda: a su izquierda. (N. del A.)

538 Peinándole: metiéndole la punta de las astas en la cerda de la cola del caballo. (N. del A.)

y, cuando se le hizo bueno,
al toro se la soltó
por encima de las riendas;
¡ah, gaucho! y se la prendió
de las dos aspas limpitas,
y en cuanto el lazo cimbró...
al toro patas arriba
lo dió vuelta del tirón.

  Desde esa vez, le confieso,
550 don Juan Manuel me prendó,
y a muchísimos paisanos
lo mismo les sucedió;
pues al istante que el toro
del golpe se enderezó,
y que Rosas de galope
a la cincha lo arrastró,
en la plaza un palmoteo
estruendoso resonó
en prueba de que a los criollos
560 el lance nos agradó.

### CONTRERAS

Muy lindo: pero confiese,
aparcero Salvador,
que Rosas, así, a gauchadas
la trampa nos preparó;
pues, si en la plaza esa vez
a enlazar se presentó,
no fué por costiarle a naides
la risa o la diversión,
sino porque en sus adentros
570 llevaba hecha la intención
de engatusar a los gauchos,
como nos engatusó
al principio, para traernos
a esta triste situación
de abandono, de miseria,
y de completa opresión;
en la que, si yo me encuentro
no es por lerdo, no, señor;
que, a respeto de gauchadas,
580 le contaré la mejor
de todas las que yo sé
de ese mismo enlazador:
para que usté se convenza

541 Cuando lo consideró conveniente.

de la ruin inclinación,
la perfidia y mala fe,
la codicia y la ambición
que desde tiempos de atrás
ese gaucho alimentó
en sus entrañas de tigre,
590 y su invariable tesón
hasta salir con la suya
en la iniquidá mayor.
¡Mire, no se queme el poncho!
y présteme su atención.
Cuando el finado Dorrego
(que esté gozando de Dios)
era en el año veintiocho
supremo Gobernador,
se acordará usté, paisano,
600 de aquella revolución
que, el primero de diciembre,
del mando lo solivió
al finado, y que en Navarro
el infeliz sucumbió.
Se acordará usté también,
supuesto que allí se halló,
que Rosas desde Navarro,
aquel día de la aición,
como era su maña vieja,
610 fué el primero que surquió
disparando a Santa-Fe
en donde López lo armó;
porque Rosas de asustao
hasta las botas perdió;
y finalmente, usté sabe

595 Dorrego: el coronel Manuel Dorrego (1787-1828). Curiosamente escribe
don José Manuel Estrada: "Manuel Dorrego fué un apóstol y no de los que se
alzan en medio de la prosperidad y de las garantías, sino apóstol de las tremendas
crisis, que así ofrecía a su patria y a su credo la elocuencia de su palabra como
el noble vaso de su sangre. Más pequeño que Moreno, porque envuelto en combates que éste no tuvo que afrontar, los rencores empañaron el cristal de sus
pensamientos y el polvo del sangriento campo desfiguró su fisonomía histórica;
es más grande que él porque se dió en testimonio de su fe y selló su enérgica
vida con una muerte admirable. Pisó la verde campiña, convertida en cadalso,
enseñando a sus conciudadanos la clemencia y la fraternidad, y dejando a sus
sacrificadores el perdón, en un día de verano ardiente como su alma, y sobre el
cual la noche comenzaba a echar su velo de tinieblas, como iba a arrojar sobre
él la muerte su velo de misterio"...
603 Navarro: pueblo de la campaña de Buenos Aires donde fué fusilado el
señor Dorrego. (N. del A.)
610 Que surquió: que disparó abandonando a sus soldados. (N. del A.)
612 Lo armó: lo favoreció, lo remedió en sus necesidades. (N. del A.)

todo lo que sucedió
desde aquella disparada
hasta que Rosas volvió,
y en el mando al fin y al cabo
620  por desgracia se afirmó.
     Después de eso, todos saben
que él mismo se tituló
Restaurador de las leyes,
y también que aparentó
por el difunto Dorrego
el sentimiento mayor;
pues hasta el día maldice
aquella revolución,
como asigura que siente
630  todavía un gran dolor
por la muerte de su tierna
y adorada Encarnación:
cuando sabe todo el mundo
que la vieja se murió
suplicando agonizante
que viniese un confesor,
a lo que Rosas furioso
totalmente se negó,
y en el cuarto de la enferma
640  se estuvo y no se movió
hasta que su amada prenda
¡sin confesarse expiró!

BARRAGÁN

¡Ahi-juna-gran...pa el judío!
¡si tendrá perdón de Dios!

CONTRERAS

Lo dudo: pero, dispense,
no me ataje a lo mejor.
     Pues, oiga: el año veintiocho,
en esa revolución,
los unitarios tan sólo
650  le ganaron el tirón
a Rosas, quien a Dorrego
ya andaba rastriandoló
para apretarlo de firme

642 Así fué: la esposa de Rosas murió sin confesarse porque el tirano no le consintió el que entrara un sacerdote a confesarla, aunque la agonizante clamaba pidiendo ese auxilio espiritual. (N. del A.)
650 Le ganaron el tirón: se le anticiparon. (N. del A.)

hasta arrancarle el bastón.
Y el finado lo sabía
conforme lo supe yo:
que fué del modo siguiente.
Oiga, amigo Salvador.

Un tal don Manuel Moreno,
660 viejo, ricacho y dotor,
y hombre de letra menuda,
era del Gobernador
ministro en aquel entonces,
hasta que al fin se largó.
en el mismo año o después,
con el cargo y comisión
de Pleno-cipotenciario
a la ciudá de Londón.

Pues ese dotor Moreno
670 sin duda se descuidó,
una tarde que yo fuí
a llevarle un mancarrón
a su quinta, y le escuché
todo lo que platicó
con otro hombre de casaca
abajo de un corredor;
y todo con referencia
no más que al día anterior,
en el cual, diz que en el Fuerte
680 había estado el dotor
en su propia escribanía
y con el Gobernador,
cuando Rosas redepente
allí también se coló;
y, como era Comendante
general, luego alegó
que, «por falta de armamento
tenía mucho temor
de que cayese la indiada
690 y arrasara de un malón
a todita la Provincia:
pues, amenazandoló
andaban los pampas ya
por tanto, que a precaución
se le dieran seis cañones

659 Manuel Moreno: médico (1790-1857). Escribió una biografía de Mariano Moreno, su hermano.
672 Un mancarrón: un caballo manso. (N. del A.)
679 El Fuerte: la casa donde residía el gobierno de Buenos Aires. (N. del A.)
690 Malón: ataque brusco y sorprendente de los indios salvajes. (N. del A.)

y al menos un batallón;
de ahi sables y garabinas,
pólvora y otra porción
de cachivaches de guerra,
700   y plata por conclusión.»
        Sin levantar la cabeza
el finado lo escuchó
con bastante indiferencia:
y por fin se le negó
a cuanto solicitaba
Rosas, el cual no cejó;
al contrario, machacando
de nuevo le replicó,
diciéndole que «sentía
710   que el señor Gobernador
expusiera la campaña
a sufrir una invasión
de los indios, por no darle
las cosas de precisión
en los apuros» ...Entonces
le dijo el Gobernador:
«¡Sé muy bien, don Juan Manuel,
cuáles sus apuros son...!
¡y nada más me replique
720   habiéndole dicho no!»
        Y Rosas cerrando el pico
dió vuelta, y ya se salió
de allí, mordiendo el rebenque
y el poncho arrastrandoló.
        Tenga presente, aparcero,
para informarse mejor,
que todo aquel alegato
Moreno lo presenció:
así, al momento que Rosas
730   puerta afuera se largó,
en la misma escribanía
templando el pecho el dotor
después de tomar polvillo
le dijo al Gobernador,
que «encontraba razonable
de Rosas la pretensión,
por los riesgos» y... ahi no más,
el resuello le atajó
Dorrego, que redepente

702 El finado gobernador Dorrego. (N. del A.)
732 Templando el pecho: tosiendo suavemente. (N. del A.)

740 como un tigre se enojó,
    y al pararse, en el impulso,
    cuarta y media se estiró;
    y, como tenía un genio
    como huracán, le afirmó
    un puñetazo a la mesa
    que toda entera crujió;
    y abriendo tamaños ojos
    al ministro le gritó:
    «¡Barajo, señor Moreno!
750 ¡qué riesgos, ni qué invasión:
    todas ésas son embrollas
    de ese hipócrita bribón!
    ahora mismo, sepa usté,
    que tiene ese salteador
    dispuesto contra el Gobierno
    un plan de revolución;
    el cual a un amigo nuestro,
    que antes de anoche durmió
    en el paso del Venao,
760 incauto se lo confió
    Pedro Burgos, a quien Rosas
    le ha dado la comisión
    de andar recogiendo firmas
    para cierta petición
    anárquica, mientras ÉL
    ya tiene una reunión
    o montonera en el Sur,
    formada de una porción
    de vagamundos que abriga,
770 y para esa chusma son
    las armas que solicita.
    Y, finalmente, señor,
    sepa usté, que ese bandido,
    por envidia o ambición,
    detesta entrañablemente
    a los hombres como yo
    y como usté, y como todos
    los que en la revolución
    del 25 de mayo
780 con patriotismo y honor
    combatieron y triunfaron
    contra el poder español.
    "Sepa usté más: ese GAUCHO,

---

759 En la costa del arroyo de este nombre, estaba situada la *estancia* de don
Pedro Burgos, compadre de Rosas. (N. del A.)  Militar santafecino (1777-1852).
Fundó la ciudad del Azul.

　　　　　a no sofrenarlo yo,
　　　　　en desprecio de los hombres
　　　　　de bien y de educación,
　　　　　y de todos los gobiernos
　　　　　y la civilización,
　　　　　¡ese Rosas! si pudiera,
790　　　aquí vendría, señor,
　　　　　a carnear dentro del Fuerte
　　　　　y en medio de este salón,
　　　　　y sobre todas las leyes
　　　　　clavaría el asador!"

　　　　　　　Pues, amigo Barragán,
　　　　　Dorrego se pronunció
　　　　　como un profeta ese día;
　　　　　y el tiempo lo acreditó
　　　　　a los doce años después,
800　　　cuando en el Fuerte se dió
　　　　　un convite federal
　　　　　y allí mismo se carnió.

　　　　　　　Y para esa comilona
　　　　　don Juan Manuel convidó
　　　　　a los hombres más rumbosos,
　　　　　poniendo por condición
　　　　　asistir precisamente:
　　　　　y también se le ocurrió
　　　　　que todos se presentaran
810　　　con bigotes, y si no,

791 A carnear: a matar alguna vaca o becerra. (N. del A.)

794 Observa Paul Groussac: "Es muy verosímil el dicho pintoresco que se atribuye a Dorrego: Mientras yo viva, ese gaucho pícaro no ha de clavar su asador en el fuerte". (*Estudios de historia argentina*, pág. 177).

802 Se mató y descuartizó una vaca en efecto. (N. del A.)

809-10 Se presentaran con bigotes. *Cf.:* "Obligado el coronel don Francisco Crespo a cortarse el bigote... tuvo que dirigirse al Restaurador con fecha 17 de septiembre de 1839..., participando 'el gran sentimiento que tenía de no poder usar bigote a pesar de la última tentativa que hizo cuando recién S.E. se recibió del mando supremo de cuyas resultas se asomaron los inconvenientes del fogaje que le acomete en las ternillas de la nariz'. Y agregaba después de otras consideraciones de orden médico y militar, que aquéllos eran los poderosos motivos que le impedían 'no poder acompañar a todos sus compatriotas en el ardoroso entusiasmo americano que los conduce a la inmortalidad en defensa de la libertad de América y a cuyo cumplido efecto han jurado no quitarse el bigote los ciudadanos de dichas clases, interín la América no consolide su entera libertad'. Y era, sin embargo, un valiente ese buen hombre"... (José María Ramos Mejía, *op. cit.*). Agrega el mismo autor: "Tengo a la vista una circular del comandante don Pascual Miralles, que dice: Su excelencia el señor Gobernador en campaña, se ha servido ordenar en esta fecha que todas las milicias de la campaña usen bigote en atención a hallarse el país en posición de una invasión de los enemigos del orden, por tanto, se lo comunico a Vd. y se lo haga saber a todos los individuos de la compañía que están en esas inmediaciones".

Es notorio que Rosas no usó bigote.

que allí se los pintarían;
y a su gusto se burló
Rosas de los generales,
y alcaldes y otra porción
de personas de copete,
a quienes enmascaró
tiznándoles los bigotes
él mismo, y de ahi los llevó
a bailar la Refalosa,
820 que esa noche se bailó
al gusto de la Mashorca,
y en aquel mismo salón
donde Rosas y Dorrego
tuvieron la alegación.

Y doña Manuela Rosas
también allí fandanguió;
y, en osequio de las damas,
por gusto el Restaurador
dispuso que revolcaran
830 a una moza en el salón,
para verle si las ligas
eran punzones o no:
y concluída esa jarana,
conforme pronosticó
Dorrego el año veintiocho,
así mismo sucedió.

Después de esa trasnochada,
sintiéndose delgadón,
Rosas quiso churrasquiar
840 allí en medio del salón,
donde por hacerle el gusto
un ladrillo se arrancó
y allí con un costillar
plantaron el asador!
. . . . . . . . . . . . . . . . .
. . . . . . . . . . . . . . . .

En este punto Contreras
el diálogo suspendió,
porque tocaron llamada

821 Mashorca: nombre de la sociedad popular que, bajo el símbolo de una
mazorca, era la afiliación de los serviles asesinos que sostenían a Rosas. (N. del A.)
832 Punzones, o coloradas: color simbólico del poder o tiranía de Rosas. El
hecho que se refiere es histórico. (N. del A.)
844 Hasta fines del año 1849 existía en el salón del Fuerte de Buenos Aires
la baldosa levantada, que para clavar el asador se removió en esa ocasión. Así nos
lo han asegurado personas dignas de crédito. (N. del A.)

en el cuartel de Violón,
y tenía que largarse
850    por ser de aquel batallón.
    Mesmamente, de su amigo
Barragán se despidió,
ofreciéndole volver
a concluir la relación
de las mentas y ruindades
del liendre Restaurador.
    Así fué, al día siguiente,
antes de nacer el sol,
Contreras se vino al trote
860    al rancho de Salvador,
y atrás de los buenos días
le dijo de sopetón:
"Vaya, amigo, dése prisa,
y también deme un abrazo,
ahora que ha llegado el caso
de rumbiar aonde está Urquiza,
que anda de este lao, ¡ah, Cristo!
con Virasoro y Garzón!..."

BARRAGÁN

Pues, bien, amigo Ramón,
870    cuando guste, ya estoy listo.
    Vámonos, no hay más que hablar,
esta noche rumbiaremos:
y después que nos larguemos...
que nos vengan a rastriar.

CONTRERAS

Conque, será hasta lueguito
entonces, dijo Ramón.

BARRAGÁN

Después de dar la oración...
sin falta, compañerito.

# LA MILICIAS DE ROSAS

### Y EPISODIO DE CAMILA O'GORMAN

*Montevideo, octubre de 1848.*

Donato Jurao, gaucho hacendado de Buenos Aires, y enrolado en los
regimientos de milicias de la campaña, escribe a su mujer que se halla en

Montevideo, acompañando a una tía suya, la carta que va a continuación de la siguiente *Dedicatoria* a Rosas. Si hay algunos lectores tan escrupulosos que duden de la autenticidad de la carta, no habrá empeño en convencerlos; porque los sentimientos expresados en ella son tan verdaderos, y tan fiel la pintura de las vejaciones, crueldades y engaños que allí se sufren, que la mayor parte de los que han sido arrastrados a los campos militares, en que el gobernador Rosas tiene sujeta a la población de la campaña, expresarían los mismos lamentos que Donato Jurao, si tuviesen libertad para hacerlo.

## DEDICATORIA

*Señor don Juan Manuel Rosas.*

Aunque parece repecho
muy cuesta arriba en el día,
largarle esta versería,
será la última que le echo;
y quedaré sastifecho
desde hoy para eternamente
si me aguanta la presente,
en desquite de ¡veinte años!
que me hace en pagos extraños
10 rodar miserablemente.

Ésos son los que he rodao,
juera de dos de un tirón
que me tuvo sin razón
con grillos y encarcelao;
y ocho meses que apretao
en el PONTÓN me sumió:
a más, lo que le escribió
usté al difunto Anchorena...
que me matara, y de pena
20 ese hombre no me mató.

Luego en la Banda Oriental
por fortuna me anidé,
y de atrás me salió usté
persiguiendo a lo animal;
y allí me tuvo a corral
atrasao y delgadón;
pero así mesmo, patrón,
ya no volveré a escrebirle
para darle ni pedirle
30 ninguna sastifaición:
Porque con esta versada
en que voy a maltratarlo,
sin volver a molestarlo,

16 El pontón llamado Cacique. (N. del A.)
18 Anchorena: Tomás Manuel de Anchorena (1783-1847).

mi cuenta está chancelada.
Pienso no deberle nada,
y en caso que usté me deba,
la media arroba me lleva:
pues, como anda bien montao,
me daré por trajinao
40    sin pedirle cuenta nueva.
        Tan sólo, si yo pudiera
del gobierno recularlo,
y de su tierra aventarlo,
le asiguro que lo hiciera:
desiándole que se viera
pobre y fundido algún día,
aunque usté se llevaría
todo lo que ha manotiao,
después de haber difuntiao
50    tanta infeliz gauchería.
        También, ojalá mudara
con el pellejo su maña,
pero usté es víbora extraña
y eso juera cosa rara.
Ansí no le veo cara
de que se amanse jamás,
cosa que lo hace incapaz
para buen gobernador:
siendo ansí tan matador,
60    y con lo ajeno voraz.
        Si quiere mudar, de cierto,
un consejo le daré:
no mate, ni... pero ¡qué!
si es predicar en disierto,
y como tirarse a muerto,
presumir que usté, paisano,
mientras viva lomo sano...
pueda componerse y mude
de... pero, en fin, ¡Dios lo ayude!
70    Y ansí, quedamos a mano.

*Donato Jurao a su mujer Andrea Silva.*

### PARTE PRIMERA*

*Buenos Aires, agosto 20 de 1848.*

Mi más apreciada esposa.

48 Manotiao: robado al Estado. (N. del A.)
52 Su maña. *Cf.*: Muda el lobo la lana, no la maña (Maestro Gonzalo Correas,
*Vocabulario*).
* En esta parte primera el soldado argentino Donato Jurao expresa sus lamen-

TAN INFORTUNADO he sido
ausente de ti, mi cielo,
que no he gozao el consuelo
hasta hoy de haberte escrebido,
a causa de que en tu ausiencia
enfermo y por desventura
al pie de la sepultura
me he visto con evidencia.
    Ahora por felicidá
10  me siento medio alentao,
favor que me ha dispensao
su Divina Majestá;
y al colmo de mi deseo
he sabido, dueña mía,
que acompañando a mi tía
seguís en Montevideo.
    Seguro de esto, ya ves,
tomo la pluma y te escribo,
anhelando que al recibo
20  de esta carta disfrutés
cabal salú, sin que sea
por desdicha interrumpida:
cosa que con alma y vida
mi fino amor te desea.
    Luego con todo mi afeto
me es placentero decirte,
que también al escribirte
tengo el amoroso ojeto
de anunciarte mi partida,
30  y cuando menos pensés
a tu lado me tendrés,
si Dios me presta la vida.
    En esta conformidá,
si acaso andás por venirte,
paso también a decirte
que te aguantés por allá,
de cualquier modo que sea:
no te meniés, ya te digo;
y si no es junto conmigo,
40  no te me vengás, Andrea.
    Porque esto se va poniendo
otra vez endemoniao,

---

tos a la muerte de la infeliz doña Camila O'Gorman, que en compañía del desgra-
ciado cura Gutiérrez fueron ferozmente asesinados en los Santos-Lugares de Buenos
Aires, por orden del famoso y cobarde carnicero Juan Manuel Rosas. (N. del A.)
Para la ejecución de Camila O'Gorman y de Gutiérrez, véase Arturo Vázquez Cey,
*Camila O'Gorman o el Amor con la corona de la muerte* (Buenos Aires, 1947).

y asigún he olfatiao
la cosa se va frunciendo.
Pero, china... ¡por la Virgen!
con naides me platiqués
de esta carta, si querés
no ser vos mesma el origen,
para que don Juan Manuel
50    me enderece al matadero:
mirá, mi bien, que no quiero
tener más cuentas con él...
    Porque cuando está alunao
es diablo y escarbador,
y más atropellador
que toro recién capao:
y hoy más que nunca le tomo
olor a tigre; por esto
más de cuatro, por supuesto,
60    andamos hinchando el lomo.
    Yo al menos he de cabriar
y creo cosa sigura
que si viene una apretura
a mí no me ha de apretar;
porque apreceo mi vida,
y viendo el lance venir,
no he de aguantar a salir
como a la gata parida.
    En fin, me voy alargando...
70    que ni sé cómo me voy;
mesmamente, porque estoy
atolondrao y cismando,
con la última atrocidá
que hemos visto ante de ayer:
¡cosa que ha hecho estremecer
la campaña y la ciudá!
    Ya sabés, china, que yo
tengo una alma de reyuno,
y que suceso ninguno
80    en la vida me espantó;
pero ha pegao un bramido
don Juan Manuel, tan feroz,
y es tan sangriento y atroz
el horror que ha cometido...

44 Se va frunciendo: la cuestión política se va poniendo peligrosa de tratarla.
(N. del A.)
53 Alunao: enojado, furioso. (N. del A.)
78 Reyuno: caballo que lo señalan cortándole la punta de una oreja, y de los
que montan los soldados. (N. del A.) Cf. *El gaucho Martín Fierro*, v. 1118.

que ha de ser más que insensible
el hombre que no se ensañe,
y luego se desengañe
con este golpe terrible,
¡que sólo un don Juan Manuel,
90 pensando el caso, ha podido
matar a quien no ha nacido
de un modo feroz y cruel!
      Y por tener aterrada,
y en costante humillación
a toda la población
de esta tierra desgraciada,
brama Rosas, y "¡aquí estoy!
(le dice a esta gente vil)
¡como en octubre y abril
100 siempre el mesmo TIGRE soy!"...
      ¡Ahi-juna! ...y se presumía
de que ya estaba blandón;
pero con tal manotón,
como el que ha dao en el día,
han ido a dar al infierno
las crencias de la criollada,
que hoy anda más achuchada
que pelaos en el invierno.
      Pues, con un par de alaridos
110 que suelta cuando se enoja,
se limpia a quien se le antoja;
y de ahi todos encogidos
los paisanos se amedrentan:
pero ¡cómo!... que los ata
un hombre solo, y los mata
a unos, y a otros los ahuyenta!
      ¡Cristo! si el diablo me lleva,
cuando veo en casos tales
a porteños federales
120 temblando ganar la cueva,
sin saberse defender,
ni hacer más que acoquinarse
y en el peligro asustarse,
como animales al ver...
      Cuando en el campo voltean
a una res entre el ganao,
que apenas la han degollao
los novillos la olfatean;
y ahi se empacan tiritando,

108 Pelaos: perros que no tienen lana, sino la piel lisa y pelada naturalmente.
(N. del A.)

130   de la sangre al rededor,
y allí un ruin enlazador
solito los va voltiando.
    Y... ¿qué hacen en tales casos
los torunos que igual suerte
deben sufrir, y la muerte
ven con tamaños ojazos?
Se asusta la novillada,
y el gaucho así la degüella,
porque un toro no atropella
140   y le atraca una cornada.
    Y olvidando, de terror,
su fortaleza en los cuernos
para echar a los infiernos
de un bote al degollador...
toro que logra escapar
con vida en esa voltiada,
muere en la otra, sin que nada
le importe, a fin de engordar.
    Velay la comparación
150   más perfeta y aparente,
que yo le aplico a esa gente
cuando oigo en la situación
que el porteñaje se queja,
y no hace más que entregarse
al cuchillo y agacharse,
sin mezquinar ni la oreja.
    ¡Y mientras no los asusta
don Juan Manuel y los mata,
si les deja ganar plata
160   y comer, todo les gusta!...
    ¡Qué vergüenza! En esta tierra,
donde nacieron famosos
argentinos valerosos,
que han vencido en tanta guerra...
ver que hoy a los federales,
desde el dieciocho de agosto,
se les hace el campo angosto
de asustaos a lo baguales.
    ¿Y las hembras?... ¡Virgen mía!
170   toditas, las más picudas,
hoy las tenés como mudas
suspirando noche y día.
    Luego, los curas y beatas,
en particular los flaires,

---

130 **Cf.** el poema *Las vacas* de Leopoldo Lugones (*Las montañas del oro*, 1897).

hoy andan en Buenos Aires
más espantaos que las ratas,
cuando acuden al olfato
de la carne en la ramada,
y ahi mesmo de una emboscada
180   se les deja caer un gato.
    Ahora, entre la soldadesca
y el gauchaje, ¡Cristo mío!
si querés dejarlo frío
al que más terne parezca,
largale estas espantosas
palabras que hacen temblar,
y verás si al pronunciar
¡SANTOS LUGARES DE ROSAS!
hay hombre que a esta expresión
190   endurezca y no te afloje,
sintiendo que se le encoge
el alma y el corazón!
    ¡Ay, Andrea!... ¡qué te cuento!
por Dios... no te me asustés
al decirte... que podés,
desde este triste momento,
ir encomendando a Dios
al pobre... ¡Ánima bendita!
nuestro padrino el curita,
200   el que me casó con vos...
    No hay más alivio, llorá,
mi vida, y no le dejés
de rezar, ya que sabés
que pasó a la eternidá,
después que le desollaron
las manos y la cabeza,
¡barbaridá! y atrás de ésa
el viernes lo afusilaron,
de orden del Gobernador,
210   sin más alcalde ni nada
que el mandato y la humorada
del tigre Restaurador...
    Yo me encontré por desgracia
en ese amargo momento
cerquita del campamento
con mi cuñada Damasia,
mujer de ánimo fortacho:
pero se hallaba preñada,
y ese día de asustada

188 Santos Lugares: pueblito de campo cerca de Buenos Aires donde tenía
Rosas su gran presidio. (N. del A.)

220 como muchas largó el guacho.
   Velay el fin tan funesto
que el pobre cura ha tenido:
y ojalá hubiera querido
Dios que no fuera más que esto;
pero hubieron todavía
una máquina de horrores,
y... escuchá los pormenores
de ese clamoroso día.
   Esto es lo que me han contao
230 y he oído generalmente,
a una voz, entre la gente
con la cual he platicao.
   Diz que el curita ¡infeliz!
como hombre, la vez pasada,
en una calaverada
salió haciéndose perdiz,
junto con una mocita
donosa que engatusó;
y que también se largó
240 en las ancas del curita.
   Es de alvertir que la moza
no era una mujer cualquiera:
al contrario, dicen que era
de una familia rumbosa...
muy cantora, muy ladina,
musiquista y vivaracha,
alhajita la muchacha,
y por desgracia argentina...
   Si fué robo o sedución,
250 sobre eso no hay que dudar:
pues creo, sin vacilar,
que hubo en la niña pasión;
porque a una china cualquiera
no es cosa fácil arriarla,
y mucho menos robarla
lo mesmo que a una ternera.
   ¿Cuál es la hembra que da treguas
no queriendo cabrestiar,
ni se deja galopiar
260 más de cuatrocientas leguas,
sin hallar en la cruzada

---

220 Largó el guacho: abortó. (N. del A.)
236 Hacerse perdiz: desaparecerse. (N. del A.)
240 En las ancas del curita: en la grupa o la parte posterior del caballo en que se marchó el cura. (N. del A.)
246 Musiquista: inteligente en la música. (N. del A.)

algún medio de escaparse,
o alguno a quien lamentarse
cuando la llevan forzada?
    Pues bien: doña CAMILITA
(velay como se llamaba)
por todas partes cruzaba
a la par con el curita:
cosa que hace presumir
270   que desde que se largaron
ambos-dos se encamotaron
sin poderlo resistir.
    Y juyendo de las gentes,
dejando sus amistades,
ganaron las soledades
de las selvas de Corrientes;
y por allá, de escueleros
pobres, en esa campaña
vivían dándose maña
280   como esposos verdaderos.
    No hay duda, se apasionaron;
y, como es cosa terrible
y pasión cuasi invencible
la del amor, se arronjaron
a esa vida tan penosa,
disfrazada, montaraz,
pobre, maldita... y ¿qué más
castigo para la moza?...
    ¡Infeliz!... en mi concencia
290   discurro sin ser letrao,
que esa niña en el pecao
llevaba la penitencia,
con sólo el remordimiento
que en sus adentros tendría
a cada istante del día,
sin cesar, desde el momento
en que se vió separada
de su familia querida,
y que salió maldecida,
300   fugitiva y deshonrada.
    Por fin, el Poder divino,
que a todo bicho viviente
le señala justamente

---

271 Se encamotaron: se apasionaron. (N. del A.)
280 Como esposos verdaderos. Cf.:
       *nec iam furtivum Dido meditatur amorem:*
       *coniugium vocat...*
                   Virgilio, *Eneida*, IV, 171-2.

su buen o su mal destino,
quiso que un clérigo inglés
que andaba en alguna embrolla
por esos pagos de Goya
(sigún dicen) hace un mes,
se topó con la mocita
310   por una casualidá,
aonde por fatalidá
se hallaba con el curita.
      Y en cuanto los conoció...
¡ahi-juna, el hombre soplón!
de puro mal corazón
a un alcalde se le apió
con el chisme: y ahi no más
dió el soplo, y tuvo el placer
de hacerlos atar y ver
320   que de allí a San Nicolás...
a la niña la mandaron
atada brazo con brazo,
y al cura en cepo de lazo
también me lo enderezaron.
      ¡Pobrecita!... ¡hacete cargo,
qué angustias no pasaría
en tan larga atravesía,
y en un lance tan amargo,
viendo que la conducían
330   enteramente preñada,
y que iba a ser despreciada
de los que la conocían!
      Yo creo que en ese istante,
muerta se habría quedao
si le hubiesen presentao
su familia por delante;
pero ese triste consuelo,
o tormento, o qué sé yo,
la infeliz no mereció
340   sigún lo dispuso el cielo...
      Porque la desembarcaron
con su amante, y al momento
a los dos al campamento
en carretas los mandaron;
y al ratito de llegar,
de sopetón, sin clemencia,

305 N. Gánon, natural de Irlanda. (N. del A.)
307 Goya: pueblito de campaña de la provincia de Corrientes. (N. del A.)
320 Pueblo de la campaña de Buenos Aires. (N. del A.)
330 Estaba en el octavo mes de su embarazo. (N. del A.)

le leyeron por sentencia
que la iban a fusilar.
      ¡Barbaridá! los soldaos
350  cuasi todos se espantaron,
y a tirarle se negaron
algunos muy aterraos:
viendo a la moza preñada,
y en tal lance... ¡Virgen mía,
matarla así!... ¿Quién podría?
sólo gente desalmada...
      Así, la infeliz les dijo
llorando... «yo moriré:
pero, paisanos, ¿por qué
360  me quieren matar a mi hijo?
¡Válgame Dios!... ¿es posible
que por causas del amor
me imponga el Gobernador
un castigo tan terrible?
que será el más inhumano,
porque en mi estado presente
este angelito inocente
ni siquiera está cristiano.»
      ¡Clamor y quejas al viento!
370  porque Rosas lo quería,
y ángel y todo debía
morir en aquel momento.
      Solamente concedió
el que, antes que la mataran,
al hijo lo bautizaran;
y para esto se riyó,
mandando que a la mocita
le hiciese algún oficial
UN BAUTISMO FEDERAL,
380  echándole agua bendita.
      Y por la boca ¡zas-tras!...
un hisopo le embocaron;
y en cuanto se lo vaciaron,
cuasi ahogada, así no más,
la sacaron al istante
medio muerta de fatiga,
defendiendo su barriga
con las manos por delante.
      Y, ni sé si la sentaron;
390  pero antes que se ladiase,
para que no se golpiase
¡ocho balas le atracaron!
      En situación tan amarga,

fué su triste compañía
el curita que sufría
a su lado otra descarga...
. . . . . . . . . . . . . . . . . . . . . . . . . . .
¡Y... humeando y ensangrentaos
la CAMILA y el amante,
cayeron a un mesmo istante
400   con los sesos destapaos.

Ni una boquiada dió el cura;
pero la niña penó,
y en el vientre le saltó
tan fiero la criatura,
que los soldaos dispararon
de aquel lugar aterraos,
y dos o tres desmayaos
sobre los muertos quedaron.

Al rato a los dos difuntos
410   en un cajón los metieron,
y... ¡quién sabe lo que hicieron
antes de enterrarlos juntos!
. . . . . . . . . . . . . . . . . . . . . . . . . . .
¡Mi Dios! en este momento
me da una corazonada
de furia desesperada...
y... yo no sé lo que siento,
déjame pues respirar,
que luego continuaré
y a informarte pasaré
420   sobre mi particular.

### PARTE SEGUNDA*

Pues, como te iba diciendo,
en cuanto a siguridá,
la cosa, china, se va
enteramente frunciendo.

Ansí, no me aguanto más,
y sea como se fuere,
antes de un mes, si Dios quiere,
alzo moño, lo verás.

Ya trece años que he troteao
10   con tantísimo trabajo,
cuesta arriba y cuesta abajo,
me tienen muy resabiao...

* En esta parte segunda el soldado Donato Jurao narra especialmente los
engaños vejatorios que sufrían los enrolados en los regimientos de milicias de la
campaña. (N. del A.)

De Rosas y su custión,
que el diablo se lo llevara,
con tal que a mí me dejara
anidarme en un rincón:
      aonde pobre y sin camisa,
mi alma, teniéndote a vos,
viviría, como hay Dios,
20    alegre y muerto de risa...
      Con tal que no me sonara
ni de lejos lo corneta,
y el sable y la camiseta
¡a la gran punta arronjara!
      Sólo deseo agacharme
a mi antojo a trabajar,
y a la hora de descansar
a tu lado revolcarme.
      Y mas que duerma en el suelo,
30    volviendo a mi libertá,
con la mayor humildá
daría gracias al cielo...
      Una vez que me libraba
de esta guerra asoladora,
que más crece y nos devora
cuando dicen que se acaba.
      ¡Cristo, Andrea!... ¡si ya estoy
hasta el pelo de aburrido,
y caliente, y decidido
40    a juirme como me voy!
      Pues aquí, como animales
el alma echamos sudando,
día y noche trabajando
para jefes y oficiales.
      Así se ven de platudos
estos diablos desalmaos,
mientras andan los soldaos
galguiando de hambre y desnudos:
      que a no ser por lo infeliz
50    y sin juerzas que he quedao,
hasta hoy no hubiese aguantao
sin hacérmeles perdiz.
      Ya del servicio, por junto,
¿qué me resta que esperar,
sino que me haga matar
don Juan Manuel? ¿Y a qué asunto?...
      ¿He de aguardar la infinita
que Rosas nos quiere echar,
haciéndome difuntear,

60      y dejándote viudita?
           Ansí me estoy afilando
        y poniéndote los puntos,
        ¡ay-mi-alma! y por vernos juntos
        el cuerpo me está hormigueando.
           Sólo temo que al disgusto
        de verme tan atrasao,
        y pobre, y descangallao,
        te caigás muerta del susto.
           Ansí un par de calzoncillos
70      allá me trajinarás,
        pues los que llevo verás
        que apenas tienen fundillos:
           y eso, porque el chiripá
        medio los ha apadrinao;
        al mesmo que lo ha cuarteao
        mi tirador de aguará.
           ¿Y mi camisa? ¡ay, Jesús!
        si en el campo me acostara
        creo que se me enredara
80      encima algún avestruz:
           porque tiene un enflecao
        por faldas, mangas y cuello,
        que si a oscuras la atropello
        se me entra por cualquier lao.
           A mi poncho no le iguala
        el cribo más ojalao,
        y en ancas de remendao
        tiene más ñudos que un tala.
           De ahi tengo una camiseta,
90      ¡ah, prenda! ya la verás;
        y ansí mesmo dudarás
        si es de encaje o de bayeta.
           Después tengo, y no me pongo,
        mi bonete colorao,
        que como no ha pelechao
        está color de mondongo;
           por eso a bocha pelada
        ando como limosnero:
        eso sí, con el letrero
100     en la cinta colorada...
           ¡Viva la Federación!
        ¡y viva don Juan Manuel!

76 Cuero de Aguaraz: especie de zorro del país. (N. del A.)
   88 Tala: árbol de cuyas ramas que son muy nudosas se hacen bastones. (Nota
del Autor.)
   97 Bocha pelada: sin sombrero, ni bonete. (N. del A.)

¡ahi-juna! y sólo por él
nos roban el corazón.

¡Ay, Andrea! ahora lamento
lo engañado que he vivido,
y que muy tarde he venido
a caer en conocimiento.

Por ese tenor, recién
110 oigo a muchos lamentarse,
diciendo que el engañarse
es de hombres; y dicen bien.

Pero el error es un daño,
y como en una escritura
se pone la enmendatura
cuando se alvierte un engaño.

También debe en ciertos casos
el hombre que marcha errao,
viendo que va equivocao,
120 volverse sobre sus pasos...

Sin deber desesperar,
porque la vida es muy larga,
y como se pone amarga
también se sabe endulzar.

Es verdá que hay infinitos
hombres que yo he conocido,
a quienes les han fundido
todos los animalitos;

y hoy andan tan aguiluchos,
130 que da ganas de llorar
verlos que para pitar
andan recogiendo puchos;

y echando el alma en servicios
de este y aquel general,
sin que les larguen un rial
siquiera para los vicios;

como hace mi coronel
don Prudencio el cueriador
(yo no sé el Gobernador
140 cómo no se fija en él)...

que todito el regimiento
lo ha repartido en pionadas,
y en sus faenas y cueriadas
no les da alce ni un momento,

en las estancias que abarca
con más de ochenta majadas

---

129 Aguiluchos: pobrísimos. (N. del A.)
138 Don Prudencio: el general Prudencio Rosas, hermano del dictador.

y un sin fin de caballadas
y esos rodeos que marca;
    luego, en los grandes trigales,
150 que hace sembrar y recoge,
sin que ni en la trilla afloje
para yerba cuatro riales;
    y en ese inmenso cueriar
que en todas partes apura,
pues ya no hay vaca sigura
que él no mande desollar.
    Ansí es que mis ovejitas
se las vendí conociendo
que me las iba fundiendo,
160 lo mesmo que las vaquitas;
    que al fin me las manotió,
porque dir a repuntarlas,
ni siquiera señalarlas,
nunca me lo permitió.
    Lejos de eso, en mi campito
me hizo echar una invernada
y una tremenda yeguada,
que ahi lo pelaron lueguito.
    ¿Y qué diablos iba a hacer
170 mi suegro, un viejo quebrao?
¡Infeliz! ¿ni qué cuidao
de nada pudo tener?
    Sólo me mandó decir
con el amigo Fernando,
que aquello se iba atrasando,
que si yo podría dir.
    Entonces pensé sacar
una licencia cortita;
y esa mesma tardecita
180 nos mandaron a ensillar. . .
    a unos cien del escuadrón,
con la orden de prepararnos
para de allí ir a golpiarnos
a Langueyú del tirón.
    Tan desaviao me encontraba
que ni tabaco tenía,
y fuí a la pulpería
a ver si el mozo me fiaba.
    Ahi por desgracia topé
190 al coronel muy risueño,

166 Una invernada: una caballada que se pone a que pase el invierno en un
campo que conserva algún pasto. (N. del A.)
184 Langueyú: lugar de la frontera al sur de Buenos Aires. (N. del A.)

que me dijo: «tengo empeño
de hacer trato con usté;
   y si anda muy atrasao
hoy mesmo lo puedo armar,
si usté me quiere largar
su terreno y su ganao.»
   ¿Qué le iba yo a responder
a semejante propuesta?
me encogí, y de la respuesta
200  ya te harás cargo, mujer.

   Y, como me vió blandito,
me dijo: «vaya, Donato,
yo quiero que hagamos trato;
apiesé, echará un traguito.»
   Y ya también lo mandó
al galope a su ayudante,
a decirle al comendante
que ya no marchaba yo.
   De ahi me hizo luego montar
210  y a las casas me llevó,
en donde me engatusó
sin poderle replicar.
   Por el ganao grande y chico
me dijo que se alargaba,
y por todo me pagaba
a siete pesos y pico.
   Del rancho no me hizo menta;
pero de ahi por la majada,
el campito y la manada,
220  allí me ajustó una cuenta,
   que me calentó los sesos;
y sin poder retrucarle
todo tuve que aflojarle
por dos mil quinientos pesos...
   que en papelitos de a cien
me contó en una mesita;
y esa mesma nochecita
él me los ganó también:
   porque empezaron a entrar
230  otros hombres al ratito,
y allí el coronel lueguito
se puso al monte a tallar.

195 Largar: ceder o vender. (N. del A.)
216 Pesos de papel, que cada uno vale, más o menos según el cambio, un medio
real de plata. (N. del A.)
224 Equivalían entonces a 156 pesos fuertes. (N. del A.)
232 Tallar al monte: jugar a la banca con los naipes. (N. del A.)

Y ansí como por favor
me dijo: «Juegue, Jurao...»
que si hubiese reventao
habría sido mejor;
         porque ahi estiré la jeta,
y en cuanto nos descuidamos
a todos los que apuntamos
240      nos hizo el jefe roleta.
         Finalmente, en la jugada
largué el mono y me apedé,
y le dije no sé qué
al coronel, de humorada.
         Quién sabe qué le diría;
pero él se me retobó,
y al momento se paró
con la mayor fantasía...
         Y largándome un escrito,
250      me dijo: «Fírmelo usté,»
y en cuanto se lo firmé,
replicó: «El trato está listo.
         Lárguese pronto, Donato,
al campamento, no embrome;
si va cortao, velay, tome
treinta pesos de barato.»
         A unas palabras tan tiernas
no tuve más que agacharme,
y como cuzco largarme
260      con el rabo entre las piernas.
         Me fuí a mi rancho, mamao
de pesadumbre; y al rato
que me dormí, hasta el barato
me lo habían soliviao.
         Ahi se aumentó mi tristura,
por lo que entré a cavilar
y me comencé a secar
de una fuerte calentura.
         Tal me atrasé, que a la cuenta,
270      como allí en el campamento
todos los del regimiento
me llamaban «la osamenta»...
         decidieron el mandarme

240 Nos hizo roleta: nos ganó todo el dinero. (N. del A.)
242 Largué el mono y me apedé: perdí y me embriagué. (N. del A.)
256 Barato: cierta propina que le da el ganador al que pierde al juego de los
naipes. (N. del A.)
259 Cuzco: perro chico, del tamaño de un podenco y de color negro. (Nota
del Autor.)
260 Cf. El gaucho Martín Fierro, v. 1090.

echao sobre una carreta,
antes que a la Recoleta,
a este hospital a curarme:
    aonde he tenido la suerte
en diez meses de arribar,
a fuerza de forcejear
280   tiro a tiro con la muerte.
    Y hoy hacen cinco semanas
que en buenas carnes me siento,
aunque a lo zorro aparento
que ando flacón y sin ganas;
    y sólo estoy esperando
a ño Antonio el portugués,
que dice que antes de un mes
se irá, pues ya está cargando.
    Ahi tenés que en su lanchón
290   meterá el bulto tu esposo;
y aguardo ser muy dichoso
al verte, mi corazón.
    Ansí, Andrea, por si acaso,
rogale por mí y por vos,
el que me permita Dios
llegar y darte un abrazo.
    Conque, será hasta la vista;
si Dios quiere, antes de un mes:
y por las dudas podés
300   tenerme la cama lista.
    Y no me culpés de ingrato,
porque muy firme en quererte
es, y será hasta la muerte,
tu fino esposo...

                              DONATO.


### BRINDIS

*que pronunció Paulino Lucero el 23 de junio de 1851, en un banquete que dió el señor general Urquiza a bordo del vapor oriental Uruguay, para obsequiar a los señores Dres. don Manuel Herrera y Obes\* y don Luis José de la Peña\*\* en los primeros días del arribo de estos caballeros al pueblo de la Concepción del Uruguay, al cual también volvió Paulino Lucero precisamente a los 20 años después de que en aquellos destinos, contra el poder de la tiranía, había combatido en las filas del infortunado y valeroso general don Juan Lavalle.*

275 La Recoleta: iglesia contigua al cementerio. (N. del A.)
282 En buenas carnes: restablecido de la extenuidad o flacura corporal. (Nota del Autor.)
    \* Manuel Herrera y Obes (1806-1890).
    \*\* Luis José de la Peña (1795-1871).

Costante el gaucho Paulino
a la patria y al amor,
a los veinte años, señor,
vuelve a caer a este destino;
como patriota argentino
sólo cumplo mi deber
viniéndomele a ofrecer
a Vuecelencia, a mi modo;
es decir, con cuerpo y todo
10      hasta morir o vencer.

Caigo de Montevideo,
ya se hará cargo, señor,
en un apero cantor
sin más prenda que un sobeo
con el mesmo que deseo,
a pesar de que ando a gatas,
que nos salga a echar bravatas
el supremo titulao,
para de un pial de volcao
20      atarle las cuatro patas.

Al fin, del suelo entre-riano
la patria en su ley renace,
contra los esfuerzos que hace
por sucumbirla el tirano:
y a ese gaucho bruto y vano
que en Palermo atemoriza,
por si acaso se precisa
algún día coronarlo,
allá va a redomoniarlo
30      don Justo José de Urquiza.

Y si piensa Juan Manuel
el pretendiente Corona,
que se encierra en su persona
toda la patria y su aquel,
ya lo verá del tropel
que le vamos a pegar
¡dónde pu...ntas va a parar
con todo su poderío,

---

1 Seudónimo con el que suscribe el autor generalmente sus composiciones
en verso. (N. del A.)

13 Apero cantor: montura pobrísima. (N. del A.)

14 Sobeo: por otro nombre lazo-pampa, o cuerda de cuero crudo torcido, de
la cual los paisanos se sirven a veces como del lazo trenzado. (N. del A.)

29 Redomoniarlo: amansarlo. (N. del A.)

32 Corona: así también le llamaban a Rosas sus enemigos, porque el tirano
aspiraba a coronarse. (N del A.)

si no se turba en el río
40    y allí lo hacemos ahugar!

## ADVERTENCIA

Clemente Morales en el poema siguiente es uno de los prisioneros del
alto que, protegido por el señor general Urquiza, permaneció en Entre-
Ríos hasta que, teniendo lugar el hecho que relata, concurre a él, y va a
buscar a su amigo Luciano Oliva, que ha sabido por algunos pasados se
encontraba en los montes del Queguay, huyendo de los malos tratamien-
os que los tiranos del Plata daban a los amigos de la libertad, cualquiera
que fuese su condición.

## URQUIZA EN LA PATRIA NUEVA

*o dos gauchos orientales platicando en los montes del*
*Queguay, el 24 de julio de 1851.*

Recibimiento que en el monte le hizo a Morales su amigo
y compañero LUCIANO OLIVA.

¡POR Cristo!... amigo Clemente,
déjese caer: quiero verlo
y abrazarlo para crerlo.
¿Cómo le va?

### MORALES

Lindamente,
aparcero. ¿Cómo está?

### OLIVA

Ya me ve, en la soledá
de esta selva, matreriando
tristemente y lamentando
día y noche que en mi tierra,
10    con esta espantosa guerra,
¡ni taperas van quedando!
Ansí vivo, ya le digo,
en el monte soterrao;
y ansí no sé cómo ha dao
usté, aparcero, conmigo.

### MORALES

Me informé, por el deseo
que tenía, paisanazo,
de caer a darle un abrazo
y mostrar que lo apreceo,

7 Matreriando: huyendo. (N. del A.)

20      en la situación precisa,
        pues sabrá que en Paisandú
        queda guapo y con salú
        el Gobernador URQUIZA...
        para que naides se atreva
        a decir que se encogió,
        y a vanguardia no salió
        ¡URQUIZA EN LA PATRIA NUEVA!

                    OLIVA

        ¡Amigo del corazón!
        por su vida, creamé;
30      anoche mesmo soñé
        recebir este alegrón:
        y felizmente el primero
        es usté en darme este gusto.
        ¡Conque ya pasó don Justo!
        ¡Ah, cosa linda, aparcero!
        ¡Viva la Patria! ahora sí...
        de la humillación saldremos,
        y el yugo sacudiremos
        que nos han puesto hasta aquí.

                    MORALES

40      Sin duda; porque las cosas
        demuestran que este verano,
        más que a la fija, paisano,
        se lo lleva el diablo a Rosas,
        en seguida de la zurra
        que debe llevar primero
        acá cierto mashorquero,
        titulado Mama-burra.

                    OLIVA

        ¡Barajo!... Bien la merece:
        pues a él solo le debemos
50      la miseria en que nos vemos...
        y ojalá, amigo, cayese
        pronto el general Garzón.
        ¿Por dónde viene, aparcero?

                    MORALES

        Pasó por el Hervidero
        con su linda división;

---

47 Mama-burra: apodo aplicado al presidente Oribe que tomaba mucha leche
de burra. (N. del A.)
54 El Hervidero: angostura por la cual se pasa el Río Uruguay. (N. del A.)

y hoy me dijo Goyo Siris,
que al general, al istante,
con su fuerza el comendante
oriental don Lucas Piris
60  se le había apresentao:
de lo que me alegro mucho,
porque don Lucas es lucho
y jefe muy alentao.

### OLIVA

Cabal que sí: mesmamente;
y... ¿cuándo pasó la gente
que trai el Gobernador?
¿hace mucho?

### MORALES

No, señor:
la madrugada del veinte...
por causa de cierto mocho
70  que enredando la jugada
hizo atrasar la pasada,
que pudo ser el dieciocho.
No hubo más inconviniente
asigún lo que yo entiendo.
De ahi, como le iba diciendo,
la madrugada del veinte,
la infantería entre-riana
coronaba las cuchillas,
y del pueblo a las orillas,
80  a el alba, tocando diana,
rompió la musiquería,
y cornetas y tambores,
empezando los primores
de ese venturoso día;
y no habían terminao
las dianas, creameló,
cuando ya se devisó
¡todo el pueblo embanderao!

### OLIVA

¡Ah, cosa! ¡qué madrugón
90  tan lindo y tan de-una-vez.

59 El general Lucas Piris (1806-1865). Murió en el sitio de Paysandú.
69 De cierto mocho: de cierta urdidura o entorpecimiento. (N. del A.)
78 Cuchillas: así les llaman los habitantes del Uruguay a las lomas elevadas
en las llanuras de la campaña. (N. del A.)

¡A que no juyeron tres,
le apuesto! y...

MORALES

Tiene razón.
Sólo de la Polecía,
disparando a todo apuro
en un parejero oscuro,
salió un mozo al ser de día:
pero de atrás ¡Virgen mía!
nuestros linces lo vicharon,
y cuentan de que dudaron
100 si era un jinete o venao,
y por las dudas, cuñao,
ahi no más me lo voliaron.

¡Mozo vivo, y con maletas!
(vaya un refrán: sí, señor)
y con caldera al fiador
y pistola en las paletas:
salir haciendo gambetas
al ñudo, a que lo voliaran
y por lindo lo pasiaran
110 ufano entre la coluna;
y sin ofensa ninguna,
que al ratito lo soltaran.

OLIVA

¿Ése no más disparó?

MORALES

Ése y otros dos lulingos,
quizás por lucir los pingos;
luego, naides más juyó.
Al contrario, muy contento
el vecindario en seguida
a darnos la bien venida
120 se descolgó al campamento,
y así que el sol apuntando
colorió por el oriente,
ya decidido y valiente

---

100 Venado: cuadrúpedo ligero de la familia de los gamos o ciervos. (N. del A.)
105 El fiador: es un collar de cuero trenzado que se le pone en el pescuezo
al caballo: los paisanos rumbosos generalmente usan dicho fiador de plata totalmente. (N. del A.)
114 Lulingos: tontos o idiotas. (N. del A.)

el general don Servando,
en esos mesmos istantes,
rumbiando al puerto pasó
y al pasar nos saludó:
lo mesmo sus ayudantes.
            Luego, subió a toda prisa
130   después de que se abrazaron,
y en la playa platicaron
con el general Urquiza.
            Al rato, la división
crecida de don Servando
formó en la plaza aclamando:
¡Que viva Urquiza, Garzón,
Virasoro, y los paisanos,
y las leyes, y la paz!
para lo que yo de atrás
140   grité: ¡Mueran los tiranos!
            Después de Sacrá en la costa
don Servando se acampó,
y allí se le reunió
criollada como langosta.

OLIVA

Pues, habiéndose resuelto
don Servando el general,
a Oribe le ha echao un pial
de firme y de codo vuelto.

MORALES

¡Soberbio! y con su divisa
150   anda desde que llegó,
y mucho que le gustó
eso al general Urquiza:
            como que todo su anhelo
de esta ocasión lo ha fijao
en reunir a su lao
divisas de todo pelo,
con tal que quienes las usen
sostengan la libertá,
de modo y conformidá
160   que de ser libres no abusen...

124 Don Servando Gómez: general oriental que se presentó con su columna
al general Urquiza en el momento que éste pasó el Uruguay. (N. del A.)
141 Sacrá: arroyo inmediato al puerto de Paisandú. (N. del A.)
147 Un pial: una lazada en las patas. (N. del A.)
149 La divisa blanca que era la que usaba el ejército de Oribe, del cual defec-
cionó entonces el general don Servando. (N. del A.)

Pues hoy en la patria nueva
la libertá ha de fundarse
en la ley, sin propasarse;
y ¡pobre del que se atreva
en el día a pretender
manotiar las propiedades,
ni atizar enemistades
por opiniones de ayer!...

170 Ni andar con celos mezquinos
o distinciones fatales,
nosotros entre orientales,
o aquéllos entre argentinos;
porque hoy todos vamos a una
en esta lucha, paisano,
que es a voltiar al tirano
Juan Manuel Rosas.

OLIVA

¡Ahi-juna,
el tigre!... Dios lo bendiga
al Gobernador Urquiza,
que esas miras garantiza.

180 Ahora, si gusta, prosiga
relatándome, paisano,
todo lo que vió por ahi
al pasar el Uruguay
el ejército entre-riano.

MORALES

Pues, sí, señor: como he dicho,
con la música y la diana
en Paisandú esa mañana
se entusiasmó todo bicho,
de modo que a rumbo incierto
190 los vecinos en tropillas,
los unos por las cuchillas,
y los otros por el puerto,
buscaban al General,
que allí a las ocho del día
con valor y bizarría
pisó en la Banda Oriental;
y las barrancas que solas
un momento antes se hallaron,
al istante se cuajaron
200 de armas y de banderolas,
galeras, carpas, ramadas,

pingos, soldaos y fogones,
ruedas, ejes, municiones
y carretas desmontadas.
    Tal fué el primer campamento
que el General levantó,
y allí el pueblo se agolpó
a recibirlo contento;
pues, ni bien lo devisaron,
210   en cuanto lo conocieron,
miles de ¡Vivas! se oyeron
que en el monte resonaron,
y a los cuales respondían
las valientes divisiones
que en numerosos lanchones
cruzando el río venían. . .
a tiempo que, raudaloso
y de costa a costa lleno,
corriendo limpio y sereno
220   el Uruguay majestuoso,
en sus aguas como espejos
retrataba vivamente
árboles, barcos y gente,
la costa y los ranchos viejos,
que en el puerto en multitú
se han ido desmoronando,
y allí están atestiguando
las ruinas de Paisandú:
pueblo que fué tan lucido
230   en un tiempo afortunao,
y hoy, ni cercos le han quedao. . .
¡tal se encuentra de fundido!
    Ya se ve, con esos moros
que ha traido Oribe a mi tierra,
y con nueve años de guerra
no van dejando ni toros,
ni baguales, sí, señor:
y ésta no es ponderación. . .
Ahi está Maza Violón
240   y otros por ese tenor,
a cuenta de federales
y de rosistas, ¡barajo!
manotiándose el trabajo

---

239 El coronel rosista Mariano Maza, a quien le pusieron el apodo de violón,
porque en un parte que pasó a Rosas después de haber batido y tomado prisionera a una división de soldados de Lavalle, a Rosas le decía Maza: que había
hecho tocar mucho violín y violón. Es decir, que había hecho degollar mucha
gente prisionera. (N. del A.)

de más de cuatro orientales,
cuando hay familia que vive
¡desnuda, abajo de un cuero!
porque a cualquier mashorquero
le larga una estancia Oribe,
¡voto al diablo!... y...

OLIVA

                    Deje estar:
250 no se caliente al botón,
que va a llegar la ocasión
de podernos desquitar.
De aquí a unos días, si acaso
se ofreciere un entrevero,
entonces sí, compañero,
le daremos gusto al brazo.
    Concluya, hágame favor,
el cuento que ha interrumpido.
Conque, ¿estaba muy crecido
260 el Uruguay?

MORALES

             Sí, señor
fué cosa particular
que la víspera cayó
una avenida, y creció
anchamente como un mar.
Ansí es que tenía el paso
sus doce cuadras de anchor:
y ansí mesmo, era un primor
ver los muchachos que a brazo
al Uruguay se azotaban,
270 de las islas anegadas
manguiando las caballadas,
que en tropillas se largaban:
las que fogosas bufando
por los remanses venían
y relumbrosas salían
a esta costa relinchando.
Donde vi en cuanto pasó,
a un mozo todo mojao,
que a un redomón requemao
280 en pelos se le sentó,
y ya también se agachó

271 Manguiando las caballadas: arreando, acosando a los caballos hasta hacerlos atravesar el río nadando. (N. del A.)

el rocín a corcoviar;
y el mozo sin vacilar
lo soltó, y dijo: «¡andá, vete,
y decimelé a Alderete
que lo vengo a visitar!»

OLIVA

¡Ah, mozo gaucho, oiganlé!
¿conque, no lo solivió
el pingo, y se le pegó?

MORALES

290 Lo mesmo que zobaipé:
pero lo soltó, porqué
quiso moniar el bagual,
y ya en la Banda Oriental
ningún bruto corcovea,
pues bastante bellaquea
el Presidente legal.

OLIVA

¡Nueve años!... es evidente,
bellaquiando ha hecho diabluras,
porque con caronas duras
300 no ha sabido hasta el presente
tironiarlo fuerte un pión
tan guapo y acreditao,
y tan bien apadrinao
como el general Garzón.
Velay quien lo ha de amansar
ahora, del primer rigor:
no lo dude... Y por favor
acábeme de contar
lo que usté sabe y yo inoro
310 del Hervidero adelante.

MORALES

Me olvidaba; ¡voto-alante!
que el coronel Virasoro

285 Nombre de guerra que ganó Oribe en el sitio de Montevideo en honor de una combinación traidora que creyó haber fraguado para tomar aquella plaza. (N. del A.)
290 Zobaipé: especie de sanguijuela que se encuentra en algunos arroyos. (N. del A.)
296 Legal: el general Oribe, después de que fué destituído de la presidencia de Montevideo, y estando al servicio de Rosas, siempre se titulaba al Presidente Legal de la República Oriental. (N. del A.)

también con sus escuadrones
Salto arriba atravesó,
y de esta banda salió
atrás de unos quebrallones,
que juyeron campo ajuera
rumbiando para el Cerrito,
donde ha de ser lo angostito
320  y fiero de la manguera.
No hay alivio, lo estoy viendo:
allá va desesperada,
y ahi muere la rosinada.
  Además: vaya sabiendo
de que el comendante Neira
don No sé cómo se llama,
mozo que tiene la fama
de más guapo que Pincheira,
decidido en la custión,
330  dejándole a Oribe el cuento
se nos vino al campamento
con todito su escuadrón.

OLIVA

Quiere decir, aparcero,
con tanto golpe mortal,
que el titulado legal
va por un refaladero.

MORALES

Y en ancas el comendante
don Ventura Coronel
quiso juir, y de tropel
340  me lo arriaron por delante,
trayéndolo prisionero
por ser jefe gamonal,
razón por que el general
lo mandó soltar ligero.
  De suerte que don Ventura,

316 Quebrallones: presumidos de valientes. (N. del A.)
320 Manguera: gran cerco o corral adonde el general Urquiza iba a encerrar a los soldados blanquillos de Oribe, cerca del cerrito inmediato a Montevideo: y así los encerró. (N. del A.)
328 Pincheira: español que por mucho tiempo acaudilló intrépidamente las hordas de indios salvajes en nuestras campañas. (N. del A.) Pablo y José Antonio Pincheira fueron dos hermanos chilenos que se hicieron famosos por sus correrías, de ambos lados de la cordillera. Asolaron campos, saquearon aldeas y derrotaron a escuadrones de caballería. El general Bulnes los venció en 1832, rescatando unas mil mujeres robadas a sus familias por los Pincheiras.

que tendría sus temores
allá por ciertos primores...
de verse en una apretura,
no tuvo nada que hacer,
350   ni siquiera presentarse,
sino venir y largarse
a dormir con su mujer.

    Ansí, bien dice, aparcero;
con tanto golpe fatal
la presidencia legal
va por un refaladero:
pues don Costancio Quintero
(un coronel muy querido)
también se nos ha venido
360   trayendo toda su gente,
desgracia que al presidente
debe tenerlo afligido.

OLIVA

¿Y Rosas no se vendrá
a cuartiarlo en el Buceo?

MORALES

¡Ah, malhaya! pero creo
que Juan Manuel lo que hará
únicamente será
cacariar como gallina,
y echar mano a la pretina
370   a cada rato en Palermo,
donde él dice que está enfermo
y atrasao de mal de orina.

    ¿Cómo ha de arrejar ansí
enfermo de la vejiga,
mucho más cuando lo hostiga
del Paraná el camuatí?
pues le asiguro que allí,
tan sólo, amigo Luciano,
del ejército entre-riano
380   hay siete mil hombres largos,
que muchos ratos amargos
tienen que darle al tirano.

    De yapa el gobernador
don Benjamín Virasoro,

357 El coronel Constancio Quinteros. Murió en 1889.
364 El Buceo: punto cercano al cerrito de Montevideo donde tenía Oribe su cuartel general. (N. del A.)

jefe que vale un tesoro,
le ha cantao a Rosas ¡flor!
con un truco apretador,
trayéndose de Corrientes
otros siete mil valientes,
390   muchachos todos fornidos,
por la causa decididos
y contra Rosas calientes.

    Siendo ansí, en esta jugada,
el tal REY de los rosines
no podrá ni con maquines
escapar de una pelada:
pues le ha soltao la empalmada
el gobernador don Justo,
y lo hará pisar a gusto
400   por donde se la dirija,
y ahi podremos a la fija
jugar la plata sin susto.

#### OLIVA

De por juerza: no hay que hablar...
¡Ah, Cristo! gracias a Dios.
Ahora mesmo vamonós,
amigo: voy a ensillar.

#### MORALES

Aguarde, tome este bayo
que le traigo, ensilleló
con franqueza, y monteló,
410   siguro que irá a caballo.

#### OLIVA

Por supuesto: me hago cargo
que será resuperior...

#### MORALES

Es un pingo de mi flor,
cuando juega en trecho largo.

#### OLIVA

Ansí ha de ser; bien lo veo...
Velay... monto... y ... ya estoy listo.

---

394 Rosines: soldados del tirano Rosas. (N. del A.)
407 Bayo: caballo color amarillento. (N. del A.)
414 En trecho largo: mucha distancia. (N. del A.)

Pues, sí, paisano, ¡por Cristo!
lo estoy viendo y no lo creo.

MORALES

¿De veras? pues acá estoy:
420    no tenga duda, cuñao,
y me tiene a su mandao
para servirle desde hoy.

OLIVA

¡Oiga el diablo! y se corrió
que allá por el otro lao
me lo habían difuntiao:
y ansí me lo asiguró
Rivas, que usté había muerto,
y...

MORALES

Ya lo ve que no es cierto,
asigún yo lo atestigo.

OLIVA

430    Me alegro en el alma, amigo,
después de haberle rezao.
Ya se ve, habiendo cuadrao
su ausencia tan dilatada,
mas me pareció fundada
la triste noticia; ansí
yo también se la embutí
al sargento Valdivieso.

MORALES

¡La pu...cha digo en el queso!
¿me habré muerto sin sentir,
440    o me andaré por morir
sintiéndome tan buenazo?
pero ¡qué! yo no hago caso
de dizques ni de visiones,
ni excuso las ocasiones
si se ofrece meniar corvo,
porque nada me hace estorbo
en la patriada presente...

432 Cuadrao: habiendo coincidido. (N. del A.)

a no ser que el presidente
Mama-burra...

OLIVA

Quitesé,
450   no eche pelos, cubrasé.

MORALES

¿Que me cubra dice, amigo?
¡la gran pu...nta y truco, digo!
Me almira el ver que se ríe;
pues, paisano, no se fíe
del titulado legal:
mire que es viejo fatal,
y que de puro rosín
le sirve de comodín
al Restaurador eterno.

OLIVA

460   ¡Otra liendre para yerno,
el Supremo titulao!
¿Cómo se habrán ayuntao
tan de firme esos legales?
¿ha visto diablos iguales?

MORALES

Siempre a la bruta se ayuntan
calandrias como esos dos,
por la razón de que Dios
los cría y ellos se juntan.
Pero, ansí mesmo pudiera
470   permitir Dios que don Justo
le atraque a la yunta un susto
y le corte la collera.
Con esa resolución
se ha venido de este lao,
y con la mesma ha cruzao
nuestro general Garzón.
Siendo ansí, por consiguiente,
como dijo usté, amigazo,
le daremos gusto al brazo
480   cuando un lance se presente,

458 Comodín: carta del naipe, que a cierto juego se le da el valor que se quiere. (N. del A.)
479 Gusto al brazo: sablear mucho. (N. del A.)

pues en tal caso, paisano,
justo es buscar el desquite.
¿Diga usté ahora si el envite
con Urquiza es?...

OLIVA

¡Soberano!
con tal triunfo quiero a punto,
y en su caso un contraflor;
y en cuanto al Restaurador...
ni por sus tantos pregunto.

MORALES

       Por supuesto, es excusao
490  hacer caso de esa maula,
       que de Palermo en su jaula
       está del todo abollao:
       sufriendo de un modo vil
       después de tanta bambolla
       la gran sumida de bolla
       que le ha pegao el Brasil,
       metiéndole al Paraná
       todos sus barcos de guerra...
       a ver si sale por tierra,
500  y en una voracidá
       se asoma a alguna barranca
       el baladrón Juan Manuel,
       y el almirante Grenfel
       le echa un pial por sobre la anca.

OLIVA

¡La pu... rísima! ¿ésa más?
¡Que vivan los brasileros!
ahora que a los mashorqueros
me los apuran de atrás.

MORALES

       ¿De atrás dice? en pocos días
510  verá usté que al Miguelete
       por encima de Alderete
       pasa el conde de Cajías.

503 Grenfel: John Pascoe Grenfell (1800-1869).
512 El conde de Cajías: general en jefe del ejército expedicionario brasilero.
(N. del A.)  Luis Alves de Lima y Silva, duque de Caxias (1803-1880).

Y no crea que es balaca,
que el Imperio con don Justo
y Montevideo a gusto
de tres han hecho una baca...
¿de tres, dije?... me he turbao:
de cuatro, diré más bien,
porque Corrientes también
520  tiene parte en el tratao
para voltiar mashorqueros;
y acá en la Banda Oriental
el titulado legal
ha de caer de los primeros.

OLIVA

Entonces pronto, paisano,
la costancia y la vitoria
van a coronar de gloria
al pueblo montevidiano.
      ¡Ah, pueblo, amigo Luciano!
530  ¿ha visto? ¡ocho años sitiao,
cuerpo a cuerpo ha rechazao
con sus tropas valerosas
a todo el poder de Rosas,
que allí por fin se ha estrellao!
      ¡Y la Uropa!... Pero... ¿qué
es aquello que negrea
allá en la cuchilla? ¡vea!

MORALES

Ésa es la juerza ...parece:
debe ser, estoy pensando,
540  sigún lo que vide ayer...
esa gente debe ser
del general don Servando.
      Cabal que sí, mesmamente:
él es con su división;
velay, pues, linda ocasión
de que usté se le apresente...
      Pues yo tengo que cortar
acá en esta direción,
porque al general Garzón
550  me le debo incorporar.
      En virtú que con licencia

516 Una baca: término de juego, una liga o alianza. (N. del A.)
538 La juerza: el ejército o una división. (N. del A.)

por seis días me quedé,
y el viejo andará, ya sé,
extrañando mi presencia.

OLIVA

Ahora sí que me apresento
dejando de matreriar;
y ahora sí me haré matar
por la causa muy contento:
lo mesmo que debe hacer
560   en la presente patriada
peliando la paisanada
hasta morir o vencer.

MORALES

Ésa es la resolución
que en esta lucha he formao;
y soy el más ruin soldao
de la escolta de Garzón.
Pero él sabe que soy suyo
como patriota oriental;
y en no hacerlo quedar mal
570   fundo mi gala y mi orgullo.
    Conque, suélteme un abrazo,
y al largarse, amigo viejo,
oiga; le daré un consejo
en amistá, por si acaso.
«Pórtese bien de esta vez,
como siempre se ha portao,
si quiere ser respetao;
y llegando a la vejez,
presuma con altivez
580   de patriota a toda prueba:
y al más alto que se atreva
a no atenderlo, cuñao,
dígale: «¡YO FUÍ SOLDAO
DE URQUIZA EN LA PATRIA NUEVA!»

OLIVA

¡Qué lindo, déme otro abrazo!

MORALES

Al momento: tome dos.

553 El viejo: el general. (N. del A.)

OLIVA

Paisano Clemente, ¡adiós!

MORALES

Hasta la vista, ¡amigazo!

Y al galope, como un rayo,
590   cuanto le aflojó la mano,
rompió el pingo de Luciano,
porque era un pájaro el bayo.
    Clemente también rumbiando
al Hervidero cortó,
y esta letra se le oyó
que iba al galope cantando:
    «Jefe supremo Avestruz:
un gaucho que anda en sus glorias
te manda muchas memorias
600   del general Santa-Cruz.
    Allá va cielo, tirano,
yo compadezco tu apuro;
pues en Francia... ¡qué rigor!...
el tratado... Sepeduro.»

# CIELITO PATRIÓTICO

*dedicado al ejército correntino, que a las órdenes del señor general Ma-
dariaga\* obtuvo la más completa vitoria en el Riachuelo, escarmentand[o]
para siempre a los traidores.*

    ¡OTRA vez con la vitoria
se alzó la correntinada!
¡Ah, pueblo fiel y patriota!
que no se duebla por nada.
    Alla va cielo, cielito,
cielito en el Riachuelo;
los mashorqueros traidores
clavaron la aspa en el suelo.
    Aquí caigo, aquí levanto,
10   anduvieron los patriotas,
hasta que alzaron el poncho

594 Hervidero: cierto distrito de la campaña oriental. (N. del A.)
600 Santa Cruz: Andrés Simón de Santa Cruz (1831-1911).
  604 Sepeduro: Lepredour, el almirante francés que hizo un tratado con Rosa[s]
en Buenos Aires, cuyo tratado no se ratificó en París, como Rosas lo esperaba
deseaba. (N. del A.)
  \* El general Juan Madariaga (1809-1897).

y ya se han puesto las botas.
¡Ay, cielo, cielo cielito!
pregúnteselo a Cabral
si toda su rosinada
no disparó a lo bagual.
Con más altivez que nunca,
otra vez los correntinos
amenazan al tirano
20   de todos los argentinos.
Cielito, cielo que sí,
cielo de la libertá;
a ese pueblo Juan Manuel
nunquita lo humillará.
Él pensó que degollando
y destruyendo a Corrientes,
podría al fin rematar
esa cría de valientes.
Ay, cielo, cielo cielito,
30   cielito de la altivez,
a ver si el degollador
los sujeta de esta vez.
Allá en la Laguna Brava
su mashorca y su gobierno
ha llevado una sabliada...
que fué a lamberse ¡al infierno!
Cielito, cielo y más cielo,
cielito de la firmeza,
esa provincia tan sólo
40   le ha de dar en la cabeza.
Cabral, Ramírez y Borda,
con Virasoro y Galán,
que salieron a dos laos,
¡por aónde diablos irán!
Ay, cielo, cielo cielito,
cielito de la mañana,
puede que ni desensillen
en lo de Pascual Badana.
Velay, ansí son los triunfos
50   del gaucho Degollador;
que aquellos que más hostiga
se le alzan a lo mejor.
Cielito, cielo y más cielo,
cielo de Mocoretá,

14 Pedro Dionisio Cabral, gobernador de Corrientes. Murió en 1847.
33 Laguna Brava. Se refiere a la acción del 6 de mayo de 1843.
41 Ramírez: el coronel Bartolomé Ramírez. Militó en las fuerzas de Lavalle
y después en las de Echagüe. Murió en 1881.

nunca el poder del tirano
se ha de aguantar por allá.
De aquí a unos días sin duda,
el general Madariaga
con un ejército lindo
60 ¡hasta el Paraná se traga!
    Cielito, cielo y más cielo,
cielito de la esperanza,
si Urquiza escapa de aquí
puede ir allá en la confianza.
Ahi anda el Espantadizo
gambetiando a lo avestruz,
hasta que de un redepente
le atraquen en el tus-tuz.
    Cielito, cielo y más cielo,
70 cielito como balazo,
si de acá se va con bolas
allá le prienden el lazo.
El general MADARIAGA
a don Frutos le ha escrebido,
que por allá a los rosines
muy fiero los ha tullido.
    Allá va cielo y más cielo.
Ay, cielo del corralito,
y le ofrece la pionada
80 si tiene algún quehacercito.
Pues dicen que andan ganosos
de azotarse al Uruguay,
a cuerear la rosinada
que puede salir por ahi.
    Cielito, cielo y más cielo,
cielito de Yapeyú,
¡Cristo, si caen a la encierra
los gauchos de CAGUASÚ!
Y dice don Madariaga
90 que no precisa tratao,
pues para matar rosines
platicar es excusao.
    Digo, mi cielo, cielito,
ya empezará el mashorquero
Juan Manuel, con este apuro,
medio a fruncir el yesquero.
Verán si al Restaurador,
viendo la correntinada

65 Apodo de Urquiza. (N. del A.)
88 Caguasú: Caaguazú. Victoria de Paz sobre Echagüe, el 28 de noviembre
de 1841.

¡sable en mano! y decidida,
100  no se le cae la quijada.
　　　Allá va cielo y más cielo.
　　　Digo, mi cielo, cielito,
　　　bien sabe que Madariaga
　　　le anda por limpiar el pito.
　　　Vaya pues la despedida
　　　a los bravos correntinos
　　　que presumen con razón
　　　de famosos argentinos.
　　　Cielos. ¡VIVA MADARIAGA!
110  ¡y sus bravos compañeros!
　　　siñuelo de los patriotas,
　　　terror de los mashorqueros.

## LOS COMPUESTOS

### *de Gualeguaichú*

#### DEDICATORIA

VELAY, don Teófilo Urquiza,
le remito esa versada
fieramente concertada,
como escrebida de prisa:
porque el tiempo lo precisa
este su fiel servidor,
para ocuparlo mejor
día y noche en discurrir
cómo podré conseguir
10  boliar al Restaurador.
　　　Porque, hallándose orejano...
es bellaco y altanero,
como yo soy de certero
con las bolas en la mano:
así es que relincha en vano,
pues si yo le tiendo el brazo,
siguro, como balazo
se las amarro de atrás,
o lo revuelco ahi no más,
20  con el primer chaguarazo.
　　　Y al punto se lo presento
«si lo agarro este verano»
(como dijo un tal Serrano
comendante de talento).

---

11 Orejano: animal sin marca artificial. (N. del A.)

En fin, si lo agarro, intento
dárselo de buena rienda:
es decir; luego que aprienda
a cocinar y barrer,
pues usté lo ha de querer
30    para criado de su prenda.
   Por último, mi mayor,
sólo me resta decirle,
que siempre para servirle
me encuentro de buen humor,
porque usté es merecedor
de un cariño verdadero:
así, endeveras lo quiero,
y en tenerle voluntá
hasta la muerte será
40    firme...

PAULINO LUCERO.

## CARTA NOTICIOSA

*que desde Entre-Ríos le escribió Rudesindo Morales, caído de
la Banda Oriental, a su esposa Pilar Flores, vecina de Chivilcoy, residente en la campaña de Buenos Aires.*

SEÑORA DOÑA PILAR FLORES

Campamento en Gualeyán,
paso nuevo de Mangudo,
a veintitrés de noviembre
del año cincuenta y uno.

Mi querida mujer y esposa.

MI VIDA: creo excusao
el entrarte a relatar
el modo particular
como he caido de este lao,
cuando ha sido tan sonao
el desenlace triunfal,
que allá en la Banda Oriental
terminó el gobernador
Urquiza, para esplendor
10    de la CAUSA FEDERAL.
   ¡Ahora sí, mi alma, la cosa
se le frunce a Juan Manuel!
y el diablo carga con él
de una manera indudosa:
pues la manía lo acosa

al loco infame traidor,
y quiere al Restaurador
ir a echarle un avispero,
allá al principio de enero
20  cuando apriete la calor.

Y fijamente, Pilar,
se le prenden las avispas,
y el Supremo echando chispas
se va al infierno a rascar:
donde podrá lamentar
la desgracia que ha tenido
en su ejército fornido,
que allá en la Banda Oriental,
para colmo de su mal,
30  también se le ha enloquecido.

¡Vaya que ha sido completa
la que don Justo le ha echao,
con habérsele aflojao
tan de una vez la chaveta!
pues la primer manganeta
que al Supremo le jugó,
fué el trote que le pegó
de Entre-Ríos al Cerrito,
contra el poder infinito
40  que Juan Manuel cacarió.

Y cuando ciertas Naciones
que presumen de famosas,
le andaban temblando a Rosas
como al gato los ratones...
Urquiza sin presunciones,
con sus criollos de tropel,
lo ha aturdido a Juan Manuel
diciéndole: ¡ea, tirano,
allá va un americano
50  a ponerte el cascabel!

¡Ah, loco lindo y garboso!
¡cómo para echarle el resto
al Restaurador, se ha puesto
parejito y lindo mozo!
¡lástima a que anda furioso
con la maldita locura,
de tal modo que asigura
que a Rosas va a galopiarlo,

16 Loco infame traidor: epítetos que Rosas le aplicó a Urquiza cuando se le rebeló. (N. del A.)

38 El Cerrito de Montevideo, donde terminó su campaña el general Urquiza venciendo a Oribe. (N. del A.)

pelo a pelo, hasta largarlo
60    con tamaña matadura!
    Y con igual pretensión
la paisanada se va
recostando al Paraná
lo mesmo que nubarrón;
de balde ese baladrón
Supremo dice aturdido
que a Urquiza no lo han seguido
los paisanos argentinos,
sino unos restos mezquinos
70    que del Cerrito han salido.
    Los restos ¿eh? ¡morderá!
y no ha de ser chico susto
el que con ellos don Justo
a vanguardia le dará;
aunque Juan Manuel podrá
salir a ver si lo ataja,
ya que le da esa ventaja
de moquillo manifiesto
quien a ese bruto ha dispuesto
80    pelarlo con su baraja.
    Y entonces va a suceder
que al echarle un contraflor
Urquiza al Restaurador,
fiero se le ha de encoger:
porque le ha de suponer
a don Justo en la embestida
la cabeza divertida...
y a Rosas le ha de hormiguear,
porque don Justo al cargar
90    tiene muy mala bebida.
    Ahora mesmo se halla en punto
cismando con Juan Manuel,
al cual quiere de un cordel
zungarlo sólo por junto:
y no lleva más asunto
de justicia y ambición,
ni agravio, ni prevención,
ni tiene más enemigo:
a Rosas solo, ya digo,
100    va a pegarle un manotón.

71 Restos mezquinos: Rosas le llamaba al ejército con que lo amenazaba
Urquiza antes de la victoria de Caseros. (N. del A.)
    78 Moquillo: engañifa. (N. del A.)
    80 Pelarlo con su baraja: vencerlo con los soldados del mismo Rosas. (Nota
del Autor.)
    87 La cabeza divertida: embriagado con licores. (N. del A.)

Y yo voy también templao
por ese mesmo tenor,
como que el Restaurador
veinte años me ha trajinao:
y hoy si lo pillo turbao
lo tengo que atropellar,
porque le pienso cobrar
las nutrias que me ofreció
para cueriar, y si no
110 a él mesmo lo he de cueriar.

¡Ladronazo, hijuna-pu...!
así se ve por tramposo,
aborrecido, achacoso
y atrasado de salú;
pero, que aguarde el pacú
que don Justo le destina,
del Paraná, y con la espina,
si el mal de piedra lo hostiga,
que se escarbe la vejiga
120 y sanará de la orina.

¡En fin, me voy calentando
contra ese diablo, barajo!
que ya por un cuesta abajo
de aquí lo estoy devisando.
Concluyo pues, y te mando
¡seis pesos fuertes! ¿qué tal?
una buena cuenta igual
de Rosas no he recibido
en nueve años que he servido
130 sólo en la Banda Oriental;

y acá, al llegar, esos riales
nos dió don Justo al momento,
y hoy corre en el campamento
la pesería en costales:
después, a todos iguales
también nos ha uniformao;
en fin, hemos pelechao...
como todo el que viniere,
si se porta bien y quiere
140 servir, sale remediao.

Conque así, decimelés
a los amigos de allá,

108 En cierto tiempo, Rosas ofreció a los soldados de su ejército que, en
recompensa de sus servicios, les permitiría exclusivamente cuerear nutrias. (Nota
del Autor.)
115 Pacú: pescado que se encuentra en el Paraná. (N. del A.)
120 Enfermedad crónica de don Juan M. Rosas. (N. del A.)

que el choclo madurará
gordamente antes de un mes;
y bien morrudo, después,
a Rosas se lo atracamos,
y a la fija lo aventamos
lo menos a Ingalaterra,
y con eso en nuestra tierra
150     todos en paz trajinamos.
        Basta de revolución
y enemistades, Pilar,
como de hacernos matar
por sostener a un ladrón;
ésta es la predicación
de Urquiza el Gobernador,
que dice: «al Restaurador
romperle el mate no más,
y luego entre los demás
160     nada de odios ni rencor;
        y que al fin, los mendocinos,
los riojanos, los porteños,
los vallistas y salteños,
puntanos y correntinos,
unidos como argentinos
gocen derechos iguales,
y olviden esos fatales
celos entre provincianos,
pues todos somos hermanos
170     y argentinos federales.»
        Velay, en ese sentido
se le oye al viejo explicar
por qué no quiere juzgar
a naides por lo que ha sido:
bajo del bien entendido
que solamente desea
triunfar, para que se vea
que la ley se aplique igual,
y se juzgue a cada cual
180     entonces por lo que sea.
        Conque, Pilar, ya podés
recostarte al Paraná,
que yo cairé por allá,
si Dios quiere, antes de un mes;
venite, no te turbés,

143 Choclo: la espiga de maíz tierno y todavía en la planta. (N. del A.)
158 El mate: la cabeza. (N. del A.)
172 ¡Y mentía entonces el tal viejo Urquiza segundo tomo de Rosas! (Nota del Autor.)

verás la güeva tamaña
con que al Supremo lagaña
de tanto renombre y facha,
como al paro, se le agacha
190 don Justo en esta campaña.
    Concluyo a la disparada
esta carta; adiós, Pilar,
porque vamos a marchar
y están tocando llamada:
¡ay, mi alma, y la caballada
van arrimando, qué lindo!
¡adiós, mi vida! a Florindo,
a mi suegra y a Belén
dales memorias, mi bien,
200 de tu esposo...

RUDESINDO.

## CIELITO PATRIÓTICO

### DEL EJÉRCITO GRANDE DE SUD AMÉRICA

*ompuesto por Paulino Lucero para los valientes santafecinos.*

EN EL Ejército Grande
de este lao del Paraná,
quiero cantarle un cielito
a Juan Manuel: y allá va.
    ¡Ay, cielo! del camuatí
ya se soltó el avispero,
y bien puede en estos pagos
cantar Paulino Lucero.
    ¡Qué lindo! En la Patria nueva
10 el pueblo santafecino
alzó el poncho, acreditando
ser Federal argentino.
    Cielito, vana esperanza
la que tuvo Juan Manuel
que la santafecinada
se haría matar por él.
    Ya en los campos del Rosario
las pampas parecen montes,
por cien colunas que forman
20 en la llanura horizontes.

1 El ejército de Urquiza, que derrotó a Rosas.
5 Camuatí: la colmena o el nido que como las abejas hacen las avispas selvá-
cas, que son muy bravas. (N. del A.)

¡Mi cielo! y de lejos brillan
las armas al resplandor
del sol en los escuadrones
de URQUIZA EL LIBERTADOR.
    Desde el día en que pisamos
la tierra santafecina,
no ha sido preciso hasta hoy
ni cargar la garabina...
    Cielito, pues no pretenden
30 los valientes entre-rianos
que corra una sola gota
de sangre entre americanos.
    Éste es el mayor deseo
del Gobernador URQUIZA,
como el de agradar a todos
sirviendo a quien lo precisa.
    Cielito, y sólo pretende
(no sé si me engañaré)
irse al trote a Buenos-Aires,
40 voy a decirles a qué:
    como es moda el regalar
cualquier prenda en Año nuevo,
viene nuestro General
a trairle a Rosas un güevo.
    Cielito... ¡cosa tremenda!
de modo que Juan Manuel
o en Palermo se lo engulle,
o se atora allí con él.
    Antes de eso, bien pudiera
50 decirme el Restaurador,
de ocho días al presente
¿cómo le va de calor?
    Cielito, porque sabemos
los titulados salvajes,
que el Supremo reculao
anda empacando Mensajes.
    ¡Cuarenta y seis mil rosines
piensa juntar Juan Manuel!
mucho miedo les tenemos
60 con un general como él.
    ¡Ay, cielo! si se ofreciere,
tendremos que lamentar,
cerrarle un ¡quiero! en su ley
con un truco rigular.
    Allá en la Banda Oriental

52 Ver nota de Ascasubi de página 199.

diez y ocho mil nos largó,
y URQUIZA con cinco mil
fué, y se los envacunó.
    ¡Ay, cielo de la victoria,
70 cielito de la fortuna,
así en los cuarenta y seis
va prendiendo la vacuna!
    El diablo será que al fin
con estaca y maniador
a la otra banda del charco
se largue el Restaurador.
    ¡Ay, cielo, y nos deje el cuento
después de tanta balaca,
y las ganas que llevamos
80 de asigurarlo en la estaca!
    ¡Ah, Cristo! ¡quién mereciera
de esta vez pillarlo a tiro,
y ahora que está barrigón
hacerle dar un suspiro!
    Cielito, pero al Supremo
ya no es fácil apretarlo,
porque antes la porteñada
allá quiere embozalarlo.
    A pesar de su sosiego
90 el Restaurador Carcoma
al quinto infierno a dos laos
salió con Santa Coloma.
    Cielito, y a media rienda
dicen que rumbea Arnol
a embarcarse en Mal-paraiso
en un navío español.
    Finalmente en Santa Fe
no hay mashorca, ni la habrá:
todo es gozo y patriotismo,
100 entusiasmo y libertá.
    Ay, cielo, de acá a unos días
a Palermo enderezamos,
y a la mashorca rosina
hasta el choclo le pelamos.
    Echaré la despedida
en la villa del Rosario,
para Juan Manuel Vejiga,

75 Al otro lado del charco: al otro lado de los mares, a Europa. (N. del A.)
90 Alude al general Echagüe, titulado Restaurador del Sosiego Público. (Nota del Autor.)
94 Arnol: el coronel Prudencio Arnold (1809-1896).
107 Vejiga: apodo que se puso a Rosas porque ese tirano, poltrón y cobarde,

ñato y salvaje unitario.
            Mi cielo, y ya los porteños
110     sus cadenas vergonzosas
            podrán destrozar gritando:
            ¡viva URQUIZA y muera Rosas!

*Rosario, enero 3 de 1852.*


# BOLETÍN DE RUFO CARMONA

### GUARDIA NACIONAL DE CAMPAÑA EN EL EJÉRCITO DEL SUR

#### Señora doña Belén Rocamora.

> *Campamento general*
> *en el paso del Venao,*
> *a trece del mes de enero*
> *del año que ha principiao.*

Querida esposa.

            POR Pedro Pablo Galú,
            y por tu carta también,
            ayer supe, mi Belén,
            que andás guapa en la ciudá;
                y en teniendo vos salú,
            y yo sable y tercerola,
            dejá que corra la bola...
            que lo que ha de ser será.
                Ahora, tocante a tu apuro
10      porque vamos de una vez,
            conozco que no debés
            tener un sucidio tal,
                porque el pueblo está siguro,
            sigún dice Pedro Pablo,
            que no le recula al diablo
            esa GUARDIA NACIONAL.
                La gran pu...nta en la mozada,
            que ha salido de ¡mi flor!
            con toda el agua de olor
20      que usaba y ¡tanta golilla!
                ¡Barajo! en esta patriada
            caliente se ha destapao,

---

para no exponer su persona en la guerra, se quejaba diciendo que sufría mucho
de la uretra. (N. del A.)
    112 Un mes después de estas profecías, Rosas cayó del poder «para siempre».
(N. del A.)
    20 Golilla: corbata. (N. del A.)

y tiro a tiro ha mostrao
lo que vale un cajetilla.

Por gusto, Belén, te pido
que a cuantos vos conozcás
un abrazo... y nada más,
de parte nuestra les dés...

30 sin tener otro descuido,
chinita, porque esa gente
para un ¡truco! es aparente
y ladina, ya sabés.

De ahi, dejá que el rengo Lagos
amague el pueblo, lo estreche
con Rivero y Goyo Leche,
y toda esa sabandija:

que ya no se usan amagos,
pues en el Sur sólo se usa
atracarles bala y chuza
40 y polviarlos a la fija.

No hay remedio; así es preciso
quitarles de allá ese estorbo,
y para eso meniar corvo
desde acá es muy rigular;

y yo no me hago el petizo
por la Patria en caso alguno,
ni del Sur gaucho ninguno
hoy se pretende achicar.

Al contrario, en estos pagos,
50 cuanto llegó el coronel,
y que supimos por él
los revoltijos de Flores;

y que relinchando Lagos
contra el Gobierno se alzó,
y a Urquiza se sometió
junto con otros traidores...

Corrió el gauchaje veloz

24 Cajetillas: les llaman los gauchos a los mozos lujosos de Buenos Aires. (N. del A.)

33 El rengo Lagos: el general Hilario Lagos fué herido de bala en un pie en la batalla de Monte Grande (1841).

35 Rivero: el coronel Matías Rivero (1814-1866). Murió en la batalla de Tuyutí. Refiere Jacinto Yaben: "El 15 de enero de 1844, Rivero tuvo un grave altercado con el coronel Marcelino Sosa... Se desafiaron y se trasladaron inmediatamente a la llamada Casa de Gutiérrez, donde se dejaron caer de sus caballos y se trabaron en un crudo y encarnizado combate, en el que recibió Rivero un tremendo hachazo en la cara. Esto no impidió que el 9 del mes siguiente se le viese a Rivero cargar el ataúd que contenía el cadáver de Sosa, muerto en batalla el día anterior, y conducirlo bañándolo en lágrimas... hasta el cementerio, sin permitir que nadie lo relevase."

45 Me hago el petizo: me hago el pequeñito. (N. del A.)

¡a las armas! y lueguito,
soberbio les pegó el grito
60 don Pedro Rosas Belgrano:
«¡A caballo, y vamonós
a Buenos Aires, muchachos,
a probarles a esos guachos
lo que es un amor tirano!»
Para esto el valiente Acosta,
de antemano, reunida
a vanguardia y decidida
tenía su división:
a la cual, como langosta,
70 de todas partes se vienen
los porteños que no tienen
ni delitos, ni ambición.
Verás qué desenvainada
de chuzas y de latones
le hacemos a esos collones
antes que se acabe el mes;
pues solamente a la indiada
de sable y de garabina,
si Lagos la ve, no atina
80 para dónde juir después
De estas verdades deseo
informarte, prenda mía;
ansí, oscuro, al ser de día,
recién humiando el fogón...
Y a pesar de que no veo
por estar muy soñoliento,
de barriga, y muy contento
te escribo ésta del tirón.
Letra fiera haré, a la cuenta,
90 al escribirte, pichona,
encima de la carona,
a la alba y a media luz...
con una tinta aguachenta
que de pólvora he formao,
un papel todo arrugao
y una pluma de avestruz.
Así mesmo, unas albricias
ya me quedás a deber,
desde que te hago saber

60 El coronel Pedro Rosas y Belgrano (1813-1863).
63 Guachos: hijos de padres desconocidos; o huérfanos. (N. del A.)
65 Acosta: el coronel Agustín Acosta. Después de la batalla de San Gregorio, murió ahogado en el río Salado, el 22 de enero de 1853.
74 Latones: sables con vainas de fierro. (N. del A.)

100   por mis letras cariñosas...
      las superiores noticias
      que, en todo el Sur decidido,
      marcha el paisanaje unido
      al coronel Pedro Rosas;
         y asigún presumo yo,
      por lo que mis ojos ven,
      de aquí a unos días, Belén,
      por ese lao de Barracas...
         sentirás el pororó,
110   y verás la polvadera
      de toda esa montonera
      que anda allá echando balacas.
         Conque ¡adiós! china, que ya
      están tocando la diana,
      y de yapa la mañana
      también está frescachona;
         y yo... ¡qué barbaridá!
      sin ensillar... ¡Jesucristo!
      ¡voto al diablo!... ya estoy listo.
120   Tu esposo...

                    RUFO CARMONA.


## LA TARTAMUDA

### O LA MEDIA CAÑA

*que cantó un corneta porteño para que la bailaran en sus cantones los
defensores de Buenos Aires en la noche víspera del 3 de febrero de 1853,
cuando amenazó el ex coronel Lagos que tomaría a viva fuerza la plaza
de Buenos Aires.*

A salú de los Batallones de Línea de la Guarnición.

      Co...co...mo soy tartamudo,
         pueden dispensar,
      si llego en ciertas coplas
         a tarta...mudear.
      Centinela, ¡alerta! —se oye en el cantón
      a la primera güelta. —Oído y atención,
         cadena y bailar:
      que yo con mi changango
         me voy a explicar.

109 El pororó: ruido que como el de un tiroteo de fusilería hace el maíz,
cuando empieza a reventar en la grasa hirviendo y adentro de la olla tapada.
(N. del A.)
112 Balacas: bravatas, fanfarronadas. (N. del A.)

10      Oigan la media caña,
            que las puebleras
            bailan al tiroteo
            de las trincheras.
        A la media noche —o al amanecer,
        los de afuera dicen —que entran... a morder.
            ¡Tum!... ¡tum!... ¿qué es eso?
            es de los italianos
            algún bostezo.

        ¡La pu..u..jan...za en la gente
20              cruda y amarga!
        que al per...dío...sa...cra...mente
            sale a la carga...
        al trote, de frente: armen bayoneta,
        ruempan el cartucho, ceben cazoleta.
            Dejen, muchachas,
            que espanten de los güecos
            las cucarachas.

        Ma...ma...tías —Tragaldabas,
            también de chulo
30      diz que viene a tragarnos:
            miren que cu...
        ...que cuco tan fiero —se nos quiere hacer;
        ¡si se habrá olvidao— que lo hicimos per...
            per... der el rumbo,
            haciéndole de atrás
            chiflar un chumbo.

        ¡Tu..ru..tum...tum!... ¡Ah, hijitos!
            Bailar, muchachas...
        que las guerrillas de HORNOS
40          a las vizcachas...
        porque no hagan daño —al oscurecer,
        de esas castañetas— les suelen hacer.
            ¡Oido!... ¡Bro...co...tón...!
            ¡Ah, comendante Sosa,
            siempre rezongón!

        ¡Qué ruido... voto al diablo!
            a media noche.
        Es la organización
            que dentra en coche.
50  Que no me la espanten —de la batería,

─────────────
36 Chiflar un chumbo: silbar una bala. (N. del A.)

que los teruteros— no armen gritería.
Ya se han callado,
y la cómo se llama
se ha empantanado.
¡Ah, malhaya, ese tal
Goyobotija
puntiará!... pe...pero... ¿cuándo
larga manija?
Pues, mientras no engorde del todo y peleche,
60 y en el pueblo siga —escasa la leche...
dicen los flaires
que no ha de entrar el hombre
en Buenos Aires.

Doma-gogos nos llaman,
y ya sabemos
que eso quiere decir
doma Supremos.
¡Alto ahi! artilleros, cartucho al cañón:
pie a tierra, y recule la organización,
70 que desde Montiel
nos trai el heredero
de don Juan Manuel.
¡Pu...cha, gauchos mulitas
esos de Lagos!
haciéndose aujerear
en estos pagos:
aonde diariamente me los difuntean,
mientras que sus jefes holgados cuerean.
Y siga el bureo,
80 y la federación
del manoteo.

Cuatro diablos sostienen
esta pendencia,
porque andan los paisanos
a la obedencia...
de los revoltosos —que arman las custiones
por darle a la hacienda cuatro manotones,

51 Teruteros: se les llamaba a los soldados de Urquiza por gritones, como esos pájaros teruteros que alborotan la campaña a gritos. (N. del A.)
70 Montiel: nombre de un grandísimo monte que nace de la provincia de Entre-Ríos y se extiende inmensamente por los territorios de Corrientes y del Paraguay. (N. del A.)
69 Alude al general Urquiza titulado Organizador. (N. del A.)
78 Cuerean: sacan los cueros a las vacas y bueyes de la campaña, para venderlos en cantidades exportándolos. (N. del A.)
87 A la hacienda: a los rebaños de ganados ajenos. (N. del A.)

<pre>
          como están dando,
          mientras los gauchos lerdos
  90      andan galguiando.

          Y acá cuando se viene
          cualquiera de ésos,
          por lo pronto le largan
          quinientos pesos...
      y lindas cacharpas —sables, tercerolas,
      cuando traen de ajuera apenas las bolas:
          porque no he visto
          gauchos más desaviaos,
          ¡por Jesucristo!

  100     Y de yapa, ahi los tienen
          meses enteros,
          rondando a la ciudá
          como tahuneros,
      a gueltas y al trote sobre un pingo flaco,
      y sin aflojarles —ni olor a tabaco:
          pues dice Urquiza
          que les dan demasiado
          con la devisa.

          ¡Siquiera allá esos jefes
  110     tan gamonales
          al mes se les vinieran
          con cuatro riales!...
      a esa montonera de guachos tamberos,
      gritones... ¡ahi-juna! más que teruteros:
          como si a gritos
          quisieran aturdirnos
          los compadritos.

          Rotosos, que pretenden...
          ¡Miren qué fachas!
  120     entrar a manosiarlas.
          ¡Oido, muchachas!...
      ¿Se ríen? me gusta: —ríanse, hacen bien;
      pues dice Melchora —que dice Belén,
          que los puebleros
          no quieren que las pinchen
</pre>

---

103 Tahuneros: atahoneros o gente de tahona. (N. del A.)

117 Compadrito: nombre que le aplican a los orilleros de la ciudad de Buenos Aires, y cuyo epíteto es sinónimo de gitano, vagabundo. (N. del A.)

125 Las pinchen: los teruteros tienen en las alas un pequeño espolón, con el cual suelen hincar o pinchar a quien los agarra. (N. del A.)

los teruteros.
Que al verle a una porteña
la cinturita,
hay nacional que todo
130          lo facilita.
¿Quén vive? ¡La patria!... ¿Qué gente? ¡El amor!
Querélos, mi vida —haceles favor.
Sí, mi alma, dales
todo lo que te pidan
los nacionales.

Esos mozos merecen
por guapetones,
que les pongan blanditos
los corazones.
140  Zarandiate, mi alma —lucí la cadera,
hacétele un arco—, porteña embustera.
Ahora mesmito,
en el betún largale
un cariñito.

A esa rubia rosada,
por darle un beso,
le pondría a sus plantas
todo el Congreso.
Ahora que me acuerdo... ¡Qué fatalidá!
150  Escuchen la infausta —triste novedá...
¡Jesús, qué pena!
Atención, atención,
y hagan cadena.

Antiyer un sujeto,
que particulo,
me dijo cierta cosa
con disimulo...
y ya rebenquié —a la calle Larga,
porque en ese rumbo— sentí una descarga;
160          y allí por junto,
topé un carro cargado
con un dijunto...

Hasta encima del lecho,
lleno de barro,

143 El betún: cierta cabriola muy graciosa, que se hace al fin de cada verso
que se canta y se baila en la media caña. (N. del A.)
158 Calle Larga: la calle Larga de la Recoleta, actual avenida Quintana, en
Buenos Aires.
163 El lecho: el plan de una carreta o carro. (N. del A.)

y amarrao con torzales
venía el carro.
¡Barajo... qué olor! —cuando me arrimé
al muerto jediondo— que de Santa Fe
venía tieso,
170    y el carrero me dijo:
¡Es el co...con...greso!

Al fin, con la noticia
del tal mortuorio,
se me va apichonando
el auditorio.
¡Jesús, qué tristura! —basta de bailar:
que ya la guitarra voy a destemplar;
y me despido,
porque también me siento
180    enternecido.

Conque, será, patrones,
hasta mañana;
y ahora que los cantones
tocan la diana...
juerte, vida mía: gritá, corazón,
¡que viva! ¡que viva la federación!
Vuelta redonda:
todo el mundo a ese grito...
¡Viva! responda.

*Buenos Aires, enero 8 de 1853.*

## LA SORPRESA

¿No HA visto, amigo Fajardo,
del campo en la quemazón,
el susto con que un ratón
sale del güeco de un cardo
como bala de cañón?
¿Y el terror que la domeña,
del fuego en la orilla, ha visto
cuando una víbora, ¡Cristo!

---

174 Apichonando: entristeciendo. (N. del A.)
1 Don Heraclio C. Fajardo, literato distinguido, muerto en temprana edad. A su ruego, en su propia casa, improvisó el autor esta composición para insertarla en el álbum de su querido amigo. (N. del A.) Poeta uruguayo (1833-1867).
4 En la campaña de Buenos Aires, los ratones se asilan en los huecos de los troncos de la leña del cardo. Así, cuando se quema el campo, los ratones salen disparando de esas guaridas. (N. del A.)

topa con una cigüeña
10 y no halla un aujero listo?
    Y un reyuno, si el latón
llega a oír o la corneta,
¿no ha visto cómo se inquieta
y dispara el mancarrón
que ni el diablo lo sujeta?
    Pues ni ratón, ni reyuno,
ni víbora habrá pasao
susto igual al que me ha dao
usté al soltarme su albuno,
20 para que un improvisao...
    le haga yo, como si fuera
el destripar una laucha,
o pelar solo una chaucha,
concertar a la ligera
cualesquier versada gaucha.
    Con todo, de espantadizo
no me ha de acusar ninguno,
ni jamás dirá su albuno
que al verlo me hice el petizo.
30     De balde usté de improviso
por coplas me busca el fallo;
para hacer versos no es payo
ni sabe hacerse perdiz,
aunque es un gaucho infeliz...
su amigo
              **ANICETO EL GALLO.**

---

19 **Albuno:** álbum. (N. del A.)

# POESÍAS INÉDITAS

*que Aniceto el Gallo conservaba olvidadas en su cartera*

En la guerra que sostuvo por nueve años la República Uruguayana contra la invasión devastadora y sangrienta del ejército de Rosas, cuando en campaña los jefes del partido de la libertad obtenían algunos triunfos parciales sobre las divisiones invasoras, en Montevideo los guardias nacionales algo gauchos decían: «El jefe tal le ha *soplado* la viruta en tal parte a tal o cual jefe rosista.» Por ese refrán el gauchón Aniceto hizo las décimas siguientes en 1848.

## LAS VIRUTAS

Como del río Uruguay
sacan petrificaciones
de los postes y raigones
de tala y de ñandubay,
andan diciendo por ahí
que alguno había sacado
de un tala petrificado
una viruta muy ancha:
la que TAJES en Cagancha
10    a Moreno le ha soplado.
    Dice el bravo coronel
Silveira que, por fortuna,
a Olid lo espantó con una
virutita de laurel.
En esto aparenta aquél
una equivocacioncilla...
en cuanto a la virutilla
y el palo, pues el muy pillo
bien sabe que de espinillo
20    le atracó toda una astilla.

---

4 Tala y ñandubay: son dos árboles distintos y que producen una madera que se petrifica en tierra cuando está clavada mucho tiempo, y en el agua del Río Uruguay. (N. del A.)

9 Tajes: el coronel Tajes fué un valeroso oficial del partido de la libertad, y murió fusilado en el *paso de Quinteros*, donde el gobierno del partido blanco mandó fusilar no sólo al coronel Tajes, sino además a los generales don César Díaz, don Manuel Freire, y otra porción de jefes y oficiales y tropa, que allí capitularon a condición de que sus *vidas serían* salvadas. De dicha capitulación se burló el gobierno de Montevideo, y el general del ejército blanco. (N. del A.)

9 Cagancha: nombre de un distrito de la campaña oriental. (N. del A.)

10 Moreno: el general don Lucas Moreno, del partido de los blancos. (Nota del Autor.)

13 Olid: el coronel Olid, del partido de los blancos. (N. del A.)

19 Espinillo: árbol que produce una leña muy dura y conservadora del fuego. (N. del A.)

[288]

## SOLICITUD DE ANICETO EL GALLO

*ante el ministro de la guerra, de quien era edecán en 1853,*
*pidiéndole una montura para su caballo.*

Señor general ministro.

SIENDO adecán titulao,
muento a caballo, señor,
en un apero cantor
tan ruin y descangallao,
que adonde bajo el recao
queda en montón la polilla;
mientras veo a una tropilla
de ayudantes charabones
cargados de relumbrones
10    con pistoleras y en silla...
Bien pues, si soy adecán,
como me han hecho entender,
de juro he de merecer
lo mesmo que a otros les dan;
y, como dice un refrán
que «mama todo llorón,»
me lamento esta ocasión
a ver si saco mi astilla
y me largan una silla:
20    que es toda mi pretensión.

En febrero de 1853, el general Urquiza, con su ejército entre-riano y una escuadra de buques de guerra, sitiaba por mar y tierra a la bien defendida y atrincherada ciudad de Buenos Aires, entonces disidente y segregada de la Confederación Argentina presidida por el referido general, quien tenía reunido su congreso de diputados en la provincia de Santa Fe.

A bordo de uno de los vapores que hacían el bloqueo hallábase de cirujano un don León Fuentes, natural de Buenos Aires, enemigo de su provincia y por consiguiente muy partidario del general sitiador.

A ese cirujano *Terutero* se le interceptó una carta que escribió desde el vapor a un amigo suyo diciéndole que, sin falta ninguna, desde el día 2 hasta el 5 de ese mes de enero, el ejército urquicista atacaría las trincheras y entraría a Buenos Aires.

A esa carta el gaucho Aniceto el Gallo le contestó con las décimas que siguen; y para mayor broma Aniceto se dijo ser primo hermano de don León Fuentes de *Chichipea*, porque este apellido tenía un gallego medio loco que andaba en Buenos Aires, siempre borracho y bullicioso.

Véase pues la carta de Aniceto al primo León.

2 Muento: monto a caballo. (N. del A.)
3 Apero cantor: malísima montura. (N. del A.)
8 Charabones: pichones de avestruz, esto es, jovencitos. (N. del A.)
10 En silla: en montura elegante. (N. del A.)
13 De juro: de precisión. (N. del A.)

# CARTA

## *de Aniceto a su primo Chichipea.*

Buenos Aires, **6 de enero.**

PRIMO: ayer de un chavalongo
cuasi me has hecho espichar,
esperándote a almorzar
morcilla fresca y mondongo.
De sol a sol como un congo,
arriba de una azotea
en el güeco de Lorea,
pasé el día en mi cantón
por pegarme un atracón
10    a tu salú... ¡Chichipea!
    Y al salir de centinela
cuando iba ya a escurecer,
como estaba sin comer
me le afirmé a la cazuela,
diciendo: «ya no se cuela
el primo como desea;
a bien que él se saborea
a costa del Diretor;»
pues dicen que en el vapor
20    estás gordo... ¡Chichipea!
    Pero te alvierto, León,
que de este año, en ningún mes,
por el dos ni por el tres
no entrarás, no, comilón;
por el SIETE, un arrejón
quizá más fácil te sea,
sin que yo espere ni crea
de tu entrada una palabra,
aun cuando el siete se te abra
30    la dentrada... ¡Chichipea!
    ¡Y, cómo... si las entradas
al redor de la ciudá
están con temeridá
fuertemente atrincheradas!
y allí, de las esplanadas

1 Primos: les dicen los gauchos por ironía a los tontos. (N. del A.)
1 Chavalongo: tabardillo de resultas de asolearse. (N. del A.)
2 Espichar: fenecer, morir. (N. del A.)
4 Morcilla: cuando en una acción de guerra corre mucha sangre, a eso los gauchos le llaman *hacer morcilla*. (N. del A.)
7 Güeco de Lorea: así se llamaba antes a la actual plaza de Lorea, en el centro de Buenos Aires. (N. del A.) Hoy, Plaza del Congreso.
30 La dentrada: la entrada, la puerta o portón. (N. del A.)

ni el demonio se menea;
porque tienen por tarea,
los que mandan los cañones,
de aventar los comilones
40    al infierno... ¡Chichipea!
Siendo ansí, será mejor,
primo, ya que sos porteño,
que con blandura y empeño
le digás al Diretor,
que nos devuelva el vapor
si acreditarse desea,
porque es cosa dura y fea
tragarse un vapor ajeno
un general que está lleno
50    de vapores... ¡Chichipea!
Hacé, pues, la cosa en calma,
y si el negocio promete
te aguardaré por el siete,
querido primo del alma:
y así con laurel y palma
o con bozal y manea,
de cualquier modo que sea,
te soplás, acá, León,
sin hacer un arrejón
60    por el siete... ¡Chichipea!
¿Qué es eso, primo, qué es eso?
pues aquí se suena que
anda ya por Santa Fe
medio frunciendo el Congreso.
¡Valor, primo, y rabo tieso!
que un León no se asusta al cuhete;
como toruno acomete
sin recelo que te aflija:
y dentrarás a la fija,
70    ¡por el siete, por el siete!

ANICETO.

En febrero de 1859, el barón de Maúa* hizo un empréstito a la República
Argentina, y con ese motivo el gaucho Aniceto escribió las estrofas
siguientes.

45 El vapor: efectivamente, el general Urquiza en esos días había sobornado
a un oficial de marina, que se desertó de Buenos Aires llevándose el vapor que
estaba al mando de ese traidor. (N. del A.)

56 Con bozal y manea: así llevan los caballos a beber agua en el río de Buenos Aires. (N. del A.)

66 Al cuhete: no se asusta por ruido, por simplezas o sin motivo fundado.
(N. del A.)

* Ireneo Evangelista de Sousa, primero barón y luego vizconde de Maúa
(1813-1889).

## LA LUZ DE ANICETO EL GALLO

El ruido y barullo de las gateadas* ha inspirado a Aniceto la versada siguiente.

> ¡CANCHA! que ahi viene la luz
> con el barón de Maguar,
> platudo que le va a dar
> a la Bolsa en el tus-tuz.
> Ya verán el repeluz
> que de moneda-papel
> hace, sin darles cuartel
> el hombre, con las manadas
> de amarillas y gateadas
> 10    que va a soltar de tropel.
>        ¡Óiganle: a los corredores
> zaguanes o pasadizos,
> que les compran a chorizos
> onzas a los bajadores!...
> Veremos si esos pintores
> que sueñan con la invasión
> terutera, de un tirón
> y en cuanto les dueble el codo,
> no los piala allá a su modo
> 20    y los revuelca el barón.
>        Falta ahora que un tal Bilbao
> que anda allá por San José
> bailando y mamandosé
> en el convite mentao,
> venga de nuevo alumbrao
> por don Justo Terutero,
> y nos diga que el lucero
> viene atrás del avestruz
> presidente... y que no es luz
> 30    la del barón brasilero.

Cuando el Presidente de la Confederación Argentina, doctor don Santiago Derqui, sucesor del general Urquiza en esa Presidencia,

---

* Gateadas: onzas, monedas de oro. (N. del A.)

1 Cancha: abran paso. (N. del A.)

4 A la Bolsa en el tus-tuz: darle un golpe mortal en la cabeza a la bolsa de comercio que entonces propendía a que subieran las onzas de oro, porque los partidarios de la invasión del general Urquiza así lo querían. (N. del A.)

5 Repeluz: la recogida de onzas de oro. (N. del A.)

14 Los bajadores: los corredores que jugaban a la baja. (N. del A.)

19 No los piala: no los enlaza por las canillas y los revuelca de un tirón. (N. del A.)

2 Derqui. El doctor Santiago Derqui (1810-1867).

invadió con un gran ejército a la provincia de Buenos Aires, que estuvo siete años segregada de la Confederación Argentina, y cuyo ejército invasor fué completamente derrotado por el de Buenos Aires, en la batalla de Pavón, el 17 de setiembre de 1862, se dijo antes de esa invasión que el general Urquiza, ansiando ya volver a ocupar la presidencia, había instigado mucho al señor Derqui para que emprendiera esa campaña, de la cual salieron descalabrados ambos; es decir, el señor Derqui a quien Aniceto el Gallo en su periódico gaucho le llamaba el presidente PAVO, y el ex presidente Urquiza a quien también Aniceto le llamaba por epíteto: el general TERUTERO.

El ejército de línea y la guardia nacional de Buenos Aires, formando un personal de 15,000 hombres de las tres armas, al mando del brigadier general don Bartolomé Mitre, venció con gran denuedo al ejército del brigadier general don Justo Urquiza, fuerte de 18,000 hombres, tomándole a la bayoneta 37 piezas de artillería, 11 banderas y 1,800 prisioneros, etc.

La mencionada derrota de Pavón dió mérito a los versos siguientes.

## MALDITA CREDULIDAD PAVUNA

DIZ QUE a un pavo un terutero
celoso le dijo un día,
de que, gauchando podría
gobernar el mundo entero.
Creyó el pavo chacarero
lograr empresa tamaña,
pero no se dió la maña
que el terutero se dió,
hasta que al fin lo sacó
a desplumarlo en campaña.
    Por último, cegatón
el triste pavo emplumando,
dicen que juyó galguiando
de los campos de PAVÓN,
adonde estaba flacón
de comer sólo salitre:
¡chasco será que algún buitre,
por ahi le suma la bolla,
después de escapar de la olla
de los soldados de Mitre!

### Al señor Sarmiento.

Poco antes o después de 1844, el señor Sarmiento, actual Presidente de la República Argentina, le regaló en Montevideo su retrato al señor Ascasubi,

---

11 Cegatón: el señor Derqui era algo cegatón. (N. del A.)
12 Emplumando: huyendo, disparando. (N. del A.)
20 Mitre: apellido del general victorioso en Pavón. (N. del A.)

quien veinte años después, en un banquete que tuvo lugar en París, el 4
de julio de 1867, le presentó ese su retrato al mismo señor, saludándolo
gauchamente como sigue.

*Caballeros y madamas.*

UN CUARTO de siglo hará
a que cerca de la Pampa
me dió un amigo su estampa
como prenda de amistá;
pues ese amigo aquí está...
y en prueba de que les cuento
la verdad, velay presento
su figura con placer,
para lucirla y beber
a la salú de Sarmiento.

## CARTA
### *de Aniceto el Gallo a Anastasio el Pollo.* *

**Señor don** Anastasio el Pollo:

ADIÓS hijo: y pues te quedas
en esta tierra de Dios,
ande hemos andao los dos
rodando como las ruedas,
manejate como puedas
a ver si a algún campanario,
por tan salvaje unitario
que has sido toda tu vida,
te suben o si en seguida
te echan de cipotenciario.
Creo que te darás maña
para lograr ese cargo,
y luego, aunque el viaje es largo,
largate con él a España,
llevá unos chifles de caña,
güen tabaco y yerba juerte
y algunos riales, de suerte,
que podamos voracear,
a fin de podernos dar
un güen alegrón al verte.

### *Al señor Castelar.*

En igual de fecha 1867, y en el mismo banquete, Aniceto el Gallo le
dirigió al señor don Emilio Castelar las décimas que van más abajo, y en

* Véase la contestación de Estanislao del Campo en la página 336.

razón de que dicho señor había tardado algo en devolverle un paraguas
que le prestó el primero.

CON EL cuchillo en la mano
y ojo listo a una botella,
por si acaso me atropella
cierto petizo gitano,
voy a echarle a lo paisano
un brindis, sin recelar
que me quiera desafiar
en seguida don Emilio...
contra el cual no pido auxilio
10 si me saliere a peliar.
  Señores: mucha salú
le deseo a Castelar,
y no volverle a prestar
ni el güeso de un caracú:
porque tiene la habitú
mesma de un tal Olascagua,
vizcaino que era en Rancagua
un rigular pagador...
pero muy empacador
20 para volver un paragua.

*Cuentos mitológicos gauchi-versistas para el Álbum de ***.*

París, agosto 31 de 1868.

PORQUE una noche de invierno
lira en mano se entró Orfeo,
sin permiso (según creo),
a calentarse al infierno,
furioso el rey del Averno
ya iba a morderlo a la puerta,
cuando Orfeo, erguido, cierta
melodía preludió,
que al Demonio lo dejó
10 con tamaña boca abierta.
  Y añaden que el cancevero,
aquel feroz animal
que del abismo infernal
es el terrible portero,
mansito como un cordero
vino a Orfeo, lo lambió;
y luego que le expresó
su encanto a miradas tiernas,
con el rabo entre las piernas
20 el mastín se retiró.

Así, de tal lira al son
divino, los condenaos
fueron también encantaos
todos; y por conclusión
de fiesta el fiero Plutón,
después que tomó una tranca
con chicha y cerveza blanca,
salió a refrescarse en coche,
y a los diablos esa noche
30  les hizo dar puerta franca.

Tales encantos allá
cuentan... de que Orfeo solo
no los hizo, pues Apolo
dicen que fué otra deidá
ante quien no hubo beldá
que a su lira resistiera:
pues, a Venus que le hiciera
de indiferencia una mueca...
le haría la zamacueca
40  bailar, aunque se frunciera.

¡Qué mágicos!... así fué
el rey David, aquel mentao
arpista, que, encamotao
por una tal Bersabé,
le anduvo atrás hasta que
por ingrata la encantó,
cierta ocasión que la vió
bañándose en una tina,
donde con su arpa divina
50  el rey le hizo... qué sé yo.

Llorar pienso que sería...
lo que le hizo a Bersabé
David, como al piano usté
sentir al mesmo lo haría:
y además yo apostaría,
para ganar, por sabido,
que a David, como a Cupido,
al diablo, a Apolo y a Orfeo,
usté los haría creo
60  llorar a moco tendido.

En fin: por si alguno ignora
el deleite sobrehumano
con que usté, al tocar el piano,
embelesa y enamora,
digo que la encantadora
Santa Cecilia bendita

no tendrá, y que necesita...
para el coro celestial
una artista angelical
70    como es usté, Margarita.


## INVITACIÓN

*que en París, a fines del año 1871, le hizo el gaucho Aniceto*
*el Gallo a un amigo suyo, para que éste con su familia viniese*
*a comer en casa del Gaucho Aniceto el Gallo.*

A mi amigazo el manco.

POR GUSTO, amigo Rufino,
traime la muchachería
mañana, a hacer medio día
con un puchero argentino:
y, como no beben vino
doña Chepa ni Justita,
ese ahorro me facilita
(¡como quien no dice nada!)
darles también carbonada,
10    arroz con leche y humita.
De ahi, Manco, por gusto voy
a darte un choclo cocido,
tiernito y muy parecido
a los que da Chivilcoy:
y es ralo, a fe de quien soy,
el ver un choclo en París,
como si a la emperatriz
allá en el treato Colón
la vieses con Napolión
20    bailando el gato mis-mis.

*París, setiembre 27 de 1871.*

3 Hacer medio día: a comer en mi casa. (N. del A.)
6 Chepa: Josefa. (N. del A.)
10 Humita: guiso que se hace con choclos rayados cuando están tiernos.
N. del A.)
14 Chivilcoy: pueblo de campaña de Buenos Aires. (N. del A.)
15 Es ralo: es raro. (N. del A.)
20 El gato mis-mis: baile campesino. (N. del A.)

# Estanislao del Campo

## [1834–1880]

# NOTICIA BIOGRÁFICA

Estanislao del Campo nació en Buenos Aires el 7 de febrero de 1834. Era hijo del coronel Estanislao del Campo, jefe del estado mayor de general Lavalle. Estudió en la Academia Porteña, donde aprendió inglés. En 1853 participó en la defensa de Buenos Aires, contra las fuerzas de Hilario Lagos. Tuvo luego un puesto en la aduana y, ulteriormente, fue secretario de la Cámara de Diputados. Combatió en Cepeda y en Pavón. Según referencias de Rafael Hernández, tomó prisionero, en la primera de las batallas, al coronel Simón de Santa Cruz, jefe de la artillería de Urquiza. En 1867 fué elegido diputado nacional por la provincia de Buenos Aires. En 1868 Adolfo Alsina lo nombró oficial mayor del Ministerio de la provincia. Se batió, a las órdenes del coronel Arias, en la batalla de La Verde (noviembre de 1874). Las lluvias que soportó en esta campaña afectaron su laringe; nunca sanó de esta dolencia.

Estanislao del Campo frecuentó la poesía culta y la poesía gauchesca. Se inició en esta última defendiendo la causa de Buenos Aires contra las provincias. La coincidencia en el estilo y en los sentimientos políticos afianzó la amistad de Estanislao del Campo con Ascasubi.

En 1870 Del Campo reunió, bajo el título de *Poesías*, todas sus composiciones; prologaba esa edición José Mármol. Del *Fausto*, la más famosa de sus obras, se habían publicado hasta 1910, ciento treinta y seis ediciones.

Estanislao del Campo murió el 6 de noviembre de 1880. En 1864 se había casado con Carolina Lavalle, sobrina del general Juan Lavalle. Dejó tres hijos.

Véase Ricardo Rojas, *La literatura argentina*, I, 22; Eleuterio F. Tiscornia, *Los poetas gauchescos*, Introducción; Manuel Mujica Láinez, *Vida de Anastasio el Pollo*.

# FAUSTO

*Al poeta Ricardo Gutiérrez.*

## I

EN UN overo rosao,
flete nuevo y parejito,
caia al bajo, al trotecito
y lindamente sentao,
un paisano de Bragao,
de apelativo Laguna:
mozo jinetazo ¡ahijuna!
como creo que no hay otro,
capaz de llevar un potro
10  a sofrenarlo en la luna.

¡Ah criollo! si parecía
pegao en el animal,
que aunque era medio bagual,
a la rienda obedecía,
de suerte que se creería
ser no sólo arrocinao,
sino también del recao
de alguna moza pueblera:
¡Ah Cristo! ¡quién lo tuviera!...
20  ¡Lindo el overo rosao!

Como que era escarciador,
vivaracho y coscojero,
le iba sonando al overo
la plata que era un primor:
pues eran plata el fiador,
pretal, espuelas, virolas,
y en las cabezadas solas
traia el hombre un Potosí:
¡Qué...! ¡Si traia, para mí,
30  hasta de plata las bolas!

En fin: como iba a contar,
Laguna al río llegó,
contra una tosca se apió
y empezó a desensillar,
en esto, dentró a orejiar
y a resollar el overo,
y jué que vido un sombrero
que del viento se volaba

---

3 **Bajo**: zona ribereña de Buenos Aires.
5 **Bragado**: partido de la provincia de Buenos Aires.

de entre una ropa, que estaba
40    más allá, contra un apero.
    Dió güelta y dijo el paisano
—¡Vaya ZAFIRO! ¿qué es eso?
Y le carició el pescuezo
con la palma de la mano.
Un relincho soberano
pegó el overo, que vía
a un paisano que salía
del agua, en un colorao,
que al mesmo overo rosao
50    nada le desmerecía...
    Cuando el flete relinchó,
media güelta dió Laguna
y ya pegó el grito: —¡Ahijuna!
¿No es el Pollo?
        —Pollo, no,
ese tiempo se pasó
(contestó el otro paisano);
yo soy jaca vieja, hermano,
con las púas como anzuelo,
y a quien ya le niega el suelo
60    hasta el más remoto grano.
    Se apió el Pollo y se pegaron
tal abrazo con Laguna,
que sus dos almas en una
acaso se misturaron.
Cuando se desenredaron,
después de haber lagrimiao,
el overito rosao

42 Hostilmente observa Rafael Hernández: "Este parejero, que se llama ZAFIRO,
piedra preciosa que ningún gaucho, y aun pocos cultos conocen —y por tanto nada
más contrario a la índole expresiva, y a veces gráfica, del lenguaje gaucho— es
de color *Overo Rosado*: justamente el pelo que no ha dado jamás un parejero, y
conseguirlo sería tan raro como hallar un gato de tres colores.

"Cada pelo tiene, por lo general, su condición característica: los hoscos son
preferidos por fuertes, ligeros, sufridos, y briosos; los claros no sostienen la competencia; el overo rosado es manso, *galope de perro* y propio para andar mujeres;
el moro es acero, el picazo pintor, el oscuro *pájaro*, el blanco *quitilipe*, el tordillo
nadador, el zaino para todo, el tobiano para nada, el alazán chasquero y el *tostao
antes muerto que cansao.*

"Hidalgo eligió para su *Chano*, un azulejo; Margariños Cervantes, para *Celiar*,
imitó a Hidalgo dándole:

    Un malacara azulejo
    parejero ganador
    que en muchísimas carreras
    renombre ilustre adquirió,

pero Ascasubi, más legítimo, presenta su *Chano* en un picazo volador." (*Pehuajó.
Nomenclatura de las calles,* Buenos Aires, 1896.)

una oreja se rascaba,
visto que la refregaba
70   en la clin del colorao.

    —Velay, tienda el cojinillo
don Laguna, sientesé,
y un ratito aguardemé
mientras maneo el potrillo:
vaya armando un cigarrillo,
si es que el vicio no ha olvidao;
áhi tiene contra el recao,
cuchillo, papel y un naco;
yo siempre pico el tabaco
80   por no pitarlo aventao.

    —Vaya, amigo, le haré gasto. . .
  —¿No quiere maniar su overo?
  —Dejeló a mi parejero
que es como mata de pasto.
Ya una vez, cuando el abasto
mi cuñao se desmayó;
a los tres días volvió
del insulto, y, crea, amigo,
peligra lo que le digo:
90   el flete ni se movió.

    —¡Bien haiga gaucho embustero!
¿Sabe que no me esperaba
que soltase una guayaba
de ese tamaño, aparcero?
Ya colijo que su overo
está tan bien enseñao,
que si en vez de desmayao
el otro hubiera estao muerto,
el fin del mundo, por cierto,
100   me lo encuentra allí parao.

    —Vean cómo le buscó
la güelta. . . ¡bien haiga el Pollo!
siempre larga todo el rollo
de su lazo. . .

               —¡Y cómo no!
¿O se ha figurao que yo
ansina nomás las trago?
  —¡Hágase cargo!. . .

             —Ya me hago. . .
  —Prieste el juego. . .

             —Tomeló,

75 Armar: liar.
89 Peligra: es increíble pero es cierto.

—Y aura le pregunto yo
110   ¿qué anda haciendo en este pago?
      —Hace como una semana
que he bajao a la ciudá,
pues tengo necesidá
de ver si cobro una lana;
pero me andan con mañana
y no hay plata, y venga luego.
Hoy nomás cuasi le pego
en las aspas con la argolla
a un gringo, que aunque es de embrolla,
120   ya le he maliciao el juego.
      —Con el cuento de la guerra
andan matreros los cobres.
—Vamos a morir de pobres
los paisanos de esta tierra.
Yo cuasi he ganao la sierra
de puro desesperao...
      —Yo me encuentro tan cortao,
que a veces se me hace cierto,
que hasta ando jediendo a muerto...
130   —Pues yo me hallo hasta empeñao.
      —¡Vaya un lamentarse! ¡Ahijuna!...
Y eso es de vicio, aparcero:
a usté lo ha hecho su ternero
la vaca de la fortuna.
Y no llore, don Laguna,
no me lo castigue Dios:
si no comparemoslós
mis tientos con su chapiao,
y así en limpio habrá quedao,
140   el más pobre de los dos.
      —¡Vean si es escarbador
este Pollo! ¡Virgen mía!
Si es pura chafalonía...
      —¡Eso sí siempre pintor!
—Se la gané a un jugador
que vino a echarla de güeno,
primero le gané el freno
con riendas y cabezadas,
y en otras cuantas jugadas
150   perdió el hombre hasta lo ajeno.
      ¿Y sabe lo que decía

---

121 Se refiere a la guerra sostenida, entre 1865 y 1869, por Argentina, Bras
y Uruguay contra el Paraguay, gobernado en esa época por Francisco Solano Lópe
138 Contrapone su modesto apero con el otro, que abunda en aditament
de plata.

cuando se vía en la mala?:
"El que me ha pelao la chala
debe tener brujería."
A la cuenta se creería
que el diablo y yo...
                    —¡Callesé,
amigo! ¿no sabe usté
que la otra noche lo he visto
al demonio?
          —¡Jesucristo!...
160  —Hace bien, santigüesé.
      —¡Pues no me he de santiguar!
Con esas cosas no juego;
pero no importa, le ruego
que me dentre a relatar,
el cómo llegó a topar,
con el malo, ¡Virgen Santa!
sólo el pensarlo me espanta...
—Güeno, le voy a contar,
pero antes voy a buscar
170  con qué mojar la garganta.
      El Pollo se levantó
y se jué en su colorao,
y en el overo rosao
Laguna al agua dentró;
todo el baño que le dió,
jué dentrada por salida,
y a la tosca consabida
don Laguna se volvió,
ande a don Pollo lo halló
180  con un frasco de bebida.
      —Larguesé al suelo, cuñao,
y vaya haciendosé cargo,
que puede ser más que largo,
el cuento que le he ofertao:
desmanee el colorao,
desate su maniador,
y, en ancas, haga el favor
de acollararlos...
                —Al grito:
¿Es manso el coloradito?
190  —¡Ése es un trébol de olor!
—Ya están acollaraditos...
—Déle un beso a esa giñebra:
Yo le hice sonar de una hebra
lo menos diez golgoritos.
—Pero ésos son muy poquitos

para un criollo como usté,
capaz de prenderselé
a una pipa de lejía...
—Hubo un tiempo en que solía...
200    —Vaya amigo, larguesé.


II

—Como a eso de la oración,
aura cuatro o cinco noches,
vide una fila de coches
contra el tiatro de Colón.
     La gente en el corredor,
como hacienda amontonada,
pujaba desesperada
por llegar al mostrador.
     Allí a juerza de sudar,
210    y a punta de hombro y de codo,
hice, amigazo, de modo
que al fin me pude arrimar.
     Cuando compré mi dentrada
y di güelta... ¡Cristo mío!
estaba pior el gentío
que una mar alborotada.
     Era a causa de una vieja
que le había dao el mal...
—Y si es chico ese corral
220    ¿a qué encierran tanta oveja?
     —Áhi verá: por fin, cuñao,
a juerza de arrempujón,
salí como mancarrón
que lo sueltan trasijao.
     Mis botas nuevas quedaron
lo propio que picadillo,
y el fleco del calzoncillo
hilo a hilo me sacaron.
     Ya para colmo, cuñao,
230    de toda esta desventura,
el puñal, de la cintura,
me lo habían refalao.
     —Algún gringo como luz
para la uña, ha de haber sido.
—¡Y no haberlo yo sentido!
En fin ya le hice la cruz.

204 El antiguo teatro Colón estaba situado en la esquina de las calles de Rivadavia y Reconquista.
218 Que se había sentido indispuesta.
227 Se refiere al calzoncillo cribado que asoma por debajo del chiripá.

Medio cansao y tristón
por la pérdida, dentré
y una escalera trepé
240   con ciento y un escalón.

Llegué a un alto, finalmente,
ande va la paisanada,
que era la última camada
en la estiba de la gente.

Ni bien me había sentao,
rompió de golpe la banda,
que detrás de una baranda
la habían acomodao.

Y ya también se corrió
250   un lienzo grande, de modo,
que a dentrar con flete y todo
me aventa, creameló.

Atrás de aquel cortinao
un dotor apareció.
Que asigún oí decir yo,
era un tal Fausto, mentao.

—¿Dotor dice? Coronel
de la otra banda, amigazo;
lo conozco a ese criollazo
260   porque he servido con él.

—Yo también lo conocí,
pero el pobre ya murió:
¡bastantes veces montó
un zaino que yo le di!

Dejeló al que está en el cielo,
que es otro Fausto, el que digo,
pues bien puede haber, amigo,
dos burros de un mesmo pelo.

—No he visto gaucho más quiebra
270   para retrucar ¡ahijuna!...
—Dejemé hacer, don Laguna,
dos gárgaras de giñebra.

Pues como le iba diciendo,
el dotor apareció,
y, en público, se quejó
de que andaba padeciendo.

Dijo que nada podía
con la cencia que estudió:
que él a una rubia quería,
280   pero que a él la rubia no.

257 Se refiere al coronel Fausto Aguilar (1808-1865), que, efectivamente, era
e la "otra banda", es decir, de la República Oriental del Uruguay.

Que al ñudo la pastoriaba
dende el nacer de la aurora,
pues de noche y a toda hora
siempre tras de ella lloraba.
　　Que de mañana a ordeñar
salía muy currutaca,
que él le maniaba la vaca,
pero pare de contar.
　　Que cansado de sufrir,
290　y cansado de llorar,
al fin se iba a envenenar
porque eso no era vivir.
　　El hombre allí renegó,
tiró contra el suelo el gorro.
y por fin, en su socorro,
al mesmo Diablo llamó.
　　¡Nunca lo hubiera llamao!
¡Viera sustazo, por Cristo!
¡Ahi mesmo, jediendo a misto,
300　se apareció el condenao!
　　Hace bien: persinesé
que lo mesmito hice yo.
—¿Y cómo no disparó?
—Yo mesmo no sé por qué.
　　¡Viera al Diablo! Uñas de gato,
flacón, un sable largote,
gorro con pluma, capote,
y una barba de chivato.
　　Medias hasta la verija,
310　con cada ojo como un charco
y cada ceja era un arco
para correr la sortija.
　　"Aquí estoy a su mandao,
cuente con un servidor",
le dijo el Diablo al dotor,
que estaba medio asonsao.
　　"Mi dotor, no se me asuste
que yo lo vengo a servir:
pida lo que ha de pedir
320　y ordenemé lo que guste."
　　El dotor medio asustao
le contestó que se juese. . .
—Hizo bien: ¿no le parece?
—Dejuramente, cuñao.

288 Pare de contar: eso es todo; nada más.
299 Jediendo a misto: oliendo a azufre.

Pero el Diablo comenzó
a alegar gastos de viaje,
y a medio darle coraje
hasta que lo engatuzó.
—¿No era un dotor muy projundo?
330 ¿Cómo se dejó engañar?
—Mandinga es capaz de dar
diez güeltas a medio mundo.

El Diablo volvió a decir:
—"Mi dotor, no se me asuste,
ordenemé en lo que guste,
pida lo que ha de pedir."

"Si quiere plata, tendrá:
mi bolsa siempre está llena,
y más rico que Anchorena
340 con decir quiero, será."
—No es por la plata que lloro,
don Fausto le contestó:
otra cosa quiero yo
mil veces mejor que el oro.

—"Yo todo le puedo dar,
retrucó el Ray del Infierno,
diga: ¿quiere ser Gobierno?
Pues no tiene más que hablar."

—No quiero plata ni mando,
350 dijo don Fausto, yo quiero
el corazón todo entero
de quien me tiene penando.

No bien esto el Diablo oyó,
soltó una risa tan fiera,
que toda la noche entera
en mis orejas sonó.

Dió en el suelo una patada,
una paré se partió,
y el dotor, fulo, miró
360 a su prenda idolatrada.
—¡Canejo!... ¿Será verdá?
¿Sabe que se me hace cuento?
—No crea que yo le miento:
lo ha visto media ciudá.

¡Ah, don Laguna! ¡Si viera
qué rubia!... Creameló:
créi que estaba viendo yo
alguna virgen de cera.

Vestido azul, medio alzao,

---

339 Anchorena: apellido de una familia adinerada.

370   se apareció la muchacha:
pelo de oro como hilacha
de choclo recién cortao.

Blanca como una cuajada,
y celeste la pollera;
don Laguna, si aquello era
mirar a la Inmaculada.

Era cada ojo un lucero,
sus dientes, perlas del mar,
y un clavel al reventar
380   era su boca, aparcero.

Ya enderezó como loco
el dotor cuanto la vió,
pero el Diablo lo atajó
diciéndole: —"Poco a poco:

si quiere, hagamos un pato:
usté su alma me ha de dar,
y en todo lo he de ayudar:
¿le parece bien el trato?"

Como el dotor consintió,
390   el Diablo sacó un papel
y lo hizo firmar en él
cuanto la gana le dió.

—¡Dotor y hacer ese trato!
—¿Qué quiere hacerle, cuñao,
si se topó ese abogao
con la horma de su zapato?

Ha de saber que el dotor
era dentrao en edá,
ansina que estaba ya
400   bichoco para el amor.

Por eso al dir a entregar
la contrata consabida,
dijo: —"¿Habrá alguna bebida
que me pueda remozar?"

Yo no sé qué brujería,
misto, mágica o polvito
le echó el Diablo y... ¡Dios bendito!
¡Quién demonios lo creería!

¿Nunca ha visto usté a un gusano
410   volverse una mariposa?
Pues allí la mesma cosa
le pasó al dotor, paisano.

Canas, gorro y casacón
de pronto se vaporaron,

385 Pato: pacto.

y en el dotor ver dejaron
a un donoso mocetón.
    —¿Qué dice?... ¡barbaridá!...
¡Cristo padre!... ¿Será cierto?
—Mire: que me caiga muerto
420  si no es la pura verdá.

    El Diablo entonces mandó
a la rubia que se juese,
y que la paré se uniese,
y la cortina cayó.

    A juerza de tanto hablar
se me ha secao el garguero:
pase el frasco, compañero...
    —¡Pues no se lo he de pasar!

### III

    —Vea los pingos...
                    —¡Ah hijitos!
430  son dos fletes soberanos.
    —¡Como si jueran hermanos
bebiendo la agua juntitos!
    —¿Sabe que es linda la mar?
    —¡La viera de mañanita
cuando a gatas la puntita
del sol comienza a asomar!

    Usté ve venir a esa hora
roncando la marejada,
y ve en la espuma encrespada
440  los colores de la aurora.

    A veces, con viento en la anca,
y con la vela al solcito,
se ve cruzar un barquito
como una paloma blanca;

    otras, usté ve, patente,
venir boyando un islote,
y es que trai un camalote
cabrestiando la corriente.

    Y con un campo quebrao,
450  bien se puede comparar,
cuando el lomo empieza a hinchar
el río medio alterao.

    Las olas chicas, cansadas,
a la playa a gatas vienen,
y allí en lamber se entretienen
las arenitas labradas.

    Es lindo ver en los ratos

en que la mar ha bajao,
cáir volando al desplayao
460   gaviotas, garzas y patos.

Y en las toscas es divino
mirar las olas quebrarse,
como al fin viene a estrellarse
el hombre con su destino.

Y no sé qué da el mirar
cuando barrosa y bramando
sierras de agua viene alzando
embravecida la mar.

Parece que el Dios del cielo
470   se amostrase retobao,
al mirar tanto pecao
como se ve en este suelo.

Y es cosa de bendecir,
cuando el Señor la serena,
sobre ancha cama de arena
obligandolá a dormir.

Y es muy lindo ver nadando
a flor de agua algún pescao:
van, como plata, cuñao,
480   las escamas relumbrando.

—¡Ah, Pollo! Ya comenzó
a meniar taba; ¿y el caso?
—Dice muy bien, amigazo:
seguiré contandoló.

El lienzo otra vez alzaron
y apareció un bodegón,
ande se armó una runión
en que algunos se mamaron.

Un don Valentín, velay,
490   se hallaba allí en la ocasión,
capitán muy guapetón,
que iba a dir al Paraguay.

Era hermano, el ya nombrao,
de la rubia, y conversaba
con otro mozo que andaba
viendo de hacerlo cuñao.

Don Silverio, o cosa así,
se llamaba este individo,
que me pareció medio ido
500   o sonso cuanto lo vi.

Don Valentín le pedía
que a la rubia la sirviera

492 **Cf.** nota al verso 121. Véase también ELEUTERIO F. TISCORNIA, *Poetas gauchescos*, p. 275.

en su ausencia. . .
                              —¡Pues, sonsera!
¡El otro qué más quería!
       —¡El capitán, con su vaso,
a los presentes brindó,
y, en esto, se apareció,
de nuevo el Diablo, amigazo.
       Dijo que si lo almitían
510    tamién echaría un trago,
que era por no ser del pago
que allí no lo conocían.
       Dentrando en conversación,
dijo el Diablo que era brujo:
pidió un ajenco y lo trujo
el mozo del bodegón.
       —"No tomo bebida sola,"
dijo el Diablo: se subió
a un banco, y vi que le echó
520    agua de una cuarterola.
       Como un tiro de jusil
entre la copa sonó,
y a echar llamas comenzó
como si juera un candil.
       Todo el mundo reculó;
pero el Diablo, sin turbarse,
les dijo: "No hay que asustarse",
y la copa se empinó.
       —¡Qué buche! ¡Dios soberano!
530    —Por no parecer morao
el capitán jué, cuñao,
y le dió al Diablo la mano.
       Satanás le registró
los dedos con grande afán,
y le dijo: "Capitán,
pronto muere, crealó."
       El capitán, retobao,
peló la lata, y Luzbel
no quiso ser menos que él
540    y peló un amojosao.
       Antes de cruzar su acero,
el Diablo el suelo rayó:
¡viera el juego que salió!. . .
       —¡Qué sable para yesquero!
       —¿Qué dice? ¡Había de oler
el jedor que iba largando

497 Don Silverio: Siebel.
516 Ajenco: ajenjo.

mientras estaba chispiando
el sable de Lucifer!
　　　No bien a tocarse van
550　las hojas, creameló,
la mitá al suelo cayó
del sable del capitán.
　　　—"¡Éste es el Diablo en figura
de hombre!" el capitán gritó,
y al grito le presentó
la cruz de la empuñadura.
　　　¡Viera al Diablo retorcerse
como culebra, aparcero!
—Oiganlé...
　　　　　　—Mordió el acero
560　y comenzó a estremecerse.
　　　Los otros se aprovecharon
y se apretaron el gorro:
sin duda a pedir socorro
o a dar parte dispararon.
　　　En esto don Fausto entró
y conforme al Diablo vido,
le dijo: "¿Qué ha sucedido?"
Pero él se desentendió.
　　　El dotor volvió a clamar
570　por su rubia, y Lucifer,
valido de su poder,
se la volvió a presentar.
　　　Pues que golpiando en el suelo
en un beile apareció,
y don Fausto le pidió
que lo acompañase a un cielo.
　　　No hubo forma que bailara:
la rubia se encaprichó;
de balde el dotor clamó
580　porque no lo desairara.
　　　Cansao ya de redetirse,
le contó al Demonio el caso;
pero él le dijo: "Amigazo
no tiene por qué afligirse:
　　　si en el beile no ha alcanzao
el poderla arrocinar,
deje: le hemos de buscar
la güelta por otro lao.
　　　Y mañana, a más tardar,
590　gozará de sus amores,

564 Dar parte: avisar a la policía.

que a otras, mil veces mejores,
las he visto cabrestiar."
  ¡Balsa general! gritó
el bastonero mamao;
pero en esto el cortinao
por segunda vez cayó.
  Armemos un cigarrillo
si le parece. . .
      —¡Pues no!
—Tome el naco, piqueló,
600 usté tiene mi cuchillo.

IV

  —Ya se me quiere cansar
el flete de mi relato. . .
—Priendalé guasca otro rato:
recién comienza a sudar.
  —No se apure; aguardesé:
¿cómo anda el frasco?
      —Tuavía
hay con qué hacer medio día:
ahi lo tiene, priendalé.
  —¿Sabe que este giñebrón
610 no es para beberlo solo?
Si alvierto, traigo un chicholo
o un cacho de salchichón.
  —Vaya, no le ande aflojando,
déle trago y domeló,
que a réiz de las carnes yo
me lo estoy acomodando.
  —¿Qué tuavía no ha almorzao?
—Ando en ayunas, don Pollo;
porque ¿a qué contar un bollo
620 y un cimarrón aguachao?
  Tenía hecha la intención
de ir a la fonda de un gringo
después de bañar el pingo. . .
—Pues vamonós del tirón.
  —Aunque ando medio delgao,
don Pollo, no le permito
que me merme ni un chiquito
del cuento que ha comenzao.
  —Pues, entonces, allá va:
630 otra vez el lienzo alzaron
y hasta mis ojos dudaron,

593 Balsa: vals.

lo que vi... ¡barbaridá!
      ¡Qué quinta! ¡Virgen bendita!
¡Viera, amigazo, el jardín!
Allí se vía el jazmín,
el clavel, la margarita,
      el toronjil, la retama,
y hasta estuatas, compañero,
al lao de ésa, era un chiquero
640   la quinta de don Lezama:
      entre tanta maravilla
que allí había, y medio a un lao,
habían edificao
una preciosa casilla.
      Allí la rubia vivía
entre las flores como ella,
allí brillaba esa estrella
que el pobre dotor seguía.
      Y digo pobre dotor,
650   porque pienso, don Laguna,
que no hay desgracia ninguna
como un desdichado amor.
      —Puede ser; pero, amigazo,
yo en las cuartas no me enriedo,
y en un lance en que no puedo,
hago de mi alma un cedazo.
      Por hembras yo no me pierdo:
la que me empaca su amor
pasa por el cernidor
660   y ... si te vi, no me acuerdo.
      Lo demás es calentarse...
el mate al divino ñudo...
      —¡Feliz quien tenga ese escudo
con que poder rejuardarse!
      Pero usté habla, don Laguna,
como un hombre que ha vivido
sin haber nunca querido
con alma y vida a ninguna.
      Cuando un verdadero amor
670   se estrella en una alma ingrata,
más vale el fierro que mata
que el fuego devorador.
      Siempre ese amor lo persigue
a dondequiera que va:
es una fatalidá
que a todas partes lo sigue.

---

640 Actual Parque Lezama, en la ciudad de Buenos Aires.

Si usté en su rancho se queda,
o si sale para un viaje,
es de balde: no hay paraje
680 ande olvidarla usté pueda.

Cuando duerme todo el mundo,
usté, sobre su recao,
se da güeltas, desvelao,
pensando en su amor projundo.

Y si el viento hace sonar
su pobre techo de paja,
cree usté que es ella que baja
sus lágrimas a secar.

Y si en alguna lomada
690 tiene que dormir, al raso,
pensando en ella, amigazo,
lo hallará la madrugada.

Allí acostao sobre abrojos,
o entre cardos, don Laguna,
verá su cara en la luna,
y en las estrellas, sus ojos.

¿Qué habrá que no le recuerde
al bien de su alma querido,
si hasta cree ver su vestido
700 en la nube que se pierde?

Ansina sufre en la ausiencia
quien sin ser querido quiere:
aura verá cómo muere,
de su prenda en la presencia.

Si enfrente de esa deidá
en alguna parte se halla,
es otra nueva batalla
que el pobre corazón da.

Si con la luz de sus ojos
710 le alumbra la triste frente,
usté, don Laguna, siente
el corazón entre abrojos.

Su sangre comienza a alzarse
a la cabeza en tropel,
y cree que quiere esa cruel
en su amargura gozarse.

Y si la ingrata le niega
esa ligera mirada,
queda su alma abandonada
720 entre el dolor que la aniega.

Y usté firme en su pasión...

682 El gaucho duerme sobre las prendas del recado.

y van los tiempos pasando,
un hondo surco dejando
en su infeliz corazón.

    —Güeno, amigo: así será,
pero me ha sentao el cuento...
    —¡Qué quiere! Es un sentimiento...
Tiene razón: allá va:
    Pues, señor, con gran misterio,
730   traindo en la mano una cinta,
se apareció entre la quinta,
el sonso de don Silverio.

    Sin duda alguna saltó
por la zanja de la güerta,
pues esa noche su puerta
la mesma rubia cerró.

    Rastriandoló se vinieron
el Demonio y el dotor,
y tras del árbol mayor
740   a aguaitarlo se escondieron.

    Con las flores de la güerta
y la cinta, un ramo armó
don Silverio, y lo dejó
sobre el umbral de la puerta.

    —¡Qué no cairle una centella!
    —¿A quién? ¿Al sonso?
               —¡Pues digo!...
¡Venir a osequiarla, amigo,
con las mesmas flores de ella!

    —Ni bien acomodó el guacho,
ya rumbió...
750          —¡Miren qué hazaña!
Eso es ser más que lagaña
y hasta da rabia, ¡caracho!

    —El Diablo entonces salió
con el dotor, y le dijo:
—"Esta vez priende de fijo
la vacuna, crealó."

    Y el capote haciendo a un lao,
desenvainó allí un baulito,
y jué y lo puso juntito
760   al ramo del abombao.

    —No me hable de ese mulita:
¡qué apunte para una banca!
¿A que era mágica blanca
lo que trujo en la cajita?

726 Me ha sentado el cuento: ha interrumpido el relato.

—Era algo más eficaz
para las hembras, cuñao,
verá si las ha calao
de lo lindo Satanás.

Tras del árbol se escondieron
770 ni bien cargaron la mina,
y más que nunca divina
venir a la rubia vieron.

La pobre, sin alvertir,
en un banco se sentó,
un par de medias sacó
y las comenzó a zurcir.

Cinco minutos, por junto,
en las medias trabajó.
Por lo que carculo yo
780 que tendrían sólo un punto;
dentró a espulgar un rosal,
por la hormiga consumido,
y entonces jué cuando vido
caja y ramo en el umbral.

Al ramo no le hizo caso,
enderezó a la cajita,
y sacó... ¡Virgen bendita!...
¡viera qué cosa, amigazo!

¡Qué anillo! ¡Qué prendedor!
790 ¡Qué rosetas soberanas!
¡Qué collar! ¡Qué carabanas!
—¡Vea al Diablo tentador!

—¿No le dije, don Laguna?
La rubia allí se colgó
las prendas, y apareció
más platiada que la luna.

En la caja Lucifer
había puesto un espejo...
—¿Sabe que el Diablo, canejo,
800 la conoce a la mujer?

—Cuando la rubia gastaba,
tanto mirarse, la luna,
se apareció, don Laguna,
la vieja que la cuidaba.

¡Viera la cara, cuñao,
de la vieja, al ver brillar
como reliquias de altar
las prendas del condenao!

"¿Diáonde este lujo sacás?"
810 La vieja, fula, decía,

cuando gritó: —"¡Avemaría!"
En la puerta, Satanás.
   —"¡Sin pecao! ¡Dentre señor!"
—"¿No hay perros?" —"¡Ya los ataron!"
Y ya también se colaron
el Demonio y el dotor.

   El Diablo allí comenzó
a enamorar a la vieja,
y el dotorcito a la oreja
820  de la rubia se pegó.

   —¡Vea al Diablo haciendo gancho!
—El caso jué que logró
reducirla y la llevó
a que le mostrase un chancho.

   —¿Por supuesto, el dotorcito
se quedó allí mano a mano?
—Dejuro, y ya verá, hermano,
la liendre que era el mocito.

   Corcovió la rubiecita,
830  pero al fin se sosegó,
cuando el dotor le contó
que él era el de la cajita.

   Asigún lo que presumo,
la rubia aflojaba lazo,
porque el dotor, amigazo,
se le quería ir al humo.

   La rubia lo malició
y por entre las macetas,
le hizo unas cuantas gambetas
840  y la casilla ganó.

   El Diablo, tras de un rosal,
sin la vieja apareció...
—¡A la cuenta la largó
jediendo entre algún maizal!

   —La rubia, en vez de acostarse,
se lo pasó en la ventana,
y allí aguardó la mañana
sin pensar en desnudarse.

   Ya la luna se escondía,
850  y el lucero se apagaba,
y ya también comenzaba
a venir clariando el día.

   ¿No ha visto usté de un yesquero
loca una chispa salir,
como dos varas seguir
y de áhi perderse, aparcero?

   Pues de ese modo, cuñao,

caminaban las estrellas
a morir, sin quedar de ellas
860 ni un triste rastro borrao.

De los campos el aliento
como sahumerio venía,
y alegre ya se ponía
el ganao en movimiento.

En los verdes arbolitos,
gotas de cristal brillaban,
y al suelo se descolgaban
cantando los pajaritos.

Y era, amigazo, un contento
870 ver los junquillos doblarse,
y los claveles cimbrarse
al soplo del manso viento.

Y al tiempo de reventar
el botón de alguna rosa
venir una mariposa
y comenzarlo a chupar.

Y si se pudiera el cielo
con un pingo comparar,
también podría afirmar
880 que estaba mudando pelo.

—¡No sea bárbaro, canejo!
¡Qué comparancia tan fiera!
—No hay tal: pues de zaino que era
se iba poniendo azulejo.

¿Cuando ha dao un madrugón
no ha visto usté, embelesao,
ponerse blanco-azulao
el más negro ñubarrón?

—Dice bien, pero su caso
890 se ha hecho medio empacador...
—Aura viene lo mejor
pare la oreja, amigazo.

El Diablo dentró a retar
al dotor, y entre el responso,
le dijo: "Sabe que es sonso,
¿pa qué la dejó escapar?

"Áhi la tiene en la ventana:
por suerte no tiene reja,
y antes que venga la vieja
900 aproveche la mañana."

Don Fausto ya atropelló
diciendo: "¡Basta de ardiles!"
La cazó de los cuadriles
y ella... ¡también lo abrazó!

—¡Oiganlé a la dura!
                              —En esto...
Bajaron el cortinao:
alcance el frasco, cuñao,
—A gatas le queda un resto.

### v

Al rato el lienzo subió
910    y deshecha y lagrimiando,
contra una máquina hilando
la rubia se apareció.

     La pobre dentró a quejarse
tan amargamente allí,
que yo a mis ojos sentí
dos lágrimas asomarse.
          —¡Qué vergüenza!
                              —Puede ser;
Pero, amigazo, confiese
que a usté tamién lo enternece
920    el llanto de una mujer.

     Cuado a usté un hombre lo ofiende,
ya sin mirar para atrás,
pela el flamenco y ¡zas! ¡tras!
dos puñaladas le priende.

     Y cuando la autoridá
la partida le ha soltao,
usté en su overo rosao
bebiendo los vientos va.

     Naide de usté se despega
930    porque se haiga desgraciao,
y es muy bien agasajao
en cualquier rancho a que llega.

     Si es hombre trabajador
andequiera gana el pan:
para eso con usté van
bolas, lazo y maniador.

     Pasa el tiempo, vuelve al pago,
y cuanto más larga ha sido
su ausiencia, usté es recebido
940    con más gusto y más halago.

     Engaña usté a una infeliz,
y, para mayor vergüenza,
va y le cerdea la trenza
antes de hacerse perdiz.

     La ata, si le da la gana,
en la cola de su overo,

y le amuestra al mundo entero
la trenza de ña Julana.

    Si ella tuviese un hermano,
950  y en su rancho miserable
hubiera colgao un sable,
juera otra cosa, paisano.

    Pero sola y despreciada
en el mundo ¿qué ha de hacer?
¿A quién la cara volver?
¿Ánde llevar la pisada?

    Soltar al aire su queja
será su solo consuelo,
y empapar con llanto el pelo
960  del hijo que usté le deja.

    Pues ese dolor projundo
a la rubia la secaba,
y por eso se quejaba
delante de todo el mundo.

    Aura, confiese, cuñao,
que el corazón más calludo,
y el gaucho más entrañudo,
allí habría lagrimiao.

    —¿Sabe que me ha sacudido
970  de lo lindo el corazón?
Vea si no el lagrimón
que al óirlo se me ha salido...
        —¡Oiganlé!...
           —Me ha redotao:
No guarde rencor, amigo...
—Si es en broma que le digo...
—Siga su cuento, cuñao.

    —La rubia se arrebozó
con un pañuelo ceniza,
diciendo que se iba a misa
980  y puerta ajuera salió.

    Y crea usté lo que guste
porque es cosa de dudar...
¡Quién había de esperar
tan grande desbarajuste!

    Todo el mundo estaba ajeno
de lo que allí iba a pasar,
cuando el Diablo hizo sonar
como un pito de sereno.

    Una iglesia apareció
990  en menos que canta un gallo...
—¡Vea si dentra a caballo!
—Me larga, creameló.

Creo que estaban alzando
en una misa cantada,
cuando aquella desgraciada
llegó a la puerta llorando.

Allí la pobre cayó
de rodillas sobre el suelo,
alzó los ojos al cielo
1000 y cuatro credos rezó.

Nunca he sentido más pena
que al mirar a esa mujer:
amigo: aquello era ver
a la mesma Magdalena.

De aquella rubia rosada,
ni rastro había quedao:
era un clavel marchitao,
una rosa deshojada.

Su frente, que antes brilló
1010 tranquila como la luna,
era un cristal, don Laguna,
que la desgracia enturbió.

Ya de sus ojos hundidos
las lágrimas se secaban
y entre-temblando rezaban
sus labios descoloridos.

Pero el Diablo la uña afila,
cuando está desocupao,
y allí estaba el condenao
1020 a una vara de la pila.

La rubia quiso dentrar,
pero el Diablo la atajó,
y tales cosas le habló
que la obligó a disparar.

Cuasi le da el acidente
cuando a su casa llegaba:
la suerte que le quedaba
en la vedera de enfrente.

Al rato el Diablo dentró
1030 con don Fausto muy del brazo,
y una guitarra, amigazo,
áhi mesmo desenvainó.

—¡Qué me dice, amigo Pollo!
—Como lo oye, compañero:
el Diablo es tan guitarrero
como el paisano más criollo.

El sol ya se iba poniendo,
la claridá se ahuyentaba,
y la noche se acercaba

1040 su negro poncho tendiendo.
　　Ya las estrellas brillantes
una por una salían,
y los montes parecían
batallones de gigantes.
　　Ya las ovejas balaban
en el corral prisioneras,
y ya las aves caseras
sobre el alero ganaban.
　　El toque de la oración
1050 triste los aires rompía
y entre sombras se movía
el crespo sauce llorón.
　　Ya sobre el agua estancada
de silenciosa laguna,
al asomarse, la luna
se miraba retratada.
　　Y haciendo un extraño ruido
en las hojas trompezaban
los pájaros que volaban
1060 a guarecerse en su nido.
　　Ya del sereno brillando
la hoja de la higuera estaba,
y la lechuza pasaba
de trecho en trecho chillando.
　　La pobre rubia, sin duda,
en llanto se deshacía,
y, rezando, a Dios pedía
que le emprestase su ayuda.
　　Yo presumo que el dotor,
1070 hostigao por Satanás,
quería otras hojas más
de la desdichada flor.
　　A la ventana se arrima
y le dice al condenao:
"Déle no más sin cuidao
aunque reviente la prima."
　　El Diablo a gatas tocó
las clavijas y, al momento,
como una arpa el estrumento
1080 de tan bien templao sonó.
　　—Tal vez lo traiba templao
por echarla de baquiano...
—Todo puede ser, hermano,
pero, ¡oyese al condenao!
　　Al principio se florió
con un lindo bordoneo,

y en ancas de aquel floreo
una décima cantó.
            No bien llegaba al final
1090   de su canto el condenao,
cuanto el capitán, armao,
se apareció en el umbral.
            —Pues yo en campaña lo hacía...
—Daba la casualidá
que llegaba a la ciudá
en comisión, ese día.
            —Por supuesto hubo fandango...
—La lata áhi no más peló,
y al infierno le aventó
1100   de un cintarazo el changango.
            —¡Lindo el mozo!
                                    —¡Pobrecito!
—¿Lo mataron?
                            —Ya verá:
peló un corvo el dotorcito,
y el Diablo... ¡barbaridá!
            desenvainó una espadita
como un viento, lo envasó,
y allí no más ya cayó
el pobre...
                        —¡Ánima bendita!...
            —A la trifulca y al ruido
1110   en montón la gente vino...
—¿Y el dotor y el asesino?
—Se habían escabullido.
            La rubia también bajó
¡y viera aflición, paisano,
cuando el cuerpo de su hermano
bañao en sangre miró!
            A gatas medio alcanzaron
a darse una despedida,
porque en el cielo, sin vida,
1120   sus dos ojos se clavaron.
            Bajaron el cortinao,
de lo que yo me alegré...
—Tome el frasco, priendalé...
—Sirvasé no más, cuñao.

### VI

—¡Pobre rubia! Vea usté
cuánto ha venido a sufrir:
se le podía decir,
¡quién te vido y quién te ve!

—Ansí es el mundo, amigazo:
1130 nada dura, don Laguna,
hoy nos ríe la fortuna,
mañana nos da un guascazo.

Las hembras, en mi opinión,
train un destino más fiero,
y si quiere, compañero,
le haré una comparación.

Nace una flor en el suelo,
una delicia es cada hoja,
y hasta el rocío la moja
1140 como un bautismo del cielo.

Allí está ufana la flor
linda, fresca y olorosa:
a ella va la mariposa,
a ella vuela el picaflor.

Hasta el viento pasajero
se prenda al verla tan bella
y no pasa por sobre ella
sin darle un beso primero.

¡Lástima causa la flor
1150 al verla tan consentida!
cree que es tan larga su vida
como fragante su olor:
     nunca vió el rayo que raja
a la renegrida nube,
ni ve el gusano que sube,
ni al fuego del sol que baja.

Ningún temor en el seno
de la pobrecita cabe,
pues que se hamaca, no sabe,
1160 entre el fuego y el veneno.

Sus tiernas hojas despliega
sin la menor desconfianza,
y el gusano ya la alcanza...
y el sol de las doce llega...

Se va el sol abrasador.
Pasa a otra planta el gusano,
y la tarde... encuentra, hermano,
el cadáver de la flor.

Piense en la rubia, cuñao,
1170 cuando entre flores vivía,
y diga si presumía
destino tan desgraciao.

Usté, que es alcanzador,
afijesé en su memoria

y diga: ¿es igual la historia
de la rubia y de la flor?
    —Se me hace tan parecida
que ya más no puede ser.
    —Y hay más: le falta que ver
1180 a la rubia en la crujida.
        —¿Qué me cuenta? ¡Desdichada!
—Por última vez se alzó
el lienzo, y apareció
en la cárcel encerrada.
        —¿Sabe que yo no colijo
el porqué de la prisión?
—Tanto penar, la razón
se le jué, y lo mató al hijo.

        Ya la habían sentenciao
1190 a muerte, a la pobrecita,
y en una negra camita
dormía un sueño alterao.

        Ya redoblaba el tambor,
y el cuadro ajuera formaban,
cuando al calabozo entraban
el Demonio y el dotor.
        —¡Veanló al Diablo si larga
sus presas así no más!
¿A que anduvo Satanás
1200 hasta óir sonar la descarga?
        —Esta vez se le chingó
el cuete, y ya lo verá.
—Priendalé al cuento que ya
no lo vuelvo a atajar yo.

        —Al dentrar hicieron ruido,
creo que con los cerrojos;
abrió la rubia los ojos
y allí contra ella los vido.

        La infeliz, ya trastornada
1210 a causa de tanta herida,
se encontraba en la crujida
sin darse cuenta de nada.

        Al ver venir al dotor,
ya comenzó a disvariar,
y hasta le quiso cantar
unas décimas de amor.

        La pobrecita soñaba
con sus antiguos amores,
y créia mirar sus flores
1220 en los fierros que miraba.

        Ella créia que, como antes,

al dir a regar su güerta,
se encontraría en la puerta
una caja con diamantes.

Sin ver que en su situación
la caja que la esperaba
era la que redoblaba
antes de la ejecución.

Redepente se fijó
1230 en la cara de Luzbel:
sin duda al malo vió en él,
porque allí muerta cayó.

Don Fausto, al ver tal desgracia,
de rodillas cayó al suelo
y dentró a pedirle al cielo
la recibiese en su gracia.

Allí el hombre, arrepentido
de tanto mal que había hecho,
se daba golpes de pecho
1240 y lagrimiaba afligido.

En dos pedazos se abrió
la pared de la crujida,
y no es cosa de esta vida
lo que allí se apareció.

Y no crea que es historia:
yo vi entre una nubecita,
la alma de la rubiecita,
que se subía a la gloria.

San Miguel, en la ocasión,
1250 vino entre nubes bajando,
con su escudo, y revoliando
un sable tirabuzón.

Pero el Diablo, que miró
el sable aquel y el escudo,
lo mesmito que un peludo
bajo la tierra ganó.

Cayó el lienzo finalmente
y áhi tiene el cuento contao. . .
—Prieste el pañuelo, cuñao,
1260 me está sudando la frente.

Lo que almiro es su firmeza
al ver esas brujerías.
—He andao cuatro o cinco días
atacao de la cabeza.

Ya es güeno dir ensillando. . .
—Tome ese último traguito,
y eche el frasco a ese pocito
para que quede boyando.

Cuando los dos acabaron
1270   de ensillar sus parejeros,
como güenos compañeros,
juntos al trote agarraron.
En una fonda se apiaron
y pidieron de cenar:

Cuando ya iban a acabar,
don Laguna sacó un rollo
diciendo: —"El gasto del Pollo
de aquí se lo han de cobrar."

# POESÍAS

## A DON ANICETO EL GALLO*

He visto en un gacetón
que llaman *El Ordenao,*
que usté, aparcero, ha soltao
cuatro letras al botón.
Lo digo así en la ocasión,
porque a mí se me hace al ñudo,
que el gaucho que boliar pudo
tan lindo a la tiranía
salga diciendo: —"No es mía
10  la letra de un gaucho rudo."
Velay, su reclaración,
a mi modo de entender,
lo mesmito viene a ser
que si dijera, patrón:
"Reclaro ante la Nación
que la chispa que ha saltao,
a causa de haber golpeao
un paisano su yesquero,
no es el Sol que Enero a Enero
20  la campaña ha iluminao."
Paisano Aniceto el Gallo,
puede sin cuidao vivir,
que primero han de decir
que la vizcacha es caballo,
y que la gramilla es tallo,
y que el ombú es verdolaga,
y que es sauce la biznaga,
y que son montes los yuyos,
que asigurar que son suyos
30  los tristes versos que yo haga.
Adiós gaucho payador
del Ejército Unitario;
adiós paisano ño Hilario,
adiós projundo cantor,
adiós pingo cociador
que a tiranos has pateao,
y que hasta a mí me has largao

* Esta composición fué escrita a raíz de haber publicado Hilario Ascasubi
(a) *Aniceto el Gallo,* en el diario "El Orden", una carta declarando que no le
pertenecían unos versos firmados por *Anastasio el Pollo. Cf.* Manuel Mujica
Láinez, *Vida de Anastasio el Pollo,* página 60 et sq.
1 Gacetón: gaceta.
2 "El Orden".

de pronto un par de patadas
a causa de unas versadas
40   que en mi inorancia he soltao.

## ESTANISLAO DEL CAMPO

Al sr. D. Andrés Algañarás y cócora de la "Tribuna".

*San José de Flores, enero 12 de 1859.*

AMIGAZO y compañero:
por medio de su gaceta
ofrézcale al Brujo Armán
diez vacas y mi alazán
a trueque de la limeta
que me amostró en la loneta
del Teatro cuando apedó
a todo bicho, pues yo
más de quinientos conté
10   y allí también me apedé
como a todos nos mamó.
    ¡Ahijuna! por eso espero
que a ese diablo me lo aprese
y esa prenda me asigure
por cualquier plata, aparcero;
y si lo halla retrechero,
por Cristo, hasta mi caballo
aquel parejero bayo
en ancas ofrezcalé,
20   y a gusto se lo daré
hoy mesmo
          *Aniceto el Gallo.*

Publicado en *La Tribuna* de Buenos Aires, el 13 de enero de 1859.

## ANASTASIO EL POLLO DICE A TODO GAUCHO CRIOLLO

¡Viva el gobierno, paisano
¡Viva nuestra situación!
¡Mueran todos los tiranos
¡Viva la Custitución!

DENDE que Rosas juyó
al pago de Ingalaterra,

3 Don Carlos Herman o Herrmann, "profesor" que ejecutaba, en el Teatro Colón, funciones de magia "indiana y chinesca".

el ser libre en esta tierra
gaucho y pueblero juró,
y cuando Urquiza creyó
tratarnos como a orejanos
sin ver que éramos cristianos
Güenos Aires se le alzó:
hoy es libre y grito yo
10   ¡viva el gobierno, paisanos!
     Cuando el tirano mandaba,
era un padecer la vida,
azotes, cepo y crujida
de puro gusto afirmaba
y gaucho que se quejaba
de tan triste condición
moría del manotón
que le atracaba el tirano,
y hoy habla y grita el paisano
20   ¡viva nuestra situación!
     Cuando dentra uno a temblar,
cuando el cielo escurecido
comienza a largar seguido
truenos y a rejucilar,
y el pampero a desquinchar
los ranchos de los cristianos,
lo mesmo quedan paisanos,
esos malevos temblando
si el criollo se alza gritando
30   ¡mueran todos los tiranos!
     Antes el hombre platudo,
u el adulón del tirano,
era rey y soberano
del triste gaucho calludo;
y era pretender al ñudo
demandar a un ricachón,
porque la federación
hizo enanos y GIGANTES.
Pero hoy no es el tiempo de antes:
40   ¡viva la Custitución!

Publicado en *La Tribuna* de Buenos Aires, el 26 de febrero de 1859.

## DE ANASTASIO EL POLLO A ANICETO EL GALLO*

PAISANO D. Aniceto,
al verlo soltar su rollo,

* Véase *La luz de Aniceto el Gallo* (Hilario Ascasubi, *Aniceto el Gallo*, p. 292).

el triste Anastasio el Pollo
lo saluda con afeto,
como que yo lo respeto
por su cencia verdadera.
Me apeo de la vedera
para dejarlo pasar,
ya que se larga a bolear
10 a la invasión terutera.
    Endeveras me ha gustao
al verlo cair a la cancha,
haciéndole la pata ancha
al orquizano Bilbao,
y poniéndose al lao
dese varón don Magual
que viene con un nidal
de amarillas que es un susto,
le apunta lindo a D. Justo
20 el encuentro del bagual.
    Que Dios lo saque parao
en la pechada, aparcero,
y que el triste terutero
quede del golpe abombao,
lo mesmo que yo he quedao,
al presente, del gustazo,
cuando revoliando el lazo
lo veo vivo y templao
después de haberle rezao
30 como a dijunto, amigazo.
    Ya que el Gallo se largó,
sacudiendo una aleteada,
con la golilla encrespada
soltando un ¡¡¡co...corocó!!!
con una púa tapada
el Pollo hace una cuerpeada
y se echa junto a la jaca
que al primer golpe que atraca
tiene la riña ganada.

Publicado en *La Tribuna*, de Buenos Aires, el 25 de febrero de 1859.

## ANASTASIO EL POLLO AL HABILIDOSO
## DON CATALDE\*

Mi don Catalde y señor,
hinchao de agradecimiento

\* Décimas con que Estanislao del Campo agradece al grabador Cataldi dibujo de su firma. "La Tribuna", 20 de marzo de 1859.

esta vez me le apresiento
contento que es un primor,
a decirle que el favor
con que usté me ha agasajao
con haberme trabajao
la firma que pongo abajo,
no lo he de olvidar ¡barajo!
10 ni hasta después de finao.

Dios se lo pague en el Cielo,
amigazo don Catalde,
el servicio que de balde
usté me hace y tan al pelo,
a mí me queda el consuelo
de que algún día, patrón,
me ha de llegar la ocasión
de quedar bien con usté
amostrándole que sé
20 cumplir una obligación.

ANASTASIO EL POLLO.


## PARA EL QUE QUIERA

VELAY paro, caballeros,
cuatro yuntas de botones,
mis espuelas, dos pellones,
una tropilla de overos,
tres lecheras, dos terneros,
una guitarra, un chapeao,
un pingo overo rosao,
un rancho, dos terrenitos,
mil ovejas, cien guachitos,
10 tres carretas, un recao.

Dos ponchos, tres tiradores,
unas riendas con virolas,
dos lazos, un par de bolas,
cuatro o cinco maneadores,
dos treves, tres asadores,
un chifle, cuatro bozales,
un chiripá, dos puñales,
un catre, un par de frezadas,
dos o tres tabas cargadas,
20 un rebenque con ramales.

Un arao viejo, un mortero,
dos yuntas de escapularios,
tres sartenes, dos rosarios,

una maleta, un yesquero,
un niño Dios, un brasero,
un bagual, dos ceñidores,
un par de escarmenadores,
dos naipes, una batea,
un trabuco, una manea,
30    dos frenos, tres arreadores.
    Dos rasquetas, tres cinchones,
dos rastrillos y una pala,
cuatro garrotes de tala,
un lomillo, dos corriones,
tres trampas para ratones,
seis güevos de avestruz,
a que no viene la luz
que anuncia el joven guerrero
por faltarle candelero
40    sebo y pabilo a D. Jus...*

ANASTASIO EL POLLO.

Publicado en *La Tribuna* de Buenos Aires, el 1º de junio de 1859.

## ANASTASIO EL POLLO

### A ANICETO EL GALLO

LA CARTA de despedida
que me ha soltao, amigazo,
ha cáido como un guascazo
sobre esta alma entristecida;
pues aunque no es de esta vida
que Vd. se va, yo me aflijo,
porque, D. Gallo, colijo
que años y años andará
por esas tierras de allá
10    pasando penas de fijo.
    Me dice que puede ser
que, por ser mozo unitario,
me echen de Cipotenciario
y nos volvamos a ver:
eso no ha de suceder,
y en usté mesmo me fundo;
tal vez cruce el mar projundo
el día menos pensao

---

* Don Justo José de Urquiza.
1 Ver página 294.
13 Cipotenciario: plenipotenciario. Juega con la palabra *cipote*.

¡con el corazón cribao
20 de mordeduras del mundo!
¿Conque moñea? ¡Amalhaya
el viaje se lo empacase
el cielo, y nos lo alzase
un payador de su laya!
Yo siento de que se vaya
¿y cómo no, cuando vivo
desde que nací cautivo
de sus versadas, velay,
porque en esta tierra no hay
30 cantor tan facultativo?
En fin: si usté allá se topa,
con D. Juan Manuel de Rosas,
digamelé, entre otras cosas,
que se aguante por Uropa:
que Urquiza ha juntao su ropa
y está medio atribulao,
liando a la juria el recao
en que disparó en Pavón,
porque se va a Sutantón
40 a verlo sacar pescao.
Y que si alguna ocasión,
gracias a un güen aparejo,
comen algún bagre viejo
o surubí barrigón,
no traigan a colación
las cuestiones argentinas,
ni hablen de Mitres y Alsinas,
porque pueden alterarse,
y es cosa fiera atorarse
50 cuando se tragan espinas.
Dígales a esas naciones,
que, asigún se anda corriendo
hoy día, están pretendiendo
maniarnos de los garrones,
que más que tengan cañones
con más rayas que el cotín,
no ha de cuajar el maquín
que hoy día train entre manos,
y que ya los mejicanos
60 se han basuriao a un tal Prin.

34 Que se aguante: que se quede.
38 La batalla de Pavón, en que Urquiza fué vencido por Mitre (1861).
39 Sutantón: Southampton. Ciudad donde se había refugiado el tirano Rosas.
47 Adolfo Alsina (1829-1877).
52 Se anda corriendo: se cuenta, se murmura.
60 Prin: el general Prim (1814-1870).

Dicen que la gallegada
que acampó por Verga Cruz,
ni bien bañó con su luz
el campo, la madrugada,
sin aguardar la gringada,
campo adentro se metió,
y que ni bien la sintió
la milicada de Juárez,
le cayó con los dos pares
70    y ahí mesmo la redotó.

Que vengan, don Aniceto,
con armas de todas layas
aunque les hagan más rayas
que letras tiene un boleto;
que también a ese respeto
la güelta les buscaremos,
pues aquí les rayaremos
el lomo a nuestros cañones,
y hasta a los escobillones
80    cien mil rayas les haremos.

Por mi parte, he comenzao
a rayar el corvo ayer,
y que rayas le he de hacer
hasta en la vaina he jurao:
lo he de dejar más rayao
que una paré de crujida,
a ver si queda con vida
el primer gallego o gringo
a quien le enderece el pingo
90    y le haga una arremetida.

Si acaso por un evento
viese a la Raina Vitoria,
convénzala que no es gloria
vivir en un campamento.
Que refleisione un momento
que ella es mujer, y no es justo
que se esponga a tanto susto
y a tanta incomodidá,
buscando una enfermedá
100    tan sólo de puro gusto.

Que aunque nunca la he tratao,
por no haberla conocido,
causa que siempre ha vivido
en pago tan retirao,

62 Verga Cruz: Veracruz.
68 Benito Juárez (1806-1872).
89 A quien embista con el caballo, a quien acometa.

vide el retrato pintao
(y es hembra muy cosa papa)
en el medio de la tapa
de una caja muy lucida
que, por supuesto, vacida,
110   me dió un tiendero, de yapa.
    Al paine don Napoleón
digamelé que se apriete
hasta la pera el bonete
con respeuto a la custión:
que ya que ha hecho el arrejón
solita la gallegada,
que no la ayude con nada
y aunque le frunza el hocico,
no le mande ni un milico
120   y la deje en la estacada.
    Y usté no extrañe, amigazo,
al ver que Anastasio el Pollo
suelta hasta al último rollo
largando enterito el lazo,
que aunque soy medio güenazo
tamién retobao estoy,
y es justo que así me halle hoy,
pues la cuestión mejicana
es cuestión americana,
130   y americano yo soy.
    A otra cosa: cuando llegue
sea de noche o de día
por allá a una pulpería,
no se me mame, ni juegue;
ni a hombre ninguno le pegue,
ni con el lomo siquiera
pues aunque usté se metiera
bajo siete estaos de tierra,
en Francia o en Ingalaterra
Lo han de sacar de andequiera.
    Si intentaran el burlarse
porque va de chiripá,
creamé que boliao va
si trata de retobarse.
Vea de no calentarse
pues no es güeno que se esceda;
pague en la mesma moneda
y si ellos se rain de usté,
de ellos también riasé
150   y amuélelos como pueda.

136 Ni con el revés de la mano.

Lo mesmo que arroyos son
en cuanto a murmuradores
y se llenan de primores
al santísimo botón:
algunos train de un cordón
dos vidriecitos colgaos
por parecer delicaos
de la vista, cuando, amigo,
ven a cien leguas un higo
160   sus ojos despabilaos.

Ellos creen que es un primor
embarrunarse el bigote
con un unto de cerote
para torcerlo mejor:
y su delirio mayor
es tener alborotao,
ese pelo colorao
que ahuyenta a cualquier muchacha,
y que parece esa hilacha,
170   del choclo recién cortao.

Y atienda, que esto es formal:
güeno es que vaya avisao
de que allá han edificao
un caserón de cristal:
si va, deje el animal
medio retirao, no sea
que si por algo cocea
vaya algún vidrio a quebrar,
y a usté se lo hagan pagar
180   mucho más de lo que sea.

En fin: aunque usté se va
a tan retirada tierra,
mi alma la esperanza encierra
de verlo otra vez acá:
que yo colijo que allá
no es fácil que pueda hallarse,
pues no podrá aquerenciarse
ande no hablan la castilla
ni saben lo que es bombilla:
190   ¡yo creo que eso es matarse!

Y asigún lo que yo sé,
la gente allá es muy tupida:
dígame: ¿cuándo, en la vida
ha visto domar usté,
como dicen que se ve

162 Embarrunarse: embadurnarse.
174 Caserón de cristal: el Crystal Palace de Londres.

domar allá un animal,
poniéndole entre el morral
un misto de cloroflor,
que sólo con el olor
200  queda almareao el bagual?

     ¿Y ande se han visto carreras
como corren por allá?
Al menos, amigo, acá
no somos mulas tauneras;
ellos dan güeltas enteras,
en vez de ir derecho viejo,
en un circo como tejo
de redondo: ¡mire, amigo,
por dir a reirme, le digo
210  que daría el azulejo!

     Lo lindo es que el corredor
va con una vestimenta,
que más colores ostenta
que el pecho de un pica-flor:
y en apero de dotor,
por supuesto, es la corrida,
así, ni bien se descuida,
ya tamién se refaló,
y un trecho de suelo aró
220  con la cabeza rompida.

     En fin: yo creo que usté
cuando se venga de allá
vendrá conforme se va,
no como uno que yo sé,
que solamente porqué
salió de tierra argentina,
trujo la costumbre indina
de quererse hacer bozal
y preguntó qué animal
230  era, al ver una gallina.*

     Porque yo no puedo creer
que usté, amigazo, que es Gallo,
y encelao, al fin y al fallo
las quiere desconocer:
ni yo puedo suponer
que a un Pollo que lo aprecea,
le haga partida tan fea
sólo porque usté haiga andao

---

198 Cloroflor: cloroformo.
200 Almareao: mareado.
204 Tauneras: tahoneras.
* Histórico.

mirando, medio abombao,
240  la fantasía uropea.
       Abra el ojo por la mar
y es güeno que le aconseje
que a su hijita no la deje,
ni por asomo, cantar;
pues si la llega a escuchar
una envidiosa sirena,
afirmándose en la arena
le puede el barco cociar
y yo no quiero llorar
250  de esa pérdida la pena.
       Hasta al Espíritu Santo
le rogaré por ustedes,
y a la Virgen de Mercedes
que los cubra con su manto,
y Dios permita que en tanto
vayan por la agua embarcaos
no haiga en el cielo ñublaos,
ni corcovos en las olas
ni al barco azoten las colas
260  de los morrudos pescaos.
       Aquí este triste cantor
sus versos fieros remata,
y en el cañuto los ata
de su barco de vapor.
No extrañe que ni una flor
vaya en mi pobre concierto:
no da rosas el disierto,
ni da claveles el cardo,
ni dió nunca un triste nardo
270  campo de yuyos cubierto.

# GOBIERNO GAUCHO

*A la salú del aparcero
Hilarión Medrano.\**

TOMÉ en casa el otro día
tan soberano peludo,
que hasta hoy, caballeros, dudo,
si ando mamao todavía.
Carculen cómo sería
la mamada que agarré,

* Hilarión Medrano (1808-1886). Diputado. Acompañó a Dardo Rocha en
la fundación de la ciudad de La Plata.

que, sin más, me afiguré
que yo era el mesmo Gobierno,
y más leyes que un infierno
10    con la tranca decreté.
 Gomitao y trompezando,
del fogón pasé a la sala,
con un garrote de tala
que era mi bastón de mando;
y medio tartamudiando,
a causa del aguardiente,
y con el pelo en la frente,
los ojos medio vidriosos,
y con los labios babosos,
20    hablé del tenor siguiente:
 "Paisanos: dende esta fecha
el contingente concluyo;
cuide cada uno lo suyo
que es la cosa más derecha.
No abandone su cosecha
el gaucho que haiga sembrao:
deje que el que es hacendao
cuide las vacas que tiene,
que él es a quien le conviene
30    asigurar su ganao.
 "Vaya largando terreno,
sin mosquiar, el ricachón,
capaz de puro mamón
de mamar hasta con freno;
pues no me parece güeno,
sino que, por el contrario,
es injusto y albitrario
que tenga media campaña,
sólo porque tuvo maña
40    para hacerse arrendatario.
 "Si el pasto nace en el suelo
es porque Dios lo ordenó,
que para eso agua les dió
a los ñublados del cielo.
Dejen pues que al caramelo
le hinquemos todos el diente,
y no andemos, tristemente,
sin tener en donde armar
un rancho para sestiar
50    cuando pica el sol ardiente.
 "Mando que dende este istante
lo casen a uno de balde;
que envaine el corvo el Alcalde

y su lista el Comendante;
que no sea atropellante
el Juez de Paz del Partido;
que a aquel que lo hallen bebido,
porque así le dió la gana,
no le meneen catana
60  que al fin está divertido.

"Mando, hoy que soy Sueselencia,
que el que quiera ser pulpero,
se ha de confesar primero
para que tenga concencia.
Porque es cierto, a la evidencia,
que hoy naides tiene confianza
ni en medida ni en balanza,
pues todo venden mermao,
y cuando no es vino aguao
70  es yerba con mescolanza.

"Naides tiene que pedir
pase, para otro partido;
pues libre el hombre ha nacido
y ande quiera puede dir.
Y si es razón permitir
que el pueblero vaya y venga,
justo es que el gaucho no tenga
que dar cuenta adonde va,
sino que con libertá
80  vaya adonde le convenga."

¿A ver si hay una persona
de las que me han escuchao
que diga que he gobernao
sin acierto con la mona?
Saquemén una carona,
de mi mesmísimo cuero,
si no haría un verdadero
Gobierno, Anastasio el Pollo,
que hasta mamao es un criollo
90  más servicial que un yesquero.

Si no me hubiese empinao
como me suelo empinar
la limeta, hasta acabar
lindo la habría acertao;
pues lo que hubiera quedao
lo mando como un favor
al mesmo Gobernador
que nos manda en lo presente,
a ver si con mi aguardiente
100  nos gobernaba mejor.

# *Antonio D. Lussich*
## [*1848–1928*]

# NOTICIA BIOGRÁFICA

ANTONIO DIONISIO LUSSICH, hijo de Felipe Lussich, marino austríaco que fundó una empresa naviera, nació en Montevideo el 23 de marzo de 1848. En aquella empresa trabajó, primero con su padre, luego con sus hermanos. En 1870, cuando estalló la guerra civil, se enroló en las fuerzas blancas del coronel Timoteo Aparicio. Sus biógrafos señalan que esos años de agreste vida militar lo hicieron intimar con el campo y con su sombra. Firmada la paz de abril de 1872, Lussich fué a Buenos Aires, donde publicó, en el mes de junio, *Los tres gauchos orientales*. La lectura de este libro influyó en José Hernández, que seis meses después publicó *El gaucho Martín Fierro*. A principios de 1873, también en Buenos Aires, apareció otro libro de Lussich: *El matrero Luciano Santos*. A fechas ulteriores corresponden: *Cantalicio Quirós y Miterio Castro en el Club Uruguay*, numerosos poemas en lenguaje culto y la obra *Naufragios célebres*. Algunas de estas composiciones aparecieron bajo el pseudónimo *Luciano Santos*.

Las letras y la milicia no agotan, por lo demás, la vida de Lussich: la empresa naviera, una empresa de salvatajes y los famosos bosques artificiales de Punta Ballena fueron otros afanes en que gastó sus laboriosos días.

Murió en Montevideo el 5 de junio de 1928; su tumba está en Punta Ballena, entre árboles.

Véase: Mario Falcao Espalter, "Prólogo" a *Los tres gauchos orientales y otros poemas* (Montevideo, 1937); José M. Fernández Saldaña, *Diccionario uruguayo de biografías* (Montevideo, 1945).

# LOS TRES GAUCHOS ORIENTALES

*Cartas preliminares incluídas en la cuarta edición.**

R. D. Antonio Barreiro y Ramos

Presente.

Estimado señor: Al fin doy una tregua a mis ocupaciones diarias, para ayudar con algún reposo, en la reimpresión de mis *Tres Gauchos Orientales,* que empezará Vd. en breve a publicar.

Es en verdad halagadora para mí, la acogida que ha merecido este libro, en el cual, he procurado pintar tipos de una raza que podría llamarse legendaria, y, que por la ley dominadora del progreso, tiende a desaparecer, dejando empero como herencia para las generaciones venideras, el recuerdo de su virilidad, inteligencia y patriótica abnegación.

Diez y seis mil ejemplares se habrán tirado después que salga a la luz esta nueva edición, y tengo legítimo orgullo por el éxito obtenido; no por la importancia que pueda atribuirme del trabajo intelectual, sino por la causa que defiendo, desprendido del partidarismo exaltado, haciendo únicamente justicia a esos desgraciados parias, víctimas del abandono en que viven, despojados de todas las garantías a que tienen derecho como ciudadanos de un pueblo libre: ellos, que son siempre los primeros en el peligro, acudiendo al llamado del cumplimiento del deber; ellos, que todo lo sacrifican hasta sus más caros afectos e intereses, en aras de sus convicciones; ora vagando errantes en el ostracismo, ora perseguidos en los montes como fieras acorraladas, para huir de la esclavitud que les imponen mandones groseros y arbitrarios.

Debo a esos pobres hijos de nuestras campañas las expansiones más íntimas de mis veinte años.

En épocas luctuosas para la República, he compartido sus alegrías y sus amarguras; los he acompañado en el mejor escenario donde podían exhibirse, el campamento; he escuchado con placer sus canciones épicas; he gozado en sus gratas manifestaciones de contento; he sufrido con el triste relato de sus pesares.

Cuántas veces la memoria de aquellos tiempos me absorbe horas enteras de meditación, complaciéndome en recordar los momentos pasados en compañía de esos desheredados de la suerte, tan generosos y valientes, como desgraciados y mal correspondidos.

Para ellos, pues, son la mayor parte de estas páginas. Si no hay completa fidelidad en los retratos, será por ausencia de dotes para un cuadro más acabado, no por falta de voluntad. Me creería feliz, si del conjunto hubiese, a lo menos, conseguido entresacar alguno de los rasgos más acentuados de la existencia agitada y semi-nómade del verdadero gaucho; tan digno de estudio, por la confusa mezcla de sus pasiones, carácter y costumbres pero siempre indómito al yugo de la tiranía, acariciado desde la cuna por las auras purísimas de la libertad.

Van agregadas a esta obra, varias nuevas producciones de mi humilde pluma, inéditas las unas y otras ya publicadas —mere-

* Claudio García y Cía. Editores, Montevideo, 1937.

[347]

ciendo algunas el honor de ser albergadas en las columnas ‹
*El Negro Timoteo* y otros órganos del periodismo platense.

He hecho cuanto me ha sido posible para conciliar las regl
del arte con la inspiración, y sólo he sacrificado aquéllas cuan‹
así me lo ha exigido la expresión del pensamiento.

50 Concluyo pidiendo a Vd. tenga a bien insertar esta carta ‹
el libro, a fin de que ella sirva para expresar mi reconocimien
a los escritores que tanto me han estimulado con sus palabras ‹
aliento; a la prensa del Río de la Plata, de España y del Pacífic
por los lisonjeros conceptos con que me ha honrado y al públi‹
por la buena voluntad que ha tenido para los *Tres Gauchos Orie*
*tales.*

Deseando que el éxito corresponda a sus esperanzas, lo salu‹
atentamente

Su amigo affmo.

ANTONIO D. LUSSICH.

S|c—*Julio 15 de 1883.*

*Buenos Aires, junio 14 de 1872.*

SR. D. JOSÉ HERNÁNDEZ.

Mi distinguido amigo:

Durante su último viaje a esta ciudad, tuve el honor de s‹
presentado a Vd. En una de mis visitas, haciendo referencia
la última campaña revolucionaria en mi patria, y a los sufr
mientos de nuestros soldados, me dijo Vd. que un amigo le hab.
hablado respecto a algunas producciones inéditas que yo había e
crito en el estilo especial que usan nuestros hombres de camp
y que tuviese a bien mostrárselas. Aunque excesivamente pobr‹
no vacilé un momento en remitírselas, esperando se dignara darn
su valioso e imparcial fallo.

10 Después de haberlas visto me estimuló a su cultivo, augurár
dome una buena acogida.

Bajo tan halagadoras esperanzas y comprendiendo sus buen‹
deseos, traté de hacer algo que, aunque quizás incompleto por n
poco contacto con aquel elemento, pudiese al menos probarle qu
no había echado en olvido sus benévolos consejos.

Busqué un tema, y lo encontré en la revolución encabezad
por el general Aparicio, vasto teatro donde podía exhibirse co
amplitud el drama de las muchas desgracias por que ha atrav‹
sado mi infeliz patria.

20 Llené este deseo trabajando en las horas que me dejaban libr‹
mis ocupaciones comerciales.

Concluído hoy este pobre trabajo, a Vd. lo dedico: desearí
que tuviera algún valor para ofrecerlo, agradecido, al argent
no que tantas simpatías tiene por nuestra causa, y que tanto ‹
ha demostrado, haciendo que su periódico "El Río de la Plata
fuese durante la más santa de las revoluciones, el órgano que d‹
fendía en el terreno de la justicia, los sagrados principios de nue
tros derechos conculcados.

Sin más objeto, lo saluda atentamente su afectísimo amigo
30 seguro servidor.

ANTONIO D. LUSSICH.

46 *El Negro Timoteo:* periódico de oposición al coronel Latorre. Lo fund
Washington Bermúdez. Latorre toleró su publicación, para que en el exterior ‹
pensara que en el Uruguay había libertad de imprenta.

17 Aparicio: el general Timoteo Aparicio (1814-1882). Caudillo blanco.

. D. Antonio D. Lussich.

Estimado amigo:

Al estimularlo a Vd. al cultivo de ese género tan difícil de nuestra
:eratura, lo hacía persuadido de que sabría triunfar de todas las difi-
ıltades que presenta; vencer todos los escollos, e igualar, si no exceder, a
s que en esos retratos del gaucho, se han aproximado más al original.
e leído sus versos con vivo interés, veo con satisfacción que su trabajo
ırresponde a estas esperanzas, y lo felicito con todo el ardor y con toda
sinceridad de mi ánimo.

El suceso que Vd. ha elegido para servir de tema a sus cantos, no ha
ıdido ser ni más vasto, ni de mayor interés de actualidad, ni relacio-
ırse más íntimamente con el paisano, ni encontrarse más al alcance
: su juicio.

En la elección de los tipos puestos en escena, ha sido Vd. igualmente
ıiz, retratando esos caracteres agrestes, valientes y desconfiados a la vez,
ın una propiedad que revela la seguridad con que Vd. ha penetrado en
e escabroso terreno.

En versos llenos de fluidez y de energía, describe Vd. con admirable
·opiedad al inculto habitante de nuestras campañas; pinta con viveza
: colorido los sinsabores y sufrimientos del gaucho convertido en sol-
ıdo, sus hechos heroicos, los estragos de la guerra fratricida, y la esteri-
lad de una paz que no salva los derechos de las diversas fracciones
ılíticas, cimentando el orden y la tranquilidad general sobre la sólida
ıse de la justicia, del derecho y de las garantías para todos los ciudada-
ıs. Vd. sabe que he simpatizado ardientemente con ese movimiento de
ıinión lleno de popularidad, llamado a devolver a millares de orien-
les distinguidos, los derechos que el absolutismo los había despojado
ı su patria.

Si el éxito no ha correspondido a la magnitud de los esfuerzos, no por
o debe entibiarse la fe en el corazón de los patriotas.

Vd. ha cantado sus sacrificios, sus victorias y sus desgracias, y los patrio-
s orientales aplaudirán su obra, tanto como le agradece su honrosa
edicatoria este

Su affmo. y verdadero amigo.

José Hernández.

ıenos Aires, Hotel Argentino, junio 20 de 1872.

# LOS TRES GAUCHOS ORIENTALES

A José Hernández

## *Diálogo entre los paisanos Julián Giménez,*
## *Mauricio Baliente y José Centurión.*

### JULIÁN

¡Dios lo guarde!... Ha madrugao
esta mañana, aparcero;
ya tiene al fuego un puchero
y el churrasquito ensartao...

BALIENTE

Don Julián... ¿Cómo le va?
dé su cuerpo contra el suelo;
agarró el pájaro al vuelo...
¿Qué anda haciendo por acá?

JULIÁN

A visitarlo venía
10   pues nos piensan licenciar,
y no me quiero largar
sin que hablemos este día.
    Por su salú, no pregunto,
guapo y cordial me lo encuentro...
yo anduve tan mal de adentro
que cuasi templé a dijunto.
    Pero ya pasó el chubasco,
y aquí me tiene, a servirlo...

BALIENTE

¿Ha e querer pegarle un chirlo?...

JULIÁN

20   ¡Si es que tiene carga el frasco!...

BALIENTE

¡Cuándo nada me ha faltao!
soy gaucho muy alvertido,
y como hombre prevenido
siempre estoy bien empilchao.
    Arrime aquella carona,
amigazo, y sientesé,
si algo sabe cuentemé
de esta paz tan comadrona.

JULIÁN

    ¡Cómo no! cuñao Baliente,
30   vaya usté aprontando el mate,
de modo que mi gaznate
pueda correr deligente.

BALIENTE

De matiar tratemos pues,
¿quiere cimarrón o dulce?...

doy sonido ande me pulse
por agradarlo esta vez.

JULIÁN

Ya lo sabe, soy güen pobre,
ni ataja pelos mi buche;
ansina pues desembuche,
40   y alcance... lo que le sobre.

BALIENTE

Si no es... nada rezongón,
siempre al truco, dice quiero;
pero yo, amigo, prefiero
al amargo, el con terrón.
    La helada ha sido muy juerte,
de campo no mudaremos,
ansí es mejor que prosiemos
de nuestra tan triste suerte.

JULIÁN

    Tiene colas y muy largas
50   la historia de este gran pango,
prieste atención al fandango
que oirá verdades amargas.

BALIENTE

A su mandao aquí estoy
y el óido lo espera atento;
echaremos pues un tiento
pa añudarlo al día de hoy.

JULIÁN

Ya estoy por largar el guacho,
copeló, amigo Mauricio;
verá usté cuánto desquicio
60   de este tirón le despacho.
    Hoy de nuevo la Nación
vuelve a cerrarnos la puerta
que sólo se encontró abierta
por nuestra revolución;
otra vez es la ocasión
de emigrar al estranjero;

---

50 Pango: Cf. *El gaucho Martín Fierro*, v. 1944, y Glosario.

esto por aquí está fiero
pa el que ha sido blanco puro;
¿qué hacer en trance tan duro?...
70 ¡dirse... o andar de matrero!

    ¿Qué les importa a esa gente
cuajada e negro egoísmo
nuestro santo patriotismo,
nuestra costancia evidente?...
¿Usté ha de estar bien corriente
con quién vamos a tratar?...
Y yo, cómo he de olvidar
a los que han muerto a mi hermano,
y antes de darles la mano
80 mejor me mando mudar.

    Sí, amigazo don Mauricio,
nos han engüelto y boliao;
¡lindazo nos ha pialao
el General Aparicio!
Ya se acabó el sacrificio
y el desarme va a venir;
cuanto antes quiero salir
de este enriedo o barajusta,
y usté, aparcero, si gusta
90 me puede también seguir.

    Seis años de emigración
en suelo estraño tuvimos;
penurias, males sufrimos
con grande resinación;
cuando vino la invasión
nos encontró decididos,
y hoy disgraciaos y vendidos
como hacienda, por dinero,
volvemos al estranjero
100 ¡dejando bienes queridos!

BALIENTE

Don Julián, ansí es la suerte,
fortuna o alversidá,
unas veces gloria da...
¡y otras veces da la muerte!

    Yo tuve ovejas y hacienda,
caballos, casa y manguera;
mi dicha era verdadera...
¡Hoy se mi ha cortao su rienda!...
    Feliz vivía como un rey,

105 Cf. *El gaucho Martín Fierro*, v. 289 et sq.

110 más alegre de hora en hora;
¡brillaba tanto mi aurora
que en un cambio nunca créi!
    Pero el clarín con su voz
tuito abandonar me hizo;
saqué a gatas lo preciso,
y a lo demás, dije ¡adiós!
    Carchas, majada y querencia
volaron con la patriada,
y hasta una vieja enramada
120 que cayó... supe en mi ausencia.
    La guerra se lo comió
y el rastro de lo que jué
¡será lo que encontraré
cuando al pago caiga yo!
    Tamién mi prenda tenía,
su recuerdo me entristece,
la vista se me humedece
¡pues de veras la quería!...
    Triste y amargo jué el día
130 que fí de ella a separarme
para dir a presentarme
a mi causa voluntario;
¡siempre traigo el relicario
que me colgó al ausentarme!
    La guerra siguió en su duelo,
y a ese ángel tan sensible,
sin mí no le jué posible
la esistencia y voló al cielo;
de entonces voy sin consuelo
140 echando al aire lamentos,
que son quejosos acentos
de un alma de amor partida,
que en esta terrible vida
¡sólo encontró sufrimientos!

JULIÁN

¡Ha sentido usté su muerte!
Jué un golpe que lo ha abatido,
está tristazo, afligido,
¿qué quiere, cuñao?... ¡La suerte!

BALIENTE

Don Julián, si usté supiera
150 lo que se sufre en amando,
uno vive suspirando

aunque suspirar no quiera.
Ella es su prenda querida,
con ella, sueña durmiendo;
sin ella, vive muriendo,
¡y su amor nos da la vida!
    Larguemos y vale más
por aura tan duro trance;
¡quiera Dios que a naide alcance
160    otro igual, nunca, jamás!
Mas volviendo a lo de atrás,
usté hoy culpaba a Aparicio,
y creo que ha errao su juicio,
pues sepa si ha de escucharme
del comienzo hasta el desarme
la causa de este desquicio.
    Si no, recuerdo güen mozo
que el suelo patrio pisamos,
y a poco andar lo golpiamos
170    al tan mentao Frenedoso;
diay salió el grupo glorioso
tierra adentro cabriolando
y una que otra vez sentando
lindo la gama y con gusto,
pa atracarles algún susto
y verlos salir ca...ntando.
    Y el que no aflojaba a naides
en crudazo y terutero,
jué a golpiarse con su apero
180    hasta la gran Güenos Aires;
diciendo, que por desaires
de su pago se había alzao;
¡mienta, criollazo, a otro lao!
cuente lo que ha sucedido;
que en el Rincón jué vencido
don Mácimo y redotao.

168 Primer encuentro del coronel Aparicio con las fuerzas del capitán Fre*
doso, en marzo de 1870. (N. del A.)
    170 Frenedoso: el teniente coronel Felipe Fresnedoso. Sobre su misteri*
muerte consignaremos: el 17 de febrero de 1878, Fresnedoso fué remitido a Mon*
video, desde el Salto, por orden del coronel Latorre; el 3 de marzo, domingo
carnaval, apareció en la playa Ramírez el cadáver de un hombre ahogado, q
conservaba en los tobillos restos de una cadena destinada, sin duda, a retener
lingote con que había sido fondeado; el comisario de la quinta sección, acatan
órdenes superiores, condujo prepitadamente el cadáver a la lejana comisaría
Pocitos y luego al cementerio del Buceo. Fresnedoso había desaparecido; se co
jetura que ese cadáver fué el suyo.
    180 Derrotado el coronel D. Máximo Pérez, de las fuerzas del Gobier*
el 27 de abril de 1870, emigró para Buenos Aires. (N. del A.)
    186 Don Mácimo: el coronel Máximo Pérez (1825-1872). Caudillo *

Tamién con Carabajal
nos topamos lindamente:
¡pucha! qué arriada de gente,
190 como yeguas a un corral;
y don Castro el General
nunca olvidará a Espuelitas,
pues le dimos tortas fritas
hasta atorarse... y con fe...
¡Ese día, sí carché
prendas de plata nuevitas!

Dispués vino Ceverino:
allí rayamos los pingos;
¡qué día de matar gringos!
200 si era lanciar a lo fino;
¿recuerda cuando se vino
aquel batallón a un flanco
que cargaba quepi blanco?...
¡¡una amante! ¡viera estrago!
Yo cargué al primer amago
pa mostrar que no era manco.

En Mercedes, Corralito,
en Soriano y en la Unión,
siempre y en tuita ocasión
210 supimos pegarle al frito;
pero, ¡por Cristo bendito!
se vino el dotorerío,
de bombilla y tinterío,
y ya empezó el barajuste
sin que hubiese más ajuste,
peliaban po el poderío.

Andaban como manada
cuando el sitio, y puros ases,

---

ido Colorado. Cerca de la frontera del Brasil, adonde iba a refugiarse, una
    disparada por los hombres del comandante Higinio Vázquez lo derribó,
    rto, del caballo.
187 Carabajal: Manuel de Brun, más conocido como Manduca Carbajal.
mandante general de los departamentos de Minas y Maldonado. Murió en
estancia, el 22 de octubre de 1878. Se dijo ante su tumba: No dejó un odio.
188 Triunfos de las fuerzas revolucionarias al mando de los coroneles Aparicio
Tunis, sobre las divisiones del Gobierno, al mando del general D. Enrique
tro y coronel Manduca Carbajal, el 28 de mayo de 1870. (N. del A.)
191 Don Castro: el general Enrique Castro (1817-1888).
198 Las mismas fuerzas triunfan del general D. José Gregorio Suárez, en el
9 de Ceverino, el 12 de setiembre de 1870. (N. del A.)
208 Toma de Mercedes por el general Medina. Batalla de Corralitos y
cón del Ombú, por el general Aparicio, triunfos de la misma revolución.
    del A.)
213 Bombilla: pantalón bombilla. Pantalón que se angosta mucho hacia abajo.
218 Sitio de Montevideo por las fuerzas revolucionarias desde fines de octubre
1870 hasta el 16 de diciembre del mismo año, donde hubo varios encuentros

con proyectos, charla y bases
220 pa envolver la paisanada;
y hasta con la muchachada
pueblera que había venido,
les hablaban de un bandido
tal o cual, en su interés;
ansí que dende esa vez
jué cayéndose el partido.
  Y diay templamos, cuñao,
pa darle a Suárez... indulto...
¡cuando acordamos!... ¡ni el bulto!
230 el pájaro había volao;
salió en la noche eclisao
de la Sierra ese silguero,
y hasta el Sauce, compañero,
no se nos quiso sentar:
¡más vale no recordar
lo que pasó allí, aparcero!
  El valeroso Muniz
en esa batalla amarga
dió cada brillante carga
240 y de un modo tan feliz,
que el triunfo estuvo en un tris
pa los bravos nacionales;
pero zanjas y trigales
cubrían al enemigo,
mientras que el pecho de abrigo
sólo tuvimos los liales.
  Medina, Estomba, Layera,
Bastarrica, Arrué y García
supieron en ese día
250 darle brillo a su bandera:

parciales, favorables unos y adversos otros a la revolución. (N. del A.) P
ases: puros triunfos.
  228 Suárez: el general José Gregorio Suárez (1811-1879). Famoso por
coraje y por su fealdad, que le valió el apodo de Goyo Geta.
  233 Sangrienta batalla del Sauce sobre el arroyo del mismo nombre, el
de diciembre de 1870. Las fuerzas revolucionarias tuvieron que retirarse en
rrota, batidas por las del Gobierno al mando del brigadier general D. José
Suárez. (N. del A.)
  237 Muniz: el coronel Ángel Muniz (1822-1892).
  247 Medina: el general Anacleto Medina. Estomba: el coronel Belis
Estomba, "uno de los notables jefes de la revolución", como lo llama Edu
Acevedo en sus Anales históricos del Uruguay, III, página 535. Layera: el
mandante Máximo Rufino Layera (1833-1866). Desterrado, murió en Bu
Aires.
  248 Bastarrica: el general Lesmes de Basterrica. Nació en San Sebas
en 1807; murió en la villa de la Unión, en 1881. Arrúe: el coronel Julio B
lomé Arrúe (1829-1897). En la jornada del Sauce fué herido de un balazo e
cabeza. García: Guillermo Bernardo Justo García (1836-1908).

Burgueño, Urán, Olivera,
Rodríguez, Ferrer, Muñoz,
han hecho un estrago atroz
con sus guapas devisiones,
que al gobierno y sus legiones
les dieron lesión feroz.
　　Pampillón, terrible lanza,
abre claro ande atropella,
tamién dejó cruda güella
260　Uturbey con su pujanza;
Rada fiero se abalanza
con la Escolta valerosa:
Lacalle, Mena, Mendoza,
Latorre y tanto valiente
alientaban a su gente
¡en esa cáida gloriosa!
　　¡Ay!, hermanito Julián,
costó esa lucha mil vidas,
y entre las muchas queridas
270　aun lloro la de Luján:
murió Rodríguez, Durán,
Morosini, Plá y García;
¡tamién Carrasco ese día
cayó como caen los bravos!...
po el plomo de los esclavos
enganchaos, que tanto había.
　　Y pagaron su tributo
Moreno y Anavitarte;
de dolor el alma parte
280　tanta orfandá, ruina y luto,
y ése es de la guerra el fruto
que en su marcha se cosecha;
¡no vuelva a dar luz su mecha
pa alumbrar negras hazañas,
que abren ¡ay! en las entrañas
de la Patria, ¡cruda brecha!
　　Que retirarnos tuvimos
por entre charcos de sangre,
y a gatas con el matambre
290　a duras penas salimos;

251 Burgueño: el general Gervasio Miguel Burgueño (1814-1900). Urán:
ián Urán (1810-1866). Murió en la batalla de Quebracho.
252 Rodríguez: el coronel Rafael Rodríguez (1816-1894).
257 Pampillón: el coronel José María Pampillón (1831-1905).
260 No hemos logrado identificar a este y otros revolucionarios de la guerra
il uruguaya de 1870.
263 Lacalle: el general Carlos Lacalle. Murió en Montevideo en 1894.

pero pronto nos riunimos
otra vez al gran montón,
y vivando a esta nación
juramos echar el resto,
o morir en nuestro puesto
¡sosteniendo el pabellón!

  Juéronse algunos sentando
al ver la pata a la sota,
y otros, ya antes la redota
300  se habían estao desgranando;
sólo nos fimos quedando,
los que en cualesquier terreno
sujetamos lindo el freno
copando altivos la banca,
y boliamos siempre el anca
sin mirar si el campo es güeno.

  Pero pa más estrupicio
los letraos se nos volvieron,
y ya tamién disunieron
310  a Muniz con Aparicio;
allí empezaron su oficio
de entrigas y plumería,
ansí que de día en día
la cosa tan se frunció,
que el patriotismo voló
¡pues sólo ambición había!

JULIÁN

Yo soy un gaucho redondo,
no tengo luces ni pluma,
pero nunca ando en la espuma
320  porque dentro siempre al hondo;
ansí es que digo y respondo
que aunque soy muy partidario,
las cuentas de ese rosario
traiban mucho Padre Nuestro;
y aquí, amigo, hay cada maestro
con más letras que un misario.

  Y a la oreja siempre andan
y como sarna se pegan;
dentran, salen, corren, bregan,
330  se dueblan con los que mandan:
adulan, gruñen y ablandan
con el unto de su labia:
en fin, hermano, da rabia

299 Ya antes de la derrota.

tanta falsía de una vez;
y hágase cargo... ésa es
la gente que llaman sabia.
  Vuelven si no los almiten,
se acuquinan si los retan,
mas cuando el clavo asujetan
340 cual la grasa se rediten;
y al infeliz que engañiten
lo dejan mirando el alba,
pues en espinas la malva
redepente se ha cambiao;
y queda el pobre cristiao
como piojo entre una calva.

BALIENTE

¡Don Julián! sólo un dotor
salió guapetón y listo,
¡pocos iguales he visto!
350 es pierna y muy superior;
güen gaucho al par del mejor
pa entreverarse en pelea,
su lanza remolinea
como culebra enojada,
siempre sale ensangrentada
¡jué pucha! que colorea.

JULIÁN

¿Qué me va a decir, Baliente?
lo conozco de pi-apa.

BALIENTE

  Ni una hormiga se le escapa
360 conoce a tuita la gente.

JULIÁN

¿Y no he de conocer yo
al más lindo coronel
que se ha llenao de laurel
ande quiera que embistió?...
Dolores, Tacuarembó,
Cuñapirú y los Queguays,
y en cualquier parte del páis
Salvañá es tan conocido,

368 Salvañá: el doctor Juan Pedro María Salvañac. Nació en Montevideo,
1836.

como ese pasto estendido
370    que en tuita tierra echa ráiz.
       Y da calor ese mozo
verlo sentao en su flete,
bien aperao y paquete,
como el jinete, famoso:
yo he visto a ese valeroso
en un terrible entrevero
dentrar lanciando el primero
con sin igual bizarría;
¡ay juna! causa alegría
380    servir a ese compañero.
       Y otro coronel muy crudo
es Arrúe, el melitar,
quien se le quiera apariar
ha e ser más que copetudo;
aun naides vencerlo pudo
po el número ni el paraje;
su valiente milicaje
como tabla va al fogueo,
y mil lauros por trofeo
390    son el premio a su coraje.

#### BALIENTE

Aura aventajó de cierto
dos cuerpos en la carrera;
será por la vez primera
que mi haigan metido injerto.

#### JULIÁN

Son al ñudo los afanes
al proponerme algún fin;
ni letraos de retintín
han podido echarme panes.

#### BALIENTE

Ansina es que yo me esplico
400    por la queja que dió usté,
no es el general, creamé,
quien nos ha clavao del pico;
son los qui untan el bolsico
con la sangre de este páis;
¡que el diablo les diera máiz!
en vez de pluma y tintero;

¡o alfalfa de algún potrero
y otras yerbas é ainda máis!

JULIÁN

410 Tamién medio portugués
había sido, por lo visto;
y suele dar ese misto
más chispas que buscapiés.

BALIENTE

Ansí soy yo, divertido,
pero cuando el lomo hincho,
¡zambullo como el carpincho
que de cerca es perseguido!

JULIÁN

Tiene razón y no miente:
hubiera sido otra cosa
sin los enriedos y prosa
420 que nos trujo esa tal gente,
que se llama inteligente
y nos quiere embozalar,
para hacernos cabrestiar
y servirles de estrumento,
porque tienen el talento
de las lauchas, pa uñatiar.

BALIENTE

Y otros güenos orientales
cayeron por la traición
cuando la bárbara aición
430 habida en los Manantiales;
aun sus tupidos chircales
de sangre hermana manchaos
son testigos no borraos
de aquel hecho miserable,
ande un gobierno espreciable
burló sagrados trataos.
¡Medina, el viejo guerrero,
sostuvo allí su renombre!

408 É ainda máis: y todavía más.
430 Manantiales: en la batalla de los Manantiales, librada el 17 de julio
de 1871, el general Enrique Castro derrotó, después de tres horas de lucha, al
ejército revolucionario.
435 Espreciable: despreciable.

¡De laurel cubrió su nombre!
440  Murió sin rendir su acero:
y Aréchaga, el compañero
más sereno en el combate,
vino a cáir al rudo embate
de su destino junesto;
¡mas la gloria tiene un puesto
que ni aun la muerte lo abate!

JULIÁN

A la raya acerquesé:
¿qué le gusta, paz o guerra,
o emigrar pa estraña tierra?
450  sin tapujo espliquesé.
Bien se sabe, ya se ve,
la patria es mejor de juro,
pero también le asiguro
que no ha de vivir tranquilo,
y yo buscaré otro asilo,
que en ser limpiao no me apuro.

Ni van a dejar pa casta
si nos agarran mansitos;
aura se amuestran blanditos
460  mientras agranden la plasta;
tengo esperencia y me basta
resabiao por las solpresas;
guampeen a otros con ésas,
que el color de su oro es falso,
por tal razón me las alzo
cansao ya de sus promesas.

BALIENTE

Ni sé si largarle prenda:
estoy hecho un ¡ay de mí!
y es tanto lo que sufrí
470  que vivo harto de contienda...

JULIÁN

¡Se compuso la merienda!
cae otro taura a la fiesta,
y güena ocasión es ésta
pa un parecer o un consejo,

441 Aréchaga: el coronel Justo Fernando Aréchaga (1818-1871). Fué muerto
por una bala de cañón en la batalla de los Manantiales.

pues ño José, como viejo
al platicaje se priesta.

BALIENTE

Don Centurión... Y ¿qué es eso,
de largo pasa este día?
venga a hacernos compañía
480 y esentumir la singüeso.

JULIÁN

Aprosímese a esta yunta:
¿qué tal sigue ese valor?...
lleguesé al calentador
y chupará por la punta.

CENTURIÓN

Aunque voy medio apurao
quiero almitirle el envite,
pues ya he tomao el desquite
en lo mucho que he trotiao.

JULIÁN

¡Está gordazo su flete!...

CENTURIÓN

490 Cómo no, le doy gramilla.
¡Pa que no afloje en la horquilla
si lo monta algún paquete!
    Se lo negocié a Peláis
dende que era muy potrillo,
ricién le apunta un colmillo
y ya sabe comer máiz.

JULIÁN

A ese gaucho paquetazo
le gusta ensillar güen pingo;
pa montar, ni es medio gringo
500 ¡sino paisano amachazo!

BALIENTE

A ver, cuñao, desenfrene...

480 Y desentumecer la lengua.
484 Y tomará mate.

CENTURIÓN

Le haremos al campo gasto,
porque aquí está lindo el pasto
y me gusta que se enllene.
    Mientras pellizca a sus anchas
con la cincha media floja,
le haremos sonar coscoja
a esta paz que jiede a manchas.

JULIÁN

¿Tiene estaca?

CENTURIÓN

            Y de mi flor,
510 ¿cuándo he andao yo desprovisto?...
¡siempre tengo tuito listo
de la jerga al maniador!
    Soy gaucho lindo y parejo,
de bozal, lazo y coyunda,
poco me enriedo en la junda
de mi revórver ¡canejo!

JULIÁN

Y con no tanta parola
vamos de una vez al caso:
me hallo como en embarazo
520 hasta que ruede la bola.

CENTURIÓN

Alumbre algo pa empinar;
mi garguero está en ayuna,
dende que s'entró la luna
yo ni sé lo que es chupar;
mas hoy creo han de pagar
y las botas nos pondremos;
pucha ¡si le pegaremos
al trago, fiero, cuñaos!
Vamos a quedar mamaos
530 porque ya la paz tendremos.

JULIÁN

¡Había sido usté ladino!...
No se cansa ni un momento;

515-6 En la junda de mi revórver: en la funda de mi revólver.
521 Traiga algo para beber.

su lengua es el movimiento
de la rueda de un molino.
     Si me hace acordar a un pión
estrangis que yo tenía,
era labia tuito el día
en su idomia, aquel nación.
     Y pa mi era una ceguera
540  sin poderlo remediar,
tuito se volvía hablar
que en su tierra rico era.
     Que tenía allí, que tanto
trigo, verdura y campaña;
y nunca tuvo el lagaña
¡ni tierra en el camposanto!

CENTURIÓN

Pues sabe que usté no mengua,
ya andamos medios parejos,
nunca le faltan consejos...
550  y sin pelos en la lengua.

JULIÁN

¡Le copo esa compadrada!
pero larguesé por fin,
¿no está oyendo usté el clarín
que toca pa la carniada?

CENTURIÓN

Traiga antes licor de fuego
pa que mi cabeza encienda,
quiero empinar por la prenda
que me ha robao el sosiego.

JULIÁN

¿Quién es la favorecida?

CENTURIÓN

560  ¡Eso sí!, contarle debo
pues de dicha me conmuevo
al hablar de mi querida.
     Cuando fimos a la Unión
a sitiar Montevideo,
¿recordará sigún creo
que anduve medio tristón?

Cómo no, este corazón
mi pecho cuasi revienta;
y me pasaba a la cuenta
570    lo que al potro sin bastera
¡pialao por la vez primera,
que un domador se le sienta!

JULIÁN

¡Pucha! corcoviaba usté
de una manera baguala;
alguna espoliada mala
le afirmaron, y con fe.

CENTURIÓN

¿Sabe que cuando un puñal
dentra con juerza en el pecho,
cae al suelo uno derecho
580    po el peso de agudo mal?
El amor es como un tajo
que sin sentir se le cuela,
va ardiendo al par de una vela
y adentro quema al destajo.

JULIÁN

¿Y cómo podrá pararse
el golpe cuando es certero?
conque el criollo más matrero
a veces suele ensartarse.

CENTURIÓN

Cuando a gatita le aprieta
590    usté se larga sin más,
ni vuelve la cara atrás,
dejándolo al muy sotreta.
Dura en la tierra el amor
si el interés no lo alcanza,
y lo rocia la esperanza
con su riego bienhechor.
Tamién muere su deleite
si la incostancia lo amaga;
como la mecha se apaga
600    cuando la falta el aceite.
Vea usté esa flor airosa,
que si en agua la conserva

y del viento la preserva,
se sostiene un tiempo hermosa.
　　Mas si en cambio la aprisiona
sin rocío que la aliente,
se marchita redepente
y hasta el color la abandona.
　　Yo tuve un nardo una vez
610　y lo acariciaba tanto,
que su purísimo encanto
duró lo menos un mes.
　　Pero ¡ay! una hora de olvido
¡secó hasta su última hoja!
¡Así también se deshoja
la ilusión de un bien perdido!
　　De muy letrao no presumo
pero me fundo en mil casos,
de la dicha los chispazos
620　van al aire como el humo.
　　Siguiendo pues el suceso
que le venía hoy contando;
oigaló, que de tan blando
se me hace agua la singüeso.
　　Cerca del Paso Durana,
en una quinta de lujo,
jué ande la suerte me trujo
pa conocer mi tirana;
iba po allí una mañana
630　y ói un canto ¡que si viera!
del Cielo créi que saliera;
y áhi no más paré la oreja,
haciendomé comadreja
me quedé oyendo de ajuera.
　　Pero ¡qué dulce lamento!
¡qué ternura! ¡qué aflición!
Si el más duro corazón
se ablandara en el momento
al escuchar el acento
640　de esa voz que mi alma ha herido,
si volar habría podido
yo me le hubiese apariao,
pa decirle enamorao:
por ti, echo el mundo al olvido.
　　Dispués se salió a la puerta,
entonces más me almiré;
le asiguro que quedé
¡con tamaña boca abierta!
　　Son los reflejos más flojos

650   del diamante y las centellas:
¡ni aun las más puras estrellas
dan la luz de aquellos ojos!

    ¡Qué cutis! Dios nos dejara,
como escarcha blanco era;
si hacerme pulga pudiera
¡la sangre yo le chupara!

    Otra, tamién diay salió,
¡madre mía! ¡qué gran cosa!
Linda como mariposa
660   que entre un rosal se perdió.

    A dos más vide venir...
de Cristo ya se pasaba,
¿por qué de allí no templaba
quedrán ustedes decir?

    Era que estaba pegao
como la mugre a sus güesos,
como al tacaño los pesos,
como el engrudo colao.

JULIÁN

  Ya se nos volvió a ladiar
670   con los dichos compadrones;
sujete sus espresiones
y deje de retozar.

    La mugre aunque cosa fiera
se lava y sale al momento;
pero usté, ni con ingüento
limpia su gran madriguera.

CENTURIÓN

  Se equivoca, mi criollazo,
ni un tubiano yo aura tengo...
en este momento vengo
680   ¡de darme un baño amachazo!

    Y siguiendo mi coplada,
vi salir otro lucero
más brillante y hechicero
que aquel de la madrugada.

    Ellas en mí se fijaron,
y una a la otra dijo ansí:
—"¿Qué andará haciendo po aquí
este mozo?"— y saludaron.

    "Güen día. ¿Qué tal lo pasa?
690   —preguntaron con recato—,

si usté gusta apiarse un rato
disponga de nuestra casa".

Sin hacerme rogar mucho,
até a un horcón el potrillo,
le di güelta el cojinillo,
y en la oreja guardé el pucho.

Y diay sin saber por qué
ni lo que en mí yo sentí,
sé que su rastro seguí
700   y pa las casas rumbié.

Pero entre gente tan fina
se me colorió hasta el pelo,
y arisqueando de recelo
gané el banco de una esquina.

Y áhi lo mesmo que cigüeña
quedé estirando el pescuezo,
porque andaba, lo confieso,
como gato entre la leña.

Al vuelo ellas coligieron
710   que mi estao no era liviano;
me trataron como hermano
y a la patrona trujieron.

Sentada estaba y sufría
una grande enfermedá;
era el retrato en verdá
de nuestra Virgen María.

La pobre me saludó
de güen modo y cariñosa;
que jué linda cuando moza
720   colegí en seguida yo.

Muy mucho me agasajaron,
y una tocó un estrumento;
¡qué manos! ¡qué movimiento!
Hasta mi alma entusiasmaron.

¡Pucha! ¡oyera cada nota!
¡Si daba calor aquello!
Cuasi pierdo hasta el resuello
pues sudaba gota a gota.

¡Qué guitarra! ¡qué acordión!
730   ¡Qué flauta! ¡ni qué pandero!
si aquello se iba certero
al medio del corazón.

Yo guardo de ella un tesoro
que el blanco muere y no pisa;
y es una rica devisa
con lema bordao en oro.

Sólo lucí en las batallas

aquel valioso presente,
y al ceñir con él la frente
740   crecer sentí mis agallas.

Me despedí con trabajo,
pa salir anduve lerdo...
Siempre guardaré el recuerdo
de su bondá y agasajo.

Dende entonces les tomé
pasión grande y hermanal;
amor como no hay igual
que aquí adentro lo encerré.

No es el fuego aterrador
750   que abrasa pecho y cabeza,
destruyendo la pureza
con su soplo matador.

Es el amor que alimenta
el árbol de la esperanza;
¡feliz aquel que lo alcanza
y en el alma lo sustenta!

Aunque es güeno como malva,
suavecito como incienso,
más que la pampa es inmenso,
760   y alentador como el alba.

JULIÁN

Deje a las hembras atrás
que ya cansó la tal yerba,
¡cargue pues con la reserva
y cuente algo de esta paz!

CENTURIÓN

Tiene razón, pondré fin
del cariño a los ardores,
¡dejaremos esas flores
quietitas en su jardín!

Que aunque el amor y la guerra
770   son cuasi de un parecer;
nos yere el uno sin ver,
nos echa la otra por tierra.

BALIENTE

No reculo a un entrevero,
y lo busco hasta de antojo,
pero a polleras, me encojo
si hay que decirles ¡te quiero!

No es así, ño Centurión,
¡ha pelechao ese grullo!
Mata... sin hacer barullo...
780   ¡siga dando al pericón!

### JULIÁN

Vea si viene el melcachifle,
quiero hacer un gorgorito;
ya el buche lo pide a grito
porque tengo limpio el chifle.

### CENTURIÓN

¡Va mostrando al fin la hebra!...

### JULIÁN

Yo no entiendo otros amores
que respirar los olores
diun güen frasco de giñebra.
      Ella aturde la razón,
790   lleva al cielo el pensamiento,
curte a fuego el sufrimiento
y hasta enancha el corazón.

### BALIENTE

Si el barbijo más aprieta,
hoy sale de entre nosotros
compositor... no de potros,
sino un ladino pueta.

### JULIÁN

Aura envolverme pretiende
y no el laucha pa el menudo;
que a un zorro viejo coludo
800   ningún pelao lo solpriende.

### CENTURIÓN

Pongan el óido al comienzo,
y dende ya les aviso,
que es más largo que chorizo
lo que relatarles pienso.
      En mi puesto me encontraba
con un terne divertido,
pegándole decidido

a una jugada de taba,
diay vide que se acercaba
810    un soldao de polecía,
el que al galope venía
y hasta el cerco se allegó
sin tapujos, y me dió
un papel que me traía.

Lo mandaba el comisario
de la sesión del Minuano;
¡medio diablón el paisano!
y pa los nuestros, corsario,
me decía en el escrito:
820    "Amigo don Centurión,
es llegada la ocasión
de aprontarse pa este frito;
¡Aparicio pegó el grito!
nos acaba de invadir;
yo aurita salgo a riunir,
tenga listos pingo y lanza
que mañana a más tardanza
en su busca hemos de dir."

Sin siquiera esperar nada
830    las pilchas a luz saqué;
el sable y muarra limpié
desponido a la llamada.

De un facón que tenía allí,
y de tacuara una caña,
¡hice una lanza tamaña!
poniéndole un tongorí.

Dejé el puesto al capataz
con la haciendita y el rancho,
y dije, ¡ya está el carancho!
840    que se vengan los demás.

Me alcé con tuito mi apero,
freno rico y de coscoja,
riendas nuevitas en hoja,
y trenzadas con esmero;
linda carona de cuero
de vaca, muy bien curtida;
hasta una manta fornida
me truje de entre las carchas;
y aunque el chapiao no es pa marchas
850    lo chanté al pingo en seguida.

Hice sudar el bolsillo
porque nunca fí tacaño;
traiba un gran poncho de paño
que me alcanzaba al tobillo,

y un machazo cojinillo
pa descansar mi osamenta;
quise pasar la tormenta
guarecido de hambre y frío,
sin dejar del pilcherío
860 ni una argolla ferrugienta.

Mis espuelas macumbé,
mi rebenque con virolas,
rico facón, güenas bolas,
manea y bozal saqué:
dentro el tirador dejé
diez pesos en plata blanca,
pa allegarme a cualquier banca
pues al naipe tengo apego;
y a más presumo en el juego
870 ¡no tener la mano manca!

Copas, fiador y pretal,
estribos y cabezadas,
con nuestras armas bordadas
de la gran Banda Oriental;
no he güelto a ver uno igual
recao tan cumpa y paquete,
¡ay juna! encima del flete
como un sol aquello era,
¡ni recordarlo quisiera!
880 Pa qué ¡si es al santo cuete!

Monté un pingo barbiador,
como una luz de ligero,
¡pucha! ¡si pa un entrevero
era cosa superior!
Su cuerpo ¡daba calor!
y el herraje que llevaba,
como la luna brillaba,
al salir tras de una loma;
yo con orgullo y no es broma
890 en su lomo me sentaba.

A los tientos del recao
puse el poncho y até el lazo;
también arreglé de paso
un maniador bien sobao,
y pa estar del tuito aviao
hice estacas y maceta;
a más, zampé en la maleta
dos mudas de ropa nueva;
y ya salí de mi cueva
900 ¡más cargao que una carreta!

900 Cf. El gaucho Martín Fierro, vv. 361-78.

JULIÁN

Voy a atajarle el suspiro...
¿Pa tantas pilchas, colijo,
llevaría usté de fijo
algún carguero de tiro?...

CENTURIÓN

Sólo al amor me le enrabo
sin mezquinarle cabresto;
pero a la cola... ni un resto...
que se lo aguante otro pavo.

JULIÁN

Si sigue meniando astilla
910    le tarjeo el chiripá...
tantas tarjas tiene ya,
¡que parece una parrilla!
    ¿Y el poncho?... está como fleco
de tanto pegarle, al ñudo...
¡pa lengüetiar es más crudo
que aquel mentao don Pacheco!...

BALIENTE

Nunca lo empaca el relato
porque no es ni medio lerdo;
si miente, tiene recuerdo
920    y no le merma barato.

CENTURIÓN

Ya le alvertí antes de ahora
que el petardo era largazo
como tres tiros de lazo,
y una consulta dotora.

BALIENTE

Si siempre tiene salidas
este fantasma embrujao,
hasta al diablo lo hace a un lao
con tan juertes embestidas.

CENTURIÓN

Ansina soy y seré,
930    ansina marcho viviendo,

905-908 Dejo que el amor me lleve a la rastra: no quiero llevar nada a la rastra
916 Don Pacheco: quizá Melchor Pacheco y Obes.

el mesmo seguiré siendo
y el mesmito moriré.
    Pero no corten la hilada
de la historia que seguía,
si no ni basta este día
pa que se quede acabada.
    Me salí de aquel tirón
con tanta prenda de plata,
que del cogote a la pata
940 ¡era un vivo rilumbrón!

JULIÁN

¡Ah toro! Y no tiene yel
pa largarnos sus guayacas;
y le gustan las balacas
como a las moscas, la miel.

CENTURIÓN

No soy criollo de esa gente
llamada letra menuda,
pero usté no ponga duda
que soy gaucho inteligente.

JULIÁN

¿Qué es eso, amigo Mauricio?
950 ¿cómo su labia sujeta?...
A ver pues también si aprieta...
para despuntar el vicio.

BALIENTE

¡Cuándo diantre le he apretao!
Nunca he tenido esas mañas...
Temo rajar mis entrañas
abriendo mucho el candao.

JULIÁN

¿Quedrá usté volverse alcalde?
¡pero su ley será poca!

BALIENTE

Me gusta verle la boca...
960 cuando la estira de balde.
    Dénle duro al mancarrón
que no afloje en lo parlero,

en tanto que yo el puchero
voy a sacar del fogón.

¡Pucha! que está espumadito,
y bien asao el churrasco;
corransé, no le hagan asco
y corten del calientito.

JULIÁN

Si este Baliente, ¡es matarse!
970 nunca le falta alvertencia,
y una grande conocencia
pa siempre desempeñarse.

BALIENTE

Están hablando de hambre
y con los ojos lo añiden...
de los que ni dan ni piden
es este rico matambre.

CENTURIÓN

¡Ah terne! siempre es el mesmo
apotrao de dicharachos,
y algunos dentres amachos:
980 ¡qué collera con Juan Lesmo!

JULIÁN

El puchero y el asao
hay que asentar en seguida;
¿a ver, pues, quién me convida
con un negro bien armao?

BALIENTE

Lo podré aviar de tabaco
pero piqueló a su antojo;
yo al mío siempre lo mojo
cuando está aventao el naco.

CENTURIÓN

Perdimos en la merienda
990 lo mejor de la milonga...

984 Negro: cigarrillo negro.

BALIENTE

Cuando el payador disponga
puede dir largando prenda.

CENTURIÓN

Volviendo pues al asunto:
salió mi flete escarciando,
y yo una copla cantando
de la guerra al contrapunto;
la pierna por tuito punto
lindamente me gustaba,
y hasta el pingo relinchaba
1000 ¡si lo viera! de contento,
y diay colegí al momento
que el batuque le agradaba.

Un trecho largo trotié
y fí a visitar de paso
un compadre mío viejazo
de la Barra del Cufré;
cuando a la estancia llegué
la vide algo solitaria,
pues sólo ña Candelaria
1010 me recibió en la tranquera,
y ya malicié que hubiera
nueva alguna estrordinaria.

Pregunté por mi tocayo:
y la comadre me dijo
que había ensillao de fijo
al primer canto del gallo;
llevando el mejor caballo
que en su tropilla tenía,
pa llegar con sol tuavía
1020 al boliche de un Carrión,
ande estaban de riunión
los blancos, en ese día.

Entonces tuve tristeza
por marcha tan repentina;
y la vieja muy ladina,
me largó con esta presa:
"Escuche usté por su madre
lo que en confianza le digo:
juya de aquí o busque abrigo
1030 ande ni perro le ladre;
sepa que ya su compadre
haciendo hoy la pata ancha,
alzó el moño de esta cancha

pa riunirse a la regüelta,
jurando no estar de güelta
sin antes ver la revancha."

　　¡Pobre viejo mi tocayo!
Siempre guapo y tan patriota,
no andaba espiando a la sota
1040　para ensillar su caballo.

JULIÁN

En los juegos de la tierra
hay que andar muy deligentes,
no hacen baza los suplentes
en los naipes de la guerra.

CENTURIÓN

Otro paisano llegó
con el pingo sudadazo;
de trasijao venía al paso,
y al llegar se le aplastó;
uno pa mudar pidió,
1050　se echó al corral la manada,
y a la primer revoliada
enlazó un güen rosillito,
que lo sentó allí mesmito
de una sola rastrillada.

　　El forastero era listo,
le eché el fallo... ¡y no me engaño!
Debía ser de pago estraño,
no era cara que había visto;
el hombre iba bien provisto
1060　pa aguantar cualquier corcovo;
preguntó haciéndose el bobo
la picada más cercana...
yo pa mí, dije... ¡mañana!
y el pango se me hizo robo.

　　Le comencé a largar prosa
del paso que me pedía,
el cual, bola a pie estaría
por ser cañada fangosa;
mas que eso no era gran cosa
1070　hallandosé a corto trecho
cerquita el primer repecho
una picada matrera,
que yo endilgarle pudiera
pa que saliese derecho.

1072 Una picada no muy visible.

Me fijé en su apero todo
de curioso... ¡hágase cargo!
Usaba poncho muy largo
que le tapaba... hasta el modo,
mas lo dobló por el codo
1080 y le vide di un gatazo
güen facón, y un trabucazo
como pa pedir respeto;
y en guascas traiba el completo
dende los tientos al lazo.

Y él, cuando en mí reparó
viendomé armas de pelea,
colijo, que güena idea
no tuvo y me receló;
ansí lo malicié yo,
1090 y le dije, mi aparcero,
usté de acá es forastero
pero entre amigos está,
tal vez no conocerá
otra cosa, compañero...

De las Puntas del Cufré
a la más alta cuchilla,
naide lo afrenta ni humilla
a este gaucho que aquí ve;
he sido y siempre seré
1100 el taita de aquellos pagos,
pues probé en trances aciagos
que mi brazo con pujanza,
ha remoliniao la lanza
causando rudos estragos.

Y aunque es José Centurión
crüel con los enemigos,
amigo es de sus amigos,
incapaz de una traición;
me es igual pluma o facón;
1110 y lo que es pa echar un pial
en la puerta de un corral,
no le envideo al primero,
y en ancas, soy el puestero
del estrangis más bozal.

Me retrucó sin demora
el otro: "Alabo sus mañas;
tamién tengo mis hazañas
dende que nací, hasta ahora.

1077 El poncho uruguayo es muy largo.
1083 El completo: todo lo necesario.

Me llamo Frutos de nombre
1120   y Costa de apelativo,
de gaucho guapo y altivo
tengo en mi pago renombre.
Le asiguro que no hay hombre
más mentao en el Chaná,
ni la mesma autoridá
me lleva con el encuentro,
porque sabe que ande dentro
respetao tuito será.

Y si viera, aunque ya viejo
1130   suelen gustarme las chinas,
y soy con las más ladinas
peine que ni liendres dejo;
al mundo salí parejo,
me prestó Dios su favor,
y jamás pudo un rigor
hacerme agachar la frente,
pues será hasta que reviente
firme y lial, su servidor.

Ya que juntos relinchamos
1140   que adentro no quede empacho;
largue cada cual su guacho
tal vez del par, uno hagamos."

Con tapujos jamás ando
y ande quiera desensillo;
ni me engüelvo en el ovillo
y tuito a guardar lo mando.

¿Conque, don Fruto? sea franco
le pregunté, no es ofensa...
¿y en opiñones qué piensa,
1150   tira a colorao o a blanco?

Aunque el viejo era algo arisco,
retrucó, "salga ande salga,
usté es hombre y Dios le valga
embuchando este petisco".

"Paisano soy y he de ser
de la celeste devisa;
no es bordada sino lisa,
pero la sé defender;
andequiera lo hago ver,
1160   y aura voy a la riunión
a ofertar a mi opinión
este brazo en su servicio,
para ayudar a Aparicio,
en su gran regolución."

Junte con ésta, su mano,

tamién mi pecho le atraco,
y gorgoriemos un taco
por la cáida del tirano.

1170  Nunca este cuero ha servido
pa ser lonjiao por mi gente;
respondí siempre fielmente
al clarín de mi partido;
y el que hoy se quede dormido
sin engrosar nuestra fila,
es porque el valor vacila
de esos malos orientales:
unámonos pues los liales
pa ver la patria tranquila.

Y eché al diablo al comisario
1180  que me escribió aquella carta,
desenredando mi cuarta
¡como blanco y partidario!...

A esas horas, ya la cruz
de juro me había él echao;
salió el zonzo madrugao,
¡y con patas de avestruz!

Seguimos siempre marchando
en un bajo, y por la orilla
de una machaza cuchilla
1190  la que estábamos costiando;
cerca ya díamos llegando
a una estancia y pulpería;
el hambre nos perseguía
y era tiempo de embuchar,
allí fimos a buscar
por si algo pronto tenía.

Llegamos a la enramada
de la esquina o del boliche,
pedí al pulpero un espiche
1200  pa tomar la convidada.

"Traiga patrón algún fiambre
que la quijada entretenga,
pidió Costa, o lo que tenga
para no morirnos de hambre.

Si no, es cosa de un ratito
armarnos de un asador,
de ese membrillo cantor
y chantarle un churrasquito.

Que entre los gauchos cumplidos
1210  pocas güeltas debe haber,
pedir, pagar y querer
son siempre güenos partidos."

Pero el gringo no era lerdo
y no se enredó en las cuartas,
pronto llegó con dos sartas
de chorizos, ¡puro cerdo!

Les asiguro en verdá,
que don Fruto era parlero
como loro barranquero
1220   de primera calidá.

CENTURIÓN

JULIÁN

Le dice al sartén la olla:
quitá que me ensucias, ¡bruto!
Y usté en yunta con don Fruto
¡cuál de los dos más embrolla!

CENTURIÓN

¡Ah, Julián! siempre chocante,
de amolar no se resabia,
¿y quién diantre con su labia
el pie le pone adelante?

JULIÁN

Don José, no se haga el chico,
1230   semos gajos de una rama:
si a mí ladino me llama
¿quién a usté le ataja el pico?

CENTURIÓN

Deje seguir mi campaña:
aboné el gasto a los gringos,
pronto arreglamos los pingos,
y por no perder la maña
llené mi chifle de caña
pa los güesos calentar,
pues teníamos que marchar
1240   hasta ponerse la luna;
trotiada largaza ¡ay juna!
le díamos a pegar.

Los fletes iban chupaos,
a una aguadita llegamos,
y los frenos les sacamos
que bebiesen descansaos.

Dispués que beber les dimos
salieron llenos, briosos,

como soles rilumbrosos,
1250 y a la marcha nos pusimos.
    ¡Qué trotiar aquella noche!
el frío frunció mi hocico:
¡ah suerte del hombre rico
poder pasiarse de coche!
    Don Fruto había dao comienzo
a espoliar a su rosillo:
en tanto que mi tordillo
no aflojaba ni por pienso.
    Tuavía ni un chiquitito
1260 lo había hincao en esa marcha:
diba rayando la escarcha
armao siempre y enterito.
    Dispués de un trote deshecho
la luna se nos dentró,
mi viejo el monte aguaitó
detrasito de un repecho.
    Hasta allí pronto alcanzamos
con silencio y precaución,
pastoriamos un rincón
1270 y al punto desensillamos.
    Até el flete en un retazo
cerquita a mi cabecera,
por si algo sucediera
poder ensillar de paso.
    Y también allí a su lao
ató el rosillo el palomo,
y le echó una jerga al lomo
dispués de haberlo rascao.
    Diay juntitos en un plano
1280 nuestras cacharpas pusimos,
y a descansar nos tendimos
pa ensillar lo más temprano.
    Me eché y ya quedé dormido
como tronco, le asiguro,
¡me habiera visto en apuro
si me hubiesen solprendido!
    Y ya a soñar me agaché,
amigo, con los galones,
me vía con rilumbrones
1290 porque a ser jefe llegué;
y con orgullo tomé
el escuadrón en que estaba
y ¡a la carga! lo llevaba
a dos laos, y con juror,

¡ay juna! ¡y con qué valor
al enemigo arrollaba!

JULIÁN

Con el cargo metió roncha...
¿Si se le habría hecho cierto?...

CENTURIÓN

Me quedé al verme dispierto
1300    cual caracol, en la concha.
       Entre sueños me ói decir:
los güesos de punta pare,
don José, antes que aclare
de acá nos hemos de dir;
es preciso ya salir,
no sea gaucho tan confiao,
porque algún día boliao
si sigue ansí se verá,
mi rosillo pronto está
1310    ¡y apúrese, pues, cuñao!
       Ya desentumí las tabas,
y en menos que canta un gallo,
tuve aperao el caballo
del tuito listo y sin trabas.
       Yo recordaba ese sueño
que aún arder siento en mi frente,
y juré cumplir fielmente
mi deber con todo empeño.
       Seguimos rumbo a la sierra
1320    cuando el alba aparecía,
y encima se nos venía
a dos laos en su carrera;
y ya cubriendo la tierra
brillaba la blanca helada,
oyéndose la cantada
del pájaro a sus amores;
y hasta el cogollo a las flores
entrabría la madrugada.
       Por fin el sol sacudió
1330    su cabeza del nidal,
y con brillo sin igual
¡tuita la tierra alumbró!
       Ya muy cerquita quedaba
el campo de Juan García,
quien su hacienda en ese día
pa la manga la llevaba.

Al poco andar lo topamos
en la fáina con los piones;
maniamos los mancarrones
1340 y al punto nos relinchamos.

Y diay como de un cañuto
salí con rumbo a la casa;
e igual a mancha de grasa
se pegó a García, ño Fruto.

Vido que estaban marcando
y como güen oriental
salió derecho al corral,
su lazo desarrollando.

Yo no estaba pa trabajo,
1350 fí a visitar la patrona,
vieja media quebrachona
y de muy mucho agasajo.

A la cocina dentré:
¡bien haiga el haber llegao!
cuasi quedo allí ensartao. . .
oigan lo que me encontré:

dos mozas allí paraban;
sólo el contar ¡da calor!
se abría el pecho al amor
1360 a tuito aquel que miraban.

Una, rubia macumbé,
de pelo fino, amarillo
como el oro de un anillo
que en una banca empeñé.

Sus ojos color de cielo
en la tarde de verano,
era tan blanca su mano
como el jazmín de este suelo.

La otra era un panal de miel,
1370 morenita y agraciada,
de boquita bien arquiada
¡más fresquita que un clavel!

Como sus ojos, no hay perla. . .
¡Qué mirada centellante!
Esa mujer ¡juna amante!
¡me hizo palpitar al verla!

¿Ustedes ven el fogón
que el juego se va apagando,
y está solita quedando
1380 la brasa de aquel tizón?

Aquella brasa escondida,
por la ceniza cubierta,

soplándola se dispierta
mostrando que está prendida.

    Ansí en mi pecho sentí
arder un tizón oculto,
y aunque quiero darle indulto
nunca se aleja de mí.

    Quedé, pues, como el fogón;
1390 mi amor que creiba apagao.
Las cenizas han soplao
¡y se prendió el corazón!

JULIÁN

Medio crudo es ño José
pa tan pronto amoriscarse,
cuidao no vaya a pialarse
sin saber cómo y por qué.

CENTURIÓN

Lo mesmo que verdolaga
me estiendo en cualquier terreno,
y lo encuentro tuito güeno
1400 dende que el amor lo paga.

    Dispués de prosiar un rato,
para concluir bien la farra,
canté lindo en la guitarra
una copla de barato.

    ¡Tierno era aquello, por Dios!
Qué bordona, ni qué prima,
si no sonaba más rima
que los ecos de mi voz.

JULIÁN

    ¡Pucha! si es alabancioso
1410 hasta más ya no poder.

BALIENTE

Déjese pues de... moler,
que retruca de envidioso.

CENTURIÓN

Si al ñudo es que yo prosiga,
me tienen medio caliente,
y si me achispo un repente
apriétense la barriga.

JULIÁN

Largue tanta compadrada,
don José, y siga la danza.

CENTURIÓN

Seguiré hasta donde alcanza
1420 que allí la verán parada.
    "Don Centurión, es muy tarde",
vino don Fruto a decirme;
y acabé por despedirme
desiando que Dios las guarde.
    Sintiendo largar la presa
abandoné aquellas mozas...
¡pero les dije unas cosas!...
cuasi pierdo la cabeza.
    Por fin ayuntaos salimos,
1430 y de allí a lo de Carrión,
lo trotiamos de un tirón
hasta que la gente vimos.
    Y cómo estaba Aparicio,
la gente caiba a granel;
¡viera qué enjambre o tropel!...
¡créy que juera el día del juicio!...
    Allí el amigo Nadal
cuasi a abrazos me hizo trizas,
luego nos dió unas devisas
1440 con el lema Nacional:
me fí a ver al General
y estos cinco me apretó;
les asiguro que yo
hasta lloré de alegría,
en mi vida tuve un día
que más mi pecho gozó.
    Y diay nos acollaramos
a tuitos los compañeros,
con mi tocayo Cisneros
1450 al punto nos relinchamos,
allí entre los dos juramos
no deshonrar nuestra lanza,
mejor quedar con la panza
al aire en una cuchilla,
¡que nunca aflojar la horquilla
ni mermar en la pujanza!
    Con la promesa más ancha
don Fruto se me hizo humo;

pues traiba un deseo sumo
1460 de hablar con los de su cancha.
De entonces, siempre seguí
sin aflojarle coscojas,
y hoy cual perejil sin hojas
estoy hecho un ¡ay de mí!
Herraje y chapiao perdí
en milongas y jugadas,
tan sólo las cabezadas
he salvao como de troncho;
¡sin tener ni un triste poncho
1470 con que pasar las heladas!
Hasta tuve un par de botas
medias cañas superiores,
y un día varios dotores
me hicieron tallar la sota;
y entre chupanza y chacota
vine a quedarme sin ellas:
¡viera! ¡copadas aquellas!...
Por fin me encontré a la luna
sin esperanza ninguna
1480 de que oiga Dios mis querellas.

### JULIÁN

Pero si usté es gaucho rudo
¿pa qué dentra a la carpeta?
le han de pelar la chancleta...
si me lo agarran peludo.

### CENTURIÓN

Si es Julián pa los consejos
como la hacienda pa el pasto;
y aunque de ellos haga gasto
no se mira en sus reflejos.
¿Y qué más tengo sacao?
1490 Pasar frío al gran botón,
quedar como chicharrón
de viejazo y arrugao;
nunca pasé de soldao,
siempre en pelea dentré,
en la vida me quedé
atrás en las caballadas,
¡y en tuitas las agarradas
el primero me encontré!

JULIÁN

Pero si usté es tan curtido
1500 que de las bancas no sale,
un hombre ansí nada vale
y andequiera es mal querido.

CENTURIÓN

Guarde el machaque pa trovos
que está viniéndome el gusto,
¡mire al diablo! nunca es justo
déle y déle a los corcovos.
    ¿Qué se saca con la guerra,
don Julián, digameló?
Ella si sigue, crealó
1510 va a acabar con esta tierra;
dende la mar a la sierra
tuito el páis quiere la paz;
basta de sangre, no más,
alcemos los campamentos,
se jueron los sufrimientos,
¡que ya no vuelvan jamás!
    Acuérdese, en la mañana
cuando a Mercedes dentramos,
que en tuita parte encontramos
1520 recebida campechana;
¡aquella triste mañana
olvidarla no podré!
Jué un día que soporté
el tormento más amargo;
pené tanto... ¡hágase cargo!...
como nunca sufriré.
    Ya el invierno se venía
haciéndonos tiritar,
cuando pudimos llegar
1530 al pueblo que más quería,
¡viera el gentío ese día
de alborotao cómo andaba!
Cada cual se disputaba
el recibir los milicos,
viejas, mozas, pobres, ricos,
tuito el mundo se ofertaba.
    Había bulla y contento,
campaneo atronador,
no se oía del dolor
1540 la amargura ni el tormento
cuando en el mesmo momento

pasaba una pobre vieja
que echaba al aire su queja
y estas palabras sentí:
"Todos dentran, yo perdí
la esperanza ya de verlo,
nuestro Dios debe tenerlo
allá con él, en el cielo."
Y otra decía en su duelo:
1550 "Tuitos llegan, no ha venido,
creo que lo habré perdido,
grande Virgen de mi fe."
Contra un horcón reparé
que estaba un viejito inválido,
me acerqué al verlo tan pálido
que parecía una muerte,
y esclamaba de esta suerte:
"¿Cuándo esto se acabará?
¡Cuándo un día llegará
1560 que concluyan tantos males,
y estos bravos orientales
sin distinción de colores
vivan en paz, sin rencores,
en sus pagos trabajando,
dejar de andarse matando
por seguir ruines caprichos!"
Crea que al óir tales dichos,
don Julián, me entristecí,
y de mis ojos sentí
1570 dos lágrimas refalar,
por esta barba pasar
yendo a perderse al pellón;
¡pero que en mi corazón
siempre frescas han de estar!

### BALIENTE

¡Sigan chispas de esa yesca!
porque es música que sopla;
cuando larga usté una copla
ni habrá quién no se enternezca.

### CENTURIÓN

Hoy ofertan galantías;
1580 colguemos pues nuestras armas
pa acabar con las alarmas,
y esperar mejores días
de fiestas y de alegrías

en que unidos viviremos,
y juntos trabajaremos
echando a un lao la discordia,
y en dulce, hermanal concordia,
a este páis levantaremos.

JULIÁN

¡Veanló! ni es medio mandria;
1590   lo ablanda a uno como esponja;
y es pal canto, sin lisonja,
lo mesmo que la calandria.

BALIENTE

Si Gomensoro el gobierno
embozalarnos quisiera,
lo sacamos campo ajuera
pa largarlo hasta el infierno;
colijo que no es muy tierno
en la primer aflojada;
hoy vendrá aquí a la parada
1600   po el desarme... y lo demás...
arriandoló por detrás
los liendres de su camada.

CENTURIÓN

Al fin será ese dotor
el que nos saque de pobres,
a ver si aura armo de cobres
otra vez mi tirador;
ya tiene hasta mal olor
sin tener con qué alegar;
¡pero qué nos han de dar
1610   a tan disgraciaos paisanos!
tal vez nos unten las manos...
si algo les llega a sobrar.

BALIENTE

Y tan poco será eso,
que entre velas y candiles
se irán los quinientos miles,
y pa el gaucho... ni habrá un queso:

1593 Gomensoro: Tomás José del Carmen Gomensoro (1810-1900).
1615 500 mil pesos oro fué la cantidad dada por el Gobierno del señor Gomensoro, a la revolución, como indemnización por gastos de guerra. (N. del A.)

quizás muevan la sin güeso
pa darnos... algún consuelo;
y con la pata en el suelo
1620 al fin nos hemos de ver,
¡y échese uno a padecer...!
Eso de lejos, lo güelo.

Ya estará el oro a la fecha
en manos del mamporraje;
de esos que lucen güen traje
pero ni sirven... pa mecha;
y es la gente que aprovecha
cuando el caso se presenta,
ni andan lerdos en la cuenta
1630 cada cual de sus perjuicios,
y con papeles y oficios
por uno ¡cobran cincuenta!

JULIÁN

Sólo cuando nos precisan
entonces sí, son cumplidos,
¡pero dispués de servidos
si nos encuentran nos pisan;
y si acaso nos devisan
se soslayan del camino,
por que un tinterillo fino
1640 con un gaucho se deshonra;
y ellos llaman tener honra
ser lauchas y chupandinos.

Pero el mejor escribano
erra el rajido a la pluma;
y el que de alpiste presuma
puede cáer en un pantano;
hay veces que el más baquiano
se pierde en un campo abierto,
y otras, que un matao cubierto
1650 de mala facha y muy fiero
aventaja al parejero
más mentao y descubierto.

"Entre güeyes no hay cornadas,
y ande hay yeguas, potros nacen"...
Mientras ansí nos atrasen
no ganarán pa sabliadas;
dejen las cuentas saldadas
sin acordarse del vuelto;
quedando de ya resuelto
1660 para siempre en este caso,

que en un cariñoso abrazo
tuito oriental viva engüelto.

BALIENTE

Al gaucho siempre lo quieren
cuando tienen precisión,
entonces, de corazón
le pintan que lo prefieren,
y que hasta por él se mueren;
¡yo por ésas, no me pierdo,
y pa creerles, soy muy lerdo!
1670 ni les quiero sus favores;
ansí trato a esos dotores...
"¡Si te vide, no me acuerdo!"

CENTURIÓN

Y yo que ya me he quedao
como reyuno bichoco,
y me ha largao medio loco
este andar de lao a lao;
eso es lo que yo he ganao
en esta patria querida,
pero si salvo la vida
1680 de tan gran merenjenal,
como aperiá en un pajal
busco en el monte guarida.

JULIÁN

Sonsazo está pareciendo,
hermano, en su lenguaraz;
hoy habló de unión y paz
¡y aura de vivir juyendo!

CENTURIÓN

Cómo no, me da impacencia
el verme en estao tan crudo,
viejo, amolao y desnudo,
1690 sin una triste querencia;
pero hay que tener pacencia,
seré hijo de maldición;
"Y al que nace barrigón
es de balde que lo fajen",

1680 Merenjenal: berenjenal.
1681 Aperiá: watchapereá.

vale más que me lo encajen
como taco, en un cañón.
    Hasta si mucho me apura
la disgracia, compañero,
¡abro yo mesmo el aujero
1700  que ha de darme sepultura!

BALIENTE

Por trances no se acobarde,
van y vienen como nube;
y si hoy cae, mañana sube
¡para gozar nunca es tarde!
    Cambio en su suerte ha de ver,
deje correr al destino,
que ha marcao en su camino
¡que otra estrella va a tener!
    ¡Vido el día cómo estaba,
1710  el cielo escuro y ñublao,
y en qué rato se ha cambiao,
cuantimenos lo pensaba!
    Ansí es la suerte en la vida,
hoy de su pago se ausenta,
y a veces se le presenta
¡cuando la cree más perdida!

CENTURIÓN

Son razones y verdades
las que salen de su boca;
mi dicha pues no es tan poca
1720  con tan güenas amistades.
    Voy a armarme de costancia
ya que en la mala me encuentro,
forcejiaré por si dentro
de pión en alguna estancia.
    La esperanza da valor
pa doblar el espinazo;
o quedo tendido al raso,
o concluirá mi rigor.

BALIENTE

Don Centurión, oiga esto,
1730  quiero hacerle una pregunta...
¿cree usté que puede haber yunta
con partido tan opuesto?

## CENTURIÓN

Escuchemé, don Julián,
y usté también, ño Baliente,
dejen que hasta el fin les cuente,
que dispués retrucarán.

En esas marchas al tranco
tan pesadas, si son largas,
ideas crueles y amargas
1740    yo tuve, si he de ser franco;
via seguir a tanto blanco
como manada de ovejas,
sin que se escucharan quejas
por nuestra contraria suerte,
y hasta desafiar la muerte
sin agachar las orejas.

Y decía entre mi forro:
mejor mucho había de ser
que tanto hombre de valer
1750    en vez de andar de mamporro,
pudiera prestar socorro
a su familia tirada,
a esta patria desdichada;
y en vez de empuñar la lanza,
darle al arao con pujanza
y a toda tarea honrada.

¡Maldición tenga la guerra!
Pidamos al justo cielo;
danos Dios ese consuelo,
1760    ¡no sangres más esta tierra!
Dende el llano hasta la sierra
el pueblo oriental lo implora,
venga la paz en güen hora,
ansí volverá el contento;
pues de la guerra el tormento
¡la patria afligida llora!

En un cañadón echemos
las armas de un cruel pasao,
y quede el odio olvidao,
1770    si estar unidos queremos;
ansí orientales seremos
a nuestro páis de provecho;
se ve tan pobre y deshecho
que es un deber levantarlo;
tratemos pues de ampararlo
¡pa vivir bajo su techo!

JULIÁN

Dispense, ño Centurión,
no sé cómo podrá hacerse,
con el tiempo eso ha de verse
1780   mejor que en esta ocasión;
yo no soy de su opinión
ni vivo con la esperanza,
ha de haber mucha venganza,
y ya verán, compañeros,
de sangre charcos, regueros,
hechos a punta de lanza.

Si el domingo va a pasiar
un rato a la pulpería
estará la polecía
1790   y lo empezará a chuliar;
¿quién se dejará insultar?...
Al flamenco apelaremos,
y entreveraos saliremos
hasta el resuello perder;
¿qué más va a quedar que hacer?
¿Dejarnos ajar? ¡Veremos!

Y si aporta a la carrera
que lo convida un amigo,
gritarán "¡es enemigo!
1800   es blanco, ¡salga pa juera!"
Y aunque usté hacerlo no quiera
la juerza lo hará salir,
¿cómo podremos vivir
trataos de un modo tan cruel?
¡Guerra y guerra sin cuartel!
¡Hasta vencer o morir!

Y si a alguna banca asomo
y me vieran empilchao,
mandarán algún mamao
1810   pa apodarme ruin palomo;
¡si se empaca, le dan plomo!
o si no, lo desgarretan,
las clavijas le asujetan
por ser blanco y nada más;
¡pues vaya al diantre esta paz,
lo que es a mí, no me aprietan!

Llega a un baile, si entra en danza
le quitan la consentida,
y como a cosa vencida
1820   cualquier pelao me lo avanza;

1818 La consentida: la compañera.

¿y qué hombre no se abalanza
teniendo sangre en las venas?...
Pero al solo embite, apenas,
se apagaron los candiles,
y lo dueblan esos viles
¡lo mesmo que vaina ajena!

Cuando no, viene un cantor
y en la guitarra le canta:
"Ya el blanco no se levanta
1830    y aquí vive de favor",
y usté aunque tiemble de ardor,
no tiene más que callar;
sólo sufrir y llorar
hoy, hermano, nos espera;
que se quede aquí el que quiera,
¿lo que es yo?... voy a emigrar.

Y otras veces, si en su pago
se encuentra viviendo a gusto,
le han de pegar más de un susto
1840    diciendo que es gaucho vago;
y si hiciera algún amago
de golpiárseles la boca,
entonces cuñao, le toca
la más grande lotería...
va a dar a la infantería
y me le rapan la coca.

Y como fin de grandezas,
dicen por áhi, que tendremos
un día pa que votemos
1850    en la elición de las mesas;
que en las tales fiestas esas
habrá gran siguridá;
¡lo que es Giménez, no irá
a servirles de carnada,
pa quedar en la estacada
creyendo en su libertá!

Cosa que tenga dolzuras
la paz en tamaño infierno,
hay quien piensa que el gobierno
1860    nos dé cuatro jefaturas;
¡de pelar han de ser duras!
que se lo cuenten a otros;
dispués veremos nosotros
salir al sol mil embrollas,
decretos, leises, bambollas
pa domarnos como a potros.

¡Ay! si por cualquier evento

gozo ¡oh Patria! de tus bienes,
del manso Julián Giménez
1870 tendrán noticia al momento;
si quieren sangre, sangriento
seré cual tigra cebada,
y en descubierto o celada
al que hostigarme pretienda,
le he de enseñar pa que aprienda,
si no caigo en la topada.

Y ha de sobrar monte o sierra
que me abrigue en su guarida,
que ande la fiera se anida
1880 tamién el hombre se encierra;
y palmo a palmo esta tierra
cruzaré de lao a lao;
nunca a un terne le ha faltao
pingo, carne y güen apero;
yo he enlazao siempre el ternero
que los puntos le había echao.

CENTURIÓN

No crea, amigo Julián,
verá apagarse la mecha,
y es siguro, de esta hecha
1890 las pasiones calmarán,
y tuitos comprenderán
que semos unos y hermanos,
y que apretarnos las manos
debemos con emoción,
gritando ¡Viva la Unión!
¡Y que mueran los tiranos!

JULIÁN

Baliente, afloje su espiche,
no amuele, pues, la pacencia,
que sus labios largan cencia,
1900 como mestura, un boliche.

BALIENTE

Amigos, en el momento,
nada me atrevo a decir,
y no quisiera mentir
ni falsiar mi pensamiento;
voy siguiendo el movimiento,

1880 Cf. *El gaucho Martín Fierro*, vv. 1417-8.

don Julián la guerra quiere,
y ño Centurión prefiere
que este fandango, esta bulla
lo más pronto se concluya
1910  de cualquier modo que juere.
    Pero diré de seguido
como partidario puro.
Más me enllenara de juro
el triunfo de mi partido,
por el cual mucho he sufrido
en su triste alversidá;
y de las glorias que da
tanto gocé en la vitoria,
¡que nunca de mi memoria
1920  el tiempo las borrará!
    Pero ya que se firmó
es un deber sujetarse,
el soldao no puede alzarse
contra el jefe que ordenó;
lo que sí, no entriego yo
las armas con que pelié,
y un hoyo en mi pago haré
pa allí poder enterrarlas,
y si es menester usarlas,
1930  pronto encontrarlas sabré.
    Con eso le esplico pues
que si nos faltan al pato,
con l'horma de su zapato
se han de topar esta vez,
y que retocen dispués
con paisanos decididos
cuando juertes, bien unidos
y amparaos por su derecho,
puedan luchar pecho a pecho...
1940  ¡o cáir por la juerza hundidos!

### JULIÁN

Tiene razón, ño Baliente,
hoy sí, amigo, lo respeto,
y aquí me quedaré quieto
pa estar junto con mi gente;
cuando la vez se presente
me tendrá siempre a su lao,
¡ya lo sabe; no ha aflojao
este su amigo en pelea,
su banderola flamea
1950  siempre en lo más apretao!

BALIENTE

Me gusta ansí un criollo alpiste,
y el mesmo siempre será,
no pide, pero ni da,
pues naide se le resiste.

CENTURIÓN

Y yo también, aparceros,
si ese gobierno nos falta,
Centurión tendrá su alta
al lao de sus compañeros,
de juro entre los primeros
1960    en las filas a formar,
y de una vez castigar
a esos prosas ambiciosos,
que nos llaman revoltosos,
¡y ni sirven pa pu...ntiar!

Pero creo que esta paz
será güena y duradera,
sin que se encienda la hoguera
en nuestra patria jamás;
así delantarán más
1970    los pueblos y la campaña,
y el paisano en su cabaña
vivirá tranquilamente,
sin tener que andar ausente
¡mendigando en tierra estraña!

Entre blanco y colorao
han de morir los rencores,
se olvidarán los colores
que tanto duelo han causao;
ya no encenderá el soldao
1980    el fogón del campamento;
ni s'oirá el triste lamento
de la madre por su hijo,
al que verá muy prolijo
con su trabajo contento.

En casa de material
se cambiará el pobre rancho,
y vivirá lo más ancho
tuito el hembraje oriental;
y no en angustia mortal
1990    por el hijo o el marido
que jué a servir a un partido,
y que tal vez haiga muerto,

dejando triste y desierto
¡aquel techo tan querido!
    ¡Ah guerra! tú eres maldita
por las madres orientalas;
cambia tus dañosas balas
en tranquilidá bendita;
ellas pagarán la dita

2000 aunque viviendo entre abrojos,
con los últimos despojos
que les quede en este suelo,
¡dales, guerra, ese consuelo. . .
calma el llorar de sus ojos!
    Sólo se ve destrución,
y en vez de flores, espinas;
tuito arrasao y entre ruinas
se encuentra por tu cañón;
cerco, ramada y galpón

2010 se han visto disparecer,
y la casa que era ayer
una estancia de primera,
¡es una triste tapera
que da lástima de ver!
    Y en ese monte cerrao
que leña daba a montones,
sólo troncos y raigones
de su grandeza han quedao;
hasta el pájaro ha mermao

2020 su dulce y tierno lamento,
y hoy un quejumbroso acento
se escucha al salir la aurora,
pues al cantar, ¡sólo llora
echando quejas al viento!
    Ni de la oveja el balido
se siente al rayar el día,
que al alma daba alegría
y calma al entristecido;
¡hoy nomás se oye el quejido

2030 del descarriado cordero
que con llanto lastimero
busca a su madre querida,
la que se encuentra tedida!
¡y sólo le falta el cuero!

### JULIÁN

¡Ah, Centurión! aunque largo
su canto ha sido tiernito. . .

CENTURIÓN

Tengo el garguero sequito;
alcancen un mate amargo.

BALIENTE

¿Vean aquel que está domando?. . .
2040 ¡es medio crudazo el potro!
¡Ah grullo! que lo dome otro. . .
pero ya se va aplastando.
    Ni es muy lerdo en su junción
el criollo que lo apadrina. . .
Qué diantre ¡si es Luis Medina
hecho y derecho un gauchón!

JULIÁN

¡Ah terne! bien horquetao,
pegao como cojinillo. . .
¡Paresé, qu'aquel potrillo
2050 en la hamaca no ha mermao!

CENTURIÓN

Pero pa hacerlos andar
hay pocos como él iguales.

BALIENTE

¡Si entre gauchos orientales
el más ruin sabe domar!

JULIÁN

¡Pucha! ¡se enredó el paisano!
rengueando al bagual lo lleva,
la pata en alguna cueva
metió de juro el tubiano.

CENTURIÓN

Ansí el soldao amigazo
2060 siempre la costancia tiene,
mas si un imposible viene
se enrieda en su mesmo lazo.
    Usté ve ese ñubarrón
que jurioso se presenta,

2050 No cesa de corcovear.

verá cómo se revienta
o se va pa otra nación.
        Es, ño Mauricio, que el viento
con un soplo lo dispersa;
ansí también es la juerza,
2070  consigue a veces su intento.
        Hoy quiere el cielo la paz,
y como hermanos unirnos,
¿a qué querer resistirnos?
¡si no podremos jamás!
        ¿No han visto ustedes de día
toparse el sol con la luna,
y quedar sin luz ninguna
hasta que el sol se volvía?
        Y en noche escura, horrorosa,
2080  como esperanza perdida,
¿no ven salir colorida
la luna bien majestuosa?
        Y entre rayos tronadores
y el cielo negro, enojao,
¿no ven venir por un lao
el arco con mil colores?
        Con eso quiere mostrar
nuestro Dios su gran poder;
¡tenemos que obedecer
2090  lo que nos quiera mandar!
        Si no, mire ese arbolito
en la lomada creciendo,
y la tormenta sufriendo
salvando muy derechito:
        y aquel grande membrillal
en medio al monte nacido,
y que un rayo lo ha partido
entre tanto matorral:
        y allá un hornero contemplo
2100  en tarea fatigosa,
por darle a sus hijos choza;
y al hombre, sublime ejemplo:
        más allá al tordo sobón
de rama en rama saltando,
que de juro está agüaitando
pegarle a un nido el malón.
        Tamién la afanosa hormiga
de la costancia siñuelo,
acarriando con desvelo
2110  del crudo invierno se abriga.
        Todo es cosa del Señor,

la mar, el cielo y la tierra,
y lo que en ella se encierra
es obra de su favor.

JULIÁN

¡Está otra vez medio tierno!
empinesé la limeta...
fijesé en esa carreta...
¡Tal vez áhi venga el gobierno!

CENTURIÓN

¡Y sabe que puede ser!
2120    ¿Pero tan grande, amigazo?...

JULIÁN

¡Y usté inora por si acaso
que el dinero ha de traer!

CENTURIÓN

Tiene razón ¡soy mulita!
hoy se me escapa hasta el gusto...

JULIÁN

Los grullos lo han puesto adusto...
¡La plata es cosa maldita!

BALIENTE

¡Y ya se viene acercando!

CENTURIÓN

Y yo me voy a aprontar
¡para dir a reclamar
2130    lo que me vaya tocando!

BALIENTE

Se volvió el oro, polilla,
y la plata se hizo humo;
aunque de listo presumo
hoy me bolié en la canilla.
    Pues lo que es la tal carreta
no trae de juro dinero,

sino al gringo bolichero
que vende caña y galleta.

JULIÁN

Se nos vendrá el presidente
2140 con coches de los más ricos;
y una escolta de milicos
guardará su espalda y frente;
a cada flanco habrá gente:
letraos, estranjias, dotores,
sin faltar los lambedores
que siempre andan en la punta;
en fin será la tal junta
un porción de mamadores.
Y uno al otro le dirá:
2150 "Vamos a ver el desarme,
mas yo no he de entreverarme
con la gauchada po allá,
¿qué tal barullo haberá
con los bárbaros de ajuera?
si lo hay ¡será cosa fiera!
malos juguetes son ésos,
¡no quiero dejar mis güesos
donde esté su polvadera!"

CENTURIÓN

Don Julián, ¿por qué es así?
2160 hay manates superiores,
que han hecho muchos favores
a este pobre que ve aquí.

JULIÁN

¡Quién sabe! pero será
como el jazmín entre abrojos
que aunque busque con diez ojos
¡muy pocos encontrará!

CENTURIÓN

De tuitito hay gran porción
en los surcos de la tierra,
oro se encuentra en la sierra
2170 y veneno en el cedrón.
Y de aquí a mi carpa sigo
pa tenderme en el recao,

si aportan por aquel lao
visiten pues a este amigo.

**BALIENTE**

Si creo que hoy ya templamos
cada cual rumbo a su pago...

**CENTURIÓN**

Estoy que ya me deshago
pa saber cuándo nos vamos.

**JULIÁN**

2180 El clarín toca llamada,
¡tal vez haiga que montar!...

**CENTURIÓN**

Pues entonces a ensillar,
¡que ha de ser pa la parada!

**JULIÁN**

De salto montó su flete,
¡que está quiebra don José!

**CENTURIÓN**

No soy boliao como usté,
dende chico fí jinete.

**JULIÁN**

¡Ah toro! si es como padre,
pa una ronca cosa papa,
cuando el gañote destapa
2190 que lo asujete su madre...

**CENTURIÓN**

¿Y por casa qué tal danza?

**JULIÁN**

Pa servirlo... viejo concha...

2192 Viejo mujeriego.

CENTURIÓN

¡Ah mosquito! que hace roncha,
de picar nunca se cansa.

BALIENTE

¡Oiga! a caballo tocaron,
y andan tiradas las carchas,
semos atrasaos pa marchas
pues por áhi tuitos montaron.

JULIÁN

La consulta jué largaza...

BALIENTE

2200 Pero corta por lo güena,
cuando es historia que enllena
el tiempo pronto se pasa.

JULIÁN

Chupemos por despedida
un traguito de a caballo,
para que no forme callo
en el buche la comida.
. . . . . . . . . . . . . . . . . . . . . . . . . . . . .
. . . . . . . . . . . . . . . . . . . . . . . . . . . . .

LUCIANO SANTOS

Y el Centurión se largó
derecho a los suyos, luego;
y ño Baliente del fuego
2210 caldera y olla sacó;
diay su caballo montó
y al trote salió marchando;
don Julián se jué quedando
con otro más de chacota,
que con tientos, una bota
se la estaba remendando.
Y a poco andar se ladiaron
tranquiando rumbo a su gente,
raspandomé por el frente
2220 destráidos ellos pasaron;
yo sentí lo que prosiaron

metido en un matorral,
y aquel gran merenjenal
escuchaba y lo escrebía,
pa recordarlo algún día
como un cuento nacional.

Y hoy en letra bien moldada
lo saco a luz de la cueva,
y vean, no es cosa nueva
2230 pa el paisano una plumada;
y ni se enrieda en la armada
como muchos entre tantos;
¡yo alzo el vuelo sin espantos
lo mesmito que el chajá,
porque hasta las nubes va
el gaucho Luciano Santos!

Pero me llaman matrero
pues le juyo a la catana,
porque ese toque de diana
2240 en mi oreja suena fiero;
libre soy como el pampero,
y siempre libre viví,
libre fí cuando salí
dende el vientre de mi madre,
sin más perro que me ladre
que el destino que corrí.

Tengo en el dedo un anillo
de una cola de peludo,
como hombre soy corajudo
2250 y ande quiera desensillo;
le enseño al gaucho más pillo
de cualquier modo a chuciar,
y al mejor he de cortar
si presume de muy bravo,
enterrandolé hasta el cabo
mi alfajor sin tutubiar.

Mi envenao tiene una hoja
con un letrero en el lomo,
que dice: "cuando yo asomo
2260 es pa que alguno se encoja."
Sólo a esta cintura afloja
al disponer de mi suerte;
con él yo siempre fí juerte
y altivo como el lión
no me salta el corazón
ni le recelo a la muerte.

Soy amacho tirador,
enlazo lindo y con gusto;

tiro las bolas tan justo,
2270 que más que acierto es primor;
no se encuentra otro mejor
pa revoliar una lanza,
soy mentao por mi pujanza;
como valor, juerte y crudo,
el sable a mi empuje rudo...
¡jué pucha! que hace matanza.

Pa bailar soy envidiao,
y enamoro, sin querer,
no conozco una mujer
2280 que a mí me haiga despreciao;
siempre tuitas se han doblao
al declararmelés yo,
Dios esa suerte me dió
por no faltarme alvertencia;
pa plumiar y tener cencia
¡cuándo naide me arrolló!

Del campo soy el querido,
del monte soy el adorno,
al pajonal lo trastorno
2290 y en el guayabo hago nido;
como culebra he vivido
encimao a un camalote,
mas nunca he sido el azote
del pacífico estanciero,
sólo al que atentó a mi cuero
traté apretarle el gañote.

Viviendo ansí siempre andaba,
no cual gaucho de gavilla,
ni piense algún cajetilla
2300 que mi palabra me alaba;
jamás he cargao la taba
pa trampiar, ni fí corsario,
y en un caso estrordinario
jué de mis penas amigo
un triste rincón de abrigo
en el monte solitario.

Y a todos en general,
gobiernos, jefes, dotores,
menistros y chupadores,
2310 les va a hablar este oriental:
ponga atención cada cual
con el cuidao más projundo,
que en la justicia me fundo
y el güen deseo me sobra,
y en la tierra el que bien obra

gloriao será en otro mundo.
No lo curtan a macana
al que es paisano de ley,
ni lo traten como a güey
2320    hincandolé la picana;
su suerte hagan más liviana;
dejen que el pobre trabaje,
naide lo insulte ni lo aje
y vivirá muy dichoso,
sin meterse a revoltoso
ni a defender caudillaje.

Y el hijo a su patria fiel
aprenderá educación,
que el inorante es porrón,
2330    y el sabio, porrón de miel;
hasta el gaucho más cruel
será útil ciudadano,
tendiendo siempre su mano
para el lao de la justicia,
cayendolé al que desquicia
y ayudando al hombre sano.

Pongan de balde la escuela
en vez de comprar tanta arma,
que sólo sirve pa alarma
2340    y a mucho pobre lo amuela;
y al que el estudio no cuela
que se le prienda arriador,
y de redondo, en dotor
el gaucho se volverá,
y mil veces rezará
por ustedes con amor.

Y antes formar enganchaos
pa agrandar los batallones,
cargando contribuciones
2350    a los pobres hacendaos;
paguen tuitos los ganaos
que acaban las guerras crudas,
y a las infelices viudas
tantos meses que les deben,
y verán cómo les llueven
bendiciones y no diudas.

Y pa acabar, mis dotores:
perdonen a este matrero,
que aunque parece tan fiero
2360    también sufrió sus dolores;
mentí al decir, sólo flores
en mi rastro yo dejé;

mil cardales encontré
en este charco de penas
¡y he visto tantas ajenas
que olvidar nunca podré!
    Almita, ño Gomensoro,
de este gaucho la opiñón,
que es de tuito corazón
2370   y ella es firme como el oro;
sepa que el mejor tesoro
es hacer bien al hermano:
¡quiera Dios pueda el paisano
con sus obras convencer,
yo al dirme, le hago saber
que soy su amigo Luciano!

*Buenos Aires, junio 21 de 1872.*

2367 Almita: admita.

# EL MATRERO LUCIANO SANTOS

*Continuación de "Los tres gauchos orientales"*

AL SEÑOR DON RAFAEL HERNÁNDEZ*

## EL RUBIO PICHINANGO

### A MIS LECTORES

*Cuando escribí los* Tres Gauchos Orientales, *fué con el propósito de que ése sería el primero y último trabajo que saliese de mi pluma en el* estilo particular *que usan nuestros paisanos; pero las instancias de algunos amigos y la generosa protección que se ha dignado dispensarme el público en general, me han hecho quebrantarlo. Hoy me he decidido a descolgar nuevamente mi guitarra, pasa sacar de ella no las dulces armonías que deleitan al oído con sus melodiosos acentos, sino las notas arrancadas por ese sentimiento innato en el corazón de nuestros hombres de campo, que a pesar*

10 *de la rudeza de su inculta inteligencia, le permite comprender, sin embargo, las grandes calamidades de la Patria, por cuyo amor han sacrificado la tranquilidad del hogar y derramado su sangre generosa.*

*El matrero Luciano Santos* sale a la cruzada y lo acompañan *Julián Giménez, Mauricio Baliente, José Centurión y el* Rubio Pichinango, *gauchos típicos, cuyos nombres y episodios son muy conocidos en la* Campaña Oriental.

*Ellos prosiguen la narración de los sucesos de más interés que se han desarrollado desde el* tratado de paz, *hasta el nombramiento*

20 *del Doctor Ellauri para primer Magistrado de la República.*

*Los entrego al público, confiado que les prestará su valiosa cooperación y los recibirá con la benevolencia que le caracteriza, mucho más, cuando se trata de huéspedes que, aunque humildes, vienen animados de las más patrióticas aspiraciones.*

Buenos Aires, marzo 31 de 1873.

### SUMARIO

*Muerte de un Teniente; Abstención del Partido Nacional; Fraude en Canelones; Muertos apareciendo en las listas de votación; Las elecciones, Polémica Gómez y Ramírez; El Candombe y Tripotaje, Instalación del Club Juventud, Canelones, Borges corrido por Saavedra, Sus hazañas, Brillante discurso del Alcalde Marcial; El prolífico Juez don Manuel Rovira; Don Pedro Varela y comparsa; Filosofía amorosa de Luciano Santos; Polémica Bustamante y Herrera; Deuda Castro; El escrutinio; Muñoz Gomensoro; Ellauri, Varela; Los infantes en la Plaza; El capitán Bordas; El rubio Pichinango; Compadradas; Vida de Luciano Santos; Sus desgracias; Consejos a Ellauri.*

---

* Político, legislador, escritor. Combatió en el sitio de Paysandú. Hermano del autor del *Martín Fierro*. Murió en Buenos Aires, en 1913.

20 Ellauri: José Eugenio Ellauri (1834-1894).

# EL MATRERO LUCIANO SANTOS
# Y LOS TRES GAUCHOS ORIENTALES

(A)—Los personajes que figuran en esta obra, tales como Julián Giménez, Mauricio Baliente, José Centurión y el Rubio Pichinango, existen aún (1883) y son muy conocidos en la Campaña oriental.

### BALIENTE

¿POR ACÁ, don Centurión?...
¡Bien haiga con su madrina!...
¿Al rastro de alguna china
se ha largao esta ocasión?

### CENTURIÓN

Ni por pienso dió en el punto:
nunca he sido gaucho vago;
tuve que salir del pago
jediendo medio a dijunto.

### BALIENTE

Ésa es cosa muy formal
10  y serio se pone el caso...

### CENTURIÓN

Dentro de un rato, amigazo,
oirá el gran merenjenal.
    ¿Y a usté, qué tal le va yendo?

### BALIENTE

Medio cordial de salú...
pero de riales, a flú,
de esta cancha van juyendo.
    ¡Sabe que se ha güelto viejo,
tiene la barba y las motas
como esas nubes grandotas,
20  de un blanco medio azulejo!

### CENTURIÓN

Y usté ya parece suegro,
va doblando el espinazo;
tanto andar tendido al raso
lo ha puesto tordillo negro.

BALIENTE

Aunque me encuentre algo cano
no lo igualo en sus arrugas;
los callos y las berrugas
lo han asaltao muy temprano.

CENTURIÓN

Qué quiere, mi fino amigo,
30   las mil güeltas de esta vida
me han puesto la jeta hundida
y el pellejo, pasa de higo.
  Sufrí ya tanta penuria,
tan mala ha sido mi suerte,
que a veces pido a la muerte
me largue tuita su juria.

BALIENTE

Siempre triste, don José,
porque ingrato es su destino,
¡corte, hermano, otro camino!...

CENTURIÓN

40   ¡Si el mesmo sino tendré!

BALIENTE

¡Nunca sea desconfiao!
son cambios que tiene el hombre,
y quien por ellos se asombre
jamás saldrá bien parao.

CENTURIÓN

Dios oiga sus votos liales:
y sus palabras de aliento
no se pierdan en el viento
trocando en suerte mis males.

BALIENTE

Suelte a volar su carancho,
50   y cuente la alversidá
que lo ha tráido por acá
abandonando su rancho.

### CENTURIÓN

¡Pare la oreja, amigazo!
escuche y no se me asuste,
que tuito el desbarajuste
le contaré di un retazo.

### BALIENTE

Largue el rollo de su pena
a la amistá de su hermano;
caiga al caso, venga al grano
60  que ansí al dolor se sofrena.

### CENTURIÓN

Mas antes de comenzar
acomodaré a mi overo,
pues por él, salvé este cuero
que quisieron ojalar.

### BALIENTE

Dentreló pa la enramada,
y tomando un cimarrón
me contará la aflición
de esa su alma atribulada.
       ¡Ah osamenta pa un apuro!
70  y de llapa que es cruzao...

### CENTURIÓN

¡Montando en él, no hay venao
contra mis bolas siguro!
¡Esa tarjá sí la cobro!
Ni al más pintao envideo,
a maulas, nunca campeo...
pa flojo, ¡me basto y sobro!...

### BALIENTE

No se achique, compañero,
como cuadro es de valer,
porque sin merma ha de ser
80  aquel gaucho terutero
que otro tiempo jué el primero
pa la guerra y el amor,
pueta de menta y cantor,

70 Cruzao: caballo mestizo.

letrao de labia y de cencia,
su nombre siempre en la ausencia
¡jué alabao como el mejor!

CENTURIÓN

No, amigazo, con los años
tuito se pierde en la vida,
lo que jué ilusión querida
90    se nos cambia en desengaños.

BALIENTE

Voy a prender un tizón. . .
¿De juro tendrá algún misto?

CENTURIÓN

Cómo no he de andar provisto. . .
¡tengo un yesquero culón!

BALIENTE

¡Ah viejo! siempre el mesmito;
sólo en el pelo ha cambiao,
y el cuero más chamuscao,
pero el genio, ni un chiquito.

CENTURIÓN

Y usté también, ño Baliente,
100    con el peso de su calma,
da cáidas que van al alma
y queman como aguardiente.

BALIENTE

Alcance de aquella mata
cardo seco o charamusca,
verá chispiar si chamusca
como yesca, esta fogata.
        Cosa que el petardo siga
descuelgue aquel asador,
tengo un asao de mi flor
110    con que templar la barriga.
        ¿Ha de andar flacón su buche?

CENTURIÓN

Como maleta vacida. . .

BALIENTE

¡Déle, pues, en la partida
doble ración pa que embuche!
    Ansí podrá bien domar
ese vientre tan arisco,
si se amansa del pellizco
nos saldremos a pasiar;
de paso lo he de llevar
120 a una güena pulpería,
y aunque sea con lejía
hay que aturdir la cabeza;
¡vivir tristes da pereza,
pudiendo haber alegría!

CENTURIÓN

¿Pero dígame, cuñao,
tan solo se encuentra aquí?...

BALIENTE

Si siempre solo viví,
y solo, el mundo he traquiao;
pa las hembras, soy curao,
130 pues no me enriedo en su tiento;
soy libre cual lo es el viento;
como en el aire, el chajá;
¡y el amor nunca me hará
salir del pecho un lamento!

CENTURIÓN

De una piscoira me habló
cierta vez, que había tenido,
y siguiendo a su partido
de esa prenda se ausentó,
la que de pena murió,
140 ¡Dios la tenga en santa gloria!
Pero siempre en su memoria
le guardaba algún recuerdo...
¡por una, cuasi me pierdo!
pero amigo, es fiera historia.

BALIENTE

Esa relación tan triste,
ño Centurión, deje aparte,

135 Piscoira: amante.

porque el corazón me parte
y el pecho no la resiste;
cuente usté que es gaucho alpiste
150 las tragerias que ha pasao...
¿Qué trifulca lo ha obligao
abandonar la querencia?
Tal vez su sola alvertencia
de algún pango lo ha salvao.

CENTURIÓN

Voy a contarle, Baliente:
por poco este mi pellejo,
en un cañadón lo dejo
dijuntiao por un teniente,
que sirve con la otra gente
160 y me quiso madrugar;
¡saqué el cuerpo! por parar
el golpe y pelé mi corvo,
y en menos que se echa un sorbo
pa el otro mundo jué a dar.

BALIENTE

¡Pa que se duerman los bobos!...

CENTURIÓN

Lo que está oyendo, a la fija,
quiso espoliar mi verija
y yo lo aplasté a corcovos.
        Cruzó el cerco, llegó al rancho,
170 le dije —¡con su permiso!...
—"¡Ah criollo! es hombre de aviso;
me retrucó, lo más ancho."
        "Va a llover hoy, mi aparcero"...
¡Por su mujer, le chanté;
y si yo soy bayo overo,
usté es toro yagüané.
        Quizás por áhi quien lo indujo
a que comiese mi hachura,
pues vino a cosa sigura...
180 tal vez lo tentó algún brujo;
diay me largó sin tapujo
"si era blanco o colorao..."
Yo, que en la vida he negao
la opinión en que nací,

le dije, que blanco fí
¡dende que el mundo he pisao!
    Ya me pretendió atrasar
y quiso cáirme de hachazos...
¡El pobre, dió pocos pasos!...
190     tuito le mandé guardar;
lo viera entonces chillar
como carreta sin sebo,
y poco antes tan malevo,
porque diría en su adentro:
"Yo a éste, con el encuentro,
la media arroba le llevo."
    No ha de recular el hombre
sino pa bien afirmarse,
y el que no sepa atajarse
200     cuchillero no se nombre;
nunca se ofusque ni asombre
mostrando ser chapetón,
tenga firme el corazón,
y al sentir los güesos flojos,
échele tierra en los ojos
y caerá al más guapetón.
    La tal llapa les dejé
pa collera de madrina,
dispués de tal chamuchina
210     mi flete listo aperé;
¡en cuanto el rancho dejé
ya una partida venía!
Como a enterrarme sería
si hubiese estirao la pata...

### BALIENTE

¡El tiro por la culata
velay les salió ese día!

### CENTURIÓN

Cerré piernas al cruzao
y él quedó allí pataliando,
su gente estará rezando
220     que no muera condenao;
intertanto, yo he salvao
por no ser tan mal jinete,
y a las patas de su flete

---

188 Quiso atacarme a hachazos.
196 Lo aventajo porque ataco primero.

debe este gaucho la vida. . .
¡que es cosa muy desabrida
el perderla al santo cuete!
      El muerto estará en el cielo,
pueda que Dios lo perdone,
mientras por mí, quien abone
230   quizás no encuentre en el suelo.
      Y ando de pobre más flaco
que una res de saladero;
peligra en ancas mi cuero
por librarme de un sumaco.

BALIENTE

Ansí es el mundo tirano,
hoy marcha usté viento en popa,
mañana tal vez se topa
con la muerte, mano a mano.

CENTURIÓN

Dispués de tales eventos
240   no esperé por la revancha,
y en mi crédito, a esta cancha
llegué, bebiendo los vientos.

BALIENTE

Sigún oigo en su relato
¿le cáin al blanco sin pena?

CENTURIÓN

Como a prenda que es ajena. . .

BALIENTE

¡Pues ése no ha sido el trato!

CENTURIÓN

Perseguidos otras veces
cuantimenos lo pensamos,
de nuestros pagos templamos
250   dandolé sebo a los pieses.

BALIENTE

En cualquier alversidá
con güena o con fiera suerte,

235 Cf. Estanislao del Campo, *Fausto*, vv. 1129-32.

un rancho de mala muerte
y un amigo, aquí hallará.

CENTURIÓN

Pero lo mesmo que a mí,
siguro estoy, que algún trance
sin esperarlo lo alcance
haciendoló juir de aquí.

BALIENTE

260 Tal vez que tenga razón;
estoy medio maliciando
que esta gente anda buscando
pegarnos algún malón,
con el cual nuestra opinión
caiga engüelta en la redota,
pa echarnos como pelota
rodando de lao a lao,
y ellos se pondrán, cuñao,
hasta el encuentro la bota.

CENTURIÓN

270 ¿Recuerda cuando el desarme
que en mi fogón nos riunimos
y en plática allí estuvimos?...

BALIENTE

¡Cómo no habré de acordarme!
¿acaso podría olvidarme
jamás de aquellos momentos?...
y cargo siempre a los tientos
los dichos de ño Julián,
que han sido, son y serán
mis costantes pensamientos.
¡Bien haiga! usté lo decía
280 que acabarían los males
pa tuitos los orientales
y el color se olvidaría;
nunca pensarlo debía,
tratándose de un partido
que con nosotros ha sido

282 El Tratado de Paz de abril de 1872 fué violado por los delegados del
Gobierno en campaña, siendo perseguidos en diferentes ocasiones los miembros
del partido Blanco o Nacional. (N. del A.)

como peste de corsario,
¡y ha dejao pior que calvario
a este suelo tan querido!

CENTURIÓN

      Yo créia que aquella paz
290  que nos libró de la ruina
      habiese cortao la espina
      de los recuerdos de atrás;
      no volviendosé jamás
      a escuchar en la mañana,
      el claro toque de diana
      festejando una pelea
      que enancha más la correa
      de esta desunión tirana.
            Mas la verdá se abrió paso,
300  descubriendo la mentira
      de los que con mala mira
      nos dieron un falso abrazo;
      ¡desengañesé, amigazo!
      esto había de suceder;
      Giménez lo supo ver
      y no desconfiaba al ñudo,
      pues coligió que el peludo
      iba a dar mucho que hacer.
            Tuito jué un merenjenal,
310  una embrolla la más fiera,
      otra mancha a la bandera
      del noble pueblo oriental;
      mancha de sangre hermanal
      que nunca será lavada,
      pero siempre recordada
      como la indina traición
      de los que por su ambición
      jamás se han parao en nada.

BALIENTE

      Si el arreglo jué un fandango,
320  la iscrición se volvió embuste,
      la elición, un barajuste,
      la paz, caldera sin mango;
      de Güenos Aires el pango
      con un Vidal se nos vino:

313 Centurión hace referencia a las elecciones. La inscripción en el Registro
Cívico fué hecha con el más cínico fraude. (N. del A.)
324 Nuestro compatriota el coronel don Emilio Vidal, al servicio en el Ejército

¡mal haiga! que en el camino
al barco que aquí lo trujo
¡¡lo habiese echao algún brujo,
en medio de un remolino!!

CENTURIÓN

Sosieguesé, don Mauricio,
330  y al botón no se atarasque,
si no es muy fácil que masque
lo mejor del estrupicio.

BALIENTE

Ni ganas tengo además,
de escucharle esos amaños
enrabaos con desengaños
de cuando alabó la paz.
    Y quiero darle la prueba
de las ruindades que han hecho,
tirandolés por derecho
340  pa que vea ande está la güeva.
    Pero al contarlo me espanto,
pues no puedo darme cuenta
cómo no está mi osamenta
durmiendo en el camposanto.

CENTURIÓN

Deje a un lao tanto rodeo
largue cháguara al relato,
no perdamos el güen rato
tan sólo con preludeo.

BALIENTE

Muy sucio han jugao en todo
350  escandalosas partidas,
si hasta se han perdido vidas,
sin saberse de qué modo.
    Vale más pasar de salto
cosas, que al que las recuerda
¡le hacen erizar la cerda!
pasemoslás, pues, por alto.

---

Argentino, se prestó generosamente, desde Buenos Aires, para formar parte de la
Comisión de patriotas que intervino en la pacificación de la República. (N. del A.)
El coronel Vidal nació en 1828 y murió en 1879.
    330 Atarasque: atragante.
    335 Que concluyeron con desengaños.

El tal bochinche aquí anduvo
como bola sin manija.
Nos han soplao a la fija
360   lo mesmo que por un tubo;
si hasta más de un finao hubo
que saliendosé del hoyo
se ha largao a dar apoyo
a la gente del gobierno;
¡líbrenos Dios de ese infierno
con semejante tramoyo!

CENTURIÓN

¿Qué dice usté, ño Baliente?
¡Eso no puede ser cierto!
¿Cómo ha de volver un muerto?...
370   si compriendo que reviente;
¿tendrá a mandinga esa gente?
¡Haga el sino de la cruz!
De no, va a haber repeluz
entre nosotros lueguito,
¡no le merme ni un chiquito!
¡quiero ver clara la luz!

BALIENTE

Tuve que hablar al Alcalde
pa mi nombre suscribir,
¿y qué me oigo yo decir?...
380   que tuito va a ser de balde.
El motivo, pregunté;
"No eche pelos, él me dijo,
si en ésta, cayó de fijo
el partido en que anda usté."
Vide la Rifa ¡Dios mío!
Ponga atención por favor;
¿se acuerda de aquel cantor
muy mentao, ño José Pío,
que de un tajo en el vacío
390   se murió hace más de un año?
¡Pues tuito el nombre y tamaño
apareció en el apunte!...

362 Los encargados por el partido nacional para verificar el Escrutinio del
Registro Cívico encontraron que figuraban como inscriptos muchos nombres de
personas fallecidas, a tal punto que la prensa de oposición al Gobierno hízole
cargos severos, que ni merecieron el honor de ser tomados en cuenta. (N. del A.)
385 Rifa: Registro Cívico. (N. del A.)

¡Si no da rabia, pregunte,
ver enjuague tan estraño!

CENTURIÓN

Por tal que su idea avance
no reparan en los medios;
tuitos son güenos remedios
cuando llegan a su alcance:
no hay potro que no se amanse,
400   ni fierro que no se tuerza;
no siempre puede la juerza
resistir contra la maña,
¡cuántas veces una araña
montón de ratas dispersa!
    Si han hecho lo que han querido:
a mí me pasó otro caso;
fí por ver al ladronazo
que es Juez de Paz del Perdido...
¡Jué pucha! ¡qué gran bandido!
410   pare la oreja, Baliente,
y verá si entre esa gente
hay diande elegir alguno;
tuitos son, uno por uno,
pa que el diantre los avente.

BALIENTE

¿Alguna otra del poder?...
De qué modo se aprovechan,
cualquier ocasión acechan
pa tratarnos de... perder.

CENTURIÓN

Aura verá, no se apure,
420   probará otra fruta amarga...

BALIENTE

¡Vengasé pues a la carga!
no la deje que madure.

CENTURIÓN

Con Cisneros nos juntamos
por tomar nuestras balotas,
y como liales patriotas
pa la Alcaidía rumbiamos;

cuando a la casa llegamos
había una gran riunión
de jefes de la nación,
430    es decir... de los parientes,
muy armaos hasta los dientes...
pa garantir la Iscrición.

Ya no me gustó el pandero,
y medio, medio, arisquié,
pero sólo recelé
por no meterme al chiquero;
mi compadre jué el primero
que entre ellos sentir se hizo,
y a un Mayor pidió permiso
440    pa firmar la lista blanca,
y ansí salvar la barranca
de tan serio compromiso.

Nos miró de arriba abajo
y al humo quiso venirse,
diciendo: "Yo haré escrebirse
a estos blancos del... barajo;
hay que sacarles el cuajo
si quieren andar maliando
¡qué pilchas! ¡¡¡di aónde, ni cuándo
450    nos han ganao la bolada,
y a la primer zapallada
ya pueden dirse apretando!!!"

Dispués de tanta balaca,
que no había palomo güeno,
dijo, que mordiendo el freno
nos tendría ataos a estaca;
quise cargarlo a lo vaca!
mas la razón me decía
que darles gusto sería,
460    ¡pues eran muchos pa dos!
¡Tal vez pronto quiera Dios
que le recuerde ese día!


BALIENTE

Ño José, si pretendemos
el tomar güena revancha,
habrá que hacer la pata ancha,
que algún día subiremos,
y entonces, ya lo veremos
a ese compadre tan quiebra,
que tal vez, por la giñebra

---

433 El pandero: la fiesta (en sentido figurado).

470 de matón hacía allí alarde,
en humillación cobarde
arrastrao como culebra.

#### CENTURIÓN

La sangre quema mi pecho
al recordar ese insulto
que aquí adentro guardo oculto
y a su rastro voy derecho;
un juramento yo he hecho
que lo tengo que cumplir;
buscandoló he de vivir
480 en bañao, monte o tapera,
si lo encuentro, sea andequiera,
lo mato, ¡o he de morir!

#### BALIENTE

Me gusta ver su valor,
la vida poco le importa,
lo mesmo come una torta
que toparselé al mejor;
pa paquete, es de mi flor,
pa peliar, como el primero,
pa cantar, como silguero,
490 pa bailarín, sin igual,
es este taura oriental
¡de güena yerba entrevero!

#### CENTURIÓN

¡Largue al viento su alabancia!
no dé a esta prosiada corte;
pues si la deja que aborte
no le chupará sustancia.

En este enriedo tan grande
quieren echarnos el resto,
nos arrastran del cabresto
500 al capricho de quien mande;
y el que medio se desmande
puede aprontar la garganta;
dejuro que ése no canta
sino pa dar un quejido,
que es el último alarido
del que ya no se levanta.
Y pa no cair al jagüel

502 Para que lo degüellen.

como cerda en una chigua,
volveremos a la antigua
510    en los campos de Montiel:
aquélla es gente muy fiel,
son los guapos entrerrianos,
nuestros costantes hermanos
en cualquier peligro que haiga;
¡juyamos! ¡antes que caiga
la crueldá de los tiranos!

BALIENTE

Algún día ha de venir
que el que sea blanco puro
se encontrará, le asiguro,
520    sin tener ni ande vivir,
y lejos debrá morir
de esta patria ansí esquilmada,
que grita desesperada:
"¡Basta, tigres, de ambición!
¡Cansada está la nación
de verse tan esplotada!"
    La tal paz no la quería
su resultao desconfiando,
y ya ve, si está pasando
530    lo mesmo que le decía;
¿cuál es, pues, la galantía
con que tanto han balaquiao?
Yo nunca hubiera tragao
la carnada de ese anzuelo,
de zonzo no tengo un pelo,
y es güeno ser desconfiao.

CENTURIÓN

Con el cimarrón ya trance
que de aguachento, da asco...

BALIENTE

Saque del fuego el churrasco;
540    la guampa de sal alcance;
daremos luego un avance
a Costales el pulpero;
¡jué pucha! mozo pueblero
de güen modo y agasajo...

510 Montiel: inmensos montes de la Provincia de Entre-Ríos. (N. del A.)

es un gallego ¡barajo!
pa amigo, ¡como el primero!

CENTURIÓN

¿Y cree que en tal lenguaraz
se pueda tener confianza?

BALIENTE

Como en la hoja de mi lanza
550    que no se ha doblao jamás!

CENTURIÓN

Sabe que estoy en corral;
y si me tienden el lazo,
les mostraré que ni un paso
recula el güen oriental;
si muero, ha de ser legal;
peliando, muere el valiente;
no le importan diez ni veinte
al que ha presentao el pecho,
por defender su derecho
560    atacao injustamente.

BALIENTE

¡Dios nos dé conformidá
cuando se sabe sufrir!

CENTURIÓN

¡Prefiero, mejor, morir
que perder mi libertá!

BALIENTE

¡Ah, gaucho! nunca podrá
negar que viene de raza...

CENTURIÓN

No gringa, sino criollaza,
y como tape chascudo.
Nunca sé aflojar al ñudo
570    ni el mejor letrao me pasa.

BALIENTE

Me gusta, ño Centurión,
ver un hombre ansí resuelto

y que sepa dar el güelto
si se ofrece la ocasión;
que no se fije en porción,
y no le importe la vida;
él sabe abrirse salida
aunque lo rodeen cincuenta,
¡que al gaucho de güena menta
580   no lo arrolla una partida!

### CENTURIÓN

No crea que el caldo es grasa
porque la ve por encima;
cuantas veces se le arrima
un falso amigo y lo atrasa;
si usté con naide se casa
y anda alzao, en un descuido,
me lo han de agarrar dormido
por más que sea terutero,
conque hasta el zorro matrero
590   suele espichar en su nido.
    Pero destape su tarro
si es que lo tiene con tapa;
y dé po el gasto la ñapa
alcanzandomé un cigarro.
    Pues en confesar no peco
que hoy ando tan aguilucho,
que pa armar un triste pucho
sólo encuentro pasto seco.

### BALIENTE

Antes, de rumiar, acabe,
600   que diay le daré tabaco;
tengo en la chuspa un güen naco...
cosa papa por lo suave.
    Y dejemos esta prosa
pues vale más que ensillemos
pa que ansina aprovechemos
una tarde tan hermosa.
    Traiga al cerco su lumbriz
y asientelé los quillangos;
vamos a armarle fandangos
610   a aquel pulpero feliz:
con encurasao y anís,
como amigos, a porfía,

611 Encurasao: curasao.

celebraremos el día
con una güena chupanza,
que el espíritu es la lanza
que a los males desafía.

CENTURIÓN

En marcha que ya estoy listo...

BALIENTE

Y yo esperandoló a usté:

CENTURIÓN

Déle guasca al pereré
620  que a un convite no resisto.

BALIENTE

Velay, ya estamos llegando
al boliche del güen trato;
pasaremos lindo el rato
si usté no le anda lerdiando;
y una guitarra hay que, cuando
la tiempla un güen tocador,
la dolzura y el dolor
de sus cuerdas tan bien brotan,
que hasta el corazón rebotan
630  y hacen palpitar de amor.

CENTURIÓN

Tres pingos de linda planta
hay ataos contra el palenque,
preparemos el rebenque
por si alguno nos espanta,
pa no esponer la garganta
si es muy fornido el montón...

BALIENTE

Ya sabe, ño Centurión,
que no juyo a un compromiso,
y suelo hacer si es preciso
640  de las tripas, corazón.

CENTURIÓN

Si algún chumbo no me aventa
no han de llevarme a la fija;

con la cincha en la verija
he montao potros de cuenta;
que ande este gaucho se sienta
nunca recula, antes muere;
mi acero hasta el viento hiere,
y al que medio agarre a tiro
tal vez de un golpe lo estiro
650 panza arriba... pa que espere.

BALIENTE

¡Ah viejo! aunque lleno e males
siempre es firme y altanero...

CENTURIÓN

El que ha de aujeriar mi cuero,
si ha nacido, está en pañales.
  Vamos, pues, a madrugarlos,
y al hacer la descubierta,
tengamos el ojo alerta
pa de solpresa agarrarlos;
es preciso pastoriarlos
660 mirando siempre a los flancos,
que en un ratito estos blancos
los han de cazar del freno,
y el que se tenga por güeno
verá que no semos mancos.

BALIENTE

¡Oiganlé! ya uno coció
y viene a reconocer;
prontito hemos de saber
qué madre al mundo lo echó...

CENTURIÓN

¡Pero, hermano, qué veo yo!...
670 o me habrá engañao la vista...

BALIENTE

¿A que ya dió con la pista?...

CENTURIÓN

¡Fijesé en ese que viene!...

BALIENTE

¿Cómo no? si es ño Gimene
¡aquel gaucho tan plumista!

CENTURIÓN

Y nos tomó el olorcito
pues se viene a media rienda;
¡la pucha! y con cuánta prenda
ese terne cae al frito.

JULIÁN

¡Qué yunta pa una carreta!...

CENTURIÓN

680   ¡Qué purga pa un escaldao!
¿De dónde diantre ha sacao
ese mancarrón sotreta?...

JULIÁN

Tomen, copen la limeta
que están con ganas de hablar,
¡cuándo me han visto montar
malos pingos en la vida!
Si es mi pasión más querida
poder con ellos rayar.

BALIENTE

Éste es día de apedarse:
690   hoy me encontré a D. José,
y aura se aparece usté...
De juro hay que relincharse.

JULIÁN

Yo ya ni tengo saliva,
me da güeltas la cabeza,
y creo, por lo que pesa,
andar templao prima arriba.

BALIENTE

¿Qué tal po allá lo ha pasao?...

JULIÁN

De salú, rigularmente,

retozando frente a frente
700    del partido colorao.

CENTURIÓN

¡Cuándo no! gaucho baquiano,
busca vida y rastriador,
de juro que algún dotor
le ha untao con sebo la mano.

JULIÁN

No dió, cuñao, con la falla;
estas cacharpas que ve,
son ganancias que saqué
en un apunte de talla.

BALIENTE

Al gaucho guapo y altivo
710    siempre la suerte lo ayuda,
y con su poncho lo escuda
y hasta le sirve de estribo.

JULIÁN

La estrella de la fortuna
no se cansa de alumbrarme,
¿y cómo puede largarme
sin darle causa ninguna?

CENTURIÓN

¿Y esa sortija bordada
a quién se la ha soliviao?

JULIÁN

¡A la taba la he ganao
720    con una suerte clavada!

BALIENTE

Para no morirse infiel,
un padrino siempre es güeno...

JULIÁN

Pa abrirle el vientre un barreno
y chuparle hasta la yel.

721 Para no morir sin bautismo.

### BALIENTE

Siempre acosador el criollo,
como en el tratao de Abril...

### JULIÁN

¡Qué mecha para un candil!
recordar aquel tramollo.

### CENTURIÓN

Pero por aura dejemos
730   las memorias dolorosas,
que para hablar de esas cosas
tiempo de sobra tendremos.
    Armao anda, y es muy cierto,
ya no es aquel gaucho pobre
que por encontrar un cobre
desenterraba hasta un muerto.
    Y garifa es su figura
como alcachofa entre el cardo...
¿Quién chuparía ese petardo
740   en medio a la matadura?
    Cuando lo vide venir
bien pilchao y relumbroso,
me dije, no es lerdo el mozo
porque es trucha pa vivir;
y a mi padre le oí decir
antes que el finao muriera,
que al hombre peine, andequiera
lo arrastrase su destino,
siempre hallaría en su camino
750   quien rancho y cama le diera.

### JULIÁN

De dichos no hay quien lo saque
al amigo Centurión,
tiene acopiaos un porción
lo mesmo que el almanaque.

### BALIENTE

Ya estamos en el boliche:
y aquí se verá al más crudo
salir montao en peludo
si juega mucho al espiche.

CENTURIÓN

760   Parece el pulpero, alhaja,
se conoce por la pinta. . .

BALIENTE

Si es más fino que esa tinta
con que marcan la baraja.

JULIÁN

Ansina son los naciones,
pa engatusar, muy prosistas,
hasta los que andan de arpistas
llevan el oro a montones.

CENTURIÓN

No crean eso, compañeros,
hay estrangias muy cumplidos. . .

JULIÁN

Pero pocos conocidos,
770   tuitos salen pijoteros.
Los largan de las Uropas
sin con qué alegar siquiera,
y aqui cáin en montonera
como la hacienda, por tropas,
en la vida tráin más ropas
que las que cargan encima,
a su lao, ¡quién se le arrima!
si jieden a perro muerto,
los conozco tan de cierto
780   que uno vive con mi prima.

CENTURIÓN

¿Cómo vive, aquerenciao?

JULIÁN

De juro, pa qué casarse,
si lo mesmo es enredarse
y vivir emparentao. . .
Y a qué fin tanto trabajo,
gastar en iglesia y cura;
conque si mucho me apura
voy a soltarme al destajo:

790
hoy día, el flaire, ¡barajo!
es malo que sea su amigo;
esto, con razón lo digo
porque tengo menester,
el flaire, es pa su mujer
a veces, poncho de abrigo.

CENTURIÓN

Si hasta judío se ha güelto,
por Dios ¡qué barbaridá!

JULIÁN

Si el que dice la verdá
de toda culpa es asuelto.

BALIENTE

800
Largue a volar esa prosa
y hablemos de asuntos serios;
deje de andar con misterios
y a ver por fin si retoza.

CENTURIÓN

Cuéntenos, ¿que tal le ha ido?
si tuvo suerte o reveses;
me he interesao muchas veces
saber de usté qué había sido.

JULIÁN

Entre tibio, y medio hirviendo...
a ocasiones, rigular,
y otras, teniendo que andar
810
por esos campos juyendo.

BALIENTE

La vida da mucha güelta,
y es güeno que el hombre aprienda
que del caballo la rienda
no siempre se deja suelta.

CENTURIÓN

Tal vez le queda el consuelo
de haber podido vivir

en su pago, y susistir
entre la gente del pelo.

#### JULIÁN

Verá usté cómo se engaña;
820　el chaparrón que pasó,
medio a medio me agarró
muy lejos de la campaña.

#### CENTURIÓN

Pior que vasco es en lo terco,
y es porque se tiene fe...

#### JULIÁN

En Montevideo me hallé
como avestruz contra el cerco.

Voy a partir con mi ausencia
si en el rumbo no me pierdo;
que el que se empaca por lerdo
830　suele amolar la pacencia.

Comenzaré a sacar frisa
pa luego cortar el paño,
pues hay más de un caso estraño
que hará reventar de risa.

Días pasaos, en San José
al retirarme pa juera,
hallé a don Pedro Sequera
que siempre mi amigo fué,
hasta su fonda dentré,
840　ande estaban de riunión,
liendo una gran rilación
de un dotor que emigrao anda,
y otro, de la mesma banda
que se metió a compadrón.

Gómez y Ramírez, creo,
son los quiebras referidos,
por siñuelos conocidos
en la tropa de su arreo;
se trenzaron sin rodeo
850　a léidos, en contrapunto,
pero ninguno dijunto

818 Del pelo: del mismo color, del mismo partido.
848 Polémica por la prensa, entre los doctores D. Juan Carlos Gómez, resi
dente en Buenos Aires y D. José Pedro Ramírez, ex redactor del Siglo de Monte
video: La polémica fué por asuntos políticos uruguayos. (N. del A.) Gómez
nació en Montevideo en 1820 y murió en Buenos Aires en 1884. Ramírez nació
y murió en Montevideo (1836-1903).

cayó en tan gran revoltijo,
por eso, amigos, colijo
que era embrolla tal asunto.
    Uno al otro le decía:
"Yo siempre espatriao anduve,
y a veces, tan pobre estuve
que ni pa pitar tenía;
pero mi honor me decía
860    aguantate con valor,
con firmeza y con ardor
pa combatir la malicia,
y serás de la justicia
el horcón sostenedor.
    "Por eso que al caudillaje
nunca quise dar cuartel,
y a mi pluma y mi papel
siempre le ha sobrao coraje...
no he perdonao al gauchaje
870    hasta hundirlo en la redota;
con el rey, caballo y sota,
lindo la banca paré,
y hasta a manates pisé
con el talón de mi bota."
    Y el otro le retrucaba:
"Usté que al gaucho maldice,
tenga cuidao, y no pise
al que enantes levantaba,
cuando de menistro andaba
880    retozando entre esa gente;
¡por Dios! su cabeza asiente,
no enriede el merenjenal,
sepa ser güen oriental,
aunque de ganas... ¡reviente!
    "Usté era blanco primero...
y conservador dispués,
algún amor jué tal vez
la causa de ese entrevero;
y al golpiarse con su apero
890    hasta el Chile tan mentao,
es que vido mal parao
aquella vez el asunto,
y el miedo de ser dijunto
tal vez lo haiga aconsejao.
    "Y cuando anduvo con Flores

895 Flores: el general y estadista uruguayo Venancio Flores (1809-1868).
Presidente de la República en los años 1854 y 1855. Lo asesinaron a puñaladas,
en la calle Rincón, en Montevideo.

pa ayudarlo en el gobierno,
nunca créia que el infierno
le caira con sus rigores;
quince días los favores
900  del Menisterio gozó,
luego el gorro se apretó
con sus dos Leis... a los tientos,
y a causa de esos eventos
pa Güenos Aires templó.

"Amigo Gómez, no niego
su gran cacume... amoroso...
mas, sufra... y no sea envidioso,
que yerra el más terne al juego;
de su yunta me despego
910  pues ya no me tiene cuenta,
por eso no se resienta
ni me lo enferme el despecho;
cuando hay que sacar provecho
se va al sol que más calienta.

"Yo tan apretao me he visto
que también de camuatí,
ese jueguito seguí
porque nunca he sido cristo;
soy pa tuito peine y listo,
920  y espero con mi esperencia
montarme a la presidencia
si un golpe no me recula;
y aunque es chúcara esa mula
la domaré con pacencia.

"Y entonces le pediré
que me ayude al tironeo,
será el gobierno un recreo
estando a mi lao usté;
y lo primero que haré
930  en cuanto cace la rienda,
será encargarle la Hacienda...
pa que solo la maneje,
y en güen estao me la deje...
sin que su honor se le ofienda."

El emigrao se empacó,
y muy retobao se puso
lo trató al otro de luso,

900 El Dr. D. Juan Carlos Gómez obtuvo la gloria de ser Ministro en el
Gobierno del general Flores el año 1855, durante 15 días; en ese período expidió
dos decretos: el uno, aboliendo los pasaportes para el extranjero, y el otro supri-
miendo el palco de Gobierno en el Teatro de San Felipe (Montevideo). (Nota
del Autor.)

y mil apodos le dió;
por cierto no permitió
940 que en el tirón le ganase,
y en la armada lo llevase
como si juera carnero,
pa que luego el mundo entero
de su cencia se burlase.

Le dijo, que de falsía
se encontraba el suelo lleno,
que nada quedaba güeno,
y era todo alevosía;
que vivir, él, prefería
950 en pago estraño arrastrao,
antes verse acollarao
por ruindades, a un partido
que el azote pior ha sido
de este páis tan esquilmao.

De entre aquel montón de escritos,
columbraba yo en mi idea
que aguaitaba esa ralea...
¡los candeleros benditos!...
pa manejarlos solitos;
960 y engañando al santo cuete
balaquiaban con machete
desafilao y sin punta...

BALIENTE

Si era compinche esa yunta...
¡son toros del mesmo brete!

JULIÁN

Por fin, los dos personajes
trenzaron tanto el asunto,
que Gómez le cantó el punto
llamándolos tripoa-tajes;
que plaga de sabalages
970 eran tuitos al barrer,
y que habían lograo hacer
de esta patria tan amada,
un candombe de negrada
que ni Dios podía entender.

968 En el calor de la polémica entre los doctores Gómez y Ramírez, el primero calificó la situación política en Montevideo de Candombe y Tripotaje. De ahí que aún se llamen candomberos los que formaron parte de los gobiernos de Varela y compañía. (N. del A.)

BALIENTE

Se achispan, y luego amuelan;
porque a pesar de sus leyes
ellos beben como güeyes
a costa de los que pelan.

JULIÁN

980   Nada de estraño hay en eso
que también monten peludos,
pues pa la caña... sin ñudos...
son como lauchas, pa el queso.
  Por fin en tal plumaraje
tan fiero se han sacudido,
que hasta lo más escondido
salió a luz de su pelaje;
El Candombe y Tripo-ataje
jué el final de la agarrada,
y sin hacer más dentrada
990   se quedaron con lo dicho...
que a veces les da el capricho
por prosiar... sin decir nada...

CENTURIÓN

¿Pero usté no se ha fijao
que se tiraban de lejos?...

BALIENTE

Más a mi favor ¡canejos!
pues naide salió chumbiao.

JULIÁN

En meniar siempre la jeta
tuito se les va, y plumiar;
¡eso sí! son pa peliar...
1000   como carne de paleta.
  Pa sacudirles un susto
la parada siempre copo,
y en cuanto la ocasión topo
me muero de puro gusto.

CENTURIÓN

¡Paresé, que están carniando!
no facilite el partido;

¡pues suele el más alvertido
quedarse a veces tecliando!

Cierta vez, por un capricho
1010 me trencé con uno guapo,
por poco no me le escapo,
y cuasi, amigos, espicho.

Me habría hartao a chuzazos
si yo al hombre me le encojo,
mas no creo ser muy flojo
y presumo en ciertos casos.

Lo hallé en una pulpería,
y al verme, dijo aquel peine:
"No aguanto a naide que reine
1020 cuando esté en presencia mía."

Yo que me tengo por toro
le retruqué a ese plumario,
"¡Donde canta este canario
no lo aturde ningún loro!"

Y sin más, el cajetilla
se me vino muy resuelto,
a quererme dar el güelto
con un corvo como horquilla.

¡Pucha! ¡mozo acosador!
1030 y más vivo que vizcacha;
pero le corté la hilacha
de un tajo con mi alfajor.

Era de vista y de astucia,
más arrojao, que sereno;
suerte que le hice el barreno
si no de sangre me ensucia.

También conocí más de uno
capaz de... moler al diablo,
y pa probarles lo que hablo
1040 les iré nombrando alguno.

Lión Pérez, el capitán...
de ese tigre ¿qué me dice?...
no hay quien el poncho le pise
¡amigazo don Julián!...

JULIÁN

Nada de él hay que decir,
generoso era y valiente,
dobló tan sólo su frente
pa dejar de susistir.

CENTURIÓN

¡¡No diga!!...

JULIÁN

Sí, es la verdá...
1050 Murió ese güen compañero
bajo de un cielo estranjero,
en la porteña ciudá.
En aquella fiebre juerte
¡se apagó su joven vida!
Iba a curarse una herida,
¡y lo abarajó la muerte!
El veinte y nueve en la Unión
cayó prisionero, herido,
y antes de verse rendido
1060 pelió contra un batallón.
De su poca gente, luego
ya ni uno vivo quedaba,
solito peliando estaba
cubierto de sangre y fuego.
Pues si Lión era de nombre
también lo era en las batallas,
y tenía unas agallas
bien puestas, como el más hombre.
Hasta almiró al enemigo
1070 su valor tan disgraciao,
y al verlo caer sangrentao
le tendió mano de amigo.
Lo trujo adentro un Maciel,
colorao como Dios manda,
y a morir a la otra Banda
lo llevó su sino cruel.

CENTURIÓN

Dios tenga a ese melitar
en su trono soberano,
que más tarde o más temprano
1080 lo hemos de ir a visitar.
. . . . . . . . . . . . . . . . . . . . . . . .
Y cual la aurora abre el broche
de las flores, con su riego,

1053 El valiente capitán D. León Pérez, del Ejército nacional, falleció en el
mes de marzo de 1871 durante la terrible epidemia (fiebre amarilla) que asoló
a Buenos Aires. Se encontraba allí curándose de una herida grave, recibida el 29
de noviembre de 1870, en la Unión. (N. del A.)

1058 El digno capitán D. Vicente Maciel, de las fuerzas del Gobierno, salvó
varios prisioneros de las fuerzas revolucionarias, los que fueron puestos inmediatamente en libertad al llegar a Montevideo, después del combate de la Unión
(noviembre de 1870). (N. del A.)

pa dir cerrándose luego
cuando se tiende la noche;
   como ese lucero hermoso
que al dar su brillo a la tierra,
viene una nube y lo encierra
dejando el aire sombroso;
   como ese campo florido
1090  ande el pastizal verdece;
que de pronto se ennegrece
por un incendio destruido;
   así en l'alba de la vida
tres esperanzas murieron;
¡tres campiones sucumbieron
de nuestra patria querida!

   Sus cuerpos, tal vez los yuyos
de los campos cubrirán,
¡mas sus almas vivirán
1100  allá entre Dios y los suyos!
   ¡Lloremos su ausencia eterna!
que el recuerdo siempre viva,
mientra en paz duermen arriba
¡Martínez, Nin y Maderna!

   Y aquellos tres güenos mozos
hermanos, de sangre y gloria,
que en la caida o la vitoria
tenían hechos valerosos;
   tan heroicos en pelea,
1110  tan humildes pa el vencido...
como el árbol florecido
que la tormenta ralea;
   tres Morosinis han muerto,
cual los tres finaos Balientes,
¡pero de laurel, sus frentes
marchitadas se han cubierto!

   Y el patriota Pastorisa
también pagó su tributo;
"Lloro, muerte, pena y luto"
1120  de la guerra es la devisa.
   Y conozco en los que aun quedan
manates de gran provecho,
de esos que marchan derecho,
y en las cuartas no se enriedan.
   Con ellos me acollaré

1104 Nicasio Martínez, Luis Nin y Arturo Maderna murieron en diferentes
encuentros de la misma campaña. (N. del A.)
   1113 Tres valerosos hermanos Morosini fueron víctimas de la guerra en varios
combates contra las fuerzas del Gobierno. (N. del A.)

al tiempo de la patriada;
de recibo es la mozada,
y a cual más se tiene fe.

    Conocí a un Mayor Belmude
1130  de albitrio, guapo y sereno;
mozo pa cualquier terreno
muy superior, no lo dude.

    Lo quería Arrué, y mucho,
y tanto o más Salvañá...
en el Norte hice amistá
con ese criollazo lucho.

    Era amigo de un Safón
que valía un Potosí,
y otro crudo Tudurí
1140  joven de gran corazón.

    Cuando tenga quir pa dentro
he de buscarlo con gusto,
quizás de algún fiero susto
me vea libre si lo encuentro,

    Y a más, me amisté a un sin fin
de patriotismo notorio;
Soto, Prío y Moratorio
y aquel Pérez Benjamín.

    Los Rodríguez y Barreras,
1150  Sienra, Amilivia, Rigao,
a cual mejor se ha portao
en el campo y las trincheras.

    Los Berros, Carranza y Díaz,
Rincón y otros que no acuerdo...
ninguno de ellos es lerdo;
son sus pechos, baterías.

JULIÁN

Ésa es toda gente a prueba,
que ha prestao grandes servicios;
sin tener ni pa los vicios
1160  siempre aguantaban la breva.

    Yo le caigo al lenguaraz
que anda del mal a la pesca,
a esos que prenden la yesca
pa quemarnos por detrás.

1147 Soto: Carlos E. Soto (1844-1879). Se supone que fué muerto, por orden de Latorre, en una pieza del antiguo cuartel de Dragones, en Montevideo.

1150 Amilivia: el coronel Gerónimo de Amilivia. Nació en España en 1821; murió en Montevideo en 1910.

1153 Berro: entre ellos, Mariano Balbino Berro. Naturalista e historiógrafo. Nació en Minas, en 1833.

Son los que en todo se meten
y en ninguna parte faltan,
ellos los cargos asaltan
aunque los ajen y reten.
Y pa eso, gritan, se enojan,
1170  se trenzan a raja-cueros...
pero en tales entreveros
nunca con sangre se mojan.

BALIENTE

Fiesé y deje correr,
hay ciertos piezas dotores,
pedigüeños de favores
cuando tienen menester;
dispués, no se dejan ver
ni con un rial pa los vicios,
ni se acuerdan de servicios
1180  que les ha prestao con gusto,
y del modo más injusto
nos achacan los desquicios
Los paisanos pa ellos semos
sólo güenos, de istrumentos,
siempre nos vienen con cuentos
con tal que les ayudemos,
y pa que no corcoviemos
no se empacan en promesas;
pero jamás caigo en ésas,
1190  que demasiao los conozco,
y aunque soy paisano tosco
no harán con mi nalga, presas.

JULIÁN

Siguiéndoles mi relato
verán del modo que he andao,
me vide tan apurao
que hasta me enfermé del flato.
Pues salí de San José
con rumbo a Montevideo,
y era en viernes, sigún creo,
1200  cuando a la Unión aporté;
áhi no más desensillé,
metí el flete en el corral
de un tal ño Miguel Moral
de mi antigua conocencia,
paisano de mucha cencia
y hombre de trato formal.

Le di al pingo una ración,
y me envitó don Miguel
a que saliese con él
1210  pa llevarme a una riunión,
en la cual nuestra opinión
iba a tratar ese día,
que de votar se astendría
por no poder consentir,
el modo ruin de cumplir
que la otra gente tenía.

Seguimos nuestro camino,
y parao en una puerta
había un jefe cara tuerta,
1220  que al olorcito se vino;
nos preguntó si al Casino
pensaríamos llegar,
y si juera pa ayudar
a firmar en la protesta,
nos iba a salir la fiesta
media cara en el pagar.

Ño Miguel aunque viejazo
nunca pulgas aguantó,
y a ese ladiao retrucó
1230  que dejara libre el paso,
pues tal vez llegase el caso
que algún barato le diese,
para que ansina aprendiese
a no meterse a compadre
juera a... moler a su madre
y en ello se entrotuviese.

Al óir retruque tan fiero
no esperó por la revancha,
creyendo mala la cancha
1240  pa dentrar a un entrevero;
o tal vez mi raja-cuero
lo vido de refilón,
y habrá dicho con razón:
"Quien carga tal tararira,
si lo descuido, me estira
sin la menor compasión."

Y no creyendo sigura
la milonga comenzada,
jué a comprar otra parada...
1250  juyendo a la sepoltura.

BALIENTE

A ése que Dios lo confunda:
le salió la torta, un pan...

JULIÁN

Si quedó en su loco afán
más sobao que una coyunda.

BALIENTE

¡Qué diantre de coloraos!
siempre nos han de buscar...

JULIÁN

Y nos suelen encontrar
como toros, empacaos.
   Si el poncho nos arrollamos,
1260   no nos jota ningún léido,
y a veces al más engréido
con las riendas lo llevamos.
   Dentramos pues a la danza
que era puro blanquillaje,
y mucho cajetillaje
estaba en la mescolanza;
vide a jefes de pujanza
y más de un terne letrao;
a cual más desesperao
1270   po el modo que traicionaron,
lo que poco antes juraron
cumplir fielmente el tratao.
   De aquella riunión de gente
un Clus allí se formó,
que al poco rato nombró
a Salvañá, presidente;
¡bien haiga! el criollo caliente,
si habló con tal decisión,
que cuasi este corazón
1280   de entusiasmo se me sale,
en verdá, no hay quién lo iguale
en tuita nuestra nación.
   También topé a Bastarrica...
¡pucha! vasco que apreceo,

1276 Instalación del Club "Juventud" en la Unión, siendo Presidente el Dr. N. Juan Pedro Salvañac. (N. del A.)

ése es hombre sin rodeo
y pa infante, cosa rica;
la pólvora no le pica;
ni lo hace trastabillar,
naides lo ve cabeciar
1290 aunque el pelo le chamusquen;
en fin por donde lo busquen
es amacho melitar.

Vide al otro, que aquel día
una bala de metralla
cuasi po el medio lo raya
peliando en la infantería,
cuando la patria perdía
a Basañez el valiente,
que siempre tengo presente...
1300 aunque hoy descanse en el cielo,
mientras su nombre en el suelo
¡llorao será eternamente!

### CENTURIÓN

¿Ya sé quién quiere decir,
Gurruchaga, aquel del pito?...

### JULIÁN

El mesmo, que para un frito
no se lo hace repetir;
y tanto le da morir
combatiendo como un lión,
que darle un beso al porrón
1310 del vino menos cristiano;
y también pa mano a mano
se lo largo a Napolión.

Allí estaba el imprentero
escritor del Molinillo,
ése es gacetero pillo
que habla poco, pero fiero,
cuando al gobierno certero
ciertos sogazos le larga;
y con cada verdá amarga
1320 al más firme lo destroncha;
es superior... pa hacer roncha...
y rigular en la carga.

1298 Basañez: el comandante Dr. Basañez, muerto durante el sitio de Monte
video en noviembre de 1870. (N. del A.)
1304 Gurruchaga: el teniente coronel Francisco Javier Gurruchaga (1816-1883)

BALIENTE

¿A que es Don Acha, cuñao?...

JULIÁN

Cabal, el que viste y canta,
que a cualesquiera le chanta
las verdades de a puñao,
y si anda medio puntiao
le retruca al más dotor;
es ladino payador
1330    y le da el naipe pa pueta,
de modo que no respeta
laya, marca, ni color.
        También al rato topé
de pantalón de bombilla,
aquel mozo cajetilla
que solía andar con usté,
¡pucha! que se tiene fe...
nunca lo créiba tan güeno;
no sabe morder el freno
1340    en custión de platicaje,
y está preñao su lenguaje
siempre de razones lleno.
        Creo que es un Acevedo
mozo muy lince y de chispa,
ése pica como avispa,
y nunca se chupa el dedo;
yo con él, mejor me quedo
que con tanto tinterillo
más pulidos que un anillo,
1350    y enredaos en sus corbatas;
si los cuelga de las patas
no se les cae ni un cuartillo.

CENTURIÓN

¿Se acuerda de un Larravide,
a que po allí retozaba?...

JULIÁN

Y es verdá, no me acordaba,
que en una esquina lo vide,

1323 Acha: Francisco Xavier del Carmen Acha (1822-1897). Director de
Molinillo y autor de Flores silvestres.
1343 Acevedo: Eduardo Inés Acevedo Díaz (1851-1919). Autor de Brenda,
Ismael y de Nativa.

no hay miedo que se descuide,
ése no es gaucho matucho,
nunca le falta su pucho
1360 durmiendo tras de la oreja...
¡me ha calmao más de una queja
cuando yo andaba aguilucho!

CENTURIÓN

Era un diablo milonguero,
muy amigo de ranchiar...

JULIÁN

Güeno juera, es pa bailar
como trompo de ligero;
pa paisano, es terutero,
siempre monta en lindo flete
porque es trucha ese paquete...
1370 ¿Y pa las hembras?... sin yel,
pues si ve cualquier clavel,
hasta en un sanjiao se mete.

BALIENTE

¿No habrá dejao de asistir
aquel que tráiba lloronas,
y perdió hasta las caronas
en la marcha, sin sentir?...

JULIÁN

¡Ah bárbaro! ¿por dormir
tal vez le pasó ese caso?...

BALIENTE

No lo crea usté, amigazo,
1380 es que era muy descuidao,
y el andar siempre chupao
jué causa de tal fracaso.

CENTURIÓN

Creo que he dao con la flor:
debe ser un medio pueta
que tenía una gran libreta
con versos llenos de amor...
si es aquél, es superior...

pa la giñebra, se entiende;
a la limeta le priende
1390   con más ganas que un mataco,
y le pega cada taco
que ni él mesmo se compriende.

BALIENTE

Sí, en Güenos Aires está
con ño Camuso, aquel bicho
muy agauchao... por capricho;
me han dao la siguridá
y creo ha de ser verdá,
que don Carlos me lo pasa
metidito en cierta casa...
1400   pa estudiar la quitetura;
¡y es tanto lo que se apura...
que la salú se le atrasa!

CENTURIÓN

¡Ay juna, ése es criollo amacho!
toro, guitarrero y quiebra,
cuando le buscan la hebra
se va derechito al guacho;
es crudo pa un dicharacho,
y más, estando enrialao...
quisiera verlo a mi lao
1410   aura que me hallo tan pobre,
siguro que de algún cobre
al rato me viera armao.

JULIÁN

Y a don Cortinas topé,
siempre patriota andequiera;
y a toda la punta entera
de Lasalas encontré;
también allí devisé
a ño Estomba, paquetazo;
le di al verlo tal abrazo
1420   que por cuasi lo derribo...
¡Como un rayo, es siempre vivo!
andequiera se abre paso.
    Habían, a más, muchos otros
muy garifos y aligantes,
con faroles, leva y guantes,

1425 Con lentes, levita y guantes.

pero ariscos como potros;
en fin, juera de nosotros
y alguno medio paisano,
tuita era gente de piano,
1430   de relós y de sortija...

BALIENTE

¿A que ningún sabandija
le puso un rial en la mano?

JULIÁN

No haga tan malo el partido,
crealó, que en esa junta
todos los que hacían punta,
muy... largos me han parecido.
        Dispués que se discursió
como en sermón de capilla,
un mocito cajetilla
1440   con mucha juerza gritó;
"—La palabra quiero yo,
porque es preciso tratar,
que no pudiendo votar
por los ñudos que nos ponen
los que de este páis disponen,
vamos pues a protestar."
        Habló tamién del gobierno,
y su marcha traicionera,
con tanta verdá ¡si viera!
1450   que al más duro ponía tierno;
yo por él, hasta el infierno
en ese istante arrollaba
y tan lindo platicaba
sin tapujos ni encubiertas,
que con las bocas abiertas
todo el mundo lo escuchaba.
        Diay se firmó una protesta
contra tamaños agravios;
y al fin, consejos muy sabios
1460   terminaron tan gran fiesta;
pasada la hora e la siesta,
de esa procesión machaza
cada cual rumbió a su casa,
mientras seguía ño Miguel
contándome el merenjel
por que hoy este pueblo pasa.
        ¡Bien haiga, barbaridá!

Hasta ni parece cierto,
pero que me caiga muerto
1470     si no es la pura verdá...

CENTURIÓN

¿Qué hay, en curiosidá
nos ha dejao redepente?...
Apuresé, pues, y cuente
que a la angustia no resisto...

JULIÁN

Si jamás igual han visto
por esta cruz, que reviente.
      Con la Iscrición dió el asalto...
venga un trago, que al recuerdo
se me pone el buche lerdo
1480     y hasta de respiro falto...

CENTURIÓN

Tome chupe, y no dé salto
ninguno en este relato;
luego le daré un barato
sobre cosas de interés,
pa que usté me oiga a su vez
y pasemos lindo el rato.

JULIÁN

En Canelones triunfó
con justicia nuestra lista,
de los otros, ni la pista
1490     allí siquiera se vió;
pero el Juez de Paz creyó
una ocasión de primera,
para insultar la bandera
del orden justo y legal,
dando parte a un Trigunal
pa que el derecho les diera.
      No jué lerdo ese chancleta:
dispués que vido el gentío
de los nuestros, con tal brío
1500     creyó burlada su treta;
nos hacía esa gambeta

---

1487 Fraude en Canelones, donde dos Diputados legalmente elegidos, fueron reemplazados por otros, surgidos del más inmoral *gatuperio*. (N. del A.)

pa esperar otros domingos,
y poder variar los pingos.
ganándonos sin sentir...
pues tenía que recebir
una mestura de gringos.

Pero los blancos de allí
son firmes y corajudos,
y hay algunos copetudos
1510 más picantes que el ají:
y ellos, como un ¡ay de mí!
por no quererse doblar,
a veces suelen andar
de gachos, oliendo el suelo,
y hallan todo su consuelo
en reñir y cospirar.

Volviendo a lo que decía:
el machazo Trigunal
de nuestra Banda Oriental
1520 es tal bochinche este día,
que los Jueces que allí había
"declararon sin valor"
con la injusticia mayor
la iscrición que habíamos hecho;
¡porque hoy tiene más derecho
el que goza más favor!

En seguida iré nombrando
los que dieron ese paso,
que del uno al otro atraso
1530 llevan al páis reculando.

El uno es un estranjero
que en cualquier canto se entona;
el mesmo que una corona
dió en la guerra de Quintero;
dispués, puso en el sombrero
la devisa colorada,
aquel día de la entrada
de Flores, cuando trunfó,
y a su enemigo abrazó...
1540 besándolo en la quijada.

A ese hombre que es pura cencia
le gusta la mescolanza,
con ella todo lo alcanza
el Dios de la convenencia:
y con su larga esperencia

1532 Giménez hace alusión al Dr. Narvajas, miembro del Supremo Tribunal de Justicia. (N. del A.) El doctor Tristán José Patricio Narvajas (1819-1877). Fué uno de los redactores del Código Civil de la República del Uruguay.

alquirió el puesto que tiene,
en el cual, tan bien se aviene
de ser juez con la malicia,
y sabe hallar la justicia
1550 en el lao que le conviene.
    ¿Del otro, qué les diré?...
Como bola es de redondo;
tiene más vista que fondo,
y de un corte acabaré;
yo les daba un puntapié
a tanto estorbo viviente,
que parecen, más que gente,
cristianos... de cuatro patas;
y son pa la uña cual ratas,
1560 y cimarrones pa el diente.
    Ansí pasó el pericón,
¡mas áura verán la güeva!
Quiero sacar de la cueva
un tigre, que no es pichón;
y es la mentada Elición
parida por un decreto
que largó el gobierno neto,
dandolé el nombre de ley...
¡Pucha! ¡día que me réi!
1570 por poco no me asujeto.
    Cuando llegó el grande día
de presentarse a votar,
los nuestros sin recular
cumplieron con valentía,
ni pa remedio allí había
ninguno del bando opuesto;
mas jueron a echar el resto
trabajando a la sordina,
y cual tuita trampa indina
1580 les dió un resultao junesto.
    Dispués de tan ruin corrida
llegó un chasque apuradazo,
y dijo que cerca el paso
se vía gente riunida:
Saavedra, con su partida
los salió a reconocer,
y en cuanto los pudo ver
formó su escalón de frente,

1585 A fin de asegurar el éxito de las elecciones, para sus parciales, el Gobierno mandó al General Borges imponer con la fuerza en Canelones; siendo dicho General vergonzosamente corrido por el Comandante Saavedra, de aquella localidad (1873). (N. del A.)  Borges: Nicasio Borges (1820-1884).

1590 y tan sólo con sus veinte
les hizo el rumbo perder...
Y haciendo sudar bajera
me los salió persiguiendo,
¡pero qué! si dían juyendo
como yeguada matrera;
ni atrás miraban siquiera,
y castigando a dos laos,
iban tirando los miaos
de un modo ruin y cobarde,
y al Cerrito, al cáir la tarde
1600 llegaron tuitos pelaos.

BALIENTE

Lo diesen contra una esquina
al jefe de tanto crudo...

CENTURIÓN

¿Sería algún entrañudo...
de agallas... como gallina?

JULIÁN

Pa hablar de eso, soy sin freno:
es el mentao trafalario
General... el más corsario...
con todo lo que es ajeno;
hoy por estar tan relleno
1610 de cobres... y en ancas viejo,
ya no espone su pellejo...
"Pa los sonsos —dirá él—
me gusta chupar la miel
estando el camuatí lejos."
En el Norte, es prestigioso,
y ése es todo su consuelo...
con las vacas de aquel suelo
su protetor generoso;
pa toda hacienda es famoso,
1620 ni deja la rastrillada
cuando de noche en arriada
la corta pa el Uruguay;

1600 Con las mataduras propias del mal jinete.
1609 Julián Giménez se hace eco de las versiones de los periódicos de varias épocas; versiones que no han sido destruídas, con respecto a la conducta del hoy Brigadier General D. Nicasio Borges. (N. del A.)

¡es liendre como no hay
para hacer una voltiada!
    Conociendo su viveza
de todo taura es amigo;
siempre en él hallan abrigo
para apadrinar la presa;
cuando la nidada es gruesa
1630  se aprovecha del poder,
y suele desconocer
al que le fió el negocio,
porque, amigo, como socio...
sabe el punto sostener.
    Salidas tiene un sin fin,
turbao no lo agarran nunca,
se amaña, corta, destrunca,
pa todo es güen comodín;
le es igual malo o rocín,
1640  contramarcao u orejano,
con tal que caiga en su mano,
pelo ni marca respeta...
¡es mozo que cuando aprieta
ni el caracú deja sano!
    Con la paga del estao,
y el ganao que da de baja,
ha llenao tanto su caja
que el valor se le ha aflojao;
tamién ha hecho demasiao...
1650  por supuesto... a los bolsillos...
miles vacas y novillos,
y yeguas, a tracaladas,
pastean por las quebradas
con su marca en los codillos.
    Hoy ya precisa sosiego
poniendo el bulto en remojo;
por eso se ha güelto flojo
pa andar metido en el fuego;
a más está cuasi ciego,
1660  pero no ha sido en pelea,
sino una noche muy fea
que rastriaba un ganadito,
por poco, un rayo bendito
los dos ojos le tapea.
    Cuando salió a visitar
los pueblos de la campaña,
un compinche de su maña
lo envitó pa merendar;
se hizo mucho de rogar,

1670 almitiendo, a condición
que pasara envitación
a los vecinos del pago,
pa ofertarles lindo un trago
y asigurar la Elición.

Jué en lo de un viejo bozal
paisano de tal corsario,
que hoy es Alcalde Ordinario
conocido por Marcial;
¡ah día, que echó su pial!
1680 ¡su lengua no menudiaba!
Ése sí lo levantaba
dende el cielo hasta el infierno
¡pucha con el mozo tierno!
como macho relinchaba.

¡Y qué cantos melodiosos!
al compás de las botellas;
brillando como centellas
tantos ojazos vidrosos;
Marcial, en sus alborozos
1690 con el gofio se engullía,
y de atorao no podía
ni espresar su pensamiento,
y al jefe, dende su asiento
a escupidas lo curtía.

Causaba hipo en la mamada
de aquella riunión sotreta,
ver del canario la jeta,
y su cabeza pelada
¡siempre compraba parada
1700 en favor del general!
y con gañote e metal
daba al porrón cada beso,
¡que se le hinchaba el pescuezo
como lomo de bagual!

Redepente, se paró
y estirando su cogote
dijo: "que jué Lanzarote
el suelo en donde nació
el más bravo que pisó
1710 las orillas de esta tierra,
porque su cabeza encierra
un carcumen nunca visto;

---

1678 Discurso del célebre Alcalde Ordinario Marcial, de Canelones, publicado
en La Democracia de Montevideo y transcripto en algunos diarios satíricos de la
República Argentina, por su inimitable originalidad. (N. del A.)
1697 Del canario: alude a Nicasio Borges, que había nacido en las Canarias.

y quien con él no ande listo
a la fija que lo entierra.
       "Que a pesar de su inorancia. . .
y su escuro nacimiento,
él mostró su gran talento
dende que jué pión de estancia. . .
y que al fin, con su costancia
1720   y su natural saber,
al cabo pudo tener
un carro de melcachifle,
y tanto le pegó al chifle. . .
que general llegó a ser."
       Era el Marcial un cogollo
jediendo a bastera fresca;
el triste andaba a la pesca
de largar todo su rollo;
en eso, metió un embrollo
1730   que echó por tierra su banca,
y jué, que le dió la tranca
por alzarlo a Borge en peso,
dejándolo medio tieso
con un sopapo en el anca.
       Muy retobao po el atraso,
cuasi el general se pierde. . .
Marcial, como vara verde
le dió en disculpa un abrazo;
por disgracia, un cabezazo
1740   forcejiando le chantó,
que sin querer, lo largó
contra el lomo de unas sillas,
y el golpe de sus costillas. . .
como caja/retumbó.
       . . . . . . . . . . . . . . . . . . . . . . . . .
Yo me réia compañero
sin poderlo remediar,
cuando comenzó a contar
otro caso verdadero,
de un Juez de Paz terutero
1750   llamao don Manuel Rovira;
¡pucha! ¡parece mentira!
largó al mundo tanto guacho
que al carnero más amacho
¡¡por veinte leguas lo tira!!

1750 Rarísimo parto del Juez de Paz D. Manuel Rovira en las elecciones de
Montevideo, en el año 1873: acontecimiento el más fenomenal entre todos los
de su especie, pues resultaron más tachados en su sola Sección que en todas
las demás de la Capital, juntas. (N. del A.)

¡Qué Urquiza, ni qué Ortiguera!
¡Qué Belén, ni Caraballo!
Sacó el hombre su caballo
lejazo en la delantera...
¡Qué aflojada! ¡amigo, viera!...
1760   mucho pior que comadreja...
pues sin soltar ni una queja,
sin abortos ni quebrantos
¡¡¡echó al mundo mil y tantos!!!...
¡vaya parando la oreja!
    En su solita sesión
jué tan larga la parida,
que la partera afligida
al ver tan grande montón
de cuanta laya y nación
1770   bajo el sol se conocía,
cuasi la pobre ese día
se volvió loca del susto,
largando a juez tan robusto
pa que atendiese a su cría.

BALIENTE

No era pa muchas caricias
ese flojazo de umbligo;
desearía ser su amigo
¡para darle las albricias!

CENTURIÓN

¿Y salió algún bacaray?

JULIÁN

1780   ¡Tuitos eran ternejales!
¡viera, hermano! los tendales
sin largar siquiera un ¡ay!
    Mozos, viejos, negros, blancos,
rubios, mulatos, lanudos,
pelechados y peludos,
tuertos, bichocos y mancos,
salían por tuitos flancos
por Rovira apadrinaos,
y algunos, acollaraos
1790   como ajeno a la madrina,
metiendo una gangolina
de cuanto idomia hay formaos.

1756 Belén: el general Francisco Belén (c. 1830-1894). Fué reo de poligamia.

De tamaño revoltijo
ño Manuel jué el presidente;
y que el demoño me avente
si con tan grande amasijo
no créiba siguro y fijo
el ser nombrao otra vez.
Ése jué su empeño, pues,
1800    pero le erró fuego el misto;
y aunque anduvo el cuerpo listo,
se le empacaron los pies.

BALIENTE

¿Cómo quedó el infeliz
en tan terrible tormento?...

JULIÁN

Zarandiándose en su asiento...
¡con tres cuartas de nariz!!

CENTURIÓN

Si creo que me contó
un amigo mío, tropero,
que el Trigunal Justiciero
1810    otra vez me lo llamó,
y su título le dió
en pago de su gran cría,
y ansí domarla podría
porque estaba muy baguala,
si no esa cruza animala
ni pa trillar serviría.

JULIÁN

A mí no me estraña nada
porque, amigo, es gente viva
y hoy los que chupan... de arriba...
1820    son lobos de una camada.
    Y sea cierto o no lo sea,
yo en tal charco no me embarro;
dejo que dispare el carro
mientras encima no estea.
    Antes de arrollar el lazo
van a oír algo mejor...

1794 Ño Manuel: Manuel Rovira.

### CENTURIÓN

¡Ah, Julián! si en lo cantor
ni el zorzal le gana un paso.

### JULIÁN

Dispués de eso, allí pasó
1830    otro grande barajuste,
pero por Dios, no se asuste
que cuando a mí me contó
don Miguel, se me paró
la cerda de la cabeza.
¡Pobre páis, suerte traviesa
te persigue muy tirana!
¿Cuándo sonará esa diana
alegre de tu grandeza?
     Pa juzgar la validez
1840    comisiones se formaron,
y los blancos protestaron
con justicia y altivez;
la respuesta en esa vez
jué decir "que ellos verían,
y en los tachos limpiarían
cualquier injerto metido"...

### BALIENTE

¿Colijo que habrán cumplido
lo que entonces prometían?

### JULIÁN

Cumplir, ¡no me rompa el cuajo!
1850    ¡era de intento la broma!...

### BALIENTE

Si hay un Dios que cuentas toma
de las cosas de aquí abajo,
les ha de cáir al destajo
cuando se enfríen sus pulpas;
y no han de valer disculpas
pa perdonar sus delitos,
y hasta el infierno, malditos,
irán a purgar sus culpas.

---

1845 Giménez hace alusión a las Comisiones de Tachas. (N. del A.)

JULIÁN

Hermano, no se alborote
1860    ni prenda como yesquero;
es el gaucho más ligero. . .
nunca sabe andar al trote.

BALIENTE

Siga, pues, y largue el lazo,
que el pingo no está sudao. . .
tome, péguele al guindao
que entuavía hay medio vaso.

CENTURIÓN

¡Jué pucha! ¡qué copo, hermano!. . .

JULIÁN

¡Hasta verte, vida mía!
si al tomarlo yo sentía
1870    que cáia el cielo en mi mano.
        Volviendo pues al asunto:
como tienen el poder,
nos han tratao de . . . moler
a miles modos por junto;
borraban de contrapunto
al más conocido criollo,
diciendo: "córtese el rollo,
ése es nación y no es nuestro. . ."

BALIENTE

¡Juna amante! a cual más diestro
1880    pa zambullirnos al hoyo.

JULIÁN

Y echaron del lao de ajuera
como menores de edá,
algunos, que en rialidá
son más viejos que tapera;
¡ah diantre! quién los pudiera
agarrar de a uno, suelto,
para atracarles el güelto,
dende el más tierno muchacho
hasta ese gobierno guacho
1890    que al páis tiene tan regüelto.

Vide borrar otros muchos
tan letraos como la cencia,
baquianos en la esperencia
y pal tintero muy luchos.
Se le van a cáir los puchos
cuando conozcan el hecho,
y del tirón voy derecho:
me los hicieron salir...
¡por no saber escrebir!...

BALIENTE

1900 ¡Pues amigo, tienen pecho!

JULIÁN

Del blanco que iba a tachar
ni habieran dejao rastrojo,
si no juera po el arrojo
que supimos conservar;
¡era un puro concertar
pa ver cómo nos barrían!
Y adrede nomás lo hacían
pa tenernos retobaos,
pues siempre andaban solfiaos,
1910 y en pitar se divertían.

BALIENTE

A tuitos quisiera verlos
metidos en vizcacheras;
o como mulas tauneras
siempre a las güeltas tenerlos.

JULIÁN

Y yo, los pusiera pior;
ataos en un hormiguero,
amostrando al aire el cu...ero
pa lonjiarlos a rigor.
Han hecho una chamuchina
1920 de locro con carbonada;
sólo había convidada
pa los de la chupandina;
y aquella gente tan fina
comenzaron a empedarse,
y uno con otro a gritarse:
"¡Semos los netos de Flores,

blancos y conservadores
preparensé p'apretarse!"
        Áhi estaban mesturaos
1930  los negros con los de guante,
don Varela y su ayudante
el que manda los juzgaos;
y una runfla de mamaos
haciendo grandes cabriolas;
¡no haber tenido mis bolas!
¡pa prendérselas de firme!...
Pero mejor pensé en dirme
y dejarme de mamolas.
        Y sigo cortando hilacha
1940  a los que tienen más menta;
porque juera larga cuenta
nombrar tanto mala facha.
        Valera es hombre que al tranco
supo andar muy pocas veces,
y un día con mano y pieses
acodilló crudo a un banco;
dejándolo... ¡pues no es manco!
como arbolito en otoño,
pero él formó su retoño
1950  trillando al pueblo la parva,
porque ése es mozo que escarba...
¡con más uñas que el demoño!
        Esa gran pilcha, pulpero
dejó de ser, por disgracia;
y con su maña y audacia
llegó a calzar de banquero;
y al verse tanto dinero
quiso darle gusto al pico,
quedando, en poco, más rico
1960  que aquel inglés ño Lafón,
y de tanto hacer jabón
logró engrasar el hocico.
        ¿Y su ayudante?... ¡otra papa!...
que a las Uropas jué a dar;
hay quien diga que a estudiar...
y yo que lo sé de piapa,

1931 Varela: Pedro Varela (1837-1906).
1946 Banco: el Banco Montevideano. Fundado en 1865; desaparecido por quiebra, en 1868.
1960 Ño Lafón: Samuel Fisher Lafone (1805-1871). En 1845, habiendo obtenido en arriendo una de las islas Malvinas, la pobló con ganados procedentes del Uruguay. En Buenos Aires, durante la epidemia de fiebre amarilla, murió prestando voluntariamente servicios humanitarios.

que su talento es con tapa
y nunca se destapó;
macho jué, mula volvió,
1970   pero es peine pa otras cosas;
de allá se trujo unas mozas
que a la marchanta tiró.

    ¡Vayan viendo los manates
que disputan el poder!
Y si llegan a vencer...
aprontemos los petates.

CENTURIÓN

Don Julián, conteste, pues,
si no es preguntarle al cuete,
vide ajuera otro jinete,
1980   ¿no sabrá usté quién es?...

JULIÁN

Voy a decirles, cabal,
por qué eso interesa a tantos:
es el tal, Luciano Santos,
que estando en un matorral,
escuchó el merenjenal
que nosotros platicamos
cuando las armas dejamos
por el pato que se hizo.
¡Jué largazo aquel chorizo!
1990   ¿Se acuerda cómo prosiamos?

CENTURIÓN

¡Mesmamente! y es verdá,
¡vide en letras imprentales
"Los Tres Gauchos Orientales"
un día por el Chaná!
y qué gran casualidá
haber dao con ese pueta,
que tan lindo los aprieta
a plumarios y dotores...

JULIÁN

Cómo no, con mil amores,
2000   si no es ni medio sotreta.

CENTURIÓN

Y uno a otro acollarao
nos injerta en su coplada,
sin perder de la cruzada
ni el mojón más apartao. . .

JULIÁN

Si es el criollo más versao
que he visto en mi perra vida;
en sus coplas de partida
va sujetando el caballo;
pero al largarse, es un rayo,
2010    ¿quién lo alcanza en la corrida?

CENTURIÓN

Vaya y hágalo atracar,
pa conocer a ese toro
que ha de valer un tesoro. . .

JULIÁN

Pues lo voy a destapar:
se está haciendo remendar
el poncho que trái rompido,
y una moza le ha pedido
pa arreglárselo de modo
que quede nuevo del todo,
2020    y él es trucha, lo ha almitido.
    Por no perder la ocasión
al óido le está cantando;
y tanto la anda acosando
ese enamorao pichón,
que el tiernito corazón
de tan joven mariposa
se ha puesto como la rosa
que, hinchada por el rocío,
le respira el sahumerío
2030    el gusano que la goza.

CENTURIÓN

Si angurriento es el gusano
que se harta con la flor,
hay hombre, que en el amor
es ruin, corsario y tirano.
    A la mujer que pretiende

le pinta ternura ciega,
¡pobre si a enredarse llega
en el lazo que le tiende!

Hasta se hinca de rodilla
2040 pa hacerla bien consentir;
si hace enpeño en resistir,
¡de un modo fiero la humilla!

Y la que al pedido ceda,
¡infeliz! ¡la pobrecita!
¡Siempre la marca maldita
pegada en su frente queda!

Y cuando el falso se hartó
por áhi tirada la deja,
y en su amarga y justa queja
2050 desprecio sólo encontró.

Y si en medio a su quebranto
echara algún hijo al mundo,
de su pecho moribundo
jamás se le agota el llanto.

Pues con razón pensará
que cuando él llegue a ser hombre,
llamao "El gaucho" por nombre
en tuitas partes será.

Y si perdón por su culpa
2060 pide al mundo arrepentida,
no hay un alma condolida
que su mal paso disculpa.

De sus ojos las miradas
que brillaban cual diamante,
dende que juyó su amante
¡son dos luces apagadas!

Sus trenzas que antes cuidó
para lucirlas al novio;
hoy que recuerdan su oprobio
2070 ¡hasta la ráiz las cortó!

Sus labios que un tiempo jueron
como claveles, rosaos;
marchitos, secos, gastaos,
¡fresura y gracia perdieron!

Hombre que siempre cargaste
la mala suerte a los tientos,
nunca olvidés los lamentos
de la pobre que engañaste.

Si no, vean en la aurora
2080 cuando l'alba se aparece,
qué lindo el campo verdece,
y el sol a la tierra dora;

usté oirá l'ave cantora
que alza el vuelo de su nido,
y de la oveja el balido
lo escuchamos con ternura,
¡mientras sufre en cruel tortura,
la que a un ingrato ha querido!!

BALIENTE

Allí viene ño Gimene
2090 con otro tape crudazo;
¡pucha! bárbaro... es el caso...
¡si parece un chivo el nene!

JULIÁN

Aquí traigo a un camarada
conozcanló como amigo,
ayuntao anda conmigo
dende el fin de la patriada.

LUCIANO SANTOS

Ya les conozco la pinta,
y aunque pasaran mil años,
nunca serán pa mí estraños,
2100 pues nada se me despinta.
Y de hoy más, un compañero
tendrán ustedes también,
que el paisano que aquí ven
no es un gaucho traicionero;
mi crédito de matrero
siempre bien puesto ha quedao;
y si del hambre acosao
le he cáido al ganado ajeno,
pa los dueños del terreno
2110 sebo y cuero le he dejao.

CENTURIÓN

Amigazo el payador,
yo quiero hacerlo compadre,
siempre de que a usté le cuadre
permitirme tal favor;
¡suelo privar de cantor!
y en esto, a naide envideo,
porque cuando yo punteo
la guitarra pa templar,

¡saben bajarse a escuchar
2120 hasta las aves del cielo!
     Apariaos, y en un güen flete,
con facón y garabina,
llevando en l'anca una china
sabrosa y de rechupete,
¡busque usté quién nos sujete
ni se nos ponga adelante!
Valor, tenemos sobrante
pa arroyar un cuadro entero,
¡y ha de ser más que ligero
2130 quien nos madrugue o espante!

LUCIANO

Tiene el amor, dulce y yel,
pero su trampa no aterra,
y si acaso nos encierra
sabremos burlarnos de él;
que a veces de un trance cruel
el más chambón sale airoso,
o si no, el nombre de esposo
libra un caso peliagudo,
que al hombre sirve de escudo
2140 y a la mujer, de rebozo.

JULIÁN

Si este Luciano ¡es matarse!
en la vida queda atrás,
echa un bolcao y zás trás
¡hace a cualquiera enredarse!

LUCIANO

No soy sino verdadero,
y sigo mi rastrillada;
siempre verán mi pisada
que deja la mesma güella,
hasta que mi turbia estrella
2150 de pronto quede apagada.

JULIÁN

Los cuatro, aunque medios blandos,
en chicas no nos paramos;
si en nuestro paso encontramos
quien nos quiera armar un frito,

pa el otro mundo lo echamos,
sin rezarle ni un bendito.

LUCIANO

Si el hombre se ve acosao
cuando su suerte es tirana,
no ha de esperar a mañana,
2160   sino peliarla dende hoy;
que dice el que no es Juan Lana
hombre nací y hombre soy.
  Soy oveja con los güenos,
con los malos, soy un lión;
no me añuda la razón
el letrao más entendido;
¡sólo tengo corazón
pa llorar mi bien perdido!

CENTURIÓN

Don Luciano, ¿qué nos dice?...

LUCIANO

2170   Lo que oye, compañero,
¡tuve una mujer que quise
y lloro ese amor primero!
  La guerra con sus quebrantos,
y mi ausencia de su lao,
le causaron males tantos
que esa luz se ha encandilao.
  Mi sola esperanza ha sido
poder hacerla dichosa;
era mi prenda amorosa...
2180   ¡pobrecita! ¡la he perdido!
  ¡Murió como una violeta
que la helada marchitó!
¡El sol que la sustentaba
de alumbrarla se cansó!

BALIENTE

Hoy nos hemos encontrao
cuatro compinches riunidos,
y cada uno los sonidos
arrancó de su pasao;
usté tuavía no ha contao
2190   su historia, que ha de ser güena;

¡echesé atrás la melena!
y apriétese el tirador,
¡que el canto de un payador
será como luna llena!

LUCIANO

Salí pa el pago rumbiando
al ser un hecho la paz;
mi deseo era tan voraz
que en la marcha iba volando;
mas vide al llegar, temblando,
2200    que de tanto que dejé,
¡ya nada quedaba en pie
sino una triste tapera!
¡Es la guerra cosa fiera!
¡Sólo su rastro se ve!
        De mi haciendita y manada,
un corral y una quintita,
sólo hallé una que otra pita
poel campo desparramada;
ansí es la suerte malvada
2210    del que lo azotó el destino;
y el que nació con mal sino
de la vida en los imbiones,
¡cardos y tribulaciones
sólo hallará en su camino!!!
        También la tierra tragó
la que me sirvió de guía,
y cuando la prenda mía
desamparada se vió,
¡al mundo se abandonó!
2220    ¡Pobre pájaro sin nido!
Pronto sabrán lo que ha sido
de aquel lirio tan brillante,
que en un martirio costante
¡por mi amor había vivido!
        No sé si contar podré,
transido por el quebranto,
la historia de aquel encanto,
que del mundo se me jué;
¡viera! ¡cómo la encontré!
2230    su vida cuasi apagada;
ya sin brillo su mirada,
y en una agonía atroz...
¡Puede que pidiera a Dios
verme en su última boquiada!

De los ojos me corrieron,
cual gotas de fuego hirvientes,
dos lagrimones ardientes
que en su mejilla cayeron;
y sus labios se entreabrieron,
2240 mas sólo pudo decir:
"Que dispués que vió morir
a su madre tan querida,
como fiera perseguida
de aquel rancho quiso juir."

Al palpar su desventura
más grande jué su desvelo;
levantó la vista al cielo,
se entregó ciega a la suerte,
esperando su consuelo
2250 ¡en los brazos de la muerte!

Al verla en tan triste estao
se me empaparon los ojos,
y rociaban los despojos
¡de la que tanto había amao!
Sus güesos ya estaban flojos;
¡cuánto en el mundo ha penao!

Acosada po el rigor,
y ausente del que adoraba,
triste las horas pasaba
2260 sin noticias de su amor;
hasta que al fin, esa flor
sin rocío, sol, ni aliento,
se vió curtida poel viento
tan variable del destino,
y sus hojas, mi camino
¡sembraron de sufrimiento!

¡Al menos me consolé
de que muriera en mis brazos!
Le abrí un hoyo a pocos pasos
2270 donde su cuerpo enterré;
y diay cerquita corté
para una cruz, dos horcones,
y rezándole oraciones
la puse en su cabecera,
pa cuando a verla volviera
¡poder dar con sus terrones!

Y allí mesmo arrodillado
con projunda devoción,
a Dios le pedí perdón
2280 por sus culpas y pecados.
Y de aquel pago salí

más triste que camposanto,
golpiándome del quebranto
a muchas leguas de allí,
donde pronto conseguí
ocuparme en una estancia,
creyendo con la distancia
poder calmar mi amargura,
confiao que el Dios de la altura
2290 valor me diera y costancia.

. . . . . . . . . . . . . . . . . . . . . . . . . . . .

Salimos pronto a tropiar,
y con ganao del rodeo
fimos a Montevideo
ande se había de entregar;
y aura acabo de llegar,
y aquí comienza el relato,
que lo largo de barato
al relatador mejor,
¡pues Luciano el payador
2300 para prosiar no abre trato!

Aquél es un gran corral
de hacienda de tuito pelo,
y decirlo no recelo,
que en tan gran merenjenal
si beyaquea un bagual
y sale haciendo cabriolas,
no le atajas ni con bolas. .
la lengua, dicho de paso,
porque es charlar, amigazo,
2310 sin sujetarle virolas.

Por aura dejo los trances
de una vida tan amarga,
a otro lao daré la carga
pa que oigan nuevos percances.

Seguiré parejo y bien,
luego este cortao cuento
dende mi cruel nacimiento,
hasta la hora en que me ven.

Oiganmé pues con cuidao
2320 pue éste es caso de otra laya,
donde dos ternes de raya
con la pluma se han trenzao.

Justoamante y don Herrera,

2323 Polémica por la prensa, entre los señores D. José Cándido Bustamante
y doctor D. Julio Herrera y Obes, respecto a cuestiones políticas. (N. del A.)
José Cándido Gregorio Bustamante (1834-1885); Julio Julián Basilio Herrera y
Obes (1841-1912).

por custiones de partido,
frente a frente se han ponido...
separaos de una tranquera,
pa diay ver quién más pudiera
con el tintero en la mano
y cuál era el más baquiano
2330    pa afirmarse encima al potro,
porque los dos, uno y otro
a cual se cree más liviano.
        Al principio, se toriaron
con muy flojitas guerrillas;
mas luego, esos cajetillas
¡a la carga! se toparon;
¡lindazo se menudiaron!...
a cual cacariaba más...
ninguno se echaba atrás
2340    al que decía más insulto...
¡pero sin tocarse el bulto!
que no apeligran jamás.
        El menistro Justoamante
comenzó a darle a la frisa
prometiendo, que en camisa
sacaría al aspirante
don Ellaura, por aelante
del circo conservador,
pa que largase el jedor
2350    que de su cuerpo salía.
Y el pueblo conocería
cómo jiede aquel dotor.
        Y ya cortó campo ajuera
rebenquiando a su tordillo,
diciendo: "Aquí hay mucho pillo
y yo soy puro andequiera,
a más me vi en la cumbrera
del honor y la riqueza,
y hoy me arruiné tan a priesa...
2360    por ser grande... y muy patriota,
sin tener... ni pa una gota...
¡con que distraer mi cabeza!!..."
        El contrario sin tardar
me le largó en la cruzada
una descarga cerrada
que lo hizo trastrabillar:
"Sí es grande, no hay que negar...

2354 Luciano Santos hace referencia a un magnífico caballo tordillo de propiedad del Sr. Bustamante, muy admirado por su presencia, siendo el que dicho señor usaba siempre en los paseos y servicios militares. (N. del A.)

pero de cuerpo, cuñao;
¡es como novillo alzao!
2370   Aunque más listo que zorro
salió apretándose el gorro
en aquel Yatay mentao.

"A más, dice que ha poséido
honores... ¡y gran fortuna!
Tal vez la vida en la luna
y que era suya habrá créido.
Lo que ha sido usté, es engréido
y macaniador sin asco;
cuántas veces... frasco a frasco
2380   nos limpiábamos al truco,
en tiempos que usté era el cuco
allá en el fondín del vasco...

"Y ha dejao como ¡ay de mí!
las maletas de esta tierra,
cuando mandó a Ingalaperra
a su amigo Fariñí,
que se nos largó de allí
con tanto cobre en dinero,
que tuvo que tráir carguero
2390   en el barco en que ha venido,
¡pero qué cobre fruncido!...
¡parece secao a fuego!!...

"Cuando Ramírez le dijo
en el triato, ¿no se acuerda?,
que aunque su codo se muerda
y se apretase el barbijo,
llegaría un plazo fijo
en que todo pagaría;
y entonces se quedaría
2400   lo mesmo que el caracol,
con los cuernitos al sol...
mostrando su picardía.

"Yo ya jurao se lo tengo,
y si se enoja, es de balde,
pues no es menistro ni alcalde,
y en lo dicho me sostengo;
hoy a mi partido vengo,
pues tengo ese compromiso;
y ya que hablar es preciso,
2410   hablaré y no será en vano...
pa cáirle de punta y plano
como usté conmigo lo hizo...

2372 Herrera y Obes peleó en la batalla de Yatay (17 de agosto de 1865).

"En tuavía hay más que ver,
pero calmemos la lengua;
que sería mucha mengua
y es mejor dejar correr...
porque lo haría jeder
a muerto don Justoamante;
¡velay, que más adelante
2420 conocerá todo el mundo
más de un hecho sin segundo
del que sólo jué el causante!

"Tamién aconsejó a Flores
en aquella vencedora
cruzada libertadora,
¡l'alianza con sus primores!
¡y hoy cosechamos las flores
de esa unión con el Brasil!
¡Dios quiera que ni un candil
2430 lo alumbre cuando se muera!
¡y de este mundo saliera
ajusilao como un vil!"

Justoamante retobao
comenzó a floriar su nombre,
diciéndole: "que era hombre
de agallas como un dorao;
que andequiera lo ha probao...
a mano y en la cuchilla,
porque siempre desensilla
2440 sin importarle el paraje..."

BALIENTE

¡Ni su agüela, que le ataje
el pasmo a ese cajetilla!!

LUCIANO

Ande medio se empacó,
jué al decirle a don Herrera,
que por ser la vez primera
que el Menisterio calzó,
a nuestro páis lo enredó
con unas cuantas naciones,
que hoy piden esclaraciones
2450 por pisar en la guasquita:
—"¡Te quiero ver mascarita
en tan grandes torcijones!

"Sé que negao nunca ha sido,
pero tiene un gran defeto

don Julio, y áhi lo respeto,
dando el punto por perdido;
y es, que es usté más cupido,
que el gallo entre las gallinas,
y no son cosas muy finas
2460　esas tales pa mandar
teniendo que forcejiar
por destruir las chamuchinas."

"No me toqués que te pego,
la mugre dice al engrudo,
usté es más juerte y más rudo
pa floriarse en ese juego;
pero a veces se hace el ciego
y es como gato de noche;
si no, cuando andaba en coche
2470　con una que le saqué...
¡y si esa vez yo pequé,
usté peca a troche y moche!

"Lo digo nomás la Alcasa,
su cancha pa todo tiro,
mientras yo de lejos miro
las palomas que usté caza;
ya de gavilán se pasa
pa atrapar aves al vuelo,
no mira marca ni pelo
2480　y a ninguna se ladea;
¿sabe usté que es cosa fea?
¡Puede castigarlo el cielo!"

Dispués de tanto escrebir
y atarascarse a plumazos,
que no se dieron chuzazos
está demás el decir;
ninguno quiso morir...
(yo les encuentro razón)
si no esta pobre nación
2490　sin ellos ¿cómo sería?...
La cosa se frunciría
por faltar su proteción.


CENTURIÓN

Amigo Luciano Santos,
la vida no es una carta
que si usté pierde o encarta,
cuando quiera, dice: "planto",
ella es el mejor encanto
siendo dulce o siendo amarga;

siempre al hombro uno la carga
2500 sin que le llegue a pesar,
naide la quiere soltar,
y nunca parece larga.

LUCIANO

Por eso los dos letraos
a gritos se deshacían,
y cuanti más se decían
y más se creiban trenzaos,
¡la yunta salía a dos laos
corriendo! por no toparse,
y usté los vía escartarse
2510 ¡con más patas que ñandú!...
El amor a la salú
los hacía resguardarse.

. . . . . . . . . . . . . . . . . . . . . . . . .

Pero el batuque más pior
que ha dejao muy triste rastro
es un asunto de Castro
que aunque viejo, es de mi flor;
¡trampa de marca mayor!...
más sucia que ratonera;
pues sin tutubiar siquiera,
2520 lo que pagao le había sido
dos veces por su partido
lo jué tamién la tercera!

Cuando el Sitio, se pagó,
se pagó el cincuenta y tres,
¡y aura se paga otra vez!...
¡La pucha que los plantó!!
Esa diuda alborotó
cuando jué reconocida,
y en tan morruda partida
2530 esos letraos engordaron,
pero al Estao lo dejaron
¡como una chuspa vacida!

Los cristos que soportamos
semos nosotros los pobres,
que se nos juyen los cobres
cuanti menos lo pensamos;
y siempre águilas andamos,
más desplumaos que pichones,
mientras las contribuciones
2540 sobre el gaucho menudean,

y los gringos nos saquean
a puras reclamaciones.
· Jusilen al que es cuatrero
dende el más grande al más chico,
que sea pobre o que sea rico,
que sea gaucho o sea pueblero;
saquenlén hojas del cuero
y servirá de escarmiento...
¡pero amigo! este contento
2550   no tendrán los orientales,
¡porque son tuitos iguales
esa felpa de angurrientos!

JULIÁN

Yo conozco otro amasijo
arreglao dende hace poco;
si hay con qué volverse loco
en tan grande revoltijo.
Encontré por la ciudá
a un Fariña, mi compinche,
y me contó otro bochinche
2560   que hasta incréible es, en verdá,
por ser cosa e gravedá:
parece que sin razones,
sacaron de Canelones
dos Presientantes ligidos,
y metieron dos... curtidos,
con embrolla y falsiciones.
Sigún yo supe, pal caso
la cosa no jué tan clara
pa que libre se escapara
2570   sin dejar güella del paso;
jué un pericón medio al raso
que en cuanto se han descuidao,
a la hembra le han soliviao
dándole otra muy fieraza,
por si el contrabando pasa
y queda el cambio arreglao.

CENTURIÓN

¡Pucha! con la comparancia...
La elición con el hembraje,
¿pa qué meter el pelaje
2580   de las chinas en la danza?

JULIÁN

Es que usté, cuñao, no alcanza,

y no es tan listo ni fino
como ha sido ño Escrutino
al hacer esa limpiada,
creyendo en la disparada
cortar derecho el camino.

BALIENTE

Y ¿por qué al pisar la raya
le atajaron los resuellos?...

JULIÁN

2590 Tan sólo porque uno d'ellos
trató mal a esta morralla;
y es mozo que no se calla
al más entonao trompeta;
¡viera! escribió una gaceta
que le dió brío y renombre,
mostrando en ella ¡ser hombre
que no se le cae la jeta!
Cuando emigrao, su bolsico
quedaba sin un vintén,
porque, amigo, era el sostén
2600 de mucho infeliz milico;
mientras ve uno tanto rico
egoístas, que aunque les sobre
dinero, ¡no dan un cobre
pa echar por la causa el resto!
Y siempre dan el pretesto
que la patria anda muy pobre.

BALIENTE

¿Sabrá usté dejuramente
el nombre de ese patriota
al que hoy la disgracia azota?

JULIÁN

2610 Cómo no: si entre esa gente
vivo en mestura corriente:
él con Aparicio andaba
y un diario manipulaba
llamao la "Rebulución"

2583 La comisión escrutadora del Partido Colorado anuló el nombramiento
de D. Agustín de Vedia y otro señor Diputado, por no responder a la combinación arreglada por los situacionistas para la elección de Presidente de la República.
(N. del A.) Agustín de Vedia (1843-1910).
2614 La Rebulución: hoja publicada, durante la revolución de Aparicio, por

que le léia una ocasión
cuando usté se alborotaba...

BALIENTE

Tiene razón, y cabal,
ya me viene a la memoria,
y aura recuerdo esa historia
2620   entre alegrona y formal,
de aquel célebre metal
que pa el Gobierno venía,
en que Vedia les decía
que en semejante negocio,
quien dentrase como socio
el riñón se aforraría.

CENTURIÓN

Ése es hombre honrao y puro,
de sentimientos muy sanos,
que nunca mancha sus manos
2630   con la maldá, le asiguro,
¡ha de combatirla duro
ande la llegue a bombiar!
sin que lo haga recular
la juerza, ni el poderío;
haciendo siempre con brío
nuestro derecho flamiar.

JULIÁN

Al tal pueblero Escrutino
no le agradaba ese mozo,
que es como güey de empeñoso
2640   por seguir el güen camino;
no ayudaba a su desino
pa el nuembre de gobernante,
pues con la ley por delante
no se había de echar atrás,
¡y hacer cejar es capaz
al toro de más aguante!
Se sabe que unos traidores
amasaron esa torta,
que pa nuestra causa importa
2650   una mancha de las piores;
dicen que tales primores

---

Agustín de Vedia. Éste, ayudado por Francisco Lavandeira, la hacía compone
en una imprenta volante.

la juerza los apadrina;
y esa gente ruin, mezquina,
de los cargos tan devotos,
juraron darle sus votos
pa trepar la chupandina.

Y hasta tamién me contó
que quien alumbró el candil
era el que noventa mil
2660 de aquel tratao se sacó;
¡y tanto pobre quedó
a causa de ese pandero,
amostrándonos el cuero
dispués de mil sacrificios!
¡sin tener ni pa los vicios,
ni pa un poncho, ni un apero!

El gran partido legal,
al ver hecho tan cobarde,
combatió contra ese alarde
2670 de pura juerza brutal;
y hasta el blanco más bozal
se presentó el mesmo día,
maldiciendo cual debía
ese enjuague tan sin nombre,
que al interés de un solo hombre
¡el de la Patria vendía!

Se citó inmediatamente
pa riunirse a una hora dada,
y la casa señalada
2680 se enllenó pronto de gente,
¡mozada tuita decente!
que amostró su indinación
con palabras de razón
contra aquellos partidarios,
que hoy son los piores corsarios
para su mesma opinión.

Yo también por no ser meno
me entreveré al pueblerío,
y andaba entre aquel gentío
2690 como intruso, en campo ajeno;
tendí un vistazo sereno,
que abarcó tuita la hacienda;
y ya crucé a la trastienda
pa óir de plumarios labios

2690 El partido Nacional llamó a una reunión donde se constituyeron Comiones para protestar contra los abusos del poder, que coartaba a sus partidarios s derechos legítimos acordados por el Tratado de Paz de abril de 1872. (Nota el Autor.)

algunos consejos sabios
y guardarlos como prenda.

A pesar de llover mucho,
hasta el fin siguió la junta;
varios letraos hacían punta
2700 a cual por cierto más lucho;
si aun me parece que escucho
las verdades que dijieron,
que como balazo jueron
a darle en medio del pecho,
a los que encima el derecho
su convenencia pusieron.

Y hasta la última vena
de mi cuerpo se inflamaba,
cuando atencioso escuchaba
2710 tanta plática serena;
también un dotor Lerena
mentao entre los puebleros,
con dichos muy verdaderos
a los traidores maldijo...
¡Pucha el mocito prolijo
pa largar tiros certeros!

Daba gusto ver riunida
tuita aquella juventú,
con Vedia y Aramború
2720 que mandaban la partida;
la parada era escogida,
pocos había mesturaos,
y ésos andaban raliaos
recelando les cayesen,
¡¡como con razón merecen
los falsarios despreciaos!!

Con entusiasmo ói hablar
a otros de letra menuda,
los que son a no haber duda
2730 como acero, pa cortar.
Saben hacer tiritar
los más juertes corazones,
con aquellas espresiones
que añudan a su manera,
y al alma todita entera
le arrancan palpitaciones.

Y con los lauchas de guante
los lazos quedaron rotos;
pues los que con falsos votos

2719 Aramború: Domingo Nicolás Aramburú (1843-1902). Escribió bajo el
pseudónimo Byzantinus.

2740 calzan un cargo importante,
no pueden ni un solo istante
consideración tener;
siendo los que hacen perder
el prestigio de un partido,
y el nuestro siempre ha querido
su honra pura mantener.

Al fin todo se acabó
sin evento ni pasaje,
y el lindo cajetillaje
2750 pa su cancha se largó;
una vez más, aprendió
la camada de ambiciosos,
que tienen premios gloriosos
los que el bien combaten,
y en sus nobles pechos laten
sentimientos generosos.

Lo mejor de ese entripao
jué que un dotor de copete
conservador... del rosquete,
2760 haiga la Junta alabao:
"Diciendo habían galopiao
con rumbos pa el porvenir,
porque los via seguir
en la güeya del derecho,
ande bajo el mesmo techo
pronto se iban a riunir."

Colijo que andaba en pedo
cuando reclaró tal cosa,
pues él anduvo de rosa
2770 con Pagola en puro enriedo;
le hicieron chupar el dedo
hasta el día de la elición,
y pegao como botón
salía con Justoamante,
para echarnos por delante
y hundirnos sin compasión.

Pero lambió... al santo ñudo
a los netos y comparsa...
pues le entendieron la farsa
2780 y salió... como peludo;
ni por su honor volver pudo;
dejando el voto... y la mancha...

2762 Algunos miembros importantes del Partido Conservador se unieron a la situación, a fin de hacer triunfar la candidatura de D. José María Muñoz para Presidente de la República. (N. del A.)
2770 Pagola: el general Juan Manuel Gregorio Pagola (1838-1884).

Por eso que a nuestra cancha
se ladió... pa echar el güevo...
Mas ¡ay! ¡la taba de nuevo
le echó culo sin revancha!

BALIENTE

¿Jué por causa de gobierno
que hubo ese pango tan vivo?

JULIÁN

¡Claro está! qué otro motivo
2790 habría pa tal infierno.

Don Muñoz y Gomensoro,
don Ellaura y ño Varela,
cual más de ellos se las pela
por sacar el As de oro;
pero alquirir tal tesoro
cuesta dinero y palanca,
y el que tenga mano manca
pa orejiar, y vista enferma,
y entre las pajas se duerma,
2800 jamás copará la banca.

A don Muñoz lo ha molido
el partido colorao,
conque en su páis nunca ha estao
y ni pa yesca ha servido;
porque como jefe ha sido
redotao al santo cuete
el año cincuenta y siete
en una regolución;
y ponen esa razón
2810 para que el freno asujete.

Y los otros retrucaban:
"Es cierto, emigrao estuvo,
mas todo el tiempo que anduvo
sus espaldas se doblaban,
mientras ustedes saquiaban
sin dejar cuasi ni ráiz
de pie, en este pobre páis
que va quedando osamenta,
sin que haiga quien tal desmienta
2820 ¡dende el Plata a los Queguays!"

2791 Muñoz: José María Nicolás Muñoz (1816-1899). Gomensoro: Tomás José del Carmen Gomensoro (1810-1900).

BALIENTE

Pues sepasé usté, cuñao,
que en eso, hay algo de cierto,
y yo lo sé, les alvierto;
cuando pasé al otro lao,
me vide medio enredao
entre el porteñaje ajuera,
y un día fí a una carrera
ande hice su conocencia,
me gustó por su alvertencia...
2830    y su cara terutera.

Mas dispués vine a saber
que a quien hoy el páis lo llama
en la estancia de un Lezama
trabajaba pa comer;
usté me lo había de ver
mesturarse en un corral,
y enlazar cualquier bagual
como el mejor pialador,
¡qué capataz superior
2840    pa lidiar tanto animal!

JULIÁN

¡Qué va a ser güeno ese viejo!
Dicen que es muy ambicioso,
con promesas de goloso,
y lustrao como un espejo;
escuchemé este consejo:
la yerba vieja y mogosa
es al buche empalagosa
y hasta el mejor parejero
no sirve ni pa aguatero,
2850    cuando la chochez lo acosa.

CENTURIÓN

¡Pucha!, criollazo esigente...
pa usté no hay nada completo,
¡vayan viendo! qué sujeto
pa criticar a la gente.

JULIÁN

Yo, cuañao, no me equivoco,
cuando hablo tengo la prueba,

2833 De 1856 a 1861, el doctor Muñoz fué administrador de una de las estan-
ias de José Gregorio Lezama (1809-1889), en el Azul.

porque sé aguantar la breba
en cualquier custión que aboco.
 Del segundo sí hablaré,
2860 el tan mentao Gomensoro,
que otro tiempo de Montoro
primer secretario fué;
lo que en verdá no sabré
si era blanco o colorao,
pero en estando a su lao
parece que le gustaba;
mas en fin, siga la taba
que el asunto es embrollao.

BALIENTE

Ha tiempo fí a la ciudá,
2870 y cerca el Arroyo Seco
topé a un tal Pintos Areco
paisano de mi amistá,
quien ponderó la bondá
de ese criollo tan altivo,
diciendo que era hombre vivo,
patriota, honrao y bondoso,
sin nada de vanidoso,
servidor y apreciativo.

JULIÁN

Pero sé que anduvo flojo,
2880 por no decirle muy tierno,
siendo provisor góbierno,
guiñando de broma el ojo
a un raro y famoso antojo
que tuvo un jefe Pagolas,
que se había guardao las bolas
de tuita la polecía,
pa llevarlas en el día
de la elición a las colas...

CENTURIÓN

¡Pues, amigo, son anchetas!...
2890 tienen albitrio a montones;
pa salvar sus invenciones
no se paran en gambetas.

---

2861 Montoro: el coronel Jaime Montoro (1793-1846). Fué muerto por las tropas de Rivera, a orillas del río Negro.

JULIÁN

¡Ya me atajó! ¡viejo cumpa!
luego se pondrá las botas
cuando oiga cosas macotas...
pero aura no me interrumpa.
  Con la vejez puede ser
que el hombre se haiga dao vuelta,
y con la tanta regüelta
2900  del páis que lo vió nacer,
le dé quizás por querer
formar un gobierno güeno,
sujetando firme el freno
de la ruina que lo espera;
si es ansí, bien mereciera
que él trepase ese terreno.
  Don Ellaura, pase a un lao
que es dotor de mucha prosa,
tal vez aguante... a una moza,
2910  pero pa esto... ¡No hay cuidao!
Me han dicho que se ha negao
a querer ser presidente.
¡Es estraño entre esa gente!...
y creo más bien mejor,
que pretiende de favor
le pidan el que se asiente.

BALIENTE

"Nunca se hacen maniadores
del cuero de la barriga:"
y es lo mesmo que yo diga
2920  no hacen patria esos dotores,
que suelen brindar favores
cuando olfatean los riales:
¡vayan esos orientales
con la música a otra parte!
donde el diantre los ensarte
pa que ya no causen males.

JULIÁN

A Varela, ¡larguenló!
que a ése, ni pa pu... ntiar...
¡Ah páis! si llega a calzar...
2930  No quisiera verte yo
en sus uñas, sueltenló
antes mejor al carnero,

porque pa gobierno fiero
tuvimos a ña Lorenza.
Vale más guardarlo en prensa,
o estaquiarlo como un cuero.

Velay, pues, mi parecer,
aunque soy gaucho inorante,
¡quiera Dios que en adelante
2940      viviendo puédamos ver,
nuestra nación florecer
libre de esos embarazos
que cuestan tantos atrasos,
tanta sangre redamada,
y está la patria lonjiada
¡a juerza de chaguarazos!

BALIENTE

También llegó aquel ño Borda
en la galera del trece,
y allá po adentro, parece
2950      que cuasi se armó la gorda;
pero jué foguiada sorda
pues ganó Ellaura la altura:
¡fíe no más en la blandura
del que se hacía zorro muerto!
mientras que astuto y despierto
forcejiaba por la hachura.

CENTURIÓN

¡Ay juna! ¿copó el montón?...

BALIENTE

¡Como si ya lo tuviera!
pues se lleva en la carrera
2960      tres cuerpos de mancarrón,
golpiándose del tirón
hasta sentarse al Senao,
y a un Piñero lo ha aplastao
con quien salieron parejo...
¡pero le sacó en el tejo
palillo y doble clavao!

2963 El Dr. Ellauri, electo Presidente del Senado, renunció indeclinablemente
a la primer magistratura de la República. Sin embargo, debido a las *instancias* de
sus amigos, y a la *espontánea*... presión de los Batallones de Línea, reunidos en
la plaza Constitución, retiró dicho señor la renuncia, aceptando el alto cargo con
que había sido investido. (N. del A.)  Piñero: Don Domingo Piñeyro.

CENTURIÓN

El Borda ha de ser aquel
que en la Unión, en una fonda,
sobre una mesa redonda
2970   se paró con un pichel,
y a la gringada en tropel
la ploclamó ¡viera cómo!
les hacía hinchar el lomo
con alabancia tan fina,
que tuita la gurrumina
daba ¡vivas! al palomo.

BALIENTE

Y no es criollo que presuma,
aunque es terne de recibo,
tinterillo y gaucho vivo,
2980   de facón, giñebra y pluma;
lo vide echar más espuma
peliando como un valiente
que me agradó francamente;
y aunque yo muy poco valgo
en yunta con él, le salgo
a una tigra frente a frente.

JULIÁN

Aura se apió otro jinete
que parece hombre de paz,
tal vez sea el capataz
2990   de un ganao que está en el brete...

BALIENTE

Aguáitelo a ese paquete
pa ver la pinta que tiene...

CENTURIÓN

Si pal mostrador se viene...

LUCIANO

Ché, ¡se compuso el fandango!...
es el rubio Pichinango,
su compinche, ño Giménez...

BALIENTE

¡Plata el mes y cuatro riales!...

PICHINANGO

¡Qué gallos pa un reñidero!
y a cual es más terutero
3000    de estos tauras nacionales.

JULIÁN

¿Y usté, grullo, po este pago?

PICHINANGO

Aurita caigo de adentro...

JULIÁN

Allegue el banco del centro
pa que chupemos un trago.
¿Qué nueva trae importante?...

PICHINANGO

¡Muy grandes dende su ausencia!
ya montó a la Presidencia
don Ellauri el renunciante.

JULIÁN

¿Qué es eso, cuñao, no diga?...

PICHINANGO

3010    ¡Lo que oye, mi amigo viejo!...

JULIÁN

Si sale cierto ¡canejo!
hay que apretar la barriga.

PICHINANGO

Pues es tan verdá, Julián,
como que estamos hablando;
yo se lo iré relatando,
ansí todo lo sabrán.

JULIÁN

Larguesé con mucho gusto
que dende ya le agradezco,
pues con ésa, güen refresco,
3020 ¡no ganaremos pa susto!...

PICHINANGO

Antes de soltarle el rollo
quiero descansar un rato...
Ando del cuerpo... muy ñato...
y medio piando a lo pollo.
    Y en anca estoy desganao
porque ayer forcé el cabresto...

JULIÁN

¿De un atracón, por supuesto,
que en el pueblo se habrá dao?

PICHINANGO

Comí es verdá, ño Julián,
3030 tantas peras bergamotas,
que duras como pelotas
hinchándome el buche están.

CENTURIÓN

Tome un trago de hopatía
y un parche papel de estrasa,
y verá como le pasa
esa gran cañopatía.
    Ella ha hecho, le garanto,
mucha cura milagrosa,
pues la da como gran cosa...
3040 cierto flaire, no muy santo.

JULIÁN

Ya conozco esa menjuna
de anís y caña aguachenta,
que a cualquier dolencia sienta,
pero no sana ninguna.

PICHINANGO

Déjese de medecina,
que sólo al hablarme de ella,

no me ha quedao ni la güella
de tuita mi chamuchina.
            Y hasta me encuentro ganoso
3050    de entretener la quijada;
pero aquí no se ve nada
pa consolar a un goloso.

BALIENTE

Lo qu'es pa matar el hambre
no ha de faltar un churrasco...
vaya besando este frasco
pa dir templando el cuerambre.

JULIÁN

¿Po adentro ha topao sin duda
amigos de la patriada?...

PICHINANGO

¡Ya creo! una tracalada
3060    más conocidos que ruda.
            Encontré aquel sordo Puentes
tan mentao allá en el Norte,
que aunque petizo de porte
es grande entre los valientes.
            Y a Juan Núñez de Florida
que andaba cerca la plaza;
siempre igual con su cachaza
y su risita dormida.

JULIÁN

Pero cuando se abalanza
3070    busque usté quién lo asujete;
y es ligero como cuete
pa reboliar una lanza.

BALIENTE

Son dos bravos coroneles
que a cual hizo más prodigio,
por eso tienen prestigio
y han merecido laureles.

3061 Sordo Puentes: Juan María Puentes, teniente coronel de caballe
Murió en 1892.
3065 No ha sido posible identificar a este y otros afiliados del partido blan

PICHINANGO

Tamién vide a Pancho Ortiz,
Otondo, Gil y Pereira,
Lon Ponses, Márquez, Nogueira,
3080    Giró, Gutierre, Aljerís,
Álvarez, Novas, Liñán,
Lasala, Velasque y Trías,
Durante, Ledú, Garcías,
Novas, Vila, Caneján.

JULIÁN

¡Ay juna! trae un rosario
de nombres y apelativos. . .

PICHINANGO

Y están sanitos y vivos
para un caso necesario.

CENTURIÓN

Pues tuvo suerte, amigazo,
3090    de acollararse a esa gente,
tan desponida y decente,
sin tapujos ni embarazo.

PICHINANGO

Tuavía tengo una lista
de mucho criollazo guapo,
que aura no se los destapo
por conocerlos de vista.
    Y a más, tan larga es la cola
que aunque me sobrase gana
no acabaría ni mañana
3100    de ensartar la última bola.
    Recuerdo a González, Nin,
a Grabiel Trelles de Minas,
a Capurro, Corche, Espinas,
y al taita de San Martín.

JULIÁN

¿A que es el capitán Ima?

3079 Los Ponses: uno de ellos, Rafael A. Pons (1842-1897). Murió en la
:alla de Tres Árboles.
3082 Velasque: Ambrosio Velazco. Murió en Montevideo, en 1885.
3083 Garcías: el general Guillermo Bernardo Justo García (1836-1908).

### PICHINANGO

El mesmo hermano y compinche,
que no ha encontrao quién lo pinche,
ni quién le baje la prima.
　　Y a Isás Villegas, al fin
3110 lo visité que está enfermo;
cuasi a abrazos me le duermo...
pero está el pobre flauchín.
　　Siempre sereno, ¡si viera!
y lleno de patriotismo;
capaz de echarse a un abismo
por sostener su bandera.
　　A Calvo, Arostegui, Lema,
Kiles, Reboledo, Cruz,
Candela, Platero, Brus
3120 y otros salvaos de la quema.

### JULIÁN

Ya es muy chorizo el machaque,
largo como procesión,
si sigue, de ese tirón
va a dar fin al almanaque.

### PICHINANGO

Es que guardo en mi memoria
con marcas bien resaltantes
los compañeros costantes
de nuestra fruncida historia.
　　Antes de arrollar el lazo
3130 un recuerdo mi alma entraña,
y es pa el general Egaña,
aquel viejito guapazo.
　　Siempre templao por su causa,
es un hombre superior;
fué Jefe de Estao Mayor
y trabajaba sin pausa.
　　De muchos no sé los nombres,
pero sé que son patriotas,
y que en triunfos y redotas
3140 se han portao como muy hombres.

### CENTURIÓN

Conozco a un mozo Aparicio
y a un catalán Estapé,

3131 Egaña: Joaquín Teodoro Egaña (1802-1876).

que son para una de a pie...
¡como criollos del oficio!

BALIENTE

Pues si vamos a eso, yo
no me enredaría en las ramas,
tuteo a Rebollo y Llamas,
Mansi, Quintana y Milló.

PICHINANGO

De a poco he ido sacando
3150    lo que me achacan a mí,
todos tienen camuatí,
vayan, pues, desembuchando.
     Pero olvidaron a Iqué,
a Remigio Castellanos;
y a tantos güenos paisanos
que combatieron con fe.
     Ansí como Visillá,
Baraldo, Erausqui, Alvarisa...
Requenas y Pastorisa,
3160    y aquel valiente Chalá.

CENTURIÓN

La milonga es ya pesada
y hay que variar los asuntos,
para tocar otros puntos
de esta madeja enredada.

PICHINANGO

Y yo meteré la pata
pa pedirle, amigo viejo,
de su saber, un reflejo,
de sus flores, una mata.
     Y a ver si ya pronto empieza
3170    pa elevarse como nube,
porque usté de a poco sube
hasta que el cielo atraviesa.

CENTURIÓN

¡Se engaña, y mucho, cuñao!
Es mi canto muy humilde,

3154 Remigio Bonifacio Castellanos (1837-1915).
3157 El general José Visillac (1840-1937).

sólo por largarme un tilde
dejuro me ha lisonjiao.
    Pero quiero hacerle el gusto
largando algo de mi acopio;
me ha tocao el amor propio
que es crer que nunca me asusto.
    Porque si no lo complazco
tal vez diga que le juyo;
y pa cantar, ¡tengo orgullo!
aunque puedo dar un fiasco.
    Comenzaré por decir
que ói mentar a mucho bravo,
y con justicia que alabo,
pero tengo que añadir:
    que cuentan por suerte el caso
porque salvaron el cuero,
mientras tanto compañero
ha quedao tendido al raso.
    Los pobres han sucumbido
como planta en un desierto,
¡como el ave en campo abierto
alejada de su nido!
    Así Lenoble, Durán,
Piris, Ramos, Reboledo,
Illa, Laguna, Robledo,
Callerisa, Paz, Liñán;
    Quijano, Santini, Mena,
Olí, Macho, Gomensoro,
Grané y más otros que inoro
y que en verdá me da pena.
    Han muerto en pagos lejanos
sin tener quien los velara,
ni una cruz depositara
¡¡sobre sus cuerpos hermanos!!
    ¡Tal vez las matas de abrojos
cubren hoy sus yertos güesos,
o entre chircales espesos
se encontrarán sus despojos!
    Y tamién ¿cuántos habrá
coloraos de honor que han muerto?
dejando este páis cubierto
¡de lágrimas y orfandá!
    Ellos a su causa liales
por su devisa murieron,
pero nunca desmintieron
que eran bravos orientales.
    Dios los tenga allá con él

y los nuestros, en su trono,
libres de este ruin encono
que deja un rastro tan cruel.
    Pa que le puedan pedir
volviendo hacia aquí los ojos,
cambie en rosas, los abrojos
que enturbian el porvenir.
. . . . . . . . . . . . . . . . . . . . . . . . . . .
Como en la tarde es muy triste
3230 ver cubrirse el sol de nieblas,
pa dar paso a las tinieblas
con que la tarde se viste;
    como es amargo el lamento
del cantor enamorado,
que su pecho desgarrado
larga el ¡ay! del desaliento;
    y en cada quejosa nota
que arranca de su vigüela,
el pesar que lo desvela
3240 bebe el aire gota a gota;
    como ese arroyito manso
de musiquera corriente,
que la tormenta lluviosa
le desborda redepente,
cambiando su calma hermosa
en asolador torrente:
    ¡fiero es ver que una esistencia
en medio a su primavera,
troncha la muerte rastrera
3250 con furibunda inclemencia!
. . . . . . . . . . . . . . . . . . . . . . . . . . .
Arroja el hombre clamores
si ha perdido su trabajo,
cuando la suerte al destajo
¡lo azota con sus rigores!
    Mas su corazón alienta
el dulzor de la esperanza,
y con ella siempre avanza
¡que es la luz que lo sustenta!
    Gime el ave en su quebranto
3260 cuando se halla prisionera,
y su queja lastimera
se convierte en dulce canto;
    con él saluda a la aurora,
a las flores da el alerta,
llorando, al amo despierta,
y goza siempre que llora.

Y hasta el árbol en otoño
al quedar sin una hoja
parece que se acongoja,
3270   y ánsie le llegue el retoño.
De nuevo su encanto asoma
cuando las ramas florecen,
y a medida que verdecen
al viento sueltan su aroma.
Todo al fin tiene consuelo,
todo se calma o se agita;
¡mas lo que nunca se evita
es la muerte con su yelo!
Ella en su galope arrea
3280   las glorias, las ilusiones,
deseos, vicios, pasiones,
¡y cuanto aquí nos rodea!

PICHINANGO

¡Ah! ¡terne! si le ha dao Dios
previlegio a su garganta,
porque hechiza cuando canta
esa dulcísima voz.

JULIÁN

Mas ya se va haciendo tarde
sin sacar la consecuencia
de la custión presidencia
3290   de que usté antes hizo alarde.

PICHINANGO

Volvamos al primer cuento
pues no sé andar mañeriando...
venga un trago, pa estar blando
y alentar el pensamiento.
Don Muñoz, el tan desiao
por todo este pueblo entero,
del que esperaba certero
el cambio tan codiciao,
jué, hermanitos, redotao
3300   cuando se créia ya un hecho
que tal hombre de provecho
a gobernarnos llegase,
pa que por fin arribase
este suelo tan deshecho.
Los medios que se valieron

vale más de que los calle,
baste decir, que de Balle
los hombres funestos jueron,
quien tan vil traición hicieron
3310 a nuestra felicidá;
porque Ellaura no podrá
dejar de ser partidario,
¡y siempre el mesmo rosario
de disgracias seguirá!

Cuando montó el pelagato
de salto a la presidencia,
se decía que güeselencia
le había reculao al trato;
mas tuito ha sido aparato
3320 por cubrirse de grandeza,
pues no dentra en mi cabeza
que jué pa que lo almitiesen,
si no que se lo impidiesen,
y él quedarse con la presa.

Era pura farramaya
que sólo engaña al que es bruto;
me tengo por medio astuto
con la gente de mi laya;
también conocí la faya
3330 de tal renuncia inclinable,
que era jueguito probable
pa hacer más cierta la changa,
y armar de engañapichanga
una trifulca de sable.

Ansí mesmamente jué:
vido al rato el renunciante
la plaza con tanto infante...
que yo en verdá recelé.
Como me encontraba a pie
3340 bajo un cielo tan ñublao,
rumbié para otro costao,
que a veces la desconfianza
es del hombre mejor lanza
que aquella con que ha peliao.

Como he dicho, aquel enriedo
no jué más que una pagoda,
que es el pavo de la boda
quien mejor se chupa el dedo;

---

3307 La prensa de la oposición hizo severos cargos a la fracción gubernativa,
por la elección del Dr. Ellauri, tachándola de fraudulenta. (N. del A.) Balle:
Lorenzo Cristóbal Manuel Batlle (1810-1887). Fué presidente de la República.
Murió pobre.

yo en tales casos me quedo
3350    a mirar medio de lejos
pa razonar sin consejos
y a mi modo, lo que he visto,
y al final saco que el cristo
es el que juega a esos tejos.

Ellaura, que entonces vía
la ocasión de aprovecharse,
no tuvo más que agacharse
a lo que el Circo quería.
Y dijo al pueblo ese día,
3360    que ya que le había pedido
como favor su partido
que no diera tan mal paso,
estaba en el juerte caso
de olvidar todo lo habido.

Porque al verse tan rogao
tenía... con sentimiento,
que almitir el nombramiento
del cual estaba agraciao.
Y que el ser jefe de Estao
3370    no era el cargo que aspiraba...
Pero ya que encima estaba
sería su único antojo,
barrer los odios y enojo
en la marcha que empezaba.


JULIÁN

Puede que sea de alvertencia...
o pa tenerlo a pesebre,
pues suele saltar la liebre
ande usté menos lo piensa.


PICHINANGO

En fin, ¡allá lo veremos!
3380    el tiempo es siguro juez;
dentro de un año o de diez
a qué atenernos sabremos.

Si puedo servirles de algo
no tienen más que ordenar;
y me voy a preparar
pa ver si temprano salgo.

_____

3350 Hace alusión a la reunión de fuerzas de línea, véase la nota al verso 296?
de página 492.

JULIÁN

Dé recuerdos po el Rosario
a Pintos Baes, y a Quintana,
y dígale a ña Mariana
3390    que supe que el Comisario
suele dir... a leerle el diario
dende que yo me ausenté...

PICHINANGO

¿Y enamorao está usté?...

JULIÁN

Ya dejé la chupandina,
y hoy me pego a cualquier china
lo mesmo que saguaipé.

BALIENTE

Igual a ño Centurión,
que cuando hoy de hembras prosiaba
ingrato al hombre llamaba
3400    que robase un corazón.
Dispués en conversación
a ño Luciano le dijo
mil cosas que contradijo
lo que habló en pocos momentos...

CENTURIÓN

¡Ecos que llevan los vientos
y no tienen punto fijo!

PICHINANGO

La comezón que uno rasca
se embravece siempre más;
y el que vive cargosiando
3410    no consigue el sí jamás.

JULIÁN

¡Ah, gaucho! si es como cuadro,
y atropellador sin asco;

3411 Firme como el cuadro que forma la infantería. *Cf.* la estrofa de la huella
federal:

> *Viva el gaucho surero*
> *que es como cuadro,*
> *cuando aprieta los paibas*
> *al unitario.*

lo mesmo besa a una china,
como al goyete de un frasco.
  Y con su genio alentao
ningún imposible encuentra;
el campo se le hace orégano
y hasta en los infiernos dentra.

PICHINANGO

Vale más llegar a tiempo
3420 que andar un año rodando,
y el que se alerde hoy en día
suele quedarse tecliando.
  Pues no hay que desperdiciar
en viendo una ocasión güena...

JULIÁN

¡Milagro será el cantar
cuando la guitarra suena!

LUCIANO

Las custiones con polleras
saben ser muy peliagudas...
¡quién juera como el halcón
3430 que come las aves crudas!

CENTURIÓN

Entre las flores del tiempo
me gusta más el abrojo,
porque solito se pega
y nos libra de un antojo.

LUCIANO

Cualquier terreno atropella
el hombre, si está obligao;
pero lindo campo busca
pa retozar, si anda holgao.

PICHINANGO

Siempre apunto, y pido carta
3440 en el juego del amor;
y si salgo mal me paso...
que es ley en el jugador.
  ¡Aunque poco me he pisao!...

soy hijo de la fortuna;
no sé dormirme en las pajas,
ni pincharme con la tuna.

CENTURIÓN

Cuando la suerte es pareja
de gorda, pudiera echarse;
mas si a recular comienza
3450 de tan flaca... agusanarse.

JULIÁN

Velay, criollo que retruca
de puro vicio no más...

CENTURIÓN

Lo que es hoy, andamos patas,
usté no se queda atrás.

PICHINANGO

Me trujo a pelo un güen caso
ya que habló Julián, de vicio...
no hay vicio como el cigarro
pa que nos prieste un servicio.
    Como el ser muy pitador
3460 me ha sido de gran provecho,
voy a mostrarles patente
que lo que digo es un hecho.
    Conque hasta en el mesmo amor
suele dar su resultancia;
y pa afirmar mi opiñón
voy a darles la costancia.
    Llega a la puerta de un rancho...
"¿Mi china, me da un jueguito?..."
—"Cómo no, pase adelante",
3470 y le alcanza el tizoncito.
    Se apea usté, manió el pingo,
saluda y corta pa dentro,
y ve si el terreno es blando
pa clavarse hasta el encuentro.
    La moza prepara el mate
mientras l'agua se calienta;
diay le ofertan la guitarra
y usté a rascarla se sienta.
    Y entre trovo y bordoneo

3480 como quien no dice nada,
le sopla al óido un cielito
apariao de una tantiada.

Y áhi no más le clavó el aspa
si en el modo de mirar
llega a descubrir un cielo
que nunca créiba alcanzar.

Pues muestra la hembra en los ojos
todo lo que su alma siente,
y aunque sus labios engañen,
3490 jamás la mirada miente.

Cuando el criollo es alvertido
la carta copa en el aire.
Y va largando de a poco
pa no esponerse a un desaire.

Si no, la caza del moño,
cantándole de seguida,
más te quiero, trebo hermoso,
que el moribundo a la vida.

CENTURIÓN

¡Qué carril! ¡ni qué telefro!
3500 lo aventaja en ligereza,
si prende tan fácilmente,
amigo, ¡es toro pa empresa!

JULIÁN

Siempre parte antes de tiempo
este viejo Centurión;
y si sale de la vaina
sujetenló del garrón.

PICHINANGO

Volviendo a lo del cigarro,
es mi vicio más querido,
y el cristiano que no pite
3510 es cantimpla o desabrido.

Pues pa matar un quebranto
es siempre el mejor remedio;
teniendo en la chupa un naco
¡ni me importa andar sin medio!

Él me distrae, me domina,
gozo en su solo recuerdo...
Con él se hace agua mi boca...
Sin él, hasta el gusto pierdo...

Lindo es ver cómo en el aire
3520  vuela el humo y culebrea:
usté lo mira perderse,
y en mirarlo se recrea.

Y ya comienza a pensar
en las cosas de la vida,
y saca, que nada dura,
que todo muere y se olvida.

Cuántas veces sólo un pucho
me ha librao de un mal momento,
cuando en mi cabeza hervía
3530  algún negro pensamiento.

LUCIANO

Lo diga si no aquel trance
con la tal de la cuchilla.. .
A mí tamién me gustaba
por lo agraciada y sencilla.

Pero se ha mudao de pago
y aura vive en la ciudá;
¡puede ser que algún biznaga
pretienda coparselá!

PICHINANGO

Ya he dicho que en el querer
3540  no juego a una carta sola;
como bocheo y arrimo
dejo que ruede la bola.

Pues nunca largo mi lazo
sin sujetar algún rollo,
y a la que doy voz de pago. . .
si no le pago. . . la embrollo.

Y a veces, con esos bichos,
pa atráirlos, sé echarme a muerto;
pero en parando la oreja
3550  desconfeo más que un tuerto.

Vale más boca tapada
que andar tocando cencerros. . .
la mejor carne a ocasiones
suelen comerla los perros.

La mujer sabe cambiar
como el tiempo y los asuntos. . .
y el que viene atrás arrea
los bienes de los dijuntos.

CENTURIÓN

Donde hay unco siempre hay agua,
3560    donde hay paja hay aperiá;
los mejores pastos crecen
entre el barro y la humedá.
     Tamién se encuentran claveles
entre cicutas y abrojos. . .
y con entrañas de tigra
lindas caras. . . ¡dulces ojos!. . .

JULIÁN

Basta viejo de prosiar,
tapemos por aura el tarro. . .

PICHINANGO

Velay que ha dao que decir
3570    el tal vicio del cigarro.
     Voy rumbiando que ya es tarde
y los caminos pesaos. . .
conque los dejo, cuñaos. . .

JULIÁN

¡Dígale a ella que me aguarde!

CENTURIÓN

Y a usté le toca cumplir,
que su cuento nos prosiga.

LUCIANO

Deje entonar la barriga,
y ya lo verán salir. . .
     Y arrancando a la vigüela
3580    de mis trances el relato
escucharán dentro un rato
la historia que me desvela.
     "Señores, ¡pido atención!
Que mi lengua no se enriede,
ni en la marcha se me quede
empacao el mancarrón;
el lazo e mi rilación
ni un chiquito he de arrollar;

---

3588 Entre los varios personajes que figuran en esta obra, Luciano Santos es
el único imaginario. (N. del A.)

voy a ponerme a cantar
3590 de mi vida los eventos,
y allá van estos lamentos
que comienzo a desgarrar.

Pido a mi Dios fortaleza
y a mi ánimo valor;
pido al Cielo por favor
me dé voz en este canto,
pues quien ha sufrido tanto
ya le regüelda el dolor.

Voy a cantar a la patria,
3600 voy a cantar mi tormento,
pueda tal vez ser el viento
quien sólo escuche mi lloro;
¡que no se pierda este acento
al pueblo oriental le imploro!

Sacaré de mi guitarra
las notas más lastimeras,
pero tuitas verdaderas
pues salen del corazón,
¡más tristes que las taperas!
3610 ¡más tiernas que una oración!

No sé el año en que nací,
ni cómo al mundo dentré;
y lo menos que yo sé
es del vientre que salí;

mis padres, lejos de sí
como cachorro apestao,
me echaron abandonao
cuando entuavía mamaba,

y una mujer que pasaba
3620 de por áhi cerca el Rosario,
bajo un ombú solitario
medio muerto me encontró;

pa su casa me llevó,
y con cuidao muy prolijo
tratandomé como a hijo
me tuvo siempre con ella;
siendo en mi orfandá la estrella
que me ha servido de guía:

pero por disgracia un día
3630 que ni acordarlo quisiera,
la guerra cruel y rastrera
me separó de su lao.

Al dirme ¡cuánto ha llorao
aquella madre bendita!

Sólo al pensarlo palpita
de pena mi corazón;
    jué al tiempo de la invasión
que Flores nos trujo al páis;
¡si pisarlo como máiz
3640    yo hubiera entonces podido!
hecho chatasca había sido
por la guerra que nos trujo;
    ¡bien me dijo un gaucho brujo!
en un boliche, mamao:
"Pronto lo veré, cuñao,
con la catana en el tiento",
y el maldito juramento
se cumplió del condenao.
    A poco andar, en el pago
3650    campó la gente de Suárez,
y han dejao esos lugares
desiertos de tanto estrago.
    Una partida llegó
en busca de caballada,
y en esa mesma voltiada
Luciano Santos cayó:
    ¡y qué jefe me tocó!
Jugador, mamao y zonzo,
con más partes que un responso,
3660    y maula hasta cáirse muerto,
y de llapa era ese injerto,
estranjis pa completar;
    me quiso un día golpiar
y el mondongo le ojalé;
al momento reserté
templando rumbo a mi cancha,
quise limpiar esa mancha
y vivir honradamente;
    mas pronto vino una gente
3670    con orden de perseguirme,
entonces, ya sólo dirme
pensé pa lejanas tierras:
    vagando en montes y sierras
como triste peregrino,
desamparao po el destino
me pasé en estraño suelo,

3637 La invasión: se refiere a la llamada Cruzada Libertadora de 1863. El general Flores, acompañado del coronel Francisco Caraballo y de dos ayudantes, salió de Buenos Aires el 15 de abril y desembarcó el 19 del mismo mes en tierra Oriental.
3650 Suárez: José Gregorio Suárez.

sin pastoriar más consuelo
que darle gusto al amor,
el mejor calma-dolor
3680 que hallé en mi amargo desvelo.
De una pilchita me armé:
¡ah china rigularona!
Aunque medio comadrona
y amiga de retrucar;
a más, me quería celar
a mí, que soy como ruda...
pero la moza era cruda
y una vez me solprendió
con otra china que yo
3690 ya me la tráiba apariando;
no bien me vido, silbando
como víbora se vino;
—"Aura verás, falso, indino,
tomá, pa que seas bellaco";
y en menos que se echa un taco
me largó una puñalada,
que cuasi la riñonada
me sacó por el sobaco.
Dos o tres más me tiró,
3700 yo como culebra andaba,
y a cada golpe cimbraba
el cuerpo que daba gusto;
me libró el poncho del susto
pues se lo tendí a lo lazo,
desviándole su brazo;
ella ciega de despecho
clavó la daga en su pecho
¡y se hizo herida mortal!
Yo en ese trance casual,
3710 quedé, sin serlo, culpable,
y al ver su estao lamentable
hasta maldecí a mi santo,
mientras la pobre intertanto
áhi nomás remolinió;
contra el suelo se golpió
pa no volverse a parar.
Vide sus labios boquiar
pidiéndole a Dios apoyo,
y yo malicié que un hoyo
3720 pa siempre la iba a encerrar.
Procurando enderezarse
pegó un suspiro y un grito,

abrió la boca un chiquito
¡y como tronco cayó!
　　Una mirada me echó
que no olvidaré jamás,
y a poco rato no más
espiró la pobrecita;
¡su alma estará bendita!
3730　¡Quiera Dios tenerla en paz!
　　La otra guasquió la pata
sin meterse en tal milonga,
diciendo, que Dios disponga
que yo me he librao a gata.
　　Y no habiendo a qué esperar,
luego mi flete aperé,
la cincha medio apreté
pa hacer un trote a lo pampa,
por no enredarme en la trampa
3740　del rondín de polecía;
y antes que juese de día,
recé a la muerta, primero,
un bendito y en mi overo
al galope diáy salí:
　　dende la cuchilla vi
la gente de la partida
y por no arriejar mi vida
más ligero que una luz,
los dejé haciendo la cruz
3750　cerquita de la finada,
llegando en la madrugada
al Uruguay con salú.
　　Doblé bien los cojinillos,
un pretal le puse al flete;
y el pilchaje más paquete
me lo envolví en la cabeza.
　　Y ansina con entereza,
lo mesmo que yacaré
sin tutubiar me azoté,
3760　que suelo ser como bote,
y al igual de un camalote
sobre del agua boyaba;
　　al caballo levantaba
por la pontezuela el freno,
mientras tranquilo y sereno
con la otra mano braciaba.
　　¡Bufaba el overo viejo!
con la cola ya sumida,

cuando la arena querida
3770 tocamos de nuestra banda:
    áhi nomás, como Dios manda
doblé al suelo la rodilla,
por feliz verme en la orilla
de nuestra tierra adorada.
    Tendí la ropa mojada
y a mi soga el paico até,
que por él, hoy se me ve,
¡si no, ni el polvo siquiera!
    Lo dejé pa que comiera
3780 pues venía delgadón,
y es justo que ansí lo hiciera
dispués de tan gran tirón.
    . . . . . . . . . . . . . . . . . . . . . . . . .
Aquí comienzan mis males,
mis penas, mis afliciones,
aquí saldrán las razones
con sus pelos y señales;
oiganlás los orientales,
porque es preciso escuchar
lo que puede soportar
3790 el hombre de temple juerte,
que desprecea la muerte
sin que le sepa aflojar.
    Yo pisé este patrio suelo
lleno el pecho de esperanza,
descansé y sin más tardanza
seguí al pago de mi anhelo;
¡cómo se siente consuelo
al ver tras de larga ausencia
asomarse la querencia!...
3800 ¡ese pedazo de tierra
que a veces la dicha encierra
de toda nuestra esistencia!
    Mi corazón palpitaba
queriendo saltar del pecho,
cuando aquel querido techo
más de cerca columbraba;
¡mi overo viejo volaba
cual si mi ansiedá supiera!
De sus vasos ni siquiera
3810 se le vía el movimiento,
mientras que la clin, al viento,
zarandiaba en su carrera.
    Y en la mesmita ramada
sofrené de golpe el flete,

y ya salí como cuete
pa la querencia adorada;
¡qué solpresa inesperada!
y qué zafarrancho armé...
Todo igualito encontré,
3820 y el alegrón jué tan grande,
que por mucho que yo ande
jamás igual pasaré.

Con la junción de ese día
se me olvidó hasta la pena;
y como andaba en la güena
todo güeno se me hacía;
ya la tristeza me juía
desterrando mis quebrantos;
aunque sufrí males tantos
3830 ni lo acordaba siquiera;
¡quizás naides conociera
si era yo el güérfano Santos!

Hubo locro a lo pueblero,
hubo pan hasta de gorra,
se hizo rica mazamorra,
y una ternera con cuero;
pa final del entrevero
se armó gato y pericón,
y al compás de un acordión
3840 le pegamos al bailable...
¡Era una cosa envidiable
ver retozar la riunión!

Yo descansé como un chancho
(aunque es mala comparancia),
dispués tuve una ganancia
y pude arreglar mi rancho;
con el corazón tan ancho
ya me doblé a trabajar,
tratando de acumular
3850 cuanto rial caiba en mi mano,
por si venía algún tirano
y me obligase a emigrar.

A mi campito arreglé,
compré ovejas de primera,
armé una linda manguera
y un galponcito quinché;
todo esto lo apronté
pa la trasquila, ¡qué encantos!
Vieran áhi su amigo Santos
3860 del modo que se floriaba,

¡las tijeras manejaba
como ninguno entre tantos!
Hubo corrida e sortija
cuando acabamos la faina,
yo me salí de la vaina
sin mezquinarle clavija;
tenía un flete, que a la fija
a un ciervo daba ventaja;
grande y fornido de caja,
3870 ¡superiorazo pa un dentre!
Tal vez mejor no se encuentre,
¡ah pingo! ¡si era una alhaja!
Comenzamos a partir:
¡creo que di güen gatazo!...
Más de una china de paso
la vide por mí sonrir;
mozo asiao en el vestir
no había de faltarme flor;
mi apero daba calor
3880 y relumbraba de lejos;
¡qué lindo tiempo, canejos!
tan sin penas ni dolor.
Dos anillos me saqué
de oro fino y de primera,
que a una negrita hechicera
al punto los regalé;
yo pienso que bien quedé...
pues de un modo me miró,
que la baba me saltó;
3890 tal vez de pagao lo diga,
mas sé que mi tierna amiga
muy mucho los apreció.
En medio a tales momentos
el sol se apagó de pronto,
cuasi a los aires remonto
acollarao a los vientos;
y ñubarrones a cientos
cubrían la inmensidá;
alguna fatalidá
3900 nos anunciaba ya el cielo;
pedimos a Dios consuelo
¡pa cualquier alversidá!
Como en redota salimos
juyendo de los ñublaos,
y al ruido de los chapiaos
la diversión suspendimos;
con acierto procedimos,

pues esa noche llovió;
y la piedra que cayó
3910 el diluvio parecía;
y antes que aclarara el día
¡tuito el campo se anegó!
El arroyo se hizo un mar.
¡Escuro, turbio, imponente!
Y su atrevida corriente
avanzaba sin cesar;
de un lao al otro cruzar
víanse rayos tronadores,
que alumbraban los rigores
3920 de aquella noche funesta,
que aun recordarla me cuesta...
¡por ser causa e mis clamores!
La correntada, boyando
tráiba árboles como islotes,
y encima esos camalotes
el bichaje iba hormiguiando;
los pájaros tiritando
cáian aplastados o muertos;
mientras de dicha cubiertos
3930 en aquel gran zafarrancho,
¡la lechuza y el carancho
hacían óir sus desconciertos!
Se ahogó toda la majada
porque el sitio era en un bajo,
y apenas con gran trabajo
salvé una poca yeguada;
voló el techo a la enramada;
y pa más triste querella,
a mi overo, una centella
3940 lo mató bajo el ombú;
¡y gracias que con salú
me dejó mi mala estrella!...
Cuando apareció la aurora
y el sol medio coloriaba,
entonces, se contemplaba
tanta ruina aterradora;
salí del rancho en mal hora,
más triste que noche oscura,
a campiar por la llanura
3950 ¡con lágrimas en los ojos!
¡Y sólo hallé los despojos
de mi inmensa desventura!
Pero en apuro tan cruel
hallé una alma compasiva,

que de mis penas cautiva
cambió en almíbar mi yel:
y ése jué un amigo fiel
que en medio a tantos dolores
me colmó de mil amores
3960 con su cariñoso afán;
que bien viene aquel reflán,
quien hace, espera favores.

Es la amistá una sustancia
que el alma de encantos llena;
cuando se sufre una pena
la alivia con su fragancia;
ella produce abundancia
de consuelo en el vivir;
y si cansaos de sufrir
3970 nos abate la disgracia,
también tiene la eficacia
de enseñar a resistir.

Sin ella, el pobre cristiano
sería un triste pelegrino
que no hallara en su camino
quién le tendiese una mano;
no viera el sol en verano,
ni flores en primavera,
cuando la vista tendiera
3980 buscando la claridá,
tendría su soledá
¡por única compañera!...

Diay me arregló un trabajito
pa dir ganando la vida,
y la esperanza querida
volvió a mi pecho marchito;
era un rocío bendito
que al oriarse, daba aliento:
mas pronto un nuevo tormento
3990 ñubló mi cielo tan claro,
y hasta hoy en día declaro,
¡me ha transido el sufrimiento!

Nunca largo es el descanso,
siempre se suele turbar;
muy poco sabe durar
un güen vivir dulce y manso;
aunque soy rudo yo alcanzo,
pues lo sé por esperencia,
que del bien en la evidencia
4000 cree uno que lindo marcha,

¡viene del rigor la escarcha
y nos yela sin concencia!

　　Ansina a mí me ha pasao;
en medio de mi alegría
pisé la guasquita un día
y en ella me vi enredao;
Aparicio había vadiao
con la emigración valiente,
a peliar de frente a frente

4010　a un tirano... y no gobierno,
el corsario más eterno
del honrao y diligente.

　　Los coloraos maliciaron
que yo no era de su pelo,
me miraban con recelo
y a hostigarme comenzaron;
los amigos me avisaron,
pero me hacía el sotreta,
por no pisar la paleta

4020　de alguno y vivir juyendo,
y a cada paso esponiendo
que me estiraran la jeta...

　　En nada pensé meterme
ni con uno ni con otro;
eran tan chúcaro el potro
que al domar podría... molerme;
preferí mejor hacerme
el chancho rengo esa vez,
pero largaron de a diez

4030　pa que me diesen... indulto...
y yo por salvar el bulto
le puse sebo a mis pies.

　　Abandoné la querencia
perdiendo mi bienestar;
tuve al punto que tocar
¡pa estraños pagos ausencia!
¡Pero hay que tener pacencia!
Si sólo a sufrir me echó
la madre que me largó

4040　abandonao, que muriera,
o me comiese una fiera
por esos mundos de Dios.

　　Busqué en los montes guarida
poniéndome de matrero,
sin ser ladrón, ni cuatrero,
ni asesino de partida;
lo prometí por mi vida

y mi palabra cumplí;
humano yo siempre fí,
4050    jamás se manchó mi lanza,
y en cuanto vide matanza
al matador perseguí.

Algunas veces de día
hasta mi rancho llegaba,
y a mi familia encontraba
pensando en la ausencia mía;
pero una partida un día
en las casas me aguaitó,
y ni tiempo me dejó
4060    para boliármele al flete,
y lo mesmo que a zoquete
sobre un matungo me ató.

Mi protetora llorando
jué a pedirme al oficial,
y a mi prenda le dió el mal
de verme así estar penando;
yo, de rabia, iba temblando
contra tuita aquella gente
que ansí tan cobardemente
4070    hacían burla del dolor.
Al recordar tal rigor
mi corazón se risiente.

Me llevaba esa camada
sobre el lomo de un guacherpo,
enchalecao tuito el cuerpo
con una guasca mojada;
¡qué sufrir! no he visto nada
pa poderse comparar;
ni me dejaban de hartar
4080    a insultos y maldiciones,
sin contar los escorzones
que chupaba en el marchar.

¿Digan si tengo razón
en maldecir mi fortuna?
Qué estrella tan mala ¡ay juna!
me azota sin compasión
mucho pior que a cimarrón. . .

4064 En épocas de luchas intestinas, los pobres hijos de nuestras campañas
que huyen del servicio de las armas y son aprehendidos por las fuerzas del Gobierno, éstas los obligan inmediatamente a ingresar en los batallones de línea, donde
frecuentemente les imponen duros castigos, muchas veces sin más causa que la
de pertenecer en ideas a un bando contrario al que se encuentran prisioneros,
teniéndoles por tal motivo tan oprimidos, que por obtener la codiciada libertad,
ariesgan tantas ocasiones una vida que no les pertenece, sumiendo en la orfan-
dad y el desamparo a un hogar que fué en otro tiempo feliz. (N. del A.)

siendo cual soy güen cristiano;
pues siempre tendí mi mano
4090 al que encontré desvalido;
¡qué loba me habrá parido
con un sino tan tirano!

Ño Borges había campao
por la noche a un corto trecho
de mi rancho, en un repecho
del que me vide bombiao;
a su carpa fí llevao:
me preguntó a quién servía...
le retruqué que tenía
4100 familia pa mantener.
—"¡Bombero blanco has de ser!
Echenló a la infantería"...

La cabeza me pelaron
y quedó como vejiga;
pa remachar bien la espiga
al matao lo acollararon;
y áhi nomás me mesturaron
con gringos cuajaos de piojos,
más ordinarios que abrojos,
4110 conchabaos por cuatro riales,
pa esterminar orientales...
y engordar con sus despojos.

Vino el jefe de servicio,
y comenzó a aconsejarme
que él había de enseñarme
a hacer bien el ejercicio;
pero que tuviese juicio
y resertar no pensase,
porque allí se daba el pase...
4120 al que hacerlo pretendiera,
que yo alvertido viviera
y ni en broma lo tratase.

Como lerdo nunca fí,
le dije, mi capitán,
lo serviré con afán,
no tendrá queja de mí,
y nunca saldré de aquí
sin darle primero aviso,
pa que me dé su permiso
4130 sigún mi comportación;
lo juro por mi facón
o por la tierra que piso.

"Ansí me gusta un tirano
que marcha derecho viejo",

retrucó el oficialejo
apretándome la mano:
dijo que con un paisano
jamás usaría rigor;
se ofertó pa protetor
4140 si cometiera un delito. . .
¡Ya no me gustaba el frito
por ser demasiao dotor!

 Dispués de eso, al otro día
a pesar de la prosiada,
me hizo dir a la carniada
con los vendidos que había;
metido entre ellos me vía
una punta de matuchos,
¡que pa la uña eran muy luchos!
4150 pero no pa un desempeño;
¡y había cada pedigüeño!
que el mirarlos daba chuchos.

 Uno medio se florió,
quiso agarrarme pa cristo;
como presumo de listo
¡la burla no me agradó!
¡A güen puerto atropelló!
¡Echó una suerte clavada!
porque le di tal sabliada
4160 que hasta el cielo se oía el grito,
¡y gruñía ese maldito
como una gata preñada!

 Y ninguno de los otros
se me pretendió arrimar;
¡ansí los iba a arriar!
como a una punta de potros;
es al cuete, con nosotros
nunca pueden los naciones;
les damos ciertas liciones
4170 mejor que mestros de escuela. . .
¡Que joroben a su agüela
y dejen de ser chichones!

 Cuando el jefe supo el caso
me metió en el cepo, tieso,
cayéndome a más de eso
con cien azotes de lazo;
me ataron los pies, y al raso
dos noches duras pasé;
del capitán me acordé. . .

4149-50 Aptos para robar, no para pelear.

4180 ¡Bien pude esperarlo un año!...
jué su promesa un engaño
tal cual yo lo malicié.

Ansí lo pasa en la tierra
el que es redondo y paisano;
es el destino tirano
que en castigarnos se aferra;
¡todos nos hacen la guerra!
y siempre quieren mojar;
cuando nos pueden lograr
4190 en la cara se nos ráin,
si usté retoza, le cáin...
¡porque al gaucho hay que domar!

Dabanmé una triste presa
de pulpa cuasi podrida;
¡es triste cosa en la vida
tener la suerte traviesa!
Diay hice formal promesa,
que en cuanto libre estuviera
aunque morirme supiera,
4200 me les iba a escabullir,
y no lo habían de sentir
sino al ver mi polvadera.

Yo cumplí lo prometido;
al tomar mi libertá
lo mesmo que el aperiá
en un pajal busqué nido;
allí como hombre alvertido
me oculté del chaparrón;
al dirme uñatié un facón,
4210 mis boliadoras y un lazo,
pa poder salir del paso
en cualesquier arriesgón.

De entonces, me hice matrero
como ya lo tengo dicho;
le tomé gusto al capricho
y me réi del mundo entero;
hice en el monte un potrero
y un ranchito macumbé;
y pa no quedarme a pie
4220 tenía pingos de reserva,
y a más... también otra yerba
que por alto pasaré.

De día poco me vieron,
y menos en poblaciones;
dejé a un lao las rilaciones
dispués que me solprendieron;

muchos lazos me tendieron
pero a cabriolas les juía;
como el campo conocía
4230 nunca dejaba una güella,
y más listo que centella
fantasma me les hacía.

Cuando volví pa mi pago...
¡se me ñublaron los ojos!
Hallé sólo los despojos
que hizo la guerra en su estrago...
Alcance, Baliente, un trago,
pa ahogar la terrible idea
que en mi espíritu campea...
4240 ¡Muerte!... ¡tapera!... ¡orfandá!...
¡desengaño!... ¡soledá!...
al recordar me rodea.

Con los golpes aprendí
tantas cosas que inoraba,
que hoy ya no tiro la taba
si no es cargada por mí;
y si mucho yo sufrí
también más he soportao;
y ese andar de lao a lao
4250 sin familia y sin querencia,
llorando del bien la ausencia,
¡mucho... mucho me ha enseñao!

. . . . . . . . . . . . . . . . . . . . . . . . . . .

Y hoy hablo a los orientales,
y también al Presidente,
que se trate sabiamente
de suprimir tantos males.
Y tuitos seamos iguales
sin reparar la color,
pa que unidos al redor
4260 de este pabellón glorioso,
alumbre eterno reposo
su puro y brillante sol.

Te hundes suelo querido
en un cañadón sin fondo,
esto lo dice un redondo
que nunca letrao ha sido;
no es juerza ser escrebido
para conocer el mal.
Y veo patria oriental
4270 que siguiendo en tales rumbos,
como mamao, dando tumbos
vas por un calcagüesal.

No hay más remedio a tu pena,
no hay más corte a tus tormentos,
no hay ataje a tus lamentos
si hoy no rompes tu cadena;
pues te tienen como ajena
los hombres sin corazón,
que su sola aspiración
4280    es pegarse donde hay plata,
y te arrastran por la pata
a tu ruina y destrución.

Yo soy un triste paisano
que en léises soy gallo ciego,
pero a naide me le allego
pa que me tienda la mano;
gracias a Dios soy liviano
y guapo pa trabajar,
valor no me ha de faltar
4290    por los güesos de mi agüela,
nunca seré sanguijuela
que el oro me haga pegar.

Nunca almita se lo imploro
don Ellaura el Presidente,
que lo rodee esa gente
para chuparle el tesoro;
le prosiarán más que loro
pa que beba en su pichel,
y veneno en vez de miel
4300    le darán si los atiende:
luego el más santo lo vende
o lo cuelgan de un cordel.

Con los güenos sea usté güeno,
castigue al pícaro y terco;
no sirve atarlos al cerco
cuando el torzal es ajeno;
el coraje es el terreno
que usté siempre pisar debe;
y al que cuentitos le lleve
4310    paguelé con el desprecio,
porque es el único precio
que merece cierta plebe.

Y al más pintao déle palo
si de un crimen se le acusa:

---

4293 En los consejos al Presidente Ellauri, Luciano Santos tuvo la intuición
del porvenir; como verá el lector en ellos, el consejero fué profeta, pues el doctor
Ellauri cayó ignominiosamente antes de terminar su período constitucional, por
haberse entregado en manos del militarismo, haciendo un papel que la historia
juzgará un día con imparcialidad. (N. del A.)

aunque dispués la gentuza
lo trate de crudo y malo;
de nubes deje el páis ralo
y podrá en paz gobernar;
sea plumario y melitar,
4320 con los jefes ande listo,
si no, como a santo cristo
me lo han de crucificar.

Y sacúdale la breba
al que sea insobordinao,
dende el último soldao
hasta el que galones lleva;
la razón dé a quien la prueba,
deje a un lao la compadrada;
cuando la gente es malvada
4330 caigalés por sobre el lomo,
ansí como cái a plomo
el agua de una quebrada.

Entre toda aquella gente
que usté es sólo quien elige,
en su opinión no se fije,
sino que sea inteligente,
honrada y tan diligente
que haga feliz a esta tierra
tan destruída por la guerra,
4340 y siembre güenas semillas
que, ansina, se verán trillas
hasta encima de la sierra.

Castigue sin compasión
al que tenga mucho empeño
en soliviar a su dueño
lo que es de su posesión;
¡nunca le dé salvación
al que es voraz y cuatrero!
y verá el gran hormiguero
4350 de raspas hundirse al fin,
y hasta mentará el clarín
su gobierno justiciero.

A los jefes dé de baja
que a costa de los soldaos
en poco tiempo cuajaos
vieron tirador y caja;
si el pasmo no les ataja
a quien manda batallones,
le han de cobrar las raciones
4360 para gente nunca vista...

Pero jamás verá en lista
que por hambre, ¡¡¡hay reserciones!!!
    Haga gauchada matrera
diéndose al toque de diana
a la lista de mañana
a un batallón cualesquiera,
y verá en la madriguera,
de los nombres del apunte
que le han dao pa que les unte,
4370  ni con la mitá se encuentra...
y el resto en la caja dentra
del capataz del rejunte.

    Ni con su hermano se case
en custiones de servicio;
pongalé freno al desquicio
pa que naide se propase;
y nunca deje que pase
asunto sin revisar;
tuito lo debe mirar
4380  con doble vidrio en los ojos,
si no, tal vez que los piojos
por güeyes le hagan pasar.

    Enséñele y con aliño
al jefe más copetudo,
que con la ley nunca pudo
ni la hermandá, ni el cariño;
tome ejemplo en... cierto niño...
que con sueldos y raciones
aforró bien los riñones,
4390  llenó la panza y bolsicos,
mientras tanto sus milicos
finaban de privaciones.

    Con alvertencia y con maña
escuelas mande poner,
pa que puedan aprender
los gauchos de la campaña,
porque es disgracia tamaña
en tiempo tan alentao
ver tanto criollo negao,
4400  más duros que las murallas,
que sólo marcan sus rayas
con la hoja del envenao.

    Con los pobres no sea duro
cuando le falten razones,
ni largue contribuciones
que causen más de un apuro;
si usté lo hace, yo le juro

en nombre de la gauchada,
que no ha de faltarle nada
4410 para que viva tranquilo,
y siempre hallará un asilo
en medio a la paisanada.

Atráquele a los pulperos
una multa cada mes,
y descuélguese con diez
a los carros bolicheros,
que son los más pijoteros
y amigos de mogollar,
nunca nos quieren fiar
4420 y a cual d'ellos es más laucha
¡hay que pelarles la chaucha!
pa que apriendan a tratar.

El pingo de la nación
llevelo siempre tranquiando,
solo vayalé aflojando
en busca de la ocasión;
no suelte de sopetón
puede cortarse la rienda,
y al ñudo es que usté se prienda
4430 si a un tucu-tucu se encaja,
tal vez el mate le raja,
ande ni el diantre lo atienda.

"Estando la vaca atada
el ternero no se va";
lo mesmo usté puede acá
evitar cualquier pueblada,
si no le pierde pisada
al que, engréido por su rango,
siempre busca en el fandango
4440 pa calzar, cualesquier medio,
pero es fácil el remedio
teniendo el sartén po el mango.

Aunque se li haga, aparcero,
mil alforzas en el cejo,
oiga paciente el consejo
que quiere darle un matrero:
—"Nunca se apegue al dinero
del páis, y pa no pecar,
hágalo siempre tapar
4450 de modo que no se vea,
y el pueblo oriental no crea
que usté es capaz de uñatiar."

4430 Si se encaja en un tucutucuzal.

Pa final de tanta prosa,
al que muy chúcaro salga,
mandeló, que Dios le valga
al coronel Lión Mendosa;
que allí con yerba sabrosa
el genio le domará,
y mansito quedará
4460 como el humilde cordero;
esto es lo último, aparcero,
que le pido, y me dará.

Me han puesto ronco los cantos,
tiro al suelo la guitarra;
si he sido un poco chicharra
la causa son mis quebrantos:
sepan que Luciano Santos,
como pueta y payador,
le ha de correr al mejor
4470 sin mirar tiro ni cancha;
y al que quiera la revancha,
se le dará este cantor.

Sólo respeto a un amigo
que le soy lial como un perro,
es el gaucho MARTÍN FIERRO,
y con orgullo lo digo:
yo cabrestiando lo sigo
y siempre lo he de seguir;
juntitos hemos de dir
4480 siguiendo iguales destinos,
que orientales y argentinos
siempre aliaos han de vivir.

Pues como hermanos luchamos
y en mil combates nos vimos;
y a los tiranos hundimos,
y a la patria rescatamos,
honrosos lauros ganamos
en tanta gloriosa aición:
¡¡Ituzaingo y el Rincón
4490 son recuerdos inmortales!!
¡Y con sangre las señales
grabamos de nuestra unión!

CENTURIÓN

¡Ah, grullo! si en este suelo
su voz auyenta el quebranto...
¿Es de calandria su canto,
o es de algún ángel del cielo?

4456 León Mendoza.

LUCIANO

No sea tan engañador,
ni alabe mi fiero acento;
siempre se pierde en el viento
4500     la voz de un triste cantor.

BALIENTE

Pero a un payador olvida
como el mejor de güenazo,
que dejó marcao su paso
pa no perderse en la vida;
la menta bien alquirida
de sus coplas tan hermosas,
tan dulces y primorosas,
siempre se ha de mantener,
hasta que tenga que haber
4510     jazmines, nardos y rosas.

JULIÁN

¿Destápelo a ese criollo?

BALIENTE

Pues ése ha sido mi empeño:
es el gran cantor porteño
llamao ANASTASIO EL POLLO;
que cuando larga su rollo
queda usté sin alvertirlo,
con la boca abierta a oírlo,
pues su canto sin igual
tanto imita al cardenal
4520     como al canario o al mirlo.

JULIÁN

Al fin largó, ño Baliente,
una flor en la cruzada;
y eso, así, a la disparada
de miedo que se le avente.

BALIENTE

También a veces me alzo
cuando cren que me echo a muerto;
que un golpe dao con acierto
vale más que veinte en falso.

CENTURIÓN

4530
Vámonos, pues, compañero,
a descansar el respiro;
pues siguiendo, de este tiro
rumbiamos para el carnero;
ya le hemos sacao el cuero
a manates y dotores,
y tal vez estos señores
si lo saben algún día,
nos mandan la polecía
pa que nos curta a rigores.

BALIENTE

4540
Ya bastante hemos chupao
y por demás platicamos,
aura si gustan, nos vamos
pa la casa de un pelao,
me contaré muy honrao
y feliz con su presencia,
porque mi pobre querencia
está a su desposición
pa cualesquier ocasión
que hagan d'ir la resolvencia.

JULIÁN

4550
Lo que es hoy, no lo visito,
de aquí me corto a ranchiar,
porque quiero pastoriar
la hija de ño Agapito,
que es moza que para un frito
naide le pisa la cola;
yo ya le largué una bola
y por poco se la priendo...
pienso que me anda queriendo
y quiero encontrarla sola.

BALIENTE

4560
¡Ah! ¡Julián! siempre ha de ser
lo mesmo que Centurión,
se le enancha el corazón
cuando topa a una mujer.

JULIÁN

Fíense del mosca muerta,
que cuando muestra las uñas,

es porque con las pezuñas
tiene la prenda cubierta.

CENTURIÓN

Conque a ponernos a rumbo
hasta que el diablo disponga...
no sea que esta milonga
4570 llegue a costar algún tumbo.

LUCIANO

Nosotros marchando iremos...
Hasta la vista, Julián;
que llene todo su afán,
hermano, le desiaremos,
y listos siempre estaremos
cualesquier que sea el evento;
y en el primer movimiento
este montón de orientales
sabrá luchar con los liales
4580 hasta el último lamento.

JULIÁN

Conque, hasta siempre, aparceros...

BALIENTE

No se pierdan de este pago
que no ha de faltar un trago
como templar los gargueros.

JULIÁN

Algún día he de cruzar...

BALIENTE

Ya sabe, aquélla es su choza...
y aunque vale poca cosa
más no le puedo ofertar.

LUCIANO

Adiós, pues, ño Presidente,
4590 de esta patria tan altiva;
quiera el gran Dios que usté viva
pa mejorar lo presente;
si eso logra, amigo, cuente

que su nombre, como historia,
vivirá en nuestra memoria
pegao cual llama a la hoguera,
y cuando de viejo muera
tendrá un asiento en la gloria.

    Tengo el pie sobre el estribo
4600 y relincha el redomón;
medio chispiao y alegrón
voy con rumbos pa mi pago.
Y a salú de esta nación
empinemos otro trago.

. . . . . . . . . . . . . . . . . . . . . . . . . . . .

¡Adiós esta última vez!
Hoy se acabaron mis cantos,
que al cantar pesares tantos
cuasi me quedo sin voz. . .
¡Áhi va, de LUCIANO SANTOS
4610 el más cariñoso adiós!

# CANTALICIO QUIRÓS
# Y MITERIO CASTRO

## *en el Club Uruguay*

AL SEÑOR DON WASHINGTON BERMÚDEZ

---

## DIÁLOGO ENTRE LOS PAISANOS
## CANTALICIO QUIRÓS Y MITERIO CASTRO

TRATANDO DE UN CONCIERTO MUSICAL Y BAILE QUE TUVO
LUGAR EN MONTEVIDEO

### I

QUIRÓS

¿DEÁONDE sale, gaucho Castro,
dispués de tan larga ausencia?...
En el pago, su presencia
ya no había dejao ni rastro.

CASTRO

Viviendo de brinco en brinco
por esos mundos de Dios,
y aquí me tiene, Quirós...

QUIRÓS

¡Vaya alargando esos cinco!

CASTRO

La mano quiero apretar
10    del viejo amigo querido
porque el soplo del olvido
nunca mi pecho hizo helar.

QUIRÓS

¡Ya me largó un preludeo!
Si el rollo suelta del canto,
hasta puede darle un tanto
al zorzal con su gorjeo.
    Y apéese de una vez,
no ande horqueteao a lo gringo,

[535]

si no desloma ese pingo
20      porque usté pesa por diez.

CASTRO

Pero su cuerpo... es en bruto
mucho más pesao que el mío,
que lo tengo tan vacío
como el güeco de un cañuto.

QUIRÓS

Mi peso es, cuñao, de ley,
soy retacón y macizo,
y a usté su madre lo hizo
ternerito cuerpo e güey.

CASTRO

Las comparancias no pierde
30      cuando puede echar un taco;
mientras mi zaino, de flaco,
sólo compara lo verde.

QUIRÓS

Le sacó al pobre la chicha
sigún lo aplastao que viene;
suelteló pa que se enllene
pues si ayuna más, espicha.

CASTRO

Mire, amigo Cantalicio,
cuando usté ha sido muchacho,
dicen por áhi que era amacho,
40      y hoy ni sirve pa... un servicio.

QUIRÓS

Paresé, no facilite,
que aunque tenga el pelo blanco,
no me creo nada manco
ni endesponido pa un quite.

CASTRO

Eso sí, mas no es el de ante
en lo liviano y juerzudo,

44 Endesponido: indispuesto.

que en el trance más peludo
como toro era de aguante.
    Y ansina es el animal,
50 hasta que puede, trabaja,
mas cuando afloja la caja
se entume en cualquier barrial.
    Vealó junto al palenque,
ya ni puede con las carchas...

QUIRÓS

Es que de juro en las marchas
lo habrá curtido a rebenque.

CASTRO

Nunca con él fí corsario
y lo monto de potrillo,
porque el zaino doradillo
60 siempre ha sido voluntario.

QUIRÓS

Largueló áhi por esa orilla
que está muy tiernito el pasto,
si no allá, pa darle abasto
tengo un tendal de gramilla.
    Apuresé y del tirón
rumbiaremos pa las casas,
pues a sacar por sus trazas
tamién viene delgadón.

CASTRO

¡Siempre trucha mi aparcero!...

QUIRÓS

70 Por su mujer, amigazo,
vaya el golpe de rechazo...

CASTRO

¡Pucha, gaucho terutero!
Al vuelo tuito lo atrapa,
nunca lo agarran sentao...

QUIRÓS

Si al que ha sido güen soldao
ni un resuello se le escapa.

CASTRO

Como es tan escarbador,
ya me caló por encima
que traia floja la prima
80    y el buche como tambor.

QUIRÓS

Algo hallaremos por áhi
con que entonar la barriga;
hay pronto un guiso de hormiga
y achuras de bacaray.

CASTRO

Es de mi flor la merienda
pa que usté le haga un amago,
pero antes alumbre un trago
que hasta el mondongo me encienda.

QUIRÓS

Lo que es aquí, por chupanza...
90    el garguero no asujete,
tengo lleno hasta el gollete
un porrón... pura esperanza...

CASTRO

Cuando alimenta, su voz
no es de juro desabrida,
pero en barriga vacida
esperar es cosa atroz.

QUIRÓS

En el cuidao del umbligo
es usté gaucho afanoso;
su vientre ha de ser un pozo
100   de la vaciedá enemigo.

CASTRO

Ya que se toma interés
por este pobre cristiano,
vamonós derecho al grano
y a calentarnos los pies.

QUIRÓS

Velay, viejo, la cocina:
vaya empinando este frasco,
mientras preparo un churrasco
de ternera papa-fina.
      Y corrasé pa el fogón
110   porque la tarde está fría,
y suelte alguna armonía
de su fina ispiración.
      Qué gusto tendré en oírlo:
tiemple, hermano, la guitarra,
que si en sus manos la agarra
saca más notas que un mirlo.

CASTRO

Cómo quiere que me luzca
si mi canto es muy sencillo;
no le pida al candil brillo
120   ni brasa a la charamusca.
      La voz de un pobre cantor
nunca da sonido dulce...

QUIRÓS

Dispués que la viola pulse
brotará algo superior.

CASTRO

Pues largaré sin rodeo
de mi pecho los sonidos,
entre una fiesta nacidos
de la gran Montevideo.

II

CASTRO

HACE DOS o tres semanas
130   que en este pago me encuentro,
habiendo andao por adentro
en el trajín de unas lanas,
donde perdí hasta las ganas...
de comer, de atribulao,
pues le di plata a un letrao
pa arranchar cierto negocio,
y era una liendre el tal socio
que me largó trasquilao.

Lo conocí a ese ladino
140   en una fonda mentada
ande va la paisanada,
junto al Paso del Molino;
frente a frente y de vecino
lo tuve en la mesma mesa,
y mi fortuna traviesa
quiso que a él me ayuntara,
viniendo a costarme cara
la unión con tan güena pieza.

Comenzó a meterme prosa
150   ponderando su gran cencia,
su vaquía, su esperencia
y qué sé yo cuánta cosa
mentando su marcha honrosa
en tuito lo que emprendió;
y tanto me engatusó
con el poder de su labia,
que aunque decirlo da rabia
el pueblero me bolió.

Como mancha de tiñoso
160   al cuerpo se me pegaba,
mientras la cama arreglaba
pa zambullirme en el pozo;
¡nunca créi que juera el mozo
de tan mala encarnadura!
pues era tal su dolzura
que al gaucho más avispao,
de juro le habría pegao
en medio a la matadura.

QUIRÓS

¿Cuál hay d'ellos que no se abra
170   al compromiso más fiel?
Largan veneno entre miel
pa engañar con su palabra;
al monte tira la cabra,
y ellos, tiran... pa el bolsillo,
porque, amigo, hay cada pillo
entre esa gente escrebida,
que en cuanto usté se descuida
lo dejan sin un cuartillo.

---

142 Paso del Molino: actualmente, barrio del Norte de Montevideo. Lugar
antes frecuentado por los troperos.

CASTRO

> Yo pasé por tal evento:
> 180 a la otra tarde el criollazo
> se me vino apuradazo,
> cargao con un ducumento
> de ganarnos mil por ciento
> sin mucho sacrificar,
> pudiendolé yo aflojar
> algún unto de manteca,
> pa darlo sobre poteca
> de un chiquero junto al mar.
>
> Pa más seña, en galantía
> 190 cierto tinterillo trujo,
> aperao con mucho lujo
> de pura chafalonía;
> dije que pa mí no había
> tal necesidá estremosa,
> porque una persona honrosa
> basta y sobra pa cumplir,
> y al punto lo iba a servir
> con gusto en cualesquier cosa.
>
> Áhi nomás me descargó
> 200 una embestida a lo toro,
> que de mil pesos en oro
> esta chuspa rabonió;
> su vista relampaguió
> cuando los tuvo en la mano...
> ¡Pucha! ¡lo que es el cristiano
> en tratándose de plata!
> como pa el queso la rata
> y la osamenta el gusano.
>
> Ya comenzó a voraciar:
> 210 y aquella mesmita noche
> me acorraló contra un coche
> pa dir al pueblo a bailar;
> diay me hizo desnudar
> todito mi gaucho apero,
> por un traje de pueblero
> pa que anduviera aligante,
> y aviao quedé en un istante...
> se entiende, con mi dinero.
>
> Dende el sombrero a la bota,
> 220 de la sortija al relós,
> ¡quedé nuevito, Quirós!
> y no lo digo en chacota.

187 Poteca: hipoteca.

Las patas le vi a la sota,
porque de tan paquetazo
daba andequiera gatazo...
¡Lo que va de ayer a hoy!
Pues de desplumao que estoy
tengo que dormir al raso.

  Éste es el triste barato
230 que yo le debo a esa laucha;
¡lindo me peló la chaucha
embrollandomé en el trato!...
Pero, amigo, a ser ingrato
jamás mi pecho se priesta;
con él, gocé en una fiesta;
por él, le cuento esa historia
¡y no olvida la memoria
lo que tan caro nos cuesta!...

  Diay salimos en collera
240 con rumbos a la riunión,
ande había una procesión
de coches en la tranquera;
cáia al batuque en chorrera
el gentío entreverao;
de la puerta apeñuscao
correrse al patio quería,
pero un nación le pedía
el dentre a cada envitao.

  Viejas, mozas, gordas, flacas,
250 áhi lucían sus petates;
letraos, estranjias, manates,
mamporras y currutacas,
como rodeo de vacas
se dentraban al corral:
y había cada bagual
con su piscoira del brazo,
que más de una vez mi lazo
codicié... pa echarle un pial.

  Cuando el momento llegó
260 de meter el cuerpo adentro,
nos salió un mozo al encuentro,
po el boleto preguntó;
de soslayo miré yo
y vide a mi compañero
haciendo seña al puertero,
y qué sé yo qué le dijo,
que del modo más prolijo
nos dió cancha zalamero.

248 El dentre: la tarjeta de invitación.

Yo colegí de seguida,
270 al ver tal comedimiento,
que le había aflojao ingüento
pa ganarle la partida;
¡ansí, amigazo, es la vida!
Por más que el hombre bien obre
no teniendo unto de cobre
vive en el mundo maldito,
porque no hay mayor delito
que el andar jediendo a pobre.

Dicen que el tal chafalote
280 corsario es como carancho;
le dan por mal nombre, Sancho;
tiene ojos peidos, bigote,
muy recargao de cogote
y con patas de avestruz;
que es más ligero que luz
ói decir... pa los diudores,
que juyen de sus amores
¡como el diablo de la cruz!

De juro que al verme allí
290 aquel gallego zoquete,
habrá dicho "este paquete
no es criollo de por aquí
y viene a ver si se mete
de arriba en el camuatí.

"Con sólo reconocer
la facha de ese lagaña
se saca sin mucha maña
ni pretensión de saber,
que esa nube debe ser
300 del cielo de la campaña."

Por eso que de soslayo
con desprecio me miró,
pues claro, no se animó
a enderezarme el caballo;
y diría, "éste es mal gallo
pa que lo desplume yo".

Pero el día que lo encuentre
cortao, en cualquiera punto,
trataré de hacerle un dentre
310 pa arreglar tan fiero asunto,
si no el espinazo al vientre
en esa ocasión le junto.

Si hasta el compinche del trato
se alzó de mi compañía;
quién sabe dónde andaría...

tal vez echando responsos,
pa engatusar a otros sonsos
con su labia y picardía.

No tiene suerte ninguna
320   el gaucho de nuestra tierra:
por demás su suerte es perra,
como perra es su fortuna;
es mártir dende la cuna
hasta que el hoyo lo encierra.

QUIRÓS

No se aflija, pues, cuñao:
ya es cosa vieja y resuelta
que el mundo da mucha güelta,
y el día menos pensao
con la dicha se ha topao
330   y entonces ya no lo suelta.

Cierta vez cuasi la muerte
me larga al sol panza arriba;
ya había quedao sin saliva
de un atracón lo más juerte;
y el que en tuavía yo viva
lo debo a mi güena suerte.

Pero sería muy durable
la relación de ese cuento,
y prefiero que usté hable,
340   pa que no se corte el tiento
de tan machazo bailable
que ha olvidao hace un momento.

CASTRO

Corriente, amigo Quirós,
vaya parando la oreja
que de mí no tendrá queja...

QUIRÓS

¡Nunca lo permita Dios!
Siempre hemos de ser los dos
panal de la mesma abeja.

CASTRO

Pues ya que su pecho brama
350   ganoso de este barato,
no puedo yo ser ingrato

siendo amigo el que me llama,
y áhi va un gajo de la rama
del árbol de mi relato.

### III

DENTRANDO, al costao derecho
un cuarto cuajao había
de ropa y sombrerería:
el mostrador del despacho,
un jetón muy vivaracho
360   a su cargo lo tenía.

Los convidaos le entregaban
lo que era estorbo pal frito,
en cambio de un boletito
pa al dirse cobrar la prenda,
aflojando al de la tienda
po el cuidao un regalito.

Mi capacho que era blando
lo zambullí contra el seno,
recelando que al sereno
370   mi mate juera quedar;
que el bagual que muerde el freno
es malo de hacer parar.

Volví a acomodar la barba,
me eché pa atrás la melena,
y con mirada serena
le tendí al campo un vistazo,
por si cáia en algún lazo
abrirme cancha sin pena.

Diay subí un escalerón
380   ¡cosa, hermano, nunca vista!
Mas ¿cómo pasar revista
a tanto mezclao recuerdo?
Que al querer seguir su pista
en un merenjel me pierdo.

Llegué por fin a la raya
de mi anhelo, con orgullo;
¡viera colarse este grullo!
ande ni cabía una mosca,
pero dentraba al barullo
390   del cuerpo haciendo una rosca.

Y cuasi pierdo el resuello
al formar en el montón;
me dieron tal rempujón
que a un gringo cuasi lo estrello

en la puerta de un galpón...
¡Pucha digo! ¡qué atropello!
    Y a otro costao me largué
por librarme de esa gente,
pues vale más ser prudente
400  en algunas ocasiones,
que con la marca caliente
andar en tribulaciones.

    Mas como allí de gentío
estaba tuito relleno,
ni una cuarta de terreno
había pa retozar,
sólo logré campo güeno
dispués de mucho sudar.

## IV

AL IGUAL que como el potro
410  que en el campo lo bolea,
tiembla, bufa, corcovea,
trastabilla y se abalanza,
hasta que por fin se cansa
y de aplastao ni cocea:
    ansí al verme entre aquel lujo
me quedé medio abombao,
como sonso encandilao
trompezando a lo borracho,
y andaba de lao a lao
420  lo mesmo que perro guacho.

    Pa más pior calamidá,
con las tantas caminatas
las botas se me achicaron
agrandándose las patas,
y tan despiao me dejaron
que iba arrastrándome a gatas.

    Si las mesmas chiquizuelas
se me hincharon del ardor;
¡viera, hermano!, a lo mejor
430  sentía cada calambre
que hasta el cuero del matambre
me crujía de dolor.

    Y al cuete es que el hombre clame
si la suerte no le liga;
cuando se muestra enemiga
hay que dejarla correr,
que al cansarse de... moler
suele venirse de amiga.

En ese apuro machazo
440  yo créia ver las estrellas;
pero, amigo, esas querellas
son muy fieras de contar,
vale más hacer borrar
hasta el rastro de sus güellas.

Al sentir chillar mis callos
una tarima pesqué;
sobre ella me acomodé
refalándome las botas,
y pa oriarse las colgué
450  porque sudaban a gotas.

Ya dende aquellas alturas
aguatiar podía a mi antojo,
y como tengo güen ojo
no se me escapaba nada;
ansina es que no me encojo
al largarle esta plumada.

Estando en esa tarea
un mozo se me aparió,
y sólo la boca abrió
460  pa decirme con voz ruda:
"Ya que descalzo quedó,
a ver, pues, si se desnuda".

Le retruqué de seguida
sin meniarme del asiento:
usté es hombre de talento
por supuesto... entre las uñas,
como el mío es del cimiento
le doy aire a las pezuñas.

Diay se quiso retobar
470  y cuasi suenan las latas;
yo que juyo a esas fogatas
en campo de los puebleros,
metí en las botas mis patas,
llenas de respiraderos.

Rumbió el hombre pa otro lao,
yo seguí viendo la fiesta,
que en lo intrincao de la cuesta
la dejamos hace un rato;
velay de nuevo el relato
480  ya que su atención me priesta.

## V

NI ENTRE sueños jamás créi
ver ese mundo tan raro,

y a usté, cuñao, le declaro
que de haberme en él metido,
aunque me haiga costao caro
no estoy nada arrepentido.

Entre mil luces brillantes
había un cielo recamao;
¡nunca he visto más primores!
490 ¡nunca igual suelo he pisao!
¡Ni más sahumerio de flores
en la vida he respirao!

Allí las plantas más raras
en lindas tazas lucían;
allí los pieses se hundían
sobre flores olorosas;
y vide allí ¡tantas cosas!
que nunca créi susistían.

¡Juna amante! ¡qué riqueza!...
500 hágase cargo, amigazo,
que todo era puro raso
dende el techao hasta el suelo;
¡si cuando oigo hablar del cielo
creo que aquello era un pedazo!

Y llenos de bordaduras
cada espejo era un portón;
y no me apode embustero,
ni le cause almiración
si digo, que en uno, entero
510 se retrataba el salón.

Y ¡qué cuadros! ¡virgen santa!
pegaos contra la paré;
¡boca abierta me quedé
mirandolós frente a frente!
Pues de pintura había gente
¡que créi más viva que usté!

El sillerío y cortinaje
estaba envolvido en oro,
y aunque el uñateo inoro
520 le juro sin tutubiar,
que al más santo aquel tesoro
era capaz de tentar.

Y unos asientos tamaños
que sufás los ói llamarse,
tenían como pa echarse
espaldar de punta a punta,
y en ellos podía acostarse
de cuerpo entero una yunta.

Y redondeles de fuego
530 ciertos cañutos largaban
que colgaos del techo estaban;
y tanto su brillo era
que ni un chiquito mermaban
al de un sol de primavera.

La soledá y las tinieblas
habían juído de aquel pago,
pues nunca encuentran halago
en donde reina la luz,
ansí es que a su solo amago
540 diay se hicieron repeluz.

## VI

Tuitito aquel cancherío
estaba cuajao de mozas,
lindas, fieras y graciosas,
¡pero bien encacharpadas!
Si algunas parecían rosas
del tallo ricién cortadas.

Era un enjambre en mistura
de rubias y de morenas;
unas sin gracia, otras llenas...
550 unas gordas y otras flacas,
y una punta de casacas
como pa alivio de penas.

Muchísimo me almiró
ver en sus cantores trajes
unas nubes de colgajes
de distintos pareceres;
¡si esa noche, las mujeres
tráian tuitos sus herrajes!

Cabeza, brazos y orejas
560 eran puros rilumbrones;
tamién los ricos cinchones
que estreñían sus cinturas;
¡pucha! ¡daba comezones
mirar tan lindas figuras!

Si le hablo de sus vestidos
va de juro a hacer cabriolas,
y crea, no son mamolas
pues yo al verlas me almiré,
eran tan largas sus colas
570 como de aquí a la paré.

Y al contrario de adelante
estaban raboneaditos,

pa que sus pieses bonitos
se pudiesen almirar,
y algunos de tan chiquitos
al cuerpo lo hacían cimbrar.

Hagasé cargo del resto:
vi cada hombro y cada brazo
tan redondiao y gordazo
580 que hasta el tino hacían perder;
¡si eran tuitas al barrer
como pa cerrarles lazo!

Yo me lambía al mirar
medio entre cribo escondidos,
sus blancos pechos fornidos
en un costante latir;
¡dichoso el que en tales nidos
pueda tranquilo vivir!

No hay guitarra ni cantor
590 que acierte a dar con su acento
el justo merecimiento
a tal jardín de primores;
sólo Dios con su talento
puede cantar a esas flores.

## VII

COLAOS entre las palomas
llenos de apuros y afanes,
andaban los gavilanes
desentumiendo la jeta,
y eran en lo charlatanes
600 como usté pa la limeta.

### QUIRÓS

¡Ya me largó un chaguarazo
pa no perder la costumbre!...
Qué hombre habrá que no se alumbre
en la escuridá e la vida,
porque la santa bebida
mata cualquier pesadumbre.

### CASTRO

Largue al diantre sus retruques
y prieste mucha atención,
va usté a óir la rilación
610 de su trafalario apero,

comenzando po el sombrero,
rematando en el talón.
    Medio arisquiando, entre ellos
campo adentro me colé,
y este cuerpo acuquiné
contra un rincón de aquel cielo,
ande había entrao con recelo
y pronto me aquerencié.
    Pero al creerme ya en la gloria

620 tal retumbazo sentí
que por cuasi me tendí;
y la causa de ese pango
el farol jué de un chimango
que estaba en frente de mí.
    Era un redondel lustroso,
muy renegrido y muy chato,
como de puro aparato
se daba viento con él...
    ¡Quién diría que aquel pastel

630 adentro encerraba gato!
    ¡Le hizo alguna brujería!
Pues sin dar la voz de asomo
hinchó aquella plasta el lomo
pegando tamaño salto,
y áhi nomás sin saber cómo
¡se cambió en sombrero alto!
    Cuasi reviento de risa
al mirarle las chaquetas
que esos plumarios sotretas

640 allí traiban pa lucir,
las que tenían, sin mentir,
más colas que tijeretas.
    Por el frente, hasta el umbligo
a más tirar llegarían,
y del cuadril les salían
tapando el anca y bien juntas,
dos anchas y largas puntas
que coleras parecían.
    El chaleco muy abierto,

650 arquetao en las orillas;
pantalón ancho en los fondos
y estrecho en las pantorrillas,
pa hacer resaltar, orondos,
sus teruteras canillas.
    El botín bien charoliao,
las camisas estiradas
y corbatitas blanquiadas,

manos sujetas en guantes,
y unos cuellones tirantes
660  pegaos contra las quijadas.

    Si le hablara de sus prendas
sería nunca acabar;
paremos, pues, de contar
y mañana tempranito
seguiré pegando al frito
que tanto me dió que hablar.

QUIRÓS

    Su lengua ha de estar muy seca,
vuelva a empinar el porrón;
nunca es larga relación
670  la de una historia que enllena,
y es la suya más que güena
porque encanta el corazón.

CASTRO

    Le doy las gracias, Quirós,
por tan delicao cumplido,
y aunque el canto pobre ha sido
tengaló por verdadero;
es un abrojo nacido
entre aquel jardín pueblero.

VIII

    YA MUY dentrada la noche
680  el fandango principió;
diay una rubia salió
apadrinandolá un viejo,
y en un sitio se paró
dando espaldas al espejo.

    ¡Si era la niña un pimpollo!
tan humilde y sencillita,
como graciosa y bonita
diaonde quiera la mirara,
porque de cuerpo y de cara
690  era lo más parejita.

    De una gran imprenturía
dicen que el padre es el dueño;
criollo que para un empeño
nunca ha fruncido el hocico...

691 Imprenturía: imprenta.

no tocandolé el bolsico
que es de difícil ordeño.
    Pues como le iba contando:
la rubia en aquel momento
se allegó a cierto istrumento
700  y lo comenzó a tantiar,
hasta que le hizo largar
el más primoroso acento.
    Tendido de boca arriba
un palomar parecía;
y en cada aujero tenía
linda copa de cristal,
que daba más armonía
que el canto de un cardinal.
    Le juro, del intusiasmo
710  se hinchó hasta mi última vena,
al mirarla tan serena
arrancándole sonidos
que parecían los quejidos
de un alma que vive en pena.
    Y ella, muy suelta de cuerpo,
a su arbitrio se floriaba;
¡juna amante! si asombraba
ver que sus ligeros dedos,
de un lao al otro, sin miedos,
720  con prontitú los cambiaba.
    Cuando acabó de tocar
hubo de manos tal ruido
que yo me quedé aturdido;
y ella llena de sonrojos
al suelo bajó los ojos
por el triunfo conseguido.
    Luego otra ninfa llegó
dando la mano a un letrao,
hombre muy espabilao
730  ói decir... pa cualquier farra,
pues nunca hay junción bizarra
que él no sea el encargao.
    Como toro era morrudo,
entrepelao de color;
dicen que es rematador...
de meriendas, por supuesto;
¡si en buche, da luz y resto
al ñandú más tragador!
    Siguiendo, pues, mi relato:
740  la moza se jué a sentar
frente a una laya de altar

de relumbrante negrura,
¡que hasta tenía bordadura
en el mesmo respaldar!

Y estaba anchamente abierta
media tapa delantera,
formando muy blanca hilera
de un teclao fino y parejo,
que lustroso como espejo
750  aguardaba a la pueblera.

Ansí jué: la deidá aquella
una pregunta le hizo,
y él, que estaba sobre aviso,
al sentir sus tiernas manos
le respondió muy sumiso
¡con relinchos soberanos!

Ya se le horquetó de firme
comenzando el preludeo;
¡pero al llegar al punteo!...
760  ¡la calandria más cantora
no lo iguala en el gorjeo
cuando saluda a la aurora!

¡Pucha! ¡oyera cada nota!
¡Si daba calor aquello!
Yo aguantaba hasta el resuello
por no perder ni un sonido,
y aunque tocasen degüello
allí me habría sostenido.

Y áhi supe por un ladiao,
770  que esa pueblera donosa
venía a ser de la otra moza
muy allegada parienta;
que en el piano tenía menta
de tocadora famosa.

Cuando la última queja
quedó de pronto apagada,
como descarga cerrada
un palmoteo sonó,
y ella toda colorada
780  pa su asiento se volvió.

Diay se vino otra muchacha
que pegaba su gatazo
con un apero a machazo;
¡viera qué aire retrechero!...
La tráia un nación del brazo
con facha de terutero.

Junto al piano la soltó,
y delante a ese istrumento

el bárbaro tomó asiento
790   comenzándolo a tentar;
y ella, por el movimiento,
colegí que iba a cantar.
        No anduve errao: abrió un libro
y al óir del piano el rasqueo,
largó un divino floreo
de su boca color guinda;
¡sin desagerar, no creo
haber óido voz más linda!
        ¡Y qué cambios tan distintos!
800   Aura era alegre su canto,
dispués lleno de quebranto;
ya redamando ternura,
ya cubierto de amargura;
¡mas siempre cuajao de encanto!
        Yo le asiguro, Quirós,
que me quedé disvariando;
los óidos tenía zumbando
al mucho tiempo dispués;
¡si hasta soñé alguna vez
810   que estaba a mi lao cantando!
        Al morir l'último acento
de tan lucida canción,
en verdá, tuito el galpón
créi que se viniera abajo,
¡si era aplaudir al destajo
con las manos y el talón!
        En seguida les trujeron
unos ramos macumbeses
sostenidos en tres pieses;
820   de juro se los mandaron
los que hacían allí de jueces,
por lo bien que se portaron.

QUIRÓS

¿Serían esas canciones
en criollo verdadero?...

CASTRO

¡Se equivoca, compañero!...
Tuito lo que allí han cantao
jué en un aidomia estranjero
de lo más arrevesao.
        Yo procuraba entenderlo
830   haciendo juerza de oreja,

pero era fiera madeja
pa poder desenredar;
y al igual que comadreja
sólo traté de aguaitar.

## IX

Tocó LA güelta a un nación
con facha de apolitano;
tráia un violín en la mano
lustroso y bien templaíto,
pa estar pronto al primer grito
840   que le diera el veterano.

Nunca créi que tal botija
con cuerpo y cara de pucho
habiera sido tan lucho
en manejar el violín...
¡Pero, amigo, pa el serrucho
era un rayo ese flauchín!

Viene aquí bien el reflán:
que un matungo sin presencia
suele a veces ser más diestro
850   que un pingo de resolvencia;
ansí aquél era gran maestro
bajo su triste aparencia.

¡Tocó y tocó de lo lindo!
Si hasta el aire parecía
que a escucharlo se tendía;
o que algún ángel del cielo
a la tierra bajaría
pa alumbrarlo con su anhelo.

Diay se allegó a las carreras
860   un tinterillo panzón,
echao pa atrás, retacón,
con tamañazo cogote,
de melena y de bigote,
y en ancas muy compadrón.

En cuanto pisó la raya
jué preparando su rollo;
y al partir, ya mostró el pollo
tener púas afiladas;
¡ah terne cumpa ese criollo!
870   ¡Daban hipo sus floriadas!

Por óirlo mejor, las gentes
asujetaron los frenos;
¡crealó, no era pa menos!
y a más, me costa, cuñao,

que era el tal cantor mentao
como güeno entre los güenos.
  Dentró luego una morocha
comenzándose a quebrar;
yo le vide centellear
880  sus ojazos color tinta,
y que era muy rigular
se conocía por la pinta.

  Siempre poca mi palabra
será, pa que yo la alabe;
si hasta creo que ni el ave
de más templada garganta
la aventaja cuando canta
a su voz tan dulce y suave.

  Hubo una larga parada,
890  que asigún yo lo malicio,
jué pa despuntar el vicio
y echar algunas humadas,
mientras las hembras, sentadas,
prosiaban y hacían bullicio.

  Mas tamién pa ellas llegó
el momento del rescate;
vía usté a tanto manate
abrir cancha a duras penas,
llevandolés tazas llenas
900  de un traitivo chocolate.

  Quise del gusto dar fe:
y aunque medio embaretao
de estar tanto acuquinao
las tabas desentumí;
me desperecé y salí
con rumbos a otro costao.

  ¡Bien háiga el haber salido!
Si al creerme ya en la cocina,
fí a dar contra una cortina
910  tras la cual viché a una moza
sentada... en no sé qué cosa
de música... muy divina.

  ¡Jué pucha! la china al verme
pegó una espantada tal
que créi que le diera el mal:
¡no era pa menos el barro!
si al destaparse, hasta el tarro
largó del susto el cordial.

  Juyendo de tal sahumerio
920  pa otro lao me abalancé;
pero áhi nomás refalé

al meter mi cuerpo adentro,
y del tobillo al encuentro
tuitito me rajuñé.

Y maldiciendo mi suerte
por andar tan en la mala,
zumbando entré como bala
pa el rincón diaonde salí,
diay vía tuito el camuatí
930 que se apiñaba en la sala.

A poco rato nomás,
se largó garifo y crudo
un petizo bigotudo
de melón medio alumbrao,
pero muy bien enfachao
con trazas de copetudo.

Y ya abrió su boquerón
como un horno de tamaño:
¡viera usté chorriar el caño
940 de aquel jetón tan rebusto!
que el mirarlo me hacía daño
y escucharlo daba gusto.

¡Tenía el bárbaro una voz!...
igual a la de un sereno
que en el pueblo solía oír;
¡si era aquello como un trueno!...
pero debía ser muy güeno
¡pues lo hicieron repetir!

Otras hembras y varones
950 lucieron allí su hechizo,
y al decir ¡ya estuvo el guiso!
sacó del medio el sillaje
y pa el baile cancha hizo.

X

Lo MESMO que un cañonazo
de pronto allí retumbó
que el cotorro alborotó;
si jué como disparada
de tropa que está encerrada
960 y entre la noche se alzó.

Y ya enrabaos cabrestiando
tronaron distintos sones
de cajas y guitarrones,
y otros muchos istrumentos,
que hasta rayaban los vientos
con sus lindas tonaciones.

Estaban los musiqueros
entre un cerco acorralaos,
del gentío separaos
970 teniendo al frente en hilera
largas mesas de madera
con sus libros preparaos.

¡Bien haiga! cómo seguían
tan lindamente el compás
que marcaba un capataz
con su cañita en la mano,
que cortes de punta y plano
daba... al aire, en un zás-trás.

Entre ellos había un jastial
980 de cachetes refornidos,
que daba tales soplidos
como pa desgañitarse;
¡si en uno de esos bufidos
créi que juera a reventarse!

Y otros cuantos mariquitas
de fachas lo más hurañas,
con unas flautas de cañas
se floriaban compadrones,
queriendo hacerse los liones
990 con figuritas de arañas.

## XI

Y DIAY rompieron el fuego
unos caras mal lambidas;
personas muy conocidas...
¡en alguna banca al fiao!
que andaban de lao a lao
rastriando a sus consentidas.

Tal vez muchos de esos quiebras
que allí sacudían las latas,
andarían... como ratas:
1000 apuesto a que del bolsillo,
colgandolós de las patas,
no les cáia ni un cuartillo.
Al crer que dían a bailar
me llevé tamaño chasco...
Alcance, cuñao, el frasco
que voy dentrando en calor...

QUIRÓS

Velay, cópelo sin asco
que es un guindao superior.

CASTRO

¡Hasta verte, vida mía!...
1010    ¡Si en mis brazos la tuviera!...

QUIRÓS

Destape, pues, la hechicera
que lo tiene tan blandito...
De juro alguna pueblera
lo ha pialao en aquel frito.

CASTRO

¡Me dió usté en la matadura!...

QUIRÓS

¿Cuándo diantre he sido lerdo?...

CASTRO

Es verdá, cuasi me pierdo
pastoriando a una deidá,
que dende esa noche está
1020    ayuntada a mi recuerdo.

QUIRÓS

¿Quién es la favorecida
pa ofertarle una corona?...

CASTRO

Jué una criolla comadrona
hasta en el modo e pisar...

QUIRÓS

¡Qué cuero pa una carona
con ella pudiera armar!

CASTRO

Pa cuero no hay como el suyo
que está pior que chicharrón...
y oiga pues la rilación
1030    de aquella traidora china,
que me largó con la espina
clavada en el corazón.

Con el fuego de sus ojos
más grandes que patacones,
me encendió hasta los riñones;
¿y a quién no le habrían ardido?...
¡si parecían dos tizones
de ñandubay bien prendido!
Como el forro de este poncho
1040 tenía labios coloraos,
y unos cachetes rosaos
a cual más gordo y macizo,
igual en los redondiaos
al anca de ese petizo.
Ni canilla de bagual
aventajaba en blancura
a la de aquella hermosura;
¡ni el sauce que cimbra el viento
tiene mejor movimiento
1050 que su graciosa cintura!
Yo por sólo una esperanza
de aquella mujer querida,
hubiera dao media vida;
feliz la pulga, que al menos
por su sangre sostenida
vive y muere entre sus senos.
Si era esa criolla más rica
mirandolá po ande quiera,
que costillar de ternera
1060 para un pobre muerto de hambre;
¡ay, hermano! quién pudiera
meterle diente a ese fiambre.

QUIRÓS

Dejesé de tanta prosa
y vaya derecho al grano...
¡Qué embromar con el cristiano
cuando el amor lo calienta!
del chaparrón más liviano
suele hacer una tormenta.

CASTRO

No tuvo aquello de baile
1070 ni siquiera el preludeo;
se volvió puro paseo
cada cual con su pareja,
pa menudiar lengüeteo
pico a pico, y a la oreja.

No quedrían hacer sudar
sus delicadas macetas;
mientras que sus largas jetas
chinchoniaban al botón,
porque de aquellos lambetas
1080 a cual era más chichón.

Sólo un mozo achinaíto
de patas medias cambadas
y muy charcón de quijadas,
corría po esos salones
con las riendas aflojadas,
sacudiendo los garrones.

Asigún avirigüé
pastoriaba a una ricacha,
que le conoció en la hilacha
1090 que traiba mala intención,
pues largó a esa cucaracha
como a trapo, en un rincón.

Al ñudo se reditía,
de balde se le apariaba
y al cuete la enamoraba;
ella en vez de su ternura,
al infeliz lo trataba
pior que si juera basura.

Ansina es siempre el amor
1100 cuando no hay correspondencia;
sólo puede la pacencia
calmar sus fieros rigores,
porque ni la mesma ausencia
sabe templar sus ardores.

Pueda ser que aquella ingrata
que hoy lo tiene a mal traer,
llegue un día a comprender
lo que ha sufrido ese criollo
y al fin, le dé por querer...
1110 ¡zambullirlo entre algún hoyo!

Al ñudo el musiquerío
redoblaba las sonatas,
¡pero qué! a esos papanatas
en el baile chapetones,
se le empacaban las patas,
o eran flojos de tendones.

Yo me reiba, compañero,
sin poderlo remediar,
viendolós aparentar
1120 dándose aires de muy luchos,

siendo sólo unos matuchos
que ni sirven. . . pa puntiar.
   Ande no se muestran lerdos
es cuando siguen la pista
campiando alguna conquista
de riñones bien forraos. . .
¡Pa eso sí! los condenaos
nunca son cortos de vista.
   Y de tan escarbadores
1130   parecen muertos de antojo;
se pegan como el abrojo
siendo güena la parada,
porque pa sacar tajada
¡saben lindo echar el ojo!. . .
   Siguiendo, pues, mi relato:
al ver tanta endiferiencia
se me escapó la pacencia;
¡si esa gente es pura labia!
Creamé, que de la rabia
1140   andaba. . . como la ausencia.
   En vez, el estranjeraje
sin andarse con floreo,
le prendía al macaneo
sin mezquinarle canillas,
llevando en el pataleo
por delante hasta las sillas.
   Me gustan esos naciones
que sin meniar la sin güesos,
le pegan firme a los quesos. . .
1150   haciendolé al techo señas,
porque andan como cigüeñas
estirando los pescuezos.
   En desentumir la jeta
no pierden tiempo al botón,
sólo dan conversación
y es lo que más les encanta. . .
al gollete del porrón
sin pijotiarle garganta.
   Yo que presumo de listo
1160   tamién dentré al entrevero,
y fí derecho al lucero
que dende hoy le vine hablando. . .
la que me largó zumbando:
"En baile estoy, caballero."
   ¡En ese istante! la vida
vendo por una bicoca;
si hasta crei que por la boca

me saltara el corazón;
¡y ñublada, inquieta y loca
1170   sentí mi clara razón!

En cuanto mi hube calmao
del proceder de la ingrata,
salí de allí... como rata,
yendo a envitar a otra china,
y me retrucó la endina:
"Me duele mucho la pata."

Por cuasi deshago el baile
de tan caliente que estaba;
si hasta el pelo me sudaba...

### QUIRÓS

1180   Son los golpes de la suerte,
y al cristiano que le acierte
le hace dar güelta la taba.

Siguro que las puebleras
le sacaron por la falla
que usté no era de su laya;
y al verlo medio despiao
habrán dicho "este ladiao
no pasa de un gran morralla".

### CASTRO

Vi que por carta de más
1190   me miraban en la cancha,
pero, amigo, hice pata-ancha,
y dije "si he de vivir,
antes que llegue a morir
tomaré güena revancha".

Y en menos que canta un gallo
fí a clavar derecho el pico
contra una cara de cuico
que estaba sobre un sufás,
lo más echada pa atrás
1200   bailando... con su abanico.

¡Jué pucha! se le abrió el cielo
al ver que me le apariaba,
tamién la infeliz estaba
dentro de aquella riunión,
más clavada que mojón
porque naides la sacaba.

Le gané el lao de las casas,
y la pobre me echó un tiento
ofertándome el asiento;

1210 pero al dirme a acomodar
largó tal jedor su aliento
que tuve que disparar.
Si parecía hecho adrede
pa clavarme en la estacada;
ya con l'alma sobajiada
por desengaño tan rudo,
volví pa mi arrinconada
corrido como peludo.
Al juir de aquella tarasca
1220 formó en dos filas la gente,
y aliniaos de frente a frente
se pusieron en batalla,
pa ver cuál era el valiente
que mejor caia a la raya.
Diay vino un desbarajuste
de topadas y meneos,
sacudidas, zapateos,
saludos y morisquetas,
remilgues, partes, piruetas,
1230 atajes y culebreos.
Allí estaban las fierambras
mesturadas con pimpollos;
gallos viejos entre pollos,
milicos y cajetillas;
en fin, son puros embrollos
las tan mentadas cuadrillas.
Entre aquel tendal de estrellas
que alumbraban el salón,
causó grande almiración
1240 cierta orientala de ley,
que aunque de cuerpo de güey
tenía blando el corazón.
Le galopiaba al costao
un gaucho de facha rara;
muy largo y fiero de cara,
lampiño, pelo encrespao,
pa más señas tan delgao
como caña de tacuara.
Redepente paró el baile,
1250 el clarín tocó a merienda;
y ya salió como hacienda
la gente, de aquel corral,
largandosé a la trastienda
pa echarse al buche un cordial.

## XII

CREALÓ, amigo Quirós,
que a tiempo jué la llamada
pa tan fina convidada;
tenía rialmente un hambre
que tragao habría un matambre
1260 de una sola bocanada.

Calculo que los demás
el buche lo traiban seco,
y en asigurar no peco
que había entre ellos más de uno
que iba allí... a llenar el güeco
¡quién sabe de cuánto ayuno!

Diay, a la gata parida
adelanté hasta un zaguán,
y al igual que gavilán
1270 me le prendí fiero a un gringo,
hasta sentar justo el pingo
en la raya de mi afán.

. . . . . . . . . . . . . . . . . . . . . . . . . . . . .

Si el baile era de lo lindo,
la música de mi flor
y el canto resuperior...
¡Qué le diré, compañero,
de aquel paráiso hechicero
que se llama comedor?

Entre ramos soberanos
1280 cuajaos de olorosas flores
de tuita laya y colores;
jarrones, copas y juentes
con adornos diferentes
y otro mundo de primores;

de meriendas muy cuajada
había tremenda mesa
de estrordinaria limpieza:
creo que el gaucho más templao
allí quedara abombao
1290 almirando tal grandeza.

¡Y era tanta la comida!
que al pensarlo me redito,
y se me abre el apetito;
sería nunca acabar
si comenzara a charlar
de aquel manantial bendito.

¿Bebida? ¡había más que peste!
Viera, cuñao, ¡cada frasco

pa esgolletarlo sin asco!...

1300   Si tuve la tentación
de atropellar al montón
aunque me hicieran churrasco.

Mirar aquello mareaba:
mis ojos saltar querían
y las sienes se me hundían;
la jeta se me agrandaba,
las narices se me abrían,
¡¡y el corazón me saltaba!!

Y ya al cerco atropellé
1310   encegao por la codicia,
le hice a un viejo tal caricia
que a retaguardia quedó,
y campo libre dejó
pa abrir paso a la justicia.

Ya con el garguero pronto
al dentre me preparé,
un acomodo busqué
pa templar un poco el frío
de mi estómago vacío,
1320   y no quedarme de a pie.

¡Pero esa noche! la suerte
en todo me reculaba;
cuando ya tan creido estaba
de atarascar la barriga,
se me dió güelta la taba...
¡ni había sitio pa una hormiga!

Es que el primer escuadrón
se apoderó por solpresa
de la codiciada mesa;
1330   lo formaban los casorios,
muchachas y vejastorios
que embuchaban sin pereza.

¡Pucha! y cargaban de firme
a las presas más sabrosas,
por igual viejas y mozas
plumarios y tinterillos;
con miradas afanosas
tragaban a dos carrillos.

Y una camada de mozos
1340   de aperos muy paquetones,
eran los que hacían de piones
pa trair y llevar los platos,
y destapar los porrones...
cobrandolés el barato.

Conocí que esos linternas
entendían el oficio,
pues entre aquel estrupicio,
eran listos por demás,
sin nunca quedarse atrás
1350　pa cumplir su güen servicio.

Les tomé mucho cariño
por su modo y agasajo,
me di con uno al destajo,
el cual me sirvió de mucho...
sin él, tal vez nada embucho
entre tanto malandrajo.

A retaguardia quedaban
los cajetillas, paraos;
y lo más desimulaos
1360　cuando a las hembras servían,
también sus hornos henchían
con tremebundos bocaos.

Y entre jarana y chacota,
entonaban bien la panza
con comestible y chupanza;
mientras yo esperaba ansioso
como ternero goloso
que a la vaca se abalanza.

¡Y qué bocas! ¡madre mía!
1370　Créi que me iba a quedar
con las ganas de mascar,
al ver aquellos tragones
que parecían cimarrones
po el modo de voraciar.

Los remilgues delicaos
quedaron puertas ajuera
de aquella riunión pueblera;
si esos finos pelagatos
sólo a los frascos y platos
1380　su atención tenían entera.

Por fin se jueron al diantre,
hartos de fiambre y bebida...
Yo diay me colé en seguida
contra una silla, que al frente
tenía ¡cada comida!
como pa dar gusto al diente.

Ansí calmé la ansiedá
que tanta angustia me dió;
más pegao que saguaipé
1390　mi cuerpo clavao quedó

en el sitio que agarré
¡y que tanto me costó!
       Lo mesmito que su pingo
al sacarle usté hoy el freno
se agachó como hijo ajeno
a voraciar entre el pasto;
ansí a mí se me hizo güeno
aquel campo pa hacer gasto.
       Y ya sin más preludeo
1400   comencé a pegarle al frito,
sin mermarle ni un chiquito
en merienda y chupandina,
se entiende, de la más fina
pa templar bien mi apetito.
       Estando ya medio en chiche
y cuasi del todo hartao,
ricién vide a mi costao
que algunos me señalaban,
se reian y me miraban
1410   como a macaco enjaulao.
       Y estaba entre dos piscoiras
como cristo entre judíos;
pero siempre tengo avíos
cuando se presenta el caso,
y áhi más listo que bolazo
cargué con tuitos mis bríos.
       Yo malicié que las criollas
me guiñaban de soslayo,
y dije: "si me les callo
1420   voy a salir como... cuete";
pa no servir de juguete
áhi no más les canté el fallo.
       En lo mejor de mi prosa
soltaron la carcajada...
y jué por menos de nada...
un regüeldo, que mi pecho
de tan lleno y satisfecho
le dió fácil escapada.
       Diay se alborotó el cotorro:
1430   la broma fué general,
y me vide medio mal
pues gritaban esos brutos:
"¡Que salga el de los erutos!...
¡Vayasé, gaucho animal!"
       Medio apretao por tal carga,
maliciando un fiero tumbo
de resultas de algún chumbo,

gané la puerta de un brinco,
y áhi no más me puse a rumbo
1440 como tres y dos son cinco.

Habiera hecho pata ancha
pero ¿afiguresé cómo,
sin envenao y sin plomo?
Tomé como güen partido
salir de allí... aunque corrido,
por salvar mi pobre lomo.

Al dirme ya se acababa
tan delicioso pandero,
donde cuasi pierdo el cuero
1450 y los morlacos dejé,
pero a él debo el darle fe
de un gran festival pueblero.

# José Hernández

## [1834-1886]

# NOTICIA BIOGRÁFICA

"José Hernández, popularmente conocido por *Martín Fierro*, pues, como decía él mismo, era ése un hijo que había dado nombre a su padre, nació en Buenos Aires el 10 de noviembre de 1834, descendiendo por línea paterna de distinguido abolengo español y por la materna de tronco americano formado en 1769 por una hija del emigrado irlandés O'Doggan nacida en el país, unida en matrimonio con el francés Pueyrredón...

"Educóse Hernández en el colegio del señor Pedro Sánchez (que vive aún), muy acreditado en su época, distinguiéndose por su percepción rápida y prodigiosa memoria. Desde niño fué inclinado a la poesía, mas sus afanes escolares le produjeron una afección pectoral que lo obligó a salir al campo, donde en alta escala trabajaba su señor padre, gozando de renombre en el paisanaje surero, por sus grandes empresas en *volteadas* de haciendas alzadas de los campos de don Felipe Piñeyro, Calixto Moujan, Pedro Vela, Escribano, Casares, Álzaga, Llavallol, etcétera, de donde enviaba decenas de miles para los saladeros de Cambaceres, de Panthou y otros.

"Allá, en 'Camarones' y en 'Laguna de los Padres' se hizo gaucho, aprendió a jinetear, tomó parte en varios entreveros, rechazando malones de los indios Pampas, asistió a las *volteadas* y presenció aquellos grandes trabajos que su padre ejecutaba, y de que hoy no se tiene idea...

"Hallóse en la acción de San Gregorio con don Prudencio Rosas, que trajo la gente de Sud en 1853, y también en la del Tala; fué teniente en el Regimiento del coronel rengo Sotelo, y en 1858, a causa de un duelo en el campamento, y habiéndose hecho reformista, con Calvo, emigró a Entre Ríos y fué empleado en el comercio y oficial 2⁰ en Contaduría Nacional en Paraná.

"Aprendió por referencias casi, el arte de la taquigrafía, y sin maestro en siete meses de ensayo estuvo apto para ocupar el cargo del H. Senado de la Confederación, que desempeñó varios años...

—"A mi lápiz de taquígrafo —solía decir—, debo mis estudios constitucionales.

"En la campaña de Cepeda perteneció al batallón Palma (N⁰ 1⁰ de línea) en clase de ayudante, y se distinguió en la batalla por su valor y resistencia infatigable en las tareas de todo el día y la noche del 23 de octubre...

"Fué Fiscal y luego Ministro de Hacienda en Corrientes; hizo la campaña con el Gobernador derrocado por fuerzas nacionales don Evaristo López; participó en todas las campañas mantenidas por la resistencia armada de Entre Ríos, con el general López Jordán hasta Ñaembé, de donde a causa de la derrota final, emigró por tierra al Brasil...

"Redactó muchos periódicos, *El Argentino* en Entre Ríos; como corresponsal político de la *Reforma Pacífica*; y en varios del Rosario. Redactó con Soto *La Patria* en Montevideo y fundó en Buenos Aires el *Río de la Plata* cuya propaganda era: autonomía de las localidades, municipalidades electivas, abolición del contingente de frontera, elegibilidad popular de jueces de paz, comandantes militares y consejos escolares.

"De formas atléticas, poseía una fuerza colosal comparable a Rafetto, el hércules de nuestros circos, y una bondad de alma comparable a su fuerza. Decidor chispeante, oportuno, rápido y original, se conservan entre sus amigos interesantes anécdotas; pero jamás hiriente en sus chistes epigramáticos...

"Perteneció constante al partido federal, hoy nacionalista; fué Diputado y Senador; afrontó las cuestiones más trascendentales, prestigiando con su palabra como Diputado, en imperecedero debate, la cesión de Buenos Aires para Capital de la República...

"La autoridad incontestable que tenía en asuntos campestres fué causa que el gobierno del doctor Rocha le confiara la misión de estudiar las razas preferibles y los métodos pecuarios de Europa y Australia, para lo cual debía dar la vuelta al mundo, siendo costeados por la Provincia todos los gastos de viaje y estadías y rentado con sueldo de 17 mil pesos moneda corriente mensuales durante un año, sin más obligación que presentar al regreso un informe que el Gobierno se comprometía a publicar.

"Tan halagadora se suponía esta misión, que el decreto fué promulgado sin consultar al favorecido, quien al conocerlo por los diarios se presentó en el acto al despacho de Gobierno rehusando el honor.

"Como el gobernador insistiera en que se necesitaba un libro que enseñase a formar las nuevas estancias, y fomentar las existentes, le contestó que para eso era inútil el gasto enorme de tal comisión; que las formas y prácticas europeas no eran aplicables todavía a nuestro país, por las distintas condiciones naturales e industriales; que la selección de razas no puede fijarse con exclusiones, por depender del clima y de la localidad donde se crían y las variaciones del mercado, y en fin que en pocos días, sin salir de su casa, ni gravar al Erario, escribiría el libro que se necesitaba. Con efecto, escribió su *Instrucción del Estanciero* que editó Casavalle y cuyos datos, informaciones y métodos bastan para formar un perfecto mayordomo o director de estancias y enseñarle al propietario a controlar sus administradores...

"Era su retentiva tan firme y poderosa, que repetía fácilmente páginas enteras de memoria, y admiraba la precisión de fechas y de números en la historia antigua, de que era gran conocedor.

"Se le dictaban hasta 100 palabras, arbitrarias, que se escribían fuera de su vista, e inmediatamente las repetía al revés, al derecho, salteadas y hasta improvisando versos y discursos sobre temas propuestos, haciéndolas entrar en el orden que habían sido dictadas. Éste era uno de sus entretenimientos favoritos en sociedad.

"En las asambleas tumultuosas sirvió muchas veces para apaciguarlas por su figura culminante, por su palabra de fuego, por el cariño con que el pueblo lo recibía y hasta por su potente voz de ÓRGANO DE CATEDRAL como le llamó el escritor Benjamín Posse.

"Al fin, este coloso inclinó la robusta cabeza, con la debilidad de un niño, en su quinta de Belgrano, el 21 de octubre de 1886, a menos de 52 años de edad, minado de una afección cardíaca, quizá; en el pleno goce de sus facultades hasta cinco minutos antes de expirar, conociendo su estado y diciéndome: —Hermano, *esto está concluido.* Sus últimas palabras fueron: ¡BUENOS AIRES, BUENOS AIRES! y cesó..."

RAFAEL HERNÁNDEZ, *Pehuajó. Nomenclatura de las calles,* Buenos Aires, 1896.

"Desde 1862 hasta la fecha se han invertido 25 millones de fuertes, sólo en la frontera, y si a esto se agrega el monto de las propiedades particulares perdidas, el decaimiento de la industria, la depreciación de la tierra, el trastorno que causa el servicio forzado, el cautiverio de centenares de personas y la muerte de mayor número, tenemos que retroceder espantados ante este cuadro de desolación y ruina, cuya exactitud parecería sospechosa, si no estuviese confirmada por hechos que todos conocen, de una incontestable evidencia."

"Parece que el despotismo y la crueldad con que tratamos a los pobres paisanos, estuviese en la sangre y en la educación que hemos recibido. Cuando ven al hombre de nuestros campos, al modesto agricultor, envuelto en su manta de lana, o con su poncho a la espalda, les parece que ven al indio de nuestras Pampas, a quien se creen autorizados para tratar con la misma dureza e injusticia, que los conquistadores empleaban con los primitivos habitantes de la América."

...............................................................

"Cuando se quiere mandar un contingente a la frontera, o se quiere organizar un batallón, se toma por sorpresa o con sorpresa al labrador y al artesano, y mal de su agrado se le conduce atrincado a las filas."

Oroño.* *Discurso en el Senado,*
sesión del 8 de octubre de 1896.

"Cuando la grita ha llegado a su último punto; cuando ha venido a comprobarse que las guarniciones de los fortines eran insuficientes, que estaban desnudas, desarmadas, desmontadas y hambrientas; sólo entonces se ha visto que, por una especie de pudor y a pesar de sus denegaciones, el Ministerio trataba de enviarles siquiera lo indispensable para mitigar el hambre y cubrir la desnudez de los soldados."

*La Nación,* noviembre 14 de 1872.

## EL PAYADOR

En un espacioso rancho
de amarillentas totoras,
en derredor asentadas
de una llama serpeadora,
que ilumina los semblantes
como funeraria antorcha,
hirviendo el agua en el fuego,
y de una mano tras otra
pasando el sabroso mate
que todos con gusto toman,
se pueden contar muy bien
como unas doce personas.
Pero están con tal silencio,
con tanta calma reposan,
que sólo se escucha el eco
de guitarra gemidora,
mezclado con los acentos
de una voz que melancólica,
murmura tan dulcemente
como el viento entre las hojas.
Es un payador que tierno
alza allí sentida trova,
y al compás de su guitarra
versos a raudales brota,
pero versos espresivos,
de cadencia voluptuosa,

* El senador Nicasio Oroño (1822-1904).

y que expresan tiernamente
de su pecho las congojas.
Es verdad que muchas veces
la ingrata rima cohorta
pensamientos que grandiosos
se traslucen mas no asoman,
y como nocturnas luces
al irradiar se evaporan;
la fantasía sujeta
en las redes del idioma
no permite que se eleve
la inspiración creadora,
ni que sus altivas alas
del arte los grillos rompan,
ni que el instinto del genio
les trace una senda propia,
mostrándole allá en los cielos
aquella ansiada corona,
que iluminando el espacio
con su luz esplendorosa,
vibra un rayo diamantino
que el numen del vate esponja
para embeber fácilmente
de su corazón las gotas,
y destilarlas después
como el llanto de la aurora,
convertidas en cantares
que vuelan de zona en zona.
¡Y cuántas veces no obstante
sus desaliñadas coplas,
sin esfuerzo ni trabajo
como las tranquilas ondas,
una a una, dulcemente,
van saliendo de su boca!
O de repente veloces,
penetrantes, ardorosas,
¡se escapan como centellas
y el fondo del alma tocan!
Porque su maestro es
la naturaleza sola,
a quien ellos sin saberlo
a oscuras y a tientas copian.
Así el cantor sin curarse
de reglas que no le importan,
sigue raudo y caprichoso
su bien comenzada trova.

ALEJANDRO MARGARIÑOS CERVANTES,* *Céliar.*

* El poeta uruguayo Alejandro Cándido Margariños Cervantes (1825-1893).
Autor de Montevideo, La Estrella del Sur, Percances matrimoniales, Colón y el
Nuevo Mundo, Veladas de invierno, Estudios históricos, políticos y sociales, El rey
de los azotes, Viaje chinesco, La Iglesia y el Estado, Amor y patria, Horas de
melancolía, Brisas del Plata, Caramurú, Farsa contra farsa, Violetas y hortigas,
Palmas y ombúes.

## CARTA ACLARATORIA

Señor D. José Zoilo Miguens.

Querido amigo:

Al fin me he decidido a que mi pobre MARTÍN FIERRO, que me ha ayudado algunos momentos a alejar el fastidio de la vida de hotel, salga a conocer el mundo, y allá va acogido al amparo de su nombre.

No le niegue su protección, vd. que conoce bien todos los abusos y todas las desgracias de que es víctima esa clase desheredada de nuestro país.

Es un pobre gaucho, con todas las imperfecciones de forma que el arte tiene todavía entre ellos; y con toda la falta de enlace en sus ideas, en las que no existe siempre una sucesión lógica, descubriéndose frecuentemente entre ellas, apenas una relación oculta y remota.

Me he esforzado, sin presumir haberlo conseguido, en presentar un tipo que personificara el carácter de nuestros gauchos, concentrando el modo de ser, de sentir, de pensar y de expresarse que le es peculiar; dotándolo con todos los juegos de su imaginación llena de imágenes y de colorido, con todos los arranques de su altivez inmoderados hasta el crimen, y con todos los impulsos y arrebatos hijos de una naturaleza que la educación no ha pulido y suavizado

Cuantos conozcan con propiedad el original, podrán juzgar si hay o no semejanza en la copia.

Quizá la empresa habría sido para mí más fácil, y de mejor éxito, si sólo me hubiera propuesto hacer reír a costa de su ignorancia, como se halla autorizado por el uso, en este género de composiciones; pero mi objeto ha sido dibujar a grandes rasgos, aunque fielmente, sus costumbres, sus trabajos, sus hábitos de vida, su índole, sus vicios y sus virtudes; ese conjunto que constituye el cuadro de su fisonomía moral, y los accidentes de su existencia llena de peligros, de inquietudes, de inseguridad, de aventuras y de agitaciones constantes.

Y he deseado todo esto, empeñándome en imitar ese estilo abundante en metáforas, que el gaucho usa sin conocer y sin valorar, y su empleo constante de comparaciones tan extrañas como frecuentes; en copiar sus reflexiones con el sello de la originalidad que las distingue y el tinte sombrío de que jamás carecen, revelándose en ellas esa especie de filosofía propia, que sin estudiar, aprende en la misma naturaleza; en respetar la superstición y sus preocupaciones, nacidas y fomentadas por su misma ignorancia; en dibujar el orden de sus impresiones y de sus afectos, que él encubre y disimula estudiosamente; sus desencantos, producidos por su misma condición social, y esa indolencia que le es habitual, hasta llegar a constituir una de las condiciones de su espíritu; en retratar, en fin, lo más fielmente que me fuera posible, con todas sus especialidades propias, ese tipo original de nuestras pampas, tan poco conocido por lo mismo que es difícil estudiarlo, tan erróneamente juzgado muchas veces, y que, al paso que avanzan las conquistas de la civilización, va perdiéndose casi por completo.

---

3 Hotel. Según Lugones (*El payador*, página 221), el Hotel Argentino, que estaba situado en la esquina de las calles 25 de Mayo y Rivadavia, en Buenos Aires; según Vicente Rossi (*Folletos lenguaraces*, XXVII, página 12), el hotel de los hermanos García, en Sant' Anna do Livramento, Río Grande del Sur.

Sin duda que todo esto ha sido demasiado desear para tan pocas páginas, pero no se me puede hacer un cargo por el deseo, sino por no haberlo conseguido.

Una palabra más, destinada a disculpar sus defectos. Páselos vd. por alto, porque quizá no lo sean todos los que a primera vista puedan parecerlo, pues no pocos se encuentran allí como copia o imitación de los que lo son realmente.

Por lo demás, espero, mi amigo, que vd. lo juzgará con benignidad, siquiera sea porque MARTÍN FIERRO no va de la ciudad a referir a sus compañeros lo que ha visto y admirado en un 25 de mayo u otra función semejante, referencias algunas de las cuales, como el FAUSTO y varias otras, son de mucho mérito ciertamente, sino que cuenta sus trabajos, sus desgracias, los azares de su vida de gaucho, y vd. no desconoce que el asunto es más difícil de lo que muchos se lo imaginarán.

Y con lo dicho basta para preámbulo, pues ni MARTÍN FIERRO exige más, ni vd. gusta mucho de ellos, ni son de la predilección del público, ni se avienen con el carácter de

Su verdadero amigo,

José Hernández.

*Buenos Aires, diciembre de 1872.*

# EL GAUCHO MARTÍN FIERRO

I

Aquí me pongo a cantar
al compás de la vigüela,
que el hombre que lo desvela
una pena estrordinaria,
como la ave solitaria
con el cantar se consuela.

Pido a los Santos del Cielo
que ayuden mi pensamiento,
les pido en este momento
10     que voy a cantar mi historia
me refresquen la memoria
y aclaren mi entendimiento.

Vengan Santos milagrosos,
vengan todos en mi ayuda,
que la lengua se me añuda
y se me turba la vista;
pido a mi Dios que me asista
en una ocasión tan ruda.

Yo he visto muchos cantores,
20     con famas bien otenidas,
y que después de alquiridas
no las quieren sustentar.
Parece que sin largar
se cansaron en partidas.

Mas ande otro criollo pasa
Martín Fierro ha de pasar,
nada lo hace recular
ni las fantasmas lo espantan,
y dende que todos cantan
30     yo también quiero cantar.

Cantando me he de morir,
cantando me han de enterrar,
y cantando he de llegar
al pie del Eterno Padre.
Dende el vientre de mi madre
vine a este mundo a cantar.

---

19 En este verso Tiscornia ve una referencia a Estanislao del Campo.
24 Partidas. Santiago M. Lugones declara: "Alude a las carreras de caballos.
Antes de *largar* la carrera, que sólo era de dos caballos, se hacía *partidas*, lanzán-
dolos a media rienda un corto trecho. El corredor que tenía caballo más resistente trataba de repetir las partidas hasta fatigar el del contrario, pues no se
largaba la carrera hasta que los caballos iban iguales y castigaban ambos jinetes, o lo
ordenaba perentoriamente el juez".

Que no se trabe mi lengua
ni me falte la palabra.
El cantar mi gloria labra,
40 y poniéndome a cantar,
cantando me han de encontrar
aunque la tierra se abra.

Me siento en el plan de un bajo
a cantar un argumento.
Como si soplara un viento
hago tiritar los pastos.
Con oros, copas y bastos
juega allí mi pensamiento.

Yo no soy cantor letrao,
50 mas si me pongo a cantar
no tengo cuando acabar
y me envejezco cantando;
las coplas me van brotando
como agua de manantial.

Con la guitarra en la mano
ni las moscas se me arriman,
naides me pone el pie encima,
y cuando el pecho se entona,
hago gemir a la prima
60 y llorar a la bordona.

Yo soy toro en mi rodeo
y torazo en rodeo ajeno,
siempre me tuve por güeno,
y si me quieren probar
salgan otros a cantar
y veremos quién es menos.

No me hago al lao de la güeya
aunque vengan degollando,
con los blandos yo soy blando
70 y soy duro con los duros,

43 Plan de un bajo. Para Lugones (El payador, página 191), "el plan del
bajo o cañada es el sitio poético de la pampa"; para Vicente Rossi (Folletos lenguaraces, XXX, página 16), "las cañadas suelen ser indeseables, mucho más cuando
son suburbanas".

47 Observa Lugones (Op. cit., página 192): "Oportuno es recordar, por último,
que en la miseria semisalvaje de aquellas campañas, los naipes eran casi la única
pintura al alcance del paisano. Éste inclinábase, naturalmente, a ilustrar con
dichas láminas sus narraciones; que por ello, no por pasión de tahur, lo hacía.
En más de un rancho vi, siendo niño, usar como adornos para decorar la pared,
sotas y reyes de barajas".

57 Poner el pie encima: dominar, vencer, aventajar. Con razón observa Tiscornia: "El paisano saca la expresión de una costumbre campera en los trabajos
de ganadería: durante la marcación de los terneros, mientras llega el encargado de
aplicar la marca, un peón manea las cuatro patas de la res y le pone el pie
en el pescuezo"...

y ninguno en un apuro
me ha visto andar tutubiando.

En el peligro ¡qué Cristos!
el corazón se me enancha
pues toda la tierra es cancha,
y de esto naides se asombre,
el que se tiene por hombre
dondequiera hace pata ancha.

Soy gaucho, entiendaló
80  como mi lengua lo esplica:
para mí la tierra es chica
y pudiera ser mayor;
ni la víbora me pica
ni quema mi frente el Sol.

Nací como nace el peje
en el fondo de la mar,
naides me puede quitar
aquello que Dios me dió.
Lo que al mundo truje yo
90  del mundo lo he de llevar.

Mi gloria es vivir tan libre
como el pájaro del Cielo,
no hago nido en este suelo
ande hay tanto que sufrir;
y naides me ha de seguir
cuando yo remuento el vuelo.

Yo no tengo en el amor
quien me venga con querellas,
como esas aves tan bellas
100  que saltan de rama en rama,
yo hago en el trébol mi cama
y me cubren las estrellas.

Y sepan cuantos escuchan
de mis penas el relato,
que nunca peleo ni mato
sino por necesidá;
y que a tanta alversidá
sólo me arrojó el mal trato.

Y atiendan la relación
110  que hace un gaucho perseguido,
que padre y marido ha sido
empeñoso y diligente,
y sin embargo la gente
lo tiene por un bandido.

## II

NINGUNO me hable de penas
porque yo penando vivo.
Y naide se muestre altivo
aunque en el estribo esté,
que suele quedarse a pie
120 el gaucho más alvertido.

Junta esperencia en la vida
hasta pa dar y prestar,
quien la tiene que pasar
entre sufrimiento y llanto;
porque nada enseña tanto
como el sufrir y el llorar.

Viene el hombre ciego al mundo
cuartiándolo la esperanza,
y a poco andar ya lo alcanzan
130 las desgracias a empujones;
¡la pucha que trae liciones
el tiempo con sus mudanzas!

Yo he conocido esta tierra
en que el paisano vivía
y su ranchito tenía
y sus hijos y mujer...
era una delicia ver
cómo pasaba sus días.

Entonces... cuando el lucero
140 brillaba en el cielo santo,
y los gallos con su canto
nos decían que el día llegaba,
a la cocina rumbiaba
el gaucho... que era un encanto.

Y sentao junto al jogón
a esperar que venga el día,
al cimarrón le prendía
hasta ponerse rechoncho,
mientras su china dormía
150 tapadita con su poncho.

Y apenas la madrugada
empezaba a coloriar,
los pájaros a cantar,
y las gallinas a apiarse,
era cosa de largarse
cada cual a trabajar.

Éste se ata las espuelas,

131 Liciones: lecciones.

se sale el otro cantando,
uno busca un pellón blando,
160   éste un lazo, otro un rebenque,
y los pingos relinchando
los llaman dende el palenque.

El que era pión domador
enderezaba al corral,
ande estaba el animal
bufidos que se las pela...
y más malo que su agüela
se hacía astillas el bagual.

Y allí el gaucho inteligente,
170   en cuanto el potro enriendó,
los cueros le acomodó
y se le sentó en seguida,
que el hombre muestra en la vida
la astucia que Dios le dió.

Y en las playas corcoviando
pedazos se hacía el sotreta,
mientras él por las paletas
le jugaba las lloronas,
y al ruido de las caronas
180   salía haciéndose gambetas.

¡Ah tiempos!... si era un orgullo
ver jinetiar un paisano!
Cuando era gaucho baquiano,
aunque el potro se boliase,
no había uno que no parase
con el cabresto en la mano.

Y mientras domaban unos,
otros al campo salían
y la hacienda recogían,
190   las manadas repuntaban,
y ansí sin sentir pasaban
entretenidos el día.

Y verlos al cair la noche
en la cocina riunidos,
con el juego bien prendido
y mil cosas que contar,
platicar muy divertidos
hasta despés de cenar.

Y con el buche bien lleno
200   era cosa superior
irse en brazos del amor
a dormir como la gente,

186 Cuando el potro se bolea, es gala del domador caer de pie, con el cabres-
tro en la mano.

pa empezar al día siguiente
las fainas del día anterior.
¡Ricuerdo!... ¡Qué maravilla!
Cómo andaba la gauchada
siempre alegre y bien montada
y dispuesta pa el trabajo...
pero hoy en el día... ¡barajo!
210   no se la ve de aporriada.

El gaucho más infeliz
tenía tropilla de un pelo,
no le faltaba un consuelo
y andaba la gente lista...
tendiendo al campo la vista
sólo vía hacienda y cielo.

Cuando llegaban las yerras,
¡cosa que daba calor!
tanto gaucho pialador
220   y tironiador sin yel.
¡Ah tiempos!, pero si en él
se ha visto tanto primor.

Aquello no era trabajo,
más bien era una junción,
y después de un güen tirón
en que uno se daba maña,
pa darle un trago de caña
solía llamarlo el patrón.

Pues siempre la mamajuana
230   vivía bajo la carreta,
y aquel que no era chancleta,
en cuanto el goyete vía
sin miedo se le prendía
como güérfano a la teta.

¡Y qué jugadas se armaban
cuando estábamos riunidos!
Siempre íbamos prevenidos,
pues en tales ocasiones
a ayudarles a los piones
240   caiban muchos comedidos.

Eran los días del apuro
y alboroto pa el hembraje,
pa preparar los potajes,
y osequiar bien a la gente,

212 Manada de caballos del mismo color.
213 Un consuelo: una mujer. Santiago M. Lugones entiende "algún dinero
para gastar".
216 Otras ediciones: "No vía sino hacienda y cielo".

y ansí, pues, muy grandemente
pasaba siempre el gauchaje.
  Venía la carne con cuero,
la sabrosa carbonada,
mazamorra bien pisada,
250 los pasteles y el güen vino...
pero ha querido el destino
que todo aquello acabara.
  Estaba el gaucho en su pago
con toda seguridá,
pero aura... ¡barbaridá!
la cosa anda tan fruncida,
que gasta el pobre la vida
en juir de la autoridá.
  Pues si usté pisa en su rancho
260 y si el alcalde lo sabe,
lo caza lo mesmo que ave
aunque su mujer aborte...
no hay tiempo que no se acabe
ni tiento que no se corte.
  Y al punto dése por muerto
si el alcalde lo bolea,
pues ay no más se le apea
con una felpa de palos,
y después dicen que es malo
270 el gaucho si los pelea.
  Y el lomo le hinchan a golpes,
y le rompen la cabeza,
y luego con ligereza,
ansí lastimao y todo,
lo amarran codo con codo
y pa el cepo lo enderiezan.
  Áhi comienzan sus desgracias,
áhi principia el pericón;
porque ya no hay salvación,
280 y que usté quiera o no quiera,
lo mandan a la frontera
o lo echan a un batallón.
  Ansí empezaron mis males
lo mesmo que los de tantos;
si gustan... en otros cantos
les diré lo que he sufrido.
Después que uno está perdido
no lo salvan ni los santos.

---

281 A la frontera: se refiere a las fronteras del territorio abandonado a los indios.

### III

TUVE en mi pago en un tiempo
290  hijos, hacienda y mujer;
pero empecé a padecer,
me echarcn a la frontera.
¡Y qué iba hallar al volver!
Tan sólo hallé la tapera.

Sosegao vivía en mi rancho
como el pájaro en su nido.
Allí mis hijos queridos
iban creciendo a mi lao...
Sólo queda al desgraciao
300  lamentar el bien perdido.

Mi gala en las pulperías
era, cuando había más gente,
ponerme medio caliente,
pues cuando puntiao me encuentro,
me salen coplas de adentro
como agua de la vertiente.

Cantando estaba una vez
en una gran diversión,
y aprovechó la ocasión
310  como quiso el Juez de Paz...
se presentó, y ay no más
hizo una arriada en mcntón.

Juyercn los más matreros
y lograron escapar.
Yo no quise disparar.
Soy manso —y no había porqué.
Muy tranquilo me quedé
y ansí me dejé agarrar.

Allí un gringo ccn un órgano
320  y una mcna que bailaba,
haciéndonos rair estaba
cuanto le tocó el arreo.
¡Tan grande el gringo y tan feo!
¡Lo viera cómo lloraba!

Hasta un inglés sanjiador,
que decía en la última guerra
que él era de Inca-la-perra
y que no quería servir,
tuvo también que juir
330  a guarecerse en la sierra.

Ni los mirones salvaron
de esa arriada de mi flor.
Fué acollarao el cantor

con el gringo de la mona.
A uno solo, por favor,
logró salvar la patrona.

    Formaron un contingente
con los que del baile arriaron.
Con otros nos mesturaron
340  que habían agarrao también.
Las cosas que aquí se ven
ni los diablos las pensaron.

    A mí el Juez me tomó entre ojos
en la última votación.
Me le había hecho el remolón
y no me arrimé ese día;
y él dijo que yo servía
a los de la esposición.

    Y ansí sufrí ese castigo
350  tal vez por culpas ajenas.
Que sean malas o sean güenas
las listas, siempre me escondo.
Yo soy un gaucho redondo
y esas cosas no me enllenan.

    Al mandarnos nos hicieron
más promesas que a un altar.
El Juez nos jué a ploclamar
y nos dijo muchas veces:
«Muchachos, a los seis meses
360  los van a ir a revelar».

    Yo llevé un moro de número,
¡sobresaliente el matucho!
Con él gané en Ayacucho
más plata que agua bendita.
Siempre el gaucho necesita
un pingo pa fiarle un pucho.

    Y cargué sin dar más güeltas
con las prendas que tenía,
jergas, poncho, cuanto había
370  en casa, tuito lo alcé.
A mi china la dejé
media desnuda ese día.

    No me faltaba una guasca;
esa ocasión eché el resto:
bozal, maniador, cabresto,
lazo, bolas y manea...

348 Esposición: oposición.
360 Revelar: relevar.
363 Ayacucho: pueblo de la provincia de Buenos Aires.
366 Para jugarle algún dinero.

¡El que hoy tan pobre me vea
tal vez no crerá todo esto!
    Ansí en mi moro escarciando
380 enderecé a la frontera;
¡aparcero, si usté viera
lo que se llama cantón!...
ni envidia tengo al ratón
en aquella ratonera.

    De los pobres que allá había
a ninguno lo largaron;
los más viejos rezongaron,
pero a uno que se quejó
en seguida lo estaquiaron
390 y la cosa se acabó.

    En la lista de la tarde
el Jefe nos cantó el punto,
diciendo «quinientos juntos
llevará el que se resierte;
lo haremos pitar del juerte,
mas bien dése por dijunto».

    A naides le dieron armas,
pues toditas las que había
el Coronel las tenía,
400 según dijo esa ocasión,
pa repartirlas el día
en que hubiera una invasión.

    Al principio nos dejaron
de haraganes criando sebo;
pero después... no me atrevo
a decir lo que pasaba.
¡Barajo! si nos trataban
como se trata a malevos.

    Porque todo era jugarle
410 por los lomos con la espada,
y aunque usté no hiciera nada,
lo mesmito que en Palermo
le daban cada cepiada
que lo dejaban enfermo.

    ¡Y qué Indios, ni qué servicio,
si allí no había ni cuartel!
Nos mandaba el Coronel
a trabajar en sus chacras,
y dejábamos las vacas
420 que las llevara el infiel.

393 Quinientos azotes.
412 Palermo. En Palermo (Buenos Aires) estaban los cuarteles de Rosas.
420 El infiel: los indios.

Yo primero sembré trigo
y despúes hice un corral,
corté adobe pa un tapial,
hice un quincho, corté paja...
la pucha que se trabaja
sin que le larguen ni un rial.

Y es lo pior de aquel enriedo
que si uno anda hinchando el lomo
ya se le apean como plomo...
430     ¡Quién aguanta aquel infierno!
Si eso es servir al Gobierno,
a mí no me gusta el cómo.

Más de un año nos tuvieron
en esos trabajos duros,
y los indios, le asiguro,
dentraban cuando querían;
como no los perseguían
siempre andaban sin apuro.

A veces decía al volver
440     del campo la descubierta,
que estuviéramos alerta,
que andaba adentro la indiada;
porque había una rastrillada
o estaba una yegua muerta.

Recién entonces salía
la orden de hacer la riunión,
y cáibamos al cantón
en pelos y hasta enancaos,
sin armas, cuatro pelaos
450     que íbamos a hacer jabón.

Ay empezaba el afán,
se entiende de puro vicio,
de enseñarle el ejercicio
a tanto gaucho recluta,
con un estrutor... que... bruta
que nunca sabía su oficio.

Daban entonces las armas
pa defender los cantones,
que eran lanzas y latones
460     con ataduras de tiento...
Las de juego no las cuento
porque no había municiones.

---

444 Yegua muerta. "Era seña de haber pasado los indios, porque su alimento
era carne de caballo, que el gaucho no probaba sino acosado por el hambre"
(Santiago M. Lugones).
455 Estrutor: instructor.

Y chamuscao un sargento
me contó que las tenían,
pero que ellos las vendían
para cazar avestruces:
y ansí andaban noche y día
déle bala a los ñanduces.

Y cuando se iban los Indios
470 con lo que habían manotiao,
salíamos muy apuraos
a perseguirlos de atrás;
si no se llevaban más
es porque no habían hallao.

Allí sí se ven desgracias
y lágrimas, y afliciones;
naides le pida perdones
al Indio, pues donde dentra
roba y mata cuanto encuentra
480 y quema las poblaciones.

No salvan de su juror
ni los pobres angelitos:
viejos, mozos y chiquitos
los mata del mesmo modo,
que el Indio lo arregla todo
con la lanza y con los gritos.

Tiemblan las carnes al verlo
volando al viento la cerda;
la rienda en la mano izquierda
490 y la lanza en la derecha;
ande enderieza abre brecha,
pues no hay lanzazo que pierda.

Hace trotiadas tremendas
dende el fondo del desierto.
Ansí llega medio muerto
de hambre, de sé y de fatiga,
pero el Indio es una hormiga
que día y noche está dispierto.

Sabe manejar las bolas
500 como naides las maneja;
cuanto el contrario se aleja
manda una bola perdida,
y si lo alcanza, sin vida
es siguro que lo deja.

Y el Indio es como tortuga
de duro para espichar;
si lo llega a destripar
ni siquiera se le encoge,

luego sus tripas recoge,
510 y se agacha a disparar.

Hacían el robo a su gusto
y después se iban de arriba;
se llevaban las cautivas,
y nos contaban que a veces
les descarnaban los pieses,
a las probrecitas, vivas.

¡Ah, si partía el corazón
ver tantos males, canejo!
Los perseguíamos de lejos
520 sin poder ni galopiar;
¡y qué habíamos de alcanzar
en unos bichocos viejos!

Nos volvíamos al cantón
a las dos o tres jornadas
sembrando las caballadas;
y pa que alguno la venda,
rejuntábamos la hacienda
que habían dejao rezagada.

Una vez entre otras muchas,
530 tanto salir al botón,
nos pegaron un malón
los Indios, y una lanciada,
que la gente acobardada
quedó dende esa ocasión.

Habían estao escondidos
aguaitando atrás de un cerro...
¡lo viera a su amigo Fierro
aflojar como un blandito!
Salieron como máiz frito
540 en cuanto sonó un cencerro.

Al punto nos dispusimos
aunque ellos eran bastantes,
la formamos al istante
nuestra gente que era poca,
y golpiándose en la boca
hicieron fila adelante.

Se vinieron en tropel
haciendo temblar la tierra;
no soy manco pa la guerra,
550 pero tuve mi jabón,
pues iba en un redomón
que había boliao en la sierra.

¡Qué vocerío! ¡Qué barullo!
¡Qué apurar esa carrera!
La Indiada todita entera

dando alaridos cargó.
¡Jué pucha!... y ya nos sacó
como yeguada matrera.

560 ¡Qué fletes traiban los bárbaros
como una luz de ligeros!
Hicieron el entrevero,
y en aquella mezcolanza,
éste quiero, éste no quiero,
nos escogían con la lanza.

Al que le dan un chuzazo
dificultoso es que sane.
En fin, para no echar panes,
salimos por esas lomas
lo mesmo que las palomas
570 al juir de los gavilanes.

¡Es de almirar la destreza
con que la lanza manejan!
De perseguir nunca dejan;
y nos traiban apretaos,
si queríamos de apuraos
salirnos por las orejas.

Y pa mejor de la fiesta
en esa aflición tan suma,
vino un Indio echando espuma
580 y con la lanza en la mano,
gritando «Acabau cristiano,
metau el lanza hasta el pluma».

Tendido en el costillar,
cimbrando por sobre el brazo
una lanza como un lazo,
me atropelló dando gritos.
Si me descuido... el maldito
me levanta de un lanzazo.

Si me atribulo, o me encojo,
590 seguro que no me escapo:
siempre he sido medio guapo,
pero en aquella ocasión
me hacía bulla el corazón
como la garganta al sapo.

Dios le perdone al salvaje
las ganas que me tenía...
desaté las tres marías
y lo engatusé a cabriolas...
¡Pucha!... si no traigo bolas
600 me achura el Indio ese día.

582 Se refiere a las plumas que llevaba la lanza del indio.

Era el hijo de un cacique,
sigún yo lo avirigüé.
La verdá del caso jué
que me tuvo apuradazo,
hasta que al fin de un bolazo
del caballo lo bajé.

    Áhi no más me tiré al suelo
y lo pisé en las paletas.
Empezó a hacer morisquetas
610  y a mezquinar la garganta...
pero yo hice la obra santa
de hacerlo estirar la jeta.

    Allí quedó de mojón
y en su caballo salté,
de la Indiada disparé,
pues si me alcanza me mata;
y al fin me les escapé
con el hilo en una pata.

### IV

Seguiré esta relación
620  aunque pa chorizo es largo:
el que pueda hágase cargo
cómo andaría de matrero
después de salvar el cuero
de aquel trance tan amargo.

    Del sueldo nada les cuento,
porque andaba disparando;
nosotros de cuando en cuando
solíamos ladrar de pobres.
Nunca llegaban los cobres
630  que se estaban aguardando.

    Y andábamos de mugrientos
que el mirarnos daba horror;
¡les juro que era un dolor
ver esos hombres, por Cristo!
En mi perra vida he visto
una miseria mayor.

    Yo no tenía ni camisa
ni cosa que se parezca;
mis trapos sólo pa yesca
640  me podían servir al fin...
No hay plaga como un fortín
para que el hombre padezca.

639 Mis trapos: mi ropa.

Poncho, jergas, el apero,
las prenditas, los botones,
todo, amigo, en los cantones
jué quedando poco a poco:
ya me tenían medio loco
la pobreza y los ratones.

650 Sólo una manta peluda
era cuanto me quedaba;
la había agenciao a la taba
y ella me tapaba el bulto.
Yaguané que allí ganaba
no salía... ni con indulto.

Y pa mejor hasta el moro
se me jué de entre las manos.
No soy lerdo... pero, hermano,
vino el comendante un día
diciendo que lo quería
660 «pa enseñarle a comer grano».

Afigúrese cualquiera
la suerte de este su amigo,
a pie y mostrando el umbligo,
estropiao, pobre y desnudo;
ni por castigo se pudo
hacerse más mal conmigo.

Ansí pasaron los meses,
y vino el año siguiente,
y las cosas igualmente
670 siguieron del mesmo modo.
Adrede parece todo
para aburrir a la gente.

No teníamos más permiso,
ni otro alivio la gauchada,
que salir de madrugada
cuando no había Indio ninguno,
campo ajuera a hacer boliadas
desocando los reyunos.

Y cáibamos al cantón
680 con los fletes aplastaos,
pero a veces medio aviaos
con pluma y algunos cueros;
que hay no más con el pulpero
los teníamos negociaos.

Era un amigo del Jefe
que con un boliche estaba,

---

644 Botones: los del tirador. Eran monedas de plata y, a veces, de oro.
653 Piojo que ahí se metía.
660 Grano: maíz.

yerba y tabaco nos daba
por la pluma de avestruz,
y hasta le hacía ver la luz
690  al que un cuero le llevaba.

Sólo tenía cuatro frascos
y unas barricas vacías,
y a la gente le vendía
todo cuanto precisaba...
A veces creiba que estaba
allí la provedería.

¡Ah, pulpero habilidoso!
Nada le solía faltar.
¡Ay juna! —y para tragar
700  tenía un buche de ñandú.
La gente le dió en llamar
«El boliche de virtú.»

Aunque es justo que quien vende
algún poquitito muerda,
tiraba tanto la cuerda
que con sus cuatro limetas
él cargaba las carretas
de plumas, cueros y cerda.

Nos tenía apuntaos a todos
710  con más cuentas que un rosario,
cuando se anunció un salario
que iban a dar, o un socorro.
Pero sabe Dios qué zorro
se lo comió al Comisario.

Pues nunca lo vi llegar;
y al cabo de muchos días
en la mesma pulpería
dieron una buena cuenta,
que la gente muy contenta
720  de tan pobre recebía.

Sacaron unos sus prendas
que las tenían empeñadas,
por sus deudas atrasadas
dieron otros el dinero;
al fin de fiesta el pulpero
se quedó con la mascada.

Yo me arrecosté a un horcón
dando tiempo a que pagaran,
y poniendo güena cara
730  estuve haciéndome el pollo,

689 Y hasta le daba dinero.
712 Socorro: parte del sueldo que se da por adelantado.

a esperar que me llamaran
para recebir mi bollo.
    Pero áhi me pude quedar
pegao pa siempre al horcón;
ya era casi la oración
y ninguno me llamaba.
La cosa se me ñublaba
y me dentró comezón.
    Pa sacarme el entripao
740 vi al Mayor, y lo fí a hablar.
Yo me le empecé a atracar,
y como con poca gana
le dije: «Tal vez mañana
acabarán de pagar.»
    «¡Qué mañana ni otro día!»
al punto me contestó,
«la paga ya se acabó,
siempre has de ser animal».
Me rai y le dije: «Yo...
750 no he recebido ni un rial».
    Se le pusieron los ojos
que se le querían salir,
y áhi no más volvió a decir
comiéndome con la vista:
«¡Y qué querés recebir
si no has dentrao en la lista!»
    «Esto sí que es amolar»
—dije yo pa mis adentros—,
«van dos años que me encuentro
760 y hasta aura he visto ni un grullo,
dentro en todos los barullos
pero en las listas no dentro».
    Vide el plaito mal parao
y no quise aguardar más...
es güeno vivir en paz
con quien nos ha de mandar.
Y reculando pa atrás
me le empecé a retirar.
    Supo todo el Comendante
770 y me llamó al otro día,
diciéndome que quería
aviriguar bien las cosas;
que no era el tiempo de Rosas,
que aura a naides se debía.
    Llamó al cabo y al sargento,
y empezó la indagación,
si había venido al cantón

en tal tiempo o en tal otro....
y si había venido en potro,
780 en reyuno o redomón.
   Y todo era alborotar
al ñudo, y hacer papel;
conocí que era pastel
pa engordar con mi guayaca,
mas si voy al Coronel
me hacen bramar en la estaca.
   ¡Ah, hijos de una!... —¡la codicia
ojalá les ruempa el saco!—
ni un pedazo de tabaco
790 le dan al pobre soldao,
y lo tienen de delgao
más ligero que un guanaco.
   Pero qué iba a hacerles yo,
charavón en el desierto;
más bien me daba por muerto
pa no verme más fundido;
y me les hacía el dormido
aunque soy medio dispierto.

## V

YA ANDABA desesperao,
800 aguardando una ocasión
que los Indios un malón
nos dieran, y entre el estrago
hacérmeles cimarrón
y volverme pa mi pago.
   Aquello no era servicio
ni defender la frontera,
aquello era ratonera
en que sólo gana el juerte;
era jugar a la suerte
810 con una taba culera.
   Allí tuito va al revés:
los milicos se hacen piones,
y andan por las poblaciones
emprestaos pa trabajar.
Los rejuntan pa peliar
cuando entran Indios ladrones.
   Yo he visto en esa milonga
muchos Jefes con estancia,
y piones en abundancia,
820 y majadas y rodeos;

he visto negocios feos
a pesar de mi inorancia.
      Y colijo que no quieren
la barunda componer.
Para esto no ha de tener
el Jefe que esté de estable,
más que su poncho y su sable,
su caballo y su deber.
      Ansina, pues, conociendo
830  que aquel mal no tiene cura,
que tal vez mi sepultura
si me quedo iba a encontrar,
pensé en mandarme mudar
como cosa más sigura.
      Y pa mejor, una noche
¡qué estaquiada me pegaron!
casi me descoyuntaron
por motivo de una gresca.
¡Ay juna, si me estiraron
840  lo mesmo que guasca fresca!
      Jamás me puedo olvidar
lo que esa vez me pasó.
Dentrando una noche yo
al fortín, un enganchao,
que estaba medio mamao,
allí me desconoció.
      Era un gringo tan bozal
que nada se le entendía.
¡Quién sabe de ande sería!
850  tal vez no juera cristiano;
pues lo único que decía
es que era pa po-litano.
      Estaba de centinela
y por causa del peludo
verme más claro no pudo
y ésa jué la culpa toda.
El bruto se asustó al ñudo
y fí el pavo de la boda.
      Cuando me vido acercar
860  «quién vívore» —preguntó,
«Qué víboras» —dije yo—
«Ha-garto» —me pegó el grito;
y yo dije despacito:
«Más lagarto serás vos.»

---

824  Barunda: barahunda.
852  Pa po-litano: napolitano. Juego de palabras análogo al de cipotenciario.

Áhi no más —¡Cristo me valga!—,
rastrillar el jusil siento.
Me agaché, y en el momento
el bruto me largó un chumbo;
mamao, me tiró sin rumbo,
870    que si no, no cuento el cuento.

Por de contao, con el tiro
se alborotó el avispero.
Los oficiales salieron
y se empezó la junción.
Quedó en su puesto el nación
y yo fí al estaquiadero.

Entre cuatro bayonetas
me tendieron en el suelo.
Vino el Mayor medio en pedo,
880    y allí se puso a gritar
«Pícaro, te he de enseñar
a andar declamando sueldos.»

De las manos y las patas
me ataron cuatro cinchones.
Les aguanté los tirones
sin que ni un ¡ay! se me oyera,
y al gringo la noche entera
lo harté con mis maldiciones.

Yo no sé por qué el Gobierno
890    nos mandan aquí a la frontera
gringada que ni siquiera
se sabe atracar a un pingo.
¡Si crerá al mandar un gringo
que nos manda alguna fiera!

No hacen más que dar trabajo,
pues no saben ni ensillar.
No sirven ni pa carniar,
y yo he visto muchas veces,
que ni voltiadas las reses
900    se les querían arrimar.

Y lo pasan sus mercedes
lengüetiando pico a pico,
hasta que viene un milico
a servirles el asao.
Y eso sí, en lo delicaos
parecen hijos de rico.

Si hay calor, ya no son gente;
si yela, todos tiritan;
si usté no les da, no pitan
910    por no gastar en tabaco,
y cuando pescan un naco

uno al otro se lo quitan.
Cuanto llueve se acoquinan
como el perro que oye truenos.
¡Qué diablos! sólo son güenos
pa vivir entre maricas,
y nunca se andan con chicas
para alzar ponchos ajenos.

920  Pa vichar son como ciegos,
no hay ejemplo de que entiendan;
ni hay uno solo que aprienda,
al ver un bulto que cruza,
a saber si es avestruza
o si es jinete, o hacienda.

Si salen a perseguir,
después de mucho aparato
tuitos se pelan al rato
y va quedando el tendal.
Esto es como en un nidal
930  echarle güevos a un gato.

## VI

VAMOS dentrando recién
a la parte más sentida,
aunque es todita mi vida
de males una cadena.
A cada alma dolorida
le gusta cantar sus penas.

Se empezó en aquel entonces
a rejuntar caballada,
y riunir la milicada
940  teniéndola en el cantón,
para una despedición
a sorprender a la Indiada.

Nos anunciaban que iríamos
sin carretas ni bagajes
a golpiar a los salvajes
en sus mesmas tolderías;
que a la güelta pagarían
licenciándolo al gauchaje.

Que en esta despedición
950  tuviéramos la esperanza,
que iba a venir sin tardanza,
sigún el Jefe contó,
un Menistro, o qué sé yo,
que le llamaban don Ganza.

954 Don Ganza: el general Martín de Gainza (1814-1888).

Que iba a riunir el Ejército
y tuitos los batallones,
y que traiba unos cañones
con más rayas que un cotín.
¡Pucha!... las conversaciones
960　por allá no tenían fin.

Pero esas trampas no enriedan
a los zorros de mi laya;
que el Menistro venga o vaya
poco le importa a un matrero.
Yo también dejé las rayas...
en los libros del pulpero.

Nunca juí gaucho dormido,
siempre pronto, siempre listo.
Yo soy un hombre, ¡qué Cristo!
970　que nada me ha acobardao,
y siempre salí parao
en los trances que me he visto.

Dende chiquito gané
la vida con mi trabajo,
y aunque siempre estuve abajo
y no sé lo que es subir,
también el mucho sufrir
suele cansarnos, ¡barajo!

En medio de mi inorancia
980　conozco que nada valgo.
Soy la liebre o soy el galgo
asigún los tiempos andan,
pero también los que mandan
debieran cuidarnos algo.

Una noche que riunidos
estaban en la carpeta
empinando una limeta
el Jefe y el Juez de Paz,
yo no quise aguardar más,
990　y me hice humo en un sotreta.

Para mí el campo son flores
dende que libre me veo;
donde me lleva el deseo
allí mis pasos dirijo,
y hasta en las sombras, de fijo
que adonde quiera rumbeo.

Entro y salgo del peligro
sin que me espante el estrago;
no aflojo al primer amago
1000　ni jamás fí gaucho lerdo.

Soy pa rumbiar como el cerdo
y pronto caí a mi pago.

Volvía al cabo de tres años
de tanto sufrir al ñudo,
resertor, pobre y desnudo,
a procurar suerte nueva,
y lo mesmo que el peludo
enderecé pa mi cueva.

No hallé ni rastro del rancho;
¡sólo estaba la tapera!
por Cristo, si aquello era
pa enlutar el corazón.
¡Yo juré en esa ocasión
ser más malo que una fiera!

¡Quién no sentirá lo mesmo
cuando ansí padece tanto!
Puedo asigurar que el llanto
como una mujer largué.
¡Ay mi Dios!, si me quedé
más triste que Jueves Santo.

Sólo se oiban los maullidos
de un gato que se salvó,
el pobre se guareció
cerca, en una vizcachera;
Venía como si supiera
que estaba de güelta yo.

Al dirme dejé la hacienda
que era todito mi haber.
Pronto debíamos volver
según el Juez prometía,
y hasta entonces cuidaría
de los bienes la mujer.
. . . . . . . . . . . . . . . . . . . . . . . .
Despúes me contó un vecino
que el campo se lo pidieron,
la hacienda se la vendieron
pa pagar arrendamientos,
y qué sé yo cuántos cuentos;
pero todo lo fundieron.

Los pobrecitos muchachos
entre tantas afliciones
se conchavaron de piones;
¡mas qué iban a trabajar,
si eran como los pichones
sin acabar de emplumar!

Por áhi andarán sufriendo
de nuestra suerte el rigor:

me han contado que el mayor
nunca dejaba a su hermano.
Puede ser que algún cristiano
1050 los recoja por favor.

Y la pobre mi mujer,
¡Dios sabe cuánto sufrió!
Me dicen que se voló
con no sé qué gavilán,
sin duda a buscar el pan
que no podía darle yo.

No es raro que a uno le falte
lo que a algún otro le sobre.
Si no le quedó ni un cobre
1060 sino de hijos un enjambre,
qué más iba a hacer la pobre
para no morirse de hambre.

¡Tal vez no te vuelva a ver,
prenda de mi corazón!
Dios te dé su proteción
ya que no me la dió a mí.
Y a mis hijos dende aquí
les echo mi bendición.

Como hijitos de la cuna
1070 andarán por ahi sin madre;
ya se quedaron sin padre,
y ansí la suerte los deja,
sin naides que los proteja
y sin perro que los ladre.

Los pobrecitos tal vez
no tengan ande abrigarse,
ni ramada ande ganarse,
ni un rincón ande meterse,
ni camisa que ponerse
1080 ni poncho con que taparse.

Tal vez los verán sufrir
sin tenerles compasión.
Puede que alguna ocasión
aunque los vean tiritando,
los echen de algún jogón
pa que no estén estorbando.

Y al verse ansina espantaos
como se espanta a los perros,
irán los hijos de Fierro
1090 con la cola entre las piernas,
a buscar almas más tiernas
o esconderse en algún cerro.

Mas también en este juego
voy a pedir mi volada:
a naides le debo nada,
ni pido cuartel ni doy;
y ninguno dende hoy
ha de llevarme en la armada.

Yo he sido manso primero,
1100 y seré gaucho matrero.
En mi triste circustancia
aunque es mi mal tan projundo,
nací y me he criao en estancia,
pero ya conozco el mundo.

Ya le conozco sus mañas,
le conozco sus cucañas,
sé cómo hacen la partida,
la enriedan y la manejan;
deshaceré la madeja
1110 aunque me cueste la vida.

Y aguante el que no se anime
a meterse en tanto engorro,
o si no aprétese el gorro
o para otra tierra emigre;
pero yo ando como el tigre
que le roban los cachorros,

Aunque muchos cren que el gaucho
tiene una alma de reyuno,
no se encontrará ninguno
1120 que no lo dueblen las penas;
mas no debe aflojar uno
mientras hay sangre en las venas.

## VII

DE CARTA de más me vía
sin saber a dónde dirme;
mas dijieron que era vago
y entraron a perseguirme.

Nunca se achican los males,
van poco a poco creciendo;
y ansina me vide pronto
1130 obligao a andar juyendo.

No tenía mujer, ni rancho,
y a más, era resertor,
no tenía una prenda güena
ni un peso en el tirador.

A mis hijos infelices
pensé volverlos a hallar;

y andaba de un lao al otro
sin tener ni qué pitar.
 Supe una vez por desgracia
1140 que había un baile por allí,
y medio desesperao
a ver la milonga fuí.
 Riunidos al pericón
tantos amigos hallé,
que alegre de verme entre ellos
esa noche me apedé.
 Como nunca, en la ocasión
por peliar me dió la tranca,
y la emprendí con un negro
1150 que trujo una negra en ancas.
 Al ver llegar la morena
que no hacía caso de naides,
le dije con la mamúa:
«va...ca...yendo gente al baile».
 La negra entendió la cosa
y no tardó en contestarme;
mirándome como a perro:
«Más vaca será su madre.»
 Y dentró al baile muy tiesa
1160 con más cola que una zorra,
haciendo blanquiar los dientes
lo mesmo que mazamorra.
 «Negra linda»... —dije yo—
«Me gusta pa la carona»,
y me puse a talariar
esta coplita fregona:
 «A los blancos hizo Dios,
a los mulatos San Pedro,
a los negros hizo el diablo
1170 para tizón del infierno.»
 Había estao juntando rabia
el moreno dende aiuera.
En lo escuro le brillaban
los ojos como linterna.
 Lo conocí retobao,
me acerqué y le dije presto:

1164 Leopoldo Lugones interpreta: "Este voto comenta la preferencia que los gauchos daban al cuero negro de vaca o de caballo, para hacer caronas"; Tiscornia: "Es tratar a la negra de yegua, pues la carona es prenda del recado"; Santiago M. Lugones: "Se alude picarescamente a la cama" (porque "el gaucho hacía cama del apero tendiendo los pellones, las jergas y la carona y poniendo la montura de almohada"). Entendemos que la primera explicación es la más verosímil.

«Po. . .r. . .rudo que un hombre sea
nunca se enoja por esto.»
　　　Corcovió el de los tamangos,
1180　y creyéndose muy fijo:
«Más porrudo serás vos,
gaucho rotoso», me dijo.

　　　Y ya se me vino al humo
como a buscarme la hebra,
y un golpe le acomodé
con el porrón de giñebra.

　　　Áhi no más pegó el de hollín
más gruñidos que un chanchito,
y pelando el envenao
1190　me atropelló dando gritos.

　　　Pegué un brinco y abrí cancha
diciéndoles: «Caballeros,
dejen venir a ese toro,
solo nací. . . solo muero.»

　　　El negro después del golpe
se había el poncho refalao
y dijo: «Vas a saber
si es solo o acompañao.»

　　　Y mientras se arremangó
1200　yo me saqué las espuelas,
pues malicié que aquel tío
no era de arriar con las riendas.

　　　No hay cosa como el peligro
pa refrescar un mamao;
hasta la vista se aclara
por mucho que haiga chupao.

　　　El negro me atropelló
como a quererme comer;
me hizo dos tiros seguidos
1210　y los dos le abarajé.

　　　Yo tenía un facón con S
que era de lima de acero,
le hice un tiro, lo quitó
y vino ciego el moreno.

　　　Y en el medio de las aspas
un planazo le asenté,
que lo largué culebriando
lo mesmo que buscapié.

1188 "Los negros son gritones en la pelea" (Leopoldo Lugones, El payador, 212).
1196 Se había sacado el poncho.
1211 Con S: con guarnición en forma de S.
1212 Eran muy reputados los puñales hechos de una lima.

Le coloriaron las motas
1220 con la sangre de la herida,
y volvió a venir furioso
como una tigra parida.

Y ya me hizo relumbrar
por los ojos el cuchillo,
alcanzando con la punta
a cortarme en un carrillo.

Me hirvió la sangre en las venas
y me le afirmé al moreno,
dándole de punta y hacha
1230 pa dejar un diablo menos.

Por fin en una topada
en el cuchillo lo alcé,
y como un saco de güesos
contra un cerco lo largué.

Tiró unas cuantas patadas
y ya cantó pa el carnero.
Nunca me puedo olvidar
de la agonía de aquel negro.

En esto la negra vino,
1240 con los ojos como ají,
y empezó la pobre allí
a bramar como una loba.
Yo quise darle una soba
a ver si la hacía callar,
mas pude reflesionar
que era malo en aquel punto,
y por respeto al dijunto
no la quise castigar.

Limpié el facón en los pastos,
1250 desaté mi redomón,
monté despacio, y salí
al tranco pa el cañadón.

Después supe que al finao
ni siquiera lo velaron,
y retobao en un cuero
sin rezarle lo enterraron.

Y dicen que dende entonces
cuando es la noche serena
suele verse una luz mala
1260 como de alma que anda en pena.

Yo tengo intención a veces,
para que no pene tanto,
de sacar de allí los güesos
y echarlos al campo santo.

1251-2 Mostrando que no tenía miedo.

## VIII

OTRA vez que en un boliche
estaba haciendo la tarde,
cayó un gaucho que hacía alarde
de guapo y de peliador.

1270  A la llegada metió
el pingo hasta la ramada,
y yo sin decirle nada
me quedé en el mostrador.

Era un terne de aquel pago
que naides lo reprendía,
que sus enriedos tenía
con el señor Comendante.

Y como era protegido,
andaba muy entonao,
y a cualquiera desgraciao
1280  lo llevaba por delante.

¡Ah pobre, si él mismo craiba
que la vida le sobraba!
Ninguno diría que andaba
aguaitándolo la muerte.

Pero ansí pasa en el mundo,
es ansí la triste vida;
pa todos está escondida,
la güena o la mala suerte.

Se tiró al suelo; al dentrar
1290  le dió un empellón a un vasco,
y me alargó un medio frasco
diciendo: «Beba, cuñao».
«Por su hermana» —contesté—
«que por la mía no hay cuidao».

«¡Ah gaucho —me respondió—,
de qué pago será criollo,
lo andará buscando el hoyo,
deberá tener güen cuero,
pero ande bala este toro
1300  no bala ningún ternero».

Y ya salimos trenzaos
porque el hombre no era lerdo;
mas como el tino no pierdo
y soy medio ligerón,

---

1289 Desmontó.
1290 "Vasco no es, aquí, un consonante forzado. Los dueños de las pulperías
ran casi siempre vascos" (Leopoldo Lugones, *Op. cit.*, 222).

lo dejé mostrando el sebo
de un revés con el facón.

Y como con la justicia
no andaba bien por allí,
cuanto pataliar lo vi,
1310    y el pulpero pegó el grito,
ya pa el palenque salí
como haciéndome el chiquito.

Monté y me encomendé a Dios,
rumbiando para otro pago,
que el gaucho que llaman vago
no puede tener querencia,
y ansí de estrago en estrago
vive llorando la ausencia.

Él anda siempre juyendo,
1320    siempre pobre y perseguido;
no tiene cueva ni nido,
como si juera maldito.
Porque el ser gaucho... ¡barajo!
el ser gaucho es un delito.

Es como el patrio de posta,
lo larga éste, aquél lo toma;
nunca se acaba la broma;
dende chico se parece
al arbolito que crece
1330    desamparao en la loma.

Le echan la agua del bautismo
aquel que nació en la selva,
«buscá madre que te envuelva»
le dice el flaire y lo larga,
y dentra a cruzar el mundo
como burro con la carga.

Y se cría viviendo al viento
como oveja sin trasquila,
mientras su padre en las filas
1340    anda sirviendo al Gobierno.
Aunque tirite en invierno
naides lo ampara ni asila.

Lo llaman «gaucho mamao»
si lo pillan divertido,
y que es mal entretenido
si en un baile lo sorprienden.
Hace mal si se defiende
y si no, se ve... fundido.

1305 "Es decir las tripas, donde hay sebo y no grasa" (Leopoldo Lugones
Op. cit., 222).

No tiene hijos, ni mujer,
1350 ni amigos, ni protetores,
pues todos son sus señores
sin que ninguno lo ampare.
Tiene la suerte del güey,
¿y dónde irá el güey que no are?

Su casa es el pajonal,
su guarida es el desierto,
y si de hambre medio muerto
le echa el lazo a algún mamón,
lo persiguen como a plaito,
1360 porque es un «gaucho ladrón».

Y si de un golpe por áhi
lo dan vuelta panza arriba,
no hay una alma compasiva
que le rece una oración.
Tal vez como cimarrón
en una cueva lo tiran.

Él nada gana en la paz
y es el primero en la guerra;
no lo perdonan si yerra,
1370 que no saben perdonar;
porque el gaucho en esta tierra
sólo sirve pa votar.

Para él son los calabozos,
para él las duras prisiones.
En su boca no hay razones
aunque la razón le sobre,
que son campanas de palo
las razones de los pobres.

Si uno aguanta, es gaucho bruto;
1380 si no aguanta, es gaucho malo.
¡Déle azote, déle palo,
porque es lo que él necesita!
De todo el que nació gaucho
ésta es la suerte maldita.

Vamos, suerte, vamos juntos
dende que juntos nacimos;
y ya que juntos vivimos
sin podernos dividir...,
yo abriré con mi cuchillo
1390 el camino pa seguir.

## IX

MATRERIANDO lo pasaba
y a las casas no venía.

Solía arrimarme de día;
mas, lo mesmo que el carancho,
siempre estaba sobre el rancho
espiando a la polecía.

        Viva el gaucho que ande mal
como zorro perseguido,
hasta que al menor descuido
1400    se lo atarasquen los perros,
pues nunca le falta un yerro
al hombre más alvertido.

        Y en esa hora de la tarde
en que tuito se adormece,
que el mundo dentrar parece
a vivir en pura calma,
con las tristezas de su alma
al pajonal enderiece.

        Bala el tierno corderito
1410    al lao de la blanca oveja,
y a la vaca que se aleja
llama el ternero amarrao;
pero el gaucho desgraciao
no tiene a quien dar su queja.

        Ansí es que al venir la noche
iba a buscar mi guarida,
pues ande el tigre se anida
también el hombre lo pasa,
y no quería que en las casas
1420    me rodiara la partida.

        Pues aun cuando vengan ellos
cumpliendo con sus deberes,
yo tengo otros pareceres
y en esa conduta vivo:
que no debe un gaucho altivo
peliar entre las mujeres.

        Y al campo me iba solito,
más matrero que el venao,
como perro abandonao
1430    a buscar una tapera,
o en alguna vizcachera
pasar la noche tirao.

        Sin punto ni rumbo fijo
en aquella inmensidá,
entre tanta escuridá
anda el gaucho como duende,
allí jamás lo sorpriende
dormido, la autoridá.

Su esperanza es el coraje,
1440    su guardia es la precaución,
su pingo es la salvación,
y pasa uno en su desvelo
sin más amparo que el cielo
ni otro amigo que el facón.
. . . . . . . . . . . . . . . . . . . . . . . . .
Ansí me hallaba una noche
contemplando las estrellas,
que le parecen más bellas
cuanto uno es más desgraciao,
y que Dios las haiga criao
1450    para consolarse en ellas.

Les tiene el hombre cariño,
y siempre con alegría
ve salir las tres marías,
que si llueve, cuanto escampa
las estrellas son la guía
que el gaucho tiene en la pampa.

Aquí no valen dotores,
sólo vale la esperencia,
aquí verían su inocencia
1460    esos que todo lo saben,
porque esto tiene otra llave
y el gaucho tiene su cencia.

Es triste en medio del campo
pasarse noches enteras
contemplando en sus carreras
las estrellas que Dios cría,
sin tener más compañía
que su soledá y las fieras.

Me encontraba, como digo,
1470    en aquella soledá,
entre tanta escuridá,
echando al viento mis quejas,
cuando el grito del chajá
me hizo parar las orejas.

Como lumbriz me pegué
al suelo para escuchar,
pronto sentí retumbar
las pisadas de los fletes,
y que eran muchos jinetes
1480    conocí sin vacilar.

Cuando el hombre está en peligro
no debe tener confianza;
ansí tendido de panza
puse toda mi atención,

y ya escuché sin tardanza
como el ruido de un latón.

Se venían tan calladitos
que yo me puse en cuidao,
tal vez me hubieran bombiao
1490 y me venían a buscar,
mas no quise disparar,
que eso es de gaucho morao.

Al punto me santigüé
y eché de giñebra un taco,
lo mesmito que el mataco
me arrollé con el porrón:
«Si han de darme pa tabaco»
dije, «ésta es güena ocasión».

Me refalé las espuelas
1500 para no peliar con grillos,
me arremangué el calzoncillo,
y me ajusté bien la faja,
y en una mata de paja
probé el filo del cuchillo.

Para tenerlo a la mano
el flete en el pasto até,
la cincha le acomodé,
y en un trance como aquél,
haciendo espaldas en él
1510 quietito los aguardé.

Cuanto cerca los sentí
y que áhi nomás se pararon
los pelos se me erizaron;
y aunque nada vían mis ojos,
«no se han de morir de antojo»,
les dije cuanto llegaron.

Yo quise hacerles saber
que allí se hallaba un varón;
les conocí la intención,
1520 y solamente por eso
fué que les gané el tirón,
sin aguardar voz de preso.

—«Vos sos un gaucho matrero»,
dijo uno haciéndose el güeno,
«vos matastes un moreno
y otro en una pulpería,
y aquí está la polecía
que viene a justar tus cuentas;
te va a alzar por las cuarenta
1530 si te resistís hoy día».

«No me vengan —contesté—
con relación de dijuntos;
ésos son otros asuntos;
vean si me pueden llevar,
que yo no me he de entregar,
aunque vengan todos juntos.»

Pero no aguardaron más,
y se apiaron en montón.
Como a perro cimarrón
1540   me rodiaron entre tantos;
yo me encomendé a los santos
y eché mano a mi facón.

Y ya vide el fogonazo
de un tiro de garabina,
mas quiso la suerte indina
de aquel maula que me errase,
y áhi nomás lo levantase
lo mesmo que una sardina.

A otro que estaba apurao
1550   acomodando una bola,
le hice una dentrada sola
y le hice sentir el fierro,
y ya salió como el perro
cuando le pisan la cola.

Era tanta la alición
y la angurria que tenían,
que tuitos se me venían
donde yo los esperaba;
uno al otro se estorbaba
1560   y con las ganas no vían.

Dos de ellos que traiban sables,
más garifos y resueltos,
en las hilachas envueltos
enfrente se me pararon,
y a un tiempo me atropellaron
lo mesmo que perros sueltos.

Me fuí reculando en falso
y el poncho adelante eché,
y cuando le puso el pie
1570   uno medio chapetón,
de pronto le di el tirón
y de espaldas lo largué.

Al verse sin compañero
el otro se sofrenó;
entonces le dentré yo,

1548 "El gaucho no usaba tenedor, y cuando comía sardinas las alzaba una a
una pinchándolas con la punta del cuchillo" (Santiago M. Lugones).

sin dejarlo resollar,
pero ya empezó a aflojar
y a la pun...ta disparó.
        Uno que en una tacuara
1580 había atao una tijera
se vino como si juera
palenque de atar terneros,
pero en dos tiros certeros
salió aullando campo ajuera.

        Por suerte en aquel momento
venía coloriando el alba,
y yo dije: «Si me salva
la Virgen en este apuro,
en adelante le juro
1590 ser más güeno que una malva».

        Pegué un brinco y entre todos
sin miedo me entreveré,
hecho ovillo me quedé
y ya me cargó una yunta,
y por el suelo la punta
de mi facón les jugué.

        El más engolosinao
se me apió con un hachazo;
se lo quité con el brazo,
1600 de no, me mata los piojos;
y antes de que diera un paso
le eché tierra entre los ojos.

        Y mientras se sacudía
refregándose la vista,
yo me le fuí como lista
y áhi nomás me le afirmé
diciéndole: «Dios te asista»;
y de un revés lo voltié.

        Pero en ese punto mesmo
1610 sentí que por las costillas
un sable me hacía cosquillas,
y la sangre se me heló.
Dende ese momento yo
me salí de mis casillas.

        Di para atrás unos pasos
hasta que pude hacer pie,
por delante me lo eché
de punta y tajos a un criollo,
metió la pata en un hoyo,
1620 y yo al hoyo lo mandé.

        Tal vez en el corazón
lo tocó un santo bendito

a un gaucho que pegó el grito,
y dijo: «¡Cruz no consiente
que se cometa el delito
de matar ansí un valiente!»

Y áhi nomás se me aparió
dentrándole a la partida;
yo les hice otra embestida
1630    pues entre dos era robo;
y el Cruz era como lobo
que defiende su guarida.

Uno despachó al infierno
de dos que lo atropellaron.
Los demás remoliniaron,
pues íbamos a la fija,
y a poco andar dispararon
lo mesmo que sabandija.

Áhi quedaban largo a largo
1640    los que estiraron la jeta,
otro iba como maleta,
y Cruz de atrás les decía:
«Que venga otra polecía
a llevarlos en carreta.»

Yo junté las osamentas,
me hinqué y les recé un bendito,
hice una cruz de un palito,
y pedí a mi Dios clemente
me perdonara el delito
1650    de haber muerto tanta gente.

Dejamos amontonaos
a los pobres que murieron,
no sé si los recogieron
porque nos fimos a un rancho,
o si tal vez los caranchos
áhi nomás se los comieron.

Lo agarramos mano a mano
entre los dos al porrón,
en semejante ocasión
1660    un trago a cualquiera encanta,
y Cruz no era remolón
ni pijotiaba garganta.

Calentamos los gargueros
y nos largamos muy tiesos
siguiendo siempre los besos
al pichel, y por más señas,
íbamos como cigüeñas
estirando los pescuezos.

«Yo me voy, le dije, amigo,
1670    donde la suerte me lleve,
y si es que alguno se atreve
a ponerse en mi camino,
yo seguiré mi destino,
que el hombre hace lo que debe.

«Soy un gaucho desgraciado,
no tengo dónde ampararme,
ni un palo donde rascarme,
ni un árbol que me cubije,
pero ni aun esto me aflige
1680    porque yo sé manejarme.

«Antes de cair al servicio,
tenía familia y hacienda;
cuando volví, ni la prenda
me la habían dejao ya.
Dios sabe en lo que vendrá
a parar esta contienda.»

X

CRUZ

AMIGAZO, pa sufrir
han nacido los varones.
Éstas son las ocasiones
1690    de mostrarse un hombre juerte,
hasta que venga la muerte
y lo agarre a coscorrones.

El andar tan despilchao
ningún mérito me quita;
sin ser una alma bendita
me duelo del mal ajeno:
soy un pastel con relleno
que parece torta frita.

Tampoco me faltan males
1700    y desgracias, le prevengo;
también mis desdichas tengo,
aunque esto poco me aflige;
yo sé hacerme el chancho rengo
cuando la cosa lo esige.

Y con algunos ardiles
voy viviendo, aunque rotoso;
a veces me hago el sarnoso
y no tengo ni un granito,

1705 Ardiles: ardides.

pero al chifle voy ganoso
1710  como panzón el máiz frito.

A mí no me matan penas
mientras tenga el cuero sano,
venga el sol en el verano
y la escarcha en el invierno.
Si este mundo es un infierno
¿por qué afligirse el cristiano?

Hagámosle cara fiera
a los males, compañero,
porque el zorro más matrero
1720  suele cair como un chorlito;
viene por un corderito
y en la estaca deja el cuero.

Hoy tenemos que sufrir
males que no tienen nombre,
pero esto a naide lo asombre
porque ansina es el pastel;
y tiene que dar el hombre
más vueltas que un carretel.

Yo nunca me he de entregar
1730  a los brazos de la muerte.
Arrastro mi triste suerte
paso a paso y como pueda,
que donde el débil se queda,
se suele escapar el juerte.

Y ricuerde cada cual
lo que cada cual sufrió,
que lo que es, amigo, yo
hago ansí la cuenta mía:
ya lo pasado pasó:
1740  mañana será otro día.

Yo también tuve una pilcha
que me enllenó el corazón,
y si en aquella ocasión
alguien me hubiera buscao,
siguro que me habría hallao
más prendido que un botón.

En la güella del querer
no hay animal que se pierda.
Las mujeres no son lerdas,
1750  y todo gaucho es dotor
si pa cantarle al amor
tiene que templar las cuerdas.

¡Quién es de una alma tan dura
que no quiera a una mujer!
Lo alivia en su padecer:

si no sale calavera
es la mejor compañera
que el hombre puede tener.

    Si es güena, no lo abandona
1760  cuando lo ve desgraciao,
lo asiste con su cuidao
y con afán cariñoso,
y usté tal vez ni un rebozo
ni una pollera le ha dao.

    Grandemente lo pasaba
con aquella prenda mía,
viviendo con alegría
como la mosca en la miel.
¡Amigo, qué tiempo aquel!
1770  ¡La pucha que la quería!

    Era la águila que a un árbol
dende las nubes bajó,
era más linda que el alba
cuando va rayando el sol,
era la flor deliciosa
que entre el trebolar creció.

    Pero, amigo, el Comendante
que mandaba la milicia,
como que no desperdicia
1780  se fué refalando a casa.
Yo le conocí en la traza
que el hombre traiba malicia.

    Él me daba voz de amigo,
pero no le tenía fe.
Era el Jefe y ya se ve,
no podía competir yo.
En mi rancho se pegó
lo mesmo que saguaipé.

    A poco andar conocí
1790  que ya me había desbancao,
y él siempre muy entonao
aunque sin darme ni un cobre,
me tenía de lao a lao
como encomienda de pobre.

    A cada rato, de chasque
me hacía dir a gran distancia;
ya me mandaba a una estancia,
ya al pueblo, ya a la frontera;
pero él en la Comendancia
1800  no ponía los pies siquiera.

    Es triste a no poder más
el hombre en su padecer,

si no tiene una mujer
que lo ampare y lo consuele;
mas pa que otro se la pele
lo mejor es no tener.
  No me gusta que otro gallo
le cacaree a mi gallina.
Yo andaba ya con la espina,
1810 hasta que en una ocasión
lo pillé junto al jogón
abrazándome a la china.
  Tenía el viejito una cara
de ternero mal lamido,
y al verlo tan atrevido
le dije: «Que le aproveche,
que había sido pa el amor
como guacho pa la leche.»
  Peló la espada y se vino
1820 como a quererme ensartar,
pero yo sin tutubiar
le volví al punto a decir:
«Cuidao no te vas a pér...tigo,
poné cuarta pa salir.»
  Un puntazo me largó,
pero el cuerpo le saqué,
y en cuanto se lo quité,
para no matar un viejo,
con cuidao, medio de lejo,
1830 un planazo le asenté.
  Y como nunca al que manda
le falta algún adulón,
uno que en esa ocasión
se encontraba allí presente,
vino apretando los dientes
como perrito mamón.
  Me hizo un tiro de revuélver
que el hombre creyó siguro,
era confiao, y lo juro
1840 que cerquita se arrimaba;
pero siempre en un apuro
se desentumen mis tabas.
  Él me siguió menudiando
mas sin poderme acertar,
y yo, déle culebriar,
hasta que al fin le dentré,
y áhi nomás lo despaché
sin dejarlo resollar.

1811. Otras ediciones: "Lo solprendí en el jogón".

Dentré a campiar en seguida
1850 al viejito enamorao;
el pobre se había ganao
en un noque de lejía.
¡Quién sabe cómo estaría
del susto que había llevao!

¡Es sonso el cristiano macho
cuando el amor lo domina!
Él la miraba a la indina,
y una cosa tan jedionda
sentí yo, que ni en la fonda
1860 he visto tal jedentina.

Y le dije: «Pa su agüela
han de ser esas perdices»;
yo me tapé las narices
y me salí estornudando,
y el viejo quedó olfatiando
como chico con lumbrices.

Cuando la mula recula
señal que quiere cociar;
ansí se suele portar
1870 aunque ella lo disimula,
recula como la mula
la mujer para olvidar.

Alcé mi poncho y mis prendas
y me largué a padecer
por culpa de una mujer
que quiso engañar a dos.
Al rancho le dije adiós
para nunca más volver.

Las mujeres, dende entonces,
1880 conocí a todas en una.
Ya no he de probar fortuna
con carta tan conocida:
mujer, y perra parida,
no se me acerca ninguna.

XI

A OTROS les brotan las coplas
como agua de manantial;
pues a mí me pasa igual
aunque las mías nada valen,
de la boca se me salen
1890 como ovejas del corral.

Que en puertiando la primera
ya la siguen las demás,

y en montones las de atrás
contra los palos se estrellan,
y saltan y se atropellan
sin que se corten jamás.

    Y aunque yo por mi inorancia
con gran trabajo me esplico,
cuando llego a abrir el pico
1900   tengaló por cosa cierta,
sale un verso y en la puerta
ya asoma el otro el hocico.

    Y emprestemé su atención,
me oirá relatar las penas
de que traigo la alma llena,
porque en toda circustancia,
paga el gaucho su inorancia
con la sangre de las venas.

    Después de aquella desgracia
1910   me refugié en los pajales,
anduve entre los cardales
como bicho sin guarida;
pero, amigo, es esa vida
como vida de animales.

    Y son tantas las miserias
en que me he sabido ver,
que con tanto padecer
y sufrir tanta aflición
malicio que he de tener
1920   un callo en el corazón.

    Ansí andaba como guacho
cuando pasa el temporal.
Supe una vez pa mi mal
de una milonga que había,
y ya pa la pulpería
enderecé mi bagual.

    Era la casa del baile
un rancho de mala muerte,
y se enllenó de tal suerte
1930   que andábamos a empujones:
nunca faltan encontrones
cuando el pobre se divierte.

    Yo tenía unas medias botas
con tamaños verdugones.
Me pusieron los talones
con crestas como los gallos;
¡si viera mis afliciones
pensando yo que eran callos!

    Con gato y con fandanguillo
1940 había empezao el changango,
    y para ver el fandango
    me colé haciéndome bola,
    mas metió el diablo la cola
    y todo se volvió pango.

    Había sido el guitarrero
    un gaucho duro de boca.
    Yo tengo pacencia poca
    pa aguantar cuando no debo;
    a ninguno me le atrevo,
1950 pero me halla el que me toca.

    A bailar un pericón
    con una moza salí,
    y cuanto me vido allí
    sin duda me conoció,
    y estas coplitas cantó
    como por rairse de mí:

    «Las mujeres son todas
    como las mulas;
    yo no digo que todas
1960 pero hay algunas
    que a las aves que vuelan
    les sacan plumas.

    «Hay gauchos que presumen
    de tener damas;
    no digo que presumen
    pero se alaban,
    y a lo mejor los dejan
    tocando tablas».

    Se secretiaron las hembras,
1970 y yo ya encocoré,
    volié la anca y le grité:
    «Dejá de cantar... chicharra»—
    y de un tajo a la guitarra
    tuitas las cuerdas corté.

    Al grito salió de adentro
    un gringo con un jusil.
    Pero nunca he sido vil,
    poco el peligro me espanta;
    ya me refalé la manta
1980 y la eché sobre el candil.

    Gané en seguida la puerta
    gritando: «naides me ataje»,
    y alborotao el hembraje
    lo que todo quedó escuro,

empezó a verse en apuro
mesturao con el gauchaje.
El primero que salió
fué el cantor y se me vino;
pero yo no pierdo el tino
1990 aunque haiga tomao un trago,
y hay algunos por mi pago
que me tienen por ladino.

No ha de haber achocao otro:
le salió cara la broma.
A su amigo cuando toma
se le despeja el sentido,
y el pobrecito había sido
como carne de paloma.

Para prestar sus socorros
2000 las mujeres no son lerdas.
Antes que la sangre pierda
lo arrimaron a unas pipas.
Áhi lo dejé con las tripas
como pa que hiciera cuerdas.

Monté y me largué a los campos
más libre que el pensamiento,
como las nubes al viento
a vivir sin paradero,
que no tiene el que es matrero
2010 nido, ni rancho, ni asiento.

No hay fuerza contra el destino
que le ha señalao el cielo;
y aunque no tenga consuelo
aguante el que está en trabajo.
¡Naides se rasca pa abajo
ni se lonjea contra el pelo!

Con el gaucho desgraciao
no hay uno que no se entone.
¡La mesma falta lo espone
2020 a andar con los avestruces!
Faltan otros con más luces
y siempre hay quien los perdone.

1998 *Morado*, cobarde; por alusión al color de la carne de la paloma salvaje (Santiago M. Lugones).

2002 *Pipas*. "El sitio de las pipas es, efectivamente, el único donde resulta posible improvisar sobre ellas mismas un lecho, separado del suelo y apartado del trajín habitual; pues se trata de

*Un rancho de mala muerte;*

es decir, sumamente estrecho. He visto más de una vez heridos acomodados en esa forma" (Leopoldo Lugones, *Op. cit.* 170).

## XII

Yo no sé qué tantos meses
esta vida me duró,
a veces nos obligó
la miseria a comer potros.
Me había acompañao con otros
tan desgraciaos como yo.

2030 　Mas ¿para qué platicar
sobre esos males, canejo?
Nace el gaucho y se hace viejo,
sin que mejore su suerte,
hasta que por áhi la muerte
sale a cobrarle el pellejo.

　Pero como no hay desgracia
que no acabe alguna vez,
me acounteció que despúes
de sufrir tanto rigor,
un amigo, por favor,
2040 me compuso con el Juez.

　Le alvertiré que en mi pago
ya no va quedando un criollo,
se los ha tragao el hoyo,
o juido o muerto en la guerra,
porque, amigo, en esta tierra
nunca se acaba el embrollo.

　Colijo que jué por eso
que me llamó el Juez un día,
y me dijo que quería
2050 hacerme a su lao venir,
pa que dentrase a servir
de soldao de Polecía.

　Y me largó una ploclama
tratándome de valiente,
que yo era un hombre decente,
y que dende aquel momento
me nombraba de sargento
pa que mandara la gente.

　Ansí estuve en la partida,
2060 pero ¡qué había de mandar!
Anoche al irlo a tomar
vide güena coyontura;
y a mí no me gusta andar
con la lata a la cintura.
. . . . . . . . . . . . . . . . . . . . . . .
Ya conoce, pues, quién soy,
tenga confianza conmigo,

Cruz le dió mano de amigo
y no lo ha de abandonar.
Juntos podemos buscar
2070 pa los dos un mesmo abrigo.

Andaremos de matreros
si es preciso pa salvar.
Nunca nos ha de faltar
ni un güen pingo para juir,
ni un pajal ande dormir,
ni un matambre que ensartar.

Y cuando sin trapo alguno
nos haiga el tiempo dejao,
yo le pediré emprestao
2080 el cuero a cualquiera lobo,
y hago un poncho, si lo sobo,
mejor que poncho engomao.

Para mí la cola es pecho
y el espinazo es cadera;
hago mi nido ande quiera
y de lo que encuentro como;
me echo tierra sobre el lomo
y me apeo en cualquier tranquera.

Y dejo rodar la bola
2090 que algún día se ha 'e parar.
Tiene el gaucho que aguantar
hasta que lo trague el hoyo;
o hasta que venga algún criollo
en esta tierra a mandar.

Lo miran al pobre gaucho
como carne de cogote;
lo tratan al estricote,
y si ansí las cosas andan
porque quieren los que mandan
2100 aguantemos los azotes.

¡Pucha! ¡Si usté los oyera,
como yo en una ocasión,
tuita la conversación
que con otro tuvo el juez!
Le asiguro que esa vez
se me achicó el corazón.

Hablaban de hacerse ricos
con campos en la frontera;
de sacarla más ajuera
2110 donde había campos baldidos,
y llevar de los partidos
gente que la defendiera.

Todo se güelven proyetos
de colonias y carriles,
y tirar la plata a miles
en los gringos enganchaos,
mientras al pobre soldao
le pelan la chaucha, ¡ah, viles!

2120    Pero si siguen las cosas
como van hasta el presente,
puede ser que redepente
veamos el campo disierto,
y blanquiando solamente
los güesos de los que han muerto.

   Hace mucho que sufrimos
la suerte reculativa.
Trabaja el gaucho y no arriba,
porque a lo mejor del caso,
lo levantan de un sogazo
2130 sin dejarle ni saliva.

   De los males que sufrimos
hablan mucho los puebleros,
pero hacen como los teros
para esconder sus niditos:
en un lao pegan los gritos
y en otro tienen los güevos.

   Y se hacen los que no aciertan
a dar con la coyontura;
mientras al gaucho lo apura
2140 con rigor la autoridá,
ellos a la enfermedá
le están errando la cura.

### XIII

#### MARTÍN FIERRO

YA VEO que somos los dos
astilla del mesmo palo;
yo paso por gaucho malo
y usté anda del mesmo modo,
y yo pa acabarlo todo,
a los indios me refalo.

2150    Pido perdón a mi Dios
que tantos bienes me hizo;
pero dende que es preciso
que viva entre los infieles,
yo seré cruel con los crueles,
ansí mi suerte lo quiso.

Dios formó lindas las flores,
delicadas como son,
les dió toda perfeción
y cuanto él era capaz,
pero al hombre le dió más
2160 cuando le dió el corazón.

Le dió claridá a la luz,
juerza en su carrera al viento,
le dió vida y movimiento
dende la águila al gusano,
pero más le dió al cristiano
al darle el entendimiento.

Y aunque a las aves les dió,
con otras cosas que inoro,
esos piquitos como oro
2170 y un plumaje como tabla,
le dió al hombre más tesoro
al darle una lengua que habla.

Y dende que dió a las fieras
esa juria tan inmensa,
que no hay poder que las venza
ni nada que las asombre,
¿qué menos le daría al hombre
que el valor pa su defensa?

Pero tantos bienes juntos
2180 al darle, malicio yo,
que en sus adentros pensó
que el hombre los precisaba,
pues los bienes igualaba
con las penas que le dió.

Y yo empujao por las mías
quiero salir de este infierno;
ya no soy pichón muy tierno
y sé manejar la lanza,
y hasta los indios no alcanza
2190 la facultá del Gobierno.

Yo sé que allá los caciques
amparan a los cristianos,
y que los tratan de «Hermanos»
cuando se van por su gusto.
¡A qué andar pasando sustos!...
Alcemos el poncho y vamos.

En la cruzada hay peligros
pero ni aun esto me aterra.
Yo ruedo sobre la tierra
2200 arrastrao por mi destino,

y si erramos el camino...
no es el primero que lo erra.

Si hemos de salvar o no,
de esto naides nos responde,
derecho ande el sol se esconde
tierra adentro hay que tirar,
algún día hemos de llegar
despés sabremos adónde.

No hemos de perder el rumbo,
2210 los dos somos güena yunta.
El que es gaucho va ande apunta,
aunque inore ande se encuentra;
pa el lao en que el sol se dentra
dueblan los pastos la punta.

De hambre no pereceremos,
pues según otros me han dicho
en los campos se hallan bichos
de lo que uno necesita...
gamas, matacos, mulitas,
2220 avestruces y quirquinchos.

Cuando se anda en el desierto
se come uno hasta las colas.
Lo han cruzao mujeres solas
llegando al fin con salú.
Y ha de ser gaucho el ñandú
que se escape de mis bolas.

Tampoco a la sé le temo,
yo la aguanto muy contento,
busco agua olfatiando al viento,
2230 y dende que no soy manco
ande hay duraznillo blanco
cavo, y la saco al momento.

Allá habrá siguridá,
ya que aquí no la tenemos;
menos males pasaremos,
y ha de haber grande alegría,
el día que nos descolguemos
en alguna toldería.

Fabricaremos un toldo
2240 como lo hacen tantos otros,
con unos cueros de potro,
que sea sala y sea cocina,
¡tal vez no falte una china
que se apiade de nosotros!

Allá no hay que trabajar,
vive uno como un señor.
De cuando en cuando un malón,

y si de él sale con vida,
lo pasa echao panza arriba
2250   mirando dar güelta el sol.

Y ya que a juerza de golpes
la suerte nos dejó a flus,
puede que allá veamos luz
y se acaben nuestras penas;
todas las tierras son güenas:
vámonos, amigo Cruz.

El que maneja las bolas
y que sabe echar un pial,
y sentársele a un bagual
2260   sin miedo de que lo baje,
entre los mesmos salvajes
no puede pasarlo mal.

El amor, como la guerra,
lo hace el criollo con canciones;
a más de eso en los malones
podemos aviarnos de algo,
en fin, amigo, yo salgo
de estas pelegrinaciones.

     . . . . . . . . . . . . . . . . . . . . . . . .

En este punto el cantor
2270   buscó un porrón pa consuelo,
echó un trago como un cielo
dando fin a su argumento,
y de un golpe al istrumento
lo hizo astillas contra el suelo.

«Ruempo —dijo— la guitarra,
pa no volverme a tentar,
ninguno la ha de tocar
por siguro tengaló;
pues naides ha de cantar
2280   cuando este gaucho cantó.»

Y daré fin a mis coplas
con aire de relación;
nunca falta un preguntón
más curioso que mujer,
y tal vez quiera saber
cómo fué la conclusión.

Cruz y Fierro de una estancia
una tropilla se arriaron;
por delante se la echaron
2290   como criollos entendidos,
y pronto, sin ser sentidos,
por la frontera cruzaron.

**2276** Otras ediciones: "Pa no volverla a templar".

Y cuando la habían pasao,
una madrugada clara,
le dijo Cruz que mirara
las últimas poblaciones;
y a Fierro dos lagrimones
le rodaron por la cara.

Y siguiendo el fiel del rumbo
2300 se entraron en el desierto;
no sé si los habrán muerto
en alguna correría,
pero espero que algún día
sabré de ellos algo cierto.

Y ya con estas noticias
mi relación acabé,
por ser ciertas las conté,
todas las desgracias dichas.
Es un telar de desdichas
2310 cada gaucho que usté ve.

Pero ponga su esperanza
en el Dios que lo formó.
Y aquí me despido yo,
que he relatao a mi modo
males que conocen todos
pero que naides contó.

# LA VUELTA DE MARTÍN FIERRO

## CUATRO PALABRAS DE CONVERSACIÓN CON LOS LECTORES

Entrego a la benevolencia pública, con el título LA VUELTA DE MARTÍN FIERRO, la segunda parte de una obra que ha tenido una acogida tan generosa, que en seis años se han repetido once ediciones con un total de cuarenta y ocho mil ejemplares.

Esto no es vanidad de autor, porque no rindo tributo a esa falsa diosa; ni bombo de editor, porque no lo he sido nunca de mis humildes producciones.

Es un recuerdo oportuno y necesario, para explicar por qué el primer tiraje del presente libro consta de 20,000 ejemplares, divididos en cinco secciones o ediciones de 4,000 números cada una, y agregaré, que confío en que el acreditado Establecimiento Tipográfico del señor Coni hará una impresión esmerada, como la tienen todos los libros que salen de sus talleres.

Lleva también diez ilustraciones incorporadas en el texto, y creo que en los dominios de la literatura es la primera vez que una obra sale de las prensas nacionales con esta mejora.

Así se empieza.

Las láminas han sido dibujadas y calcadas en la piedra por don Carlos Clerice, artista compatriota que llegará a ser notable en su ramo, porque es joven, tiene escuela, sentimiento artístico y amor al trabajo.

El grabado ha sido ejecutado por el señor Supot, que posee el arte, nuevo y poco generalizado todavía entre nosotros, de fijar en láminas metálicas lo que la habilidad del litógrafo ha calcado en la piedra, creando o imaginando posiciones que interpreten con claridad y sentimiento la escena descripta en el verso.

No se ha omitido, pues, ningún sacrificio a fin de hacer una publicación en las más aventajadas condiciones artísticas.

En cuanto a su parte literaria, sólo diré que no se debe perder de vista al juzgar los defectos del libro, que es copia fiel de un original que los tiene, y repetiré, que muchos defectos están allí con el objeto de hacer más evidente y clara la imitación de los que lo son en realidad.

Un libro destinado a despertar la inteligencia y el amor a la lectura en una población casi primitiva, a servir de provechoso recreo, después de las fatigosas tareas, a millares de personas que jamás han leído, debe ajustarse estrictamente a los usos y costumbres de esos mismos lectores, rendir sus ideas e interpretar sus sentimientos en su mismo lenguaje, en sus frases más usuales, en su forma general, aunque sea incorrecta; con sus imágenes de mayor relieve, y con sus giros más característicos, a fin de que el libro se identifique con ellos de una manera tan estrecha e íntima, que su lectura no sea sino una continuación natural de su existencia.

Sólo así pasan sin violencia del trabajo al libro; y sólo así, esa lectura puede serles amena, interesante y útil.

Ojalá hubiera un libro que gozara del dichoso privilegio de circular incesantemente de mano en mano en esa inmensa población diseminada en nuestras vastas campañas, y que bajo una forma que lo hiciera agradable, que asegurara su popularidad, sirviera de ameno pasatiempo a sus lectores, pero:

Enseñando que el trabajo honrado es la fuente principal de toda mejora y bienestar.

Enalteciendo las virtudes morales que nacen de la ley natural y que sirven de base a todas las virtudes sociales;

Inculcando en los hombres el sentimiento de veneración hacia su Creador, inclinándolos a obrar bien:

Afeando las supersticiones ridículas y generalizadas que nacen de una deplorable ignorancia;

Tendiendo a regularizar y dulcificar las costumbres, enseñando por medios hábilmente escondidos, la moderación y aprecio de sí mismo: el respeto a los demás; estimulando la fortaleza por el espectáculo del infortunio acerbo, aconsejando la perseverancia en el bien y la resignación en los trabajos;

Recordando a los padres los deberes que la naturaleza les impone para con sus hijos, poniendo ante sus ojos los males que produce su olvido, induciéndolos por ese medio a que mediten y calculen por sí mismos todos los beneficios de su cumplimiento;

Enseñando a los hijos cómo deben respetar y honrar a los autores de sus días;

Fomentando en el esposo el amor a su esposa, recordando a ésta los santos deberes de su estado; encareciendo la felicidad del hogar, enseñando a todos a tratarse con respeto recíproco, robusteciendo por todos estos medios los vínculos de la familia y de la sociabilidad;

Afirmando en los ciudadanos el amor a la libertad, sin apartarse del respeto que es debido a los superiores y magistrados;

Enseñando a los hombres con escasas nociones morales, que deben ser humanos y clementes, caritativos con el huérfano y con el desvalido; fieles a la amistad; gratos a los favores recibidos; enemigos de la holgazanería y del vicio; conformes con los cambios de fortuna; amantes de la verdad, tolerantes, justos y prudentes siempre.

Un libro que todo esto, más que esto, o parte de esto enseñara sin decirlo, sin revelar su pretensión, sin dejarla conocer siquiera, sería indudablemente un buen libro, y por cierto que levantaría el nivel moral e intelectual de sus lectores aunque dijera *naides* por *nadie*, *resertor* por *desertor*, *mesmo* por *mismo*, u otros barbarismos semejantes; cuya enmienda le está reservada a la escuela, llamada a llenar un vacío que el poema debe respetar, y a corregir vicios y defectos de fraseología, que son también elementos de que se debe apoderar el arte para combatir y extirpar males más fundamentales y trascendentes, examinándolos bajo el punto de vista de una filosofía más elevada y pura.

El progreso de la locución no es la base del progreso social, y un libro que se propusiera tan elevados fines debería prescindir por completo de las delicadas formas de la cultura de la frase, subordinándose a las imperiosas exigencias de sus propósitos moralizadores, que serían en tal caso el éxito buscado.

Los personajes colocados en escena deberían hablar en su lenguaje peculiar y propio, con su originalidad, su gracia y sus defectos naturales, porque despojados de ese ropaje, lo serían igualmente de su carácter típico, que es lo único que los hace simpáticos, conservando la imitación y la verosimilitud en el fondo y en la forma.

Entra también en esta parte la elección del prisma a través del cual le es permitido a cada uno estudiar sus tiempos, y aceptando esos defectos como un elemento, se idealiza también, se piensa, se inclina a los demás a que piensen igualmente y se agrupan, se preparan y conservan pequeños monumentos de arte, para los que han de estudiarnos mañana y levantar el grande monumento de la historia de nuestra civilización.

El gaucho no conoce ni siquiera los elementos de su propio idioma, y sería una impropiedad cuando menos, y una falta de verdad muy censurable, que quien no ha abierto jamás un libro siga las reglas de arte de Blair, Hermosilla o la Academia.

El gaucho no aprende a cantar. Su único maestro es la espléndida naturaleza que en variados y majestuosos panoramas se extiende delante de sus ojos.

Canta porque hay en él cierto impulso moral, algo de métrico, de rítmico, que domina en su organización, y que lo lleva hasta el extraordinario extremo de que todos sus refranes, sus dichos agudos, sus proverbios comunes, son expresados en dos versos octosílabos perfectamente medidos, acentuados con inflexible regularidad, llenos de armonía, de sentimiento y de profunda intención.

Eso mismo hace muy difícil, si no de todo punto imposible, distinguir y separar cuáles son los pensamientos originales del autor, y cuáles los que son recogidos de las fuentes populares.

No tengo noticia que exista ni que haya existido una raza de hombres aproximados a la naturaleza, cuya sabiduría proverbial llene todas las condiciones rítmicas de nuestros proverbios gauchos.

Qué singular es, y qué digno de observación, el oír a nuestros paisanos más incultos, expresar en dos versos claros y sencillos, máximas y pensamientos morales que las naciones más antiguas, la India y la Persia, conservaban como el tesoro inestimable de su sabiduría proverbial; que los griegos escuchaban con veneración de boca de sus sabios más profundos, de Sócrates, fundador de la moral, de Platón y de Aristóteles; que entre los latinos difundió gloriosamente el afamado Séneca; que los hombres del Norte les dieron lugar preferente en su robusta y enérgica literatura; que la civilización moderna repite por medio de sus moralistas más esclarecidos, y que se hallan consagrados fundamentalmente en los códigos religiosos de todos los grandes reformadores de la humanidad.

Indudablemente, que hay cierta semejanza íntima, cierta identidad misteriosa entre todas las razas del globo que sólo estudian en el gran libro de la naturaleza; pues que de él deducen, y vienen deduciendo desde hace más de tres mil años, la misma enseñanza, las mismas virtudes naturales, expresadas en prosa por todos los hombres del globo, y en verso por los gauchos que habitan las vastas y fértiles comarcas que se extienden a las dos márgenes del Plata.

El corazón humano y la moral son los mismos en todos los siglos.

Las civilizaciones difieren esencialmente. «Jamás se hará, dice el doctor don V. F. López en su prólogo a LAS NEUROSIS, un profesor a un catedrático europeo, de un Bracma»; así debe ser: pero no ofrecería la misma dificultad el hacer de un gaucho un Bracma lleno de sabiduría; si es que los Bracmas hacen consistir toda su ciencia en su sabiduría proverbial, según los pinta el sabio conservador de la Biblioteca Nacional de París, en «La sabiduría popular de todas las Naciones» que difundió en el nuevo mundo el americano Pazos Kanki.

Saturados de ese espíritu gaucho hay entre nosotros algunos poetas de formas muy cultas y correctas, y no ha de escasear el género porque es una producción legítima y espontánea del país, y que, en verdad, no se manifiesta únicamente en el terreno florido de la literatura.

Concluyo aquí, dejando a la consideración de los benévolos lectores, lo que yo no puedo decir sin extender demasiado este prefacio, pero necesario en las humildes coplas de un hijo del desierto.

¡Sea el público, indulgente con él! y acepte esta humilde producción, que le dedicamos, como que es nuestro mejor y más antiguo amigo.


La originalidad de un libro debe empezar en el prólogo.

Nadie se sorprenda por lo tanto, ni de la forma ni de los objetos que éste abraza; y debemos terminarlo haciendo público nuestro agradecimiento hacia los distinguidos escritores que acaban de honrarnos con su fallo, como el señor José Tomás Guido, en una bellísima carta que acogieron deferentes *La Tribuna* y *La Prensa*, y que reprodujeron en sus columnas varios periódicos de la República. El doctor don Adolfo Saldías, en un meditado trabajo sobre el tipo histórico y social del gaucho. El doctor don Miguel Navarro Viola, en la última entrega de la *Biblioteca Popular* estimulándonos, con honrosos términos, a continuar en la tarea empezada.

Diversos periódicos de la ciudad y campaña, como *El Heraldo*, del Azul; *La Patria*, de Dolores; *El Oeste*, de Mercedes; y otros, han adquirido también justos títulos a nuestra gratitud, que conservamos como una deuda sagrada.

Terminamos esta breve reseña con *La Capital*, del Rosario, que ha anunciado LA VUELTA DE MARTÍN FIERRO, haciendo concebir esperanzas que Dios sabe si van a ser satisfechas.

Ciérrase este prólogo, diciendo que se llama este libro LA VUELTA DE MARTÍN FIERRO, porque este título le dió el público antes, mucho antes de haber yo pensado en escribirlo; y allá va al correr tierras con mi bendición paternal.

JOSÉ HERNÁNDEZ.

## 1

## MARTÍN FIERRO

ATENCIÓN pido al silencio
y silencio a la atención,
que voy en esta ocasión,
si me ayuda la memoria,
a mostrarles que a mi historia
le faltaba lo mejor.

Viene uno como dormido
cuando vuelve del desierto;
veré si a esplicarme acierto
10   entre gente tan bizarra,
y si al sentir la guitarra
de mi sueño me dispierto.

Siento que mi pecho tiembla,
que se turba mi razón,
y de la vigüela al son
imploro a la alma de un sabio
que venga a mover mi labio
y alentar mi corazón.

Si no llego a treinta y una
20   de fijo en treinta me planto,
y esta confianza adelanto,
porque recebí en mí mismo,
con el agua del bautismo
la facultá para el canto.

Tanto el pobre como el rico
la razón me la han de dar;
y si llegan a escuchar
lo que esplicaré a mi modo,

5-6 En el primer manuscrito se leía:

> A contarles de mi historia
> la triste continuación.

19-20 Expresiones de juegos de naipes.

digo que no han de reir todos,
30  algunos han de llorar.

      Mucho tiene que contar
el que tuvo que sufrir,
y empezaré por pedir
no duden de cuanto digo,
pues debe crerse al testigo
si no pagan por mentir.

      Gracias le doy a la Virgen,
gracias le doy al Señor,
porque entre tanto rigor
40  y habiendo perdido tanto,
no perdí mi amor al canto
ni mi voz como cantor.

      Que cante todo viviente
otorgó el Eterno Padre,
cante todo el que le cuadre
como lo hacemos los dos,
pues sólo no tiene voz
el ser que no tiene sangre.

      Canta el pueblero... y es pueta,
50  canta el gaucho... y ¡ay, Jesús!
lo miran como avestruz,
su inorancia los asombra;
mas siempre sirven las sombras
para distinguir la luz.

      El campo es del inorante,
el pueblo del hombre estruido;
yo que en el campo he nacido
digo que mis cantos son,
para los unos... sonidos,
60  y para otros... intención.

      Yo he conocido cantores
que era un gusto el escuchar;
mas no quieren opinar
y se divierten cantando;
pero yo canto opinando,
que es mi modo de cantar.

      El que va por esta senda
cuanto sabe desembucha,
y aunque mi cencia no es mucha,
70  esto en mi favor previene:
yo sé el corazón que tiene
el que con gusto me escucha.

      Lo que pinta este pincel
ni el tiempo lo ha de borrar,
ninguno se ha de animar

a corregirme la plana;
no pinta quien tiene gana
sino quien sabe pintar.

Y no piensen los oyentes
80      que del saber hago alarde;
he conocido, aunque tarde,
sin haberme arrepentido,
que es pecado cometido
el decir ciertas verdades.

Pero voy en mi camino
y nada me ladiará;
he de decir la verdá,
de naides soy adulón;
aquí no hay imitación
90      ésta es pura realidá.

Y el que me quiera enmendar
mucho tiene que saber.
Tiene mucho que aprender
el que me sepa escuchar.
Tiene mucho que rumiar
el que me quiera entender.

Más que yo y cuantos me oigan,
más que las cosas que tratan,
más que lo que ellos relatan
100      mis cantos han de durar;
mucho ha habido que mascar
para echar esta bravata.

Brotan quejas de mi pecho,
brota un lamento sentido;
y es tanto lo que he sufrido
y males de tal tamaño,
que reto a todos los años
a que traigan el olvido.

Ya verán si me dispierto
110      cómo se compone el baile.
Y no se sorprenda naides
si mayor fuego me anima;
porque quiero alzar la prima
como pa tocar al aire.

Y con la cuerda tirante
dende que ese tono elija,
yo no he de aflojar manija
mientras que la voz no pierda,
si no se corta la cuerda
120      o no cede la clavija.

Aunque rompí el estrumento
por no volverme a tentar,

tengo tanto que contar
y cosas de tal calibre,
que Dios quiera que se libre
el que me enseñó a templar.

De naide sigo el ejemplo,
naide a dirigirme viene.
Yo digo cuanto conviene,
130    y el que en tal güella se planta
debe cantar cuando canta
con toda la voz que tiene.

He visto rodar la bola
y no se quiere parar,
al fin de tanto rodar
me he decidido a venir
a ver si puedo vivir
y me dejan trabajar.

Sé dirigir la mansera
140    y también echar un pial.
Sé correr en un rodeo,
trabajar en un corral.
Me sé sentar en un pértigo
lo mesmo que en un bagual.

Y empriestenmé su atención
si ansí me quieren honrar,
de no, tendré que callar
pues el pájaro cantor
jamás se para a cantar
150    en árbol que no da flor.

Hay trapitos que golpiar,
y de aquí no me levanto;
escúchenme cuando canto
si quieren que desembuche.
Tengo que decirles tanto
que les mando que me escuchen.

Déjenme tomar un trago,
éstas son otras cuarenta,
mi garganta está sedienta
160    y de esto no me abochorno,
pues el viejo como el horno
por la boca se calienta.

2

TRISTE suena mi guitarra
y el asunto lo requiere.
Ninguno alegrías espere

158 Cuarenta: punto más alto en el juego de la brisca.

sino sentidos lamentos,
de aquel que en duros tormentos
nace, crece, vive y muere.

     Es triste dejar sus pagos
170  y largarse a tierra ajena
llevándose la alma llena
de tormentos y dolores,
mas nos llevan los rigores
como el pampero a la arena.

     ¡Irse a cruzar el desierto
lo mesmo que un foragido,
dejando aquí en el olvido,
como dejamos nosotros,
su mujer en brazos de otro
180  y sus hijitos perdidos!

     ¡Cuántas veces al cruzar
en esa inmensa llanura,
al verse en tal desventura
y tan lejos de los suyos,
se tira uno entre los yuyos
a llorar con amargura!

     En la orilla de un arrroyo
solitario lo pasaba,
en mil cosas cavilaba,
190  y a una güelta repentina
se me hacía ver a mi china
o escuchar que me llamaba.

     Y las aguas serenitas
bebe el pingo trago a trago,
mientras sin ningún halago
pasa uno hasta sin comer,
por pensar en su mujer,
en sus hijos y en su pago.

     Recordarán que con Cruz
200  para el desierto tiramos.
En la pampa nos entramos,
cayendo por fin del viaje
a unos toldos de salvajes,
los primeros que encontramos.

     La desgracia nos seguía,
llegamos en mal momento;
estaban en parlamento
tratando de una invasión,

---

174 Pampero: viento pampero. (En el Río de la Plata el epíteto *pampero* sólo se aplica al viento; escritores españoles suelen emplearlo como sinónimo de *pampeano*. Así hablan de gauchos pamperos, payadores pamperos, etcétera.)

y el Indio en tal ocasión
210 recela hasta de su aliento.

Se armó un tremendo alboroto
cuando nos vieron llegar,
no podíamos aplacar
tan peligroso hervidero;
nos tomaron por bomberos
y nos quisieron lanciar.

Nos quitaron los caballos
a los muy pocos minutos;
estaban irresolutos,
220 quién sabe qué pretendían,
por los ojos nos metían
las lanzas aquellos brutos.

Y déle en su lengüeteo
hacer gestos y cabriolas;
uno desató las bolas
y se nos vino en seguida;
ya no créiamos con vida
salvar ni por carambola.

Allá no hay misericordia
230 ni esperanza que tener.
El Indio es de parecer
que siempre matar se debe;
pues la sangre que no bebe
le gusta verla correr.

Cruz se dispuso a morir
peliando y me convidó.
«Aguantemos, dije yo,
el fuego hasta que nos queme».
Menos los peligros teme
240 quien más veces los venció.

Se debe ser más prudente
cuando el peligro es mayor;
siempre se salva mejor
andando con alvertencia,
porque no está la prudencia
reñida con el valor.

Vino al fin el lenguaraz
como a trairnos el perdón;
nos dijo: «La salvación
250 se la deben a un cacique,
me manda que les esplique
que se trata de un malón.

«Les he dicho a los demás
que ustedes queden cautivos
por si cain algunos vivos

en poder de los cristianos,
rescatar a sus hermanos
con estos dos fugitivos.»
     Volvieron al parlamento
260  a tratar de sus alianzas,
o tal vez de las matanzas,
y conforme les detallo
hicieron cerco a caballo
recostándose en las lanzas.

     Dentra al centro un indio viejo
y allí a lengüetiar se larga,
quién sabe qué les encarga,
pero toda la riunión
lo escuchó con atención
270  lo menos tres horas largas.

     Pegó al fin tres alaridos
y ya principia otra danza;
para mostrar su pujanza
y dar pruebas de jinete,
dió riendas rayando el flete
y revoliando la lanza.

     Recorre luego la fila,
frente a cada indio se para,
lo amenaza cara a cara
280  y en su juria aquel maldito
acompaña con su grito
el cimbrar de la tacuara.

     Se vuelve aquello un incendio
más feo que la mesma guerra.
Entre una nube de tierra
se hizo allí una mezcolanza
de potros, indios y lanzas,
con alaridos que aterran.

     Parece un baile de fieras,
290  sigún yo me lo imagino.
Era inmenso el remolino,
las voces aterradoras.
Hasta que al fin de dos horas
se aplacó aquel torbellino.

     De noche formaban cerco
y en el centro nos ponían.
Para mostrar que querían
quitarnos toda esperanza
ocho o diez filas de lanzas
300  alrededor nos hacían.

     Allí estaban vigilantes
cuidándonos a porfía,

cuando roncar parecían
«Güincá», gritaba cualquiera,
y toda la fila entera
«Güincá», «Güincá», repetía.

Pero el indio es dormilón
y tiene un sueño projundo.
Es roncador sin segundo,
310 y en tal confianza es su vida
que ronca a pata tendida
aunque se dé güelta el mundo.

Nos aviriguaban todo
como aquel que se previene;
porque siempre les conviene
saber las juerzas que andan,
dónde están, quiénes las mandan.
qué caballos y armas tienen.

A cada respuesta nuestra
320 uno hace una esclamación.
Y luego en continuación
aquellos indios feroces,
cientos y cientos de voces
repiten el mismo son.

Y aquella voz de uno solo
que empieza por un gruñido
llega hasta ser alarido
de toda la muchedumbre.
Y ansí alquieren la costumbre
330 de pegar esos bramidos.

### 3

DE ESE modo nos hallamos
empeñaos en la partida.
No hay que darla por perdida,
por dura que sea la suerte;
ni que pensar en la muerte,
sino en soportar la vida.

Se endurece el corazón,
no teme peligro alguno.
Por encontrarlo oportuno
340 allí juramos los dos:
respetar tan sólo a Dios,
de Dios abajo, a ninguno.

El mal es árbol que crece
y que cortado retoña.
La gente esperta o bisoña

304.306 En otras ediciones la exclamación es "Huaincá".

sufre de infinitos modos.
La tierra es madre de todos,
pero también da ponzoña.

    Mas todo varón prudente
345  sufre tranquilo sus males.
Yo siempre los hallo iguales
en cualquier senda que elijo.
La desgracia tiene hijos
aunque ella no tiene madre.

    Y al que le toca la herencia
dondequiera halla su ruina.
Lo que la suerte destina
no puede el hombre evitar.
Porque el cardo ha de pinchar:
360  es que nace con espina.

    Es el destino del pobre
un continuo zafarrancho,
y pasa como el carancho
porque el mal nunca se sacia,
si el viento de la desgracia
vuela las pajas del rancho.

    Mas quien manda los pesares
manda también el consuelo.
La luz que baja del cielo
370  alumbra al más encumbrao,
y hasta el pelo más delgao
hace su sombra en el suelo.

    Pero por más que uno sufra
un rigor que lo atormente
no debe bajar la frente
nunca —por ningún motivo.
El álamo es más altivo
y gime costantemente.

. . . . . . . . . . . . . . . . . . . . . . .
El Indio pasa la vida
380  robando o echao de panza;
la única ley es la lanza
a que se ha de someter;
lo que le falta en saber
lo suple con desconfianza.

    Fuera cosa de engarzarlo
a un indio caritativo.
Es duro con el cautivo,
le dan un trato horroroso.
Es astuto y receloso,
390  es audaz y vengativo.

No hay que pedirle favor
ni que aguardar tolerancia.
Movidos por su inorancia
y de puro desconfiaos,
nos pusieron separaos
bajo sutil vigilancia.

No pude tener con Cruz
ninguna conversación.
No nos daban ocasión,
400    nos trataban como ajenos;
como dos años lo menos
duró esta separación.

Relatar nuestras penurias
fuera alargar el asunto.
Les diré sobre este punto
que a los dos años recién
nos hizo el cacique el bien
de dejarnos vivir juntos.

Nos retiramos con Cruz
410    a la orilla de un pajal;
por no pasarlo tan mal
en el desierto infinito,
hicimos como un bendito
con dos cueros de bagual.

Fuimos a esconder allí
nuestra pobre situación,
aliviando con la unión
aquel duro cautiverio,
tristes como un cementerio
420    al toque de la oración.

Debe el hombre ser valiente
si a rodar se determina,
primero, cuando camina,
segundo, cuando descansa,
pues en aquellas andanzas
perece el que se acoquina.

Cuando es manso el ternerito
en cualquier vaca se priende.
El que es gaucho esto lo entiende
430    y ha de entender si le digo
que andábamos con mi amigo
como pan que no se vende.

Guarecidos en el toldo
charlábamos mano a mano.
Éramos dos veteranos
mansos pa las sabandijas,

arrumbaos como cubijas
cuando calienta el verano.
       El alimento no abunda
440 por más empeño que se haga;
lo pasa uno como plaga,
ejercitando la industria,
y siempre como la nutria
viviendo a orillas del agua.
       En semejante ejercicio
se hace diestro el cazador.
Cai el piche engordador,
cai el pájaro que trina.
Todo bicho que camina
450 va a parar al asador.
       Pues allí a los cuatro vientos
la persecución se lleva,
naide escapa de la leva,
y dende que la alba asoma
ya recorre uno la loma,
el bajo, el nido y la cueva.
       El que vive de la caza
a cualquier bicho se atreve,
que pluma o cáscara lleve,
460 pues cuando la hambre se siente
el hombre le clava el diente
a todo lo que se mueve.
       En las sagradas alturas
está el maestro principal
que enseña a cada animal
a procurarse el sustento,
y le brinda el alimento
a todo ser racional.
       Y aves y bichos y pejes
470 se mantienen de mil modos;
pero el hombre en su acomodo
es curioso de oservar:
es el que sabe llorar,
y es el que los come a todos.

4

ANTES de aclarar el día
empieza el Indio a aturdir
la pampa con su rugir;
y en alguna madrugada,
sin que sintiéramos nada
480 se largaban a invadir.

Primero entierran las prendas
en cuevas como peludos;
y aquellos indios cerdudos,
siempre llenos de recelos,
en los caballos en pelos
se vienen medio desnudos.

Para pegar el malón
el mejor flete procuran;
y como es arma segura
490    vienen con la lanza sola,
y varios pares de bolas
atados a la cintura.

De ese modo anda liviano,
no fatiga el mancarrón;
es su espuela en el malón,
después de bien afilao,
un cuernito de venao
que se amarra en el garrón.

El indio que tiene un pingo
500    que se llega a distinguir
lo cuida hasta pa dormir;
de ese cuidado es esclavo.
Se lo alquila a otro indio bravo
cuando vienen a invadir.

Por vigilarlo no come
y ni aun el sueño concilia.
Sólo en eso no hay desidia;
de noche, les asiguro,
para tenerlo seguro
510    le hace cerco la familia.

Por eso habrán visto ustedes,
si en el caso se han hallao,
y si no lo han oservao
tenganló dende hoy presente,
que todo pampa valiente
anda siempre bien montao.

Marcha el Indio a trote largo,
paso que rinde y que dura;
viene en direción sigura
520    y jamás a su capricho.
No se les escapa bicho
en la noche más escura.

Caminan entre tinieblas
con un cerco bien formao;
lo estrechan con gran cuidao
y agarran al aclarar

ñanduces, gamas, venaos,
cuanto han podido dentrar.
　　　Su señal es un humito
530 que se eleva muy arriba.
Y no hay quien no lo aperciba
con esa vista que tienen;
de todas partes se vienen
a engrosar la comitiva.

　　　Ansina se van juntando,
hasta hacer esas riuniones
que cain en las invasiones
en número tan crecido.
Para formarla han salido
540 de los últimos rincones.

　　　Es guerra cruel la del Indio
porque viene como fiera;
atropella dondequiera
y de asolar no se cansa.
De su pingo y de su lanza
toda salvación espera.

　　　Debe atarse bien la faja
quien aguardarlo se atreva;
siempre mala intención lleva,
550 y como tiene alma grande
no hay plegaria que lo ablande
ni dolor que lo conmueva.

　　　Odia de muerte al cristiano,
hace guerra sin cuartel,
para matar es sin yel,
es fiero de condición.
No golpea la compasión
en el pecho del infiel.

　　　Tiene la vista del águila,
560 del león la temeridá.
En el desierto no habrá
animal que él no lo entienda;
ni fiera de que no aprienda
un istinto de crueldá.

　　　Es tenaz en su barbarie,
no esperen verlo cambiar,
el deseo de mejorar
en su rudeza no cabe.
El bárbaro sólo sabe
570 emborracharse y peliar.

　　　El Indio nunca se ríe
y el pretenderlo es en vano,
ni cuando festeja ufano

el triunfo en sus correrías.
La risa en sus alegrías
le pertenece al cristiano.

Se cruzan por el desierto
como un animal feroz,
dan cada alarido atroz
580 que hace erizar los cabellos,
parece que a todos ellos
los ha maldecido Dios.

Todo el peso del trabajo
lo dejan a las mujeres.
El indio es indio y no quiere
apiar de su condición;
ha nacido indio ladrón
y como indio ladrón muere.

El que envenenen sus armas
590 les mandan sus hechiceras;
y como ni a Dios veneran
nada a los pampas contiene.
Hasta los nombres que tienen
son de animales y fieras.

Y son, ¡por Cristo bendito!
lo más desasiaos del mundo;
esos indios vagabundos,
con repunancia me acuerdo,
viven lo mesmo que el cerdo
600 en esos toldos inmundos.

Naides puede imaginar
una miseria mayor.
Su pobreza causa horror.
No sabe aquel indio bruto
que la tierra no da fruto
si no la riega el sudor.

5

AQUEL desierto se agita
cuando la invasión regresa.
Llevan miles de cabezas
610 de vacuno y yeguarizo;
pa no afligirse es preciso
tener bastante firmeza.

Aquello es un hervidero
de pampas —un celemín—
cuando riunen el botín
juntando toda la hacienda,

es cantidá tan tremenda
que no alcanza a verse el fin.

620 Vuelven las chinas cargadas
con las prendas en montón;
aflige esa destrución,
acomodaos en cargueros
llevan negocios enteros
que han saquiao en la invasión.

Su pretensión es robar,
no quedar en el pantano.
Viene a tierra de cristianos
como furia del infierno;
no se llevan al gobierno
630 porque no lo hallan a mano.

Vuelven locos de contentos
cuando han venido a la fija.
Antes que ninguno elija
empiezan con todo empeño,
como dijo un santiagueño,
a hacerse la repartija.

Se reparten el botín
con igualdá, sin malicia;
no muestra el indio codicia,
640 ninguna falta comete.
Sólo en esto se somete
a una regla de justicia.

Y cada cual con lo suyo
a sus toldos enderieza.
Luego la matanza empieza
tan sin razón ni motivo,
que no queda animal vivo
de esos miles de cabezas.

Y satisfecho el salvaje
650 de que su oficio ha cumplido,
lo pasa por áhi tendido
volviendo a su haraganiar.
Y entra la china a cueriar
con un afán desmedido.

A veces a tierra adentro
algunas puntas se llevan,
pero hay pocos que se atrevan
a hacer esas incursiones,
porque otros indios ladrones
660 les suelen pelar la breva.

Pero pienso que los pampas
deben de ser los más rudos;
aunque andan medio desnudos

ni su convenencia entienden;
por una vaca que venden
quinientas matan al ñudo.

Estas cosas y otras piores
las he visto muchos años;
pero si yo no me engaño
670    concluyó ese vandalaje,
y esos bárbaros salvajes
no podrán hacer más daño.

Las tribus están deshechas;
los caciques más altivos
están muertos o cautivos
privaos de toda esperanza,
y de la chusma y de lanza,
ya muy pocos quedan vivos.

Son salvajes por completo
680    hasta pa su diversión;
pues hacen una junción
que naides se la imagina;
recién le toca a la china
el hacer su papelón.

Cuanto el hombre es más salvaje
trata pior a la mujer.
Yo no sé que pueda haber
sin ella dicha ni goce.
¡Feliz el que la conoce
690    y logra hacerse querer!

Todo el que entiende la vida
busca a su lao los placeres.
Justo es que las considere
el hombre de corazón;
sólo los cobardes son
valientes con sus mujeres.

Pa servir a un desgraciao
pronta la mujer está.
Cuando en su camino va
700    no hay peligro que la asuste;
ni hay una a quien no le guste
una obra de caridá.

No se hallará una mujer
a la que esto no le cuadre;
yo alabo al Eterno Padre,
no porque las hizo bellas,
sino porque a todas ellas
les dió corazón de madre.

Es piadosa y deligente
710    y sufrida en los trabajos:

tal vez su valer rebajo
aunque la estimo bastante;
mas los indios inorantes
la tratan al estropajo.

Echan la alma trabajando
bajo el más duro rigor.
El marido es su señor,
como tirano la manda,
porque el indio no se ablanda
720    ni siquiera en el amor.

No tiene cariño a naides
ni sabe lo que es amar.
¡Ni qué se puede esperar
de aquellos pechos de bronce!
Yo los conocí al llegar
y los calé dende entonces.

Mientras tiene que comer
permanece sosegao.
Yo que en sus toldos he estao
730    y sus costumbres oservo,
digo que es como aquel cuervo
que no volvió del mandao.

Es para él como juguete
escupir un crucifijo.
Pienso que Dios los maldijo
y ansina el ñudo desato:
el indio, el cerdo y el gato,
redaman sangre del hijo.

Mas ya con cuentos de pampas
740    no ocuparé su atención.
Debo pedirles perdón
pues sin querer me distraje,
por hablar de los salvajes
me olvidé de la junción.

. . . . . . . . . . . . . . . . . . . . . . . . . . .
Hacen un cerco de lanzas,
los indios quedan ajuera.
Dentra la china ligera
como yeguada en la trilla,
y empieza allí la cuadrilla
750    a dar güeltas en la era.

A un lao están los caciques,
capitanejos y el trompa
tocando con toda pompa
como un toque de fagina;
adentro muere la china,
sin que aquel círculo rompa.

Muchas veces se les oyen
a las pobres los quejidos;
mas son lamentos perdidos.
760 Alrededor del cercao
en el suelo están mamaos
los indios dando alaridos.

Su canto es una palabra
y de áhi no salen jamás;
llevan todas el compás
«Ioká-ioká» repitiendo,
me parece estarlas viendo
más fieras que Satanás.

Al trote dentro del cerco,
770 sudando, hambrientas, juriosas,
desgreñadas y rotosas
de sol a sol se lo llevan.
Bailan, aunque truene o llueva,
cantando la mesma cosa.

6

EL TIEMPO sigue en su giro
y nosotros solitarios
de los indios sanguinarios
no teníamos qué esperar;
el que nos salvó al llegar
780 era el más hospitalario.

Mostró noble corazón,
cristiano anhelaba ser.
La justicia es un deber,
y sus méritos no callo;
nos regaló unos caballos
y a veces nos vino a ver.

A la voluntá de Dios
ni con la intención resisto:
él nos salvó... pero ¡ah, Cristo!
790 muchas veces he deseado
no nos hubiera salvado
ni jamás haberlo visto.

Quien recibe beneficios
jamás los debe olvidar;
y al que tiene que rodar
en su vida trabajosa,
le pasan a veces cosas
que son duras de pelar.

Voy dentrando poco a poco
800 en lo triste del pasaje;

cuando es amargo el brebaje
el corazón no se alegra:
dentró una virgüela negra
que los diezmó a los salvajes.

Al sentir tal mortandá,
los indios desesperaos
gritaban alborotaos:
«Cristiano echando gualicho».
No quedó en los toldos bicho
810    que no salió redotao.

Sus remedios son secretos,
los tienen las adivinas,
no los conocen las chinas
sino alguna ya muy vieja,
y es la que los aconseja
con mil embustes la indina.

Allí soporta el paciente
las terribles curaciones,
pues a golpes y estrujones
820    son los remedios aquellos:
lo agarran de los cabellos
y le arrancan los mechones.

Les hacen mil herejías
que el presenciarlas da horror.
Brama el indio de dolor
por los tormentos que pasa,
y untándolo todo en grasa
lo ponen a hervir al sol.

Y puesto allí boca arriba
830    alrededor le hacen fuego.
Una china viene luego
y al óido le da de gritos.
Hay algunos tan malditos
que sanan con este juego.

A otros les cuecen la boca
aunque de dolores crujan.
Lo agarran allí y lo estrujan,
labios le queman y dientes
con un güevo bien caliente
840    de alguna gallina bruja.

Conoce el indio el peligro
y pierde toda esperanza.
Si a escapárseles alcanza
dispara como una liebre.
Le da delirios la fiebre
y ya le cain con la lanza.

Esas fiebres son terribles,
y aunque de esto no disputo,
ni de saber me reputo,
850   será, decíamos nosotros,
de tanta carne de potro
como comen estos brutos.

Había un gringuito cautivo
que siempre hablaba del barco.
Y lo augaron en un charco
por causante de la peste.
Tenía los ojos celestes
como potrillito zarco.

Que le dieran esa muerte
860   dispuso una china vieja;
y aunque se aflige y se queja,
es inútil que resista;
ponía el infeliz la vista
como la pone la oveja.

Nosotros nos alejamos
para no ver tanto estrago.
Cruz se sentía con amagos
de la peste que reinaba,
y la idea nos acosaba
870   de volver a nuestros pagos.

Pero contra el plan mejor
el destino se revela.
¡La sangre se me congela!
El que nos había salvado,
cayó también atacado
de la fiebre y la virgüela.

No podíamos dudar,
al verlo en tal padecer,
el fin que había de tener;
880   y Cruz que era tan humano:
«Vamos», me dijo, «paisano,
a cumplir con un deber».

Fuimos a estar a su lado
para ayudarlo a curar.
Lo vinieron a buscar
y hacerle como a los otros;
lo defendimos nosotros,
no lo dejamos lanciar.

Iba creciendo la plaga
890   y la mortandá seguía;
a su lado nos tenía,

864 Como la pone la oveja cuando la matan.

cuidándolo con pacencia.
Pero acabó su esistencia
al fin de unos pocos días.

El recuerdo me atormenta,
se renueva mi pesar,
me dan ganas de llorar;
nada a mis penas igualo;
Cruz también cayó muy malo
900 ya para no levantar.

Todos pueden figurarse
cuánto tuve que sufrir;
yo no hacía sino gemir,
y aumentaba mi aflición
no saber una oración
pa ayudarlo a bien morir.

Se le pasmó la virgüela,
y el pobre estaba en un grito.
Me recomendó un hijito
910 que en su pago había dejado;
«Ha quedado abandonado»,
me dijo, «aquel pobrecito».

«Si vuelve, busquemeló»,
me repetía a media voz:
«En el mundo éramos dos
pues él ya no tiene madre:
que sepa el fin de su padre
y encomiende mi alma a Dios.»

Lo apretaba contra el pecho
920 dominao por el dolor.
Era su pena mayor
el morir allá entre infieles;
sufriendo dolores crueles
entregó su alma al Criador.

De rodillas a su lado
yo lo encomendé a Jesús.
Faltó a mis ojos la luz,
tuve un terrible desmayo,
cai como herido del rayo
930 cuando lo vi muerto a Cruz.

7

AQUEL bravo compañero
en mis brazos espiró;
hombre que tanto sirvió,
varón que fué tan prudente,

por humano y por valiente
en el desierto murió.

Y yo, con mis propias manos,
yo mesmo lo sepulté.
A Dios por su alma rogué
940 de dolor el pecho lleno,
y humedeció aquel terreno
el llanto que redamé.

Cumplí con mi obligación,
no hay falta de que me acuse,
ni deber de que me escuse
aunque de dolor sucumba.
Allá señala su tumba
una cruz que yo le puse.

Andaba de toldo en toldo
950 y todo me fastidiaba.
El pesar me dominaba,
y entregao al sentimiento,
se me hacía cada momento
óir a Cruz que me llamaba.

Cual más cual menos los criollos
saben lo que es amargura.
En mi triste desventura
no encontraba otro consuelo
que ir a tirarme en el suelo
960 al lao de su sepoltura.

Allí pasaba las horas
sin haber naides conmigo,
teniendo a Dios por testigo,
y mis pensamientos fijos
en mi mujer y mis hijos,
en mi pago y en mi amigo.

Privado de tantos bienes
y perdido en tierra ajena;
parece que se encadena
970 el tiempo y que no pasara,
como si el sol se parara
a contemplar tanta pena.

Sin saber qué hacer de mí
y entregado a mi aflición,
estando allí una ocasión,
del lado que venía el viento
oí unos tristes lamentos
que llamaron mi atención.

No son raros los quejidos
980 en los toldos del salvaje,
pues aquél es vandalaje

donde no se arregla nada
sino a lanza y puñalada,
a bolazos y a coraje.

No precisa juramento,
deben crerle a Martín Fierro.
He visto en ese destierro
a un salvaje que se irrita
degollar una chinita
990    y tirársela a los perros.

He presenciado martirios,
he visto muchas crueldades,
crímenes y atrocidades
que el cristiano no imagina;
pues ni el indio ni la china
sabe lo que son piedades.

Quise curiosiar los llantos
que llegaban hasta mí;
al punto me dirigí
1000    al lugar de ande venían.
¡Me horroriza todavía
el cuadro que descubrí!

Era una infeliz mujer
que estaba de sangre llena,
y como una Madalena
lloraba con toda gana.
Conocí que era cristiana
y esto me dió mayor pena.

Cauteloso me acerqué
1010    a un indio que estaba al lao;
porque el pampa es desconfiao
siempre de todo cristiano,
y vi que tenía en la mano
el rebenque ensangrentao.

## 8

MÁS TARDE supe por ella,
de manera positiva,
que dentró una comitiva
de pampas a su partido,
mataron a su marido
1020    y la llevaron cautiva.

En tan dura servidumbre
hacían dos años que estaba.
Un hijito que llevaba
a su lado lo tenía;

la china la aborrecía
tratándola como esclava.

Deseaba para escaparse
hacer una tentativa;
pues a la infeliz cautiva
1030 naides la va a redimir,
y allí tiene que sufrir
el tormento mientras viva.

Aquella china perversa
dende el punto que llegó,
crueldá y orgullo mostró
porque el indio era valiente;
usaba un collar de dientes
de cristianos que él mató.

La mandaba trabajar
1040 poniendo cerca a su hijito
tiritando y dando gritos
por la mañana temprano,
atado de pies y manos
lo mesmo que un corderito.

Ansí le imponía tarea
de juntar leña y sembrar
viendo a su hijito llorar,
y hasta que no terminaba,
la china no la dejaba
1050 que le diera de mamar.

Cuando no tenían trabajo
la emprestaban a otra china:
«Naides, decía, se imagina,
ni es capaz de presumir
cuánto tiene que sufrir
la infeliz que está cautiva.»

Si ven crecido a su hijito,
como de piedá no entienden,
y a súplicas nunca atienden,
1060 cuando no es éste es el otro,
se lo quitan y lo venden
o lo cambian por un potro.

En la crianza de los suyos
son bárbaros por demás;
no lo había visto jamás:
en una tabla los atan,
los crían ansí, y les achatan
la cabeza por detrás.

Aunque esto parezca estraño
1070 ninguno lo ponga en duda:
entre aquella gente ruda,

en su bárbara torpeza,
es gala que la cabeza
se les forme puntiaguda.

Aquella china malvada
que tanto la aborrecía
empezó a decir un día,
porque falleció una hermana,
que sin duda la cristiana
1080 le había echado brujería.

El indio la sacó al campo
y la empezó a amenazar
que le había de confesar
si la brujería era cierta,
o que la iba a castigar
hasta que quedara muerta.

Llora la pobre afligida,
pero el indio en su rigor
le arrebató con furor
1090 al hijo de entre sus brazos,
y del primer rebencazo
la hizo crujir de dolor.

Que aquel salvaje tan cruel
azotándola seguía;
más y más se enfurecía
cuanto más la castigaba,
y la infeliz se atajaba
los golpes como podía.

Que le gritó muy furioso
1100 «Confechando no querés»,
la dió vuelta de un revés,
y por colmar su amargura
a su tierna criatura
se la degolló a los pies.

«Es increible, me decía,
que tanta fiereza esista.
No habrá madre que resista;
aquel salvaje inclemente
cometió tranquilamente
1110 aquel crimen a mi vista.»

Esos horrores tremendos
no los inventa el cristiano:
«Ese bárbaro inhumano»,
sollozando me lo dijo,
«me amarró luego las manos
con las tripitas de mi hijo».

1101 La derribó.

## 9

De ella fueron los lamentos
que en mi soledá escuché.
En cuanto al punto llegué
1120 quedé enterado de todo.
Al mirarla de aquel modo
ni un istante tutubié.

Toda cubierta de sangre
aquella infeliz cautiva,
tenía dende abajo arriba
la marca de los lazazos.
Sus trapos hechos pedazos
mostraban la carne viva.

Alzó los ojos al cielo
1130 en sus lágrimas bañada,
tenía las manos atadas,
su tormento estaba claro;
y me clavó una mirada
como pidiéndome amparo.

Yo no sé lo que pasó
en mi pecho en ese istante,
estaba el indio arrogante
con una cara feroz:
para entendernos los dos
1140 la mirada fué bastante.

Pegó un brinco como gato
y me ganó la distancia.
Aprovechó la ganancia
como fiera cazadora.
Desató las boliadoras
y aguardó con vigilancia.

Aunque yo iba de curioso
y no por buscar contienda,
al pingo le até la rienda,
1150 eché mano dende luego
a éste que no yerra fuego,
y ya se armó la tremenda.

El peligro en que me hallaba
al momento conocí.
Nos mantuvimos ansí,
me miraba y lo miraba;
yo al indio le desconfiaba
y él me desconfiaba a mí.

1151 Alude al cuchillo.

Se debe ser precavido
1160 cuando el Indio se agazape;
en esa postura el tape
vale por cuatro o por cinco.
Como el tigre es para el brinco
y fácil que a uno lo atrape.

Peligro era atropellar
y era peligro el juir,
y más peligro seguir
esperando de este modo,
pues otros podían venir
1170 y carniarme allí entre todos.

A juerza de precaución
muchas veces he salvado,
pues en un trance apurado
es mortal cualquier descuido.
Si Cruz hubiera vivido
no habría tenido cuidado.

Un hombre junto con otro
en valor y en juerza crece.
El temor desaparece,
1180 escapa de cualquier trampa.
Entre dos, no digo a un pampa,
a la tribu si se ofrece.

En tamaña incertidumbre,
en trance tan apurado,
no podía por decontado
escaparme de otra suerte,
sino dando al indio muerte
o quedando allí estirado.

Y como el tiempo pasaba
1190 y aquel asunto me urgía,
viendo que él no se movía
me fuí medio de soslayo
como a agarrarle el caballo
a ver si se me venía.

Ansí fué, no aguardó más,
y me atropelló el salvaje.
Es preciso que se ataje
quien con el Indio pelee.
El miedo de verse a pie
1200 aumentaba su coraje.

En la dentrada no más
me largó un par de bolazos.
Uno me tocó en un brazo:
si me da bien me lo quiebra,

pues las bolas son de piedra
y vienen como balazo.
    A la primer puñalada
el pampa se hizo un ovillo.
Era el salvaje más pillo

1210  que he visto en mis correrías,
y a más de las picardías
arisco para el cuchillo.

    Las bolas las manejaba
aquel bruto con destreza,
las recogía con presteza
y me las volvía a largar,
haciéndomelas silbar
arriba de la cabeza.

    Aquel indio, como todos,
1220  era cauteloso... ¡ay juna!
áhi me valió la fortuna
de que peliando se apotra,
me amenazaba con una,
y me largaba con otra.

    Me sucedió una desgracia
en aquel percance amargo;
en momentos que lo cargo
y que él reculando va,
me enredé en el chiripá
1230  y cai tirao largo a largo.

    Ni pa encomendarme a Dios
tiempo el salvaje me dió;
cuanto en el suelo me vió
me saltó con ligereza;
juntito de la cabeza
el bolazo retumbó.

    Ni por respeto al cuchillo
dejó el indio de apretarme.
Allí pretende ultimarme
1240  sin dejarme levantar,
y no me daba lugar
ni siquiera a enderezarme.

    De balde quiero moverme;
aquel indio no me suelta.
Como persona resuelta
toda mi juerza ejecuto;
pero abajo de aquel bruto
no podía ni darme güelta.
    . . . . . . . . . . . . . . . . . . . . . . .

1222 "Es decir que el indio, como el potro, se enfurece y pierde los sentidos"
(Tiscornia).

¡Bendito Dios poderoso,
1250 quién te puede comprender!
Cuando a una débil mujer
le diste en esa ocasión
la juerza que en un varón
tal vez no pudiera haber.

Esa infeliz tan llorosa,
viendo el peligro se anima;
como una flecha se arrima,
y olvidando su aflición,
le pegó al indio un tirón
1260 que me lo sacó de encima.

Ausilio tan generoso
me libertó del apuro.
Si no es ella, de siguro
que el indio me sacrifica,
y mi valor se duplica
con un ejemplo tan puro.

En cuanto me enderecé
nos volvimos a topar.
No se podía descansar
1270 y me chorriaba el sudor;
en un apuro mayor
jamás me he vuelto a encontrar.

Tampoco yo le daba alce,
como deben suponer.
Se había aumentao mi quehacer
para impedir que el brutazo
le pegara algún bolazo
de rabia a aquella mujer.

La bola en manos del Indio
1280 es terrible y muy ligera.
Hace de ella lo que quiera
saltando como una cabra.
Mudos —sin decir palabra—
peliábamos como fieras.

Aquel duelo en el desierto
nunca jamás se me olvida,
iba jugando la vida
con tan terrible enemigo,
teniendo allí de testigo
1290 a una mujer afligida.

Cuanto él más se enfurecía
yo más me empiezo a calmar;
mientras no logra matar
el Indio no se desfoga;

al fin le corté una soga
y lo empecé aventajar.

　　Me hizo sonar las costillas
de un bolazo aquel maldito;
y al tiempo que le di un grito
1300　y le dentro como bala,
pisa el indio, y se refala
en el cuerpo del chiquito.

　　Para esplicar el misterio
es muy escasa mi cencia.
Lo castigó, en mi concencia,
Su Divina Majestá:
donde no hay casualidá
suele estar la Providencia.

　　En cuanto trastabilló
1310　más de firme lo cargué,
y aunque de nuevo hizo pie
lo perdió aquella pisada;
pues en esa atropellada
en dos partes lo corté.

　　Al sentirse lastimao
se puso medio afligido;
pero era indio decidido,
su valor no se quebranta.
Le salían de la garganta
1320　como una especie de aullidos.

　　Lastimao en la cabeza
la sangre lo enceguecía;
de otra herida le salía
haciendo un charco ande estaba;
con los pies la chapaliaba
sin aflojar todavía.

　　Tres figuras imponentes
formábamos aquel terno:
ella en su dolor materno,
1330　yo con la lengua dejuera,
y el salvaje como fiera
disparada del infierno.

　　Iba conociendo el indio
que tocaban a degüello.

1327 Anota Calixto Oyuela (*Antología poética hispano-americana*, III, 2, 1127):
"En la tremenda lucha de Martín Fierro con el indio en las tolderías, suspende un
momento su relato el protagonista, para que el poeta-artista, José Hernández, diga
por su boca:

　　　　　　　Tres figuras imponentes
　　　　．．．．．．．．．．．．．．．．．．．
　　　　．．．．．．．．．．．．．．．．．．．"

Se le erizaba el cabello
y los ojos revolvía.
Los labios se le perdían
cuando iba a tomar resuello.

    En una nueva dentrada
1340    le pegué un golpe sentido,
y al verse ya mal herido,
aquel indio furibundo
lanzó un terrible alarido
que retumbó como un ruido
si se sacudiera el mundo.

    Al fin de tanto lidiar
en el cuchillo lo alcé,
en peso lo levanté
aquel hijo del desierto
1350    ensartado lo llevé,
y allá recién lo largué
cuando ya lo sentí muerto.
. . . . . . . . . . . . . . . . . . . . . . . . .

Me persiné dando gracias
de haber salvado la vida;
aquella pobre afligida,
de rodillas en el suelo,
alzó sus ojos al Cielo
sollozando dolorida.

    Me hinqué también a su lado
1360    a dar gracias a mi Santo.
En su dolor y quebranto
ella, a la Madre de Dios,
le pide en su triste llanto
que nos ampare a los dos.

    Se alzó con pausa de leona
cuando acabó de implorar,
y sin dejar de llorar
envolvió en unos trapitos
los pedazos de su hijito
1370    que yo le ayudé a juntar.

10

DENDE ese punto era juerza
abandonar el desierto,
pues me hubieran descubierto,
y aunque lo maté en pelea,
de fijo que me lancean
por vengar al indio muerto.

A la afligida cautiva
mi caballo le ofrecí.
Era un pingo que alquirí,
1380   y donde quiera que estaba
en cuanto yo lo silbaba
venía a refregarse en mí.

Yo me le senté al del pampa;
era un oscuro tapao.
Cuando me hallo bien montao
de mis casillas me salgo;
y era un pingo como galgo
que sabía correr boliao.

Para correr en el campo
1390   no hallaba ningún tropiezo.
Los ejercitan en eso
y los ponen como luz,
de dentrarle a un avestruz
y boliar bajo el pescuezo.

El pampa educa al caballo
como para un entrevero;
como rayo es de ligero
en cuanto el Indio lo toca.
Y como trompo en la boca,
1400   da güeltas sobre de un cuero.

Lo varea en la madrugada,
jamás falta a este deber,
luego lo enseña a correr
entre fangos y guadales.
¡Ansina esos animales
es cuanto se puede ver!

En el caballo de un pampa
no hay peligro de rodar.
¡Jué pucha! —y pa disparar
1410   es pingo que no se cansa.
Con prolijidá lo amansa
sin dejarlo corcoviar.

Pa quitarle las cosquillas
con cuidao lo manosea;
horas enteras emplea,
y por fin sólo lo deja
cuando agacha las orejas
y ya el potro ni cocea.

Jamás le sacude un golpe,
1420   porque lo trata al bagual

---

1388 Correr boleado. No es imposible que un caballo corra boleado. *Cf.* Tiscornia, página 190.
1400 Sobre un cuero de vaca, tendido en el suelo, sin salirse de él.

con pacencia sin igual;
al domarlo no le pega,
hasta que al fin se le entrega
ya dócil el animal.
        Y aunque yo sobre los bastos
me sé sacudir el polvo,
a esa costumbre me amoldo.
Con pacencia lo manejan,
y al día siguiente lo dejan
1430    rienda arriba junto al toldo.
        Ansí todo el que procure
tener un pingo modelo,
lo ha de cuidar con desvelo,
y debe impedir también
el que de golpes le den
o tironeen en el suelo.
        Muchos quieren dominarlo
con el rigor y el azote,
y si ven al chafalote
1440    que tiene trazas de malo,
lo embraman en algún palo
hasta que se descogote.
        Todos se vuelven pretestos
y güeltas para ensillarlo.
Dicen que es por quebrantarlo,
mas compriende cualquier bobo,
que es de miedo del corcovo
y no quieren confesarlo.
        El animal yeguarizo,
1450    perdónenme esta alvertencia,
es de mucha conocencia
y tiene mucho sentido.
Es animal consentido,
lo cautiva la pacencia.
        Aventaja a los demás
el que estas cosas entienda.
Es bueno que el hombre aprienda,
pues hay pocos domadores,
y muchos frangolladores
1460    que andan de bozal y rienda.
. . . . . . . . . . . . . . . . . . . . . . . .
Me vine como les digo
trayendo esa compañera.
Marchamos la noche entera

1441 Lo atan a un poste.
1460 Como los domadores.

haciendo nuestro camino
sin más rumbo que el destino
que nos llevara ande quiera.

Al muerto, en un pajonal
había tratao de enterrarlo,
y después de maniobrarlo
1470    lo tapé bien con las pajas,
para llevar de ventaja
lo que emplearan en hallarlo.

En notando nuestra ausencia
nos habían de perseguir,
y al decidirme a venir,
con todo mi corazón
hice la resolución
de peliar hasta morir.

Es un peligro muy serio
1480    cruzar juyendo el desierto.
Muchísimos de hambre han muerto,
pues en tal desasosiego
no se puede ni hacer fuego
para no ser descubierto.

Sólo el albitrio del hombre
puede ayudarlo a salvar;
no hay ausilio que esperar,
sólo de Dios hay amparo.
En el desierto es muy raro
1490    que uno se pueda escapar.

¡Todo es cielo y horizonte
en inmenso campo verde!
¡Pobre de aquel que se pierde
o que su rumbo estravea!
Si alguien cruzarlo desea
este consejo recuerde.

Marque su rumbo de día
con toda fidelidá.
Marche con puntualidá
1500    siguiéndolo con fijeza,
y si duerme, la cabeza
ponga para el lao que va.

Oserve con todo esmero
adonde el sol aparece;
si hay ñeblina y le entorpece
y no lo puede oservar,
guárdese de caminar,
pues quien se pierde perece.

Dios les dió istintos sutiles
1510    a toditos los mortales.

El hombre es uno de tales,
y en las llanuras aquellas
lo guían el sol, las estrellas,
el viento y los animales.
   Para ocultarnos de día
a la vista del salvaje,
ganábamos un paraje
en que algún abrigo hubiera,
a esperar que anocheciera
1520   para seguir nuestro viaje.
   Penurias de toda clase
y miserias padecimos.
varias veces no comimos
o comimos carne cruda;
y en otras, no tengan duda,
con raices nos mantuvimos.
   Después de mucho sufrir
tan peligrosa inquietú,
alcanzamos con salú
1530   a divisar una sierra,
y al fin pisamos la tierra
en donde crece el Ombú.
   Nueva pena sintió el pecho
por Cruz, en aquel paraje,
y en humilde vasallaje
a la Majestá infinita
besé esta tierra bendita
que ya no pisa el salvaje.
   Al fin la misericordia
1540   de Dios nos quiso amparar;
es preciso soportar
los trabajos con costancia.
Alcanzamos a una estancia
después de tanto penar.
   Áhi mesmo me despedí
de mi infeliz compañera.
«Me voy, le dije, ande quiera,
aunque me agarre el gobierno,
pues infierno por infierno,
1550   prefiero el de la frontera».

1550 Para este episodio, cf.: "Cualquier romántico vulgar habría aprovechado el percance para una aventura amorosa, después de todo natural en aquel hombre afligido por un celibato de cinco años. Por pasividad gaucha y por gratitud, la mujer tampoco habría resistido. Pero la generosidad del paladín ignora estas complicaciones pasionales. Ni una sombra de egoísmo empañará su buena acción. Ni siquiera en ósculos dolorosos sabría cobrar al débil el precio de su hazaña. Modelo de varón, su castidad, como el asco de la espada, es la belleza de su fuerza" (Leopoldo Lugones, *El payador*, 1916, página 234). *Sed contra*: "Quizás Fierro

Concluyo esta relación,
ya no puedo continuar.
Permítanme descansar,
están mis hijos presentes,
y yo ansioso porque cuenten
lo que tengan que contar.

11

Y MIENTRAS que tomo un trago
pa refrescar el garguero,
y mientras tiempla el muchacho
1560　y prepara su estrumento,
les contaré de qué modo
tuvo lugar el encuentro.
Me acerqué a algunas estancias
por saber algo de cierto,
creyendo que en tantos años
esto se hubiera compuesto;
pero cuanto saqué en limpio
fué que estábamos lo mesmo,
ansí me dejaba andar
1570　haciéndome el chancho rengo,
porque no me convenía
revolver el avispero;
pues no inorarán ustedes
que en cuentas con el gobierno
tarde o temprano lo llaman
al pobre a hacer el arreglo.
Pero al fin tuve la suerte
de hallar un amigo viejo,
que de todo me informó,
1580　y por él supe al momento
que el Juez que me perseguía
hacía tiempo que era muerto:
por culpa suya he pasado
diez años de sufrimiento,
y no son pocos diez años
para quien ya llega a viejo.
Y los he pasado ansí,
si en mi cuenta no me yerro:

---

entrara en intimidad carnal con la cautiva, siquiera alguna noche del desierto, al
cruzar la pampa sobre un solo caballo, que consiguieron robar a los indios. Si
tal cosa ocurrió, Hernández no nos lo dice, quizás porque un acto tan natural le
resultaba expúreo para el arte, o porque quiso que la generosa figura de su héroe
se destacara en toda su grandeza moral" (Ricardo Rojas, La literatura argentina, 1917, I, 493).

tres años en la frontera,
1590 dos como gaucho matrero,
y cinco allá entre los indios
hacen los diez que yo cuento.

Me dijo, a más, ese amigo
que anduviera sin recelo,
que todo estaba tranquilo,
que no perseguía el gobierno;
que ya naides se acordaba
de la muerte del moreno;
aunque si yo lo maté,
1600 mucha culpa tuvo el negro.
Estuve un poco imprudente
puede ser, yo lo confieso,
pero él me precipitó
porque me cortó primero;
y a más me cortó en la cara
que es un asunto muy serio.

Me asiguró el mesmo amigo
que ya no había ni el recuerdo
de aquel que en la pulpería
1610 lo dejé mostrando el sebo.
Él de engreido me buscó
yo ninguna culpa tengo;
él mesmo vino a peliarme,
y tal vez me hubiera muerto
si le tengo más confianza
o soy un poco más lerdo.
Fué suya toda la culpa
porque ocasionó el suceso.
Que ya no hablaban tampoco,

1605-6 *Cf.* este pasaje de Sarmiento, que prefigura la historia de Martín Fierro:
"El hombre de la plebe de los demás países toma el cuchillo para matar, y mata;
el gaucho argentino lo desenvaina para pelear y hiere solamente. Es preciso que
esté muy borracho, es preciso que tenga instintos verdaderamente malos, o rencores muy profundos, para que atente contra la vida de su adversario. Su objeto es
sólo *marcarlo*, darle una tajada en la cara, dejarle una señal indeleble. Así, se ve
a estos gauchos llenos de cicatrices que rara vez son profundas. La riña, pues,
se traba por brillar, por la gloria del vencimiento, por amor a la reputación. Ancho
círculo se forma en torno de los combatientes, y los ojos siguen con pasión y
avidez el centelleo de los puñales, que no cesan de agitarse un momento. Cuando
la sangre corre a torrentes, los espectadores se creen obligados en conciencia a
separarlos. Si sucede una *desgracia*, las simpatías están por el que se desgració;
el mejor caballo le sirve para salvarse a parajes lejanos, y allí lo acoge el respeto
o la compasión. Si la justicia le da alcance, no es raro que haga frente, y si *corre a
la partida*, adquiere un renombre desde entonces, que se dilata sobre una ancha
circunferencia. Transcurre el tiempo, el juez ha sido mudado, y ya puede presentarse de nuevo en su pago sin que se proceda a ulteriores persecuciones; está
absuelto. Matar es una desgracia, a menos que el hecho se repita tantas veces, que
inspire horror el contacto del asesino" (*Facundo*, I, 3).

1620 me lo dijo muy de cierto,
de cuando con la partida
llegué a tener el encuentro.
Esa vez me defendí
como estaba en mi derecho,
porque fueron a prenderme
de noche y en campo abierto.
Se me acercaron con armas,
y sin darme voz de preso
me amenazaron a gritos
1630 de un modo que daba miedo:
que iban arreglar mis cuentas,
tratándome de matrero,
y no era el jefe el que hablaba
sino un cualquiera de entre ellos.
Y ése, me parece a mí,
no es modo de hacer arreglos,
ni con el que es inocente,
ni con el culpable menos.

Con semejantes noticias
1640 yo me puse muy contento
y me presenté ande quiera
como otros pueden hacerlo.
De mis hijos he encontrado
sólo a dos hasta el momento,
y de ese encuentro feliz
le doy las gracias al cielo.
A todos cuantos hablaba
les preguntaba por ellos.
Mas no me daba ninguno
1650 razón de su paradero;
casualmente el otro día
llegó a mi conocimiento
de una carrera muy grande
entre varios estancieros;
y fuí como uno de tantos
aunque no llevaba un medio.
No faltaban, ya se entiende,
en aquel gauchaje inmenso,
muchos que ya conocían
1660 la historia de Martín Fierro:
y allí estaban los muchachos
cuidando unos parejeros.
Cuanto me oyeron nombrar
se vinieron al momento,
diciéndome quiénes eran
aunque no me conocieron,

porque venía muy aindiao
y me encontraban muy viejo.
La junción de los abrazos,
1670    de los llantos y los besos,
se deja pa las mujeres
como que entienden el juego.
Pero el hombre que compriende
que todos hacen lo mesmo,
en público canta y baila,
abraza y llora en secreto.
Lo único que me han contado
es que mi mujer ha muerto.
Que en procura de un muchacho
1680    se fué la infeliz al pueblo,
donde infinitas miserias
habrá sufrido por cierto.
Que por fin a un hospital
fué a parar medio muriendo,
y en ese abismo de males
falleció al muy poco tiempo.

    Les juro que de esa pérdida
jamás he de hallar consuelo;
muchas lágrimas me cuesta
1690    dende que supe el suceso.
Mas dejemos cosas tristes
aunque alegrías yo no tengo;
me parece que el muchacho
ha templao y está dispuesto.
Vamos a ver qué tal lo hace,
y juzgar su desempeño.

    Ustedes no los conocen,
yo tengo confianza en ellos,
no porque lleven mi sangre,
1700    eso fuera lo de menos,
sino porque dende chicos
han vivido padeciendo.
Los dos son aficionados;
les gusta jugar con fuego,
vamos a verlos correr.
Son cojos... hijos de rengo.

---

1669-70 Hernández parece aludir aquí a los versos 61-66 del *Fausto* de Estanislao del Campo.
1680 Al pueblo: a la ciudad.
1692 En otras ediciones: *Aunque alegrías no tengo.*

12

EL HIJO MAYOR DE MARTÍN FIERRO

## LA PENITENCIARÍA

AUNQUE el gajo se parece
al árbol de donde sale,
solía decirlo mi madre
1710 y en su razón estoy fijo:
«Jamás puede hablar el hijo
con la autoridá del padre.»

Recordarán que quedamos
sin tener donde abrigarnos,
ni ramada ande ganarnos
ni rincón ande meternos
ni camisa que ponernos
ni poncho con que taparnos.

Dichoso aquel que no sabe
1720 lo que es vivir sin amparo;
yo con verdá les declaro,
aunque es por demás sabido:
dende chiquito he vivido
en el mayor desamparo.

No le merman el rigor
los mesmos que lo socorren;
tal vez porque no se borren
los decretos del destino,
de todas partes lo corren
1730 como ternero dañino.

Y vive como los bichos
buscando alguna rendija.
El güérfano es sabandija
que no encuentra compasión,
y el que anda sin dirección
es guitarra sin clavija.

Sentiré que cuanto digo
a algún oyente le cuadre.
Ni casa tenía, ni madre,
1740 ni parentela, ni hermanos;
y todos limpian sus manos
en el que vive sin padre.

Lo cruza éste de un lazazo,
lo abomba aquél de un moquete,
otro le busca el cachete,
y entre tanto soportar,

suele a veces no encontrar
ni quien le arroje un zoquete.
 Si lo recogen lo tratan
1750 con la mayor rigidez;
piensan que es mucho tal vez,
cuando ya muestra el pellejo,
si le dan un trapo viejo
pa cubrir su desnudez.
. . . . . . . . . . . . . . . . . . . . . .

Me crié, pues, como les digo,
desnudo a veces y hambriento,
me ganaba mi sustento,
y ansí los años pasaban.
Al ser hombre me esperaban
1760 otra clase de tormentos.

 Pido a todos que no olviden
lo que les voy a decir;
en la escuela del sufrir
he tomado mis leciones;
y hecho muchas refleciones
dende que empecé a vivir.

 Si alguna falta cometo
la motiva mi inorancia,
no vengo con arrogancia,
1770 y les diré en conclusión
que trabajando de pión
me encontraba en una estancia.

 El que manda siempre puede
hacerle al pobre un calvario;
a un vecino propietario
un boyero le mataron;
y aunque a mí me lo achacaron,
salió cierto en el sumario.

 Piensen los hombres honrados
1780 en la vergüenza y la pena
de que tendría el alma llena
al verme ya tan temprano
igual a los que sus manos
con el crimen envenenan.

 Declararon otros dos
sobre el caso del dijunto:
mas no se aclaró el asunto,
y el Juez, por darlas de listo,
«Amarrados como un Cristo,
1790 nos dijo, irán todos juntos».

 «A la Justicia Ordinaria
voy a mandar a los tres.»

Tenía razón aquel Juez,
y cuantos ansí amenacen;
ordinaria... es como la hacen,
lo he conocido después.

    Nos remitió como digo
a esa Justicia Ordinaria.
Y fuimos con la sumaria
1800    a esa cárcel de malevos,
que por un bautismo nuevo
le llaman Penitenciaria.

    El porqué tiene ese nombre
naides me lo dijo a mí,
mas yo me lo esplico ansí:
le dirán Penitenciaria
por la penitencia diaria
que se sufre estando allí.

    Criollo que cai en desgracia
1810    tiene que sufrir no poco;
naides lo ampara tampoco
si no cuenta con recursos.
El gringo es de más discurso;
cuando mata, se hace el loco.

    No sé el tiempo que corrió
en aquella sepoltura;
si de ajuera no lo apuran,
el asunto va con pausa.
Tienen la presa sigura
1820    y dejan dormir la causa.

    Inora el preso a qué lado
se inclinará la balanza;
pero es tanta la tardanza,
que yo les digo por mí:
el hombre que dentre allí
deje ajuera la esperanza.

    Sin perfecionar las leyes
perfecionan el rigor.
Sospecho que el inventor
1830    habrá sido algún maldito;
por grande que sea un delito
aquella pena es mayor.

    Eso es para quebrantar
el corazón más altivo.
Los llaveros son pasivos,
pero más secos y duros
tal vez que los mesmos muros
en que uno gime cautivo.

No es en grillos ni en cadenas
1840 en lo que usté penará,
sino en una soledá
y un silencio tan projundo,
que parece que en el mundo
es el único que está.

El más altivo varón
y de cormillo gastao,
allí se vería agobiao
y su corazón marchito,
al encontrarse encerrao
1850 a solas con su delito.

En esa cárcel no hay toros,
allí todos son corderos;
no puede el más altanero,
al verse entre aquellas rejas,
sino amujar las orejas
y sufrir callao su encierro.

Y digo a cuantos inoran
el rigor de aquellas penas,
yo que sufrí las cadenas
1860 del destino y su inclemencia:
que aprovechen la esperencia,
del mal en cabeza ajena.

¡Ay! madres, las que dirigen
al hijo de sus entrañas,
no piensen que las engaña,
ni que les habla un falsario;
lo que es el ser presidario
no lo sabe la campaña.

Hijas, esposas, hermanas,
1870 cuantas quieren a un varón,
díganles que esa prisión
es un infierno temido,
donde no se oye más ruido
que el latir del corazón.

Allá el día no tiene sol,
la noche no tiene estrellas.
Sin que le valgan querellas
encerrao lo purifican;
y sus lágrimas salpican
1880 en las paredes aquellas.

En soledá tan terrible
de su pecho oye el latido.

---

1846 De colmillo gastado: la frase aplícase generalmente a los caballos. Aquí significa "viejo y experimentado".

Lo sé, porque lo he sufrido
y creameló el aulitorio,
tal vez en el purgatorio
las almas hagan más ruido.

Cuenta esas horas eternas
para más atormentarse,
su lágrima al redamarse
1890 calcula en sus afliciones,
contando sus pulsaciones,
lo que dilata en secarse.

Allí se amansa el más bravo,
allí se duebla el más juerte,
el silencio es de tal suerte,
que cuando llegue a venir,
hasta se le han de sentir
las pisadas a la muerte.

Adentro mesmo del hombre
1900 se hace una revolución.
Metido en esa prisión
de tanto no mirar nada
le nace y queda grabada
la idea de la perfeción.

En mi madre, en mis hermanos,
en todo pensaba yo;
al hombre que allí dentró
de memoria más ingrata,
fielmente se le retrata
1910 todo cuanto ajuera vió.

Aquel que ha vivido libre
de cruzar por donde quiera,
se aflige y se desespera
de encontrarse allí cautivo;
es un tormento muy vivo
que abate la alma más fiera.

En esa estrecha prisión
sin poderme conformar,
no cesaba de esclamar:
1920 ¡Qué diera yo por tener
un caballo en que montar
y una pampa en que correr!

En un lamento costante
se encuentra siempre embretao;
el castigo han inventao
de encerrarlo en las tinieblas,
y allí está como amarrao
a un fierro que no se duebla.

No hay un pensamiento triste
1930 que al preso no lo atormente;
bajo un dolor permanente
agacha al fin la cabeza,
porque siempre es la tristeza
hermana de un mal presente.

Vierten lágrimas sus ojos
pero su pena no alivia;
en esa costante lidia
sin un momento de calma,
contempla con los del alma
1940 felicidades que envidia.

Ningún consuelo penetra
detrás de aquellas murallas.
El varón de más agallas,
aunque más duro que un perno,
metido en aquel infierno
sufre, gime, llora y calla.

De furor el corazón
se le quiere reventar,
pero no hay sino aguantar
1950 aunque sosiego no alcance.
¡Dichoso en tan duro trance
aquel que sabe rezar!

¡Dirige a Dios su plegaria
el que sabe una oración!
En esa tribulación
gime olvidado del mundo,
y el dolor es más projundo
cuando no halla compasión.

En tan crueles pesadumbres,
1960 en tan duro padecer,
empezaba a encanecer
después de muy pocos meses.
Allí lamenté mil veces
no haber aprendido a ler.

Viene primero el furor,
después la melancolía.
En mi angustia no tenía
otro alivio ni consuelo
sino regar aquel suelo
1970 con lágrimas noche y día.

¡A visitar otros presos
sus familias solían ir!
Naides me visitó a mí
mientras estuve encerrado.

¡Quién iba a costiarse allí
a ver un desamparado!
    ¡Bendito sea el carcelero
que tiene buen corazón!
Yo sé que esta bendición
1980    pocos pueden alcanzarla,
pues si tienen compasión
su deber es ocultarla.

    Jamás mi lengua podrá
espresar cuánto he sufrido;
en ese encierro metido,
llaves, paredes, cerrojos,
se graban tanto en los ojos
que uno los ve hasta dormido.
. . . . . . . . . . . . . . . . . . . . . . .
El mate no se permite,
1990    no le permiten hablar,
no le permiten cantar
para aliviar su dolor,
y hasta el terrible rigor
de no dejarlo fumar.

    La justicia muy severa
suele rayar en cruelá:
sufre el pobre que allí está
calenturas y delirios,
pues no esiste pior martirio
2000    que esa eterna soledá.

    Conversamos con las rejas
por sólo el gusto de hablar;
pero nos mandan callar
y es preciso conformarnos;
pues no se debe irritar
a quien puede castigarnos.

    Sin poder decir palabra
sufre en silencio sus males;
y uno en condiciones tales
2010    se convierte en animal,
privao del don principal
que Dios hizo a los mortales.

    Yo no alcanzo a comprender
por qué motivo será,
que el preso privado está
de los dones más preciosos
que el justo Dios bondadoso
otorgó a la humanidá.

    Pues que de todos los bienes,
2020    en mi inorancia lo infiero,

que le dió al hombre altanero
Su Divina Majestá,
la palabra es el primero,
el segundo es la amistá.

      Y es muy severa la ley
que por un crimen o un vicio,
somete al hombre a un suplicio
el más tremendo y atroz,
privado de un beneficio
2030  que ha recebido de Dios.

      La soledá causa espanto,
el silencio causa horror,
ese continuo terror
es el tormento más duro,
y en un presidio siguro
está de más tal rigor.

      Inora uno si de allí
saldrá pa la sepoltura;
el que se halla en desventura
2040  busca a su lado otro ser;
pues siempre es bueno tener
compañeros de amargura.

      Otro más sabio podrá
encontrar razón mejor,
yo no soy rebuscador,
y ésta me sirve de luz:
se los dieron al Señor
al clavarlo en una cruz.

      Y en las projundas tinieblas
2050  en que mi razón esiste,
mi corazón se resiste
a ese tormento sin nombre,
pues el hombre alegra al hombre,
y el hablar consuela al triste.

. . . . . . . . . . . . . . . . . . . . . . . . . . . . .

Grabenló como en la piedra
cuanto he dicho en este canto,
y aunque yo he sufrido tanto
debo confesarlo aquí:
el hombre que manda allí
2060  es poco menos que un santo.

      Y son buenos los demás,
a su ejemplo se manejan.
Pero por eso no dejan
las cosas de ser tremendas;

  piensen todos y compriendan
  el sentido de mis quejas.
   Y guarden en su memoria
  con toda puntualidá,
  lo que con tal claridá
2070 les acabo de decir.
  Mucho tendrán que sufrir
  si no cren en mi verdá.
   Y si atienden mis palabras
  no habrá calabozos llenos.
  Manéjense como buenos;
  no olviden esto jamás:
  aquí no hay razón de más,
  más bien las puse de menos.
   Y con esto me despido,
2080 todos han de perdonar.
  Ninguno debe olvidar
  la historia de un desgraciado.
  Quien ha vivido encerrado
  poco tiene que contar.


## 13

### EL HIJO SEGUNDO DE MARTÍN FIERRO

  Lo QUE les voy a decir
  ninguno lo ponga en duda,
  y aunque la cosa es peluda
  haré la resolución,
  es ladino el corazón
2090 pero la lengua no ayuda.
   El rigor de las desdichas
  hemos soportao diez años,
  pelegrinando entre estraños
  sin tener donde vivir,
  y obligados a sufrir
  una máquina de daños.
   El que vive de ese modo
  de todos es tributario;
  falta el cabeza primario,
2100 y los hijos que él sustenta
  se dispersan como cuentas
  cuando se corta el rosario.
   Yo anduve ansí como todos,
  hasta que al fin de sus días

2099 Extraña locución que parece significar el padre.

supo mi suerte una tía
y me recogió a su lado;
allí viví sosegado
y de nada carecía.

      No tenía cuidado alguno
2110  ni que trabajar tampoco;
y como muchacho loco
lo pasaba de holgazán;
con razón dice el refrán
que lo bueno dura poco.

      En mí todo su cuidado
y su cariño ponía;
como a un hijo me quería
con cariño verdadero,
y me nombró de heredero
2120  de los bienes que tenía.

      El Juez vino sin tardanza
cuanto falleció la vieja.
«De los bienes que te deja,
me dijo, yo he de cuidar,
es un rodeo regular
y dos majadas de ovejas.»

      Era hombre de mucha labia,
con más leyes que un dotor.
Me dijo: «vos sos menor,
2130  y por los años que tienes
no podés manejar bienes,
voy a nombrarte un tutor.»

      Tomó un recuento de todo
porque entendía su papel,
y despúes que aquel pastel
lo tuvo bien amasao,
puso al frente un encargao
y a mí me llevó con él.

      Muy pronto estuvo mi poncho
2140  lo mesmo que cernidor.
El chiripá estaba pior,
y aunque para el frío soy guapo,
ya no me quedaba un trapo
ni pa el frío, ni pa el calor.

      En tan triste desabrigo
tras de un mes iba otro mes,
guardaba silencio el Juez,
la miseria me invadía.
Me acordaba de mi tía
2150  al verme en tal desnudez.

No sé decir con fijeza
el tiempo que pasé allí.
Y después de andar ansí,
como moro sin señor,
pasé a poder del tutor
que debía cuidar de mí.

14

ME LLEVÓ consigo un viejo
que pronto mostró la hilacha;
dejaba ver por la facha
2160    que era medio cimarrón,
muy renegao, muy ladrón,
y le llamaban Vizcacha.

Lo que el Juez iba buscando
sospecho y no me equivoco,
pero este punto no toco
ni su secreto averiguo;
mi tutor era un antiguo
de los que ya quedan pocos.

Viejo lleno de camándulas,
2170    con un empaque a lo toro;
andaba siempre en un moro
metido no sé en qué enriedos,
con las patas como loro,
de estribar entre los dedos.

Andaba rodiao de perros,
que eran todo su placer,
jamás dejó de tener
menos de media docena.
Mataba vacas ajenas
2180    para darles de comer.

Carniábamos noche a noche
alguna res en el pago;
y dejando allí el rezago
alzaba en ancas el cuero,
que se lo vendía a un pulpero
por yerba, tabaco y trago.

¡Ah! viejo más comerciante
en mi vida lo he encontrao.
Con ese cuero robao

---

2174 Los gauchos solían estribar entre los dedos, ora en un nudo de lazo, ora
en un estribo común. Por lo general, la bota de potro estaba abierta en la punta,
para que pasaran los dedos.

2180 Rossi juzga que esto es inverosímil. Véase *Folletos lenguaraces*, XXIX,
página 36.

2190 él arreglaba el pastel,
y allí entre el pulpero y él
se estendía el certificao.

La echaba de comedido;
en las trasquilas, lo viera,
se ponía como una fiera
si cortaban una oveja;
pero de alzarse no deja
un vellón o unas tijeras.

Una vez me dió una soba
2200 que me hizo pedir socorro,
porque lastimé un cachorro
en el rancho de unas vascas,
y al irse se alzó unas guascas,
para eso era como zorro.

¡Ay juna! dije entre mí,
me has dao esta pesadumbre,
ya verás cuanto vislumbre
una ocasión medio güena,
te he de quitar la costumbre
2210 de cerdiar yeguas ajenas.

Porque maté una vizcacha
otra vez me reprendió.
Se lo vine a contar yo,
y no bien se lo hube dicho,
«Ni me nuembres ese bicho»,
me dijo, y se me enojó.

Al verlo tan irritao
hallé prudente callar.
Éste me va a castigar,
2220 dije entre mí, si se agravia;
ya vi que les tenía rabia
y no las volví a nombrar.

Una tarde halló una punta
de yeguas medio bichocas,
después que voltió unas pocas
las cerdiaba con empeño.
Yo vide venir al dueño
pero me callé la boca.

El hombre venía jurioso
2230 y nos cayó como un rayo.
Se descolgó del caballo
reboliando el arriador;
y lo cruzó de un lazazo
áhi no más a mi tutor.

No atinaba don Vizcacha

2235 El don aquí es irónico.

a qué lado disparar,
hasta que logró montar,
y de miedo del chicote,
se lo apretó hasta el cogote
2240 sin pararse a contestar.

Ustedes crerán tal vez
que el viejo se curaría.
No, señores, lo que hacía,
con más cuidao dende entonces,
era maniarlas de día
para cerdiar a la noche.

Ése fué el hombre que estuvo
encargao de mi destino.
Siempre anduvo en mal camino,
2250 y todo aquel vecindario
decía que era un perdulario,
insufrible de dañino.

Cuando el Juez me lo nombró,
al dármelo de tutor,
me dijo que era un señor
el que me debía cuidar,
enseñarme a trabajar
y darme la educación.

Pero qué había de aprender
2260 al lao de ese viejo paco,
que vivía como el chuncaco
en los bañaos, como el tero,
un haragán, un ratero,
y más chillón que un barraco.

Tampoco tenía más bienes
ni propiedá conocida
que una carreta podrida
y las paredes sin techo
de un rancho medio deshecho
2270 que le servía de guarida.

Después de las trasnochadas
allí venía a descansar.
Yo desiaba aviriguar
lo que tuviera escondido,
pero nunca había podido
pues no me dejaba entrar.

Yo tenía unas jergas viejas
que habían sido más peludas.
Y con mis carnes desnudas,
2280 el viejo, que era una fiera,

2239 Se sobreentiende el sombrero.

me echaba a dormir ajuera
con unas heladas crudas.
    Cuando mozo fué casao,
aunque yo lo desconfío.
Y decía un amigo mío
que de arrebatao y malo
mató a su mujer de un palo
porque le dió un mate frío.
    Y viudo por tal motivo
2290    nunca se volvió a casar;
no era fácil encontrar
ninguna que lo quisiera,
todas temerían llevar
la suerte de la primera.
    Soñaba siempre con ella,
sin duda por su delito,
y decía el viejo maldito
el tiempo que estuvo enfermo,
que ella dende el mesmo infierno
2300    lo estaba llamando a gritos.

### 15

SIEMPRE andaba retobao,
con ninguno solía hablar,
se divertía en escarbar
y hacer marcas con el dedo,
y cuanto se ponía en pedo
me empezaba aconsejar.
    Me parece que lo veo
con su poncho calamaco.
Despúes de echar un buen taco
2310    ansí principiaba a hablar:
«Jamás llegués a parar
adonde veás perros flacos.»
    «El primer cuidao del hombre
es defender el pellejo.
Lleváte de mi consejo,
fijáte bien en lo que hablo:
el diablo sabe por diablo
pero más sabe por viejo.»
    «Hacéte amigo del Juez,
2320    no le dés de qué quejarse;

---

2288 Mate frío. Evidentemente observa Tiscornia: "Servir el mate frío no es
agravio que deba vengarse con la muerte." Agrega: "El paisano no acepta mate
cebado con agua fría, porque la yerba no rinde, así, los jugos."
2318 Cf. Ascasubi, *Santos Vega*, 2065-2069.

y cuando quiera enojarse
vos te debés encoger,
pues siempre es güeno tener
palenque ande ir a rascarse.»
          «Nunca le llevés la contra
porque él manda la gavilla.
Allí sentao en su silla
ningún güey le sale bravo.
A uno le da con el clavo
2330     y a otro con la cantramilla.»
          «El hombre, hasta el más soberbio,
con más espinas que un tala,
aflueja andando en la mala
y es blando como manteca.
Hasta la hacienda baguala
cai al jagüel en la seca.»
          «No andés cambiando de cueva,
hacé las que hace el ratón:
conserváte en el rincón
2340     en que empezó tu esistencia.
Vaca que cambia querencia
se atrasa en la parición.»
          Y menudiando los tragos
aquel viejo como cerro,
«no olvidés, me decía, Fierro,
que el hombre no debe crer
en lágrimas de mujer
ni en la renguera del perro.»
          «No te debés afligir
2350     aunque el mundo se desplome.
Lo que más precisa el hombre
tener, según yo discurro,
es la memoria del burro
que nunca olvida ande come.»
          «Dejá que caliente el horno
el dueño del amasijo.
Lo que es yo, nunca me aflijo
y a todito me hago el sordo.
El cerdo vive tan gordo
2360     y se come hasta los hijos.»
          «El zorro que ya es corrido

2344 Observa Leopoldo Lugones: "La comparación refiérese al vientre hiper-
trofiado del alcoholista, y es de gran propiedad en el lenguaje gaucho" (El payador, 1916, página 176). Sed contra, Santiago M. Lugones: "Como cerro. Firme
como un cerro; resistente para beber. Aunque parezca expresión traída de los
cabellos para el consonante, no lo es, sino frase corriente entre los gauchos, como
todas las del poema."

dende lejos la olfatea.
No se apure quien desea
hacer lo que le aproveche.
La vaca que más rumea
es la que da mejor leche.»

«El que gana su comida
bueno es que en silencio coma,
ansina, vos ni por broma
2370 querás llamar la atención.
Nunca escapa el cimarrón
si dispara por la loma.»

«Yo voy donde me conviene
y jamás me descarrío,
lleváte el ejemplo mío
y llenarás la barriga.
Aprendé de las hormigas,
no van a un noque vacío.»

«A naides tengás envidia,
2380 es muy triste el envidiar,
cuando veás a otro ganar
a estorbarlo no te metas.
Cada lechón en su teta
es el modo de mamar.»

«Ansí se alimentan muchos
mientras los pobres lo pagan.
Como el cordero hay quien lo haga
en la puntita no niego,
pero otros como el borrego
2390 toda entera se la tragan.»

«Si buscás vivir tranquilo
dedicáte a solteriar.
Mas si te querés casar,
con esta alvertencia sea,
que es muy difícil guardar
prenda que otros codicean.»

«Es un bicho la mujer
que yo aquí no lo destapo,
siempre quiere al hombre guapo,
2400 mas fijáte en la eleción;
porque tiene el corazón
como barriga de sapo.»

Y gangoso con la tranca,
me solía decir: «potrillo,
recién te apunta el cormillo
mas te lo dice un toruno:

2402 Frío.

no dejés que hombre ninguno
te gane el lao del cuchillo.»

«Las armas son necesarias,
2410 pero naide sabe cuándo;
ansina si andás pasiando,
y de noche sobre todo,
debés llevarlo de modo
que al salir, salga cortando.»

«Los que no saben guardar
son pobres aunque trabajen.
Nunca por más que se atajen
se librarán del cimbrón,
al que nace barrigón
2420 es al ñudo que lo fajen.»

«Donde los vientos me llevan
allí estoy como en mi centro.
Cuando una tristeza encuentro
tomo un trago pa alegrarme;
a mí me gusta mojarme
por ajuera y por adentro.»

«Vos sos pollo, y te convienen
toditas estas razones,
mis consejos y leciones
2430 no echés nunca en el olvido.
En las riñas he aprendido
a no peliar sin puyones.»

Con estos consejos y otros
que yo en mi memoria encierro
y que aquí no desentierro
educándome seguía,
hasta que al fin se dormía
mesturao entre los perros.

16

Cuando el viejo cayó enfermo,
2440 viendo yo que se empioraba,
y que esperanza no daba
de mejorarse siquiera,
le truje una culandrera
a ver si lo mejoraba.

En cuanto lo vió me dijo:
«Éste no aguanta el sogazo.
Muy poco le doy de plazo,

2408 El lado del cuchillo. Cabe, tal vez, recordar que griegos y romanos dis-
tinguían el lado de la lanza y el lado del escudo. Cf... As flame they part / Half
wheeling to the Shield, half to the Spear. John Milton, Paradise Lost, IV, 784-5.

nos va a dar un espetáculo,
porque debajo del brazo
2450    le ha salido un tabernáculo.»

Dice el refrán que en la tropa
nunca falta un güey corneta.
Uno que estaba en la puerta
le pegó el grito áhi no más:
«Tabernáculo... ¡qué bruto!,
un tubérculo dirás.»

Al verse ansí interrumpido,
al punto dijo el cantor:
«No me parece ocasión
2460    de meterse los de ajuera,
tabernáculo, señor,
le decía la culandrera.»

El de ajuera repitió
dándole otro chaguarazo:
«Allá va un nuevo bolazo;
copo y se la gano en puerta:
a las mujeres que curan
se las llama curanderas.»

«No es bueno, dijo el cantor,
2470    muchas manos en un plato,
y diré al que ese barato
ha tomao de entremetido,
que no créia haber venido
a hablar entre liberatos.

«Y para seguir contando
la historia de mi tutor,
le pediré a ese dotor
que en mi inorancia me deje,
pues siempre encuentra el que teje
2480    otro mejor tejedor.

«Seguía enfermo como digo
cada vez más emperrao,
yo estaba ya acobardao
y lo espiaba dende lejos;
era la boca del viejo
la boca de un condenao.

«Allá pasamos los dos
noches terribles de invierno;
él maldecía al Padre Eterno
2490    como a los santos benditos,
pidiéndole al diablo a gritos
que lo llevara al infierno.

«Debe ser grande la culpa
que a tal punto mortifica;

cuando vía una reliquia
se ponía como azogado,
como si a un endemoniado
le echaran agua bendita.

2500 Nunca me le puse a tiro,
pues era de mala entraña;
y viendo herejía tamaña,
si alguna cosa le daba,
de lejos se la alcanzaba
en la punta de una caña.

«Será mejor, decía yo,
que abandonado lo deje,
que blasfeme y que se queje
y que siga de esta suerte,
hasta que venga la muerte
2510 y cargue con este hereje.»

Cuando ya no pudo hablar
le até en la mano un cencerro,
y al ver cercano su entierro,
arañando las paredes
espiró allí entre los perros
y este servidor de ustedes.

### 17

LE TOMÉ un miedo terrible
después que lo vi dijunto.
Llamé al Alcalde, y al punto,
2520 acompañado se vino
de tres o cuatro vecinos
a arreglar aquel asunto.

«Ánima bendita, dijo
un viejo medio ladiao,
que Dios lo haiga perdonao,
es todo cuanto deseo.
Le conocí un pastoreo
de terneritos robaos.»

«Ansina es, dijo el Alcalde,
2530 con eso empezó a poblar.
Yo nunca podré olvidar
las travesuras que hizo;
hasta que al fin fué preciso
que le privasen carniar.»

«De mozo fué muy jinete,
no lo bajaba un bagual.

2517 En otras ediciones: "Le cobré…"
2534 Que le privasen: que le prohibiesen.

Pa ensillar un animal
sin necesitar de otro,
se encerraba en el corral
2540    y allí galopiaba el potro.»
        «Se llevaba mal con todos.
Era su costumbre vieja
el mesturar las ovejas,
pues al hacer el aparte
sacaba la mejor parte
y después venía con quejas.»
        «Dios lo ampare al pobrecito,
dijo en seguida un tercero.
Siempre robaba carneros,
2550    en eso tenía destreza;
enterraba las cabezas,
y después vendía los cueros.»
        «Y qué costumbre tenía
cuando en el jogón estaba;
con el mate se agarraba
estando los piones juntos.
"Yo tallo, decía, y apunto",
y a ninguno convidaba.»
        «Si ensartaba algún asao,
2560    ¡pobre! ¡Como si lo viese!
Poco antes de que estuviese,
primero lo maldecía,
luego después lo escupía
para que naides comiese.»
        «Quien le quitó esa costumbre
de escupir el asador,
fué un mulato resertor
que andaba de amigo suyo,
un diablo muy peliador
2570    que le llamaban Barullo.»
        «Una noche que les hizo
como estaba acostumbrao,
se alzó el mulato enojao,
y le gritó "viejo indino,
yo te he de enseñar, cochino,
a echar saliva al asao".»
        «Lo saltó por sobre el juego
con el cuchillo en la mano;
¡la pucha, el pardo liviano!

2551 Las enterraba porque el ganado lanar lleva la señal en las orejas.
2557 "Tallo" y "apunto" son expresión de diversos juegos de naipes; la frase
significa "sólo yo juego".
2561 Poco antes de que estuviese a punto.

2580 en la mesma atropellada
le largó una puñalada
que la quitó otro paisano.»

«Y ya caliente Barullo,
quiso seguir la chacota,
se le había erizao la mota
lo que empezó la reyerta:
el viejo ganó la puerta
y apeló a las de gaviota.»

«De esa costumbre maldita
2590 dende entonces se curó,
a las casas no volvió,
se metió en un cicutal;
y allí escondido pasó
esa noche sin cenar.»

Esto hablaban los presentes,
y yo que estaba a su lao
al óir lo que he relatao,
aunque él era un perdulario,
dije entre mí «qué rosario
2600 le están rezando al finao.»

Luego comenzó el Alcalde
a registrar cuanto había,
sacando mil chucherías
y guascas y trapos viejos,
temeridá de trebejos
que para nada servían.

Salieron lazos, cabrestos,
coyundas y maniadores,
una punta de arriadores,
2610 cinchones, maneas, torzales,
una porción de bozales
y un montón de tiradores.

Había riendas de domar,
frenos y estribos quebraos,
bolas, espuelas, recaos,
unas pavas, unas ollas,
y un gran manojo de argollas
de cinchas que había cortao.

Salieron varios cencerros,
2620 aleznas, lonjas, cuchillos,
unos cuantos cojinillos,
un alto de jergas viejas,
muchas botas desparejas
y una infinidá de anillos.

Había tarros de sardinas,
unos cueros de venao,

unos ponchos aujeriaos,
y en tan tremendo entrevero
apareció hasta un tintero
2630    que se perdió en el Juzgao.

Decía el Alcalde muy serio:
«Es poco cuanto se diga,
había sido como hormiga,
he de darle parte al Juez,
y que me venga después
con que no se los persiga.»

Yo estaba medio azorao
de ver lo que sucedía.
Entre ellos mesmos decían
2640    que unas prendas eran suyas,
pero a mí me parecía
que ésas eran aleluyas.

Y cuando ya no tuvieron
rincón donde registrar,
cansaos de tanto huroniar
y de trabajar de balde,
«Vámonos, dijo el Alcalde,
luego lo haré sepultar.»

Y aunque mi padre no era
2650    el dueño de ese hormiguero,
él allí muy cariñero
me dijo con muy buen modo:
«Vos serás el heredero
y te harás cargo de todo.»

«Se ha de arreglar este asunto
como es preciso que sea;
voy a nombrar albacea
uno de los circustantes.
Las cosas no son como antes
2660    tan enredadas y feas.»

¡Bendito Dios!, pensé yo,
ando como un pordiosero,
y me nuembran heredero
de toditas estas guascas.
¡Quisiera saber primero
lo que se han hecho mis vacas!

18

SE LARGARON como he dicho
a disponer el entierro.
Cuando me acuerdo me aterro,

2642 Aleluyas: palabras inútiles.

2670  me puse a llorar a gritos
    al verme allí tan solito
    con el finao y los perros.

    Me saqué el escapulario,
    se lo colgué al pecador,
    y como hay en el Señor
    misericordia infinita,
    rogué por la alma bendita
    del que antes jué mi tutor.

    No se calmaba mi duelo
2680  de verme tan solitario,
    áhi le champurrié un rosario
    como si juera mi padre,
    besando el escapulario
    que me había puesto mi madre.

    «Madre mía, gritaba yo,
    ¡dónde andarás padeciendo!
    El llanto que estoy virtiendo
    lo redamarías por mí,
    si vieras a tu hijo aquí
2690  todo lo que está sufriendo.»

    Y mientras ansí clamaba
    sin poderme consolar,
    los perros para aumentar
    más mi miedo y mi tormento,
    en aquel mesmo momento
    se pusieron a llorar.

    Libre Dios a los presentes
    de que sufran otro tanto;
    con el muerto y esos llantos
2700  les juro que falta poco
    para que me vuelva loco
    en medio de tanto espanto.

    Decían entonces las viejas
    como que eran sabedoras,
    que los perros cuando lloran
    es porque ven al demonio;
    yo créia en el testimonio
    como cré siempre el que inora.

    Áhi dejé que los ratones
2710  comieran el guasquerío;
    y como anda a su albedrío
    todo el que güérfano queda,
    alzando lo que era mío
    abandoné aquella cueva.

    . . . . . . . . . . . . . . . . . . . . . . . . . . . .

Supe después que esa tarde
vino un pión y lo enterró.
Ninguno lo acompañó
ni lo velaron siquiera,
y al otro día amaneció
2720 con una mano dejuera.

Y me ha contado además
el gaucho que hizo el entierro,
al recordarlo me aterro,
me da pavor este asunto,
que la mano del dijunto
se la había comido un perro.

Tal vez yo tuve la culpa
porque de asustao me fuí.
Supe después que volví,
2730 y asigurárselos puedo,
que los vecinos de miedo
no pasaban por allí.

Hizo del rancho guarida
la sabandija más sucia;
el cuerpo se despeluza
y hasta la razón se altera,
pasaba la noche entera
chillando allí una lechuza.

Por mucho tiempo no pude
2740 saber lo que me pasaba;
los trapitos con que andaba
eran puras hojarascas.
Todas las noches soñaba
con viejos, perros y guascas.


19

ANDUVE a mi voluntá
como moro sin señor;
ése fué el tiempo mejor
que yo he pasado tal vez.
De miedo de otro tutor
2750 ni aporté por lo del Juez.

«Yo cuidaré, me había dicho,
de lo de tu propiedá.
Todo se conservará,
el vacuno y los rebaños,
hasta que cumplás 30 años
en que seás mayor de edá.»

Y aguardando que llegase
el tiempo que la ley fija,

pobre como lagartija
2760 y sin respetar a naides,
anduve cruzando al aire
como bola sin manija.

Me hice hombre de esa manera
bajo el más duro rigor.
Sufriendo tanto dolor
muchas cosas aprendí:
y por fin, vítima fuí
del más desdichado amor.

De tantas alternativas
2770 ésta es la parte peluda.
Infeliz y sin ayuda
fué estremado mi delirio,
y causaban mi martirio
los desdenes de una viuda.

Llora el hombre ingratitudes
sin tener un jundamento,
acusa sin miramiento
a la que el mal le ocasiona,
y tal vez en su persona
2780 no hay ningún merecimiento.

Cuando yo más padecía
la crueldá de mi destino,
rogando al poder divino
que del dolor me separe,
me hablaron de un adivino
que curaba esos pesares.

Tuve recelos y miedos
pero al fin me disolví.
Hice coraje y me fuí
2790 donde el adivino estaba,
y por ver si me curaba
cuanto llevaba le di.

Me puse al contar mis penas
más colorao que un tomate,
y se me añudó el gaznate
cuando dijo el ermitaño:
«Hermano, le han hecho daño
y se lo han hecho en un mate.»

«Por verse libre de usté
2800 lo habrán querido embrujar.»
Después me empezó a pasar
una pluma de avestruz,
y me dijo: «de la Cruz
recebí el don de curar.»

2788 Me disolví: me resolví.

«Debés maldecir, me dijo,
a todos tus conocidos;
ansina el que te ha ofendido
pronto estará descubierto;
y deben ser maldecidos
2810　tanto vivos como muertos.»

Y me recetó que hincao
en un trapo de la viuda,
frente a una planta de ruda
hiciera mis oraciones,
diciendo: «no tengás duda,
eso cura las pasiones.»

A la viuda en cuanto pude
un trapo le manotié;
busqué la ruda y al pie
2820　puesto en cruz hice mi rezo;
pero, amigo, ni por eso
de mis males me curé.

Me recetó otra ocasión
que comiera abrojo chico;
el remedio no me esplico,
mas por desechar el mal
al ñudo en un abrojal
fí a ensangrentarme el hocico.

Y con tanta medecina
2830　me parecía que sanaba;
por momentos se aliviaba
un poco mi padecer,
mas si a la viuda encontraba
volvía la pasión a arder.

Otra vez que consulté
su saber estrordinario,
recibió bien su salario,
y me recetó aquel pillo
que me colgase tres grillos,
2840　ensartaos como rosario.

Por fin la última ocasión
que por mi mal lo fí a ver,
me dijo: «No, mi saber
no ha perdido su virtú,
yo te daré la salú,
no triunfará esa mujer.»

«Y tené fe en el remedio,
pues la cencia no es chacota,
de esto no entendés ni jota,
2850　sin que ninguno sospeche:

cortále a un negro tres motas
y hacélas hervir en leche.»
Yo andaba ya desconfiando
de la curación maldita,
y dije: «Éste no me quita
la pasión que me domina;
pues que viva la gallina
aunque sea con la pepita.»

Ansí me dejaba andar,
2860 hasta que en una ocasión
el cura me echó un sermón,
para curarme sin duda,
diciendo que aquella viuda
era hija de confisión.

Y me dijo estas palabras
que nunca las he olvidao:
«Has de saber que el finao
ordenó en su testamento
que naides de casamiento
2870 le hablara en lo sucesivo,
y ella prestó el juramento
mientras él estaba vivo.»

«Y es preciso que lo cumpla
porque ansí lo manda Dios,
es necesario que vos
no la vuelvas a buscar,
porque si llega a faltar
se condenarán los dos.»

Con semejante alvertencia
2880 se completó mi redota;
le vi los pies a la sota,
y me le alejé a la viuda
más curao que con la ruda
con los grillos y las motas.

Después me contó un amigo
que al Juez le había dicho el cura,
«que yo era un cabeza dura
y que era un mozo perdido,
que me echaran del partido,
2890 que no tenía compostura.»

Tal vez por ese consejo
y sin que más causa hubiera,
ni que otro motivo diera,
me agarraron redepente,
y en el primer contingente
me echaron a la frontera.

De andar persiguiendo viudas
me he curado del deseo,
en mil penurias me veo,
2900 mas pienso volver tal vez,
a ver si sabe aquel Juez
lo que se ha hecho mi rodeo.

20

MARTÍN FIERRO y sus dos hijos
entre tanta concurrencia
siguieron con alegría
celebrando aquella fiesta.
Diez años, los más terribles
había durado la ausencia,
y al hallarse nuevamente
2910 era su alegría completa.
En ese mesmo momento
uno que vino de ajuera,
a tomar parte con ellos,
suplicó que lo almitieran.
Era un mozo forastero
de muy regular presencia,
y hacía poco que en el pago
andaba dando sus güeltas;
aseguraban algunos
2920 que venía de la frontera,
que había pelao a un pulpero
en las últimas carreras,
pero andaba despilchao,
no traia una prenda buena,
un recadito cantor
daba fe de sus pobrezas.
Le pidió la bendición
al que causaba la fiesta,
y sin decirles su nombre
2930 les declaró con franqueza
que el nombre de Picardía
es el único que lleva.
Y para contar su historia
a todos pide licencia,
diciéndoles que en seguida
iban a saber quién era.
Tomó al punto la guitarra,
la gente se puso atenta
y ansí cantó Picardía
2940 en cuanto templó las cuerdas.

21

## PICARDÍA

Voy a contarles mi historia,
perdónenme tanta charla,
y les diré al principiarla,
aunque es triste hacerlo así,
a mi madre la perdí
antes de saber llorarla.

Me quedé en el desamparo,
y al hombre que me dió el ser
no lo pude conocer;
2950 ansí pues, dende chiquito,
volé como el pajarito
en busca de qué comer.

O por causa del servicio
que tanta gente destierra,
o por causa de la guerra
que es causa bastante seria,
los hijos de la miseria
son muchos en esta tierra.

Ansí, por ella empujado
2960 no sé las cosas que haría,
y aunque con vergüenza mía,
debo hacer esta alvertencia,
siendo mi madre Inocencia
me llamaban Picardía.

Me llevó a su lado un hombre
para cuidar las ovejas.
pero todo el día eran quejas
y guascazos a lo loco,
y no me daba tampoco
2970 siquiera unas jergas viejas.

Dende el alba hasta la noche,
en el campo me tenía;
cordero que se moría,
mil veces me sucedió,
los caranchos lo comían
pero lo pagaba yo.

De trato tan rigoroso
muy pronto me acobardé;
el bonete me apreté
2980 buscando mejores fines,
y con unos volantines
me fuí para Santa Fe.

El pruebista principal
a enseñarme me tomó,

y ya iba aprendiendo yo
a bailar en la maroma,
mas me hicieron una broma
y aquello me indijustó.

      Una vez que iba bailando,
2990  porque estaba el calzón roto,
armaron tanto alboroto
que me hicieron perder pie,
de la cuerda me largué
y casi me descogoto.

      Ansí me encontré de nuevo
sin saber dónde meterme,
y ya pensaba volverme
cuando por fortuna mía
me salieron unas tías
3000  que quisieron recogerme.

      Con aquella parentela,
para mí desconocida,
me acomodé ya en seguida,
y eran muy buenas señoras,
pero las más rezadoras
que he visto en toda mi vida.

      Con el toque de oración
ya principiaba el rosario;
noche a noche un calendario
3010  tenían ellas que decir,
y a rezar solían venir
muchas de aquel vecindario.

      Lo que allí me aconteció
siempre lo he de recordar,
pues me empiezo a equivocar
y a cada paso refalo,
como si me entrara el malo
cuanto me hincaba a rezar.

      Era como tentación
3020  lo que yo esperimenté,
y jamás olvidaré
cuánto tuve que sufrir,
porque no podía decir
«Artículos de la Fe.»

      Tenía al lao una mulata
que era nativa de allí.
Se hincaba cerca de mí
como el ángel de la guarda.
Pícara, y era la parda
3030  la que me tentaba ansí.

«Rezá, me dijo mi tía,
Artículos de la Fe.»
Quise hablar y me atoré,
la dificultá me aflige.
Miré a la parda, y ya dije:
«Artículos de Santa Fe.»

Me acomodó el coscorrón
que estaba viendo venir.
Yo me quise corregir,
3040   a la mulata miré
y otra vez volví a decir
«Artículos de Santa Fe.»

Sin dificultá ninguna
rezaba todito el día,
y a la noche no podía
ni con un trabajo inmenso;
es por eso que yo pienso
que alguno me tentaría.

Una noche de tormenta,
3050   vi a la parda y me entró chucho,
los ojos —me asusté mucho—
eran como refocilo:
al nombrar a San Camilo,
le dije San Camilucho.

Ésta me da con el pie,
aquella otra con el codo.
¡Ah, viejas!... por ese modo,
aunque de corazón tierno,
yo las mandaba al infierno
3060   con oraciones y todo.

Otra vez, que como siempre
la parda me perseguía,
cuando yo acordé, mis tías
me habían sacao un mechón
al pedir la estirpación
de todas las herejías.

Aquella parda maldita
me tenía medio afligido,
y ansí, me había sucedido,
3070   que al decir estirpación,
le acomodé entripación
y me cayeron sin ruido.

El recuerdo y el dolor
me duraron muchos días.
Soñé con las herejías
que andaban por estirpar,

y pedía siempre al rezar
la estirpación de mis tías.
    Y dale siempre rosarios,
3080 noche a noche y sin cesar.
Dale siempre barajar
salves, trisagios y credos,
me aburrí de esos enriedos,
y al fin me mandé mudar.


22

ANDUVE como pelota,
y más pobre que una rata.
Cuando empecé a ganar plata
se armó no sé qué barullo,
yo dije: «a tu tierra, grullo,
3090 aunque sea con una pata».
    Eran duros y bastantes
los años que allá pasaron;
con lo que ellos me enseñaron
formaba mi capital.
Cuando vine me enrolaron
en la Guardia Nacional.
    Me había ejercitao al naipe,
el juego era mi carrera;
hice alianza verdadera
3100 y arreglé una trapisonda
con el dueño de una fonda
que entraba en la peladera.
    Me ocupaba con esmero
en floriar una baraja.
Él la guardaba en la caja
en paquete como nueva;
y la media arroba lleva
quien conoce la ventaja.
    Comete un error inmenso
3110 quien de la suerte presuma,
otro más hábil lo fuma,
en un dos por tres lo pela,
y lo larga que no vuela
porque le falta una pluma.
    Con un socio que lo entiende
se arman partidas muy buenas,
queda allí la plata ajena,
quedan prendas y botones;

3102 Que era mi cómplice.

siempre cain a esas riuniones
3120 zonzos con las manos llenas.

Hay muchas trampas legales,
recursos del jugador;
no cualquiera es sabedor
a lo que un naipe se presta.
Con una cincha bien puesta
se la pega uno al mejor.

Deja a veces ver la boca
haciendo el que se descuida.
Juega el otro hasta la vida
3130 y es siguro que se ensarta,
porque uno muestra una carta
y tiene otra prevenida.

Al monte, las precauciones
no han de olvidarse jamás;
debe afirmarse además
los dedos para el trabajo,
y buscar asiento bajo
que le dé la luz de atrás.

Pa tallar, tome la luz,
3140 dé la sombra al alversario,
acomódese al contrario
en todo juego cartiao.
Tener ojo ejercitao
es siempre muy necesario.

El contrario abre los suyos,
pero nada ve el que es ciego;
dándole soga, muy luego
se deja pescar el tonto.
Todo chapetón cree pronto
3150 que sabe mucho en el juego.

Hay hombres muy inocentes
y que a las carpetas van.
Cuando asariados están,
les pasa infinitas veces,
pierden en puertas y en treses,
y dándoles mamarán.

El que no sabe, no gana,
aunque ruegue a Santa Rita,
en la carpeta a un mulita

3125 Interpreta Santiago M. Lugones: "En el monte y otros juegos, la cincha consiste en sacar dos cartas juntas, de manera que parezcan una sola"... La expresión viene de la frase "arrastrar a la cincha".
3127 Deja ver la carta de abajo.
3155 Lances del juego del monte.
3156 Mamarán, o dar mamarán, expresiones que se usan en el juego del monte. Cf. Santiago M. Lugones, Martín Fierro, nota al verso 5472.

3160 se le conoce al sentarse,
y conmigo, era matarse,
no podían ni a la manchita.

En el nueve y otros juegos
llevo ventaja y no poca,
y siempre que dar me toca
el mal no tiene remedio,
porque sé sacar del medio
y sentar la de la boca.

En el truco, al más pintao
3170 solía ponerlo en apuro;
cuando aventajar procuro,
sé tener, como fajadas,
tiro a tiro el as de espadas
o flor, o envite seguro.

Yo sé defender mi plata
y lo hago como el primero,
el que ha de jugar dinero
preciso es que no se atonte.
Si se armaba una de monte,
3180 tomaba parte el fondero.

Un pastel, como un paquete,
sé llevarlo con limpieza;
dende que a salir empiezan
no hay carta que no recuerde;
sé cuál se gana o se pierde
en cuanto cain a la mesa.

También por estas jugadas
suele uno verse en aprietos;
mas yo no me comprometo
3190 porque sé hacerlo con arte,
y aunque les corra el descarte
no se descubre el secreto.

Si me llamaban al dao
nunca me solía faltar
un cargado que largar,
un cruzao para el más vivo;
y hasta atracarles un chivo
sin dejarlos maliciar.

---

3173 As de espadas: la carta más fuerte en el juego del truco.
3181 Pastel: baraja arreglada para que las cartas salgan en cierto orden. Cf. la copla: "Corte o pise, / verá que el pastel le hice."
3191 Correr el descarte: revisar las cartas que se dieron.
3195 Cargado. Llámase dado cargado al que se le hace un agujero y se le carga con plomo para que caiga siempre del mismo lado.
3196 Cruzado: dado que tiene dos lados iguales.
3197 Chivo: dado de seis caras iguales.

Cargaba bien una taba
3200 porque la sé manejar;
no era manco en el billar,
y por fin de lo que esplico,
digo que hasta con pichicos
era capaz de jugar.

Es un vicio de mal fin,
el de jugar no lo niego;
todo el que vive del juego
anda a la pesca de un bobo,
y es sabido que es un robo
3210 ponerse a jugarle a un ciego.

Y esto digo claramente
porque he dejao de jugar;
y les puedo asigurar
como que fuí del oficio:
más cuesta aprender un vicio
que aprender a trabajar.

23

UN NÁPOLES mercachifle
que andaba con un arpista,
cayó también en la lista
3220 sin dificultá ninguna:
lo agarré a la treinta y una
y le daba bola vista.

Se vino haciendo el chiquito,
por sacarme esa ventaja;
en el pantano se encaja
aunque robo se le hacía;
lo cegó Santa Lucía
y desocupó las cajas.

Lo hubiera visto afligido
3230 llorar por las chucherías:
«Ma gañao con picardía»,
decía el gringo y lagrimiaba,
mientras yo en un poncho alzaba
todita su merchería.

Quedó allí aliviao del peso
sollozando sin consuelo,
había cáido en el anzuelo,

3217 Un nápoles: un napolitano.
3221-2 Treinta y una: juego de billar. *Dar bola vista* es ofrecer una ventaja al adversario. Véase, Santiago M. Lugones, *Martín Fierro*, página 269.
3228 Las cajas: las cajas donde llevaba las mercancías.

tal vez porque era domingo,
y esa calidá de gringo
3240   no tiene santo en el cielo.

Pero poco aproveché
de fatura tan lucida:
el diablo no se descuida,
y a mí me seguía la pista
un ñato muy enredista
que era oficial de partida.

Se me presentó a esigir
la multa en que había incurrido,
que el juego estaba prohibido
3250   que iba a llevarme al cuartel.
Tuve que partir con él
todo lo que había alquirido.

Empecé a tomarlo entre ojos
por esa albitrariedá;
yo había ganao, es verdá,
con recursos, eso sí;
pero él me ganaba a mí
fundao en su autoridá.

Decían que por un delito
3260   mucho tiempo anduvo mal;
un amigo servicial
lo compuso con el Juez,
y poco tiempo después
lo pusieron de oficial.

En recorrer el partido
continuamente se empleaba,
ningún malevo agarraba
pero traia en un carguero
gallinas, pavos, corderos
3270   que por áhi recoletaba.

No se debía permitir
el abuso a tal estremo:
mes a mes hacía lo mesmo,
y ansí decía el vecindario:
«Este ñato perdulario
ha resucitao el diezmo.»

La echaba de guitarrero
y hasta de concertador:
sentao en el mostrador
3280   lo hallé una noche cantando,
y le dije: «co... mo... quiando
con ganas de óir un cantor».

Me echó el ñato una mirada
que me quiso devorar.

Mas no dejó de cantar,
y se hizo el desentendido.
Pero ya había conocido
que no lo podía pasar.

Una tarde que me hallaba
3290   de visita... vino el ñato,
y para darle un mal rato
dije fuerte: «ña... to... ribia
no cebe con la agua tibia».
Y me la entendió el mulato.

Era el todo en el Juzgao,
y como que se achocó
áhi nomás me contestó:
«Cuanto el caso se presiente
te he de hacer tomar caliente
3300   y has de saber quién soy yo.»

Por causa de una mujer
se enredó más la cuestión:
le tenía el ñato afición,
ella era mujer de ley,
moza con cuerpo de güey,
muy blanda de corazón.

La hallé una vez de amasijo,
estaba hecha un embeleso,
y le dije: ... «Me intereso
3310   en aliviar sus quehaceres,
y ansí, señora, si quiere
yo le arrimaré los güesos.»

Estaba el ñato presente
sentado como de adorno.
Por evitar un trastorno
ella al ver que se dijusta,
me contestó: ... «si usté gusta
arrímelos junto al horno».

Áhi se enredó la madeja
3320   y su enemistá conmigo;
se declaró mi enemigo,
y por aquel cumplimiento
ya sólo buscó el momento
de hacerme dar un castigo.

Yo véia que aquel maldito
me miraba con rencor,
buscando el caso mejor
de poderme echar el pial;
y no vive más el lial
3330   que lo que quiere el traidor.

3312 Los huesos. Para hacer fuego. La frase aquí tiene doble sentido.

No hay matrero que no caiga,
ni arisco que no se amanse;
ansí yo, dende aquel lance
no salía de algún rincón,
tirao como el San Ramón
después que se pasa el trance.

### 24

ME LE escapé con trabajo
en diversas ocasiones;
era de los adulones,
3340   me puso mal con el Juez;
hasta que al fin, una vez,
me agarró en las eleciones.
   Ricuerdo que esa ocasión
andaban listas diversas;
las opiniones dispersas
no se podían arreglar.
Decían que el Juez por triunfar
hacía cosas muy perversas.
   Cuando se riunió la gente
3350   vino a ploclamarla el ñato,
diciendo con aparato
«que todo andaría muy mal
si pretendía cada cual
votar por un candilato».
   Y quiso al punto quitarme
la lista que yo llevé,
mas yo se la mezquiné,
y ya me gritó: ... «Anarquista,
has de votar por la lista
3360   que ha mandao el Comiqué.»
   Me dió vergüenza de verme
tratado de esa manera;
y como si uno se altera
ya no es fácil de que ablande,
le dije: ... «mande el que mande
yo he de votar por quien quiera».
   «En las carpetas de juego
y en la mesa eletoral,
a todo hombre soy igual;
3370   respeto al que me respeta,
pero el naipe y la boleta
naides me lo ha de tocar.»

3335 Después del parto.

Áhi no más ya me cayó
a sable la polecía;
aunque era una picardía
me decidí a soportar,
y no los quise peliar
por no perderme ese día.

Atravesao me agarró
3380  y se aprovechó aquel ñato;
dende que sufrí ese trato
no dentro donde no quepo.
Fí a jinetiar en el cepo
por cuestión de candilatos.

Injusticia tan notoria
no la soporté de flojo;
una venda de mis ojos
vino el suceso a voltiar.
Vi que teníamos que andar
3390  como perro con tramojo.

Dende aquellas eleciones
se siguió el batiburrillo;
aquél se volvió un ovillo
del que no había ni noticia;
¡es señora la justicia. . .
y anda en ancas del más pillo!

25

DESPUÉS de muy pocos días,
tal vez por no dar espera
y que alguno no se fuera,
3400  hicieron citar la gente
pa riunir un contigente
y mandarlo a la frontera.

Se puso arisco el gauchaje;
la gente está acobardada;
salió la partida armada,
y trujo como perdices
unos cuantos infelices
que entraron en la voltiada.

Decía el ñato con soberbia:
3410  «Ésta es una gente indina;
yo los rodié a la sordina,
no pudieron escapar;
y llevaba orden de arriar
todito lo que camina.»

Cuando vino el Comendante
dijieron: «¡Dios nos asista!»

Llegó y les clavó la vista;
yo estaba haciéndome el zonzo.
Le echó a cada uno un responso
3420   y ya lo plantó en la lista.
       «Cuadráte, le dijo a un negro,
te estás haciendo el chiquito,
cuando sos el más maldito
que se encuentra en todo el pago,
un servicio es el que te hago
y por eso te remito.»

A OTRO

Vos no cuidás tu familia
ni le das los menesteres;
visitás otras mujeres
3430   y es preciso, calavera,
que aprendás en la frontera
a cumplir con tus deberes.

A OTRO

Vos también sos trabajoso;
cuando es preciso votar
hay que mandarte llamar
y siempre andás medio alzao;
sos un desubordinao
y yo te voy a filiar.

A OTRO

¿Cuánto tiempo hace que vos
3440   andás en este partido?
¿Cuántas veces has venido
a la citación del Juez?
No te he visto ni una vez;
has de ser algún perdido.

A OTRO

Éste es otro barullero
que pasa en la pulpería
predicando noche y día
y anarquizando a la gente,
irás en el contingente
3450   por tamaña picardía.

3438 Filiar: inscribir en el asiento militar

A OTRO

Dende la anterior remesa
vos andás medio perdido;
la autoridá no ha podido
jamás hacerte votar,
cuando te mandan llamar
te pasás a otro partido.

A OTRO

Vos siempre andás de florcita,
no tenés renta ni oficio;
no has hecho ningún servicio,
3460     no has votado ni una vez.
Marchá... para que dejés
de andar haciendo perjuicio.

A OTRO

Dame vos tu papeleta,
yo te la voy a tener.
Ésta queda en mi poder,
después la recogerás,
y ansí si te resertás
todos te pueden prender.

A OTRO

Vos porque sos ecetuao
3470     ya te querés sulevar;
no vinistes a votar
cuando hubieron eleciones.
No te valdrán eseciones,
yo te voy a enderezar.

Y a éste por este motivo,
y a otro por otra razón,
toditos, en conclusión,
sin que escapara ninguno,
fueron pasando uno a uno
3480     a juntarse en un rincón.
Y allí las pobres hermanas,
las madres y las esposas
redamaban cariñosas
sus lágrimas de dolor;
pero gemidos de amor
no remedian estas cosas.

3469 Ecetuao: exceptuado del servicio militar.

Nada importa que una madre
se desespere o se queje.
Que un hombre a su mujer deje
3490   en el mayor desamparo;
hay que callarse, o es claro
que lo quiebran por el eje.

Dentran después a empeñarse
con este o aquel vecino,
y como en el masculino
el que menos corre vuela,
deben andar con cautela
las pobres, me lo imagino.

Muchas al Juez acudieron,
3500   por salvar de la jugada;
él les hizo una cuerpiada,
y por mostrar su inocencia,
les dijo: «tengan pacencia
pues yo no puedo hacer nada».

Ante aquella autoridá
permanecían suplicantes,
y después de hablar bastante,
«Yo me lavo, dijo el Juez,
como Pilatos los pies,
3510   esto lo hace el Comendante».

De ver tanto desamparo
el corazón se partía.
Había madre que salía
con dos, tres hijos o más,
uno adelante, otro atrás,
y las maletas vacías.

¿Dónde irán, pensaba yo,
a perecer de miseria?
Las pobres si de esta feria
3520   hablan mal, tienen razón;
pues hay bastante materia
para tan justa aflición.

### 26

CUANDO me llegó mi turno
dije entre mí «ya me toca»,
y aunque mi falta era poca
no sé por qué me asustaba.
Les asiguro que estaba
con el Jesús en la boca.

3495 Y como entre los hombres.
3515 Otras ediciones: "Por delante y por detrás".

Me dijo que yo era un vago,
3530 un jugador, un perdido,
que dende que fí al partido
andaba de picaflor;
que había de ser un bandido
como mi ante sucesor.

Puede que uno tenga un vicio,
y que de él no se reforme,
mas naides está conforme
con recebir ese trato:
yo conocí que era el ñato
3540 quien le había dao los informes.

Me dentró curiosidá
al ver que de esa manera
tan siguro me dijiera
que fué mi padre un bandido;
luego lo había conocido,
y yo inoraba quién era.

Me empeñé en aviriguarlo,
promesas hice a Jesús.
Tuve por fin una luz,
3550 y supe con alegría
que era el autor de mis días
el guapo sargento Cruz.

Yo conocía bien su historia
y la tenía muy presente.
Sabía que Cruz bravamente,
yendo con una partida,
había jugado la vida
por defender a un valiente.

Y hoy ruego a mi Dios piadoso
3560 que lo mantenga en su gloria;
se ha de conservar su historia
en el corazón del hijo:
él al morir me bendijo,
yo bendigo su memoria.

Yo juré tener enmienda
y lo conseguí deveras;
puedo decir andequiera
que si faltas he tenido
de todas me he corregido
3570 dende que supe quién era.

El que sabe ser buen hijo
a los suyos se parece,
y aquel que a su lado crece

3534 Ante sucesor: antecesor.

y a su padre no hace honor
como castigo merece
de la desdicha el rigor.
    Con un empeño costante
mis faltas supe enmendar.
    Todo conseguí olvidar,
3580 pero por desgracia mía,
el nombre de Picardía
no me lo pude quitar.
    Aquel que tiene buen nombre
muchos dijustos ahorra,
y entre tanta mazamorra
no olviden esta alvertencia:
aprendí por esperencia
que el mal nombre no se borra.

### 27

    HE SERVIDO en la frontera
3590 en un cuerpo de milicia;
no por razón de justicia
como sirve cualesquiera.
    La bolilla me tocó
de ir a pasar malos ratos
por la facultá del ñato
que tanto me persiguió.
    Y sufrí en aquel infierno
esa dura penitencia,
por una malaquerencia
3600 de un oficial subalterno.
    No repetiré las quejas
de lo que se sufre allá,
son cosas muy dichas ya,
y hasta olvidadas de viejas.
    Siempre el mesmo trabajar,
siempre el mesmo sacrificio,
es siempre el mesmo servicio
y el mesmo nunca pagar.
    Siempre cubiertos de harapos
3610 siempre desnudos y pobres,
nunca le pagan un cobre
ni le dan jamás un trapo.
    Sin sueldo y sin uniforme
lo pasa uno aunque sucumba,
conformesé con la tumba
y si no... no se conforme.

3585 Entre tantas palabras fastidiosas.

Pues si usté se ensoberbece
o no anda muy voluntario,
le aplican un novenario
3620    de estacas... que lo enloquecen.

Andan como pordioseros
sin que un peso los alumbre,
porque han tomao la costumbre
de deberle años enteros.

Siempre hablan de lo que cuesta,
que allá se gasta un platal;
pues yo no he visto ni un rial
en lo que duró la fiesta.

Es servicio estrordinario
3630    bajo el fusil y la vara,
sin que sepamos qué cara
le ha dao Dios al comisario.

Pues si va a hacer la revista
se vuelve como una bala,
es lo mesmo que luz mala
para perderse de vista.

Y de yapa cuando va,
todo parece estudiao;
va con meses atrasaos
3640    de gente que ya no está.

Pues ni adrede que lo hagan
podrán hacerlo mejor,
cuando cai, cai con la paga
del contingente anterior.

Porque son como sentencia
para buscar al ausente,
y el pobre que está presente
que perezca en la endigencia.

Hasta que tanto aguantar
3650    el rigor con que lo tratan,
o se resierta, o lo matan,
o lo largan sin pagar.

De ese modo es el pastel
porque el gaucho... ya es un hecho,
no tiene ningún derecho
ni naides vuelve por él.

¡La gente vive marchita!
Si viera cuando echan tropa,
les vuela a todos la ropa
3660    que parecen banderitas.

3632 Al comisario pagador.
3639 Meses: sueldos.

De todos modos lo cargan,
y al cabo de tanto andar,
cuando lo largan, lo largan
como pa echarse a la mar.

Si alguna prenda le han dao
se la vuelven a quitar,
poncho, caballo, recao,
todo tiene que dejar.

Y esos pobres infelices
3670  al volver a su destino,
salen como unos Longinos
sin tener con qué cubrirse.

A mí me daban congojas
el mirarlos de ese modo,
pues el más aviao de todos
es un perejil sin hojas.

Aura poco ha sucedido,
con un invierno tan crudo
largarlos a pie y desnudos
3680  pa volver a su partido.

Y tan duro es lo que pasa,
que en aquella situación
les niegan un mancarrón
para volver a su casa.

¡Lo tratan como a un infiel!
Completan su sacrificio
no dándolé ni un papel
que acredite su servicio.

Y tiene que regresar
3690  más pobre de lo que jué;
por supuesto a la mercé
del que lo quiere agarrar.

Y no avirigüe después
de los bienes que dejó;
de hambre, su mujer vendió
por dos... lo que vale diez.

Y como están convenidos
a jugarle manganeta,
a reclamar no se meta
3700  porque ése es tiempo perdido.

Y luego, si a alguna estancia
a pedir carne se arrima,
al punto le cain encima
con la ley de la vagancia.

Y ya es tiempo, pienso yo,

3671 Casi desnudo, como aparece en las estampas Longinos, el soldado que
hirió a Cristo con una lanza.

de no dar más contingente;
si el gobierno quiere gente,
que la pague y se acabó.

3710

Y saco ansí en conclusión,
en medio de mi inorancia,
que aquí el nacer en estancia
es como una maldición.

Y digo, aunque no me cuadre
decir lo que naides dijo:
la Provincia es una madre
que no defiende a sus hijos.

Mueren en alguna loma
en defensa de la ley,
o andan lo mesmo que el güey,

3720

arando pa que otros coman.

Y he de decir ansí mismo,
porque de adentro me brota,
que no tiene patriotismo
quien no cuida al compatriota.

28

Se me va por dondequiera
esta lengua del demonio.
Voy a darles testimonio
de lo que vi en la frontera.

3730

Yo sé que el único modo,
a fin de pasarlo bien,
es decir a todo amén
y jugarle risa a todo.

El que no tiene colchón
en cualquier parte se tiende.
El gato busca el jogón
y ése es mozo que lo entiende.

De aquí comprender se debe,
aunque yo hable de este modo,
que uno busca su acomodo

3740

siempre, lo mejor que puede.

Lo pasaba como todos
este pobre penitente,
pero salí de asistente
y mejoré en cierto modo.

Pues aunque esas privaciones
causen desesperación,

3715 La Provincia: la provincia de Buenos Aires.
3736 Santiago M. Lugones juzga que *lo* es errata por *la*.

siempre es mejor el jogón
de aquel que carga galones.

De entonces en adelante
3750 algo logré mejorar,
pues supe hacerme lugar
al lado del Ayudante.

Él se daba muchos aires,
pasaba siempre leyendo,
decían que estaba aprendiendo
pa recebirse de flaire.

Aunque lo pifiaban tanto
jamás lo vi dijustao;
tenía los ojos paraos
3760 como los ojos de un Santo.

Muy delicao —dormía en cuja—
y no sé por qué sería
la gente lo aborrecía
y lo llamaban LA BRUJA.

Jamás hizo otro servicio
ni tuvo más comisiones
que recebir las raciones
de víveres y de vicios.

Yo me pasé a su jogón
3770 al punto que me sacó,
y ya con él me llevó
a cumplir su comisión.

Estos diablos de milicos
de todo sacan partido.
Cuando nos vían riunidos
se limpiaban los hocicos.

Y decían en los jogones
como por chocarrería:
«Con la Bruja y Picardía
3780 van a andar bien las raciones.»

A mí no me jué tan mal,
pues mi oficial se arreglaba;
les diré lo que pasaba
sobre este particular.

Decían que estaban de acuerdo
la Bruja y el provedor,
y que recebía lo pior...
puede ser, pues no era lerdo.

Que a más en la cantidá
3790 pegaba otro dentellón,
y que por cada ración
le entregaban la mitá.

Y que esto lo hacía del modo
como lo hace un hombre vivo:
firmando luego el recibo,
ya se sabe, por el todo.

Pero esas murmuraciones
no faltan en campamento;
déjenme seguir mi cuento,
3800   o historia de las raciones.

La Bruja las recebía
como se ha dicho, a su modo.
Las cargábamos, y todo
se entriega en la mayoría.

Sacan allí en abundancia
lo que les toca sacar,
y es justo que han de dejar
otro tanto de ganancia.

Van luego a la compañía,
3810   las recibe el comendante;
el que de un modo abundante
sacaba cuanto quería.

Ansí la cosa liviana
va mermada por supuesto;
luego se le entrega el resto
al oficial de semana.

—Araña, ¿quién te arañó?
otra araña como yo.—
Éste le pasa al sargento
3820   aquello tan reducido,
y como hombre prevenido
saca siempre con aumento.

Esta relación no acabo
si otra menudencia ensarto;
el sargento llama al cabo
para encargarle el reparto.

Él también saca primero
y no se sabe turbar,
naides le va a aviriguar
3830   si ha sacado más o menos.

Y sufren tanto bocado
y hacen tantas estaciones,
que ya casi no hay raciones
cuando llegan al soldado.

¡Todo es como pan bendito!
y sucede de ordinario
tener que juntarse varios
para hacer un pucherito.

Dicen que las cosas van
3840 con arreglo a la ordenanza.
¡Puede ser! pero no alcanzan,
¡tan poquito es lo que dan!

    Algunas veces, yo pienso,
y es muy justo que lo diga,
sólo llegaban las migas
que habían quedao en el lienzo.

    Y esplican aquel infierno
en que uno está medio loco,
diciendo que dan tan poco
3850 porque no paga el gobierno.

    Pero eso yo no lo entiendo,
ni a aviriguarlo me meto;
soy inorante completo,
nada olvido, y nada apriendo.

    Tiene uno que soportar
el tratamiento más vil:
a palos en lo civil,
a sable en lo militar.

    El vistuario es otro infierno;
3860 si lo dan, llega a sus manos,
en invierno el de verano,
y en el verano el de invierno.

    Y yo el motivo no encuentro
ni la razón que eso tiene,
mas dicen que eso ya viene
arreglado dende adentro.

    Y es necesario aguantar
el rigor de su destino;
el gaucho no es argentino
3870 sino pa hacerlo matar.

    Ansí ha de ser, no lo dudo;
y por eso decía un tonto:
«Si los han de matar pronto
mejor es que estén desnudos.»

    Pues esa miseria vieja
no se remedia jamás;
todo el que viene detrás
como la encuentra la deja.

    Y se hallan hombres tan malos,
3880 que dicen de buena gana:
«El gaucho es como la lana,
se limpia y compone a palos.»

    Y es forzoso el soportar
aunque la copa se enllene;

3846 Otras ediciones dicen: "... los lienzos."

parece que el gaucho tiene
algún pecao que pagar.

### 29

Esto contó Picardía
y despúes guardó silencio,
mientras todos celebraban
3890   con placer aquel encuentro.
Mas una casualidá,
como que nunca anda lejos,
entre tanta gente blanca
llevó también a un moreno,
presumido de cantor
y que se tenía por bueno;
y como quien no hace nada,
o se descuida de intento,
pues siempre es muy conocido
3900   todo aquel que busca pleito,
se sentó con toda calma,
echó mano al estrumento
y ya le pegó un rajido.
Era fantástico el negro,
y para no dejar dudas
medio se compuso el pecho.
Todo el mundo conoció
la intención de aquel moreno.
Era claro el desafío
3910   dirigido a Martín Fierro,
hecho con toda arrogancia,
de un modo muy altanero.
Tomó Fierro la guitarra,
pues siempre se halla dispuesto;
y ansí cantaron los dos
en medio de un gran silencio.

### 30

#### MARTÍN FIERRO

MIENTRAS suene el encordao,
mientras encuentre el compás,

3894 "...el Moreno, adversario de Fierro en su última payada, y que, al
vencerlo con alusiones a su vida pasada, trae al desenlace del poema el eco de una
voz misteriosa, que bien pudiera ser la voz de la conciencia" (Ricardo Rojas,
*La literatura argentina*, I, página 495, Buenos Aires, 1917). "Este negro es el
personaje más real, más decente, más inteligente y más modesto del elenco"
(Vicente Rossi, *Folletos lenguaraces*, XXIX, página 45, Río de la Plata, 1944).

yo no he de quedarme atrás
3920 sin defender la parada,
y he jurado que jamás
me la han de llevar robada.

Atiendan pues los oyentes
y callensén los mirones,
a todos pido perdones,
pues a la vista resalta
que no está libre de falta
quien no está de tentaciones.

A un cantor lo llaman bueno,
3930 cuando es mejor que los piores,
y sin ser de los mejores,
encontrándose dos juntos
es deber de los cantores
el cantar de contrapunto.

El hombre debe mostrarse
cuando la ocasión le llegue.
Hace mal el que se niegue
dende que lo sabe hacer.
Y muchos suelen tener
3940 vanagloria en que los rueguen.

Cuando mozo fuí cantor;
es una cosa muy dicha.
Mas la suerte se encapricha
y me persigue costante.
De ese tiempo en adelante
canté mis propias desdichas.

Y aquellos años dichosos
trataré de recordar,
veré si puedo olvidar
3950 tan desgraciada mudanza,
y quien se tenga confianza
tiemple y vamos a cantar.

Tiemple y cantaremos juntos,
trasnochadas no acobardan;
los concurrentes aguardan,
y porque el tiempo no pierdan,
haremos gemir las cuerdas
hasta que las velas no ardan.

Y el cantor que se presiente,
3960 que tenga o no quien lo ampare,
no espere que yo dispare
aunque su saber sea mucho;
vamos en el mesmo pucho
a prenderle hasta que aclare.

Y seguiremos si gusta
hasta que se vaya el día.
Era la costumbre mía
cantar las noches enteras;
había entonces, donquiera,
3970   cantores de fantasía.

Y si alguno no se atreve
a seguir la caravana,
o si cantando no gana,
se lo digo sin lisonja:
haga sonar una esponja
o ponga cuerdas de lana.

### EL MORENO

Yo no soy, señores míos,
sino un pobre guitarrero,
pero doy gracias al cielo
3980   porque puedo en la ocasión
toparme con un cantor
que esperimente a este negro.

Yo también tengo algo blanco,
pues tengo blancos los dientes.
Sé vivir entre las gentes
sin que me tengan en menos.
Quien anda en pagos ajenos
debe ser manso y prudente.

Mi madre tuvo diez hijos,
3990   los nueve muy regulares,
tal vez por eso me ampare
la Providencia divina.
En los güevos de gallina
el décimo es el más grande.

El negro es muy amoroso,
aunque de esto no hace gala,
nada a su cariño iguala
ni a su tierna voluntá;
es lo mesmo que el macá:
4000   cría los hijos bajo el ala.

3973 Ganar: vencer, aventajar.
3975-6 Toque y cante de un modo inaudible; i.e., guarde silencio. Por su
parte, opina Tiscornia: "La esponja y la lana, sordas por naturaleza, ¿cuándo y a
qué sonarán? A esta imposibilidad debe dedicarse quien 'no tenga uñas pa guitarrero'; que ganar fama en el canto y la guitarra pide otras cualidades. En consecuencia, para no triunfar en cosa tan privilegiada del espíritu como la música, es
mejor darse a fregar, que para eso sirve la esponja, o tomar oficio de cardador,
que eso demanda la lana". De paso, cabe tal vez señalar que en una payada de
contrapunto, lo importante es la improvisación de versos, no el acompañamiento
musical.

Pero yo he vivido libre
y sin depender de naides.
Siempre he cruzado a los aires
como el pájaro sin nido.
Cuanto sé lo he aprendido
porque me lo enseñó un flaire.

Y sé como cualquier otro
el por qué retumba el trueno,
por qué son las estaciones
4010 del verano y del invierno.
Sé también de dónde salen
las aguas que cain del cielo.

Yo sé lo que hay en la tierra
en llegando al mesmo centro,
en dónde se encuentra el oro,
en dónde se encuentra el fierro,
y en dónde viven bramando
los volcanes que echan juego.

Yo sé del fondo del mar
4020 donde los pejes nacieron.
Yo sé por qué crece el árbol,
y por qué silban los vientos.
Cosas que inoran los blancos
las sabe este pobre negro.

Yo tiro cuando me tiran,
cuando me aflojan, aflojo;
no se ha de morir de antojo
quien me convide a cantar.
Para conocer a un cojo
4030 lo mejor es verlo andar.

Y si una falta cometo
en venir a esta reunión,
echandolá de cantor,
pido perdón en voz alta,
pues nunca se halla una falta
que no esista otra mayor.

De lo que un cantor esplica
no falta qué aprovechar.
Y se le debe escuchar
4040 aunque sea negro el que cante;
apriende el que es inorante,
y el que es sabio, apriende más.

Bajo la frente más negra
hay pensamiento y hay vida.
La gente escuche tranquila,
no me haga ningún reproche.
También es negra la noche

y tiene estrellas que brillan.
      Estoy pues a su mandao,
4050   empiece a echarme la sonda
si gusta que le responda,
aunque con lenguaje tosco.
En leturas no conozco
la jota por ser redonda.

MARTÍN FIERRO

¡Ah! negro, si sos tan sabio
no tengás ningún recelo;
pero has tragao el anzuelo,
y al compás del estrumento
has de decirme al momento
4060   cuál es el canto del cielo.


EL MORENO

Cuentan que de mi color
Dios hizo al hombre primero,
mas los blancos altaneros,
los mesmos que lo convidan,
hasta de nombrarlo olvidan
y sólo lo llaman negro.
      Pinta el blanco negro al diablo,
y el negro, blanco lo pinta.
Blanca la cara o retinta
4070   no habla en contra ni en favor.
De los hombres el Criador
no hizo dos clases distintas.
      Y después de esta alvertencia
que al presente viene a pelo,
veré, señores, si puedo,
sigún mi escaso saber,
con claridá responder
cuál es el canto del cielo.
      Los cielos lloran y cantan
4080   hasta en el mayor silencio.
Lloran al cair el rocío,
cantan al silbar los vientos;
lloran cuando cain las aguas,
cantan cuando brama el trueno.

MARTÍN FIERRO

Dios hizo al blanco y al negro
sin declarar los mejores;

les mandó iguales dolores
bajo de una mesma cruz;
mas también hizo la luz
4090   pa distinguir los colores.

Ansí ninguno se agravie,
no se trata de ofender;
a todo se ha de poner
el nombre con que se llama.
Y a naides le quita fama
lo que recibió al nacer.

Y ansí me gusta un cantor
que no se turba ni yerra,
y si en tu saber se encierra
4100   el de los sabios projundos,
decime cuál en el mundo
es el canto de la tierra.

### EL MORENO

Es pobre mi pensamiento,
es escasa mi razón,
mas pa dar contestación
mi inorancia no me arredra;
también da chispa la piedra
si la golpea el eslabón.

Y le daré una respuesta
4110   sigún mis pocos alcances.
Forman un canto en la tierra
el dolor de tanta madre,
el gemir de los que mueren
y el llorar de los que nacen.

### MARTÍN FIERRO

Moreno, alvierto que trais
bien dispuesta la garganta.
Sos varón, y no me espanta
verte hacer esos primores.
En los pájaros cantores
4120   sólo el macho es el que canta.

Y ya que al mundo vinistes
con el sino de cantar,
no te vayas a turbar,
no te agrandes ni te achiques,
es preciso que me espliques
cuál es el canto del mar.

A los pájaros cantores
ninguno imitar pretiende.
De un don que de otro depende
4130    naides se debe alabar,
pues la urraca apriende hablar
pero sólo la hembra apriende.

    Y ayúdame, ingenio mío,
para ganar esta apuesta,
mucho el contestar me cuesta,
pero debo contestar.
Voy a decirle en respuesta
cuál es el canto del mar.

    Cuando la tormenta brama,
4140    el mar que todo lo encierra
canta de un modo que aterra
como si el mundo temblara;
parece que se quejara
de que lo estreche la tierra.

Toda tu sabiduría
has de mostrar esta vez.
Ganarás sólo que estés
en vaca con algún santo.
La noche tiene su canto
4150    y me has de decir cuál es.

«No galope que hay aujeros»,
le dijo a un guapo un prudente.
Le contesto humildemente,
la noche por canto tiene
esos ruidos que uno siente
sin saber de dónde vienen.

    Son los secretos misterios
que las tinieblas esconden.
Son los ecos que responden
4160    a la voz del que da un grito,
como un lamento infinito
que viene no sé de dónde.

    A las sombras sólo el sol
las penetra y las impone.
En distintas direciones
se oyen rumores inciertos.

Son almas de los que han muerto
que nos piden oraciones.

Moreno, por tus respuestas
4170    ya te aplico el cartabón,
pues tenés desposición
y sos estruido de yapa;
ni las sombras se te escapan
para dar esplicación.

Pero cumple su deber
el leal diciendo lo cierto,
y por lo tanto te alvierto
que hemos de cantar los dos,
dejando en la paz de Dios
4180    las almas de los que han muerto.

Y el consejo del prudente
no hace falta en la partida.
Siempre ha de ser comedida
la palabra de un cantor.
Y aura quiero que me digas
de dónde nace el amor.

A pregunta tan escura
trataré de responder.
Aunque es mucho pretender
4190    de un pobre negro de estancia,
mas conocer su inorancia
es principio del saber.

Ama el pájaro en los aires
que cruza por dondequiera,
y si al fin de su carrera
se asienta en alguna rama,
con su alegre canto llama
a su amante compañera.

La fiera ama en su guarida
4200    de la que es rey y señor.
Allí lanza con furor
esos bramidos que espantan;
porque las fieras no cantan,
las fieras braman de amor.

Ama en el fondo del mar
el pez de lindo color.
Ama el hombre con ardor,
ama todo cuanto vive.

De Dios vida se recibe
4210    y donde hay vida, hay amor.

MARTÍN FIERRO

Me gusta, negro ladino,
lo que acabás de esplicar.
Ya te empiezo a respetar
aunque al principio me rey.
Y te quiero preguntar
lo que entendés por la ley.

EL MORENO

Hay muchas dotorerías
que yo no puedo alcanzar.
Dende que aprendí a inorar
4220    de ningún saber me asombro.
Mas no ha de llevarme al hombro
quien me convide a cantar.

Yo no soy cantor ladino,
y mi habilidá es muy poca.
Mas cuando cantar me toca
me defiendo en el combate;
porque soy como los mates:
sirvo si me abren la boca.

Dende que elige a su gusto
4230    lo más espinoso elige,
pero esto poco me aflige
y le contesto a mi modo:
la ley se hace para todos
mas sólo al pobre le rige.

La ley es tela de araña,
en mi inorancia lo esplico,
no la tema el hombre rico,
nunca la tema el que mande,
pues la ruempe el bicho grande
4240    y sólo enrieda a los chicos.

Es la ley como la lluvia
nunca puede ser pareja.
El que la aguanta se queja,
pero el asunto es sencillo:
la ley es como el cuchillo,
no ofiende a quien lo maneja.

4214 Me rey: me reí.
4227 Como las calabazas, a las que se les abre una boca para introducir la yerba, el agua y la bombilla.

Le suelen llamar espada,
y el nombre le viene bien.
Los que la gobiernan ven
4250 a dónde han de dar el tajo.
Le cai al que se halla abajo
y corta sin ver a quién.

Hay muchos que son dotores
y de su cencia no dudo.
Mas yo soy un negro rudo,
y aunque de esto poco entiendo,
estoy diariamente viendo
que aplican la del embudo.

### MARTÍN FIERRO

Moreno, vuelvo a decirte,
4260 ya conozco tu medida;
has aprovechao la vida,
y me alegro de este encuentro.
Ya veo que tenés adentro
capital pa esta partida.

Y aura te voy a decir
porque en mi deber está,
y hace honor a la verdá
quien a la verdá se duebla,
que sos por juera tinieblas
4270 y por dentro claridá.

No ha de decirse jamás
que abusé de tu pacencia,
y en justa correspondencia,
si algo querés preguntar,
podés al punto empezar
pues ya tenés mi licencia.

### EL MORENO

No te trabes, lengua mía,
no te vayas a turbar.
Nadie acierta antes de errar,
4280 y aunque la fama se juega,
el que por gusto navega
no debe temerle al mar.

Voy a hacerle mis preguntas
ya que a tanto me convida,
y vencerá en la partida
si una esplicación me da,
sobre el tiempo y la medida,
el peso y la cantidá.

Suya será la vitoria
4290    si es que sabe contestar,
se lo debo declarar
con claridá, no se asombre,
pues hasta aura ningún hombre,
me lo ha sabido esplicar.
Quiero saber y lo inoro,
pues en mis libros no está,
y su respuesta vendrá
a servirme de gobierno.
Para qué fin el Eterno
4300    ha criado la cantidá.

MARTÍN FIERRO

Moreno, te dejás cair
como carancho en su nido;
ya veo que sos prevenido,
mas también estoy dispuesto.
Veremos si te contesto
y si te das por vencido.
    Uno es el sol, uno el mundo,
sola y única es la luna.
Ansí han de saber que Dios
4310    no crió cantidá ninguna.
El ser de todos los seres
sólo formó la unidá;
lo demás lo ha criado el hombre
después que aprendió a contar.

EL MORENO

Veremos si a otra pregunta
da una respuesta cumplida.
El ser que ha criado la vida
lo ha de tener en su archivo.
Mas yo inoro qué motivo
4320    tuvo al formar la medida.

MARTÍN FIERRO

Escuchá con atención
lo que en mi inorancia arguyo:
la medida la inventó
el hombre para bien suyo.
Y la razón no te asombre,
pues es fácil presumir:

4302 Como carancho. *Cf.* Ascasubi, *Santos Vega*, vv. 2090 a 2113.

Dios no tenía que medir
sino la vida del hombre.

EL MORENO

Si no falla su saber
4330   por vencedor lo confieso,
debe aprender todo eso
quien a cantar se dedique.
Y aura quiero que me esplique
lo que sinifica el peso.

MARTÍN FIERRO

Dios guarda entre sus secretos
el secreto que eso encierra,
y mandó que todo peso
cayera siempre a la tierra.
Y sigún compriendo yo,
4340   dende que hay bienes y males,
fué el peso para pesar
las culpas de los mortales.

EL MORENO

Si responde a esta pregunta
tengasé por vencedor.
Doy la derecha al mejor,
y respóndame al momento,
cuándo formó Dios el tiempo
y por qué lo dividió.

MARTÍN FIERRO

Moreno, voy a decir,
4350   sigún mi saber alcanza,
el tiempo sólo es tardanza
de lo que está por venir.
No tuvo nunca principio
ni jamás acabará,
porque el tiempo es una rueda,
y rueda es eternidá.
Y si el hombre lo divide
sólo lo hace en mi sentir
por saber lo que ha vivido
4360   o le resta que vivir.
Ya te he dado mis respuestas,
mas no gana quien despunta,

si tenés otra pregunta
o de algo te has olvidao,
siempre estoy a tu mandao
para sacarte de dudas.

  No procedo por soberbia
ni tampoco por jactancia,
mas no ha de faltar costancia
4370 cuando es preciso luchar,
y te convido a cantar
sobre cosas de la estancia.

  Ansí prepará, moreno,
cuanto tu saber encierre,
y sin que tu lengua yerre,
me has de decir lo que empriende
el que del tiempo depende,
en los meses que train erre.

EL MORENO

De la inorancia de naides
4380 ninguno debe abusar,
y aunque me puede doblar
todo el que tenga más arte,
no voy a ninguna parte
a dejarme machetiar.

  He reclarao que en leturas
soy redondo como jota.
No avergüence mi redota
pues con claridá le digo:
no me gusta que conmigo
4390 naide juegue a la pelota.

  Es buena ley que el más lerdo
debe perder la carrera;
ansí le pasa a cualquiera
cuando en competencia se halla
un cantor de media talla
con otro de talla entera.

  ¿No han visto en medio del campo
al hombre que anda perdido,
dando güeltas afligido
4400 sin saber donde rumbiar?
Ansí le suele pasar
a un pobre cantor vencido.

  También los árboles crujen
si el ventarrón los azota,
y si aquí mi queja brota
con amargura, consiste,

en que es muy larga y muy triste
la noche de la redota.

Y dende hoy en adelante,
4410 pongo de testigo al cielo,
para decir sin recelo
que si mi pecho se inflama
no cantaré por la fama
sino por buscar consuelo.

Vive ya desesperado
quien no tiene qué esperar.
A lo que no ha de durar
ningún cariño se cobre.
Las alegrías en un pobre
4420 son anuncios de un pesar.

Y este triste desengaño
me durará mientras viva.
Aunque un consuelo reciba
jamás he de alzar el vuelo.
Quien no nace para el cielo
de balde es que mire arriba.

Y suplico a cuantos me oigan
que me permitan decir,
que al decidirme a venir
4430 no sólo jué por cantar,
sino porque tengo a más
otro deber que cumplir.

Ya saben que de mi madre
fueron diez los que nacieron.
Mas ya no esiste el primero
y más querido de todos.
Murió por injustos modos
a manos de un pendenciero.

Los nueve hermanos restantes
4440 como güérfanos quedamos.
Dende entonces lo lloramos
sin consuelo, creameló.
Y al hombre que lo mató
nunca jamás lo encontramos.

Y queden en paz los güesos
de aquel hermano querido.
A moverlos no he venido,
mas si el caso se presenta,
espero en Dios que esta cuenta
4450 se arregle como es debido.

Y si otra ocasión payamos
para que esto se complete,
por mucho que lo respete

cantaremos, si le gusta,
sobre las muertes injustas
que algunos hombres cometen.

Y aquí pues, señores míos,
diré como en despedida,
que todavía andan con vida
4460 los hermanos del dijunto,
que recuerdan este asunto
y aquella muerte no olvidan.

Y es misterio tan projundo
lo que está por suceder,
que no me debo meter
a echarla aquí de adivino;
lo que decida el destino
después lo habrán de saber.

MARTÍN FIERRO

Al fin cerrastes el pico
4470 después de tanto charlar,
ya empezaba a maliciar,
al verte tan entonao,
que traias un embuchao
y no lo querías largar.

Y ya que nos conocemos
basta de conversación;
para encontrar la ocasión
no tienen que darse priesa.
Ya conozco yo que empieza
4480 otra clase de junción.

Yo no sé lo que vendrá,
tampoco soy adivino,
pero firme en mi camino
hasta el fin he de seguir.
Todos tienen que cumplir
con la ley de su destino.

Primero fué la frontera
por persecución de un juez.
Los indios fueron después,
4490 y para nuevos estrenos,
aura son estos morenos
pa alivio de mi vejez.

La madre echó diez al mundo,
lo que cualquiera no hace,
y tal vez de los diez pase
con iguales condiciones.
La mulita pare nones
todos de la mesma clase.

A hombre de humilde color
4500 nunca sé facilitar,
cuando se llega a enojar
suele ser de mala entraña;
se vuelve como la araña,
siempre dispuesta a picar.

Yo he conocido a toditos
los negros más peliadores.
Había algunos superiores
de cuerpo y de vista... ¡ay juna!
si vivo les daré una...
4510 historia de las mejores.

Mas cada uno ha de tirar
en el yugo en que se vea;
yo ya no busco peleas,
las contiendas no me gustan.
Pero ni sombras me asustan
ni bultos que se menean.

La creia ya desollada,
mas todavía falta el rabo,
y por lo visto no acabo
4520 de salir de esta jarana,
pues esto es lo que se llama
remachársele a uno el clavo.

31

Y DESPUÉS de estas palabras
que ya la intención revelan,
procurando los presentes
que no se armara pendencia,
se pusieron de por medio
y la cosa quedó quieta.
Martín Fierro y los muchachos,
4530 evitando la contienda,
montaron, y paso a paso,
como el que miedo no lleva,

4515-6 Cf. la copla porteña:
Yo soy del Barrio del Alto
donde llueve y no gotea.
A mi no me asustan sombras
ni bultos que se menean.

4530 "Cualquiera sea el fallo con que juzguemos a Martín Fierro rehuyendo
la pelea que salva con nobles y viriles excusas, lo cierto es que, sin que el Moreno
vuelva a figurar en el Poema, nos queda su imagen enérgica, tan firme al terminar
la prueba como cuando se nos aparece, de golpe, inesperadamente, saliendo del
silencio y de la multitud de los oyentes, seguro que, por mucho que sea su famoso
rival, él no ha de ser menos" (Ezequiel Martínez Estrada, Los personajes secunda-
rios del "Martín Fierro", Sur, nº 168, página 26).

a la costa de un arroyo
llegaron a echar pie a tierra.
Desensillaron los pingos
y se sentaron en rueda,
refiriéndose entre sí
infinitas menudencias;
porque tiene muchos cuentos
4540 y muchos hijos la ausencia.

Allí pasaron la noche
a la luz de las estrellas,
porque ése es un cortinao
que lo halla uno dondequiera,
y el gaucho sabe arreglarse
como ninguno se arregla.

El colchón son las caronas,
el lomillo es cabecera,
el cojinillo es blandura,
4550 y con el poncho o la jerga,
para salvar del rocío
se cubre hasta la cabeza.

Tiene su cuchillo al lado,
pues la precaución es buena;
freno y rebenque a la mano,
y teniendo el pingo cerca,
que pa asigurarlo bien
la argolla del lazo entierra.

Aunque el atar con el lazo
4560 da del hombre mala idea,
se duerme ansí muy tranquilo
todita la noche entera.

Y si es lejos del camino
como manda la prudencia,
más siguro que en su rancho
uno ronca a pierna suelta.

Pues en el suelo no hay chinches,
y es una cuja camera
que no ocasiona disputas
4570 y que naide se la niega.

Además de eso, una noche
la pasa uno comoquiera,
y las va pasando todas
haciendo la mesma cuenta.

Y luego los pajaritos
al aclarar lo dispiertan,
porque el sueño no lo agarra
a quien sin cenar se acuesta.

4560 Porque el lazo puede lastimar al animal.

Ansí, pues, aquella noche
4580  jué para ellos una fiesta,
pues todo parece alegre
cuando el corazón se alegra.
No pudiendo vivir juntos
por su estado de pobreza,
resolvieron separarse,
y que cada cual se juera
a procurarse un refugio
que aliviara su miseria.
Y antes de desparramarse
4590  para empezar vida nueva,
en aquella soledá
Martín Fierro con prudencia
a sus hijos y al de Cruz
les habló de esta manera.

32

UN PADRE que da consejos
más que padre es un amigo,
ansí como tal les digo
que vivan con precaución.
Naide sabe en qué rincón
4600  se oculta el que es su enemigo.

Yo nunca tuve otra escuela
que una vida desgraciada.
No estrañen si en la jugada
alguna vez me equivoco,
pues debe saber muy poco
aquel que no aprendió nada.

Hay hombres que de su cencia
tienen la cabeza llena;
hay sabios de todas menas,
4610  mas digo sin ser muy ducho:
es mejor que aprender mucho
el aprender cosas buenas.

No aprovechan los trabajos
si no han de enseñarnos nada.
El hombre, de una mirada,
todo ha de verlo al momento.
El primer conocimiento
es conocer cuándo enfada.

Su esperanza no la cifren
4620  nunca en corazón alguno.
En el mayor infortunio
pongan su confianza en Dios,

de los hombres, sólo en uno,
con gran precaución en dos.

Las faltas no tienen límites
como tienen los terrenos;
se encuentran en los más buenos,
y es justo que les prevenga:
aquel que defetos tenga,
4630   disimule los ajenos.

Al que es amigo, jamás
lo dejen en la estacada,
pero no le pidan nada
ni lo aguarden todo de él.
Siempre el amigo más fiel
es una conduta honrada.

Ni el miedo ni la codicia
es bueno que a uno lo asalten.
Ansí no se sobresalten
4640   por los bienes que perezcan.
Al rico nunca le ofrezcan
y al pobre jamás le falten.

Bien lo pasa hasta entre pampas
el que respeta a la gente.
El hombre ha de ser prudente
para librarse de enojos,
cauteloso entre los flojos,
moderado entre valientes.

El trabajar es la ley
4650   porque es preciso alquirir;
no se espongan a sufrir
una triste situación.
Sangra mucho el corazón
del que tiene que pedir.

Debe trabajar el hombre
para ganarse su pan;
pues la miseria, en su afán
de perseguir de mil modos,
llama en la puerta de todos
4660   y entra en la del haragán.

A ningún hombre amenacen
porque naides se acobarda.
Poco en conocerlo tarda
quien amenaza imprudente,
que hay un peligro presente
y otro peligro se aguarda.

Para vencer un peligro,
salvar de cualquier abismo,

4666 Otras ediciones: "y otro peligro que aguarda".

por esperencia lo afirmo,
4670　más que el sable y que la lanza,
suele servir la confianza
que el hombre tiene en sí mismo.

Nace el hombre con la astucia
que ha de servirle de guía;
sin ella sucumbiría,
pero sigún mi esperencia,
se vuelve en unos prudencia
y en los otros picardía.

Aprovecha la ocasión
4680　el hombre que es diligente,
y tenganló bien presente,
si al compararla no yerro,
la ocasión es como el fierro:
se ha de machacar caliente.

Muchas cosas pierde el hombre
que a veces las vuelve a hallar...
Pero les debo enseñar,
y es bueno que lo recuerden:
si la vergüenza se pierde
4690　jamás se vuelve a encontrar.

Los hermanos sean unidos
porque ésa es la ley primera;
tengan unión verdadera
en cualquier tiempo que sea,
porque si entre ellos pelean
los devoran los de ajuera.

Respeten a los ancianos,
el burlarlos no es hazaña.
Si andan entre gente estraña
4700　deben ser muy precavidos,
pues por igual es tenido
quien con malos se acompaña.

La cigüeña cuando es vieja
pierde la vista, y procuran
cuidarla en su edá madura
todas sus hijas pequeñas.
Apriendan de las cigüeñas
este ejemplo de ternura.

---

4703-6 *Cf.* "Con vida tan larga pierden las fuerzas de volar las cigüeñas y se les
caen las plumas, con que no pueden buscar la comida; pero tienen sus hijos tanto
cuidado, que no sólo les traen de comer abastecidamente, pero las plumas viejas
se les desmontan de las demás, que están fuertes y flamantes, con sus picos, las
limpian y acarician con las mismas señas de amor que cuando sus padres los cria-
ban" (Valdecebro, *Aves*, III, 22). "He is a stork to his parent, and feeds him in
his old age" (Fuller, *The Holy State and the Profane State*, I, VI, 15).

Si les hacen una ofensa,
4710 aunque la echen en olvido,
vivan siempre prevenidos;
pues ciertamente sucede
que hablará muy mal de ustedes
aquel que los ha ofendido.

El que obedeciendo vive
nunca tiene suerte blanda,
mas con su soberbia agranda
el rigor en que padece.
Obedezca el que obedece
4720 y será bueno el que manda.

Procuren de no perder
ni el tiempo, ni la vergüenza.
Como todo hombre que piensa
procedan siempre con juicio,
y sepan que ningún vicio
acaba donde comienza.

Ave de pico encorvado
le tiene al robo afición,
pero el hombre de razón
4730 no roba jamás un cobre,
pues no es vergüenza ser pobre
y es vergüenza ser ladrón.

El hombre no mate al hombre
ni pelee por fantasía.
Tiene en la desgracia mía
un espejo en que mirarse.
Saber el hombre guardarse
es la gran sabiduría.

La sangre que se redama
4740 no se olvida hasta la muerte.
La impresión es de tal suerte,
que a mi pesar, no lo niego,
cai como gotas de fuego
en la alma del que la vierte.

Es siempre, en toda ocasión,
el trago el pior enemigo;
con cariño se los digo,
recuerdenló con cuidado,
aquel que ofiende embriagado
4750 merece doble castigo.

Si se arma algún revolutis
siempre han de ser los primeros.
No se muestren altaneros
aunque la razón les sobre.

En la barba de los pobres
aprienden pa ser barberos.

    Si entriegan su corazón
a alguna mujer querida,
no le hagan una partida
4760  que la ofienda a la mujer;
siempre los ha de perder
una mujer ofendida.

    Procuren, si son cantores,
el cantar con sentimiento;
no tiemplen el estrumento
por sólo el gusto de hablar,
y acostúmbrense a cantar
en cosas de jundamento.

    Y les doy estos consejos
4770  que me ha costado alquirirlos,
porque deseo dirigirlos,
pero no alcanza mi cencia
hasta darles la prudencia
que precisan pa seguirlos.

    Estas cosas y otras muchas
medité en mis soledades.
Sepan que no hay falsedades
ni error en estos consejos.
Es de la boca del viejo
4780  de ande salen las verdades.


## 33

DESPUÉS a los cuatro vientos
los cuatro se dirigieron.
Una promesa se hicieron
que todos debían cumplir,
mas no la puedo decir
pues secreto prometieron.

    Les alvierto solamente,
y esto a ninguno le asombre,
pues muchas veces el hombre
4790  tiene que hacer de ese modo.
Convinieron entre todos
en mudar allí de nombre.

    Sin ninguna intención mala
lo hicieron, no tengo duda.
Pero es la verdá desnuda,
siempre suele suceder,

---

4759 Partida: mala partida.

aquel que su nombre muda
tiene culpas que esconder.
    Y ya dejo el estrumento
4800 con que he divertido a ustedes.
Todos conocerlo pueden
que tuve costancia suma.
Éste es un botón de pluma
que no hay quien lo desenriede.

    Con mi deber he cumplido,
y ya he salido del paso,
pero diré, por si acaso,
pa que me entiendan los criollos:
todavía me quedan rollos
4810 por si se ofrece dar lazo.

    Y con esto me despido
sin espresar hasta cuándo.
Siempre corta por lo blando
el que busca lo siguro,
mas yo corto por lo duro,
y ansí he de seguir cortando.

    Vive el águila en su nido,
el tigre vive en la selva,
el zorro en la cueva ajena,
4820 y en su destino incostante,
sólo el gaucho vive errante
donde la suerte lo lleva.

    Es el pobre en su orfandá
de la fortuna el desecho,
porque naides toma a pecho
el defender a su raza.
Debe el gaucho tener casa,
escuela, iglesia y derechos.

    Y han de concluir algún día
4830 estos enriedos malditos.
La obra no la facilito,
porque aumentan el fandango
los que están como el chimango
sobre el cuero y dando gritos.

    Mas Dios ha de permitir
que esto llegue a mejorar.
Pero se ha de recordar
para hacer bien el trabajo,
que el fuego, pa calentar,
4840 debe ir siempre por abajo.

4803 Botón de pluma. Para su descripción, véase Santiago M. Lugones, *Martín Fierro*, página 335 y Vicente Rossi, *Folletos lenguaraces*, XXVII, páginas 21 a 28.
4834 Los chimangos suelen picotear los cueros que se secan al sol.

En su ley está el de arriba
si hace lo que le aproveche.
De sus favores sospeche
hasta el mesmo que lo nombra.
Siempre es dañosa la sombra
del árbol que tiene leche.

Al pobre al menor descuido
lo levantan de un sogazo.
Pero yo compriendo el caso
4850    y esta consecuencia saco:
el gaucho es el cuero flaco,
da los tientos para el lazo.

Y en lo que esplica mi lengua
todos deben tener fe;
ansí, pues, entiendanmé,
con codicias no me mancho.
No se ha de llover el rancho
en donde este libro esté.

Permitanmé descansar,
4860    ¡pues he trabajado tanto!
En este punto me planto
y a continuar me resisto.
Estos son treinta y tres cantos,
que es la mesma edá de Cristo.

Y guarden estas palabras
que les digo al terminar.
En mi obra he de continuar
hasta dárselas concluída,
si el ingenio o si la vida
4870    no me llegan a faltar.

Y si la vida me falta,
tenganló todos por cierto,
que el gaucho, hasta en el desierto,
sentirá en tal ocasión
tristeza en el corazón
al saber que yo estoy muerto.

Pues son mis dichas desdichas
las de todos mis hermanos.
Ellos guardarán ufanos
4880    en su corazón mi historia;
me tendrán en su memoria
para siempre mis paisanos.

Es la memoria un gran don,
calidá muy meritoria,
y aquellos que en esta historia
sospechen que les doy palo,

4846 Según la creencia popular, la sombra de la higuera es dañina.

sepan que olvidar lo malo
también es tener memoria.
    Mas naide se crea ofendido,
4890 pues a ninguno incomodo,
y si canto de este modo
por encontrarlo oportuno,
NO ES PARA MAL DE NINGUNO
SINO PARA BIEN DE TODOS.


# CARTA

*que el gaucho Martín Fierro dirige a su amigo don Juan Ma-
nuel Blanes,\* con motivo de su cuadro "Los treinta y tres
orientales".*

    AMIGO don Juan Manuel,
que se halle, me alegraré,
sano del copete al pie.
Y perdone si en su carta
algún disparate ensarta
este servidor de usté.
    Una suya recebí
punteada con todo esmero,
y al verlo tan cariñero
10 dije para mí, a este Blanes,
no hay oriental que le gane
como amigo verdadero.
    Y aunque me diga atrevido
o que a la Luna le ladro,
como ese bicho taladro
que no sabe estarse quieto
en todas partes me meto
y me metí a ver "su cuadro".
    Por supuesto, los diez pesos
20 los largué como el mejor,
yo no soy regatiador,
y ya dentré a ver después
los famosos "Treinta y tres"...
¡Ah, cuadro que da calor!
    Me quedé medio azorao
al ver esa comitiva.
Lo miré de abajo arriba
pero, ¡que el diablo me lleve!,
si parece que se mueve
30 lo mesmo que cosa viva.

---

\* El pintor uruguayo Juan Manuel Blanes (1830-1901).

Encima le han colocao
un sol que valdrá un tesoro.
Lo habrán puesto, no lo inoro
como en el naipe español;
pues habrán dicho esos toros
"a todos alumbra el sol".

Y esa gente tan dispuesta
que su páis va a libertar,
no se le puede mirar
40   sin cobrarles afición...
¡Si hasta quisiera el mirón
poderlos acompañar!

Para mí, más conocida
es la gente subalterna;
mas se ve que quien gobierna
o lleva la dirección,
es un viejo petizón
que está allí abierto de piernas.

Tira el sombrero y el poncho
50   y levanta su bandera
como diciendo "Andequiera
que flamé se ha de triunfar;
vengo resuelto a peliar
y que me siga quien quiera."

Le está saliendo a los ojos
el fuego que el pecho encierra,
y señalando a la tierra
parece que va a decir:
"Hay que triunfar o morir,
60   muchachos, en esta guerra."

Y animando aquella gente
que a lidiar se precipita,
mientras se mueve y agita
con la proclama del viejo,
hay uno que dende lejos
le muestra una crucecita.

Cerca de él hay otro criollo
de poncho y de bota fina.
Se ve que en la tremolina
70   hará aujero si atropella,
ha agarrao la carabina
como pa darles con ella.

Al lao, el de camiseta,
ya deja ver que es soldao;
está muy arremangao
como hombre resuelto a todo,

se le conoce en el modo
que ha sido algún desalmao.

80   Hay otro de pantalón,
tirador bordao de seda;
que le resista quien pueda
cuando llegue a gritar ¡truco!
ha echao al hombro el trabuco
y se ha metido en la rueda.

De pantalón va también
otro de sombrero al lao;
es resuelto y animao
pero de un modo distinto:
tiene el naranjero al cinto
90   y parece más confiao.

Hay otro viejo gritando:
"¡A mí naides me aventaja;
en cuanto suene la caja
he de responder al grito!"
Tiene en la mano un corvito
que ha de estar como navaja.

Ese que está arrodillao
no me deja de gustar,
uno puede asigurar
100  que va a decir —cuando hable—
"Todos tienen que jurar
sobre la hoja de este sable."

Que ha de haber sido algún bravo,
en el ademán se alvierte;
y para estar de esa suerte,
dije yo, lo han elegido
o por ser más decidido
o por tener bota juerte.

Me gusta el de casaquín,
110  se le nota el movimiento
como que en ese momento
tira su sombrero arriba,
a tiempo que pega un "¡viva!"
medio loco de contento.

Pero entre tanto valiente
dende lejos se divisa
el que en mangas de camisa
se hace notar el primero.
Un gaucho más verdadero
120  no he visto, ni en los de Urquiza.

120 Ni en los de Urquiza. Alude a otros cuadros del mismo pintor, que representan soldados de Urquiza.

Espuela y botas de potro,
todo está como nacido;
es patriota decidido,
se ve que resuelto está;
para mejor, le ha salido
medio escaso el chiripá.

En el amor y en la guerra,
en todo habrá sido igual;
tiene, en trance tan formal,
130   el enemigo en contorno;
pero no olvidó el adorno
de cola de pavo-rial.

Le adivina la intención
todito aquel que lo vea;
para dentrar en pelea
revela hallarse dispuesto,
y de fantástico ha puesto
de dragona la manea.

Lleva su ropa y sus armas
140   como quien las sabe usar;
con gracia sabe arreglar,
su trabuco en la cintura;
muestra ser por la figura
sin asco para matar.

Y además de algunos otros,
me ha llamado la atención
uno que está en un rincón
como quien no dice nada,
se ha largao a la patriada,
150   descalzo y de pantalón.

Y yo, para mí, decía:
éstos hacen lo que deben;
y varones que se atreven
con voluntá decidida
a jugar ansí la vida,
tal vez ni cigarros lleven.

Van a libertar su páis,
peliando con valentía;
quizá ni ropa tendrían,
160   pero nada los sujeta;
hasta las mismas maletas
están, ¡ay!, medio vacías.

La carabina y el sable
que están tirados allí,
pensé yo al verlos así:
o alguno se ha hecho avestruz

o son de aquel de la cruz,
que los ha dejao allí.

  A la distancia se llevan
170 el bote los marineros,
los mismos que lo trujieron
se retiran apuraos.
Ya se ve, que les hicieron
la compañía del horcao.

  Parece que van diciendo:
"Áhi quedan sin esperanza,
y vámonos sin tardanza,
si viene juerza enemiga;
tal vez ninguno consiga
180 escapar de la matanza."

  Yo los hubiera agarrao
a los que el bote se llevan;
justo es que a todo se atreva
el hombre que hace la guerra;
cuando pisaron en tierra
debió principiar la leva.

  No meto en esta coplada
a todos, pa no cansarlo;
pero debo confesarlo,
190 amigo, y se lo confieso,
yo le saqué los diez pesos
al cuadro, tanto mirarlo.

  Cuente si son "treinta y tres",
si en mi cálculo no yerro;
con ésta mi carta cierro,
amigo, me planto aquí.
Ni Cristo pasó de allí
ni tampoco

     MARTÍN FIERRO.

# Ventura R. Lynch

## [1851–1883]

# NOTA BIOGRÁFICA

VENTURA R. LYNCH nació en Buenos Aires el 24 de mayo de 1851. Fué periodista, pintor y músico. En 1883 publicó *La provincia de Buenos Aires hasta la definición de la cuestión capital de la República* y un pequeño diccionario de la lengua pampa. Murió a la edad de treinta y dos años, en Buenos Aires.

Véase: Vicente Forte, "Estudio preliminar" a *Cancionero bonaerense* (Buenos Aires, 1925); Enrique Udaondo, *Diccionario biográfico argentino* (Buenos Aires, 1938).

# HISTORIA DE PEDRO MOYANO

*gaucho de la provincia de Buenos Aires*

NACÍ en el Monte y allá por el año de 1844.

Le ei óido contar a mi madre, que al mes de haber nacido, me trujeron pa Recifes ande me bautizaron.

Como a los seis años murió mi padre y mi madre que tenía doce cachorros, de los cuales yo era el sesto, se vido en la necesidad de volver a su pago, aonde algunos parientes que teníamos podían ayudarnos a medio pasar esta vida miserable.

Pero, los parientes son los peores, y mi suerte jué
10 que un amigo d'esos que nunca faltan, me recogiera consigo, viéndome al año en la obligación de dejarlo, porque me trataba muy mal, amigo, y yo no nací pa esclavo.

Vicente, el hermano mayor de todos mis hermanos, era un jugador de renombre. Puande quiera que pasaba orejiaba los naipes que dejaba pasmao. Un día se vino pa Güenos Aires, trayendo al muchacho que me seguía, y como andaba sin pase, pa Pavón lo agarraron y lo metieron de soldao.
20 El mozo no era lerdo y de allí se resertó pasando a Córdoba con doscientos hombres que jueron indultaos así que se pasó la guerra.

Pasaron los años, y un día, aquel muchacho que había dejao Vicente cuando lo agarraron, volvió mozo y platudo al rancho donde vivíamos.

Cuando estaba rico, cargó con todos y se los trujo con él.

Yo, que entonces estaba con uno que me había prometido enseñarme a leer y a escribir, me tuve que quedar
30 en el Monte.

El caso es que los meses iban corriendo como corre la vida y como yo estaba dijustao porque no me cumplían lo que me habían ofrecido, pensé buscar una colocación donde anduviera más a gusto.

Un hombre del Río Salao me ofreció trabajo: yo acepté, me llevó a la Guardia y de allí me fí con él en una tropa de carros.

---

1 Monte: partido y pueblo del sur de la provincia de Buenos Aires.
3 Recifes: Arrecifes, partido y pueblo del norte de la provincia de Buenos Aires.
18 Pavón: victoria de Mitre sobre Urquiza, en 1861.
36 Guardia: la Guardia del Monte.

40 Volví a la Guardia en cuanto se acabaron las esquilas y habiendo la proporción de un pariente que iba a pasar pa Recifes, me junté con él.

Cuando llegamos a San Antonio de Areco, ya mudamos caballos y enderecé pa allá.

Mi madre y mi hermano habían pasao pa Chivilcoy.

En cuanto lo supe, rumbié pa el Oeste.

Por entonces me gustaba el trabajo y como era mocetón no me faltaba ande ganar, si quería, pa comer y pa vestir.

Reciencito cumplía los veinte años. Un mozo jugador de Chivilcoy se me amigó. Con él iba a toas partes, 50 bailes, yerras y carreras.

Tanto andar con él, aprendí el manejo de los naipes.

El año 65, estando en Giles, cái enfermo y estuve como ocho meses sin poderme mover. Un médico-Dios (curandero) y que fí a consultar porque era de menta, me dijo que no viviría ni quince días.

Ese mismo día, ya sin esperanzas, me fí a la esquina con ganas de mamarme. ¡Pa morir, más vale morir borracho!

60 Allí encontré una punta que estaban chupando. Con el beberaje un mozo surero me provocó. Yo le decía que me dejara porque yo no era capaz de faltar a naides, pero él siguió y tanto me buscó, que al fin me hizo volear la anca.

Se me vino al humo y de un planazo por el cogote, lo di contra el suelo.

Diai ya comencé a sentirme mejor y anque yo andaba juyendo, una mañana volví a Chivilcoy y me fí a unas carreras, en donde uno de mis hermanitos había 70 ido a vender tortas.

Uno de los que estaban le dió por robar al muchacho.

No faltó quien me avisara y yo vine y le pregunté cuántas le había robao.

Él se riyó de mí y me dijo que era güeno pa una soba.

Le dije que juera conmigo atrás de un montecito que se vía allí cerquita.

No quiso dir ni pagar y lo atropellé.

41 San Antonio de Areco: partido y pueblo del norte de la provincia de Buenos Aires.
43 Chivilcoy: partido y pueblo del oeste de la provincia de Buenos Aires.
53 Giles: San Andrés de Giles. Partido y pueblo del norte de la provincia de Buenos Aires.
62 Faltar: faltar el respeto.

80 Me largó un lonjazo, saqué el golpe con la zurda y
le acomodé un tajo en la cara. Voleó la pierna, peló
un ternero como sable y me tiró un puntazo. Le saqué
el cuerpo y le metí una puñalada por el brazo. De ahí
saltó sobre un malacara que tenía y disparó pa las
casas.

Yo lo salí corriendo. Atrás de mí venía el patrón.
Cuando medio me alcanzó, me largó un rebencazo.
Apenas me tocó, me volví y de un tajo le resfalé dos
dedos de la mano.

90 Peló el facón, echó pie a tierra y alguno de los dos
hubiera estirao l'aspa a no ser la gente que nos des-
apartó.

Desde ese momento la partida me tomó entre ojo.

El arcalde, que era celoso hasta morirse, me buscó
como a los quince días, porque creiba que yo andaba
por sonsacarle la mujer.

Peliamos, y si no nos desapartan quizá me lo ma-
drugo.

Con la cabeza caliente por la bebida, me volví a casa,
monté un petizo colorao que tenía y de ahí me fí otra
100 vez a buscar al arcalde pa peliarlo.

Lo encontré chupando con otros y hablando mal de
mí. No lo dejé acabar, salté y me fí encima.

Él y sus compañeros me arrinconaron a sablazos. Yo
me hacía el chiquito y ni un palo recibí.

Mi hermano Marcelo, que en ese momento llegaba,
al verme tan apurao vino en mi ayuda. Así que lo vido el
arcalde enderezó pa él. Pero Marcelo que es como cuadro lo esperó a pie firme y le amagó un puntazo.

El arcalde paró el tiro y le largó un hachazo que le
110 quebró el facón.

Cuanto lo vide mal a Marcelo me abrí cancha y me
le dormí al arcalde con un revés por las costillas.

¡Viera, amigo, qué julepe!

Largó el corvo y ganó la pulpería pidiendo auxilio.
Monté el petizo y me volví pa casa. De allí no me
iban a sacar ni anque fuera toda la partida.

A los diez días me citó el capitán de milicias.

Yo fí y me trató como amigo.

Me engañó, créalo; porque en lo mejor que estába-
120 mos tomando me agarraron de atrás, me ataron y me
encerraron. Sólo salí pa dir a un cantón.

81 Ternero: un facón.
92 Tomar entre ojo: tener entre ojos.

Cuando íbamos en marcha pa el Bragao me les hice perdiz.

No perdí más tiempo que el necesario pa mudar caballo en casa, y de ahí pasé pa Recifes. De ahí me fí a Chacabuco. En el camino me allegué a una pulpería: había gente que jugaba al truco y copaba.

Como yo era forastero empezaron a chulearme, ensillé el picazo y de un faconazo me estiré a uno.

130 De ahí gané de nuevo pa Recifes. Allí con las cartas me hice de unos 30,000 pesos con los que volví pa Chivilcoy.

Cuando me vido el arcalde se me vino a las güenas y ya comenzó a toparme.

El sargento de la partida que era muy mi amigo, un día que se mamó, me dijo que tenía ganas de agarrarme a rebencazos.

Me ráy, se enojó, y por gracias de Dios no se quedó patrio.

140 A los siete días hubo otras carreras.

El sobrino del comendante que era el teniente, me desafió a correr.

Hicimos las apuestas y fuimos a la raya.

Como yo quería partir ocho veces y él sólo tres, nos volvimos pa las casas.

Por el camino, el teniente me venía retando y poniendomé como suelo. Yo iba callao y no le decía nada.

Pa qué voy a mentir, yo nunca peleo mientras no me provoquen demasiao.

150 Él seguía y seguía gritando, hasta que ya no pude aguantar más y le contesté. Se me vino al humo con las manos vacidas, yo saqué el cuchillo y lo saqué pisoteando.

Por esto me volvieron a perseguir, y me enviaron al fortín San Carlos.

A los dieciséis días me reserté.

Me fí de nuevo pa Recifes y estuve enfermo como un mes.

Convaleciendo, me encontré con un Quiroga, que 160 me quiso castigar porque le había ganao una vez.

Se me vino encima, y metiendolé el poncho por la cara, de una puñalada en un costao lo largué contra el mostrador. De ahí me faltó la juerza y me fí de

---

122 Bragado: partido y pueblo del oeste de la provincia de Buenos Aires.
126 Chacabuco: partido y pueblo del oeste de Buenos Aires. Al norte de Chivilcoy y de Bragado.
138-9 Por gracias de Dios no se quedó patrio: por gracia de Dios no le corté las orejas.

boca. La gente que me vido medio mal, se me abalan-
zó; pero yo les hice creer con el poncho que toavía
estaba armao; porque en la caída se me había caído
el cuchillo.

No faltó un amigo que me diera uno.

Lo que me vide bien salí y gané pa una paré que
170 estaba junto al juzgao y en la que había un árbol que me
podía guarecer.

En eso vino un hombre y al verme gritó:

—Ara lo vas a ver ca...

Saqué el facón y lo atropellé. Él disparó.

En cuanto me vide libre, gané pa las orillas.

Allí me escondí en un horno, pero pensando que
por ahí me podían buscar, gané una vizcachera en la
que me metí dejando sólo la cabeza de juera como
pa que no se me atajase el resuello.

180 No había pasao casi nada, cuando ya vide la policía
corriendo por todas partes.

Un milico enderezó pa'onde yo estaba; miré bien
y vide que venía solo.

Cuando jué a pasar por la vizcachera, le salí de
atrás, lo bajé del caballo, monté de un salto y eché a
disparar.

El policía se quedó más muerto que vivo.

Llegué a una estancia conocida donde tenía mi
parejero, dejé el patrio y rumbié en el mío pa el
190 Pergamino.

Del Pergamino pasé pa el Arroyo del Medio.

En la casa de Lencina me escondí; sólo salía de noche,
y eso, cuando estaba bien seguro de que no me habían
de pillar.

Un día en la chacra de José Córdoba llegó un carro
mercachifle que traiba géneros y bebidas. Como yo
había ganao y traiba en el tirador como unos 8,000
pesos, nos pusimos a chupar.

En eso se vieron dos mozos que venían.

200 El capataz de Córdoba los conoció y me dijo que
tenía ganas de matar a uno porque le había hecho una
traición.

Yo le dije que no juera malo, que pa qué iba a
tener un cargo de concencia si no tenía necesidad.

---

173 Ara: ahora.

175 Las orillas: los arrabales.

190 Pergamino: partido y pueblo del norte de la provincia de Buenos Aires.

191 Arroyo del Medio: arroyo limítrofe entre las provincias de Buenos Aires
y de Santa Fe.

Se enojó, y por más que hice por sosegarlo me atropelló a puñaladas.

Estábamos sentaos en la cocina y conforme él se me vino, no hice más que echarme de espaldas y acomodarle una patada en la barriga que lo hice ir dando
210 güeltas hasta que se fué de hocico.

Así quedó más manso que un sotreta.

De allí enderecé pa Santa Fe.

Por el camino me acerqué a una casa de negocio, a'onde estaban corriendo carreras.

Me acuerdo que iban a partir un reyuno y un tordillo.

Un negro, mentao por malo, barrullero y provocador que estaba en la pulpería, dijo que paraba mil pesos al reyuno.

220 Yo le barajé la parada y le dije:

—Niamque sea con 200 pesos por no valer la ocasión, yo le paro po'el tordillo.

—Está güeno, me contestó.

Corrieron y gané.

La fí a cobrar mi plata, el negro me dijo que él no había jugao sino pa el domingo, porque el domingo iban a volver a correr los mesmos caballos.

—Güeno amigo, será como usté dice. Yo comprendí que era un tramposo y que como yo era forastero se que-
230 ría jugar conmigo.

Ansina mesmo me retiré sin decirle nada.

A la semana siguiente haiba yerra en una estancia, y el dueño que era conocido me convidó pa que juera.

Eí y mientras unos bebían y otros cantaban, yo entré en una rueda que estaban jugando a la taba.

Pa ese juego, yo he sido suertudo y después con un poquito de azogue he sabido componer mi taba como pa las cartas sé hacer uso de la pega.

Así que empecé a jugar, y cuando iba a tirar, el
240 negro que acababa de llegar, se me cruzó por delante y me hizo perder la vista.

Volví a tirar y volvió a cruzarse.

Por tres o cuatro veces hizo lo mesmo.

Yo estaba prudenciando y me fí a sentar en un ombú. Allí había gente que bailaba gato y malambeaba.

Pa esto, la tercera vez que me había cruzao volvió por atrás de mí y me pegó un codazo en el facón que me lo hizo saltar de la vaina.

234 Eí: fuí.
238 Pega: preparación de esperma y de aceite que ellos hacen. (Nota de Ventura R. Lynch.)

Cuando me vido en el ombú, vino a sentarse a mi lao.

Le di lugar, pero ya estaba rejuntando rabia.

En una d'esas fí a hablar y me cortó la palabra.

—Pero amigo, le dije, yo no le hago nada ¿por qué me está jorobando?

Se riyó y no me contestó nada.

Fí a encender un cigarro y me volteó el fuego.

Ya no aguanté más.

Más ligero que l'aire, me le dormí con un planazo por la jeta que lo hice dar con el mate (cabeza) contra el tronco.

Y ya lo que le vide negrear el murlo porque el calzoncillo se lo había arremangao, me le florié con otro por las ancas.

Quiso medio enderezarse y amagándole un puntazo pa el ombligo yo les dije a los otros:

—Oiganlé é esa maula. Aquí lo tienen, muchachos, ya no sirve ni pa las mujeres.

En cuanto se vido libre, metió la cola entre las piernas y no se volvió a ver en la yerra.

De ahí me vine pa Chivilcoy.

Mojé en las últimas elecciones y aquí me tienen ustedes como toro en rodeo ajeno. No puedo cair a mi pago, porque si me vichan me agarran y me mandan a la frontera.

(De Ventura R. Lynch, *La provincia de Buenos Aires hasta la cuestión Capital de la República*, I, Buenos Aires, 1883.)

261 El murlo: el muslo.
274 Pedro Moyano estuvo destinado en el 6 de línea en 1874. (Nota de Ventura R. Lynch.)

# ÍNDICE DE NOTAS Y GLOSARIO

*A éste quiero, a éste no quiero*, II, p. 186.

*A qué le cuento más vale*, II p. 11.

*Abajeño*, I, p. 187.

*Abarajar*. "Tomar en el aire una cosa que a uno le arrojan. Parar, atajarse las puñaladas del adversario" (Santiago M. Lugones).

*Abombado*. Aturdido, tonto.

*Abuela. Más malo que su abuela.* Muy malo. *Sin abuela (o sin abuelo).* Locución enfática que se pospone a calificativos injuriosos, p. ej., *embustero sin abuela* (muy embustero).

*Acacharpado*, I, p. 319. Provisto de cacharpas.

*Acangallarse*. Aviarse.

*Accidentarse*. Hacer sus necesidades.

*Aceguá*, I, p. 249.

*Acevedo Díaz, Eduardo Inés*, II, p. 451.

*Acodillar*. Talonear el caballo en los codillos.

*Acosta, Agustín*, II, p. 280.

*Acha, Francisco Xavier del Carmen*, II, p. 451.

*Achicarse*. Someterse, rebajarse, acobardarse, restarse importancia.

*Achispado*. Borracho.

*Achocar*. Chocar. Burlar, afrentar. *Achocarse*. Molestarse por una burla, resentirse.

*Achuchado*. Con escalofríos. Acobardado.

*Achuras*, I, p. 334.

*Adivinos entre los indios*, I, p. 340.

*Aflojar. Aflojar lazo.* Dar soga. El enlazador desenrolla el lazo para que no lo embista la res. *Aflojar las riendas*, II, p. 193.

*Afrechero*. Caballo acostumbrado a comer afrecho.

*Agacharse. Agacharse a.* Disponerse a. *Agacharse al pericón*, II, p. 163.

*Agarrarlo a uno atravesado.* Tomarlo en situación desventajosa, como al vacuno que se pecha con el caballo.

*Agenciar*. Buscar. Ganar.

*Agonía de las ollas*, I, p. 478.

*Aguaciles*. Especie de libélulas.

*Aguachado*. Aguachento. Hidrópico.

*Aguachar*, I, p. 363. *Aguacharse*, I, p. 292.

*Aguada*, I, p. 41 y p. 303.

*Aguaitar*. Acechar, espiar.

*Aguantarse*. Mantenerse en una situación. Quedarse.

*Aguarás*, I, p. 119.

*Aguatero*, I, p. 176.

*Agüero, Julián Segundo*, I, p. 112.

*Aguiar, Eduardo Félix*, I, p. 120.

*Águila imperial*, I, p. 111.

*Aguilar, Fausto*, II, p. 84 y p. 307.

*Aguiluchada*, II, p. 137.

*Aguilucho*. Pobre.

*Agujerear*, I, p. 272.

*Ahí. De ahí.* En seguida, luego.

*Ainda máis*, II, p. 361.

*Ajeniar. Ajenear*, I, p. 249; II, p. 21.

*Ajuera y adentro. Gente de*, II, p. 8.

*Alarife*, I, p. 149. Hombre astuto y pícaro.

*Albazo*. Acción de guerra al amanecer.

*Albitrioso*. Arbitrioso.

*Alborotársele a uno la pajarera.* Despertarse. Tomar una decisión brusca.

*Albur*, I, p. 92.

*Alcasa*. Alcázar. *Cf*. Leopoldo Lugones, *Historia de Sarmiento*: "La juventud dorada calavereaba en el famoso *Alcázar...*".

*Alce. No dar alce.* No dar tregua ni respiro.

*Alderete*. Ver *Oribe, Manuel*.

*Alegre, Pablo*, II, p. 181.

*Alegrete*, II, p. 191.

*Alegrón*. Achispado.

*Aleluyas*, II, p. 694.

*Alentao*. Alentado. Con buena salud, I, p. 251.

*Alezna*. Lezna.

*Alfajor*. Cuchillo, facón.

*Algañarás, Pantaleón*, II, p. 194.

*Aligante*. Elegante.

*Alistado*, II, p. 29.

*Almacén*. Casa de comercio donde principalmente se venden comestibles y bebidas.

*Almariao*, II, p. 77.

*Alsina, Adolfo*, II, p. 337.

*Alsina, Valentín*, I, p. 37 y p. 112.

*Alumbrar algo para empinar*, II, p. 364.

*Alunado*, II, p. 232.

*Alvarez, Benito*, I, p. 228.

*Alvertir*. Advertir.

*Alzado*, I, p. 558.

*Alzados y coludos*, II, p. 87.

*Alzar por las cuarenta.* Abatir, sacrificar. Según Tiscornia, la frase procede del juego del tute. *Alzar moño*, I, p. 155.

*Amachaso.* Machazo. U. t. e. s. f.

*Amargo.* Valiente.

*Amilivia, Gerónimo de*, II, p. 446.

*Amojosado.* Enmohecido.

*Amuchar*, II, p. 30.

*Amujar.* Amusgar.

*Anca. Volear la anca*, I, p. 262. *En ancas*, I, p. 344.

*Ancafilú*, II, p. 197.

*Anchetas.* Desfachateces, audacias.

*Anchorena, familia de*, II, p. 309.

*Anchorena, Tomás Manuel de*, II, p. 229.

*Andar. Andar patas.* Salir o ser patas: salir empatados o iguales. *Andar raspando.* Casi ocurrir o ser una cosa. *Andarse. Andarse corriendo algo*, II, p. 337. *No andarse con chicas.* No tener escrúpulos, no reparar en los medios.

*Angelito.* Párvulo. Se aplica generalmente a los niños muertos.

*Angurria.* Avidez.

*Ansina*, I, p. 423.

*Antiguo.* Paisano viejo y a la antigua.

*Antojo. No se ha de morir de antojo.* Irónicamente por: Se le hará el gusto, logrará sus deseos.

*Apadrinar*, II, p. 182.

*Apagando*, II, p. 193.

*Aparcero.* Compañero.

*Apareao.* Apareado, I, p. 289.

*Apariarse.* Correr un jinete a la par de otro.

*Aparicio, Timoteo*, II, 348.

*Aparte.* Separación de ganado en un rodeo.

*Apearse*, I, p. 250.

*Apedado*, I, p. 347.

*Apedar.* tr. y r. Emborrachar.

*Apelar a las de gaviota.* Recurrir a las piernas. Huir.

*Apensionarse.* Entristecerse.

*Apercibir.* Percibir.

*Aperiá*, II, p. 393.

*Apero.* Recado completo: cabezada, bozal, riendas, cabestro, sudadera, mandiles, carona, bastos, cojinillo, sobrepuesto, cincha y cinchón. *Apero cantor*, II, p. 163. *Apero de dotor.* Silla inglesa.

*Apichonado*, II, p. 286.

*Apichonarse.* Enternecerse.

*Aplastar.* Cansar. N.t.c.r.

*Apotrado.* Díscolo, arisco.

*Apotrarse*, II, p. 661.

*Aprensar*, II, p. 8.

*Apretarse el gorro.* Huir.

*Apuntar.* Dirigirse a.

*Aramburú, Domingo Nicolás*, II, p. 486.

*Arana, Felipe de*, I, p. 79.

*Arañando.* A duras penas.

*Arapey*, I, p. 234.

*Arbitrioso.* Hombre de muchos recursos.

*Arcionera*, I, p. 251.

*Areco, San Antonio de*, II, p. 756.

*Aréchaga, Justo Fernando*, II, p. 362.

*Armada*, I, p. 102 y p. 427.

*Armador*, II, p. 157.

*Armao.* Dícese del caballo que tiene el cogote curvo y levantado.

*Armar*, I, p. 257. *Armar a uno*, II, p. 221.

*Arnero*, I, p. 606.

*Arpa. Como un arpa.* II, p. 168.

*Arreador.* Látigo con cabo de unos cincuenta centímetros y azotera, por lo común de cuero crudo trenzado, cuya medida es aproximadamente de un metro cincuenta.

*Arrear.* Conducir, a pie o a caballo, el ganado.

*Arrecifes*, II, p. 755.

*Arrejar*, I, p. 473.

*Arrejón.* Arriesgón. Riesgo grande.

*Arrempujón.* Empujón.

*Arreo.* Acción y efecto de arrear. Conjunto de animales arreados.

*Arresjar.* Arriesgar.

*Arriada.* Arreo.

*Arriar con las riendas.* Manejar fácilmente, como se hace con los animales mansos, revoleando la punta sobrante de las riendas del caballo.

*Arriba. De arriba.* Gratis. *Pueblos de arriba.* Pueblos del norte de la República Argentina; se los designa así en Buenos Aires.

*Arribar.* Levantar.

*Arrimar.* Hacer rodar la bocha hacia el arrime. *Arrimar del duro.* Tratar con severidad, agredir con rigor.

*Arrocinado.* Manso como caballo viejo.

*Arronjar.* Arrojar.

*Arroyero, ra.* Natural de San Nicolás de los Arroyos (Prov. de Buenos Aires).

*Arroyo de la China*, I, p. 88.

*Arroyo Grande*, I, p. 85.

*Arroyo del Medio*, II, p. 759.

*Arrúe, Julio Bartolomé*, II, p. 356.

*As. As de espadas*, II, p. 706. *Puros ases*, II, pp. 355-356.

*Asador clavado por Rosas en el Fuerte de Buenos Aires*, II p. 226.

*Asareado.* Azarado.

*Asegurar*, I, p. 108.

*Aserruchar*, I, p. 140.

*Asiao.* Aseado, I, p. 407.

*Asidera*, II, p. 178.

*Asierra.* Sierra.

*Aspa. Clavar el aspa.* Morir.

*Aspudo.* Que tiene cuernos.

*Atajo*, I, p. 578.

*Atar con el lazo*, II, p. 739.

*Atarascar.* Atarazar, tarascar. *Atarascarse*, II, p. 423.

*Atento del*, I, p. 18.

*Atorullar.* Aturullar.

*Atracar*, tr. y r. Acercar.

*Atrasao.* En mala situación. Suele aplicarse a estados de salud.

*Atropellón.* Embestida.

*Atufado*, II, p. 46.

*Aujas*, II, p. 22.

*Aura.* Ahora.

*Avejentado*, I, p. 343.

*Avellaneda*, I, p. 180.

*Aventado.* Desmejorado por efecto del aire.

*Aventar.* Echar al viento. Arrojar.

*Averías*, I, p. 409.

*Avíos*, I, p. 175 y p. 309.

*Ay de mí. Estar hecho un ay de mí.* Estar muy desdichado.

*Ayacucho*, II, p. 586.

*Azotarse.* Arrojarse con rapidez en algún sitio, particularmente al agua.

*Azul, El*, II, p. 69.

*Azulejo.* Dícese de los equinos y vacunos de color azulado.

*Babucha. A babucha.* A cuestas.

*Baca*, II, p. 264.

*Bacaray.* Ternero nonato. Cf. la copla: "—Dame bacaray. / —Te he dicho que no hay. / —Dame cinco pesos / Pa'ir en el trambay."

*Badana.* Ver *Echagüe*.

*Báez, Guillermo*, I, p. 88.

*Bagual.* Caballo sin domar, I, p. 334.

*Bagualada.* Conjunto de potros.

*Bagualón.* Caballo a medio domar.

*Bajada*, I, p. 151.

*Bajadores*, II, p. 292.

*Bajera.* Prenda del apero colocada debajo de la carona.

*Bajo*, II, p. 301.

*Bala y tiza.* Hacha y tiza.

*Balacas*, II, 111.

*Balance.* Salto del caballo.

*Balaqueador.* Jactancioso.

*Balaquear.* Fanfarronear, alardear de valiente.

*Balaquero.* Balaqueador.

*Balcarce, Antonio González*, I, p. 228; II, p. 166

*Balcarce, Juan Ramón*, I, p. 226.

*Balde. Estar de balde.* Estar desocupado.

*Baldido.* Baldío.

*Balija*, I, p. 262 y p. 267.

*Ballivián, José*, I, p. 186.

*Banco Montevideano*, II, p. 467.

*Banco de las perdices*, I, p. 434.

*Banda*, I, pp. 62, 69 y 71.

*Bañado*, I, p. 315.

*Baradero*, II, p. 66.

*Baraja. Irse a baraja.* Entrarse en baraja. U.t.e.s.f.

*Barajusta.* Desbarajuste.

*Barato*, II, p. 246.

*Barbiador.* Dícese del caballo que mueve la barbada. Coscojero.

*Bárcena, Manuel de la*, I, p. 91.

*Barracas*, II, p. 58.

*Barraco.* Verraco.

*Barriga de sapo. Como barriga de sapo*, II, p. 688.

*Barrigón*, II, p. 12.

*Barro. Hacer un barro.* Cometer un error.

*Barunda*, II, p. 597.

*Basánez*, II, p. 450.

*Basigote*, I, p. 280.

*Basterrica, Lesmes de*, II, p. 356.

*Bastos.* Parte esencial del recado constituida por dos almohadillas forradas de suela y unidas por tientos.

*Basurear.* Voltear, derribar, vencer. Tratar a alguien como basura.

*Batata.* Ver *Arana*.

*Batlle, Lorenzo Cristóbal Manuel*, II, p. 503.

*Bausá.* Ver *Bauzá*.

*Bauzá, Rufino*, I, p. 91.

*Bayo.* Aplícase a los caballos de pelo amarillento leonado.

*Bebida. Tener mala bebida.* Propender al enojo cuando se está borracho.

*Becasina.* Chocha, becada.

*Belén, Francisco,* II, p. 462.

*Belgrano, Manuel,* II, p. 165.

*Bellaco.* Caballo arisco, que se encabrita con frecuencia.

*Bellaquiar.* Corcovear.

*Bendito.* Hornacina construida en forma de santo y en cuyo interior se coloca la imagen.

*Beneficiar,* II, p. 70.

*Benítez, Mariano,* II, p. 54

*Benteveo,* I, 333. Pájaro de lomo pardo, pecho y cola amarillos y una mancha en la cabeza. Sus nombres —benteveo, bichofeo, tristefín, quintobé y pitojuán— procuran imitar su canto.

*Berdugones.* Verdugones.

*Berón de Astrada, Genaro,* I, pp. 180 y 203.

*Berro, Mariano Balbino,* II, p. 446.

*Beruti, Antonio Luis,* II, p. 165.

*Betlemitas, Hospital de los,* I, p. 524.

*Betún,* II, p. 285.

*Bichoco.* Caballo viejo al que se le aflojan las manos.

*Bifisquete.* Ver *Bisquete.*

*Bigotes federales,* II, p. 226.

*Biguá,* I, p. 194.

*Biscambra.* Brisca.

*Bisquete,* I, p. 31.

*Biznaga.* Mala yerba. Ú.t.s.f.

*Blanco.* Uno de los partidos políticos tradicionales del Uruguay. Durante la Guerra Grande, se alió con el partido federal argentino. Ver también, I, p. 69.

*Blandengada,* I, p. 373.

*Blanes, Juan Manuel,* II, p. 747.

*Blanquillaje copetudo,* II, p. 131.

*Blanquillo.* Del partido blanco. Cf. Iriarte, *Memorias,* V: "Este epíteto se dió a Oribe y sus partidarios porque para distinguirse de sus enemigos llevaban por divisa una cinta blanca en el sombrero con el mote escrito «Defensores de las leyes». Y desde entonces para designar a los contrarios de Rivera, ya fuesen orientales o argentinos, se ha usado sin distinción de la palabra *blan-*

*quillos.* La divisa de los que seguían el bando de Rivera era una cinta punzó en el sombrero, y de aquí la designación que aún conservan de *Colorados".*

*Bocina,* I, p. 338.

*Bocleo,* I, p. 260.

*Bocha. Bocha pelada,* II, p. 242. *A bocha libre,* I, p. 485.

*Bochas,* I, p. 142.

*Bocheo.* Acción y efecto de bochar.

*Bolas.* Boleadoras. *Atar las bolas,* I, pp. 268-269. *Bola perdida,* I, p. 364. *Como bola sin manija.* Sin rumbo. Cf. Tiscornia, *Martín Fierro,* p. 249: "En el juego de las boleadoras, la más corta de las tres se llama *manija* y sirve para dar a las otras impulso y rumbo fijo".

*Bolas, Juan,* I, p. 139.

*Boleadoras,* I, p. 268.

*Bolear.* Derribar con las boleadoras. Engañar.

*Bolearse.* Empinarse el potro sobre las patas y caer para atrás.

*Boleta.* Goleta.

*Boliao.* Equivocado, confuso.

*Bolsico.* Bolsillo.

*Bolsiquear.* Demorarse buscando dinero en los bolsillos. Embolsar, guardar indebidamente.

*Bolla,* II, p. 58.

*Bombear.* Espiar, observar.

*Bombero.* Espía. Explorador en el campo enemigo. Ver I, p. 577.

*Bombilla,* II, p. 355.

*Bonetudo.* Soldado de Rosas. Ver I, p. 271.

*Boraciar.* Ver *voraciar.*

*Borbollón.* Tesoro. *Venir en borbollón,* I, p. 213.

*Borda, Comandante,* I, p. 115.

*Borges, Nicasio,* II, p. 457.

*Bota. Bota fuerte.* Bota de suela y cuero curtido. Bota granadera o bota de montar. *Bota de potro,* II, p. 683. Bota de cuero de potro, generalmente crudo, que suele tener una abertura por la que asoman los dedos. *Medias botas.* Botas de caña corta.

*Botería,* I, p. 255.

*Botón. Botones.* Las monedas que adornan el tirador, II, p. 593. *Botón de pluma,* II, p. 745. *Al botón.* En vano, inútilmente.

*Boyero.* Encargado de cuidar y traer

los bueyes de las carretas durante los altos de un viaje. Peón que en las estancias está dedicado a echar los caballos destinados a los trabajos agrícolas.

*Bozal.* Persona que tiene dificultad para hablar. *Andar de bozal y rienda*, II, p. 666. *Medio bozal.* Lazada que se hace en la boca del animal con el mismo lazo con que está sujeto del pescuezo.

*Bozalón.* Bozal.

*Bracamarte*, I, p. 236.

*Bragado*, II, p. 301.

*Bragado.* Caballo de color cebruno claro.

*Breva. Pelar la breva.* Despojar.

*Briste Pake.* Ver *British Packet.*

*Britania, El*, I, p. 123.

*British Packet*, I, p. 88.

*Brizuela*, I, p. 180.

*Brown, Almirante*, I, p. 96.

*Brun.* Ver *Brown.*

*Brun.* Ver *Carbajal.*

*Buceo, El*, II, p. 259.

*Buena. Entrar en la buena*, I, p. 236. *Ponerse en buenas*, I, p. 63.

*Bueno. Hacérsele bueno*, II, p. 220. Acostumbrarse abusivamente a algo.

*Buey. Buey corneta.* Buey con una sola asta. *Nunca falta un buey corneta.* Nunca falta alguien que esté en desacuerdo. *Hablar de bueyes perdidos*, I, p. 279.

*Bullarengo.* Bullanga, tumulto.

*Burgos, Pedro*, II, p. 225.

*Burgueño, Gervasio Miguel*, II, p. 357.

*Burra de Oribe*, I, p. 88.

*Buscar.* Provocar. *Buscar la hebra.* Provocar.

*Bustamante, José Cándido Gregorio*, II, p. 477.

*Bustamante, José Luis*, I, pp. 112 y 165.

*Bustillo, Mariano*, II, p. 18.

*Caaguazú*, II, pp. 193 y 268.

*Cabalito*, I, p. 48.

*Cabe.* Oportunidad, ocasión.

*Cabeza. Cabeza divertida*, II, p. 272. *Cabeza melada*, II, p. 80. *Cabeza primario*, II, p. 681.

*Cabezadas.* Correas que ciñen la cabeza, la frente y el hocico del caballo y aseguran el freno.

*Cabral, Pedro Dionisio*, II, p. 267.

*Cabrear.* Esquivar a un perseguidor. Huir.

*Cabrestiar*, I, p. 324; II, p. 214.

*Cabresto. Con cabresto en la mano*, II, p. 582.

*Cabuliar.* Cabulear. Maquinar, tramar. Espiar.

*Cacharpas.* Enseres. Ver II, p. 137.

*Cachucha.* Aguardiente. Sexo de la mujer.

*Caer.* Llegar. *Caer en el pericón*, I, p. 46. *Caerle a uno a hachazos*, II, p. 419.

*Cagancha*, II, p. 184.

*Cagatintas*, II, p. 116.

*Cajetilla*, II, p. 279. Cf. Segovia: "Así llaman el gaucho y el compadrito al joven culto y presumido que vive en las ciudades". Suele significar *dandy*. Su acepción original es injuriosa.

*Cajías.* Ver *Caxias.*

*Calá*, I, p. 191.

*Calandria.* Fig. Fanfarrón.

*Calcagüesal*, II, p. 56.

*Calculiar.* Calcular.

*Calengo*, I, p. 234.

*Calentarse. Calentarse fiero*, II, p. 148.

*Calentón.* Enojado.

*Calfucurá*, II, p. 148.

*Caliente. Ponerse caliente.* Achisparse. Enojarse.

*Californarios*, I, p. 232.

*Calzar.* Entrar en algo importante.

*Calle Larga*, II, p. 285.

*Callejón de Ibáñez*, I, p. 433.

*Calludo.* Calloso.

*Camándulas*, II, p. 92.

*Camandulero.* Hombre dado a subterfugios y componendas.

*Camaretas*, I, 594.

*Camilucho.* Indio o gaucho jornalero.

*Campanillero.* Ver *Arana.*

*Campiar.* Campear. Buscar algo. Salir a recorrer el campo. *Campear y recoger*, I, p. 332.

*Campo, Estanislao del*, II, p. 578.

*Campusano.* Campesino.

*Campuzano.* Ver *campusano.*

*Camuatí.* Panal de cierta clase de avispas.

*Canario, El.* Ver *Borges.*

*Cancha*, II, p. 292. *Abrir o hacer cancha.* Abrir o dejar paso. *Entrar en la cancha.* Entrar en combate.

*Candombe y tripotaje*, II, p. 441.
*Candomberos*, II, p. 441.
*Canelón*, I, p. 40.
*Cangalla*. Cobarde. Conjunto de piezas del apero.
*Cangallaje*, I, p. 432.
*Canillas*. Tobillos.
*Cantar. Cantar el punto*. Cf. Santiago M. Lugones: "En los juegos de naipes, declarar el punto que cada jugador tiene según sus cartas. Figuradamente, decirle a uno la verdad sin ambages, rudamente." *Cantar para el carnero*. Morir.
*Cantimpla*, I, p. 580.
*Cantramilla o contramilla*. Palito fijado en la picana de la carreta y rematado en un clavo, que servía para azuzar a los bueyes del medio.
*Cañadón*, I, p. 312. Cañada honda.
*Cañuelas*, I, p. 542.
*Capiguara*, I, p. 192.
*Capitamini*, II, p. 191.
*Capitanejo*. Capitán de un grupo de indios.
*Caracú*. Tuétano de algunos huesos, especialmente de las vértebras. El hueso mismo.
*Caracuzazo*, II, p. 11.
*Carambola. Por carambola*. Por casualidad.
*Carancho*, I, p. 321. *Como carancho*, II, p. 733.
*Carbajal, Manduca o Manuel de Brun*, II, p. 355.
*Carbonada*. Guiso de carne picada, arroz, duraznos, choclo, zapallo, batata y papa.
*Carcamanada*. Conjunto de *carcamanes* (extranjeros).
*Carcarañá*, II, p. 45.
*Carchar*. Robar, despojar.
*Carchas*. Apero.
*Cardalito*, I, p. 509.
*Caridad, Hermandad de la*, I, p. 434.
*Carnear*, II, p. 226.
*Carne. Carne con cuero*, I, p. 313. *Carne de cogote*. La menos apreciada. *En buenas carnes*, II, p. 247.
*Carniada*. Carneada, I, p. 334.
*Carolla*, II, p. 120.
*Carona*. Pieza de suela que va entre el mandil y los bastos. *Linda para la carona*, II, p. 604.

*Carpintería, La*, I, p. 110.
*Carretón*. Carro grande, con toldo de lona.
*Carril, Salvador María del*, II, p. 123.
*Carro bolichero*. Carro buhonero.
*Casas. Las casas*. Viviendas y galpones de una estancia o "puesto". *Ganar el lado de las casas*. Ganar la confianza de alguien, II, p. 132.
*Cascabeles de los indios*, I, p. 514.
*Caserón de las Comedias*. Ver *Coliseo Grande*.
*Castellanos, Remigio Bonifacio*, II, p. 499.
*Castelli, Juan José*, I, p. 228.
*Castilla*. Idioma castellano.
*Castilla, Ramón*, I, p. 186.
*Castillo*, I, p. 606.
*Castillos*, I, p. 56.
*Castro, Enrique*, II, p. 355.
*Castro, Saturnino*, I, p. 23.
*Casual. Por casual*, I, p. 536. *Un casual*, I, p. 349.
*Cata-aquí*, I, p. 593.
*Cataldi*, II, p. 334.
*Catana*. Sable.
*Catinga*. Olor de los negros.
*Catingudo*. Con olor a negro.
*Causa, La*, I, p. 9.
*Cautiva* (Episodio de la), II, pp. 668-669.
*Caxias, Luis Alves de Lima y Silva, duque de*, II, p. 263.
*Cazar de una oreja*, II, p. 203.
*Ceballos*. Ver *Cevallos*.
*Cebruno*. Cf. Solanet: "Se dice del caballo del color más oscuro que el bayo cebruno [bayo oscuro, como encerado] y con un ligero matiz tostado. Muchas veces acebrados."
*Celemín*. Muchedumbres.
*Ceñidor*. Cinturón.
*Cepiada*. Acción de aplicar o de padecer el castigo del cepo.
*Cerdiar*. Cortar la cerda a los animales. Sólo se cerdeaba a las yeguas, en las que casi no se cabalgaba.
*Cerrar la pierna a un caballo*, I, p. 415.
*Cerrazón*. Niebla.
*Cerrito de Montevideo*, I, p. 20.
*Cerro. Como cerro*, II, p. 687.
*Cerro Largo*, I, p. 108.
*Certificado*. Para la venta de animales o de cueros, el propietario

debe extender un certificado de propiedad.

*Cevallos, Pedro de,* I, p. 140.

*Cielito,* I, p. 591. *Cielito con bolsa,* I, p. 59.

*Cielo* y *cielito.* Baile popular. Llámase así tanto la música como la letra.

*Cigüeñas,* II, p. 742.

*Cimarrón.* Se dice de los animales montaraces y silvestres. Infusión de yerba mate sin azúcar. I, pp. 41, 106, 153, 248 y 311.

*Cimarronear.* Matrerear. Tomar mate amargo.

*Cimbrón.* Cf. Malaret: "Tirón recio; estremecimiento fuerte de alguna cosa flexible. *No aguantar el cimbrón.* No escapar del mal."

*Cincha,* II, p. 705.

*Cinchar.* Tirar o arrastrar algo prendido de la asidera del recado.

*Cinchero.* Dícese del caballo apto para trabajos de cinchar.

*Cinchón.* Cincha exterior del recado. Es más angosta y más larga que la cincha propiamente dicha.

*Cipote.* Miembro viril.

*Cipotenciario.* Plenipotenciario. Juego con la palabra *cipote.*

*Ciriaco.* Ver *Oribe, Manuel,* I, p. 96.

*Cismar.* Cavilar.

*Clavar el pico.* Morir.

*Clave,* II, p. 106.

*Clé,* I, p. 176.

*Club del Progreso,* II, p. 29.

*Clubo.* Club. Particularmente el del Progreso.

*Cobres.* Monedas. Dinero.

*Coces de avestruces,* I, p. 334.

*Cociador.* Coceador, II, p. 124.

*Cócora,* II, p. 108.

*Cocorita,* I, p. 468.

*Codo. De codo vuelto.* Cf. Saubidet, *Vocabulario:* "Tiro que se hace revoleando *de derecho.* Al tiempo de efectuarlo, se vuelve el codo hacia adentro, arrojando la armada por sobre el brazo derecho, que es aquel con el cual se revolea. Tiro de lujo destinado a demostrar destreza."

*Coe, Juan Halsted,* II, p. 73.

*Cogollo.* Chicharra.

*Cojinillo.* Cuero, generalmente de oveja, que se pone sobre los bastos para comodidad del jinete, II, p. 161.

*Cola alzada,* I, p. 237.

*Colastiné,* I, p. 497.

*Coliar.* Colear, I, p. 340.

*Coliseo Grande,* I, p. 13.

*Colita. Hacerle colita* [a un animal], I, p. 255.

*Colmillo. De colmillo gastado,* II, p. 676.

*Colón, Teatro,* II, p. 306.

*Color salvaje,* II, p. 133.

*Colorado,* II, 10. Uno de los dos tradicionales partidos políticos del Uruguay. Durante la Guerra Grande, éste y el unitario argentino fueron aliados. En el Uruguay se dice: "Blanco como hueso de bagual. Colorado como sangre de toro". Cf. "El Zorrocloco", v. 4 *(Paulino Lucero).*

*Colorados,* II, p. 210.

*Collera,* I, p. 249.

*Comisión angosta,* I, p. 165.

*Comisiones de tachas,* II, p. 464.

*Comodor.* Ver *Purvis.*

*Compadrada.* Dicho o acto propio del compadre o matón. Conjunto de compadres.

*Compadrito,* II, p. 129.

*Completo, el,* II, p. 379.

*Compositor.* El que prepara un caballo para la carrera o un gallo para la riña.

*Compuestos,* I, p. 355.

*Conceción.* Barrio de la Concepción, I, p. 136.

*Concepción, Iglesia de la,* II, p. 210.

*Concertador.* Improvisador, poeta.

*Concertar,* I, p. 351.

*Concordia,* II, p. 188.

*Concha,* II, p. 406.

*Conchas, Las,* II, p. 10.

*Conesa, Emilio,* II, pp. 56 y 125.

*Conforme.* En cuanto.

*Congresudo,* II, p. 92.

*Conocencia,* I, p. 272.

*Consentida,* II, p. 396.

*Constitucional, El,* I, p. 122.

*Consuelo, Un,* II, p. 583.

*Contingente.* Grupo de soldados contribuído por una determinada región. Particularmente, los hombres enviados para la defensa de la frontera contra los indios.

*Contraflor.* En el truco, aceptación de la flor, redoblando los tantos.

*Contramoquillo,* II, p. 200.

*Contrapunto.* Suerte de tensión entre improvisadores de coplas.

*Contrera.* Contera.

*Conversación. Hacérsele algo conversación a alguno.* Parecerle mentira.

*Copar y ganar en puerta.* Locuciones de tahur.

*Copas.* Guarniciones redondas de plata que se ponen en las dos extremidades del puente del freno.

*Copetudo, da.* Distinguido, principal.

*Coplada. De coplada.* De golpe.

*Coquero,* II, p. 129.

*Cordobés.* Ver *Paz.*

*Cordón.* Barrio de Montevideo.

*Cornejo,* I, p. 158.

*Corona.* Ver *Rosas, Juan Manuel.*

*Corral. Tener a corral.* Tener la hacienda encerrada, privándola de comida y de libertad. S.u.t.e.s.f.

*Corrales del Alto o de la Convalescencia,* II, p. 121.

*Corralitos,* II, p. 355.

*Correo, Calle del,* I, p. 525.

*Correr. Correr boleado,* II, p. 665. *Correr el descarte,* II, p. 706. *Correrle a uno,* II, p. 62.

*Corretiao.* Correteado, I, p. 512.

*Corridas de toros,* II, p. 218.

*Corriones.* Correones. Cf. Saubidet: "Cada una de las sogas que, fijas en la encimera, sujetan la cincha".

*Corsario.* Cruel, desalmado. Duro, castigador.

*Cortadera,* I, p. 315.

*Cortado.* Pobre, sin recursos. *Cortado de mi flor,* II, p. 160.

*Cortar.* Atravesar el campo, desviándose del camino. *Cortarse.* Separarse de un grupo un hombre o un animal.

*Corte. La Corte,* I, p. 332. *Corte dos,* I, p. 419.

*Corvo,* I, p. 99; II, p. 33.

*Cosa papa.* Cosa linda.

*Coscoja.* Coscojo.

*Coscojero.* Caballo que hace sonar las coscojas del freno.

*Coscojos,* I, p. 402.

*Costa, Dolores,* II, p. 90.

*Costa, Gerónimo,* II, p. 153.

*Costa, José Antonio,* I, p. 165.

*Costearse.* Molestarse en ir a un sitio.

*Cotigentes,* II, p. 64.

*Cotín.* Cutí.

*Cotorro.* Cotarro.

*Cotorronas,* I, p. 342.

*Cradoclo.* Ver *Howden.*

*Crédito.* Caballo predilecto. *De mi o de su crédito.* Dícese de los mejores caballos de una persona.

*Cribado,* I, p. 624.

*Cribo.* Encaje.

*Criollo,* II, p. 21.

*Cristóbal,* II, p. 195.

*Crudo,* I, p. 334.

*Crujía.* Crujida, I, p. 464.

*Cruz. Hacerle a una persona o cosa la cruz.* Darla por perdida.

*Cruzada libertadora,* II, p. 512.

*Cruzao.* Cruzado, II, p. 415.

*Cuadrar,* II, p. 261.

*Cuadro. Ser como cuadro,* II, p. 505.

*Cuajo,* I, p. 423.

*Cuándo,* II, p. 61.

*Cuantuá.* Cuánto ha. Cuánto tiempo hace, I, p. 249.

*Cuarenta, las,* II, p. 637.

*Cuaró, Campos del,* II, p. 172.

*Cuarta.* Lazo, guasca o correa que sirve para cuartiar. *Enredarse en las cuartas.* Trabarse en dificultades, I, p. 439.

*Cuarteada.* Acción y efecto de cuartear.

*Cuartear.* Tirar un jinete, mediante una cuarta, de un vehículo, para ayudarlo a repechar un declive o vadear un pantano. Fig., auxiliar, ayudar, II, p. 27.

*Cuatro. Cuatro cosas,* I, p. 280. *Cuatro vale,* I, p. 141. *Tirar cuatro al pecho,* I, p. 46.

*Cubas,* I, p. 180.

*Cubrir el fondo.* Proteger la retaguardia.

*Cucaña.* Ardid.

*Cuchillas,* II, p. 251.

*Cuchillero.* Pendenciero, peleador a cuchillo.

*Cuchillo. Cuchillo pelado,* II, p. 103. *Para el cuchillo,* II, p. 62.

*Cuenta. A la cuenta.* Sin duda, seguramente. A estas horas.

*Cuerambre,* I, p. 327.

*Cuerear.* Quitar la piel a una res.

*Cuereo,* II, p. 12.

*Cuero,* I, p. 66. *Cueros.* Aperos de ensillar el caballo. *Cuero flaco.* El cuero flaco, y aun el resultante de epidemia, es conveniente

para hacer lazos. *Hacer sonar el cuero.* Castigar, vencer.
*Cuerpiada.* Esguince. U.t.e.s.f.
*Cuerpo. Cuerpo de gato,* I, p. 19. *Sacar el cuerpo.* Esquivar, rehuir.
*Cuhete,* I, p. 252. *Al cuhete,* II, p. 291. *Cuhetes a la Congró.* Cohetes a la Congrève.
*Cuhetería,* I, p. 54.
*Cuico.* Persona de tipo aindiado.
*Cuis,* II, p. 49.
*Cuja.* Cama con respaldos.
*Culanchear.* Asustarse.
*Culata,* II, p. 217.
*Cullen,* I, p. 180.
*Cumbarí.* Ají muy picante.
*Cumpa.* Compadre, compañero.
*Cuna, La,* I, p. 524.
*Cupido.* Enamorado, tenorio.
*Cuzco,* II, p. 246.

*Chacabuco,* II, p. 758.
*Chaco,* I, p. 503.
*Chacra,* I, p. 41.
*Chafalote.* Caballo de mucha alzada. Hombre ordinario y grosero.
*Cháguara,* I, p. 458. Piola o cordel. *Dar o largar cháguara a una acción.* Proseguirla, continuarla.
*Chaguarazo.* Azote dado con la cháguara. Por extensión, cualquier azote. Fig., se dice de las frases hirientes y de las reprimendas.
*Chajá,* I, p. 316.
*Chala. Pelar la chala.* Ganar en el juego.
*Chaleco de cuero fresco,* II, p. 111.
*Champurrear.* Champurrar.
*Chamuchina.* Chamusquina, camorra. Chusma. Mescolanza.
*Chamuscado.* Achispado, borracho.
*Chaná,* I, pp. 272 y 492.
*Chanceló,* I, p. 230.
*Chancleta.* Lerdo, haragán.
*Chancho. Hacerse el chancho rengo.* Fingir ignorancia. Desentenderse astutamente.
*Changador,* I, p. 461.
*Changango.* Guitarra de mala calidad. Baile, diversión.
*Chantarse.* Ponerse apresuradamente una prenda de vestir.
*Chapetón.* Inexperto, bisoño.
*Chapiao.* Chapeado. Dícese del apero con adornos de plata.
*Chapino.* Patojo.
*Chapona,* I, p. 464.
*Charabón,* II, pp. 9 y 289.

*Charamusca.* Charamasca (leña menuda). El jugador de truco, al hacer la primera baza, suele decir: "La primera en casa y lo demás con charamusca."
*Charco,* I, p. 297.
*Charcón.* Flaco, enjuto.
*Charqueada.* Acción de charquear.
*Charquear.* Tajear mucho la carne. Despedazar las carnes de una persona o animal, II, p. 169.
*Chascomún o Chascomús,* I, p. 277.
*Chascudo.* Melenudo.
*Chaschás,* I, p. 80.
*Chasque.* Correo.
*Chasquero.* Chasque.
*Chatasca.* Guisado de charque pisado y hecho hebras.
*Chaucha. En chaucha,* II, p. 18. *Pelarle la chaucha,* II, p. 140.
*Chavalongo,* II, pp. 118 y 290.
*Chaveta. Aflojarse la chaveta.* Perder la chaveta.
*Che, che,* I, p. 465.
*Chepa,* II, p. 297.
*Chiclana,* II, p. 165.
*Chico Pedro,* Ver *Yachuy.*
*Chicha. En chicha,* II, p. 22.
*Chicharrón.* Residuo de la pella después de frita.
*Chiche. En chiche.* Borracho.
*Chicholo.* Ver *ticholo.*
*Chichón.* Fastidioso, bromista.
*Chifle,* I, p. 309. Recipiente de cuerno para llevar agua u otros líquidos.
*Chifle, Ángel.* Ver *Núñez, Ángel.*
*Chiflido,* I, p. 256.
*Chigua.* Rosca hecha de mandioca, leche y otros ingredientes.
*Chilavert,* II, p. 126.
*Chiloé,* II, p. 112.
*Chimango,* II, p. 177. *Gastar pólvora en chimangos.* Perder el tiempo con algo sin importancia, gastar pólvora en salvas.
*China.* India. Mujer del pueblo. Esposa o manceba, I, p. 311.
*Chinería,* I, p. 341.
*Chingar.* Fallar, errar. *Chingar el cuhete.* Fallar el tiro.
*Chingolo,* I, p. 362.
*Chiquero,* I, p. 67.
*Chiquizuela.* Choquezuela.
*Chiripá,* I, pp. 48, 277, 370.
*Chis-chis,* I, p. 368.
*Chismosa, La,* II, p. 66.

*Chispa. En chispa.* Achispado, borracho.

*Chivilcoy*, II, p. 756.

*Chivo*, II, p. 706.

*Choclo, Pelar el choclo*, I, p. 242.

*Chochar.* Chochear.

*Choreo*, II, p. 59.

*Chuce.* Chuse. Tejido de hilos gruesos de lana que sirve como alfombra.

*Chuciar.* Chucear. Lancear.

*Chumbo*, I, p. 169.

*Chuncaco.* Choncaco. Especie de sanguijuela.

*Chunchulines*, I, p. 585.

*Chupandina.* Fiesta en la que se bebe.

*Chupandino.* Borracho.

*Chupar. Chupar de Caracas*, II, p. 28. *Chupar por la punta*, II, p. 363.

*Chuquiza.* Ver *Urquiza*.

*Churrasco*, I, p. 65.

*Churrasquiar.* Churrasquear. Comer churrasco.

*Chusma.* En una tribu, los niños, las mujeres y los viejos.

*Chuspa.* Vejiga que sirve para guardar el tabaco y las hojas de papel o de chala. Tabaquera.

*Dado*, I, p. 308. *Dado cargado*, II, p. 706. *Dado cruzado*, II, p. 706.

*Daño.* Hechizo.

*Dar. Dar contra los cardos*, I, p. 20. *Dar la derecha.* Reconocer la superioridad de alguien. *Dar gusto al brazo*, II, p. 262. *Dar lazo.* Dejar que el animal enlazado se aleje un poco, aflojándole el lazo. *Dar palo.* Censurar. *Dar parte*, II, p. 314. *Dar una ración de afrecho a alguien.* No haberle tratado nunca. *Dar un rigor*, I, p. 413. *Dar soga.* Facilitar aviesamente algo a alguien. *Dar para tabaco.* Castigar, humillar. *Dar tres rayas*, I, p. 274. *Darse aire.* Darse importancia.

*Debates, Los*, II, p. 119.

*Deffaudis*, I, pp. 147 y 149.

*Dejar a uno en la estacada.* Abandonarlo en mala situación.

*Dejarse caer*, I, p. 65.

*Dejuramente.* Seguramente. Por cierto. Precisamente.

*Delgado*, I, p. 278.

*Delgadón*, I, p. 394. *Sentirse delga-*

*dón.* Sentir la debilidad que da el hambre.

*Demorosa, sa.* Moroso, sa.

*Dentrada*, II, p. 290.

*Dentre, el*, II, p. 542.

*Dentro. Hacer un dentro.* Atacar.

*Derecho viejo.* Directamente.

*Derqui, Santiago*, II, p. 124.

*Desaguadero*, II, p. 167.

*Desapartar.* Apartar.

*Desayuntarse*, II, p. 107.

*Descangallar.* Descoyuntar.

*Descolgarse.* Llegar inesperadamente.

*Descriminarse.* Afanarse.

*Descuajeringado*, I, p. 345.

*Descuidar a alguien*, I, p. 28.

*Desde ya*, I, p. 446.

*Desempeño*, II, p. 523.

*Desgañotado.* Con la garganta seca.

*Desgarretao.* Desgarretado, I, p. 406.

*Desgarretar*, II, p. 21.

*Desgraciarse*, I, p. 455.

*Desocarse.* Despearse. Dislocarse un pie o una mano.

*Despiado*, II, p. 205.

*Despuntar el vicio.* Cf. Malaret: "Ejecutar por breve espacio y a modo de concesión algo a que se ha renunciado y se tiene costumbre de practicar. Satisfacer un gusto."

*Desquinchar.* Dejar sin quinchas el rancho.

*Destapada.* Revelación, noticia.

*Destruncar.* Destroncar.

*Desvirador.* El que recorta las aristas de los cueros o de las suelas.

*Diablo. El diablo sabe por diablo...*, II, p. 686.

*Diaónde.* De adónde.

*Diasques.* Cf. Tiscornia, *Poetas gauchescos*, p. 52: "Así está en los textos esta palabra que hace pensar en *diantre;* pero probablemente es errata, en lugar de *disques,* es decir, *dizques,* que significa trigas, murmuraciones'."

*Díaz, Laureano José*, II, p. 64.

*Díaz Vélez, Estaquio*, II, p. 165.

*Difuntiar.* Matar.

*Dijuntiada.* Matanza.

*Director provisor.* Ver *Urquiza*.

*Disparar.* Huir.

*Dita.* Deuda.

*Divertido.* Ameno, entretenido. Achispado, algo borracho.

*Divisa blanca*, II, p. 253.

*División*, I, p. 107.
*Docena del fraile*, II, pp. 25-26.
*Dofodi.* Ver *Deffaudis*.
*Don.* II, p. 684.
*Doradillo.* Alazán oscuro y reluciente.
*Dormírsele. Dormírsele a uno.* Castigarlo con golpes seguidos. *Dormírsele a una limeta.* Apurarla largamente. *Dormírsele en algo a, alguien*, I, p. 28.
*Dorrego, Manuel*, II, p. 221.
*Dos*, I, p. 63. *Dos lados*, I, pp. 103, 238 y 257. *Dos pares*, II, p. 79. *Caer el dos.* Lance de los juegos del monte y del paso.
*Dotorada.* Conjunto de doctores.
*Duerme. Al duerme*, I, p. 381.
*Dupotet, Jean-Henri-Joseph*, I, p. 276.
*Duraznillo*, I, p. 350.
*Durazno*, I, p. 101.
*Duro*, II, p. 167. *Duro de boca.* Dícese del caballo indócil al freno. Por extensión, insolente.

*Echagüe, Pascual*, I, p. 62.
*Echar. Echar bueno*, II, p. 20. *Echar panes.* Alardear, echar bravatas. *Echar pelos.* Exagerar algo en favor de uno mismo. *Echar pelos en la leche.* Decir impertinencias. *Echar el resto.* Apostar el dinero que a uno le queda. Hacer el mayor esfuerzo.
*Echenagucia, Mariano*, II, p. 18.
*Egaña, Joaquín Teodoro*, II, p. 498.
*Eje. Partir o quebrar por el eje.* Frustrar irreparablemente algo a alguien.
*El que no yerra fuego*, II, p. 659.
*Ellauri, José Eugenio*, II, p. 412.
*Embarrada.* Error, desatino.
*Embarrunarse*, II, p. 340.
*Embramar en un palo*, II, p. 666.
*Embuchado. Traer un embuchado.* Traer una intención oculta o una declaración premeditada.
*Empacao.* Empacado, I, p. 415.
*Empacar*, I, p. 234.
*Empalmada.* Dícese de una baraja escondida en la palma de la mano.
*Empamparse.* Perderse en la pampa.
*Empardar.* Hacer tablas.
*Emperifollado*, I, p. 423.
*Emplumar*, I, pp. 154 y 267.
*Enancada*, I, p. 341.

*Encadenadas*, I, p. 386.
*Encamotarse*, II, p. 237.
*Encelado.* Dícese del animal que está en celo. Rijoso, II, p. 92.
*Encimera*, I, p. 147.
*Encocorarse.* Enojarse.
*Encuentro*, I, p. 321; II, p. 89.
*Encuhetada.* Furiosa.
*Enchalecamiento*, II, p. 111.
*Enchalecar*, I, p. 400.
*Enderezarle el pingo a alguien*, II, p. 338.
*Enflautada.* Ensilgada, broma, burla.
*Engañapichanga o ñangapichanga*, II, p. 136.
*Engañifla*, I, p. 407.
*Engatusar.* Burlar, engañar.
*Engestao.* Engestado, I, p. 471.
*Enjabonado*, II, p. 89.
*Enlazador*, II, p. 218.
*Enllenarse.* Satisfacerse.
*Enrabado*, II, p. 423.
*Enredista.* Enredador.
*Enrialao.* Con reales, con dinero.
*Ensilgada.* Burla.
*Ensillar. Ensillar el picazo.* Montar el picazo, enojarse. *De su ensillar*, I, p. 131.
*Enterito.* Fresco, sin fatiga.
*Entrada por salida. Ser entrada por salida.* Quedarse una persona tan poco tiempo que se confunda la entrada con la salida.
*Entrar. Entrar a la carpeta.* Jugar. *Entrar en la peladera*, II, p. 704.
*Entrés*, I, p. 92.
*Entresobando*, I, p. 335.
*Envaretado*, I, p. 462. Envarado
*Envenao.* Envenado, II, p. 61.
*Envite.* Envido. Lance del juego del truco. *Querer el envite.* Asentir a un desafío o a una proposición.
*Envoltijo.* Envoltorio.
*Escabeche.* Ver *Oribe, Manuel*.
*Escalada, Bernabé de*, II, p. 88.
*Escarciador.* Dícese del caballo que mueve las manos como si escarbara.
*Escarmenador*, I, p. 43.
*Escobillado*, I, p. 353.
*Escrebenista.* Escribano.
*Espadaña, Laguna de la*, I, p. 306.
*Espadín.* Ver *Oribe, Manuel*.
*Espantadizo, El.* Ver *Urquiza*.
*Espiar la sota.* Tomar precauciones antes de obrar.
*Espichar*, II, p. 290.

*Espinillo,* I, p. 288.
*Esposos. Como esposos verdaderos,* II, p. 237.
*Esquina.* Pulpería, almacén, I, p. 477. Para la diferencia entre *esquina* y *pulpería,* véase A. J. Althaparro, *De mi pago y de mi tiempo,* Buenos Aires, 1944.
*Esquina, La,* I, p. 186.
*Estable De estable.* Permanentemente.
*Estaca.* Palo de poca altura, con punta en un extremo, que, clavada en tierra, se usa para atar los caballos. *En la estaca,* II, pp. 32 y 70.
*Estaquear.* Estacar cueros. Tormento que consiste en suspender atado a cuatro estacas el cuerpo del reo. Cf. Ciro Bayo, *Manual del lenguaje criollo.*
*Estar,* II, p. 692. *Estar a nado un río,* II, p. 191.
*Estivao, Jacinto,* I, p. 88.
*Estoraque.* Ver *Rosas, Juan Manuel,* I, p. 292.
*Estribar entre los dedos,* II, p. 683.
*Estribo. Al estribo.* Dícese del mate o de la bebida que se ofrece al jinete.
*Eusebio de la Santa Federación,* I, p. 83; II, p. 112.
*Expúreo.* Espurio.
*Ezcurra y Arguibel, Encarnación,* I, p. 79.

*Facilitar.* Considerar las cosas, aun las más arduas, como fáciles.
*Facón,* I, p. 258. *Facón con S,* II, p. 605.
*Facultativo.* Experto, diestro.
*Fachinal,* I, p. 306.
*Faición.* Facción.
*Fajardo, Heraclio C.,* II, p. 286.
*Fajarle.* Afanarse en algo.
*Falsiada.* Falseada, I, p. 342.
*Falsiar.* En el truquiflor fingir tener buenas cartas.
*Faltar,* II, p. 756.
*Fandango,* I, p. 601.
*Faroles,* II, p. 453.
*Faroliar.* Farolear, I, p. 603.
*Farramaya.* Faramalla.
*Felpa.* Tunda.
*Fernando VII,* I, p. 10.
*Ferré, Pedro,* I, p. 131.
*Ferrer, General,* II, p. 183.
*Fiador,* II, p. 160. Parte del bozal

de la que pende la argolla en donde se abrocha el cabestro.
*Fiar un pucho,* II, p. 586.
*Fierazo,* I, p. 341.
*Fiero.* Feo. Adv., mal.
*Figurita,* I, p. 93.
*Fija. A la fija,* I, p. 340.
*Fijo. De fijo.* Seguramente.
*Filiar,* II, p. 712.
*Fisher Lafone, Samuel,* II, p. 467.
*Flaco. Carnear flaco.* Carnear hacienda flaca.
*Flaco, El.* Ver *Oribe, Manuel.*
*Flacón,* II, p. 14.
*Flamenco.* Cuchillo.
*Flauchín.* Flaco.
*Flauchón.* Flaco.
*Fleco del calzoncillo,* II, p. 306.
*Flete,* II, p. 192.
*Flojo.* Cobarde.
*Flor.* En el truco, tres cartas del mismo palo. *Flor o de mi flor.* Lo mejor de algo. Lance en el juego del truco.
*Florcita. Andar de florcita.* Haraganear.
*Florear una baraja.* Marcarla, generalmente con un alfiler, para reconocerla.
*Floreo.* Acción y efecto de florearse.
*Flores, José María,* II, p. 66.
*Flores, Venancio,* I, p. 88; II, p. 439.
*Flores, San José de Flores,* II, p. 54.
*Floriarse.* Florearse, lucirse.
*Flu o flus. A flu o a flus.* Sin nada.
*Flujo.* Gusto.
*Fragueiro, Mariano,* II, p. 124.
*Franchuti.* Franchute.
*Frangollador.* Frangollón.
*Fregón.* Burlón.
*French, Domingo,* II, p. 165.
*Frenedoso, Felipe,* II, p. 354.
*Freno. De freno o de rienda,* II, p. 124.
*Frisa.* Pelo de algunas telas, como la felpa. *Sacarle a uno la frisa.* Estropearlo.
*Frito. Caer al frito.* Llegar en la ocasión. *Pegarle al frito.* Abundar en una acción. Copular.
*Frontera, La,* II, p. 584.
*Fructuoso o Frutoso, Don.* Ver *Rivera.*
*Fruncirse la cuestión,* II, p. 232.
*Frutos, Don.* Ver *Rivera.*
*Fuerte, El,* I, p. 586.
*Fulo.* Atónito, asombrado. Enojado, rabioso.

*Fumar.* Engañar.
*Fundillos caídos,* II, p. 54.

*Gacetón,* II, p. 331.
*Gafaró.* Ver *Gaffarot.*
*Gaffarot, Salvio,* I, p. 553.
*Gainza, Martín de,* II, p. 599.
*Galán, José Miguel,* II, pp. 124 y 195.
*Galguear.* Tener hambre, I, p. 324.
*Galigniana, Gerónimo,* I, p. 73.
*Galopito.* Galope corto.
*Galpón,* I, p. 327.
*Gallegada.* Acción propia de españoles. Conjunto de españoles.
*Gallegos,* II, p. 166.
*Gallo,* I, p. 92.
*Gamonal,* I, p. 324.
*Ganado,* I, p. 261. Ganado *rabón,* I, p. 44.
*Ganar,* II, p. 725. Ganar *el tirón.* Adelantarse al contrario. Anticiparse. *No ganar para disgustos, para sableadas, para sustos.* Padecerlos continuamente.
*Gancho,* I, p. 108. Hacer *gancho.* Tercerear.
*Gangolino.* Rumor de voces.
*Ganon, N.,* II, p. 238.
*Ganza, Don.* Ver *Gainza.*
*García, Guillermo Bernardo Justo,* II, pp. 356 y 497.
*Garibaldi,* I, p. 93.
*Garifo.* Animado, seguro.
*Garribalde.* Ver *Garibaldi.*
*Garrón.* Corvejón.
*Garzón, Eugenio,* I, p. 77.
*Garzón, Félix,* I, p. 102.
*Gata. Entrar a la gata parida.* Entrar a empujones. *A gatas.* A penas.
*Gataso.* Vistazo. *Dar gataso.* Causar muy viva impresión.
*Gateada,* I, p. 187; II, p. 292.
*Gatiao.* Gateado, I, p. 277.
*Gato,* II, p. 130. Gato *mis-mis,* II, p. 124. Se llamó también *perdiz.*
*Gauchada,* I, p. 344.
*Gauchar,* I, p. 311.
*Gaucho,* I, p. 307.
*Gaúcho,* II, p. 157.
*Gauchón.* Agauchado, plebeyo.
*Gazcón, Manuel,* II, p. 48.
*Gente.* Tratable, bien educado. *Como la gente.* Bien, correctamente.
*Giles,* I, p. 579.
*Godos,* II, p. 169.

*Gofio.* Maíz tostado y molido.
*Golpear. Golpear trapitos.* Reprender, impugnar. *Golpearse en la boca,* I, pp. 19 y 231.
*Golpe sentido.* Golpe decisivo.
*Gomensoro, Tomás José del Carmen,* II, p. 391.
*Gómez, Juan Carlos,* II, p. 438.
*Gómez, Servando,* I, p. 77; II, p. 253.
*Gorordo, Cruz,* II, p. 154.
*Goya,* II, p. 238.
*Goyeneche, José Manuel,* II, p. 167.
*Goyo-neche* o *Goyo-leche.* Ver *Goyeneche.*
*Gramillal,* I, p. 591.
*Gran americano.* Ver *Rosas, Juan Manuel.*
*Granada, Nicolás Eusebio,* II, p. 120.
*Grano,* II, p. 593.
*Grenfell, John Pascoe,* II, p. 263.
*Gringada.* Acción propia de gringos. Conjunto de gringos.
*Gringo.* Extranjero, en especial italiano. Por extensión, mal jinete.
*Grito. Al grito.* Inmediatamente, en seguida.
*Grullo.* Peso duro. Potro o caballo entero, muy fuerte.
*Guacherpo.* Animal barrigón.
*Guacho,* II, p. 280. Dícese también de los animales sin madre. *Largar el guacho.* Parir. Por extensión decir lo que se piensa, II, p. 236.
*Guaicuruces,* I, p. 66.
*Gualeguaychú,* I, p. 172.
*Gualicho.* Demonio.
*Guampear.* Cornear.
*Guapo.* Valiente.
*Guardamonte, Los de,* I, p. 133.
*Guardia del Monte,* I, p. 3.
*Guasca,* I, p. 390. Cf. Justo P. Sáenz, *Equitación gaucha en la pampa y la mesopotamia:* "Significa cuero crudo de cualquier procedencia. Por *las guascas* se entiende también el conjunto de arreos o guarniciones con que se enjaeza la cabeza del caballo. Verbigracia: cabezada, riendas, bozal, cabestro, manea, etc. Lo mismo el atador o maneador y en general todo accesorio de equitación hecho de cuero crudo." *Dar o prender guasca.* Dar latigazos. En sentido figurado, proseguir, continuar.
*Guascazo.* Golpe de guasca.

*Guaso.* Tosco, grosero, incivil.
*Guasquear,* II, p. 165. *A guasquear,* II, p. 184. *Guasquearse.* Cansarse. *Guasquearse solo,* II, p. 101.
*Guasquerío.* Conjunto o montón de guascas.
*Guasupicúa,* I, p. 14.
*Guayaba.* Mentira.
*Guayaca.* Bolsa para llevar tabaco picado. Por extensión, cualquier objeto que sirve de maleta.
*Güella.* Huella.
*Güífaros,* II, p. 92.
*Güincá.* Ver *Huincá.*
*Guitarra. Otra cosa es con guitarra.* Hablar de las cosas es fácil; ejecutarlas es difícil.
*Guizot,* I, p. 274.
*Gurupié,* II, p. 90.
*Gurruchaga, Francisco Javier,* II, p. 450.
*Gutiérrez, Celedonio,* II, p. 67.
*Gutiérrez, Cura,* I, pp. 180 y 293; II, p. 231.
*Gutifarra.* Butifarra.

*Herbert,* I, p. 270.
*Hebra. De una hebra,* I, p. 478; II, p. 152.
*Hernández, Rafael,* II, p. 412.
*Héroe del Continente.* Ver *Rosas, Juan Manuel.*
*Herrera y Obes, Julio Julián Basilio,* II, p. 476.
*Herrera y Obes, Manuel,* II, p. 247.
*Herrman* [o *Herrmann*], *Carlos,* II, p. 332.
*Hervidero, El,* II, p. 250.
*Hiel. Sin hiel,* II, p. 139.
*Higuera. Sombra de la higuera,* II, p. 746.
*Híjar,* I, pp. 247 y 331.
*Hilacha. Mostrar la hilacha.* Dejar entrever la mala índole.
*Hilo. De un hilo.* Directamente. *En el hilo,* I, p. 346. *Escaparse con el hilo en una pata.* Cf. Santiago M. Lugones: "Escapar a duras penas, como el pájaro cazado y asegurado con un hilo atado en una pata, que logra escapar llevándose el hilo."
*Hinchar el lomo.* Endurecer el lomo un potro o redomón al sentirse ensillado o ser montado por el jinete. En sentido figurado, resistir, rebelarse.
*Hocico. Fruncir el hocico.* Enojarse.

*Horcón.* Palo grueso, terminado en horqueta, que se fija para asegurar algo, I, p. 256.
*Horne,* II, p. 18.
*Hornos, Manuel,* I, pp. 80 y 234.
*Horquetear,* II, p. 182.
*Hortiguera,* II, p. 176.
*Hotel Argentino,* II, p. 576.
*Hotel de los Hermanos García,* II, p. 576.
*Howden,* I, p. 270.
*Hueco. Hueco de las cabecitas,* I, p. 476. *Hueco de los Hornos,* I, p. 485.
*Huella.* Rastro. Sendero formado por el pasaje de personas, animales o vehículos.
*Huesos,* II, p. 709.
*Huincá.* En pampa, cristiano.
*Humahuaca,* II, p. 167.
*Humear.* Balear.
*Humita,* II, p. 297.
*Humo. Irse al humo* y *Venirse al humo.* Atropellar, embestir, acometer.

*Ibáñez.* Ver *Callejón de Ibáñez.*
*Ido.* Tonto.
*Ilustre, El.* Ver *Rosas, Juan Manuel.*
*Imperiales,* I, p. 187.
*Imprentería,* II, p. 552.
*India Muerta,* II, p. 62.
*Indios de Rosas,* II, p. 117.
*Infiel,* I, p. 251; II, p. 587. *Morir infiel,* II, p. 434.
*Inglefield,* I, p. 149.
*Inglifés.* Ver *Inglefield.*
*Injerto. Meter injerto.* Lograr, mediante argumentos arteros, la aceptación de lo que uno desea.
*Insulto.* Desmayo.
*Invernada,* II, p. 244.
*Invernado.* Dícese del animal que ha invernado en un campo pastoso.
*Ioká.* Cf. Santiago M. Lugones: "Vocablo de los indios de la pampa, exclamación para animar o apurar."
*Ituzaingó,* I, p. 46.

*Jabón.* Miedo, I, p. 278.
*Jaca.* Gallo viejo, con las espuelas largas y duras.
*Jagüel.* Jagüey, segunda acepción en el *Dicc. Acad.*
*Jalear,* I, p. 520.
*Jedentina.* Hedor.

*Jeder a misto*, II, p. 308.
*Jerga.* Pieza de lana que se pone entre la sudadera y la carona, I, p. 528.
*Jeta. Estirar la jeta.* Morir.
*Jinetes que se arrojan a ríos*, I, pp. 506-507.
*José de afuera*, I, p. 114; II, p. 27.
*Juan Antonio.* Ver *Lavalleja.*
*Juan de las Botas*, II, p. 9.
*Juan Manuel.* Ver *Rosas.*
*Juárez, Benito*, II, p. 338.
*Juegos carteados.* Juegos en los que interviene la habilidad, como el truco.
*Juertaza*, II, p. 7.
*Jugar.* Apostar. *Jugarle risa a algo.* Tomarlo a broma.
*Juidor.* Fugitivo.
*Juir.* Huir.
*Juria* [Furia]. *A la juria.* Rápidamente, II, pp. 80 y 161.
*Justillo*, I, p. 384; II, p. 194.
*Justo.* Ver *Urquiza.*
*Juventud, Club*, II, p. 449.

*Lacalle, Carlos*, II, p. 357.
*Ladeado.* Colérico.
*Lado. Lado del cuchillo*, II, p. 689. *Lado de enlazar.* Lado del lazo. Lado derecho. Se opone al lado de montar, o sea el izquierdo. Cf. Ricardo Güiraldes, *Don Segundo Sombra*, XV: "—Po'l lao del lazo se desmontan los naciones." *Otro lado*, I, pp. 71 y 170. *A dos lados.* Apresuradamente, como castigando el caballo a derecha e izquierda.
*Lagaña.* Miserable, ruin.
*Lagos, Hilario*, I, p. 147; II, p. 279.
*Laguna Brava*, II, p. 267.
*Lainé, Pierre-Jean-Honorat*, I, p. 280.
*Lamadrid, Gregorio Aráoz de*, I, p. 132.
*Lamas, Andrés*, I, pp. 113 y 264.
*Lanciada.* Carga de lanzas.
*Lané*, I, p. 149.
*Lanes.* Ver *Lané.*
*Langueyú*, II, p. 244.
*Lanza. Gente de lanza.* Entre los indios, la gente de pelea.
*Largar*, II, p. 245. *Largar los corderos*, I, p. 333. *Largar manija*, II, p. 102. *Largar prenda.* Soltar prenda. *Largarse.* Irse.
*Larrea, Juan*, II, p. 165.

*Larrúa.* Ver *Leroy.*
*Lasala, Francisco*, I, pp. 262 y 300.
*Lata.* Sable. *Lata y estaño*, I, p. 110.
*Latón.* Sable.
*Laucha.* Hombre astuto, I, p. 414.
*Lavalle, Juan*, I, p. 83.
*Lavalleja, Juan Antonio*, I, pp. 74 y 102.
*Lavalleja, Manuel*, I, p. 102.
*Laya*, II, pp. 101 y 175.
*Layera, Máximo Rufino*, II, p. 356.
*Lazo. Sacarse el lazo.* Librarse de un compromiso. *Sobre el lazo.* Inmediatamente, II, p. 51.
*Lebas*, I, p. 245.
*Lechera*, II, p. 29. Vaca lechera.
*Lecherear*, II, p. 44.
*Lechero*, II, p. 8.
*Lechiguana*, II, pp. 66 y 175.
*Lechiguanero*, II, p. 83.
*Lecho*, II, p. 285.
*Lenguaraz.* Intérprete. Charlatán, I, p. 337.
*Legal.* Ver *Oribe, Manuel.*
*Lengua. En la lengua*, I, p. 185.
*Lengüetear.* Hablar.
*Lengüeteo.* Conversación secreta.
*León.* Puma.
*Lepredour*, I, p. 239.
*Lerdear.* Demorarse, remolonear, I, p. 333.
*Lerdo*, I, p. 455.
*Leroy, Vomitivo*, I, pp. 103 y 284.
*Letor*, I, p. 307.
*Letra*, II, p. 370.
*Leva*, I, p. 280.
*Lezama, José Gregorio*, II, p. 489.
*Lezama, Quinta de don*, II, p. 316.
*Liendre.* Pícaro, hábil, diestro. También puede significar insistente, cargante. *Otra liendre para yerno.* Otro que bien baila.
*Lima, hoja de*, II, p. 605.
*Limeta.* Frasco.
*Limpiar.* Hablando del cielo o del día, despejarse. Sacar de en medio. Matar. *Limpiar la caracha*, I, p. 15. *Limpiar el pito*, II, p. 28.
*Limpio.* Por contraposición a pajonal, lugar sin malezas.
*Linche.* Ver *Lynch.*
*Lindura*, I, p. 567.
*Lista. Como lista.* Como lista de poncho. Sin interrupción, directamente, inmediatamente.
*Liviano.* Ágil. Tiscornia, *Poetas gauchescos*: "Vivo, despierto."
*Lo que*, I, p. 397.

*Loco*, II, p. 60. *Loco, infame, traidor*, II, p. 271.

*Lomillo*. "La principal pieza del recado antiguo, que servía al jinete para sentarse. Recado enterizo de arzones" (Saubidet).

*Lomo*. *Lomo negro, lomo colorado, lomo celeste*, II, p. 201. *Hacerse lomo liso*, II, p. 112. *Y de lomo cómo andamos*, II, p. 201.

*Longinos*, II, p. 718.

*Lonjear*. Sacar lonjas.

*López, Estanislao*, II, p. 176.

*López, Juan Pablo*, I, p. 77.

*López Jordán, Ricardo*, II, p. 189.

*Lorea, Hueco de*, II, p. 290.

*Lorea, Plaza de*, I, p. 33.

*Loro*. *Loro barranquero*. El que anida en los huecos de las barrancas. *Loros*, II, p. 152.

*Lucho*. Ducho. Cf. Tiscornia, *La lengua de Martín Fierro*, pp. 61-62.

*Luis Felipe*, II, p. 279.

*Luján*, I, p. 345.

*Lujanera*, I, p. 97.

*Lulingo*. Tonto.

*Lumbriz*. Lombriz.

*Luna*, I, pp. 88 y 109.

*Luna, Juan Pedro*, II, p. 171.

*Lunaco*, I, p. 299.

*Luz*. Dinero. *Como luz*. Rápido. *Luz mala*. Fuego fatuo.

*Lynch, Francisco*, II, p. 47.

*Llapa*. Yapa, adehala.

*Llevar robada*. En el juego, ganar con facilidad.

*Lloronas*. Espuelas. *Jugar las lloronas a un caballo*. Hincarle las espuelas como jugando, para exasperarlo.

*Macá*. Ave acuática.

*Macana*. Ver *Ramírez, Antonio*.

*Maceta*. Cachiporra para clavar estacas. Caballo de patas hinchadas, debido a la mucha edad.

*Maciega*. Hierba silvestre, cuya presencia aminora la pureza de las siembras.

*Maciel, Vicente*, II, p. 444.

*Macota*. Gente de la ciudad.

*Macumbé*. Grande, excelente.

*Machaje*, II, p. 46.

*Macho*. *A macho*, muy, I, p. 254.

*Madariaga, Juan*, II, p. 266.

*Maderna, Arturo*, II, p. 445.

*Madrugada*. *Tan de madrugada*. Tan prematuro.

*Madrugón*. *Dar un madrugón*. Dar una sorpresa. *Pegar un madrugón*. Madrugar.

*Magdalena, La*, I, p. 389.

*Magual*. Ver *Mauá*.

*Maicero*. Caballo acostumbrado a comer maíz.

*Maíz*. *Como maíz frito*. En abundancia y atropelladamente, como los granos de maíz que saltan en todas direcciones al freírse.

*Mal*. *Mal de los siete días*. Tétano que suele atacar a los niños recién nacidos. *Dar el mal*, II, p. 306.

*Mala*. *Andar o estar en la mala*. Pasar por muchas desventuras; andar con mala suerte.

*Malacara*, I, p. 72.

*Malambear*. Bailar el malambo.

*Malambo*, I, p. 352.

*Malevo*. Forajido.

*Maleza*, I, p. 251.

*Malón*, I, p. 340; II, p. 223.

*Mama-burra*, II, p. 250.

*Mamada*. Borrachera.

*Mamador*, I, p. 344.

*Mamajuana*. Damajuana.

*Mamao*. Mamado, I, p. 343.

*Mamarán o dar mamarán*, II, p. 705.

*Mamarse*, I, p. 55.

*Mamboretá*. Mantis. Insecto ortóptero.

*Mamón*. Dícese del ternero que todavía mama.

*Mamporra*. Individuo que vale poco.

*Mamporraje*. Conjunto de mamporras.

*Mamúa*. Borrachera.

*Manada de retajo*, I, p. 329.

*Manantiales, Batalla de los*, II, p. 361.

*Mancarrón*. Caballo muy viejo, muy lento o inservible, II, p. 223.

*Mancarronada*, I, p. 341.

*Manco, El o Manco de amar*. Ver *Paz*.

*Manco del encuentro*, II, p. 202.

*Manchita*. Juego infantil, variedad del llamado *mancha*.

*Mandado*. *A su mandado*. A su orden.

*Mandador*. Que exige admiración.

*Mandarse mudar*. Irse.

*Mandevil.* Ver *Mandeville, Juan Enrique.*

*Mandeville, Juan Enrique,* I, pp. 96 y 138.

*Mandinga.* El diablo.

*Maneador,* I, pp. 128 y 308. *Sacar maneador o maneas,* I, p. 94; II, pp. 16 y 126.

*Manflora.* Manflorita. Afeminado.

*Manganeta.* Estratagema, ardid.

*Mangangá,* I, p. 167.

*Manguera.* Corral para encerrar ganado. Por extensión, angostura, I, p. 296; II, p. 258.

*Manguiada.* Mangueada, I, p. 340. Tropel.

*Manguiar.* Manguear. *Manguiar los caballos,* II, p. 256.

*Maniador.* Manea.

*Manija.* *Largar manija.* Aflojar. *Soltar manija.* Abandonar un cargo.

*Mano.* *Mano a mano.* Frente a frente. *A mano.* Mano a mano. Quedar empatados. *Pasar la mano.* Adular, halagar. *Manos.* En el juego del truquiflor, lances.

*Manotear.* Guardar para sí. Robar.

*Mansas.* *Echar o largar las mansas.* Echar las yeguas mansas en los trabajos de rodeo. Cf. II, p. 182. Poner los cabestros al ganado arisco.

*Mansera.* Arado manual, con una sola reja.

*Mansilla, Luis Norberto,* I, p. 148.

*Mañana,* II, p. 129. *Hacer mañana,* I, p. 335.

*Mañerear.* Mostrar pereza o repugnancia en la ejecución de algo necesario.

*Maquín.* Maquinación.

*Máquina,* I, p. 318.

*Marca,* I, p. 308. Fierro para marcar con fuego animales vacunos y yeguarizos.

*Marcar,* II, p. 670. Aplicar el fierro o marca en el ganado mayor.

*Marcó del Pont, Francisco,* I, p. 20.

*Marchancha.* Manchancha. Ver *Marchanta.*

*Marchanta.* *Tirar a la marchanta.* Tirar a la rebatiña.

*Magariños Cervantes, Alejandro Cándido José,* II, pp. 575.

*Mariano.* Ver *Maza.*

*Martínez, Nicasio,* II, p. 445.

*Martini,* I, p. 281.

*Mascada.* Porción de tabaco negro que se masca. Provecho.

*Mascarilla.* Ver *López, Juan Pablo.*

*Mataco.* Especie de quirquincho o armadillo que al verse atacado se arrolla.

*Matado.* Caballo con mataduras.

*Matambre,* I, p. 92.

*Matarse con alguien.* No poder con él.

*Mate.* Infusión de yerba mate. Calabaza en que se bebe dicha infusión. Cabeza. *Asentar el mate,* I, p. 18. *Calentarse el mate.* Preocuparse. *Servir mate frío,* II, p. 686. *Como los mates,* II, p. 731.

*Matiar.* Matear, I, p. 56.

*Matreriar.* Matrerear. Hacer vida de matrero, II, p. 249.

*Matrero.* Fugitivo de la justicia. Aplicado a animales, salvaje, cimarrón.

*Matucho,* I, p. 126; II, p. 169. Caballo viejo e inútil.

*Maturrangada,* II, p. 166.

*Maturrango,* I, p. 117. Mal jinete.

*Mauá, Ireneo Evangelista de Sousa, Vizconde de,* II, p. 291.

*Maula,* I, pp. 414 y 418.

*Maulón.* Aum. de maula.

*Maza, Mariano,* I, p. 115.

*Mazamorra.* Maíz cocido al que se le agrega leche, azúcar y, a veces, ceniza. *Entre tanta mazamorra,* II, p. 716. *Hacer una mazamorra.* Confundir las cosas.

*Mazorca.* Policía política de Rosas, II, p. 82.

*Mazorquero.* Individuo de la mazorca.

*Media caña,* II, p. 128. Cf. Carlos Vega, *Danzas y canciones argentinas:* "...no puede ser ejecutada sino por los jóvenes festejantes que se sientan animados a presentarse como novios." Era una danza grave de la sociedad colonial.

*Media res,* II, p. 28.

*Medias de pisón,* I, p. 545.

*Medina, Anacleto,* I, p. 75; II, p. 356.

*Medio.* *Hacer medio día,* II, p. 297. *Por medio,* I, p. 431.

*Medrano, Hilarión,* II, p. 342.

*Medrano, Mariano,* I, p. 295.

*Melgar, Manuel Eustaquio,* I, p. 161.

*Melincué,* II, p. 196.

*Mena.* Medida.
*Mendoza, León,* II, p. 530.
*Meniar.* Menear. *Menear hacha,* II p. 195. *Menear lata,* II, p. 39. *Menear ojito,* I, p. 592.
*Menjuna.* Menjurje.
*Mentao.* Mentado, I, p. 309.
*Mentar,* I, p. 247.
*Mentas.* Noticias. Recuerdos. *De mentas.* De fama.
*Merced, La,* I, p. 490.
*Mercedes,* II, p. 355.
*Merchería.* Mercadería.
*Merenjenal,* II, p. 393.
*Merenjel.* Berenjenal.
*Meses,* II, p. 717.
*Mestura.* Vino. Los gauchos lo llamaban así porque los pulperos lo mezclaban con agua.
*Mezquinar.* Escatimar.
*Miguelete,* I, p. 88.
*Milicada.* Conjunto de milicos.
*Milico.* Soldado, gendarme.
*Milonga.* Música y baile populares. Ventura R. Lynch, *La provincia de Buenos Aires hasta la definición de la cuestión Capital de la República:* "La milonga se parece mucho al *cantar por cifra*... En los contornos de la ciudad está tan generalizada que hoy la milonga es una pieza obligada en todos los bailecitos de *medio pelo* que ora se oye en las guitarras, los acordeones, un papel con peine y en los musiqueros ambulantes de flauta, harpa y violín... La bailan también en los casinos de baja estofa de los mercados 11 de Septiembre y Constitución, como en los bailables y velorios de los carreritos, soldadesca y compadraje." Cf. también Vicente Rossi, *Cosas de Negros,* pp. 121-167 y Carlos Vega, *Danzas y canciones argentinas,* pp. 259-261. Por extensión, la palabra significa también baile, fiesta.
*Minié, Claude-Étienne,* II, p. 151.
*Minué montonero,* II, p. 154.
*Miñango.* Cualquier persona u objeto pequeño. *Hecho miñangos.* Hecho añicos.
*Miñoca,* II, p. 52.
*Miranda, Marcelo,* I, p. 134.
*Mirasoles,* I, p. 316.
*Miserere, Corrales de,* II, p. 25.

*Misto.* Fósforo.
*Mistre Yon.* Ver *Mandeville, Juan Enrique.*
*Mitre, Emilio,* II, p. 120.
*Mocoretá,* II, p. 188.
*Mocho. De cierto mocho,* II, p. 251.
*Mogollar.* Trampear.
*Mogollas o mogollones,* I, p. 584.
*Mojadas,* II, p. 22.
*Mojar.* Participar provechosamente en algo.
*Mondongo,* II, p. 143.
*Monear.* Agitarse nerviosamente el caballo.
*Mono.* Dinero.
*Montado. Bien montado,* I, p. 494.
*Montar. Montar en pelo o en pelos.* Montar un caballo sin ensillar. *Montar un peludo.* Emborracharse. *Montar el picazo.* Enojarse.
*Monte,* II, p. 755.
*Montiel,* II, p. 283.
*Montoneraje,* II, p. 34.
*Montoro,* I, p. 87; II, p. 180.
*Moñear.* Irse.
*Moquillo,* II, p. 272. *Moquillo blanquillo,* I, p. 96. *De moquillo,* I, p. 237.
*Mora,* I, p. 99; II, p. 18.
*Morao.* Morado, I, p. 152.
*Morcilla,* II, p. 290.
*Morcillo,* I, p. 141; II, p. 66.
*Morenada.* Conjunto de negros, I, p. 86.
*Moreno, El,* II, p. 723.
*Moreno, Lucas,* II, p. 288.
*Moreno, Manuel,* II, p. 223.
*Moreno, Mariano,* II, p. 165.
*Morlacos.* Pesos.
*Moro.* Yeguarizo cuya pelambre está formada por pocos pelos blancos y muchos negros, lo que da un matiz azulado, I, p. 121. *Como moro sin señor.* Libre y ocioso, p. 219.
*Moros-costas,* I, p. 412.
*Morosini,* II, p. 445.
*Morrongo,* II, p. 150.
*Morronguear.* Dormitar.
*Morruda,* I, p. 441.
*Mosca.* Dinero.
*Mosquear.* Espantar las moscas. Mover repetidamente la cola o las orejas los animales para espantar las moscas. Protestar, poner dificultades. Con este último sentido suele emplearse con valor y forma negativos: Ni mosqueó. Cf. Leo-

poldo Lugones, *Historia de Sarmiento*, VIII.
*Mosquiador*. Mosqueador, I, p. 167.
*Moyano, Pedro*, II, p. 761.
*Mudar la maña*, II, p. 230.
*Mulita*. Armadillo. Por extensión, torpe, tímido. Ignorante.
*Muniz, Ángel*, II, p. 356.
*Muñoz, Francisco Joaquín*, I, p. 113.
*Muñoz, José María Nicolás*, II, p. 488.
*Musiofodi*. Ver *Deffaudis*.
*Musiquista*, II, p. 236.

*Nación*, I, p. 152.
*Nacional, El*, I, p. 122. Ver también *Rosas, Juan Manuel*.
*Nacionales*, I, p. 243.
*Naco*. Trozo de tabaco, I, pp. 101 y 309.
*Naipes usados como adorno*, II, p. 759.
*Nápoles*, II, p. 707.
*Naranjero*, I, p. 405.
*Narvaja, Tristán José Patricio*, II, p. 456.
*Narvajas*. Ver *Narvaja*.
*Navarro*, II, p. 221.
*Navarro, Ángel*, I, p. 112.
*Nazarenas*, I, p. 44.
*Negao*. Negado, I, p. 272.
*Negocio*. Almacén, pulpería, casa de negocio.
*Negro*, II, p. 376.
*Negro Timoteo, El*, II, p. 348.
*Neto de Flores*. Colorado partidario de Flores. Se le llamó también candombero.
*Ni por ésas*, I, p. 370.
*Ni sombras me asustan ni bultos*, II, p. 738.
*Nin, Luis*, II, p. 445.
*¿No se le hace?*, I, p. 286.
*Nogoyá*, II, p. 75.
*Noque*. Saco de cuero para guardar herramientas, guascas, trastos o productos grasos.
*Nueve*. Juego de cartas.
*Número*. Número uno, I, p. 110. *De número*. Excelente.
*Núñez, Ángel*, I, p. 82.
*Nutrial*. Neutral.
*Nutriero*, I, p. 391.

*Ñacurutú*, I, pp. 288 y 334.
*Ñandubay*, I, p. 327; II, p. 288.
*Ñapa*. Llapa.
*Ñapindaces*, I, p. 507.

*Ñato*, II, p. 14. *Más ñato*, I, p. 260.
*Ñau*. Miau.
*Ñaupas*. *De ñaupas*, II, p. 92.
*Ño, ña*. Fórmula de tratamiento.
*Ñudo*. *Al ñudo*. Inútilmente.

*Oficio de los militares*, II, p. 172.
*Ogorman, Camila*, I, p. 180, 293; II, pp. 230-231.
*Ojalar*. Herir. Ojalarse el cuero. Herirse, marcarse. Ojalar el mondongo. Herir a alguien en el vientre.
*Ojales*, I, p. 258.
*Olavarría, José Valentín de*, I, p. 120.
*Olid, Coronel*, II, p. 288.
*Olor a potro*, I, p. 452.
*Ombú*, I, p. 326.
*Once*. Hacer las once, I, p. 356.
*Onza*, I, p. 239. Onza narigona, I, p. 445.
*Opilarse*. Hartarse de agua.
*Orden, El*, II, p. 331.
*O'Reilly*, I, p. 20.
*Oreja*. Andar a la oreja. Pedir. Mojar la oreja. Provocar, desafiar. Sacar la oreja, I, p. 104.
*Orejanos*, I, p. 159.
*Orejero*. Chismoso.
*Orejiar*. Orejear. Ir descubriendo poco a poco el jugador el palo y el número de sus naipes. Por extensión, vigilar, espiar, II, p. 159.
*Oribe, Ignacio*, I, p. 113.
*Oribe, Manuel*, I, p. 68.
*Orillas*, II, p. 759.
*Oroño, Nicasio*, II, p. 574.
*Orquizano*. Urquizano, partidario de Urquiza.
*Oscuro tapado*. Caballo negro, sin mancha alguna.
*Osorio, Coronel*, I, p. 108.
*Osorio, Manuel*, I, p. 20.
*Otamendi, Nicanor*, II, p. 67.
*Ouseley*, I, p. 149.
*Overo rosado*. Tordillo con pintas rosadas, II, p. 9.

*Paco*. Cf. Santiago M. Lugones: "Fanfarrón que alardea de buenas cualidades que no tiene."
*Pacú*, II, p. 273.
*Pacheco y Obes, Melchor*, I, p. 84; II, p. 374.
*Pago*. Distrito, lugar, paraje.
*Pago Largo*, II, p. 62.

*Pagola, Juan Manuel Gregorio*, II, p. 487.
*Paico.* Caballo.
*Paine.* Peine.
*Paisanada.* Conjunto de paisanos o gauchos.
*Pajal.* Pajonal.
*Pajarero*, I, pp. 244 y 251.
*Pajaritos al vuelo*, I, p. 580.
*Pajuela*, I, p. 382. *Tiempo de la pajuela.* Tiempo antiguo.
*Pajuera. De pajuera*, II, p. 25.
*Palenque*, I, p. 42.
*Palermo*, I, p. 182; II, p. 587.
*Palmar*, I, p. 69 y 200.
*Palmear.* Tocar al animal para quitarle las cosquillas y amansarlo. Dícese también *amansar de abajo*.
*Palmerston, Enrique Juan Temple, vizconde de*, I, p. 245.
*Palmetón.* Ver *Palmerston.*
*Palo. Palo a pique.* Poste clavado perpendicularmente en tierra. *Al palo*, II, p. 150. *Corral de palo a pique.* Cerco muy cerrado de escasos palos, sujetos con alambre de púa.
*Palomo.* Blanco.
*Pampa*, I, p. 307. Indio pampa.
*Pampero*, I, p. 326; II, p. 638.
*Pampillón, José María*, II, p. 357.
*Pan. Pan bazo*, I, p. 471. *Como pan bendito.* Muy poco. *Como pan que no se vende.* De un lado para otro. *Echar panes.* Jactarse.
*Panchito* o *Pancho.* Ver *Lasala.*
*Pandero*, II, p. 426.
*Pangaré*, I, p. 250.
*Pango.* Confusión, enredo, II, p. 351.
*Pantanoso, El*, II, p. 184.
*Papolitano*, II, p. 597.
*Paquete.* Lujoso. Torpe. Inhábil.
*Parada*, I, p. 565.
*Parador.* Jinete que cae de pie en la doma del potro, I, p. 40.
*Paraguay, Guerra del*, II, pp. 304 y 312.
*Parar.* Apostar. *Parar la oreja.* Atender, precaverse, ponerse sobre aviso, I p. 594.
*Pardejón.* Ver *Rivera.*
*Pardo.* Mulato.
*Pardo, El.* Ver *Rivera.*
*Pare de contar*, II, p. 308.
*Parejero*, I, p. 309.
*Parejito.* Atildado.

*Paro.* Juego de naipes parecido al monte, I, p. 243.
*Parolas*, II, p. 16.
*Parolear.* Hablar.
*Partida*, I, p. 109; II, p. 744. *Partidas*, II, p. 578.
*Pasao.* Pasado, II, p. 53.
*Pascual.* Ver *Echagüe.*
*Pase* o *papeleta.* Documento otorgado por el juez de paz de un partido para que el titular pueda pasar a otro partido.
*Pasmo.* Inflamación, por lo común de las heridas, que el vulgo y los curanderos atribuyen al frío o a las mojaduras. *Atajar el pasmo.* Detener la inflamación así llamada. Prevenir un mal.
*Paso, Juan José*, II, p. 165.
*Paso de Ceverino*, II, p. 355.
*Paso de Quinteros*, II, p. 113.
*Paso del Ciego*, I, p. 14.
*Paso del Higo*, I, p. 73.
*Paso del Molino*, II, p. 540.
*Paso del Venado*, I, p. 385.
*Pastel*, II, p. 706.
*Pasteles.* Hay dos clases de pasteles: unos rellenos con carne picada, trozos de huevos duros y aceitunas; otros, con dulce de membrillo.
*Pastoreo.* Hacienda que pasta junta.
*Pata. A pata.* A pie. *Hacer la pata ancha.* Afrontar un peligro.
*Patagalana*, II, p. 119.
*Patria. La primera Patria, la Patria del medio, esta Patria*, I, p. 9. *Por la Patria*, II, p. 216.
*Patriada.* Acción guerrera, especialmente si es arriesgada y si las personas que intervienen en ella no son profesionales.
*Patrio.* Caballo perteneciente al Estado. También se le llamó caballo reyuno. Tenía cortada la punta de las orejas. Se le trataba mal, como a cosa prestada. *Quedarse patrio*, II, p. 758.
*Patriota francés, El*, I, p. 123.
*Paunero, Wenceslao*, II, p. 125.
*Pavo.* Tonto. *Ser el pavo de la función.* Ser el pato de la boda. Salir injustamente perjudicado en algo. Pagar por otros. *Para los pavos*, II, p. 193.
*Pavón*, II, p. 337.
*Payador*, I, p. 306.
*Payba, Simeón*, II, p. 194.

*Payo*, II, p. 120.
*Paz, José María*, I, p. 98.
*Pechada*. Empujón dado con el caballo.
*Pedo*. Borrachera. *Al pedo*. Inútilmente. *En pedo*, I, p. 250.
*Peel*, I, p. 246.
*Pega*, II, p. 760.
*Peido*. Enfermo, dañado.
*Peinar*, II, p. 219.
*Peine*, I, p. 454. Astuto.
*Peladar*. Campo árido, sin pastos.
*Pelado*, II, pp. 150 y 233. Descarado. Pobre. Arruinado. *Dejar pelado a alguno*. Sacarle todo el dinero que tiene.
*Peladura*. Desolladura propia del jinete bisoño.
*Pelar*. Sacar. *Pelar la cola*, I, p. 398. *Pelar la chala*. Ganar a uno en el juego, desplumarle. *Pelarlo con su baraja*, II, p. 272.
*Pelechar*, I, pp. 255 y 454; II, p. 15.
*Peligra*, II, p. 303.
*Peligrar la verdad*, II, p. 177.
*Pelo*. *Pelo a pelo*, I, p. 307; II, p. 90. *Del pelo*, II, p. 438. *En pelos*, I, p. 253 y 336. *Explicación de los pelos de los caballos*, II, p. 302. *Tropilla de un pelo*, II, p. 583.
*Pelota*, I, p. 77; II, p. 141.
*Peludo*. Armadillo. Borrachera. Adj., arduo, I, p. 423.
*Pellón*, I, p. 521.
*Pensión*. Tristeza.
*Peña, Luis José de la*, II, p. 247.
*Peñarol*, I, p. 41.
*Perdiz*. *Hacerse perdiz*, II, p. 236. Huir.
*Pérez, León*, II, p. 444.
*Pérez, Máximo*, II, pp. 354-355.
*Pérez, Pablo*, II, p. 174.
*Pergamino*, II, p. 759.
*Perica, La*, I, p. 565.
*Perico, El*, I, p. 565.
*Pericón*. Baile gauchesco.
*Pértigo*, I, p. 255. *Sobre el pértigo*, I, p. 610.
*Perrada*, I, p. 392.
*Pesadón*, II, p. 65.
*Pescuecero*, I, pp. 176 y 544.
*Pescuezo*. *Irse al pescuezo*. Degollar.
*Pesería*, I, p. 13.
*Peseta colunaria*, I, p. 456.
*Pesos cortados*, I, p. 561.
*Petardear*. Molestar, perjudicar.
*Petardo*. Fiesta.
*Petizo*. Caballo de poca alzada. Por extensión se dice también de las personas de corta estatura. *Hacerse el petizo*, II, p. 279.
*Petizón*. Dícese del hombre de baja estatura.
*Pezuela, Joaquín de la*, I, p. 22.
*Pial*, I, p. 160. *Pial de volcado*. Pial en que se arroja el lazo con un movimiento de muñeca.
*Pialador*, I, p. 426. El que piala.
*Pialar*. Enlazar las patas del animal, I, p. 236.
*Picada*. Trocha, camino.
*Picaflor*. Tenorio.
*Picana*, I, p. 370. Nombre culinario del anca del buey, porque ahí se le aguijaba con la picana. *Asegurar la picana*. En sentido figurado, estar preparado para algo. *Pelarle la picana*, I, p. 287.
*Picaniar*. Picanear, I, p. 368.
*Picar la carreta*, I, p. 606.
*Pico, Francisco*, I, p. 112.
*Piche*. Especie de armadillo.
*Pichel*. Porrón de barro cocido o de vidrio.
*Pichicos*. Falanges de los dedos de los animales, con las que juegan los niños.
*Pichigotones*, I, p. 342.
*Pichón*, I, p. 280.
*Pichona, La*. Ver *Rosas, Manuela*.
*Pichones de loro*, I, p. 585.
*Pie*. *Hacer pie*. Resistir. *Poner el pie encima*, II, p. 579. *Ponerle el pie adelante a uno*. Hacerle frente.
*Piedras, Las*, I, p. 20; II, p. 168.
*Pierna*. Animoso.
*Pifiar a alguien*. Burlarse de él.
*Pijotear*. Mezquinar.
*Pijotero*. Moroso para pagar, tacaño.
*Pilcha*. Mujer querida.
*Pilcherío*. Conjunto de prendas.
*Pillar*. Sorprender, I, p. 262.
*Pincheira, Pablo y José*, II, p. 258.
*Pinedo, José María de*, II, p. 54.
*Pingo*. Caballo de montar.
*Pintor*. Fanfarrón.
*Piñero*. Ver *Piñeyro*.
*Piñeyro, Domingo*, II, p. 492.
*Pionada*. Peonada, I, p. 327.
*Pipas*, II, p. 623.
*Piquete, El*, I, p. 490.
*Piquillín*. Piquilín.
*Pirame o Pirami*. Pirámide, I, p. 29.
*Pirámide*, II, p. 203.
*Pirán, José María*, I, p. 75.

*Piris, Lucas,* II, p. 251.
*Pisarlo a alguien,* I, p. 395.
*Piscoira.* Querida.
*Pitador.* Fumador.
*Pitar.* Fumar. *Pitar del fuerte.* Sufrir un fuerte castigo. Según Tiscornia, la expresión es una alusión al tabaco negro brasilero que, siendo muy fuerte, no era resistido por todos los fumadores.
*Plan.* Fondo. *Plan de un bajo,* II, p. 579.
*Plantarse,* II, p. 634.
*Plata.* Dinero. *Hablar en plata,* I, p. 273.
*Plateado,* I, p. 319.
*Platudo.* Rico.
*Playa,* II, p. 31. Espacio despejado y amplio destinado a diversos trabajos con la hacienda (doma, esquila, etc.).
*Plaza Grande, La,* I, p. 490.
*Plaza Nueva, La,* I, p. 477.
*Pleito. Atrás del pleito.* Empeñarse en una empresa. *Como a pleito.* Con obstinación, tenazmente.
*Pluma. Hasta la pluma,* II, p. 591.
*Plumario.* Hombre de pluma.
*Población.* Casas.
*Poblaciones, Conde de.* Ver *Rosas, Juan Manuel,* I, p. 287.
*Poblar un campo, una estancia.* Dotarlo de hacienda.
*Polvaderas,* II, p. 127.
*Polvear. Hacer polvear.* Derrotar.
*Pollo. Hacerse el pollo.* Disimular.
*Poncho.* Manta cuadrilonga de lana, de hilo o de vicuña, generalmente con una abertura en el centro, para pasar la cabeza. *Poncho calamaco.* Poncho de mala calidad, corto y de tela delgada y áspera, por lo común gris y sin fleco (Santiago M. Lugones); poncho santiagueño de lana teñida de rojo (Saubidet). *Poncho pampa.* Poncho de lana confeccionado por los indios pampas en telares oblicuos. Constituyen su característica los dibujos y guardas con motivos a base de la cruz y siempre en ángulos rectos. Otros, como única decoración, llevan grupos de listas paralelas. Generalmente están dibujados en blanco sobre fondo azul oscuro o negro pero también se usa el rojo (Saubidet). *Poncho urugua-*

*yo,* II, p. 379. *Poncho a medio envolver,* I, p. 19. *Alzar el poncho.* Sublevarse. *Hacerse poncho.* Espantarse el caballo. *Meter el poncho.* Atajar una cuchillada con el poncho. *Pisar el poncho a alguien,* I, p. 233.
*Poner. Poner los huesos (o los huesitos) de punta.* Levantarse. *Ponerse las botas,* I, p. 382.
*Pons, Rafael A.,* II, p. 497.
*Pororó,* II, pp. 24 y 281.
*Porra.* Pelo muy enredado.
*Porrudo.* Que tiene porra.
*Porteñaje.* Conjunto de porteños.
*Portón,* I, p. 43.
*Portugal,* II, p. 86.
*Portugalete,* II, p. 191.
*Potrillo. Hacerse el potrillo,* I, p. 440.
*Poyo.* Pollo.
*Precisión.* Necesidad.
*Prenda.* Novia, esposa o manceba.
*Prender. Prender de atrás,* I, p. 110. *Prender en el mismo pucho.* Encerder en el cigarro que se ha fumado el que va a fumarse.
*Presería,* I, p. 444.
*Presidente Legal.* Ver *Oribe, Manuel.*
*Presos limosneros,* I, p. 472.
*Pretal.* Petral.
*Prim,* II, p. 337.
*Primo,* II, p. 290.
*Privar,* II, p. 691.
*Pronto. En un pronto.* En un trance.
*Prosiada.* Discurso.
*Prosista,* I, p. 254.
*Provincia, La,* II, p. 719.
*Puande.* Por donde.
*Pucha.* Interj. que denota sorpresa, fastidio, asombro, admiración, etc.
*Pucho,* I, p. 345. Corta porción de algo.
*Pueblada.* Revolución.
*Pueblero.* Urbano, hombre de ciudad.
*Pueblo. Al pueblo,* II, p. 672.
*Pueblo, El,* I, p. 585.
*Puentes, Juan María,* II, p. 496.
*Puertas. En puertas,* II, p. 173.
*Puertear.* Salir.
*Puestero.* Hombre que atiende un puesto en un establecimiento de campo. También el que atiende un puesto en un mercado o una tiendecilla ambulante.

*Puesto.* Dependencia de una estancia distante de la casa principal. En los mercados, mostradores donde se venden distintos productos.

*Pulguero.* Hombre de muchas pulgas.

*Punta.* Pequeña porción de ganado que se separa del rodeo. Muchedumbre. *Hacer la punta.* Salir los primeros, II, p. 165.

*Puntano,* I, p. 358.

*Punteado.* Achispado, ligeramente ebrio.

*Puntiar.* Puntear, II, p. 217. Marchar a la cabeza de un grupo, adelantarse.

*Punto. Punto alto,* I, p. 191. *Punto errado,* I, p. 140. *Punto grande,* II, p. 169. *A punto quiero.* Acepto el envite. Frase del juego del truco. *No ir a punto errado.* Apuntar bien. *Hacer los puntos.* Apuntar.

*Punzón.* Punzó.

*Purvis, Comodoro,* I, pp. 95 y 266.

*Purvis* (perro de Urquiza), II, p. 51.

*Puyón.* Forro de metal con punta aguda que se pone en las espuelas de los gallos de riña.

*Que me caiga, muerto,* I, p. 474.

*Qué te cuento más vale,* I, p. 417.

*Quebrallón.* Astuto. Valeroso.

*Quebrarse.* Torcer el cuerpo en el baile.

*Quedar tecleando.* Quedar en situación mala o precaria.

*Queguay,* I, p. 38.

*Querer.* En el juego del truquiflor, aceptar la flor, el envite o el truco.

*Quiebra.* Hábil, diestro. Valiente.

*Quiero, el.* La aceptación. Es frase del juego del truco. *Cerrar el quiero,* I, p. 69.

*Quilo. Sacar de una cosa el quilo.* Sacarle el mayor provecho posible.

*Quillango,* I, p. 364.

*Quillapí.* Quiyapí. Manto de nutria que usaban los indios, I, p. 513.

*Quimper,* I, p. 20.

*Quincha,* II, p. 208.

*Quincho.* Quincha.

*Quinteros, Bartolomé,* II, p. 174.

*Quinteros, Constancio,* II, p. 259.

*Quintos apurados. A los quintos apurados.* Muy lejos.

*Rabonear.* Rebajar, disminuir. Tusar la cola de un caballo.

*Raja-cuero.* Cuchillo.

*Rajacinchas. A rajacinchas,* I, p. 491.

*Rajido.* Rasgueo.

*Ramada,* I, p. 196 y 313.

*Ramales.* Lonjas, tientos o fibras que, entretejidas, forman una trenza. Rebenque con ramales. El que tiene el cabo recubierto de tientos trenzados.

*Ramallo,* I, pp. 153 y 558.

*Ramayo.* Ver *Ramallo.*

*Ramírez, Bartolomé,* II, p. 267.

*Ramírez, Francisco,* I, p. 217.

*Ramírez, José Pedro,* II, p. 438.

*Ranchear.* Frecuentar los ranchos con propósitos eróticos.

*Ranchería, La,* I, p. 525.

*Rancho,* I, p. 311.

*Ranillas,* I, p. 360.

*Raña, José María,* I, pp. 77 y 111.

*Raspa.* Ratero, ladrón.

*Raspar,* I, p. 308.

*Rastriador.* Rastreador, I, p. 386.

*Rastrillada.* Conjunto de rastros que dejan en el suelo las personas, los animales o los vehículos.

*Rastrillar un arma de fuego.* Amartillarla.

*Ratapingas,* II, p. 116.

*Rauch,* II, p. 211.

*Rayar el caballo.* Lanzarle a toda carrera y luego sujetarlo de modo que resbale trazando rayas en el suelo. Por gala, se le hacía también girar bruscamente sobre las patas de atrás, en círculos cerrados. Se demostraba así que el caballo era dócil a la rienda.

*Rebenque. De arriar con rebenque.* Manso, dócil.

*Rebulución,* II, p. 483-484.

*Recao.* Recado. Montura del gaucho. Sobre el lomo del caballo se enciman: una sudadera, uno o dos mandiles, una carona, los bastos (sobre los que se ajusta la cincha, de la cual cuelgan los estribos), uno o dos cojinillos y un sobrepuesto (sobre el que se ajusta el cinchón), II, p. 109.

*Recatear.* Regatear.

*Recifes.* Ver *Arrecifes.*

Recoba. Recova, I, p. 437.

Recoleta, II, p. 16.

Recostársele a uno, II, p. 36.

Reculao. Ser reculao, I, p. 273.

Redepente. De repente.

Redomón. Caballo a medio domar, I, p. 39.

Redomonear, I, p. 139; II, p. 170.

Redondo, I, p. 180.

Refaladero. Resbaladero.

Refalar. Resbalar. Robar. Refalarle algo a alguien, I, p. 370. Refalarse. Irse. Refalarse el poncho, I, p. 64.

Refalosa. Resbalosa, I, p. 127. Aire musical con que los mazorqueros tocaban a degüello. Cf. Ramos Mejía, Rosas y su tiempo, I. Tocar la refalosa. Degollar.

Regalón. Generoso.

Rejucilar. Relampaguear.

Rejucilo. Relámpago.

Relación. Versos que se dicen los bailarines después de las vueltas de estilo.

Relanciada. Relance.

Remachar la espiga. En sentido figurado, remachar el clavo.

Renegao. Ver Montoro.

Repartija. Repartición. Se usa en general con mal sentido.

Repasar un potro. Ver Repasos.

Repasos. Primeras corridas del domador sobre el potro.

Repeluz. Haber o hacerse repeluz. Desaparecer como por encanto.

Repuntar. Juntar los animales desparramados por el campo.

Resbalar. Sacar.

Resertar. Desertar.

Resertor. Desertor.

Resfalar. Resbalar.

Residencia, La, I, p. 294.

Restaurador. Ver Rosas, Juan Manuel.

Restos mezquinos, II, p. 272.

Resumidero. Sumidero.

Retaciar. Retacear, II, p. 35.

Retiro, El, I, p. 490; II, p. 215.

Retobao. Retobado. Enojado, hosco, de mal humor, I, p. 186.

Retobar. Retobar en un cuero. Forrar algo en un cuero fresco ajustándolo fuertemente con costuras de tientos. Retobarse. Enojarse, ofenderse.

Retrechero. Tacaño.

Retrucar, I, p. 366.

Reuniones. Conspiraciones.

Revolutis. Pelea.

Reynafé, I, p. 180.

Reyunada, I, p. 115; II, p. 69.

Reyuno. Caballo mostrenco, señalado en una oreja. Por extensión, caballo de mala traza. Ver Patrio y II, p. 102.

Rienda. Rienda arriba. Dícese del caballo suelto y con las riendas sobre el pescuezo. Riendas de domar. Riendas fuertes y sin adornos. Llevar a uno con la rienda o arrearlo con la rienda. Llevarlo con facilidad.

Rifa, II, p. 424.

Riguridá, II, p. 70.

Rin. Nombre de un baile.

Rincón de Ajó, I, p. 277.

Rincón del Ombú, II, p. 355.

Rivadavia, Bernardino, I, p. 112.

Rivera, Fructuoso, I, pp. 62 y 100.

Rivero, Matías, II, p. 279.

Robo. Es como robo. Es muy fácil. Hacérsele a uno robo una cosa. Hacérsele fácil.

Rodeo. Reunión de hacienda. Corral. Pedir rodeo. Pedir la reunión de las haciendas cuando, por falta de deslinde entre los campos, se mezclan las de dos establecimientos.

Rodríguez, Camilo, II, p. 11.

Rodríguez, Casimiro, II, p. 171.

Rodríguez, Martín, I, p. 228; II, p. 174.

Rodríguez, Rafael, II, p. 357.

Rodríguez Peña, Nicolás, II, p. 165.

Roleta. Hacer roleta, II, p. 246.

Rollo. Fajo de billetes. Rollos del lazo, I, p. 573. Soltar el rollo. Decir cuanto se tiene que decir.

Rompida. En las carreras, la largada.

Roncada. Ronca, amenaza.

Roncador. Mandón, autoritario, jactancioso.

Roncar. Reprender.

Roncear. Espiar, atisbar cuidadosamente. Rondar en observación.

Roncha. Hacer roncha. Mortificar. Impresionar mucho.

Rondeau, José, I, p. 228.

Rondó. Ver Rondeau.

Rosario, El, I, p. 495.

Rosas, Encarnación E. de, II, p. 222.

Rosas, Juan Manuel, I, pp. 62 y 72.

Rosas, Manuela, I, p. 193.

*Rosas, Prudencio*, II, p. 243.
*Rosas y Belgrano, Pedro*, II, p. 280.
*Rosín.* Partidario de Juan Manuel Rosas.
*Rosinada.* Conjunto de federales o partidarios de Juan Manuel Rosas.
*Rosquete. Entregar o largar el rosquete.* Morir. *Salvar el rosquete.* Librarse de un peligro de muerte.
*Rovira, Manuel*, II, p. 463.
*Ruano.* Rubio. Caballo de pelo intermedio entre el alazán y el bayo.
*Rubio, El.* Ver *Lavalle, Juan.*
*Rubizo.* Rubí.
*Ruedas. Comulgar con ruedas de carretón.* Comulgar con ruedas de molino.
*Rumbear.* Orientarse, tomar el rumbo. Dirigirse a un lugar. Irse.

*Saavedra, Cornelio*, II, p. 165.
*Saavedra, Mariano*, II, p. 110.
*Sabálage.* Los negros, la chusma.
*Sábalo*, II, p. 102.
*Sabanilla*, II, p. 23.
*Saber.* Soler, acostumbrar.
*Sabliada.* Carga ejecutada por hombres armados de sables.
*Sacar. Sacar cortito.* Despachar, despedir. *Sacar el cuerpo*, I, p. 466. *Sacar las uñas*, II, p. 30. *Sacar pisoteando.* Poner en fuga. *Sacarse la punta.* Desahogarse.
*Sacrá*, II, p. 253.
*Saint-Arnaud*, II, p. 155.
*Salada, La*, I, pp. 379 y 388.
*Salado*, I, p. 315.
*Salir matando.* Huir, correr a toda velocidad.
*Salto, El*, I, p. 344.
*Salvajada.* Conjunto de salvajes.
*Salvajón.* Unitario, contrario de Juan Manuel de Rosas.
*Salvañac, Juan Pedro María*, II, pp. 359 y 449.
*Samborombón*, I, p. 312.
*Samuel*, I, p. 263.
*San Francisco* (calle), II, p. 121.
*San Nicolás*, II, p. 238.
*San Nicolás* (Iglesia), I, p. 478.
*San Pedro*, II, p. 66.
*San Roque*, I, p. 487.
*San Vicente*, I, p. 540.
*Sangre. Sangre de pato.* Sangre de horchata. *Tener o estar con sangre en el ojo.* Guardar rencor.
*Sanjiador.* Zanjeador.
*Sanjiao.* Zanja.

*Santa Cruz, Andrés Simón de*, II, p. 266.
*Santa Fe*, I, p. 358.
*Santander*, I, p. 234.
*Santero*, II, p. 108.
*Santos Lugares*, II, p. 32.
*Sardina. Lo mesmo que una sardina*, II, p. 613.
*Sarnoso*, II, p. 214.
*Sarracenos*, II, p. 167.
*Sauce, Batalla del*, II, p. 356.
*Sebo. Criar sebo.* Haraganear. *Dejar mostrando el sebo*, II, p. 608.
*Secar*, I, p. 366.
*Secarrón.* Seco, en el sentido de sediento.
*Sentada*, II, p. 68.
*Sentar. Sentarle a uno el cuento*, II, p. 318. *Sentarse.* Detenerse el caballo sentándose en los garrones.
*Sepeduro.* Ver *Lepredour.*
*Sequía*, I, p. 473.
*Servicio.* El servicio militar.
*Sicofantas*, II, p. 153.
*Siebel*, II, p. 313.
*Siguranza*, I, p. 398.
*Silverio.* Ver *Siebel.*
*Silla. De su silla.* Dícese del caballo en que suele montar determinada persona. *En silla*, II, p. 289.
*Sobajear.* Sobajar, II, p. 91.
*Sobeo*, I, p. 128; II, p. 248.
*Sobón*, I, p. 460.
*Sobre-cincha.* Pieza del recado con que se sujeta el cojinillo y el sobrepuesto.
*Sobrecostillar.* Carne entre las costillas y el matambre.
*Sobrepellón*, I, p. 493.
*Socorro*, II, p. 594.
*Soga. Atar a soga larga.* Atar el caballo al palenque dejándole cierta holgura de soga o de cabestro. Cuando el caballo es arisco o escarceador se le ata a soga corta.
*Sogazo.* Latigazo.
*Soler, Miguel Estanislao*, II, p. 179.
*Solevación*, II, p. 91.
*Solfiado.* Achispado.
*Soliviar.* Hurtar.
*Soplar*, I, p. 442.
*Sosa, Juana*, I, p. 268.
*Sota.* Naipe de mal agüero. *Verle la pata a la sota.* Vislumbrar un indicio malo.
*Soto, Carlos E.*, II, p. 446.

*Sotreta.* Caballo inservible, II, p. 139.

*Southampton,* II, p. 337.

*Suárez, José Gregorio,* II, p. 356.

*Sucidio,* I, p. 489.

*Suerte. Por suerte,* II, p. 106.

*Sujetar.* Sujetar el caballo. Por extensión, detenerse.

*Sungar.* Levantar.

*Superí, José,* II, p. 171.

*Supremo.* Ver *Rosas, Juan Manuel.*

*Surero.* Del sur.

*Surquiar.* Surquear. Seguir el surco. Partir, I, p. 502; II, p. 221.

*Surtú. De surtú,* II, p. 136.

*Sutantón.* Ver *Southampton.*

*Taba,* II, p. 13. *Taba culera.* Taba defectuosa o cargada que tiende a caer con el *culo* para arriba. *Tabas.* Huesos. *Agarrar la taba,* II, p. 146. *Dar taba,* I, p. 47. *Menear taba,* I, p. 254.

*Tabla. Como tabla.* Parejo, parejamente.

*Taco.* Trago.

*Tacuara,* II, p. 191.

*Taculona. Ser taculona,* I, p. 546.

*Tacurusales,* II, p. 194.

*Tahuneros,* II, p. 284.

*Tahur,* I, p. 126.

*Taita.* Guapo, valiente.

*Tajes, Coronel Francisco,* I, p. 239; II, p. 288.

*Tala,* II, p. 242.

*Talar.* Bosque de talas.

*Tallar,* II, p. 692. *Tallar al monte,* II, p. 245.

*Tamango.* Calzado rústico, de cuero.

*Tamangudo,* II, p. 55.

*Tandil,* I, p. 246.

*Tanteada.* Acción y efecto de tantear (*Dicc. Acad.,* quinta acepción). Acto de acometer al enemigo para probar fuerza. Prueba, ensayo.

*Tantos. Ponerse a tantos.* Expresión del truquiflor.

*Tapao.* Tapado. Dícese de los caballos de color uniforme, sin pelos blancos. En las carreras, dícese del caballo cuya rapidez no se conocía o ha sido ocultada. Por extensión, hombre cuyos méritos se ignoraban.

*Tape.* Indio. Se dijo especialmente del indio de las misiones jesuíticas. Persona aindiada.

*Tapear.* Tapiar.

*Tapera,* I, p. 66.

*Taqueño,* I, p. 308.

*Tararira,* I, p. 386. También se llama así al cuchillo. La voz figura en la antigua milonga de Buenos Aires, *El carrero y el cochero de tranvía.*

*Tarijeños y paraguayos,* I, p. 358.

*Tarragona, Capitán,* II, p. 49.

*Tauneras.* De tahona.

*Taura.* Terne.

*Tejos,* I, p. 480.

*Telebrajo y telefro.* Telégrafo.

*Telégrafo, El,* I, p. 585.

*Temeridad. Con temeridad.* En abundancia.

*Templar.* Irse. *Templar el pecho,* II, p. 224. *Templar por el tres,* I, p. 314. *Templarse.* Embriagarse.

*Tendal.* Conjunto de personas o cosas dispersas.

*Tenderse.* Espantarse.

*Tendida.* Espantada, II, p. 106.

*Terne,* I, p. 337.

*Ternejales,* II, p. 95.

*Ternero,* II, p. 757.

*Teruteros,* I, p. 340; II, p. 283. Gritón, jactancioso. En el Uruguay, despierto.

*Thiers,* I, p. 272.

*Ticholo.* Tableta de dulce de guayaba envuelta en chala.

*Tiento.* Tirilla de cuero crudo. *Los tientos,* II, p. 219. *A los tientos.* Dícese que algo se lleva a los tientos para indicar que va atado al recado o colgado de él.

*Tiernito,* I, p. 412.

*Tigre.* Jaguar.

*Tigre entrerriano.* Ver *Urquiza.*

*Tigrero.* Cazador de tigres.

*Tilingo.* Tonto, fatuo.

*Tin-tin.* Nombre metafórico del degüello.

*Tipa.* Especie de cesto.

*Tirador,* II, p. 160. "El tirador lo iniciaron los vendedores de pan, leche y agua; después la moda pasó al campo", Ricardo Hogg, *Yerba vieja,* Buenos Aires, 1940.

*Tirarse.* Altercar, disputar. Odiarse. *Tirarse al suelo,* II, p. 607. *Tirarse con uno,* I, p. 45.

*Tiro.* Estocada, cuchillada. *Tiro a tiro.* Todas las veces. *Al tiro.* En el acto, inmediatamente, al punto.

*Tirón. De un tirón.* Sin interrupción.

*Titilimundi.* Titirimundi.

*Tocar. Dejar a uno tocando tablas.* Ganarle todo el dinero en el juego.

*Tolda.* Techo de lona de la carreta.

*Tomar. Tomar entre ojos,* II, p. 757.

*Tongorí,* I, p. 151.

*Topada.* Encuentro.

*Tordillo,* I, p. 7.

*Toriar.* Torear, I, p. 329.

*Toro. Volverse la vaca toro.* Cambiar desfavorablemente las cosas.

*Torta frita.* Torta de harina, amasada con agua y sal y freída en aceite.

*Toruno,* I, p. 607. Animal que por defecto de castración conserva un testículo. Hombre de edad madura.

*Trabacuí.* Una danza.

*Trabao.* Trabado. *Andar trabado,* II, p, 138.

*Tracaladas. A tracaladas.* A montones.

*Trajinado.* Embromado.

*Trajinar,* I, p. 389; II, p. 213. Perjudicar, embromar. Matar.

*Trajinista.* Trabajador. Tesonero.

*Tramojo.* Palo que se pone en el collar de un perro para que éste no atraviese alambrados o cercos.

*Tranca,* I, p. 343.

*Tranco. Al tranco.* Al paso (dícese de los caballos).

*Trapos,* II, p. 592.

*Tranquera,* II, p. 27.

*Tranquiador.* Dícese del caballo que suele andar al tranco. Persona que anda mucho.

*Trasijado,* I, p. 422; II, p. 124.

*Trasquila.* Esquileo.

*Trebe y trebes,* I, p. 532.

*Treinta y Treinta y una,* II, pp. 634 y 707.

*Trenzarse.* Entrar en pelea.

*Tres marías.* Boleadoras.

*Treses,* II, p. 705.

*Tristán, Pío,* I, p. 20.

*Trompeta,* I, p. 580.

*Tropa.* Conjunto de caballos, vacas, bueyes, mulas. También conjunto de carretas.

*Tropear.* Conducir hacienda.

*Trote. Pegar un trote.* Reprender, reñir.

*Truco.* Truquiflor. El juego descripto por Ascasubi *(Santos Vega,* LV) perdura en la República Oriental del Uruguay y se llama truco hasta el dos o truco con muestra. *Qué truco,* I, p. 351.

*Truquiflor,* I, p. 562.

*Tucañas,* I, p. 60.

*Tuco-tuco,* I, p. 403.

*Tucutucu.* Tucutuco. Especie de topo.

*Tucutucuzal.* Terreno lleno de cuevas de tucutucos, II, p. 529.

*Tuito.* Todito, todo.

*Tumba.* Ración de mala carne de vaca, hervida en agua.

*Tumbita,* II, p. 83.

*Tupido.* Rudo, torpe, lento para comprender, II, p. 76.

*Tus-tuz.* Testuz.

*Una de a pie.* Una pelea.

*Unco.* Junco.

*Untar. Untar con sebo la mano.* Sobornar.

*Uña. Para la uña.* Para el robo.

*Uñate.* Hurto.

*Uñatear.* Robar.

*Uñera,* II, p. 100.

*Uñerudo,* II, p. 44.

*Uñir,* I, p. 118; II, p. 127.

*Vaca. Hacer una vaca.* Hacer una alianza en el juego. Por extensión, cualquier alianza.

*Vacaray,* I, p. 152.

*Valaquear.* Balaquear.

*Valecuatro,* I, p. 568.

*Valiente.* Interjección que denota leve asombro o con la que se resta importancia a algo.

*Valsa.* Vals.

*Vandalaje.* Vandalismo.

*Vaquianazo.* Muy baqueano.

*Varear.* Preparar un caballo para la carrera.

*Varela, Pedro,* II, p. 467.

*Varita, Los de,* II, p. 93.

*Vasos,* I, p. 545.

*Vázquez Feijóo, Ventura,* II, p. 174.

*Vedia, Agustín de,* II, p. 483.

*Vejiga.* Ver *Rosas, Juan Manuel.*

*Velái.* Ved ahí, ahí tiene.

*Velasque.* Ver *Velazco.*

*Velazco, Ambrosio,* II, p. 497.

*Velería,* I, p. 278.

*Vences,* II, p. 62.

*Venteveo.* Ver *Benteveo.*

*Veracruz*, II, p. 338.
*Verde*. Mate.
*Vereda ancha, La*, I, pp. 583-584.
*Vericú*, II, p. 77.
*Verijas*, I, p. 359.
*Versada*. Composición en verso.
*Ver venir*. Prever, anticipar.
*Vez. De una vez*. Del todo.
*Viaje*. Acción de lanzar un golpe, un puñetazo o una puñalada.
*Viamonte, José Juan*, II, p. 165.
*Viaraza*. Capricho.
*Vicios. Los vicios*, I, p. 248.
*Victorica, Benjamín*, II, p. 144.
*Vichada*. Acción y efecto de vichar.
*Vichar*. Espiar, observar, I, p. 58.
*Vidal, Emilio*, II, pp. 422-423.
*Vidorria*. Vida regalada.
*Viejo. Eso es viejo*. Eso es conocido.
*Vieites, Hipólito*, II, p. 165.
*Vigodet*, II, p. 168.
*Vil*. Cobarde.
*Vila, Tomás*, II, p. 31.
*Vilcapugio*, I, p. 23.
*Vilote*, I, p. 128.
*Villagra, Eduardo*, II, p. 186.
*Villar, Benito*, II, p. 55.
*Vintén*. Moneda uruguaya.
*Violín*. Nombre metafórico del degüello.
*Violinada*, II, p. 169.
*Virasoro, Benjamín*, II, p. 203.
*Virola*, I, p. 484. Anillo de metal que adorna las riendas, el bozal, las cabezadas, el cabestro y otras piezas del recado. *Hasta la virola*, II, p. 87.
*Visillac, José*, II, p. 499.
*Vitel, La*, I, p. 515.
*Viuda*. Fantasma. La locución *aparecerse la viuda* designa contratiempos imprevistos. *La Viuda*, I, p. 379.
*Vizcacha*. Especie de liebre que abunda en los campos argentinos.
*Vizcachera*, I, pp. 154 y 343.
*Vizcachón*, I, p. 345.
*Volada*. Ocasión.
*Volado*. Vuelo del vestido.
*Volantines*. Volatines.
*Volavero*. Volaverunt.
*Voltiada*. Volteada. Acto de derribar

la res vacuna para marcarla. *Caer en la volteada*. Tocarle a uno algo malo.
*Voluntario*. Animoso.
*Volver por uno*. Defenderlo.
*Voraciar*. Voracear, I, p. 325. Alardear, jactarse.
*Voraz*, I, p. 584.
*Vuelta. Buscar la vuelta*. Ingeniarse para hacer algo.

*Yacuy*. Ver *Yachuy*.
*Yachuy*, I, p. 237.
*Yaguané*. Ganado vacuno o caballar de color parecido al del zorrino: negro con el filo del lomo, la barriga, la punta de la cola y la extremidad de las patas de color blanco. Suele llamarse overo negro. Piojo.
*Yaguarón*, II, p. 86.
*Yapa. De yapa*. Además, por añadidura. Ver *llapa*.
*Yatay, Batalla de*, II, p. 478.
*Yegua. Montar en yegua*, II, p. 142.
*Yeguas muertas*, II, p. 588.
*Yel*. Hiel. *Sin yel*. Animoso. Desalmado.
*Yerba*. Yerba mate. *Sin yerba*, I, p. 17.
*Yerbatear*, I, p. 248; II, p. 206.
*Yerra*. Herradero, I, p. 425.
*Yesquero*. Aparato para encender fuego compuesto de pedernal y eslabón.
*Yesquerudo*. Hombre de coraje y aguante.
*Yuan das Botas*. Ver *Juan de las Botas*.

*Zamaragullón*, I, pp. 297 y 315.
*Zanjón o Zanja de Matorras*, I, p. 525.
*Zapallada*, II, p. 89. Chiripa, acto afortunado y casual.
*Zapallo*, II, p. 120.
*Zobaipé*. Saguaipé, II, p. 257.
*Zoquete*. Pedazo de carne.
*Zorrillo*. Zorrino, I, p. 555.
*Zorrocloco*, I, p. 299.
*Zurubíes*, II, p. 23.
*Zuviría, Facundo*, II, p. 74.

# Índice General

## HILARIO ASCASUBI [1807-1875]

### ANICETO EL GALLO

Homenaje a la memoria del doctor don Florencio Varela.    7

Extracto del nº 1 del periódico *Aniceto el Gallo*.......    7
El trato de Aniceto con el imprentero, y su artículo *de
    fonda* ...........................................    7
El Gallo anunciando la publicación de su gaceta.......    12
Lamentos, los primeros que le dirigió Aniceto al general
    don Justo J. de Urquiza......................    14

Extracto del nº 2 de *Aniceto el Gallo,* y sus cortesías a los
    demás periodistas de Buenos Aires..............    16
Décima saludando a unos guerrilleros que enlazaron un
    cañón peleando ................................    17

Extracto del nº 3 de *Aniceto el Gallo*.................    18
El pagamento de los primeros dos números que Aniceto
    hizo *imprentar* y artículo *de fonda*..............    18
El Gallo haciéndole notar al periódico *Nacional* que
    había comprendido mal la alegoría de ciertas estatuas
    en la plaza de la Victoria.....................    22
¡Blan!, ¡blan!, el campaneo de alarma...............    24
Salutación de Jacinto Cielo al 18 de Julio de 1830......    24
Súplica de un recluta cordobés de los que sitiaban a
    Buenos Aires con Urquiza......................    25
Noticias de *pajuera*, sobre la Constitución Urquizana...    25
La retreta en Buenos Aires y las porteñitas............    26
Advertencias de Aniceto para los aguantadores de Ur-
    quiza ..........................................    27

Extracto del nº 4 de *Aniceto el Gallo*.................    29
Diálogo entre los gauchos patriotas Salvador Ceballos
    y Anselmo Alarcón............................    31
A la muerte del valeroso ayudante italiano Fellonico...    41
Aniceto pidiéndole al jefe de policía que apretara a los
    pescadores ....................................    41
Invitación que recibió el Gallo para asistir a un fandango.    41
Los *garabineros* del comendante don *Comosellama*.....    42

Extracto del nº 5 de *Aniceto el Gallo* . . . . . . . . . . . . . . . . 44

Memorias de la primera audiencia que a lo Sancho Panza dió el general Urquiza en Buenos Aires . . . . . . . . . . . . 44

Cuatro preguntas que al general terutero le dirigió un granadero del primer batallón de línea de Buenos Aires . . . . . . . . . . . . . . . . . . . . . . . . . . . . . . . . . . . . . . . . . . 52

Saludo asombroso del Gallo al comendante y a los soldados del batallón de voluntarios españoles . . . . . . . . . . 57

Boletín extraordinario del Gallo, y el Coco-ro-có . . . . . . . 57

Cielito de un gaucho correntino . . . . . . . . . . . . . . . . . . . . . 59

Tapones por todos laos . . . . . . . . . . . . . . . . . . . . . . . . . . . . 61

Extracto del nº 6 de *Aniceto el Gallo* . . . . . . . . . . . . . . . 61

El gauchito y el viejo del cuchillo como *alezna* . . . . . . . . 61

Cielito de la Vigía . . . . . . . . . . . . . . . . . . . . . . . . . . . . . . . . 66

Diálogo entre dos lanceros del comendante Otamendi . . . 67

La enfermedad incurable de don Justo José, presidente de la docena del flaire . . . . . . . . . . . . . . . . . . . . . . . . . . 72

Extracto del nº 7 de *Aniceto el Gallo* . . . . . . . . . . . . . . . 74

La introducción de dicho número en cuartetas . . . . . . . . 74

El artículo de Aniceto pidiéndoles atención a los diputados teruteros del general Urquiza . . . . . . . . . . . . . . . 74

Carta amorosa del miliciano gaucho a su mujer Trinidá Leiva . . . . . . . . . . . . . . . . . . . . . . . . . . . . . . . . . . . . . . . . . 77

Una vichada que le dió Aniceto por despedida al general Urquiza . . . . . . . . . . . . . . . . . . . . . . . . . . . . . . . . . . . . . . 80

Extracto del nº 8 de *Aniceto el Gallo* . . . . . . . . . . . . . . . 81

Guapezas históricas que ejerció el general Urquiza sobre un pulpero francés establecido en la campaña de Montevideo . . . . . . . . . . . . . . . . . . . . . . . . . . . . . . . . . . . 81

Extracto del nº 9 de *Aniceto el Gallo* . . . . . . . . . . . . . . . 89

Referencia de cómo fué una *zapallada* la batalla que ganó el general Urquiza el 3 de febrero en Monte Caseros . . . . . . . . . . . . . . . . . . . . . . . . . . . . . . . . . . . . . . . 89

Cortesías de Aniceto dirigidas a los batallones de Guardias Nacionales que se licenciaron en Buenos Aires . . 95

Decreto galluno ordenando la formación de un nuevo batallón de *cívicos* bajo el nº *Siete* . . . . . . . . . . . . . . . 97

¡Por caridá!, suplica Aniceto al jefe de policía que aprete mucho a los panaderos ladrones en ese negocio . . . . . 98

¡Ojo al Cristo! . . . . . . . . . . . . . . . . . . . . . . . . . . . . . . . . . . . 98

Aviso Direturial . . . . . . . . . . . . . . . . . . . . . . . . . . . . . . . . . . 98

Extracto del nº 10 de *Aniceto el Gallo*................ 99
La despedida ......................................... 99
Artículo chusco sobre los *reculaos,* el Ruiseñor, el reque-
    són, la economía, etc............................. 100
Noticias del tratao que pensó hacer don Justo José de
    Urquiza con los cipotenciarios uropeos............. 104
El manetismo de madama Barbieri.................... 105
Pregunto yo .......................................... 107
Vayan candidatos para diputados.................... 108

Extracto del nº 11 de *Aniceto el Gallo*............... 108
¡Ojo al Gallo nuevo!................................. 108
La empanada que el viernes santo le mandó a Urquiza
    una gaucha amasandera......................... 109
La situación sigún los urquicistas; y la misma, sigún
    Aniceto ......................................... 109
El diálogo gauchi-beatón, o los tres Cristos en cuestión. 113
La *ultimatera,* media caña terutera.................. 114
Así paga el diablo a quien le sirve.................. 115
La ilusión de un andaluz............................. 115
Cortesías del Gallo................................... 116
El sargento arrecifero desalucinando al general Urquiza. 116
Cohete, o sátira galluna a la ley terutera que nombró a
    Urquiza general de mar y tierra.................. 118

Extracto del nº 12 de *Aniceto el Gallo*............... 119
El admirarse por haber visto una sandía muy grande, y
    no asombrarse del tremendo zapallo que se encontró
    Urquiza......................................... 119
La visita de Aniceto al redactor de la *Tribuna* don
    Ratapinga....................................... 120
Advertencias y consejos del Gallo para el general Urquiza. 123
¡Andá que te lamba un güey!........................ 126
La media caña de San Borombón descripta por el Gallo. 127

Extracto del nº 13 de *Aniceto el Gallo*............... 131
La semi-papeleta que el jueves santo les dió Aniceto a
    sus suscriptores para que sin riesgo salieran el sábado. 131
Los maquines de los urquicistas..................... 131
Carta quejosa del mashorquero Carancho a don Juan
    Manuel Rosas ................................... 132
¡Qué miedo!......................................... 136
Vaya una indireuta................................... 136
El engaña pichanga.................................. 136
Cacharpas ........................................... 137
El número 7.......................................... 137
Revuelo de *Aniceto el Gallo*........................ 137

Extracto del n⁰ 14 de *Aniceto el Gallo* ................ 140
El artículo *de fonda*. El refrán veterano. La chalana y
    las pelotas. Urquiza *alunao,* etc. ................. 140
Noticias de la armada naval con que pensó invadir a
    Buenos Aires por el Paraná el general Urquiza ...... 141
Cielito del terutero ............................... 142
Retruco a los versos de Virotica y rabieta del diretudo
    don Justo José contra el Gallo .................. 144
Carta gauchesca del miliciano Reventosa ............. 149
Boletín Sicofántico, o don Justo en la maroma ........ 153

## Poesías varias

Al 25 de mayo de 1810, le cantan los gauchos Chano
    y Contreras en 1844 ........................... 157
Carta de un soldado del ejército del general Lavalle, in-
    vadiendo a Entre Ríos ......................... 186
Otra carta de uno de los viejos coraceros de dicho ge-
    neral ........................................ 188
Parte lastimoso del general Echagüe noticiándole a Rosas
    la derrota de Caaguazú ........................ 190
El gauchi mensaje de Rosas a sus representantes ...... 196
Canto gauchi-patriótico al pronunciamiento de Urquiza
    contra Rosas ................................. 200
Rasgos biográficos, o vida y milagros de Juan Manuel
    Rosas, recitados por dos de sus mismos soldados ..... 204
Extensa carta de Donato Jurao participándole a su mujer
    el bárbaro fusilamiento que de orden de Rosas se
    ejecutó en la joven doña Camila O'Gorman, estando
    en cinta; y de su seductor el cura Gutiérrez ........ 228
Dedicatoria al mismo Rosas por Donato Jurao ........ 229
Brindis que en décimas le echó Paulino Lucero al gene-
    ral Urquiza, cuando se le presentó en Entre-Ríos ... 247
Urquiza en la Patria nueva, o dos gauchos patriotas pla-
    ticando y celebrando el pronunciamiento de dicho
    general, contra Rosas ......................... 249
Cielito dedicado al Ejército Correntino .............. 266
Los compuestos de Gualeguaichú .................... 269
Carta noticiosa que desde Entre-Ríos escribió el mili-
    ciano Rudesindo ............................. 270
Canto al Ejército grande que venció a Rosas .......... 275
Boletín chusco del gaucho Carmona .................. 278
La Tartamuda, o la media caña que cantó un corneta
    porteño, para bailarla en las trincheras de Buenos
    Aires sitiado por el ejército de Urquiza ........... 281
La sorpresa de Aniceto al presentarle un álbum ........ 286

## POESÍAS INÉDITAS

Las virutas de la guerra............................ 288
El Gallo pidiendo una silla para su caballo........... 289
Carta y consejos chuscos de Aniceto al *primo* Chichipea. 290
La luz de Aniceto el Gallo......................... 292
Maldita credulidad de un Pavo *Presidente*........... 293
Carta de Aniceto el Gallo a Anastasio el Pollo........ 294
Los brindis gauchescos que en París les soltó el Gallo a
    los señores Sarmiento y Castelar................. 294
Décimas gauchi-mitológicas para un álbum........... 295
Invitación que a un amigo y su familia les mandó Ani-
    ceto en París..................................... 297

## ESTANISLAO DEL CAMPO [1834–1880]

*Noticia biográfica* ................................... 300

FAUSTO .............................................. 301

### POESÍAS

A don Aniceto el Gallo............................. 331
Al señor D. Andrés Algañarás...................... 332
Anastasio el Pollo dice a todo gaucho criollo......... 332
De Anastasio el Pollo a Aniceto el Gallo............ 333
Anastasio el Pollo al habilidoso don Catalde......... 334
Para el que quiera................................. 335
Anastasio el Pollo a Aniceto el Gallo................ 336
Gobierno gaucho................................... 242

## ANTONIO D. LUSSICH [1848–1928]

*Noticia biográfica*................................... 346

### LOS TRES GAUCHOS ORIENTALES

Carta del autor al señor Barreiro y Ramos............ 347
Carta del autor al señor Hernández.................. 348
Carta del señor Hernández.......................... 349

Empieza el coloquio entre los tres gauchos............ 349
Infortunio ................................. 352
La guerra y el amor...................... 353
Encuentros y batallas...................... 354
Los ases...................................... 355
Batalla del Sauce............................. 356
Reflexiones de Julián.......................... 358
El coronel D. Juan Pedro Salvañach............. 359
Batalla de Manantiales........................ 361
Llegada de Centurión......................... 363
Historia del mismo, sus amores................. 365
La bebida ................................. 371
La marcha ................................. 374
Frutos Costa................................. 380
Acampada.................................... 383
Sueño de ventura............................. 383
En la sierra.................................. 384
En la estancia de García....................... 385
El fogón..................................... 385
Nadal ...................................... 387
El invierno en Mercedes....................... 389
Gomensoro y el Tratado del 6 de Abril............ 391
Los 500,000 pesos............................. 391
Espansiones de Baliente....................... 393
La guerra.................................... 395
Centurión por la Paz.......................... 400
Luciano Santos, sus impresiones................ 407

## EL MATRERO LUCIANO SANTOS

A mis lectores................................ 412
Diálogo entre Luciano Santos y los Tres Gauchos..... 413
Sus impresiones .............................. 416
Muerte de un teniente......................... 418
La inscripción en el Registro Cívico............... 422
Muertos apareciendo para votar................. 424
El Juez de Paz del Perdido..................... 425
Costales el pulpero............................ 428
Los naciones................................. 436
En San José.................................. 438
Polémica Gómez y Ramírez..................... 438
Encuentro con un guapo....................... 443
Filosofía poética.............................. 444
Muerte de algunos patriotas.................... 445
En Montevideo............................... 447
Insultos a un jefe............................. 448

El Club Juventud .................................. 449
El Superior Tribunal y el fraude en Canelones......... 455
Saavedra y el general Borges...................... 457
El Alcalde Marcial y su discurso.................... 460
El Juez de Paz don Manuel Rovira.................. 461
Los tachos y sus resultados.......................... 464
Don Pedro Varela................................. 467
Encuentro de Luciano Santos....................... 468
El amor y sus consecuencias........................ 469
Amarguras de Luciano Santos....................... 472
Polémica Bustamante y Herrera.................... 476
Deuda Castro. ................................... 481
Don Agustín de Vedia............................. 484
El escrutinio...................................... 484
Reunión del Partido Nacional...................... 485
Muñoz, Gomensoro, Ellauri y Varela............... 488
Borda (el capitán) ............................... 493
Renuncia del doctor Ellauri........................ 494
Encuentros en Montevideo......................... 496
Muertos en la Revolución.......................... 498
Id. de los colorados............................... 500
Poesía fúnebre ................................... 501
Caída de D. José Muñoz y Proclamación de Ellauri.... 502
Pintos Baes y Quintana............................ 505
El juego del amor................................. 507
El vicio del cigarro............................... 508
Vida de Luciano Santos desde su nacimiento.......... 511
Su llegada al pago................................ 515
Corrida de sortija................................. 517
La tormenta ..................................... 518
La amistad ...................................... 519
Invasión del general Aparicio...................... 520
Llegada al rancho................................. 522
En el cepo....................................... 523
Vuelta al pago, sus tristezas....................... 525
Consejos a Ellauri................................ 526
Martín Fierro.................................... 530
Anastasio el Pollo................................ 531
Separación ...................................... 533
Partida del matrero Luciano Santos y los Tres Gauchos. 533

CANTALICIO QUIRÓS Y MITERIO CASTRO

Diálogo de los mismos.............................. 535

# JOSÉ HERNÁNDEZ [1834–1886]

*Noticia biográfica*.................................. 572

Carta aclaratoria.................................. 576

EL GAUCHO MARTÍN FIERRO......................... 578

LA VUELTA DE MARTÍN FIERRO....................... 631

Carta que el gaucho Martín Fierro dirige a su amigo don
   Juan Manuel Blanes, con motivo de su cuadro "Los
   treinta y tres orientales"........................ 747

## APÉNDICE

# VENTURA R. LYNCH [1851–1883]

*Noticia biográfica* ............................... 754

HISTORIA DE PEDRO MOYANO........................ 755

ÍNDICE DE NOTAS Y GLOSARIO....................... 763

Este segundo y último volumen de
Poesía Gauchesca se acabó de imprimir el día 12 de marzo de 1955, en
los talleres de Gráfica Panamerica-
na, S. de R. L., Parroquia 911, esq.
Nicolás San Juan, México, D. F. Se
tiraron 4,000 ejemplares y en su composición se utilizaron tipos Baskerville
de 12:12, 10:10 y 8:8 puntos, y Elec-
tra de 7:7 puntos. Cuidó la edición
*Emma Susana Speratti Piñero.*